MACROECONOMÍA

Tercera edición

BEN S. BERNANKE

Princeton University [formerly]
Chairman of the President's Council of Economic Advisers

ROBERT H. FRANK

Cornell University

con la colaboración de

ROGER T. KAUFMAN

Smith College

traducido por

ESTHER RABASCO

esther.rabasco@ya.com

revisión técnica y adaptación a la edición española

VÍCTOR G. CARREÓN RODRÍGUEZ

Centro de Investigación y Docencia Económicas (México)

BEGOÑA BLASCO TORREJÓN
ANTONIO MIGUEL CARMONA SAN CIPRIANO
ALICIA CORONIL JÓNSSON
BEATRIZ MERA
ANA CRISTINA MINGORANCE ARNÁIZ
EULOGIO SÁNCHEZ ESPEJO
JULIÁN UNAMUNO HIERRO

Universidad San Pablo CEU

Mc Graw Hill

MADRID • BOGOTÁ • BUENOS AIRES • CARACAS • GUATEMALA • LISBOA • MÉXICO
NUEVA YORK • PANAMÁ • SANTIAGO • SÃO PAULO
AUCKLAND • HAMBURGO • LONDRES • MILÁN • MONTREAL • NUEVA DELHI • PARÍS
SAN FRANCISCO • SIDNEY • SINGAPUR • ST. LOUIS • TOKIO • TORONTO

MACROECONOMÍA. Tercera edición

Edificio Valrealty, 1ª planta
Basauri, 17
28023 Aravaca (Madrid)

Traducido de la tercera edición en inglés de
PRINCIPLES OF ECONOMICS

ISBN: 978-0-07-312567-1

ISBN: 978-84-481-5674-9

Editor: José Ignacio Fernández Soria
Técn. editorial: Amelia Nieva
Compuesto en: Gesbiblo, S. L.
Impreso por:CTPS

IMPRESO EN CHINA – PRINTED IN CHINA

DEDICATORIA

Para Ellen

R. H. F.

Para Anna

B. S. B.

AUTORES

BEN S. BERNANKE

El profesor Bernanke obtuvo su título de B.S. en economía en la Universidad de Harvard en 1975 y se doctoró en economía en el MIT en 1979. Enseñó en la *Stanford Graduate School of Business* entre 1979 y 1985 y se trasladó a la Universidad de Princeton en 1985, donde ocupó la cátedra *Howard Harrison and Gabrielle Snyder Beck* de economía y asuntos públicos y donde fue director del departamento de economía. Es *Fellow* de la *American Academy of Arts* y de la *Econometric Society*. Fue nombrado miembro de la Junta de Gobernadores de la Reserva Federal en 2002 y presidente del *Council of Economic Advisers* del Presidente en 2005.

Su libro de texto de economía intermedia, escrito en colaboración con Andrew Abel, *Macroeconomics* (Addison-Wesley, 2004, 5ª edición), es un *best seller* en su campo. Ha escrito más de 50 publicaciones académicas de macroeconomía, historia macroeconómica y finanzas. Ha realizado numerosas investigaciones sobre las causas de la Gran Depresión, el papel de los mercados y las instituciones financieras en el ciclo económico y la medición de la influencia de la política monetaria en la economía. Sus dos libros más recientes, publicados ambos por Princeton University Press, son *Inflation Targeting: Lessons from the International Experience* (en colaboración con otros autores) y *Essays on the Great Depression*. Ha sido director de la *American Economic Review* y fue director fundador del *Internacional Journal of Central Banking*. El profesor Bernanke ha enseñado principios de economía tanto en Stanford como en Princeton.

ROBERT H. FRANK

El profesor Frank ocupa la cátedra de administración de empresas y economía Henrietta Johnson Louis de la *Jhonson Graduate School of Management* de la Universidad de Cornell desde 1972. Escribe mensualmente la columna "Economic Scene" del *The New York Times*. Tras obtener su título de B.S. en Georgia Tech en 1966, enseñó matemáticas y ciencias durante dos años como voluntario del Peace Corps en las zonas rurales de Nepal. Obtuvo un máster en estadística en 1971 y se doctoró en economía en 1972 en la Universidad de California en Berkeley. Durante sus excedencias en Cornell, fue economista jefe de la *Civil Aeronautics Board* (1978-1980), *Fellow* del *Center for Advanced Study in the Behavioral Sciences* (1992-1993) y profesor de civilización americana en *l'École des Hautes Études en Sciences Sociales* de París (2000-2001).

El profesor Frank es autor de un libro de texto de economía intermedia de gran éxito, titulado *Microeconomics and Behavior* (Irwin/McGraw-Hill, 2006, 6ª edición). Ha escrito sobre una amplia variedad de temas, entre los que se encuentran la discriminación de precios y salarios, la fijación de los precios de los servicios públicos, la medición de la duración de los periodos de desempleo y las consecuencias distributivas de la inversión extranjera directa. Sus investigaciones han girado en torno a la rivalidad y la cooperación en la conducta económica y social. Sus libros sobre estos temas, entre los que se encuentran *Choosing the Right Pond: Human Behavior and the Quest for Status* (Oxford University Press, 1985), *Passions Within Reason* (W.W. Norton, 1988) y *What Price the Moral High Ground?* (Princeton, 2004), se han traducido a 10 lenguas. *The Winner-Take-All Society* (The Free Press, 1995), escrito en colaboración con Philip Cook, recibió el premio *Critics' Choice Award*, fue nombrado *Notable Book of the Year* por *The New York Times* y se incluyó en la lista de los diez mejores libros de *Business Week* de 1995. *Luxury Fever* (The Fever Press, 1999) fue elegido para figurar en la lista de mejores libros de *Knight-Ridder* de 1999. Fue titular de la cátedra Andrew W. Mellon (1987-1990) y ha sido distinguido con el *Kenan Enterprise Award* (1993) y el *Merrill Scholars Program Outstanding Educator Citation* (1991). En 2004, compartió el *Leontief Prize for Advancing the Frontiers of Economic Thought*. Fue distinguido con el *Johnson School's Stephen Russell Distinguished Teaching Award* en 2004 y con el *School's Apple Distinguished Teaching Award* en 2005. Su curso de introducción a la microeconomía ha servido para formar a más de 6.000 observadores económicos a lo largo de los años.

PRÓLOGO

Aunque todos los años se gastan en las universidades de todo el mundo muchos millones de dólares en cursos de introducción a la economía es preocupante el bajo rendimiento de esta inversión. Por ejemplo, algunos estudios han demostrado que varios meses después de haber asistido a un curso de principios de economía, los estudiantes no son más capaces de responder a sencillas preguntas económicas mejor que otros que nunca han asistido a ese curso. Parece que la mayoría de los estudiantes terminan los cursos de introducción sin haber aprendido ni siquiera los principios económicos básicos más importantes.

En nuestra opinión, el problema estriba en que en estos cursos casi siempre se trata de enseñar a los alumnos demasiado, no se dedica mucho más tiempo a las ideas realmente importantes que a las secundarias y, al final, el estudiante termina el curso nada más que con un cúmulo de vaguedades. Muchos profesores se preguntan cuánto pueden explicar en cada clase en lugar de preguntarse cuánto pueden asimilar sus estudiantes.

Este libro de texto es fruto de nuestra convicción de que los estudiantes aprenderán mucho más si intentamos abarcar mucho menos. Partimos de la premisa básica de que un pequeño número de principios básicos hace la mayor parte del trabajo y que si insistimos en esos principios, los estudiantes pueden llegar a dominarlos realmente en un sólo cuatrimestre.

Las entusiastas reacciones de los usuarios de nuestras dos primeras ediciones confirman la validez de esta premisa. Aunque las ediciones recientes de algunos otros libros de texto actualmente hablan de boquilla del enfoque de que "cuanto menos, mejor", este libro es unánimemente el más elaborado y mejor ejecutado desde este punto de vista. Evitamos recurrir excesivamente a las deducciones matemáticas formales y presentamos intuitivamente los conceptos con ejemplos extraídos de contextos familiares. Nos basamos en todo el libro en una breve lista perfectamente formulada de principios básicos, que reforzamos repetidamente ilustrando y aplicando cada principio en numerosos contextos. Pedimos a los estudiantes periódicamente que apliquen estos principios ellos mismos para responder a preguntas, ejercicios y problemas parecidos.

Les animamos de esta manera a convertirse en "observadores económicos", es decir, en personas que utilizan los principios económicos básicos para comprender y explicar lo que observan en el mundo que les rodea. Un observador económico comprende, por ejemplo, que se obligue a llevar asientos de seguridad para los niños en los automóviles, pero no en los aviones, ya que el coste marginal del espacio necesario para colocar estos asientos normalmente es cero en los automóviles, pero suele ser de cientos de dólares en los aviones. Decenas de ejemplos como éste salpican el libro. Creemos que cada uno plantea una pregunta que debe hacerse cualquier persona curiosa y normal que desee saber cuál es la respuesta. Estos ejemplos avivan el interés y enseñan al mismo tiempo a los estudiantes a ver cada aspecto del panorama económico como un reflejo de un cálculo coste-beneficio, implícito o explícito. Los estudiantes comentan estos ejemplos con sus amigos y su familia. Aprender economía es como aprender una lengua, en ambos casos, no hay nada mejor que practicar. Los ejemplos del observador económico inducen, pues a los estudiantes a practicar la economía.

CARACTERÍSTICAS DEL LIBRO

- **Énfasis en los principios básicos:** como hemos señalado, unos cuantos principios básicos son los que hacen la mayor parte del trabajo en economía. Centrando casi exclusivamente la atención en estos principios, el libro garantiza que los estudiantes acabarán el curso dominándolos en profundidad.
  Por el contrario, los manuales enciclopédicos tradicionales abruman tanto a los estudiantes con detalles, que a menudo acaban el curso con pocos conocimientos prácticos y útiles. Algunos de estos principios básicos son:
  - **El principio de la escasez:** tener una cantidad mayor de una cosa normalmente significa tener una menor de otra.
  - **El principio del coste-beneficio:** no debe emprenderse una acción a menos que su beneficio marginal sea al menos tan grande como su coste marginal.
  - **El principio de los incentivos:** las comparaciones coste-beneficio son relevantes no sólo para identificar las decisiones que deben tomar las personas racionales, sino también para predecir las decisiones que tomarán realmente.
  - **El principio de la ventaja comparativa:** todo el mundo obtiene mejores resultados cuando cada uno se concentra en la actividad en la que es relativamente más productivo.
  - **El principio del coste de oportunidad creciente:** deben utilizarse los recursos que tienen menor coste de oportunidad antes que los que tienen mayor coste de oportunidad.
  - **El principio del equilibrio:** un mercado en equilibrio no deja sin explotar ninguna oportunidad individual, pero puede no explotar todas las oportunidades que podrían aprovecharse por medio de la acción colectiva.
  - **El principio de la eficiencia:** la eficiencia es un importante objetivo social, ya que cuando la tarta económica aumenta, todo el mundo puede obtener un trozo mayor.
- **Introducción al naturalismo económico en la microeconomía:** nuestro objetivo último es producir observadores económicos, personas que vean en cada decisión humana el resultado de un cálculo coste-beneficio implícito o explícito. El observador económico ve los detalles habituales de la existencia ordinaria desde una nueva perspectiva y se dedica a intentar comprenderlos por todos los medios. He aquí algunos ejemplos representativos:
  - ¿Por qué están las ballenas y los elefantes en peligro de extinción, pero no los pollos?
  - ¿Por qué suelen estar concentrados los comercios en una misma zona?
  - ¿Por qué las colas de las cajas de los supermercados tienden a ser todas igual de largas?
- **Ampliación del naturalismo económico en la macroeconomía:** los ejemplos de El observador económico normalmente exigen una perspectiva más agregada en macroeconomía, pero aun así, en ellos interviene un cálculo coste-beneficio explícito o implícito. Por ejemplo, en macroeconomía el observador económico podría hacerse preguntas como las siguientes:
  - ¿Por qué bajó la Reserva Federal los tipos de interés en 2001-2003 y los subió en 2004-2005?
  - ¿Es China la primera pontencia mundial?
  - ¿Por qué ha crecido tanto la productividad del trabajo en Estados Unidos desde 1995?

- **Insistencia en el aprendizaje activo:** la única manera de aprender a dar un golpe ganador en el tenis es practicar una y otra vez. Lo mismo ocurre en el caso de la economía. Introducimos, pues, sistemáticamente nuevas ideas mediante sencillos ejemplos y las seguimos con aplicaciones que muestran cómo funcionan en contextos familiares. De vez en cuando planteamos ejercicios que comprueban si se comprenden estas ideas y las refuerzan. Las preguntas de repaso y los problemas que se encuentran al final de cada capítulo están perfectamente pensados para ayudar a los estudiantes a internalizar y ampliar los conceptos básicos. Nuestras dos primeras ediciones confirman que este enfoque prepara realmente a los estudiantes para aplicar los principios económicos básicos y resolver enigmas económicos extraídos del mundo real.

- **Microeconomía moderna:** el *excedente económico*, introducido en el Capítulo 1 y utilizado repetidamente a partir de entonces, está más desarrollado en este libro que en cualquier otro. En este concepto subyace el argumento a favor de la eficiencia económica como importante objetivo social. En lugar de hablar de las disyuntivas entre la eficiencia y otros objetivos, hacemos hincapié en que la maximización del excedente económico permite lograr más fácilmente *todos* los objetivos. Los *errores que se cometen habitualmente* y que fueron identificados por el Premio Nobel de 2002, Daniel Kahneman y otros —como la tendencia a no tener en cuenta los costes implícitos, la tendencia a tener en cuenta los costes irrecuperables y la tendencia a confundir los costes y los beneficios medios y marginales— se introducen en el Capítulo 1 y se invocan repetidamente en capítulos posteriores.

  Tal vez no haya ninguna caja de herramientas más apasionante para el observador económico que unos cuantos *principios de la teoría elemental de los juegos*. En el Capítulo 11 mostramos que estos principios permiten a los estudiantes responder a toda una variedad de cuestiones estratégicas que surgen en el mercado y en la vida diaria. Creemos que las ideas del Premio Nobel *Ronald Coase* son indispensables para comprender multitud de leyes conocidas, costumbres y normas sociales. En el Capítulo 12 mostramos cómo funcionan esos mecanismos para reducir lo máximo posible la mala asignación de los recursos provocada por las externalidades. Unos cuantos principios básicos de la *economía de la información* constituyen otro apasionante complemento de la caja de herramientas de El observador económico. En el Capítulo 13 mostramos las ideas que les valieron el Premio Nobel de economía del año 2001 a George Akerlof, Joseph Stiglitz y Michael Spence y que pueden emplearse para responder a toda una variedad de cuestiones relacionadas con la vida diaria.

- **Macroeconomía moderna:** los recientes acontecimientos han reavivado el interés por las fluctuaciones cíclicas sin poner en duda la importancia de cuestiones a largo plazo como el crecimiento, la productividad, la evolución de los salarios reales y la formación de capital. El análisis de estas cuestiones está organizado de la forma siguiente:

  - Un análisis en cinco capítulos de cuestiones a largo plazo antes de examinar las fluctuaciones a corto plazo, seguido de un análisis moderno de las fluctuaciones a corto plazo y de la política de estabilización, poniendo énfasis en la importante distinción entre la conducta de la economía a corto plazo y su conducta a largo plazo.

  - En consonancia, tanto con las noticias de los medios de comunicación, como con las investigaciones recientes sobre la función de reacción del banco central, consideramos que el principal instrumento de la política del banco central no es la oferta monetaria, sino el tipo de interés.

  - El análisis de la demanda y la oferta agregadas relaciona la producción con la inflación y no con el nivel de precios, eludiendo la necesidad de analizar por separado la relación entre la brecha de producción y la inflación.

- Este libro pone mucho énfasis en la globalización, partiendo de un análisis de sus consecuencias para la desigualdad de los salarios reales y siguiendo con cuestiones como las ventajas del comercio, las causas y los efectos del proteccionismo, el papel de los movimientos de capitales en la formación interior de capital, la relación entre los tipos de cambio y la política monetaria y las causas de los ataques especulativos contra las monedas.

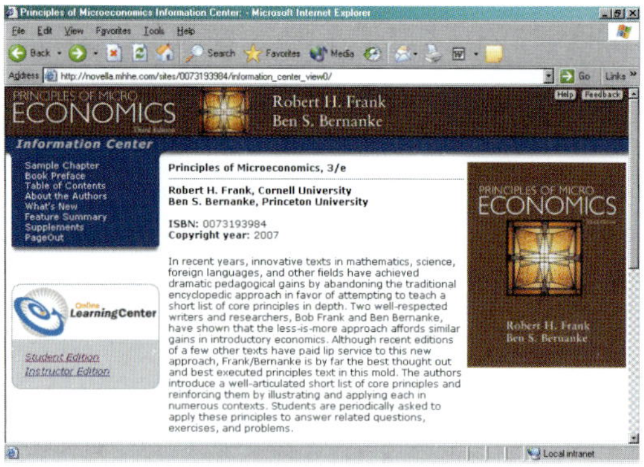

- **Página web:** ha sido desarrollada por Scott Simkins, profesor de North Carolina A & T State University y experto en el floreciente campo de la enseñanza de la economía en la web. La ambiciosa página web contiene multitud de elementos que reforzarán los principios aprendidos en clase, entre los que se encuentran gráficos dinámicos, videoconferencias, actualizaciones por correo electrónico, experimentos microeconómicos, artículos de prensa actuales, información sobre el libro, una sesión de aprendizaje electrónico, etc.

MEJORAS

El hecho de que una larga lista de profesores haya adoptado nuestro enfoque de "cuanto menos, mejor" demuestra que este es idóneo para una amplia variedad de instituciones. Sin embargo, sigue siendo un enorme reto para cualquier libro de texto adaptarse a las necesidades y la capacidad de los estudiantes de estas diversas instituciones. Algunos llegan con muchos conocimientos de cálculo, mientras que otros aún no se sienten seguros con la geometría y el álgebra básicos. Guiándonos por la abundante información suministrada por los revisores, nuestro principal objetivo al realizar la tercera edición ha sido reorganizar nuestra presentación para tener en cuenta la variedad más amplia posible de niveles de preparación de los estudiantes. Por ejemplo, aunque continuamos poniendo énfasis en el enfoque verbal y en el algebraico, hemos añadido algunos apéndices que ofrecen análisis algebraicos más detallados y difíciles sobre el mismo contenido. Y, aunque continuamos creyendo que generalmente es mejor dejar para un curso intermedio el enfoque del problema de la elección del consumidor basado en las curvas de indiferencia, hemos añadido un extenso apéndice sobre las curvas de indiferencia para muchos profesores que piensan que esa opción les vendría bien a los estudiantes. Entre los cientos de refinamientos que hemos hecho, merece la pena mencionar explícitamente los siguientes.

EN MICROECONOMÍA

- **Los "incentivos son importantes" es un nuevo principio básico:** si pidiéramos a mil economistas que nos dieran su propia versión de los principios económicos más importantes, obtendríamos mil listas diferentes. Sin embargo, si nos detuviéramos en sus diferencias, pasaríamos por alto sus similitudes esenciales. Es menos importante tener exactamente la mejor lista breve de principios que utilizar una lista de este tipo que esté bien pensada. En nuestra breve lista es nuevo el principio de que "los incentivos son importantes", que hemos añadido para hacer hincapié en que las comparaciones coste-beneficio son relevantes no sólo para identificar las decisiones que toman las personas racionales sino también para predecir las decisiones que toman realmente en numerosos campos.

- **Hemos adelantado el capítulo sobre el comercio internacional:** como este tema es tan importante, hemos adelantado el capítulo sobre el comercio internacional (que en la segunda edición era el Capítulo 16) para que apareciera al final de la Segunda Parte ("La competencia y la mano invisible"). En este capítulo (que ahora es el 9) hemos introducido numerosos cambios para ver explícitamente cómo afectan el comercio y algunas medidas, como los aranceles y los contingentes, a los excedentes del productor y del consumidor. En un nuevo apartado nos preguntamos qué trabajos son más susceptibles a la externalización.

- **Más énfasis en la competencia monopolística y en el oligopolio:** en la segunda edición definimos brevemente en el capítulo sobre la competencia imperfecta (Capítulo 9 en esa edición) los tres tipos de competencia imperfecta y centramos la atención exclusivamente en el monopolio puro. En esta edición hemos añadido una descripción más minuciosa de la competencia monopolística y del oligopolio (Capítulo 10 de esta edición). También hemos añadido numerosos ejemplos sobre estas estructuras de la industria en el capítulo siguiente sobre la elección estratégica (Capítulo 11 de la presente edición).
- **Nuevo material sobre las curvas de indiferencia:** en la segunda edición, introdujimos en la página web un apéndice sobre el problema de la elección del consumidor basado en las curvas de indiferencia. Pero como algunos revisores pensaban que este material debía ser más accesible para los que quisieran utilizarlo, hemos introducido en el Capítulo 5 un apéndice muy revisado. Este tema puede omitirse sin que ello impida comprender el contenido de los siguientes capítulos.
- **Nuevos apéndices algebraicos:** a la revisión básica del álgebra y la geometría de las líneas rectas presentados en el apéndice matemático del Capítulo 1 hemos añadido una iniciación a la solución de sencillos sistemas de dos ecuaciones con dos incógnitas. En esta edición, el análisis de la oferta y la demanda se realiza exclusivamente mediante el método verbal y gráfico. Pero hemos añadido un apéndice en el Capítulo 3 que contiene un análisis algebraico de la oferta y la demanda. También hemos añadido un breve apéndice en el Capítulo 9, que describe el modelo de oferta y demanda del comercio internacional mediante el álgebra y otro en el Capítulo 10, que muestra cómo puede analizarse algebraicamente la maximización de los beneficios monopolísticos.
- **Nuevas ilustraciones relacionadas con los apartados titulados El observador económico:** por razones que explican mejor los pedagogos, las ilustraciones pueden ser un instrumento pedagógico enormemente eficaz, debido, en parte, a su capacidad para establecer ricas redes de asociaciones cognitivas. Con el fin de explotar más eficazmente este instrumento, hemos encargado unas ilustraciones a Mick Stevens, famoso dibujante del *New Yorker*, y a otros artistas para acompañar muchos de los ejemplos de El observador económico. En esta edición, casi todos los ejemplos de El observador económico van acompañados de ilustraciones.

Si el libre comercio es tan magnífico, ¿por qué se opone a él tanta gente?

EN MACROECONOMÍA

- **Análisis más extenso de la política macroeconómica:** la función de reacción de la política monetaria que revisamos e introducimos en el Capítulo 27 es una descripción más realista de la forma en que el banco central gestiona la política monetaria y aclara la regla de Taylor. En el Capítulo 28 utilizamos esta función de reacción para ayudar a los estudiantes a distinguir entre un movimiento a lo largo de la curva de demanda agregada y un desplazamiento de la curva de demanda agregada provocado por un cambio de la política monetaria. A continuación, en un nuevo Capítulo 29 optativo presentamos un análisis más completo de la interacción entre la política fiscal y la política monetaria, ilustrando el papel fundamental que desempeña el banco central en cualquier inflación a largo plazo. También vemos que la mejora de la credibilidad puede ayudar a anclar las expectativas inflacionistas y explicamos las contribuciones de la independencia del banco central, la fijación de un objetivo para la inflación y la reputación del banco central. En el último apartado del Capítulo 29 ampliamos nuestro análisis de las dificultades que plantea en la vida real la gestión de la política macroeconómica.

- **Presentación más detallada de los modelos:** en el Capítulo 26 explicamos más detenidamente cómo afectan las reducciones de los impuestos al gasto agregado planeado. En un recuadro optativo también analizamos un modelo keynesiano básico, dejando el modelo completo para el apéndice, al igual que en la segunda edición. En los diagramas del Capítulo 28 incluimos las rectas transitorias de oferta agregada a corto plazo para mostrar cómo se desplaza la recta de oferta agregada a corto plazo cuando la producción efectiva se aleja de la potencial.
- **Ampliación del análisis de la economía de oferta:** la mayoría de los economistas está de acuerdo en que las variaciones de los tipos impositivos marginales pueden afectar tanto a la demanda como a la oferta agregada, pero discrepan sobre la magnitud de los efectos. En el Capítulo 28 describimos más detalladamente esta controversia y presentamos tanto datos teóricos como empíricos sobre los efectos que producen los tipos impositivos marginales en la oferta agregada.
- **Mayor atención a los precios de los activos:** en el Capítulo 21 ofrecemos una explicación más clara de la relación inversa entre los precios de los bonos y los tipos de interés. También analizamos los efectos que producen las variaciones de los precios de los activos (especialmente de las acciones y de la vivienda) en la demanda agregada.
- **Presentación más sencilla de los tipos de cambio:** utilizamos curvas de oferta y demanda para ilustrar la determinación de los tipos de cambio nominales antes de introducir el tipo de cambio real y la paridad del poder adquisitivo.
- **Nueva información sobre China:** la economía china, a su tasa actual de crecimiento, puede convertirse en la mayor economía del mundo dentro de una generación. En esta edición ampliamos nuestro análisis de China en la economía mundial. Examinamos los determinantes de su éxito y su gestión del tipo de cambio.
- **Nuevo material sobre la aceleración del crecimiento de la productividad:** la productividad, que se desaceleró en el periodo 1973-1995 en Estados Unidos, ha experimentado un crecimiento sorprendentemente alto. Presentamos y analizamos las causas de esta aceleración.
- **Análisis actualizado del ahorro y de la inversión:** además de poner énfasis en la importancia del ahorro público y privado y en la relación entre el déficit presupuestario, el ahorro nacional y los movimientos de capitales, analizamos las tendencias divergentes recientes del ahorro de las empresas y de los hogares.

EL RETO

El mundo es hoy más competitivo que cuando comenzamos a enseñar en la década de 1970. En un terreno tras otro, ya no basta con hacer lo de siempre. Antes, los jugadores de béisbol bebían cerveza y se iban de pesca durante la temporada de descanso, pero hoy levantan pesas y hacen bicicleta. Antes, los profesores jóvenes trabajaban en casa los fines de semana, pero ahora se les puede encontrar la mayoría de los fines de semana en el despacho. La competencia por atraer la atención del estudiante también se ha vuelto más feroz. Existen muchos cursos tentadores en los planes de estudios de cualquier universidad y diversiones incluso más tentadoras fuera del aula. Los estudiantes tienen más libertad que nunca para elegir.

Sin embargo, parece que muchos de nosotros nos hacemos ilusiones de que la mayoría de los estudiantes de primer año lleguen con el ferviente deseo de convertirse en teóricos de la economía y parece que aún no nos hemos dado cuenta de que su capacidad cognitiva y poder de concentración son recursos limiitados. Para no ceder terreno, debemos ser, no sólo más selectivos en lo que enseñamos, sino también más eficaces a la hora de defender nuestra disciplina. Debemos convencer a los estudiantes de que ofrecemos algo de valor.

Un curso de introducción a la economía bien concebido y bien ejecutado puede enseñar a nuestros estudiantes más sobre la sociedad y sobre la conducta humana en un solo cuatrimestre que casi cualquier otro curso universitario. Este curso puede y debe ser una aventura intelectual de primer orden. No todos los estudiantes que tomen el tipo de curso que imaginamos cuando escribimos este libro se especializarán, desde luego, en economía. Pero muchos sí e incluso el resto se quedará admirado del poder de las ideas económicas.

De la misma manera que un vendedor sabe que a menudo sólo tiene una única oportunidad de causar una primera buena impresión a un posible cliente, el curso de principios a menudo es nuestra única oportunidad de convencer a los estudiantes de que deben apreciar el valor de la economía. Tratando de enseñarles todo lo que sabemos —en lugar de lo más importante— desaprovechamos con demasiada frecuencia esta oportunidad.

MATERIAL AUXILIAR PARA EL PROFESOR*

DiscoverEcon with Paul Solman Videos: DiscoverEcon, que puede consultarse en www.discoverecon.com/frankbernanke3, es un sistema on line de descubrimiento de la economía y de gestión del curso. Los estudiantes pueden consultarlo gratuitamente introduciendo un código incluido en todos los ejemplares de la tercera edición. Sigue exactamente el orden de los temas, la terminología y el enfoque del libro. El programa es un texto interactivo; los capítulos son paralelos a los del libro y las páginas hacen referencia específicamente a las del libro. DiscoverEcon Plus contiene también una versión electrónica completa del libro, incluida la posibilidad de imprimirlo. Contiene enlaces inmediatos del programa interactivo a las páginas relevantes del libro que permiten a los estudiantes más fácilmente que nunca pasar de las explicaciones estáticas del libro a las explicaciones interactivas del programa.

Para el profesor, DiscoverEcon contiene opciones fáciles de utilizar para gestionar el curso y ejercicios pedagógicamente sensatos y calificados automáticamente que puede poner como tarea a los estudiantes para hacer en casa. La herramienta de creación de programas permite al profesor crear un programa interactivo que contenga vínculos con los ejercicios, las explicaciones interactivas y los vídeos. En un momento concreto, se puede crear un curso completo con tareas para casa.

Todos los capítulos de DiscoverEcon contienen preguntas de respuesta múltiple, preguntas de repaso con enlaces a páginas de internet y ejercicios de vinculación de términos. Los gráficos interactivos, los gráficos animados y las tablas vivas permiten a los estudiantes manipular las variables y estudiar los resultados. El programa contiene enlaces a vídeos creados por Paul Solman de *The NewsHour with Jim Lehrer*. En total, hay más de 30 vídeos de 5 ó 10 minutos que explican una idea económica clave, como el crecimiento económico, la elasticidad y las posibilidades de producción, de una manera fácil de recordar y accesible.

Los estudiantes entregan los resultados de los ejercicios directamente al profesor pulsando un botón. Los ejercicios de respuesta múltiple y los de vinculación de términos son calificados automáticamente quedando las calificaciones debidamente archivadas.

Esta versión totalmente actualizada y mejorada de *DiscoverEcon with Paul Solman Videos*, desarrollada por Gerald C. Nelson, profesor de la *University of Illinois at Urbana-Champaign*, brinda nuevas oportunidades de

*Todo este material lo encontrrá únicamente en su versión en inglés.

aprendizaje a los estudiantes y permite a los profesores integrarla fácilmente en los cursos existentes.

Instructor's Manual: este manual ampliado, realizado por Margaret Ray, profesora de la *University of Mary Washington* [micro], y por Mary Lesser, profesora de *Iona Collage* [macro], será extraordinariamente útil para todos los profesores, pero especialmente para los nuevos en esta tarea. Además de temas generales como *Using the Web Site*, *Economic Education Resources* e *Innovative Ideas*, hay para cada capítulo *An Overview*, *Core Principles*, *Important Concepts Covered*, *Teaching Objectives*, *Teaching Tips/Student Stumbling Blocas*, *More Economic Naturalists*, *In-Class and Web Activities*, *Annotated Chapter Outline*, *Answers to Textbook Problems*, *Sample Homework* y *Sample Reading Quiz*.

Test Banks: realizado por Kate Krause, profesora de la *University of New Mexico* [micro] y Nancy Jianakoplos, profesora de *Colorado State University* [macro], cada manual contiene más de 3.000 preguntas de respuesta múltiple clasificadas en *Teaching Objective* (de la *Study Guide*); *Learning Level* (conocimiento, comprensión, aplicación, análisis); *Type* (gráfico, cálculo, problema verbal), y *Source* (libro de texto, *Study Guide*, Web, especial).

Computerized Test Banks: los bancos de exámenes también pueden consultarse en el programa más reciente de generación de exámenes EZTest —micro y macro— que garantiza la máxima flexibilidad en la preparación de exámenes, incluida la reconfiguración de los ejercicios gráficos. EZTest es el patrón oro de los programas de creación de exámenes, existe tanto en formato Windows como en formato Macintosh.

PowerPoints: estas transparencias —micro y macro— realizadas por Steve Smith y Jeff Caldwell, de Rose State, contienen todas las ilustraciones del libro, así como un repaso detallado, capítulo por capítulo, de las ideas importantes presentadas en el texto. Estos profesores han hecho PowerPoints para muchos libros tanto de principios como de nivel intermedio.

Customizable Micro Lecture Notes and PowerPoints: una de las mayores dificultades para un profesor que se plantea la posibilidad de cambiar de libro de texto es la perspectiva de tener que preparar nuevas notas de clase y transparencias. Esta dificultad ya no existe en el caso de los capítulos de microeconomía. Existe una serie completa de notas de clase para los principios de microeconomía realizada por Bob Frank para su galardonado curso de introducción a la microeconomía de la Universidad de Cornell en formato Microsoft Word, que los profesores pueden adaptar conforme les parezca oportuno. El reto para cualquier profesor es reforzar las lecciones del texto en las clases sin crear malestar en los estudiantes por repetir meramente lo que hay en el libro. Estas notas de clase resuelven ese problema construyendo ejemplos que, aún siendo paralelos a los que hay en el libro son, sin embargo, diferentes y añaden aspectos interesantes. También existe una serie completa de ficheros en PowerPoint perfectamente ilustrados que acompaña a estas notas de clase. Los profesores pueden adaptarlos conforme deseen.

Overhead transparencias: hay más de 250 transparencias en cuatro colores que contienen todas las ilustraciones presentadas en el libro. Pueden solicitarse por separado para la parte de micro y para la de macro.

Instructor's CD-ROM: este notable programa Windows contiene las versiones completas del *Instructor's Manual*, los *Computerized Test Banks*, los PowerPoints, así como de las notas de clase y los ficheros PowerPoint que acompañan a los principios de microeconomía (véase la descripción más detallada que hemos realizado antes).

Online Learning Center (www.mhe.es/bernanke3): para los profesores hay, entre otras cosas, un boletín de noticias en línea llamado *Teaching Using the Web*; el *Instructor's Manual*; las presentaciones en PowerPoint**; *Economics on the Web*, una serie anotada de enlaces a páginas de interés para los economistas; una biblioteca de gráficos; así como una descripción del contenido de la página web para el estudiante y algún material optativo del libro.

MATERIAL AUXILIAR PARA EL ESTUDIANTE

Study Guide: este libro, escrito por Jack Mogab, profesor de *Southwest Texas State University*, y Louis Johnston, profesor del *College of St. Benedict/St. John's University*, contiene los siguientes elementos para cada capítulo: un pre-test; un *Learning Objective Grid*; un *Kew Point Review* con *Learnings Tips*; algunos *Self-Tests* (*Key Term Matching*, *Multiple Choice*, *Problems*) con respuestas, y una ampliación de la guía de la página web, en la que los estudiantes pueden practicar con los gráficos.

Online Learning Center (www.mhe.es/bernanke3): para los estudiantes hay material tan útil y apasionante para el libro en su conjunto como *Interpreting the News*, que son artículos y resúmenes de artículos relevantes con análisis y temas de repaso; un *Math Tutor*, que sirve de ayuda a los estudiantes que hayan olvidado sus conocimientos de matemáticas; *e-mail Updates*, que suministran periódicamente información y ayudas para estudiar; el *Glossary* del libro, y *Economics on the Web*, útiles direcciones de Internet anotadas para los estudiantes de economía. También hay para cada capítulo una *Electronic Learning Session* que comienza con una breve recapitulación del capítulo, seguida de un examen con respuestas y análisis y de una serie de sesiones de estudio basadas en *Economic Naturalist Exercises*; *Graphing Exercises*; *PowerPoints*, y *Key Terms*; por último, hay una segunda prueba, con respuestas y análisis.

DiscoverEcon with Paul Solman Videos: DiscoverEcon, que puede consultarse en www.discoverecon.com/frankbernanke3, puede ser consultado gratuitamente por los estudiantes introduciendo un código incluido en todos los ejemplares de la tercera edición. El programa es un texto interactivo; los capítulos son paralelos a los del libro y las páginas hacen referencia específicamente a las del libro. DiscoverEcon Plus añade una versión electrónica completa del libro, incluida la posibilidad de imprimirlo a un precio considerablemente más bajo. Contiene enlaces inmediatos del programa interactivo a las páginas relevantes del libro que permiten a los estudiantes más fácilmente que nunca pasar de las explicaciones estáticas del libro a las explicaciones interactivas del programa.

Todos los capítulos de DiscoverEcon contienen preguntas de respuesta múltiple, preguntas de repaso con enlaces a páginas de internet y ejercicios de vinculación de términos. Los gráficos interactivos, los gráficos animados y las tablas vivas permiten a los estudiantes manipular las variables y estudiar los resultados. El programa contiene enlaces a vídeos creados por Paul Solman de *The NewsHour with Jim Lehrer*. En total, hay más de 30 vídeos de 5 ó 10 minutos que explican una idea económica clave, como el crecimiento económico, la elasticidad y las posibilidades, de producción de una manera fácil de recordar y accesible.

** Disponible en castellano.

Los estudiantes entregan los resultados de los ejercicios directamente al profesor pulsando un botón. Los ejercicios de respuesta múltiple y los de vinculación de términos son calificados automáticamente quedando las calificaciones debidamente archivadas.

Esta versión totalmente actualizada y mejorada de *DiscoverEcon with Paul Solman Videos*, desarrollada por Gerald C. Nelson, profesor de la *University of Illinois at Urbana-Champaign*, brinda nuevas oportunidades de aprendizaje a los estudiantes y permite a los profesores integrarla fácilmente en los cursos existentes.

Los estudiantes que no tengan un código y quieran la versión electrónica del libro pueden comprar DiscoverEcon o DiscoverEconPlus en www.discoverecon.com/frankbernanke3.

***BusinessWeek* Edition:** los estudiantes pueden suscribirse durante 15 semanas a *Business Week* por un precio especial, además del precio del libro. Al adquirir el libro, recibirán una tarjeta con el código correspondiente que, una vez introducido en la dirección de Internet indicada, les permite acceder a la página de registro de *Business Week* para activar su suscripción a las ediciones electrónica e impresa.

***Wall Street Journal* Edition:** los estudiantes pueden suscribirse durante 15 semanas a *The Wall Street Journal* por un precio especial además del precio del libro. Al adquirir el libro, recibirán un manual titulado How to Use the *WSJ* además de una tarjeta con el código correspondiente que, una vez introducido en la dirección de internet indicada, les permite acceder a la página de suscripción a Dow Jones Interactive válida para un periodo de 15 semanas.

NOTA SOBRE LA REDACCIÓN DE ESTA EDICIÓN

Ben Bernanke fue durante dos años y medio miembro de la Junta de Gobernadores del Sistema de la Reserva Federal y ha sido nombrado recientemente presidente del *Council of Economic Advisers* del presidente de Estados Unidos. Estos cargos le han permitido desempeñar un papel activo en la formulación de la política económica de Estados Unidos.

Roger Kaufman, profesor de *Smith College*, ha dirigido la revisión de la parte de macroeconomía del libro. Roger, que utiliza este libro desde hace tiempo y es un magnífico profesor, aporta su larga experiencia docente al proyecto. Ha realizado un excelente trabajo en la actualización del libro para reflejar los acontecimientos recientes más importantes de la economía mundial. Desde el punto de vista pedagógico, ha hecho que el libro sea más fácil de manejar para los estudiantes y que la presentación sea más minuciosa, manteniendo al mismo tiempo el enfoque y las virtudes subyacentes del libro. Ben Bernanke y Robert Frank le expresan su profunda gratitud por la energía y la creatividad que ha aportado a su trabajo. Ha hecho del libro un instrumento mejor para los estudiantes y los profesores.

AGRADECIMIENTOS

Debemos dar las gracias, en primer lugar, a nuestro editor, Gary Burke, por su inquebrantable fe en nuestro proyecto desde sus comienzos. En un sector que se conoce por aferrarse a fórmulas probadas, se ha mostrado dispuesto desde el comienzo a apostar a que el mercado adoptará nuestra visión algo heterodoxa. Sin su apoyo y su aliento, nunca podríamos haber producido este libro. Tom

Thompson, nuestro editor de desarrollo, nos fue de enorme ayuda, ya que nos guió con inteligencia, paciencia y tacto en las tres grandes revisiones del manuscrito original y en las extensas revisiones posteriores de la segunda y la tercera edición. Damos las gracias a Paul Shensa, el editor principal, cuya considerable experiencia, perspicaces sugerencias y extensos conocimientos del mercado fueron de gran ayuda. También damos las gracias a Marty Quinn, nuestra creativa directora de marketing por ayudarnos a transmitir el mensaje al mundo en general. Estamos especialmente agradecidos a Betty Morgan, nuestra soberbia editora del manuscrito, así como al equipo de producción, cuyo profesionalismo fue extraordinario; Susanne Riedell, directora de proyectos; Matthew Baldwin, diseñador; Michael McCormick, supervisor de producción; Lori Kramer, coordinadora de investigación fotográfica; Carol Loreth, productora de materiales auxiliares; Becky Szura, directora de proyectos audiovisuales; y Jennifer Fisher, productora de audiovisuales. También nos gustaría dar las gracias a Sarah Anders por su fiel ayuda para la actualización de los datos macroeconómicos.

Por último, nuestras más sinceras gracias a los siguientes profesores y colegas, cuyas exhaustivas revisiones y reflexivas sugerencias contribuyeron a la introducción de sustanciales mejoras:

Revisores de la edición española

Malena Svarch Pérez y Saidé Aranzazú Salazar Altamirano, quienes realizaron la primera lectura del texto.

Juan Francisco Canal Rodríguez
Universidad de Oviedo

Antonio Cutanda Tarín
Universidad de Valencia

Iñaki Erauskin
Universidad de Deusto

Javier Escribá
Universidad de Valencia

Ainhoa Herrarte
Universidad Autónoma de Madrid

Joan Hortalà i Arau
Universitat de Barcelona

Manuel Martín-Cobos Puebla
Universidad de Granada

José Ramos Rodrigo
Universidad Europea de Madrid

Hugo Alarcón Madrid
Universidad Autónoma de Chihuahua

Nora Ampudia
Universidad Panamericana

Cuauhtemoc Anda Mendoza
Instituto Tecnológico y de Estudios Superiores de Monterrey Campus Estado de México

Miguel Ángel Arteaga Rodríguez
Universidad La Salle

Ezequiel Avilés Ochoa
Universidad de Occidente

Norma Canto
Universidad Anahuac Queretaro

Mª de Lourdes Carcomo Solís
Instituto Tecnológico y de Estudios Superiores de Monterrey Campus Ciudad de México

Horacio Cardiel Pérez
Instituto Tecnológico y de Estudios Superiores de Monterrey Campus Queretaro

Mario Cortés Garay
Instituto Tecnológico y de Estudios Superiores de Monterrey Campus Queretaro

Maestro Sergio Díaz Gómez
Universidad Autónoma SLP

Ericka Donjuan C.
Universidad Autónoma de Ciudad Juárez

Isidoro Espino
Tecnológico de Chihuahua

Julián Fernández
Tecnológico de Chihuahua

Hugo Fuentes
Instituto Tecnológico y de Estudios Superiores de Monterrey Campus Toluca

Margarita Furlong
Universidad Iberoamericana

Jesús Antonio Gardea Ramos
Universidad Autónoma de Chihuahua

Vanessa Gardea Zapata
Universidad Autónoma de Chihuahua

María Esther González Aguilar
Universidad Autónoma de Chihuahua

Rafael Grado Salayandia
Universidad Autónoma de Chihuahua

Alejandro Granillo Robles
Universidad Autónoma de Chihuahua

Luis Gutiérrez Pagani
Instituto Tecnológico de Veracruz

Mario A. Guzmán de la R.
Instituto Tecnológico y de Estudios Superiores de Monterrey Campus San Luis Potosi

Andrea Hernández
Instituto Tecnológico y de Estudios Superiores de Monterrey Morelia

Francisco Javier Hernández
Universidad del Valle de Atemajac

Silvia Hernández Escarzaga
Universidad Autónoma de Chihuahua

Rafael Hernández Gardea
Universidad Autónoma de Chihuahua

Maestro Jaime Hernández Zamarrón
Universidad Autónoma SLP

Omar Jiménez Sandoval
Instituto Tecnológico y de Estudios Superiores de Monterrey Campus Estado de México

Juan Carlos Kiessling Davison
Tecnológico de Chihuahua

Fernando Leal del Rosal
Universidad Autónoma de Chihuahua

Jorge A. Mendoza García
Instituto tecnológico y de Estudios Superiores de Monterrey Campus Ciudad de México

Pedro Núñez
Instituto Tecnológico de Estudios Superiores de Occidente

Martha Ocio
Centro Universitario de Ciencias Económico-Administrativas de la Universidad de Guadalajara

Sergio Daniel Padilla Esparza
Universidad Autónoma de Chihuahua

Jose Luis Pallares Ronquillo
Universidad Autónoma de Chihuahua

Gabriel Pérez del Peral
Universidad Panamericana

Kristiano Raccanello
Universidad de Las Américas Puebla

Pedro Javier Reyes Trujillio
Tecnológico de Chihuahua

Luis Raúl Sánchez Acosta
Universidad Autónoma de Chihuahua

Javier Sánchez Carlos
Universidad Autónoma de Ciudad Juárez

Edwin Santos Aban Candia
Instituto Tecnológico y de Estudios Superiores de Monterrey Campus Monterrey

Antonio Tejada Rodríguez
Universidad Autónoma de Ciudad Juárez

Jesús Urrutia
Benemérito Universidad Autónoma de Puebla

Facultad de Contaduria Pública

Hugo Vargas Becerril
Instituto Tecnológico de SONORA

Francisco Vargas Romero
Universidad Autonoma de Sinaloa

Alicia Vázquez
Instituto Tecnológico y de Estudios Superiores de Monterrey Campus Guadalajara

Revisores de la tercera edición

Ugur Aker
Hiram College

Rashid AI-Hmoud
Texas Tech University

Sudeshna Bandyopadhay
West Virginia University

Michael Bar
University of Minnesota

Klaus Becker
Texas Tech University

Ariel Belason
Binghamton University

Calvin Blackwell
College of Charleston

Clair Brown
University of California-Berkeley

Andrew Buck
Temple University

James Butikofer
Washington University in St. Louis

Randy Campbell
Mississippi State University

Lon Carlson
Illinois State University

Nevin Cavusoglu
University of New Hampshire

Xia Chen
Tulane University

Nan-Ting Chou
University of Louisville

Eleanor Craig
University of Delaware

Ward Curran
Trinity College

Donald Dale
Muhlenberg College

Fred Derrick
Loyola University [MD]

Linda Dynan
Northern Kentucky University

Michael Enz
Western New England College

Belton Fleisher
The Ohio State University

Robert Florence
St. Bonaventure University

Kent Ford
Onondaga Community College

Joseph Friedman
Temple University

Ynon Gablinger
City University of New York-Hunter College

Rob Garnett
Texas Christian University

Gregory Green
Idaho State University

Sunil Gulati
Columbia University

Alan Gummerson
Florida International University

Paul Hamilton
DePauw University

Mehdi Haririan
Bloomsburg University of Pennsylvania

Joe Haslag
University of Missouri-Columbia

Jeff Hefel
Saint Mary's University

Barry Hirsch
Trinity University [Tejas]

Brett Katzman
Kennesaw State University

Brendan Kennelly
National University of Ireland

Frederick Kolb
University of Wisconsin-Eau Claire

Stephan Kroll
California State University-Sacramento

Christopher Laincz
Drexel University

Tom Lehman
Indiana Wesleyan

Patricia Lindsey
Butte College

Alina Luca
Drexel University

Jeffrey Macher
Georgetown University

Norman Miller
Miami University

Christopher Mushrush
Illinois State University

Wilhelm Neuefeind
Washington University in St. Louis

Norman Obst
Michigan State University

Frank O'Connor
Eastern Kentucky University

Thomas Odegaard
Baylor University

Ronald Olive
University of Massachusetts-Lowell

Terry Olson
Truman State University

Santiago Pinto
West Virginia University

Robert Rebelein
Vassar College

Michael Rolleigh
University of Minnesota

Dan Rubenson
Southern Oregon University

Sumati Srinivas
Radford University

Petia Stoytcheva
Louisiana State University

Marie Truesdell
Marian College

Nora Underwood
Central Florida University

Norman Van Cott
Ball State University

Kristin Van Gaasbeck
California State University-Sacramento

William Welch
Saginaw Valley State University

Paula Worthington
University of Chicago

Micky Wu
Coe College

Zhenhui Xu
Georgia College and State University

Revisores de las dos primeras ediciones

Ercument Aksoy
Los Angeles Valley College

Richard Anderson
Texas A&M University

Daniel Berkowitz
University of Pittsburgh

Guatam Bhattacharya
University of Kansas

Scott Bierman
Carleton College

Bruce Blonigen
University of Oregon

Beth Bogan
Princeton University

George Borts
Brown University

Nancy Brooks
University of Vermont

Douglas Brown
Georgetown University

Marie Bussings-Burk
Southern Indiana University

David Carr
University of Colorado

Jack Chambless
Valencia Community College

James Cover
University of Alabama

Carl Davidson
Michigan State University

Lynn Pierson Doti
Chapman College

Donald Dutkowsky
Syracuse University

Nancy Fox
Saint Joseph's College

Johah Gelbach
University of Maryland

Linda Ghent
East Carolina University

Kirk Gifford
Ricks College

Robert Gillette
University of Kentucky

Stephen Gohman
University of Louisville

Refet Gurkaynak
Princeton University

Mary Jean Horney
Furman University

Nancy Jianakoplos
Colorado State University

Robert Johnson
University of San Diego

Herbert Kiesling
Indiana University

Bruce Kingma
State University of New York-Albany

Leonard Lardaro
University of Rhode Island

Anthony Lima
California State University-Hayward

Tom Love
North Central University

Steven McCafferty
The Ohio State University

Edward McNertney
Texas Christian University

William Merrill
Iowa State University

Paul Nelson
Northeast Louisiana State University

Neil Niman
University of New Hampshire

Charles Okeke
Community College of Southern Nevada

Duane Oyen
University of Wisconsin-Eau Claire

Theodore Palivos
Louisiana State University

Michael Potepan
San Francisco State University

Steve Robinson
University of North Carolina-Wilmington

Christina Romer
University of California-Berkeley

David Romer
University of California-Berkeley

Greg Rose
Sacramento City College

Robert Rossana
Wayne State University

Richard Salvucci
Trinity University

Edward Scahill
University of Scranton

Pamela Schmitt
Indiana University

Esther-Mirjam Sent
University of Notre Dame

John Solow
University of Iowa

Dennis Starleaf
Iowa State University

Helen Tauchen
University of North Carolina-Chapel Hill

Kay Unger
University of Montana

Stephan Weiler
Colorado State University

Jeffrey Weiss
City University of New York-Baruch College

Richard Winkelman
Arizona State University

Mark Wohar
University of Nebraska-Omaha

Louise Wolitz
University of Texas-Austin

Darrel Young
University of Texas-Austin

Zenon Zygmont
Western Oregon University

ÍNDICE ABREVIADO

ÍNDICE

PARTE 6 La economía a largo plazo

PARTE 7 La economía a corto plazo

PARTE 8 La economía internacional

PARTE

5

MACROECONOMÍA: CUESTIONES Y DATOS

Los físicos estudian el mundo en escalas muy diferentes, que van desde el funcionamiento interno del átomo hasta las vastas dimensiones del cosmos. Aunque se piensa que las leyes de la física se aplican a todas las escalas, los científicos observan que unos fenómenos se comprenden mejor cuando se analizan "a pequeña escala" y otros cuando se analizan "a gran escala". Aunque la variedad de escalas con las que deben trabajar los economistas es mucho menor que en física, también les resulta útil analizar la conducta económica tanto a pequeña escala, es decir, en el nivel "micro", como a gran escala, es decir, en el nivel "macro". En esta parte presentamos al lector la *macroeconomía*, que es el estudio de los resultados de las economías nacionales. A diferencia de la *microeconomía*, que centra la atención en la conducta de cada hogar, de cada empresa y de cada mercado, los macroeconomistas adoptan una visión panorámica de la economía. Así, por ejemplo, mientras que un microeconomista estudia los determinantes del gasto de los consumidores en ordenadores personales, los macroeconomistas analizan los factores que determinan el gasto de consumo agregado o total. La experiencia ha demostrado que la perspectiva macroeconómica es más útil para analizar muchas cuestiones.

En el Capítulo 17 iniciamos nuestro análisis de la macroeconomía presentando al lector algunas de las cuestiones macroeconómicas fundamentales, entre las cuales se encuentran la búsqueda de los factores que hacen que las economías crezcan, que la productividad mejore y que los niveles de vida aumenten durante largos periodos de tiempo. Los macroeconomistas también estudian, entre otros temas, las fluctuaciones a más corto plazo de la economía (llamadas recesiones y expansiones), el desempleo, la inflación y la interdependencia económica de los países. La política macroeconómica —las medidas que adoptan los gobiernos para mejorar los resultados de la economía— tienen especial interés para los macroeconomistas, ya que su calidad es un importante determinante de la salud económica de un país.

Para estudiar científicamente fenómenos como el crecimiento económico, los economistas deben realizar mediciones precisas. En los capítulos 18 y 19 continuamos con nuestra introducción a la macroeconomía explicando cómo se miden y se interpretan algunos conceptos macroeconómicos fundamentales. En el 18 analizamos dos importantes medidas del nivel de actividad económica: el producto interior bruto y la tasa de desempleo. Además de describir cómo se elaboran estas variables en la práctica, también vemos cómo están relacionadas con el bienestar económico de la persona representativa. En el 19 nos ocupamos de la medición del nivel de precios y de la inflación y analizamos los costes que impone ésta a la economía. Cuando el lector haya terminado la Quinta Parte, estará familiarizado no sólo con las principales preguntas que se hacen los macroeconomistas, sino también con algunos de los instrumentos más importantes que utilizan para tratar de encontrar las respuestas.

CAPÍTULO

17

MACROECONOMÍA: VISIÓN PANORÁMICA DE LA ECONOMÍA

En 1929, la economía de Estados Unidos experimentó una espectacular desaceleración. Entre agosto de 1929 y finales de 1930, las fábricas y las minas del país, ante la brusca disminución de las ventas, redujeron su producción nada menos que un 31%. Esta reducción provocó, a su vez, un ingente número de despidos: entre 1929 y 1930, el número de personas desempleadas casi se triplicó, pasando de alrededor de un 3% de la población trabajadora a casi un 9%[1]. Los mercados financieros también se tambalearon. El mercado de valores se hundió en octubre de 1929 y en sólo 3 semanas las acciones perdieron casi un tercio de su valor.

Al principio, los responsables de la política económica y el público en general (salvo las personas que habían invertido todos sus ahorros en la bolsa) se mostraron preocupados, pero no aterrorizados. Los estadounidenses recordaban que sólo 8 años antes, en 1921-1922, el país había experimentado una desaceleración similar. Ese episodio había acabado rápidamente, al parecer por sí solo, y durante los diez años siguientes (conocidos popularmente con el nombre de "locos años 20") el país había gozado de una prosperidad sin precedentes. Pero la caída de la producción y el aumento del desempleo que comenzaron en 1929 continuaron hasta 1931. En la primavera de ese año, parecía que la economía se estabilizaba brevemente y el Presidente Herbert Hoover proclamó optimistamente que "la prosperidad es inminente". Pero a mediados de 1931 la economía cayó aún más en picado. Lo que los historiadores llaman hoy Gran Depresión había comenzado de verdad.

Los datos sobre el empleo cuentan la historia de la Gran Depresión desde el punto de vista del trabajador. El desempleo fue extraordinariamente alto durante toda la década de 1930, a pesar de los intentos del gobierno de reducirlo mediante grandes programas de empleo público. En el peor momento de la

[1] La fuente de estas cifras y de casi todas las cifras anteriores a 1960 citadas en este capítulo se encuentran en U. S. Bureau of the Census, *Historical Statistics of the United States: Colonial Times to 1970*, Washington, 1975.

Depresión, en 1933, uno de cada cuatro estadounidenses estaba desempleado. El desempleo disminuyó gradualmente hasta alcanzar la cifra de un 17% de la población trabajadora en 1936, pero en 1939 seguía encontrándose en ese nivel. Muchos de los que tenían la suerte de tener trabajo sólo podían trabajar media jornada, mientras que otros trabajaban por un salario mísero.

En algunos otros países, la situación era incluso peor. En Alemania, que nunca se recuperó totalmente de la derrota sufrida en la Primera Guerra Mundial, casi un tercio de todos los trabajadores estaba desempleado y muchas familias perdieron sus ahorros cuando quebraron algunos grandes bancos. De hecho, la desesperada situación económica fue una de las principales razones por las que Adolf Hitler fue elegido Canciller de Alemania en 1933. Introduciendo un extenso control de la economía por parte del Estado, Hitler rearmó al país y acabó emprendiendo lo que acabaría siendo la guerra más destructiva de la historia, la Segunda Guerra Mundial.

¿Cómo pudo ocurrir esa catástrofe económica? Según una de las hipótesis que se oye frecuentemente, la Gran Depresión fue provocada por una salvaje especulación en Wall Street, que fue la causa de la crisis bursátil. Pero, aunque los precios de las acciones fueran extraordinariamente altos en 1929, apenas existen datos que induzcan a pensar que la caída de los precios de las acciones fuera una de las principales causas de la Depresión. Una crisis similar registrada en octubre de 1987, en la que los precios de las acciones cayeron nada menos que un 23% en un día —acontecimiento comparable por su gravedad a la crisis de octubre de 1929— no frenó la economía significativamente. Otra razón para dudar de que la crisis bursátil de 1929 fuera la causa de la Gran Depresión es que no afectó sólo a Estados Unidos, sino que fue un acontecimiento mundial que afectó a países que no tenían en ese momento unos mercados de valores muy desarrollados. Es más razonable pensar que el comienzo de la Depresión probablemente fue la causa de la crisis bursátil y no a la inversa.

Otra explicación de la Depresión, sugerida por algunos economistas en la década de 1930, es que las economías de libre mercado, como las de Estados Unidos y Alemania, son inestables "por naturaleza", propensas a experimentar largos periodos de baja producción y elevado desempleo. Pero esta idea tampoco es ya muy aceptada, ya que el periodo posterior a la Segunda Guerra Mundial ha sido, en general, un periodo de prosperidad y de crecimiento económico en todo el mundo industrializado.

¿A qué se *debió*, pues, la Gran Depresión? Actualmente, la mayoría de los economistas que han estudiado el periodo la atribuyen a la *desacertada política económica* tanto de Estados Unidos como de otros grandes países industrializados. Naturalmente, no es que los responsables de la política económica quisieran provocar una catástrofe económica, sino que fueron víctimas de las creencias erróneas de la época sobre el funcionamiento de la economía. En otras palabras, la Gran Depresión, lejos de ser inevitable, *se podría haber evitado:* habría bastado con que se hubieran tenido mayores conocimientos de economía. Desde la perspectiva actual, la Gran Depresión fue para la elaboración de la política económica lo que la travesía del *Titanic* para la navegación marítima.

© CORBIS

¿Se podría haber evitado la Gran Depresión si se hubieran tomado medidas económicas mejores?

Una de las pocas ventajas de la Gran Depresión fue que obligó a los economistas y a los responsables de la política económica de los años 30 a reconocer que había enormes lagunas en sus conocimientos sobre el funcionamiento de la economía. Este reconocimiento dio como resultado el desarrollo de un nuevo subcampo de la economía, llamado macroeconomía. Recuérdese que en el Capítulo 1 vimos que la *macroeconomía* es el estudio de los resultados de las economías nacionales y de las medidas que utilizan los gobiernos para tratar de mejorarlos.

En este capítulo introducimos el tema y algunos de los instrumentos de la macroeconomía. Aunque continúa siendo importante para los macroeconomistas comprender episodios como la Gran Depresión, este campo se ha expandido e incluye el análisis de otros muchos aspectos de las economías nacionales. Entre las cuestiones que estudian los macroeconomistas se encuentran las causas del crecimiento y el desarrollo económicos a largo plazo, las causas del elevado desempleo y los factores que determinan la tasa de inflación. Como no podría ser menos en un mundo en el que la "globalización" económica preocupa a los hombres de negocios y a los responsables de la política económica, los macroeconomistas también estudian la interdependencia de las economías nacionales. Dado que los resultados de la economía nacional influyen notablemente en el nivel de empleo, en los salarios que ganan los trabajadores, en los precios que pagan y en las tasas de rendimiento de sus ahorros, es evidente que la macroeconomía aborda cuestiones primordiales que afectan a casi todo el mundo.

A la luz del comportamiento de Estados Unidos durante la Gran Depresión, los macroeconomistas tienen especial interés en comprender cómo funciona la *política macroeconómica* y cómo debe aplicarse. La **política macroeconómica** es la política que siguen los gobiernos para influir en los resultados de la economía en su conjunto (por oposición a la política que pretende influir en los resultados del mercado de un determinado bien o servicio, como el azúcar o los cortes de pelo). Se confía en que, comprendiendo mejor cómo afecta la política económica a la economía, los economistas puedan ayudar a los responsables de la política económica a obtener mejores resultados y a no cometer graves errores, como los que se cometieron durante la Gran Depresión. En el plano individual, educando a la gente sobre la política macroeconómica y sobre sus efectos se conseguirá una ciudadanía mejor informada, capaz de tomar decisiones bien razonadas en las urnas.

política macroeconómica política de los gobiernos destinada a influir en los resultados de la economía en su conjunto

LAS PRINCIPALES CUESTIONES MACROECONÓMICAS

Hemos afirmado que la macroeconomía es el estudio de los resultados de la economía nacional, así como de la política que se utiliza para mejorarlos. Examinemos ahora más detenidamente algunas de las principales cuestiones económicas que estudian los macroeconomistas.

EL CRECIMIENTO ECONÓMICO Y EL NIVEL DE VIDA

Aunque los países industrializados ricos (como Estados Unidos, Canadá, Japón y los países de Europa occidental) no están libres, desde luego, de la pobreza, el hambre y la falta de hogar, el ciudadano medio de esos países disfruta de un nivel de vida más alto que en cualquier época o lugar anterior. Por *nivel de vida* entendemos el grado en que los individuos tienen acceso a bienes y servicios que les permiten disfrutar de una vida más fácil, más sana, más segura y más placentera. Las personas que tienen un elevado nivel de vida disfrutan de más y mejores bienes de consumo: vehículos todoterreno, videocámaras, teléfonos celulares, etc. Pero estos países también disfrutan de mayor esperanza de vida y mejor salud general (gracias a una asistencia médica de alta calidad, una buena nutrición y un buen sistema de saneamiento), de un porcentaje más alto de personas que sabe leer y escribir (gracias a que es mayor el acceso a la educación), de más tiempo y oportunidades para el enriquecimiento cultural y el ocio, de opciones profesionales más interesantes y que permiten sentirse más realizado y de mejores condiciones de trabajo. Naturalmente, el *principio de la escasez* sigue siendo válido: tener una cantidad mayor de una cosa buena significa tener una menor de otra, incluso para los ciudadanos de los países ricos. Pero cuando la renta es más alta, es mucho menos doloroso elegir. Elegir entre una vivienda mayor y un automóvil más bonito es mucho más fácil que elegir entre alimentar como es debido a los hijos y llevarlos a la escuela, que es el tipo de difícil elección que tienen que hacer las personas que viven en los países más pobres.

Los habitantes de los países occidentales a veces dan por descontado su nivel de vida o incluso lo consideran un "derecho". Como dice la letra de una canción de Paul Simon, "Dios bendiga nuestro nivel de vida —¡que siga así!". Pero debemos darnos cuenta de que la forma en que vivimos hoy es radicalmente diferente de la forma en que ha vivido la gente durante la mayor parte de la historia. El nivel de vida actual de los países occidentales es el resultado de varios siglos de continuo *crecimiento económico,* que es un proceso de aumento constante de la cantidad de bienes y servicios que puede producir la economía y de su calidad. La ecuación básica es sencilla: cuanto más podemos producir, más podemos consumir. Aunque no todos los miembros de una sociedad se benefician por igual de los frutos del crecimiento económico, en la mayoría de los casos el crecimiento mejora el nivel de vida de la persona media.

Para hacerse una idea del crecimiento económico que se ha producido con el paso del tiempo, examinemos la Figura 17.1, que muestra cómo ha aumentado la producción

FIGURA 17.1
Producción de la economía de Estados Unidos, 1900-2004.
La producción de la economía de Estados Unidos se ha multiplicado por más de 33 desde 1900 y por más de 6 desde 1950.

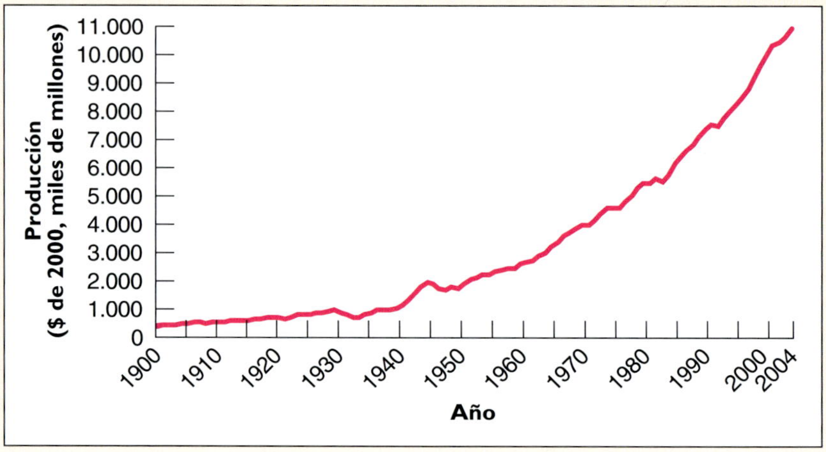

de la economía de Estados Unidos desde 1900 (en el siguiente capítulo analizamos el indicador de la producción aquí utilizado, que es el producto interior bruto real). Aunque la producción a veces fluctúa, la tendencia general ha sido inequívocamente ascendente. De hecho, en 2004 la producción de la economía de Estados Unidos fue casi 33 veces mayor que en 1900 y más de 6 veces mayor que en 1950. ¿A qué se ha debido este notable crecimiento económico? ¿Puede continuar? ¿Debe continuar? Éstas son algunas de las preguntas a las que tratan de responder los macroeconomistas.

Una de las causas del crecimiento que ha experimentado la producción en Estados Unidos durante los últimos cien años ha sido el rápido crecimiento de la población y, por lo tanto, del número de trabajadores. Como consecuencia del crecimiento de la población, el nivel general de vida no puede aumentar en la misma cuantía que la producción *total*. Aunque un aumento de la producción significa la existencia de más bienes y servicios, un aumento de la población implica que esos bienes y servicios se reparten entre más personas. Como la población varía con el paso del tiempo, la producción *per cápita* es un indicador del nivel medio de vida mejor que la producción total.

Casi 60 millones de hogares estadounidenses tienen dos o más automóviles.

La Figura 17.2 muestra la producción per cápita de Estados Unidos desde 1900 cápita es menor que el aumento de la producción total mostrado en la Figura 17.1 debido al crecimiento de la población. No obstante, las mejoras conseguidas durante este largo periodo son impresionantes: en 2004, un residente estadounidense representativo consumió más de ocho veces la cantidad de bienes y servicios de que disponía un residente representativo a comienzos del siglo XX. Como muestra la Tabla 17.1, Estados Unidos tiene uno de los niveles de vida más altos y existen notables diferencias internacionales entre las pautas de consumo. Los estadounidenses tienen más

FIGURA 17.2
Producción per cápita y por trabajador en la economía de Estados Unidos, 1900-2004.
La línea de color rojo muestra la producción por trabajador en la economía de Estados Unidos desde 1900 y la de color azul la producción per cápita. Ambas han aumentado considerablemente. La producción per cápita es hoy ocho veces mayor que en 1900 y la producción por trabajador es más de seis veces mayor.

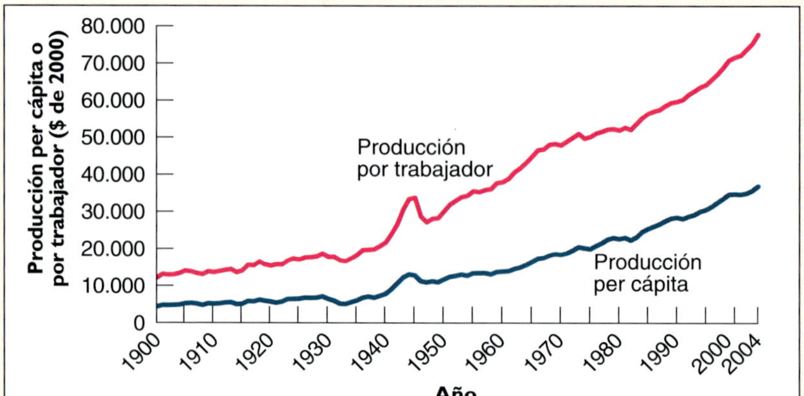

TABLA 17.1
Pautas internacionales de consumo

País	Televisores (por 1.000 habitantes)	Abonados a la telefonía celular (por 1.000 habitantes)	Usuarios de Internet (por 1.000 habitantes)	Ordenadores personales (por 1.000 habitantes)	Vehículos de motor (por 1.000 habitantes)	Consumo de energía (kg equivalentes de petróleo per cápita)	Consumo de electricidad per cápita (kilovatios-hora)
Renta alta							
Canadá	691	377	512,8	487,0	581,1	7.972,6	18.212
Alemania	675	727	411,9	431,3	585,9	4.197,8	7.207
Japón	785	637	448,9	382,2	598,9	4.057,5	8.203
Estados Unidos	938	488	551,4	658,9	811,7	7.942,6	13.241
Renta media							
Argentina	326	178	112,0	82,0	186,7	1.543,2	2.453
China	350	161	46,0	27,6	16,0	959,5	1.139
Hungría	119	676	157,6	108,4	306,0	2.505,1	3.886
México	282	255	98,5	82,0	165,4	1.560,3	2.228
Renta baja							
India	83	12	15,9	7,2	16,5	513,3	561
Indonesia	153	55	37,7	11,9	28,8	736,9	469
Pakistán	150	8	10,3	4,2	11,7	454,1	479

Los datos de las columnas 2-6 se refieren al año 2002, los de la columna 1 al año 2003 y los de la Columna 7 al año 2001.
FUENTE: Columna 1: http://www.worldbank.org/data/wdi2005/pdfs/Table5_11.pdf; columnas 2, 3, 7: Human Development Report 2004, http://hdr.undp.org/reports/global/2004/; columnas 4, 6: http://www.worldbank.org/data/dataquery.html; Columna 5: http://www.imf.org/external/pubs/ft/weo/2005/01/chp4data/fig4_7.csv.

televisores, ordenadores personales y vehículos de motor por persona que cualquier otro país de la Tabla 17.1. Según algunas estimaciones recientes, en Estados Unidos hay 1,9 automóviles por cada hogar estadounidense y sólo alrededor de un 8% de los hogares (muchos de los cuales viven en ciudades, que disponen de buen acceso al transporte público) carece de automóvil. En cambio, los húngaros tienden a estar abonados a la telefonía celular más que cualquiera de las otras 10 nacionalidades mencionadas en la Tabla 17.1[2]. Y aunque muchas de las pautas de consumo de China son similares a las de los países que el Banco Mundial llama países de "renta baja", los chinos tienen más televisores por habitante que la mayoría de los países en vías de desarrollo.

El aumento que ha experimentado la producción de Estados Unidos en los últimos cien años ha ido acompañado de un aumento del acceso a la educación. Por ejemplo, todavía en 1960, sólo el 41% de los adultos de más de 25 años había terminado los estudios secundarios y menos del 8% había estudiado 4 años en la universidad. Actualmente, más del 85% de la población adulta tiene al menos el título de enseñanza secundaria y alrededor del 27% posee un título universitario. Más de la mitad de los estudiantes que terminan los estudios secundarios va a la universidad. El aumento de la renta, que permite a los jóvenes continuar estudiando en lugar de ponerse a trabajar para mantenerse a sí mismos y a su familia, es una de las principales causas de este aumento del nivel de estudios.

LA PRODUCTIVIDAD

Aunque el crecimiento de la producción per cápita está estrechamente relacionado con los cambios de lo que puede *consumir* la persona media, a los macroeconomistas

[2] Los teléfonos celulares son populares en muchos países de renta media debido a su deficiente infraestructura de telefonía convencional.

también les interesan las variaciones de lo que puede *producir* el trabajador medio. La Figura 17.2 muestra cómo ha evolucionado la producción por trabajador ocupado (es decir, la producción total dividida por el número de personas que trabajan) desde 1900 (línea de color rojo). También indica que en 2004 un trabajador podía producir seis veces más bienes y servicios de los que producía a comienzos del siglo XX, a pesar de que la semana laboral es hoy mucho más corta que hace 100 años.

productividad media del trabajo producción por trabajador ocupado

Los economistas denominan **productividad media del trabajo** a la producción por trabajador ocupado. Como muestra la Figura 17.2, la productividad media del trabajo y la producción per cápita están estrechamente relacionadas. Esta relación tiene sentido ya que, como hemos señalado antes, cuanto más podemos producir, más podemos consumir. Como consecuencia de esta estrecha relación con el nivel medio de vida, la productividad media del trabajo y los factores que hacen que aumente con el paso del tiempo tienen especial interés para los macroeconomistas.

Aunque la mejora a largo plazo de la producción por trabajador es impresionante, en Estados Unidos la *tasa* de mejora se desaceleró durante las décadas de 1970 y 1980. Entre 1950 y 1973, la producción por trabajador ocupado aumentó un 2,3% al año. Pero entre 1973 y 1995 la tasa anual media de aumento de la producción por trabajador sólo fue de un 1,1%. Sin embargo, desde 1995 el ritmo de crecimiento de la productividad parece que se ha recuperado de nuevo, alcanzando la cifra de 2,1% al año. Cuando se desacelera el crecimiento de la productividad, el nivel de vida mejora a un ritmo más lento, ya que la oferta de bienes y servicios no puede crecer tan deprisa como durante los periodos de rápido crecimiento de la productividad. La identificación de las causas de la desaceleración y la aceleración de la productividad constituye, pues, un importante reto para los macroeconomistas.

En Estados Unidos, el nivel de vida no sólo es hoy mucho más alto que antes, sino también mucho más alto que en otros muchos países. ¿Por qué no han disfrutado muchos de los países del mundo, entre los cuales se encuentran tanto los países en vías de desarrollo de Asia, África y Latinoamérica como algunos antiguos países comunistas de Europa oriental, de las mismas tasas de crecimiento económico que los países industrializados? ¿Cómo se puede mejorar la tasa de crecimiento económico en estos países? Estas cuestiones tienen, una vez más, especial interés para los macroeconomistas.

EJEMPLO 17.1 La productividad y el nivel de vida en China y en Estados Unidos

En Estados Unidos, el valor de la producción de la economía fue en 2004 de unos 11,734 billones de dólares. Ese mismo año, el valor estimado de la producción de la República Popular de China fue de 7,291 billones de dólares. En 2004, Estados Unidos y China tenían una población de unos 294 millones y 1.300 millones de personas, respectivamente, y su número de trabajadores ocupados era de unos 139 millones y 752 millones, respectivamente[3].

Averigüe cuáles fueron en 2004 la producción per cápita y la productividad media del trabajo de Estados Unidos y de China. ¿Qué sugieren los resultados sobre los niveles de vida relativos de los dos países?

La producción per cápita es simplemente la producción total dividida por el número de personas que hay en la economía y la productividad media del trabajo es la producción dividida por el número de trabajadores ocupados. Realizando los cálculos correspondientes, obtenemos los siguientes resultados para 2004:

	Estados Unidos	China
Producción per cápita	39.912$	5.608$
Productividad media del trabajo	84.417$	9.695$

[3] La producción china se ha convertido a dólares americanos utilizando un tipo de cambio que tiene en cuenta las diferencias entre los costes de los diferentes bienes y servicios chinos y estadounidenses. Las fuentes de los datos son en el caso del PIB basado en la PPA, CIA factbook, http://www.cia.gov/cia/publications/factbook/, ajustado por el autor; en el caso de la población (China), http://www.economist.com/countries/China/profile.cfm?folder=Profile-FactSheet; en el caso del empleo (China), http://english.people.com.cn/200504/01/eng20050401_179049.html; en el caso de la población de Estados Unidos, *Economic Report of the President*, 2005; en el caso del empleo de Estados Unidos, http://www.bls.gov.

Obsérvese que, aunque la producción total de la economía china es alrededor de un 62% de la de Estados Unidos, la producción per cápita y la productividad media del trabajo de China sólo representan alrededor de un 14 y un 11%, respectivamente, de las correspondientes de Estados Unidos. Por lo tanto, aunque la economía china pueda rivalizar algún día con la de Estados Unidos en lo que a la producción total se refiere, de momento continúa existiendo una gran diferencia de productividad. Esta diferencia se traduce en notables divergencias entre los niveles de vida de los dos países: en el acceso a los bienes de consumo, a la asistencia sanitaria, al transporte, a la educación y a otras ventajas de la opulencia.

RECESIONES Y EXPANSIONES

Las economías no siempre crecen a un ritmo constante; a veces atraviesan periodos de excepcional dinamismo o debilidad. Si observamos de nuevo la Figura 17.1, veremos que, aunque la producción crece generalmente con el paso del tiempo, no siempre crece de una manera uniforme. Llama especialmente la atención la disminución que experimentó durante la Gran Depresión de los años 30, seguida del brusco aumento registrado durante la Segunda Guerra Mundial (1941-1945). Pero la figura también muestra muchas fluctuaciones más moderadas de la producción.

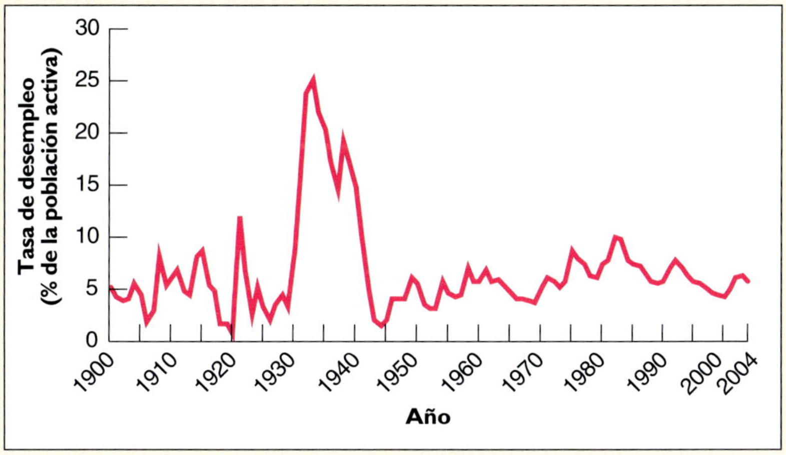

FIGURA 17.3
La tasa de desempleo de Estados Unidos, 1900-2004. La tasa de desempleo es el porcentaje de la población activa que no tiene trabajo. El desempleo aumenta durante las recesiones y las depresiones, pero la tasa de desempleo siempre es superior a cero, incluso en las épocas buenas.

Las desaceleraciones del crecimiento económico se denominan *recesiones;* las desaceleraciones económicas especialmente graves, como la que comenzó en 1929, se denominan *depresiones*. En Estados Unidos, hubo grandes recesiones en 1973-1975 y en 1981-1982 (busque esas recesiones en la Figura 17.1). También se registraron recesiones más pequeñas en 1990-1991 y en 2001. Durante las recesiones, las oportunidades económicas disminuyen: es más difícil encontrar trabajo, es menos probable que suban los salarios de las personas que tienen empleo, los beneficios son más bajos y aumenta el número de empresas que quiebran. Las recesiones son especialmente difíciles para las personas desfavorecidas, que son las que tienen más probabilidades de perder el empleo y más dificultades para encontrar otro.

A veces la economía crece excepcionalmente deprisa. Estos periodos de rápido crecimiento económico se denominan *expansiones;* una expansión especialmente fuerte se llama *boom*. Durante las expansiones es más fácil encontrar trabajo, es mayor el número de personas que consiguen subidas salariales y ascensos y la mayoría de las empresas prosperan.

El ciclo alternante de recesiones y expansiones suscita algunos interrogantes fundamentales en macroeconomía. ¿A qué se deben estas fluctuaciones a corto plazo de la tasa de crecimiento económico? ¿Pueden hacer algo los responsables de la política económica para evitarlas? ¿Deben intentarlo?

EL DESEMPLEO

La *tasa de desempleo*, que es la proporción de personas que querrían trabajar pero que no encuentran trabajo, es un indicador clave del estado del mercado de trabajo. Cuando la tasa de desempleo es alta, es difícil encontrar trabajo y las personas que tienen empleo normalmente tienen más dificultades para conseguir un ascenso o una subida salarial.

La Figura 17.3 muestra la tasa de desempleo de Estados Unidos desde 1900. El desempleo aumenta durante las recesiones: obsérvese el espectacular aumento que experimentó durante la Gran Depresión y durante las recesiones de 1973-1975 y de 1981-1982. Pero incluso en las llamadas épocas buenas, como las décadas de 1960 y de 1990, algunas personas están desempleadas. ¿Por qué aumenta tanto el desempleo durante los periodos de recesión? ¿Y por qué siempre hay personas desempleadas, incluso cuando la economía está atravesando un periodo de expansión?

EJEMPLO 17.2 El aumento del desempleo durante las recesiones

Calcule el aumento que experimentó la tasa de desempleo de Estados Unidos entre el comienzo de la recesión en noviembre de 1973, enero de 1973, enero de 1980, julio de 1990 y marzo de 2001 y la tasa máxima de los 3 años siguientes utilizando datos mensuales de la tasa nacional de desempleo civil. Compare estos aumentos del desempleo con el que se registró durante la Gran Depresión.

En Estados Unidos, los datos sobre el desempleo son recogidos por el *U.S. Bureau of Labor Statistics* (BLS) y pueden obtenerse en su página web (http://stats.bls.gov/datahome.htm). Entre las fuentes impresas se encuentran las siguientes publicaciones: *Survey of Current Business, Federal Reserve Bulletin* y *Economic Indicators*. Los datos mensuales de la página web del BLS permiten hacer las siguientes comparaciones:

Tasa de desempleo al comienzo de la recesión (%)	Tasa máxima de desempleo (%)	Aumento de la tasa de desempleo (%)
4,8 (nov. 1973)	9,0 (mayo 1975)	+4,2
6,3 (enero 1980)	10,8 (nov./dic. 1982)	+4,5
5,5 (julio 1990)	7,8 (junio 1992)	+2,3
4,3 (marzo 2001)	6,3 (junio 2003)	+2,0

El desempleo aumentó significativamente tras el inicio de cada recesión, aunque las recesiones de 1990 y 2001 repercutieron en el mercado de trabajo claramente menos que las de 1973 y 1980 (en realidad, la recesión de 1980 fue una recesión de doble fondo: una breve recesión en 1980 seguida de una más larga en 1981-1982). En cambio, como señalamos en la introducción a este capítulo, durante la Gran Depresión la tasa de desempleo pasó de alrededor de un 3% en 1929 a alrededor de un 25% en 1933. Es evidente que los efectos de las cuatro recesiones registradas en Estados Unidos después de la Segunda Guerra Mundial no son nada comparados con la variación de la tasa de desempleo de 22 puntos porcentuales registrada en la Gran Depresión.

Una cuestión de sumo interés para los macroeconomistas es saber por qué las tasas de desempleo varían tanto de unos países a otros. Durante los últimos veinte años, las tasas de desempleo de Europa occidental han sido casi siempre de "dos dígitos". Durante este periodo, más del 10%, en promedio, de la población trabajadora europea ha estado desempleado; esta tasa es alrededor del doble de la de Estados Unidos. Este elevado desempleo es especialmente desconcertante ya que, durante los años 50 y 60, las tasas europeas de desempleo fueron, en general, mucho más bajas que las de Estados Unidos. ¿A qué se deben estas diferencias entre las tasas de desempleo de los diferentes países en diferentes momentos?

EJERCICIO 17.1

Averigüe las tasas de desempleo más recientes de Francia, Alemania y el Reino Unido y compárelas con la más reciente de Estados Unidos. Una fuente útil es la página web de la Organización para la Cooperación y el

Desarrollo Económicos (OCDE), que es una organización de países industrializados (http://www.oecd.org/). Consulte también la publicación de la OCDE, *Main Economic Indicators*. ¿Sigue siendo el desempleo más bajo en Estados Unidos que en Europa occidental?

LA INFLACIÓN

Otro importante dato económico es la tasa de *inflación*, que es la tasa a la que suben con el paso del tiempo los precios en general. Como señalamos en el Capítulo 19, la inflación impone diversos costes a la economía. Y cuando la tasa de inflación es alta, las personas que tienen una renta fija, como los pensionistas que reciben una pensión monetaria fija todos los meses, tienen dificultades para hacer frente al creciente coste del nivel de vida.

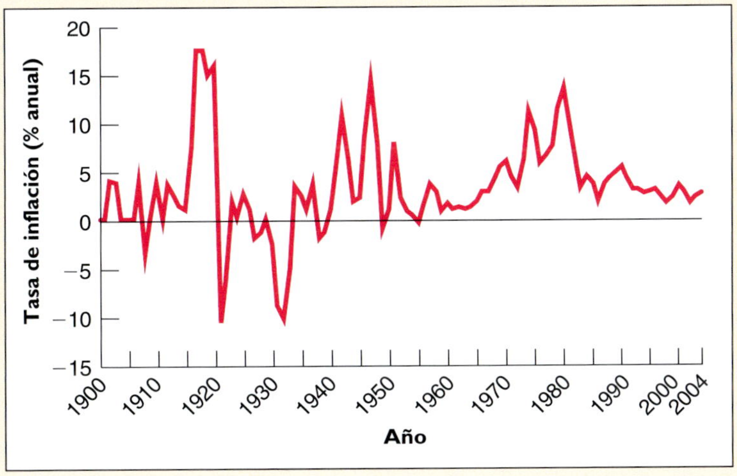

FIGURA 17.4
La tasa de inflación de Estados Unidos, 1900-2004.
La tasa de inflación de Estados Unidos ha fluctuado a lo largo del tiempo. Fue alta en los años 70, pero últimamente ha sido bastante baja.

En los últimos años, la inflación ha sido relativamente baja en Estados Unidos, pero no siempre ha ocurrido así (véase la Figura 17.4 para datos sobre la inflación estadounidense desde 1900). Durante la década de 1970, la inflación fue un grave problema; de hecho, muchas personas declararon en las encuestas que era el "enemigo público número uno". ¿Por qué era alta la inflación en los años 70 y por qué es relativamente baja hoy? ¿Qué importancia tiene para la persona media?

Al igual que ocurre con las tasas de desempleo, las tasas de inflación pueden variar mucho de unos países a otros. Por ejemplo, en 2004 la tasa de inflación fue de alrededor de un 3% en Estados Unidos, pero en Ucrania fue, en promedio, de más del 400% al año durante toda la década de 1990. ¿A qué se deben esas grandes diferencias internacionales entre las tasas de inflación?

La inflación y el desempleo a menudo se relacionan estrechamente en los análisis de la política económica. Una de las razones es el repetido argumento de que el desempleo sólo puede reducirse a costa de un aumento de la inflación y que la inflación sólo puede reducirse a costa de un aumento del desempleo. ¿Debe aceptar el gobierno una tasa de inflación más alta para reducir el desempleo y viceversa?

LA INTERDEPENDENCIA ECONÓMICA INTERNACIONAL

Las economías nacionales no están aisladas sino que son cada vez más interdependientes. Estados Unidos es una de las economías más autosuficiente del mundo debido a sus dimensiones y a la amplia variedad de bienes y servicios que produce. Aún así, en 2004 exportó alrededor de un 10,0% de todos los bienes y servicios que produjo e importó un 14,4% de los bienes y servicios que consumieron sus ciudadanos.

A veces, los movimientos internacionales de bienes y servicios se convierten en un motivo de preocupación política y económica. Por ejemplo, en Estados Unidos los congresistas de los estados productores de acero o de textiles se quejan repetidamente de que las importaciones de bajos precios de estos bienes ponen en peligro el empleo de su electorado. Ross Perot, hombre de negocios tejano y candidato a la presidencia, predijo esos problemas cuando se opuso a la adopción del Acuerdo Norteamericano de Libre Comercio (NAFTA) y a otros acuerdos similares destinados a fomentar el comercio internacional de bienes y servicios (Perot hizo famosa la expresión "gigantesca sangría" para describir lo que ocurriría con el empleo en Estados Unidos como consecuencia del libre comercio). ¿Son buenos o malos los acuerdos de libre comercio en los cuales los países acuerdan no gravar o, al contrario, bloquear el movimiento internacional de bienes y servicios?

FIGURA 17.5
Exportaciones e importaciones en porcentaje de la producción de Estados Unidos, 1900-2004.
La línea de color rojo muestra las exportaciones de bienes de Estados Unidos en porcentaje de su producción y la de color azul sus importaciones en relación con su producción. Durante una gran parte de su historia, Estados Unidos ha exportado más de lo que ha importado, pero en los últimos veinte años las importaciones han sido muy superiores a las exportaciones.

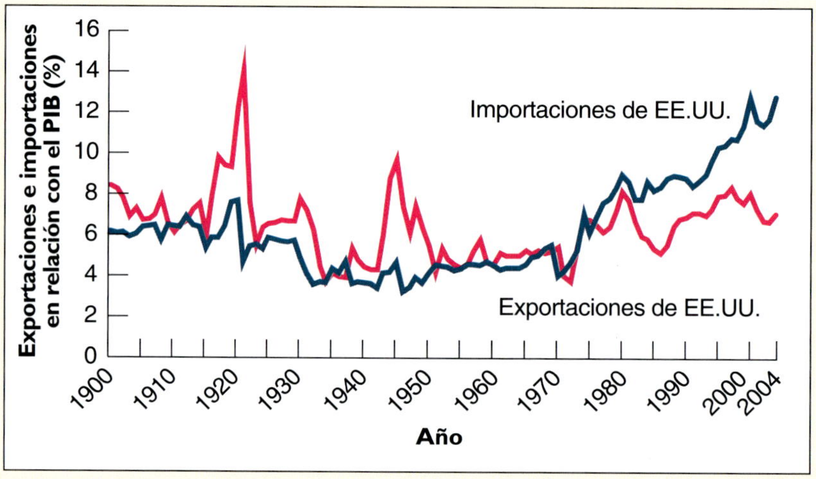

Una cuestión relacionada con la anterior es el fenómeno de los *desequilibrios comerciales,* que se producen cuando la cantidad de bienes y servicios que vende un país al extranjero (sus *exportaciones*) es muy diferente de la que compran sus ciudadanos a otros países (sus *importaciones*). La Figura 17.5 muestra las exportaciones y las importaciones (sólo de bienes, para poder disponer de una serie de datos más larga) de Estados Unidos desde 1900, medidas en porcentaje de la producción total de la economía. Hasta los años 70, Estados Unidos exportó en general más de lo que importó (obsérvense los grandes aumentos de las exportaciones que se registraron tras las dos guerras mundiales, periodo en el que Estados Unidos ayudó a reconstruir Europa). Sin embargo, desde la década de 1970 las importaciones de Estados Unidos han sido superiores a sus exportaciones, lo que ha creado una situación denominada *déficit comercial.* Otros países —por ejemplo, Japón— exportan mucho más de lo que importan. Se dice que un país como Japón tiene un *superávit comercial.* ¿A qué se deben los déficits y los superávits comerciales? ¿Son perjudiciales o beneficiosos?

RECAPITULACIÓN — LAS PRINCIPALES CUESTIONES MACROECONÓMICAS

- *Crecimiento económico y nivel de vida.* En los últimos cien años, los países industrializados han experimentado un notable crecimiento económico y una considerable mejora del nivel de vida. Los macroeconomistas estudian las causas de este extraordinario crecimiento y tratan de comprender por qué las tasas de crecimiento varían mucho de unos países a otros.
- *Productividad.* La productividad media del trabajo o producción por trabajador ocupado es un determinante fundamental del nivel de vida. Los macroeconomistas se preguntan cuáles son las causas de las desaceleraciones y de las aceleraciones de la tasa de crecimiento de la productividad.

RECAPITULACIÓN	LAS PRINCIPALES CUESTIONES MACROECONÓMICAS

- *Recesiones y expansiones.* Las economías experimentan periodos de crecimiento más lento (recesiones) y de crecimiento más rápido (expansiones). Los macroeconomistas examinan las causas de estas fluctuaciones y las medidas económicas que intentan reducirlas.
- *Desempleo.* La tasa de desempleo es la proporción de personas a las que les gustaría trabajar pero no encuentran trabajo. El desempleo aumenta durante las recesiones, pero siempre hay personas desempleadas incluso durante las épocas buenas. Los macroeconomistas estudian las causas del desempleo, incluidas las razones por las que a veces varía tanto de unos países a otros.
- *Inflación.* La tasa de inflación es la tasa a la que suben los precios en general con el paso del tiempo. Entre las preguntas que se hacen los macroeconomistas sobre la inflación se encuentran las siguientes: ¿por qué varía la inflación en el tiempo y de unos países a otros? ¿Debe ir acompañada una reducción de la inflación de un aumento del desempleo o viceversa?
- *Interdependencia económica internacional.* Las economías modernas son muy interdependientes. Entre las cuestiones relacionadas con la interdependencia económica internacional que estudian los macroeconomistas se encuentran la conveniencia o no de firmar acuerdos de libre comercio y las causas y los efectos de los desequilibrios comerciales.

LA POLÍTICA MACROECONÓMICA

Hemos visto que a los macroeconomistas les interesa saber por qué las economías de los diferentes países se comportan de forma distinta y por qué una economía obtiene buenos resultados en unos periodos y malos en otros. Aunque son muchos los factores que contribuyen a los resultados económicos, la política económica es sin lugar a dudas el más importante. Comprender los efectos de las distintas medidas económicas y ayudar a las autoridades a mejorarlas son importantes objetivos de los macroeconomistas.

TIPOS DE POLÍTICA MACROECONÓMICA

Hemos afirmado que la política macroeconómica es la que afecta a los resultados de la economía en su conjunto, por oposición al mercado de un determinado bien o servicio. Existen tres grandes tipos de política macroeconómica: la *política monetaria*, la *política fiscal* y la *política estructural*.

El término **política monetaria** se refiere a la determinación de la oferta monetaria de un país (los billetes y las monedas son los tipos básicos de dinero, aunque, como veremos, las economías modernas también tienen otras clases de dinero). Por razones que analizaremos en capítulos posteriores, la mayoría de los economistas está de acuerdo en que las variaciones de la oferta monetaria afectan a importantes variables macroeconómicas, entre las que se encuentran la producción nacional, el empleo, los tipos de interés, la inflación, los precios de las acciones y el valor internacional de la moneda. En casi todos los países, la política monetaria es controlada por una institución pública llamada *banco central.*

política monetaria determinación de la oferta monetaria de un país

La **política fiscal** se refiere a las decisiones que determinan el presupuesto del Estado, que comprende la cantidad y la composición del gasto público y de los ingresos del Estado. El equilibrio entre el gasto público y los impuestos es un aspecto especialmente importante de la política fiscal. Cuando el Estado gasta más de lo que recauda en impuestos, incurre en un *déficit* y cuando gasta menos, tiene un *superávit.* Al igual que ocurre con la política monetaria, los economistas generalmente están de acuerdo en que la política fiscal puede influir significativamente en los resultados totales de la economía. Por ejemplo, muchos economistas creen que los grandes

política fiscal decisiones que determinan el presupuesto del Estado, incluidas la cantidad y la composición del gasto público y de los ingresos del Estado déficits en los que incurrió la administración federal de Estados Unidos durante la década de 1980 fueron perjudiciales para la economía del país. Asimismo, muchos dirían que el equilibrio del presupuesto federal que se produjo durante los años 90 contribuyó a los buenos resultados económicos que obtuvo el país durante esa década. Últimamente, el presupuesto federal ha vuelto a mostrar un déficit.

Las medidas fiscales a veces se refieren a largos horizontes temporales. Por ejemplo, los programas de la Seguridad Social y Medicare, que son programas de mantenimiento de los ingresos y de asistencia médica para los jubilados, respectivamente, tienen que cumplir sus compromisos con los trabajadores que son jóvenes en la actualidad y que no se jubilarán hasta dentro de unas décadas. Las propuestas actuales para reformar estos programas a menudo tienen en cuenta los ingresos y los pagos previstos en un horizonte de 75 años o más.

EJERCICIO 17.2

La *Congressional Budget Office* (CBO) es un organismo público de Estados Unidos encargado de prever los superávits o los déficits de la administración federal. Busque en la página web de la CBO (http://www.cbo.gov/) el valor más reciente del superávit o del déficit de la administración federal y los valores previstos por la CBO para los próximos cinco años. ¿Cómo cree que probablemente afectarán estas proyecciones a las deliberaciones del Congreso sobre los impuestos y el gasto público?

política estructural política destinada a alterar la estructura subyacente, es decir, las instituciones de la economía de un país

Por último, el término **política estructural** comprende las medidas económicas destinadas a alterar la estructura subyacente, es decir, las instituciones de la economía de un país. Adopta muchas formas, desde pequeños retoques hasta ambiciosas revisiones de todo el sistema económico. Un ejemplo es la participación de Estados Unidos y de otros muchos países en acuerdos comerciales internacionales, que comenzaron por la Ronda Kennedy y que han abierto extraordinariamente la economía mundial a la libre circulación internacional de bienes y servicios. Otro es la sustitución del control público de la economía por un enfoque más orientado hacia el mercado en muchos países antiguamente comunistas, como Polonia, la República Checa y Hungría. Muchos países en vías de desarrollo han ensayado reformas estructurales parecidas. Los defensores de la política estructural confían en que, cambiando las características básicas de la economía o remodelando sus instituciones, es posible estimular el crecimiento económico y mejorar el nivel de vida.

ANÁLISIS POSITIVO Y NORMATIVO DE LA POLÍTICA MACROECONÓMICA

Los macroeconomistas son requeridos frecuentemente para analizar los efectos de una determinada medida económica. Por ejemplo, si el Parlamento está debatiendo sobre una reducción de los impuestos, los economistas que trabajan en los ministerios o en el banco central pueden ser requeridos para analizar la probable repercusión de esa reducción en el conjunto de la economía, así como en determinados sectores, regiones o grupos de renta. Un análisis objetivo destinado a averiguar únicamente las consecuencias económicas de una determinada medida —no si son o no deseables— se denomina **análisis positivo.** En cambio, el **análisis normativo** contiene recomendaciones sobre la *conveniencia* o no de aplicar una determinada medida. Mientras que se supone que el análisis positivo es objetivo y científico, en el análisis normativo intervienen los *valores* de la persona o de la organización que realiza el análisis: conservadores, socialistas o centristas.

análisis positivo examina las consecuencias económicas de un determinado acontecimiento o medida, no de si esas consecuencias son deseables o no

análisis normativo se pregunta si debe utilizarse o no una medida económica; en el análisis normativo intervienen inevitablemente los valores de la persona que realiza el análisis

Aunque los expertos a menudo dicen que los economistas no saben ponerse de acuerdo, se exagera su tendencia a discrepar. Cuando los economistas discrepan, la controversia suele girar en torno a juicios de valor normativos (relacionados con los valores personales de los economistas), no en torno a un análisis positivo (que refleja el conocimiento objetivo de la economía). Por ejemplo, los economistas de todas las tendencias podrían estar de acuerdo en que una determinada reducción de los impuestos aumentaría la renta de las personas relativamente ricas (análisis positivo), pero podrían discrepar rotundamente sobre la *conveniencia* de adoptar esa medida;

esas discrepancias reflejan sus opiniones personales sobre si las personas ricas merecen o no una bajada de sus impuestos (análisis normativo).

La próxima vez que el lector oiga o lea acerca de un debate sobre cuestiones económicas, trate de averiguar si las diferencias entre las dos posturas son principalmente *positivas* o *normativas*. Si el debate gira en torno a los efectos reales del acontecimiento o medida que se debate, la discrepancia se debe a cuestiones positivas. Pero si la principal cuestión tiene que ver con opiniones personales contrapuestas sobre la *conveniencia* de esos efectos, el debate es normativo. La distinción entre el análisis positivo y el normativo es importante, porque la investigación económica objetiva puede ayudar a resolver las diferencias sobre cuestiones positivas. Sin embargo, cuando la gente discrepa por razones normativas, el análisis económico es menos útil.

EJERCICIO 17.3

Cuáles de las siguientes afirmaciones son positivas y cuáles normativas? ¿Por qué?

a. Una subida de los impuestos tiende a provocar una reducción de los tipos de interés.

b. El parlamento debe subir los impuestos para reducir los tipos de interés injustificadamente altos.

c. Una subida de los impuestos sería aceptable si su carga recayera en su mayor parte en las personas que tienen una renta de más de 100.000$.

d. Es necesario aumentar los aranceles (los impuestos sobre las importaciones) para proteger el empleo en nuestro país.

e. Un aumento de los aranceles sobre el acero importado elevaría el empleo de los trabajadores siderúrgicos de nuestro país.

RECAPITULACIÓN — LA POLÍTICA MACROECONÓMICA

La política macroeconómica afecta a los resultados de la economía en su conjunto. Los tres tipos de política macroeconómica son la política monetaria, la política fiscal y la política estructural. La *política monetaria,* que es controlada en la mayoría de los países por el banco central, se refiere a la determinación de la oferta monetaria del país. La *política fiscal* se refiere a las decisiones sobre el presupuesto del Estado, incluido su gasto y la recaudación de impuestos. La *política estructural* se refiere a las medidas económicas para modificar la estructura subyacente, es decir, las instituciones de la economía. La política estructural puede ir desde pequeños retoques hasta una gran revisión del sistema económico, como ha ocurrido en los antiguos países comunistas que están intentando convertirse en sistemas orientados hacia el mercado.

El análisis de una medida económica propuesta puede ser positivo o normativo. Un *análisis positivo* se refiere a las consecuencias económicas probables de la medida, pero no a si son deseables o no. Un *análisis normativo* se pregunta si una medida propuesta *debe* o *no* aplicarse. En los debates sobre conclusiones normativas intervienen inevitablemente los valores personales y, por lo tanto, generalmente no pueden resolverse solamente mediante un análisis económico objetivo.

LA AGREGACIÓN

En el Capítulo 1 analizamos la diferencia entre la macroeconomía, que es el estudio de las economías nacionales, y la microeconomía, que es el estudio de entidades económicas individuales, como los hogares y las empresas, y los mercados de bienes y servicios específicos. La principal diferencia entre los dos campos es una diferencia de perspectiva: los macroeconomistas adoptan una visión panorámica de la economía, prescindiendo de los detalles para comprender cómo funciona el sistema en su conjunto. Los microeconomistas trabajan, en cambio, a ras del suelo, estudiando la conducta económica de los hogares, de las empresas y de los mercados. Ambas perspectivas son útiles —de hecho, esenciales— para saber qué es lo que hace que una economía funcione.

Aunque la macroeconomía y la microeconomía ven la economía desde perspectivas diferentes, los instrumentos básicos del análisis son muy parecidos. En los capítulos siguientes veremos que los macroeconomistas aplican los mismos principios básicos que los microeconomistas para intentar comprender y predecir la conducta económica. Aunque una economía nacional sea una entidad mucho mayor que un hogar o incluso que una gran empresa, las elecciones y las acciones de las personas que toman las decisiones determinan en última instancia los resultados de la economía en su conjunto. Así, por ejemplo, para comprender la conducta del ahorro nacional, el macroeconomista debe preguntarse primero cuáles son los motivos que llevan a una familia o a un hogar a ahorrar. Los principios básicos introducidos en la Primera parte resultan muy útiles para abordar esas cuestiones.

EJERCICIO 17.4

¿Cuáles de las cuestiones siguientes estudiarían principalmente los macroeconomistas? ¿Y los microeconomistas? Explique su respuesta.

a. ¿Disminuye la tasa de desempleo cuando aumenta el gasto público?

b. ¿Perjudica a los consumidores la supremacía de Microsoft Corporation en el sector de programas informáticos?

c. ¿Mejoraría un programa de vales escolares la calidad de la educación en Estados Unidos? (con un programa de vales, los padres reciben una cantidad fija de ayuda pública que pueden utilizar para llevar a sus hijos a la escuela pública o privada que quieran).

d. ¿Deben aspirar las autoridades económicas a reducir aún más la inflación?

e. ¿Por qué es baja la tasa media de ahorro de los hogares en Estados Unidos?

f. ¿Pone en peligro el aumento del número de productos de consumo que se venden en Internet los beneficios de los minoristas convencionales?

Aunque los macroeconomistas utilizan los principios básicos de la economía para comprender y predecir las decisiones económicas individuales, necesitan relacionar de alguna manera los millones de decisiones individuales con la conducta de la economía en su conjunto. Un importante instrumento que utilizan para ese fin es la **agregación**, que es la suma de las variables económicas individuales para obtener los totales de la economía en su conjunto.

agregación suma de las variables económicas individuales para obtener los totales de la economía en su conjunto

Por ejemplo, a los macroeconomistas no les interesa saber si los consumidores beben Pepsi o Coca-Cola, si van al cine o alquilan vídeos, si tienen automóviles berlinas o todoterreno. Estas decisiones económicas individuales pertenecen al campo de la microeconomía. Lo que hacen los macroeconomistas es sumar los gastos realizados por los consumidores en todos los bienes y servicios durante un determinado periodo para hallar el gasto de consumo total o *agregado*. Tampoco se fijan en los salarios de los fontaneros en comparación con los de los electricistas sino en el salario medio de todos los trabajadores. Centrando la atención en las variables agregadas, como el gasto total de consumo o el salario medio, suprimen los numerosos detalles de una compleja economía moderna para ver las tendencias económicas generales.

EJEMPLO 17.3 Agregación (I): un índice nacional de delincuencia

Para mostrar no sólo por qué es necesaria la agregación sino también algunos de los problemas que plantea, consideremos una cuestión que sólo es económica en parte: la delincuencia. Supongamos que las autoridades quieren saber si el problema de la delincuencia está mejorando o empeorando *en general* en Estados Unidos. ¿Cómo podría encontrar un analista una respuesta estadística a esa cuestión?

La policía lleva un registro minucioso de los delitos que se notifican en su distrito, por lo que un investigador podría averiguar en principio cuántos tirones se produjeron exactamente el año pasado en el metro de la ciudad de Nueva York. Pero los datos sobre el número de delitos de cada tipo cometidos en cada distrito producirían un montón de registros informatizados. ¿Existe alguna manera de sumar o agregar todos los datos sobre la delincuencia para hacerse una idea de la tendencia nacional?

Los organismos encargados de velar por el cumplimiento de la ley como el FBI utilizan la agregación para hallar la *tasa de delincuencia* nacional, que normalmente es el número de delitos "graves" cometidos por cada 100.000 habitantes. Por ejemplo, el FBI declaró que en Estados Unidos se cometieron en 2003 unos 11,8 millones de delitos graves (tanto delitos violentos como delitos contra la propiedad) (http://www.fbi.gov). Dividiendo el número de delitos por la población que tenía Estados Unidos en 2003, que era de unos 290 millones, y multiplicando por 100.000 obtenemos la tasa de delincuencia de 2003, que es de unos 4.000 delitos por cada 100.000 personas. Esta tasa supone una considerable disminución con respecto a la de 1992, que fue de casi 5.700 delitos por cada 100.000 habitantes. Por lo tanto, la agregación (la suma de los diferentes delitos para obtener un índice nacional) indica que en Estados Unidos los delitos graves disminuyeron en general entre 1992 y 2003.

Aunque la agregación de los datos sobre la delincuencia revela "la situación general", puede ocultar importantes detalles. El índice de delincuencia del FBI engloba delitos relativamente pequeños como los robos y delitos muy graves como el asesinato y la violación. La mayoría de las personas estaría de acuerdo en que los asesinatos y las violaciones hacen mucho más daño que el robo medio, por lo que englobando estos dos tipos tan distintos de delitos podría darse una falsa imagen de la delincuencia existente en Estados Unidos. Por ejemplo, aunque la tasa de delincuencia disminuyó un 29% entre 1992 y 2003, la tasa de asesinatos disminuyó un 39%. Como el asesinato es el delito más grave, la reducción de los delitos registrada entre 1992 y 2003 probablemente fue más significativa de lo que indica la variación de la tasa total de delincuencia. La tasa agregada de delincuencia pasa por alto otros importantes detalles, como el hecho de que la reducción más espectacular de la delincuencia se registró en las zonas urbanas. Esta pérdida de detalle es un coste de la agregación, el precio que pagan los analistas por la posibilidad de examinar las tendencias económicas o sociales generales.

EJEMPLO 17.4

La agregación (II): las exportaciones de Estados Unidos

Estados Unidos exporta una amplia variedad de productos y de servicios a muchos países. Los agricultores de Kansas venden cereales a Rusia, los programadores de Silicon Valley venden programas informáticos a Francia y los estudios cinematográficos de Hollywood venden entretenimiento a todo el mundo. Supongamos que los macroeconomistas quieren comparar las cantidades totales de bienes fabricados en Estados Unidos vendidos a distintas regiones del mundo. ¿Cómo podría realizarse esa comparación?

Los economistas no pueden sumar quintales de cereales, líneas de código fuente y entradas de cine, ya que las unidades no son comparables. Pero pueden sumar los *valores monetarios* de cada uno, es decir, los ingresos que obtienen los agricultores por la venta de cereales a otros países, los royalties que reciben los programadores por los programas informáticos exportados y los ingresos que obtienen los estudios cinematográficos por las películas exhibidas en el extranjero. Comparando los valores monetarios de las exportaciones de Estados Unidos a Europa, Asia, África y otras regiones en un determinado año, los economistas pueden saber qué regiones son los mayores clientes de los bienes fabricados en Estados Unidos.

RECAPITULACIÓN | **LA AGREGACIÓN**

La macroeconomía, que es el estudio de las economías nacionales, se diferencia de la microeconomía, que es el estudio de las entidades económicas individuales (como los hogares y las empresas) y de los mercados de bienes y servicios específicos. Los macroeconomistas adoptan una "visión panorámica" de la economía. Para estudiar

RECAPITULACIÓN	**LA AGREGACIÓN**

la economía en su conjunto, utilizan frecuentemente la agregación, que es la suma de las variables económicas individuales para hallar los totales correspondientes al conjunto de la economía. Por ejemplo, a un macroeconomista le interesan más los determinantes de las exportaciones totales de Estados Unidos, medidas por medio del valor monetario total, que los factores que determinan las exportaciones de determinados bienes. Un coste de la agregación es que a menudo oculta los detalles de la situación económica.

EL ESTUDIO DE LA MACROECONOMÍA: AVANCE

En este capítulo hemos introducido muchas de las cuestiones fundamentales de la macroeconomía. En los capítulos siguientes analizaremos más detalladamente cada una de ellas. En el 18 y en el 19 nos ocupamos de la *medición* de los resultados económicos, entre los que se encuentran variables fundamentales como el nivel de actividad económica, el nivel de desempleo y la tasa de inflación. Obtener medidas cuantitativas de la economía con las cuales poder contrastar las teorías es el primer paso fundamental para responder a cuestiones macroeconómicas básicas como las que se plantean en este capítulo.

En la Sexta Parte estudiamos la conducta económica durante periodos relativamente largos. En el 20 examinamos el crecimiento económico y la mejora de la productividad, que son los determinantes fundamentales del nivel medio de vida a largo plazo. En el 21 analizamos la determinación a largo plazo del empleo, del desempleo y de los salarios. En el 22 estudiamos el ahorro y su relación con la creación de nuevos bienes de capital, como fábricas y máquinas. En el 23 analizamos el papel que desempeña en la economía el dinero y su relación con la tasa de inflación; también introducimos el banco central y analizamos algunos de sus instrumentos. En el 24 analizamos tanto los mercados financieros interiores como los internacionales, y su papel en la asignación del ahorro a usos productivos, en particular su papel en el fomento de los movimientos internacionales de capitales.

John Maynard Keynes, célebre economista británico, dijo en una ocasión que "a largo plazo, todos estaremos muertos". La afirmación de Keynes pretendía ser un comentario irónico sobre la tendencia de los economistas a restar importancia a los problemas económicos a corto plazo porque "a largo plazo" el funcionamiento del libre mercado siempre restablece la estabilidad económica. Keynes, economista especialmente activo e influyente durante la Gran Depresión, con razón consideraba que el problema del desempleo general, ya fuera "a corto plazo" o no, era la cuestión económica más acuciante de su época.

¿Por qué comenzamos, pues, a estudiar la macroeconomía por el largo plazo? A pesar del comentario de Keynes, los resultados económicos a largo plazo son extraordinariamente importantes, ya que explican la mayoría de las considerables diferencias internacionales de nivel de vida y de bienestar económico. Por otra parte, el estudio de la conducta económica a largo plazo constituye una importante base para comprender las fluctuaciones a corto plazo de la economía.

En la Séptima Parte pasamos a analizar esas fluctuaciones a corto plazo. En el Capítulo 25 presentamos una introducción a lo que ocurre durante las recesiones y las expansiones y ofrecemos una perspectiva histórica. En el 26 analizamos una importante causa de las fluctuaciones económicas a corto plazo, a saber, las variaciones del gasto agregado. En este capítulo también mostramos que la política fiscal puede reducir esas fluctuaciones influyendo en el gasto agregado. El segundo instrumento importante de la política económica para estabilizar la economía, la política monetaria, es el tema del que se ocupa el Capítulo 27. En el 28 analizamos la inflación y las circunstancias en las que las autoridades macroeconómicas pueden enfrentarse a una disyuntiva entre la inflación y el desempleo. En el 29 ampliamos el análisis y examinamos más detalladamente las prácticas y las dificultades de la formulación de la política macroeconómica.

En la Octava Parte nos ocupamos de la dimensión internacional de la macroeconomía (en el Capítulo 9 centramos la atención en la cuestión del comercio internacional y en los costes y los beneficios del libre comercio). En el Capítulo 30 introducimos los tipos de cambio entre las monedas nacionales. Vemos cómo son determinados y cómo afectan al funcionamiento de la economía y de la política macroeconómica.

RESUMEN

- La macroeconomía es el estudio de los resultados de las economías nacionales y de las medidas que utilizan los gobiernos para tratar de mejorarlos. He aquí algunas de las cuestiones generales que estudian los macroeconomistas.

  Las causas del crecimiento económico y de la mejora del nivel de vida.
  Las tendencias de la *productividad media del trabajo*, es decir, de la producción por trabajador ocupado.
  Las fluctuaciones a corto plazo del ritmo de crecimiento económico (las recesiones y las expansiones).
  Las causas y las soluciones del desempleo y de la inflación
  La interdependencia económica internacional.

- Para ayudar a explicar las diferencias internacionales entre los resultados económicos o las diferencias entre los resultados económicos de un mismo país en diferentes momentos, los macroeconomistas estudian la aplicación y los efectos de la política macroeconómica. La *política macroeconómica* son las medidas del gobierno destinadas a influir en los resultados de la economía en su conjunto. Comprende la *política monetaria* (la determinación de la oferta monetaria de un país), la *política fiscal* (que se refiere a las decisiones sobre el presupuesto del Estado) y la *política estructural* (destinada a influir en la estructura y las instituciones básicas de la economía).

- Para estudiar la política económica, los economistas utilizan tanto el *análisis positivo* (que es el intento objetivo de averiguar las consecuencias de una medida propuesta) como el *análisis normativo* (que se refiere a la conveniencia o no de adoptar una determinada medida). En el análisis normativo intervienen los valores de la persona que lo realiza.

- La macroeconomía es distinta de la microeconomía, que centra la atención en la conducta de entidades económicas individuales y de mercados específicos. Los macroeconomistas utilizan a menudo la *agregación*, que es la suma de las variables económicas individuales para hallar los totales de la economía en su conjunto. La agregación permite a los macroeconomistas estudiar la "situación general" de la economía y prescindir de los detalles sobre los hogares, las empresas y los mercados individuales.

TÉRMINOS CLAVE

agregación (16)
análisis normativo (14)
análisis positivo (14)
política estructural (14)
política fiscal (13)
política macroeconómica (5)
política monetaria (13)
productividad media del trabajo (8)

PREGUNTAS DE REPASO

1. ¿De qué manera provocó la experiencia de la Gran Depresión el desarrollo del campo de la macroeconomía?

2. ¿Qué diferencia existe generalmente entre el nivel de vida actual de Estados Unidos y el de otros países? ¿Y entre su nivel de vida actual y el de hace cien años?

3. ¿Por qué es la productividad media del trabajo una variable económica especialmente importante?

4. Verdadero o falso: la tasa de crecimiento económico de un país generalmente es constante. Explique su respuesta.

5. Verdadero o falso: las diferencias de opinión sobre las recomendaciones económicas siempre pueden resolverse por medio de un análisis objetivo de las cuestiones. Explique su respuesta.

6. En el béisbol, se calculan y se registran diversas estadísticas, como la media de bateo, correspondientes a cada jugador, a cada equipo y a la liga en su conjunto. ¿Para qué se hace eso? Relaciónelo con la idea de la agregación en macroeconomía.

7. ¿Qué tipo de política macroeconómica (monetaria, fiscal, estructural) podría incluir cada una de las siguientes medidas:
   a. Una iniciativa general del gobierno para reducir la dependencia del país de la agricultura y fomentar las industrias de alta tecnología.

b. Una reducción de los tipos del impuesto sobre la renta.
c. La inyección de más dinero en el sistema bancario
d. El intento de reducir el déficit presupuestario público recortando el gasto.
e. La decisión de un país en vías de desarrollo de reducir el control público de la economía y orientarla más hacia el mercado.

PROBLEMAS

1. Se espera que en los próximos 50 años la población japonesa disminuya y que la proporción que se jubila aumente bruscamente. ¿Qué consecuencias tienen estos cambios demográficos para la producción total y para el nivel medio de vida de Japón, suponiendo que la productividad media del trabajo continúa creciendo? ¿Y si se estanca?
2. ¿Es osible que el nivel medio de vida aumente durante un periodo en el que la productividad media del trabajo está disminuyendo? Analícelo utilizando un ejemplo numérico.
3. El *Bureau of Economic Analysis* o BEA es un organismo público de Estados Unidos que recoge una amplia variedad de datos estadísticos sobre la economía de Estados Unidos. Busque en su página web (http://www.bea.doc.gov) datos del año más reciente sobre las exportaciones y las importaciones de bienes y servicios de Estados Unidos. ¿Tiene Estados Unidos un superávit comercial o un déficit comercial? Calcule el cociente entre el superávit o el déficit y las exportaciones de Estados Unidos.
4. ¿Cuáles de las afirmaciones siguientes son positivas y cuáles normativas?
   a. Si el banco central sube los tipos de interés, es probable que la demanda de viviendas disminuya.
   b. El banco central debe subir los tipos de interés para mantener la inflación en un bajo nivel aceptable.
   c. Es probable que los precios de las acciones bajen el próximo año cuando la economía se desacelere.
   d. Una reducción del impuesto sobre las ganancias de capital (el impuesto sobre los beneficios obtenidos en el mercado de valores) provocaría una subida de los precios de las acciones de entre un 10 y un 20%.
   e. El Parlamento no debe bajar los impuestos sobre las ganancias de capital sin conceder también ventajas fiscales a las personas de renta más baja.
5. ¿Cuáles de las cuestiones siguientes estudiaría un macroeconomista? ¿Y un microeconomista?
   a. Las operaciones mundiales de General Motors.
   b. Los efectos de las subvenciones del Estado a los precios del azúcar.
   c. Los factores que afectan a los salarios medios de la economía de nuestro país.
   d. La inflación en los países en vías de desarrollo.
   e. La influencia de una reducción de los impuestos en el gasto de consumo.

RESPUESTAS A LOS EJERCICIOS

17.1 Su respuesta depende de la tasa de desempleo publicada en la página web de la OCDE.

17.2 Su respuesta depende de los datos presupuestarios de la CBO.

17.3 a. Positiva. Es una predicción del efecto de una medida económica, no un juicio de valor sobre la conveniencia o no de utilizar esa medida.
b. Normativa. Las palabras como *deber* e *injustificadamente* expresan juicios de valor sobre la medida económica.
c. Normativa. La afirmación se refiere a la conveniencia o no de adoptar ciertos tipos de medidas, no a sus efectos probables.
d. Normativa. La afirmación se refiere a la conveniencia o no de adoptar una medida económica.
e. Positiva. La afirmación es una predicción de los efectos probables de una medida económica, no una recomendación de que se utilice.

17.4 a. Macroeconomistas. El gasto público y la tasa de desempleo son conceptos agregados que se refieren a la economía nacional.
b. Microeconomistas. Microsoft, aunque es grande, es una empresa individual.
c. Microeconomitas. La cuestión se refiere a la oferta y la demanda de un servicio específico, que es la educación.
d. Macroeconomistas. La inflación es un concepto agregado que se refiere al conjunto de la economía.
e. Macroeconomistas. El ahorro medio es un concepto agregado.
f. Microeconomistas. El centro de atención es un conjunto de mercados y de productos relativamente reducido más que la economía en su conjunto.

CAPÍTULO

18

MEDICIÓN DE LA ACTIVIDAD ECONÓMICA: EL PIB Y EL DESEMPLEO

"Los salarios, excluidos los de los agricultores, crecieron a una tasa del 2% en el tercer trimestre..."

"El índice bursátil Dow Jones cerró ayer con una subida de 93 puntos en un día en el que el volumen de operaciones fue moderado..."

"La inflación parece ser moderada, ya que el índice de precios de consumo registró un aumento de sólo un 0,2% el mes pasado..."

"La tasa de desempleo subió el mes pasado hasta el 5,8%, el nivel más alto desde..."

Noticias como éstas llenan las radios y las pantallas de televisión —algunas no hablan de otra cosa—. En realidad, a todo el mundo le interesan los datos económicos. El ciudadano medio confía en enterarse de algo que le resulte útil para tomar una decisión empresarial, realizar una inversión financiera o dar un paso en su carrera profesional. El economista profesional depende de los datos económicos de la misma manera en que el médico depende de los signos vitales del paciente —el pulso, la tensión arterial y la temperatura— para hacer un diagnóstico preciso. Para entender los acontecimientos económicos y poder asesorar a los responsables de la política económica, a los empresarios y a los inversores financieros, un economista necesita disponer de datos precisos y actualizados. Del mismo modo, los dirigentes políticos y los responsables de la política económica también necesitan datos económicos para tomar sus decisiones y planificar.

El interés por medir la actividad económica y los intentos por hacerlo se remontan a mediados del siglo XVII, cuando Sir William Petty (1623-1687) desarrolló un estudio detallado del suelo y la riqueza de Irlanda. Sin embargo, la medición de la actividad económica no cobró vida propia hasta el siglo XX. De hecho, la Segunda Guerra Mundial se convirtió en un importante catalizador del desarrollo de estadísticas económicas precisas, pues se pensaba que el resultado de la contienda dependía de la movilización de los recursos económicos. Dos economistas, Simon Kuznets, en Estados Unidos, y Richard Stone, en el Reino Unido, desarrollaron exhaustivos sistemas para medir la producción de bienes y servicios de un país que resultaron de gran ayuda a los líderes aliados para la planificación durante la guerra. Kuznets y Stone recibieron el Premio Nobel de economía por un trabajo que se convirtió en la base de la contabilidad económica utilizada hoy día en casi todos los países del mundo. Actualmente, muchas naciones publican estadísticas que cubren todos los aspectos de su economía.

En este capítulo y en el siguiente veremos cómo miden los economistas tres variables macroeconómicas básicas que surgen en casi todos los análisis económicos: el *Producto Interior Bruto* o *PIB*, la *tasa de desempleo* y la *tasa de inflación*. En este capítulo centramos la atención en las dos primeras, el PIB y la tasa de desempleo, que miden el nivel de actividad económica de un país.

La medición de la actividad económica quizá parezca una tarea sencilla y nada controvertida, pero no es así. De hecho, el indicador básico de la producción de bienes y servicios de un país, el Producto Interior Bruto o PIB, se ha criticado por muchas razones. Hay quien afirma que el PIB no refleja adecuadamente los efectos del crecimiento económico sobre el medio ambiente o el ritmo de agotamiento de los recursos, por lo que es probable que la medición económica basada en los datos del PIB sea errónea. Los datos sobre el desempleo también han sido objeto de algunas controversias. Al final de este capítulo el lector comprenderá cómo se elaboran y se utilizan los indicadores oficiales de la producción y del desempleo y entenderá algunos de los problemas que se plantean al respecto. Comprender las virtudes y las limitaciones de los datos económicos es el primer paso para poder utilizar inteligentemente las estadísticas económicas y entender el análisis económico de los capítulos siguientes.

EL PRODUCTO INTERIOR BRUTO: LA MEDICIÓN DE LA PRODUCCIÓN DE UN PAÍS

En el capítulo anterior pusimos énfasis en la relación entre la producción de bienes y servicios de un país y su nivel de vida. Señalamos que un alto nivel de producción per cápita y por trabajador suele ir acompañado de un elevado nivel de vida. Pero ¿qué significa exactamente el término "producción"? Para estudiar científicamente el crecimiento económico y la productividad, necesitamos explicar con mayor precisión qué entienden los economistas por producción de una economía y cómo la miden.

El indicador más utilizado para medir la producción de una economía se denomina *Producto Interior Bruto* o *PIB*. El PIB pretende medir cuánto produce una economía en un determinado periodo de tiempo, por ejemplo, en un trimestre (tres meses) o un año. Más concretamente, el **Producto Interior Bruto (PIB)** se define como el valor de mercado de los bienes y servicios finales producidos en un país en un periodo de tiempo determinado. Para comprender esta definición examinaremos cada una de sus partes por separado. La primera frase clave de la definición es "valor de mercado".

Producto Interior Bruto (PIB) valor de mercado de los bienes y los servicios finales producidos en un país durante un periodo de tiempo determinado

EL VALOR DE MERCADO

Una economía moderna produce muchos bienes y servicios diferentes, desde hilo dental (un bien) hasta acupuntura (un servicio). Sin embargo, a los macroeconomistas no les interesa este tipo de detalles; su objetivo es comprender la conducta de la economía en su conjunto. Por ejemplo, un macroeconomista se preguntaría si la capacidad total de la economía para producir bienes y servicios ha aumentado con el paso del tiempo y, en caso afirmativo, en cuánto.

Para poder hablar de conceptos como el "producto total" o la "producción total" —tan opuestos a la producción de bienes concretos como el hilo dental— los economistas tienen que *agregar* las cantidades de los numerosos bienes y servicios producidos por la economía para obtener una única cifra. Las agregan sumando los *valores de mercado* de los diferentes bienes y servicios que produce la economía.

Bastará un sencillo ejemplo para comprender el proceso. En la economía imaginaria de Huertalandia, la producción total es de 4 manzanas y 6 plátanos. Para hallar su producción total, podríamos sumar el número de manzanas y el de plátanos y llegar a la conclusión de que la producción total es de 10 piezas de fruta. Pero, ¿qué ocurriría si esta economía también produjera 3 pares de zapatos? No existe realmente una manera razonable de sumar las manzanas y los plátanos con los zapatos.

Supongamos, sin embargo, que sabemos que las manzanas se venden a 0,25$ cada una, los plátanos a 0,50$ cada uno y los zapatos a 20$ el par. En ese caso, el valor de mercado de la producción de esta economía, o sea, su PIB, es igual a

(4 manzanas x 0,25$ por manzana) + (6 plátanos x 0,50$ por plátano)
+ (3 pares de zapatos x 20$ por par) = 64$

Obsérvese que cuando calculamos la producción total de esta forma, los artículos más caros (los zapatos) reciben una ponderación mayor que los más baratos (las manzanas y los plátanos). Generalmente, la cantidad que la gente está dispuesta a pagar por un artículo es una indicador del beneficio económico que espera obtener consumiéndolo (véase el Capítulo 3). Por este motivo, los artículos que tienen un precio más alto deben pesar más en un indicador de la producción agregada.

EJEMPLO 18.1

El PIB de Huertalandia

Supongamos que Huertalandia produjera 3 manzanas, 3 plátanos y 4 pares de zapatos a los mismos precios que antes (ver texto anterior). ¿Cuál es su PIB ahora?

Ahora el PIB de Huertalandia es igual a

(3 manzanas x 0,25$ por manzana) + (3 plátanos x 0,50$ por plátano)
+ (4 pares de zapatos x 20$ por par) = 82,25$

Obsérvese que el PIB de Huertalandia es mayor en el Ejemplo 18.1, aunque la cantidad producida de dos de los tres bienes (las manzanas y los plátanos) sea menor que antes. La razón se halla en que el bien cuya producción ha aumentado (los zapatos) es mucho más valioso que los bienes cuya producción ha disminuido (las manzanas y los plátanos).

EJERCICIO 18.1

Suponga que Huertalandia produce las cantidades iniciales de los tres bienes a los mismos precios (véase el texto anterior al Ejemplo 18.1). Además, produce 5 naranjas a 0,30$ cada una. ¿Cuál es ahora el PIB de Huertalandia?

EJERCICIO 18.2

A continuación mostramos los datos de abril de 2005 de la economía de Estados Unidos sobre la producción de automóviles de pasajeros y otros vehículos ligeros (categoría que comprende los monovolúmenes, los camiones ligeros y los vehículos todoterreno). Los datos se dividen en dos categorías: fabricantes estadounidenses de automóviles (GM, Ford y Chrysler, ahora DaimlerChrysler) y fábricas de propiedad extranjera (como Honda, Toyota y BMW). Supongamos que el precio medio de venta es de 25.000$ en el caso de los automóviles de pasajeros y de 30.000$ en el de otros vehículos ligeros.

	Automóviles de pasajeros	Otros vehículos ligeros
Fabricantes estadounidenses	223.480	507.640
Fábricas de propiedad extranjera	156.757	124.487

Compare la producción de los fabricantes estadounidenses con la de las fábricas de propiedad extranjera, tanto desde el punto de vista del número total de vehículos fabricados como desde el punto de vista de su valor de mercado

(contribución al PIB). Explique por qué los dos indicadores ofrecen una impresión diferente sobre la importancia relativa de la producción de las fábricas propiedad de Estados Unidos y de las fábricas de propiedad extranjera.

Los valores de mercado son útiles para sumar o agregar los numerosos bienes y servicios que se producen en una economía moderna. Sin embargo, tienen un inconveniente: no todos los bienes y servicios, económicamente valiosos, se compran y se venden en los mercados. Por ejemplo, el trabajo no remunerado de un ama de casa, aunque tiene valor económico, no se vende en los mercados y, por lo tanto, no se contabiliza en el PIB. Pero sí se contabilizan el trabajo doméstico y el cuidado remunerado de niños, que sí se venden en los mercados. Esta distinción, como se muestra en el Ejemplo 18.2 puede plantear algunos problemas.

EJEMPLO 18.2

La participación de las mujeres en la población activa y la medición del PIB

En Estados Unidos, el porcentaje de mujeres adultas que trabajan fuera del hogar ha aumentado espectacularmente en los últimos cuarenta años, pasando de menos de un 40% en 1960 a situarse alrededor del 60% hoy día (véase la Figura 18.1). Esta tendencia ha provocado un considerable aumento de la demanda de guarderías y de trabajadores domésticos remunerados, ya que las mujeres y las madres que trabajan necesitan más ayuda en el hogar. ¿Cómo han afectado estos cambios al PIB?

FIGURA 18.1
Porcentaje de hombres y mujeres americanos, de más de 16 años, que trabajan fuera del hogar, Estados Unidos 1960-2004.
En Estados Unidos, la proporción de mujeres que trabajan fuera del hogar ha aumentado alrededor de 20 puntos porcentuales desde 1960, mientras que la de hombres ha disminuido levemente.

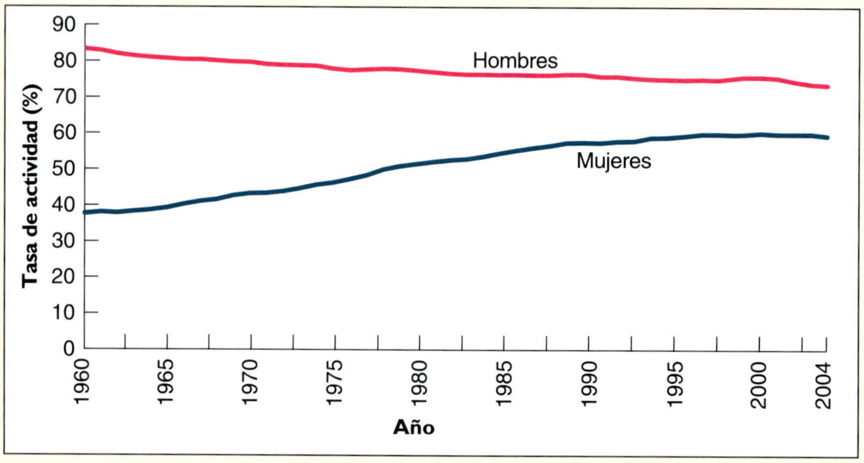

FUENTE: *Economic Report of the President*, febrero, 2005 (http://www.gpoaccess.gov/eop).

La entrada de muchas mujeres en el mercado de trabajo ha elevado el PIB de dos formas. En primer lugar, los bienes y servicios que producen las mujeres en su nuevo empleo han contribuido directamente a elevar el PIB. En segundo lugar, el hecho de que los trabajadores remunerados se hayan ocupado del trabajo doméstico y del cuidado de los hijos —que antes no estaban remunerados— ha aumentado el PIB medido en la cuantía pagada a esos trabajadores. El primero de estos dos cambios representa un aumento genuino de la actividad económica, pero el segundo refleja una transferencia de la actividad económica existente desde el sector no remunerado al sector de mercado. En resumen, el aumento del PIB debido a la mayor participación de las mujeres en la población activa, probablemente sobreestime el verdadero aumento de la actividad económica.

EL OBSERVADOR ECONÓMICO 18.1

¿Por qué ha aumentado tanto la participación de las mujeres en el mercado de trabajo? ¿A qué se deben las tendencias mostradas en la Figura 18.1?

En un mundo que sólo se rigiera por principios económicos —sin convenciones sociales, costumbres o tradiciones— las tareas domésticas como la limpieza, la cocina y el cuidado de los hijos serían trabajos como cualquier otro, y como tales, estarían sujetos al principio de la ventaja comparativa: las personas (hombres o mujeres) que tuvieran una ventaja comparativa en la realización de las faenas domésticas se especializarían en ellas, liberando a las personas que tuvieran una ventaja comparativa en trabajar fuera del hogar. En otras palabras, las tareas domésticas serían realizadas por las personas para las que el coste de oportunidad de realizarlas fuera más bajo. En ese mundo, sería muy raro que una mujer que tuviera el título de médico hiciera las faenas del hogar, ya que el coste de oportunidad que tendría para ella la realización de las tareas domésticas sería demasiado alto.

Pero no vivimos, desde luego, en un mundo que sólo se mueve por principios económicos. Tradicionalmente, las costumbres sociales han limitado seriamente las oportunidades económicas de las mujeres (y siguen limitándolas en algunas sociedades). Sin embargo, estas limitaciones sociales han disminuido considerablemente en los últimos cien años, sobre todo en los países industrializados, como consecuencia del aumento del nivel de estudios de las mujeres, de la aparición del movimiento feminista y de otros factores. Al perder importancia las restricciones sociales de tipo tradicional que limitaban las oportunidades de las mujeres, la realización de las faenas domésticas ha comenzado a regirse por la teoría de la ventaja comparativa y, actualmente, las tareas domésticas son realizadas cada vez más por especialistas remunerados mientras que la mayoría de las mujeres (y de los hombres) trabaja fuera del hogar.

¿Por qué es la tasa de actividad femenina más de un 50% más alta que en los años 60?

Aunque las faenas domésticas no se incluyen en el PIB, en algunos casos el PIB incluye bienes y servicios que no se venden en los mercados. Los más importantes son los bienes y servicios suministrados por la administración central y por las administraciones regionales y locales. La protección que proporcionan el Ejército y la Marina, la comodidad que proporcionan las autopistas, y la educación que proporciona el sistema público de enseñanza, son ejemplos de bienes y servicios suministrados por el Estado que no se venden en los mercados. Como los bienes y los servicios suministrados por el Estado no tienen precios de mercado, los estadísticos añaden al PIB los *costes* de suministrar esos bienes y servicios como un indicador aproximado de su valor económico. Por ejemplo, para incluir la enseñanza pública en el PIB, se añaden al PIB los sueldos de los profesores y del personal administrativo, el coste de los libros de texto y demás material, etc. Asimismo, el valor económico de la Defensa Nacional se recoge con el fin de calcular el PIB, de forma aproximada a través de sus *costes*: el sueldo de los soldados y de los marineros, los costes de la adquisición y del mantenimiento de las armas, etc.

Salvo algunas excepciones, como los bienes y los servicios facilitados por el Estado, el PIB se calcula sumando los valores de mercado. Sin embargo, no todos los bienes y servicios que tienen un valor de mercado se contabilizan en el PIB. Como veremos a continuación, el PIB sólo incluye los bienes y servicios que son productos finales del proceso de producción, llamados *bienes y servicios finales*. No incluye los bienes y los servicios que se utilizan en el proceso de producción.

BIENES Y SERVICIOS FINALES

Muchos bienes se utilizan en el proceso de producción. Antes de que un panadero pueda producir una barra de pan, hay que cultivar y recoger los cereales, molerlos, transformarlos en harina y hornearlos, junto con otros ingredientes, para hacer pan. De los tres bienes que se han citado —los cereales, la harina y el pan—, los consumidores sólo utilizan el pan. Como la producción del pan es el fin último del proceso, se denomina *bien final*. En general, un **bien o servicio final** es el producto final de un proceso, es decir, el producto o el servicio que utilizan realmente los consumidores. Los bienes o los servicios producidos para hacer el producto final —en este caso, los cereales y la harina— se denominan **bienes o servicios intermedios**.

bienes o servicios finales bienes o servicios consumidos por el usuario final, es decir, los productos finales del proceso de producción que se contabilizan en el PIB

bienes o servicios intermedios bienes o servicios que se utilizan para producir bienes y servicios finales y, que por lo tanto, no se contabilizan en el PIB

Como sólo nos interesa medir los artículos que tienen un valor económico directo, *en el PIB sólo se incluyen los bienes y los servicios finales. No* se incluyen, por lo tanto, los bienes y servicios intermedios. Supongamos que los cereales del ejemplo anterior tienen un valor de mercado de 0,50$ (precio que paga la empresa molinera por ellos). A continuación se muelen para transformarlos en harina, cuyo valor de mercado es de 1,20$ (precio que paga el panadero por la harina). Finalmente, la harina se convierte en una barra de pan que vale 2$. Para calcular la contribución de estas actividades al PIB, ¿sumaríamos el valor de los cereales, la harina y el pan? No. Si lo hiciéramos, mediríamos incorrectamente el PIB: 0,50$ + 1,20$ + 2,00$ = 3,70$. En ese caso, el valor de los cereales se contabilizaría tres veces: una vez como cereales, otra como parte del valor de la harina y otra como parte del valor del pan. Los cereales y la harina sólo son valiosos porque son bienes intermedios que pueden utilizarse para hacer pan, por eso, como su valor está incluido en el precio del producto final, que son los 2,00$ de la barra de pan, la contribución total al PIB es de 2,00$.

El Ejemplo 18.3 muestra la misma distinción, pero en este caso se trata de un servicio.

EJEMPLO 18.3

El peluquero y su ayudante

Nuestro peluquero nos cobra 10$ por un corte de pelo. Éste paga, a su vez, a su ayudante 2$ por cada corte de pelo a cambio de que afile las tijeras, barra el suelo y realice otras tareas. ¿Cuál es la contribución total al PIB del peluquero y de su ayudante al PIB por cada corte de pelo realizado?

La respuesta a este problema es 10$, que es el precio o valor de mercado del corte de pelo. El corte de pelo se contabiliza en el PIB porque es el servicio final, el que realmente tiene valor para el usuario final. Los servicios prestados por el ayudante sólo tienen valor porque contribuyen a la producción del corte de pelo. Su valor de 2$ se incluye en el precio del corte de pelo de 10$.

El Ejemplo 18.4 muestra que un mismo bien puede ser intermedio o final, dependiendo de cómo se utilice.

EJEMPLO 18.4

Un bien que puede ser intermedio o final

El granjero Brañas produce leche por valor de 100$. Vende leche a sus vecinos por valor de 40$ y utiliza el resto para alimentar a sus cerdos, que a su vez vende a sus vecinos por 120$. ¿Cuál es la contribución de este agricultor al PIB?

Los bienes finales de este ejemplo son la leche por valor de 40$ y los cerdos vendidos a los vecinos por valor de 120$. Sumando 40$ y 120$ obtenemos 160$, que es la contribución del agricultor al PIB. Obsérvese que parte de la leche que produce Brañas es un bien intermedio y parte es un bien final. La leche por valor de 60$ con la que alimenta a los cerdos es un bien intermedio, por lo que no se contabiliza en el PIB. La leche por valor de 40$ vendida a los vecinos es un bien final, por lo que sí se contabiliza.

bien de capital bien producido que sirve para producir otros bienes y servicios y suele ser de larga duración

Un tipo especial de bienes que son difíciles de clasificar como bienes intermedios o bienes finales son los bienes de capital. Un **bien de capital** es un bien de larga duración que se utiliza para producir otros bienes y servicios. Es el caso de las fábricas y las máquinas y también de las viviendas y los apartamentos, bienes que producen servicios de alojamiento. Los bienes de capital no encajan en la definición de bienes finales, ya que su fin es producir otros bienes. Por otra parte, no se desgastan durante el proceso de producción, salvo después de un periodo muy largo, por lo que tampoco son exactamente bienes intermedios. Para medir el PIB, los economistas han acordado considerar bienes finales los bienes de capital recién producidos, aunque no sean consumidos por el usuario final. De lo contrario, un país que invirtiera en su futuro construyendo modernas fábricas y comprando nuevas máquinas tendría un PIB menor que un país que dedicara todos sus recursos a producir bienes de consumo.

Hemos establecido la regla de que en el PIB sólo se contabilizan los bienes y los servicios finales (incluidos los bienes de capital recién producidos). No se contabilizan los bienes y los servicios intermedios, que se utilizan para producir bienes y servicios finales. Sin embargo, no es fácil aplicar esta regla en la práctica, ya que el proceso de producción a menudo dura varios periodos. Para mostrarlo recordemos el ejemplo anterior de los cereales que se molían para transformarlos en harina, la cual se horneaba para hacer una barra de pan. La contribución de todo el proceso al PIB es de 2$, que es el valor del pan (el producto final). Supongamos, sin embargo, que los cereales y la harina se produjeran al final del año 2005, y que el pan se horneara a principios de 2006. En este caso, ¿deberíamos atribuir el valor de 2$ del pan al PIB del año 2005 o al PIB del año 2006?

Ninguna de las dos opciones parece muy correcta ya que una parte del proceso de producción de pan se produjo en 2005 y otra en 2006, una parte del valor del pan debería contabilizarse en el PIB del año 2005 y otra en el PIB del año 2006. Pero ¿cómo debemos hacer el reparto? Para resolver este problema, los economistas calculan indirectamente el valor de mercado de los bienes y servicios finales sumando el *valor añadido* por cada empresa en el proceso de producción. El **valor añadido** de una empresa es igual al valor de mercado de su producto o servicio menos el coste de los factores comprados a otras empresas. Como veremos, sumando el valor añadido por todas las empresas (incluidos los productores tanto de los bienes y de los servicios intermedios como de los bienes y servicios finales) obtenemos la misma respuesta que sumando simplemente el valor de los bienes y servicios finales, pero con la suma de los valores añadidos se elimina el problema de tener que dividir el valor de un bien o de un servicio final entre dos periodos.

valor añadido por una empresa es el valor de mercado de su producto o servicio menos el coste de los factores comprados a otras empresas y empleados en la producción del primero

Para ilustrar este método, volvamos al ejemplo del pan, que es el resultado de múltiples fases de producción. Ya hemos averiguado que la contribución total de este proceso de producción al PIB es de 2$, que es el valor del pan. Mostremos ahora cómo podemos obtener la misma respuesta sumando el valor añadido. Supongamos que el pan es el producto final de tres empresas: Cereales CBA S.A. produce cereales, Harinas Integrales produce harina y Panes Crujientes produce el pan. Si postulamos los mismos supuestos que antes sobre el valor de mercado de los cereales, la harina y el pan, ¿cuál es el valor añadido por cada una de estas tres empresas?

Cereales CBA produce cereales por valor de 0,50$ sin utilizar ningún consumo intermedio procedente de otras empresas, por lo que su valor añadido es de 0,50$. Harinas Integrales utiliza cereales de CBA por valor de 0,50$ para producir harina por valor de 1,20$; el valor añadido por Harinas Integrales es, pues, el valor de su producto (1,20$) menos el coste de los bienes comprados (0,50$), es decir, 0,70$. Por último, Panes Crujientes compra harina a Harinas Integrales por valor de 1,20$ y la utiliza para producir pan por valor de 2$, por lo tanto, el valor añadido por Panes Crujientes es de 0,80$. La Tabla 18.1 resume estos cálculos.

TABLA 18.1
Valor añadido en la producción de pan

Empresa	Ingresos –	Coste de los factores comprados =	valor añadido
Cereales CBA	0,50$	0,00$	0,50$
Harinas Integrales	1,20$	0,50$	0,70$
Panes Crujientes	2,00$	1,20$	0,80$
Total			2,00$

El lector puede ver que, sumando el valor añadido por cada empresa, obtenemos la misma contribución al PIB (2$) que con el método consistente en contabilizar solamente los bienes y los servicios finales. El valor añadido de cada empresa representa básicamente la proporción del valor del bien o servicio final que crea la empresa en su fase de producción. Sumando el valor añadido de todas las empresas de la economía obtenemos el valor total de los bienes y servicios finales, es decir, el PIB.

El lector también puede ver ahora cómo resuelve el método del valor añadido el problema de los procesos de producción que duran dos periodos o más. Supongamos que los cereales y la harina se producen durante el año 2005 y que el pan no se hace hasta 2006. Utilizando el método del valor añadido, la contribución de este proceso de producción al PIB del año 2005 es el valor añadido de la empresa cerealera más el valor añadido de la empresa de harinas, es decir, 1,20$. La contribución del proceso de producción al PIB del año 2006 es el valor añadido del panadero, que es de 0,80$. Por lo tanto, una parte del valor del producto final, el pan, se contabiliza en el PIB de cada año, reflejando el hecho de que cada año se realizó una parte de la producción del pan.

EJERCICIO 18.3

La tienda de tarjetas Amanda recibe en diciembre de 2005 un envío de tarjetas para el día de San Valentín. Amanda paga un total de 500$ al distribuidor al por mayor de las tarjetas. En febrero de 2006 las vende por un total de 700$. ¿Cuáles son las contribuciones de estas transacciones al PIB en los años 2005 y 2006?

Hemos demostrado que el PIB es igual al valor de mercado de los bienes y los servicios finales. Examinemos la última parte de la definición: "producidos en un país durante un determinado periodo de tiempo".

PRODUCIDOS EN UN PAÍS DURANTE UN DETERMINADO PERIODO DE TIEMPO

La palabra *interior* del término *Producto Interior Bruto* nos dice que el PIB es un indicador de la actividad económica que se realiza dentro de un determinado país. Por lo tanto, sólo se contabiliza la producción que tiene lugar dentro de sus fronteras. Por ejemplo, el PIB de Estados Unidos comprende el valor de mercado de *todos* los automóviles producidos dentro de sus fronteras, aunque se fabriquen en plantas de propiedad extranjera (recuérdese el Ejercicio 18.2). *No* se contabilizan, sin embargo, los automóviles fabricados en México por General Motors, empresa cuya sede central se encuentra en Estados Unidos.

Hemos visto que el PIB pretende medir la cantidad de producción que se realiza durante un determinado periodo, como el año natural. Por este motivo, sólo se incluyen en el PIB de un determinado año los bienes y los servicios producidos realmente durante ese año. El Ejemplo 18.5 y el Ejercicio 18.4 muestran esta cuestión.

EJEMPLO 18.5 La venta de una vivienda y el PIB

Se vende una vivienda de 20 años a una familia joven por 200.000$. La familia paga al agente inmobiliario una comisión del 6%, es decir, 12.000$. ¿Cuál es la contribución de esta transacción al PIB?

Como la vivienda no se ha producido este año, su valor *no* se contabiliza en el PIB de este año (se incluyó en el PIB de hace 20 años, que es cuando se construyó la casa). En general, las compras y las ventas de activos existentes, como viviendas antiguas o automóviles usados, no contribuyen al PIB de este año. Sin embargo, la comisión de 12.000$ pagada al agente inmobiliario representa el valor de mercado de la ayuda que ha prestado a la familia para encontrar la vivienda y efectuar la compra. Como esos servicios se han realizado durante este año, la comisión del agente *se contabiliza* en el PIB de este año.

EJERCICIO 18.4

Lorena Doreste vende 100 acciones de Benson S.A. a 50$ cada una. Paga a su agente de bolsa una comisión del 2% por realizar la venta. ¿Cómo afecta la transacción de Lorena al PIB de este año?

RECAPITULACIÓN	LA MEDICIÓN DEL PIB

El producto interior bruto (PIB) es igual a

el valor de mercado

El PIB es un agregado de los valores de mercado de los numerosos bienes y servicios que se producen en la economía.

Los bienes y los servicios que no se venden en los mercados, como el trabajo doméstico no remunerado, no se suelen contabilizar en el PIB. Una importante excepción son los bienes y los servicios suministrados por el Estado, que se incluyen en el PIB sumando los costes que tiene para el Estado su suministro.

de los bienes y los servicios finales

Los bienes y los servicios finales —los bienes y los servicios consumidos por el usuario final— se contabilizan en el PIB. Convencionalmente, los bienes de capital recién producidos, como las fábricas y las máquinas, también se consideran bienes finales y se contabilizan en el PIB. No se contabilizan los bienes y los servicios intermedios que se utilizan para producir bienes y servicios finales.

En la práctica, el valor de los bienes y los servicios finales se calcula por medio del método del valor añadido. El valor añadido por una empresa es igual a los ingresos que obtiene por la venta de su producto menos el coste de los factores comprados a otras empresas y que se emplean en la producción del bien de la empresa que se trate. Sumando el valor añadido de todas las empresas en el proceso de producción se obtiene el valor del bien o del servicio final.

producidos en un país durante un determinado periodo de tiempo

En el PIB de un país sólo se incluyen los bienes y los servicios producidos dentro de sus fronteras.

En el PIB de este año sólo se contabilizan los bienes y los servicios producidos este año (o la parte del valor producido este año).

EL MÉTODO DEL GASTO PARA MEDIR EL PIB

El PIB es un indicador de la cantidad de bienes y servicios que *produce* una economía. Pero todos los bienes o los servicios que se producen también son *comprados* y utilizados por algún agente económico: por ejemplo, por un consumidor que compra regalos de Navidad o por una empresa que invierte en nueva maquinaria. En muchos casos es importante saber no sólo cuánto se produce, sino también quién lo utiliza y cómo.

Los estadísticos económicos dividen a los usuarios de los bienes y los servicios finales que constituyen el PIB de un año en cuatro categorías: *hogares*, *empresas*, *administraciones públicas* y *sector exterior* (es decir, compras extranjeras de productos interiores). Suponen que todos los bienes y los servicios finales que se producen en un país durante un año son comprados y utilizados por miembros de uno o más de estos cuatro grupos. Por otra parte, las cantidades que gastan los compradores en los diversos bienes y servicios deben ser iguales a los valores de mercado de esos bienes y servicios. Por lo tanto, el PIB puede medirse con la misma precisión por medio de cualquiera de los dos métodos: (1) sumando los valores de mercado de todos los bienes y servicios finales que se producen dentro del país, o (2) sumando la cantidad total que gasta cada uno de los cuatro grupos en bienes y servicios finales y restando el gasto realizado en bienes y servicios importados. Los valores que se obtienen mediante los dos métodos son iguales.

A estos cuatro grupos de usuarios finales les corresponden cuatro componentes del gasto: el consumo, la inversión, las compras del Estado y las exportaciones netas. Es decir, los hogares consumen, las empresas invierten, las administraciones públicas realizan las compras o gastos del Estado y el sector exterior compra los bienes exportados por el país. La Tabla 18.2 indica los valores monetarios de cada uno de estos componentes en la economía de Estados Unidos en el año 2004 y para México correspondientes al año 2005. Como muestra la tabla, en 2004 el PIB de Estados Unidos fue de unos 11.734,3 billones de dólares, lo que representa alrededor de 40.000$ per cápita. Con respecto a México, el PIB fue de poco más de 1,7 millones de pesos de 1993 (el cual es el año base). A continuación definimos detalladamente los componentes del gasto y sus principales subcomponentes. Una vez leídas las definiciones, vuelva a la Tabla 18.2 para hacerse una idea de la importancia relativa de cada tipo de gasto.

TABLA 18.2

Componentes del gasto del PIB de Estados Unidos y México

	Estados Unidos, 2004 (miles de millones de dólares de 2004)		México, 2005 (millones de pesos de 1993)	
Consumo		**8.214,3**		**1.225.588,6**
Bienes duraderos	987,8			
Bienes no duraderos	2.368,3			
Servicios	4.858,2			
Inversión		**1.928,1**		**338.286,9**
Inversión empresarial fija (FBKF)	1.198,8			
Inversión en viviendas	673,8			
Inversión en inventarios	55,4			**35.687,3**
Compras o gasto del Estado		**2.215,9**		**154.470,7**
Exportaciones netas		**– 624,0**		**– 46.344,4**
Exportaciones	1.173,8		**631.726,0**	
Importaciones	1.797,8		**678.070,4**	
Total: Producto Interior Bruto		**11.734,3**		**1.707.689,1**

FUENTE: http://www.bea.gov.

gasto en consumo o consumo gasto de los hogares en bienes y servicios, como alimentos, ropa y entretenimiento

El **gasto en consumo** o simplemente el **consumo** es el gasto de los hogares en bienes y servicios como alimentos, ropa y entretenimiento. Se subdivide en tres subcategorías:

- Los *bienes de consumo duradero*. Son bienes de consumo que duran mucho, como los automóviles y los muebles. Obsérvese que las viviendas nuevas no se consideran bienes de consumo duradero, sino parte de la inversión.
- Los *bienes de consumo no duradero*. Son bienes que duran poco, como los alimentos y la ropa.
- Los *servicios*. Importante componente del gasto en consumo, comprendiendo una amplia gama de actividades, desde cortes de pelo y viajes en taxi, hasta servicios jurídicos, financieros y educativos.

inversión gasto de las empresas en bienes y servicios finales, principalmente bienes de capital

La **inversión** es el gasto de las empresas en bienes y servicios finales, principalmente en bienes de capital. Se divide en tres subcategorías:

- La *inversión empresarial fija o Formación Bruta de Capital Fijo (FBKF)*. Es la compra por parte de las empresas, de nuevos bienes de capital como maquinaria, fábricas y edificios de oficinas (recuérdese que para calcular el PIB los bienes de capital de larga duración se consideran bienes finales en lugar de bienes intermedios). Las empresas compran bienes de capital con el objetivo de aumentar su capacidad de producción.
- La *inversión en vivienda*. Es la construcción de nuevas viviendas y edificios de apartamentos. Recuérdese que las viviendas y los edificios de apartamentos, denominados capital residencial, también son bienes de capital. Para calcular el PIB se considera que la inversión en vivienda es una inversión del sector empresarial, que después vende las casas a los hogares.

- La *inversión en existencias o variación de existencias*. Es la inclusión de los bienes que no se venden en las existencias de la empresa. En otras palabras, los bienes que produce una empresa, pero que no vende durante el periodo actual se tratan, a efectos contables, como si la empresa se hubiera comprado a sí misma esos bienes (esta convención garantiza la igualdad entre la producción y el gasto). La inversión en existencias puede ser positiva o negativa, dependiendo de que el valor de las existencias aumente o disminuya en el transcurso de ese año.

La gente a menudo llama "inversiones" a las compras de activos financieros, como acciones o bonos. Ese uso del término es diferente de la definición que damos aquí. Las personas que compran acciones de una empresa adquieren la propiedad parcial de los activos físicos y financieros *existentes* y controlados por la empresa. Sin embargo, la compra de acciones normalmente no corresponde a la creación de *nuevo* capital físico, por lo que no es inversión en el sentido en que estamos utilizando el término en este capítulo. Generalmente, llamaremos "inversiones financieras" a las compras de activos financieros, como acciones y bonos, para distinguirlas de las inversiones de una empresa en nuevos bienes de capital, como fábricas y máquinas.

Las **compras o gasto del Estado** son las compras, por parte de la administración central y de las administraciones regionales y locales, de bienes finales, como pueden ser los aviones de combate, y de servicios, como la enseñanza en las escuelas públicas. *No* comprenden las *transferencias*, que son pagos que efectúa el Estado a cambio de los cuales no recibe ningún bien o servicio corriente. Como ejemplos de transferencias (que, una vez más, *no* se incluyen en las compras del Estado) se pueden citar las pensiones, las prestaciones por desempleo y los gastos asistenciales. Tampoco se incluyen en las compras del Estado los intereses pagados por la deuda pública.

compras o gasto del Estado compras de bienes y servicios finales por parte de la administración central y de las administraciones regionales y locales; no comprenden las transferencias, que son pagos efectuados por el Estado a cambio de los cuales no recibe ningún bien o servicio inmediato; tampoco incluyen los intereses pagados por la deuda pública

Las **exportaciones netas** son las exportaciones menos las importaciones.

exportaciones netas exportaciones menos importaciones

- Las *exportaciones* de un país son bienes y servicios finales que produce y vende al extranjero.
- Las *importaciones* de un país son sus compras de bienes y servicios producidos en el extranjero. Debido a que las importaciones se incluyen en el consumo, la inversión y las compras del Estado, pero no representan gasto en producción interior, deben restarse. Una manera abreviada de sumar las exportaciones y restar las importaciones es sumar las exportaciones netas, que son iguales a las exportaciones menos las importaciones.

Las exportaciones netas de un país reflejan la demanda neta de sus bienes y servicios por parte del resto del mundo. Pueden ser negativas, ya que las importaciones pueden ser superiores a las exportaciones en un determinado año. Como muestra la Tabla 18.2, en Estados Unidos las importaciones fueron en 2004 mucho mayores que las exportaciones.

La relación entre el PIB y el gasto en bienes y servicios puede resumirse por medio de una ecuación. Sea

Y = Producto Interior Bruto o producción
C = gasto en consumo
I = inversión o gasto en capital
G = compras o gasto del Estado
NX = exportaciones netas.

Utilizando estos símbolos, podemos decir algebraicamente que el PIB es igual a la suma de los cuatro tipos de gasto:

$$Y = C + I + G + NX.$$

EJEMPLO 18.6 **La medición del PIB por medio de la producción y por medio del gasto**

Una economía produce un millón de automóviles valorados en 15.000$ cada uno, de los cuales 700.000 se venden a los consumidores, 200.000 a las empresas, 50.000 al Estado y 25.000 al extranjero. No se importa ninguno. Los fabricantes de automóviles mantienen en existencias los que quedan sin vender al final del año. Calcule el lector el PIB por medio de (a) el valor de mercado de la producción y por medio de (b) los componentes del gasto. Debe obtener la misma respuesta de las dos formas.

El valor de mercado de la producción de bienes y servicios finales de esta economía es igual a un millón de automóviles multiplicado por 15.000$ por automóvil, es decir, 15.000 millones de dólares.

Para medir el PIB por medio del gasto, debemos sumar el gasto en consumo, en inversión, en compras del Estado y en exportaciones netas. El consumo es igual a 700.000 automóviles multiplicado por 15.000$, es decir, 10.500 millones de dólares. Las compras del Estado son iguales a 50.000 automóviles multiplicado por 15.000$, es decir, 750 millones de dólares. Las exportaciones netas son iguales a las exportaciones (25.000 automóviles a 15.000$, es decir, 375 millones de dólares) menos las importaciones (cero), por lo que las exportaciones netas son iguales a 375 millones de dólares.

Pero ¿y la inversión? En este caso debemos tener cuidado. Los 200.000 automóviles que se venden a las empresas, por valor de 3.000 millones de dólares, se contabilizan como una inversión. Pero obsérvese también que las compañías automovilísticas produjeron un millón de automóviles, pero sólo vendieron 975.000 (700.000 + 200.000 + 50.000 + 25.000). Por lo tanto, a finales de año quedaban por vender 25.000 automóviles que pasaron a engrosar las existencias de los fabricantes. Este aumento de las existencias de los productores (25.000 automóviles a 15.000$, es decir, 375 millones de dólares) se contabiliza como una inversión en existencias, que forma parte de la inversión total. Por lo tanto, el gasto total de inversión es igual a los automóviles vendidos a las empresas por valor de 3.000 millones de dólares más los 375 millones en inversión en existencias, es decir, 3.375 millones.

Recapitulando, en esta economía, el consumo es de 10.500 millones de dólares, la inversión (incluida la inversión en existencias) es de 3.375 millones, las compras del Estado son 750 millones y las exportaciones netas 375 millones. Sumando estos cuatro componentes del gasto obtenemos 15.000 millones de dólares, que es el mismo valor que hemos obtenido calculando el valor de mercado de la producción.

EJERCICIO 18.5

Ampliando el Ejemplo 18.6, suponga que, de los automóviles comprados por los hogares 25.000 se importan en lugar de producirse en el interior. La producción interior sigue siendo de un millón de automóviles valorados en 15.000$ cada uno. Una vez más, halle el PIB por medio (a) del valor de mercado de la producción y (b) de los componentes del gasto.

RECAPITULACIÓN | **LOS COMPONENTES DEL GASTO DEL PIB**

El PIB puede calcularse sumando los gastos en bienes y servicios finales producidos en el interior. Los cuatro tipos de gasto que se contabilizan en el PIB y los grupos económicos que realizan cada tipo de gasto son los siguientes:

Quién realiza el gasto	Tipo de gasto	Ejemplos
Hogares	Consumo	Alimentos, ropa, cortes de pelo, automóviles nuevos
Empresas	Inversión	Fábricas y equipo nuevos, viviendas nuevas, aumento de las existencias
Administraciones públicas	Compras del Estado	Construcción de nuevas escuelas, nuevo equipo militar, sueldos de los soldados y de los funcionarios públicos
Sector exterior	Exportaciones netas, es decir, exportaciones menos importaciones	Bienes manufacturados exportados, servicios jurídicos o financieros suminiinistrados por residentes interiores a extranjeros

EL PIB Y LAS RENTAS DEL CAPITAL Y DEL TRABAJO

El PIB puede concebirse como un indicador de la producción total o como un indicador del gasto total: los dos métodos para calcularlo dan la misma respuesta final. También puede concebirse como las *rentas del capital y del trabajo*.

Siempre que se produce, o se vende, un bien o un servicio, el ingreso derivado de la venta se distribuye entre los trabajadores y los propietarios del capital utilizado para producir el bien o el servicio. Por lo tanto, exceptuando algunos ajustes técnicos de los que prescindiremos, el PIB también es igual a las rentas del trabajo más las rentas del capital. Las *rentas del trabajo* (que en Estados Unidos representan alrededor de dos tercios del PIB) comprenden los salarios, los sueldos y las rentas de los trabajadores por cuenta propia. Las *rentas del capital* (que en Estados Unidos representan alrededor de un tercio del PIB) están formadas por los pagos efectuados a los propietarios de capital físico (fábricas, máquinas, edificios de oficinas) y de capital intangible (derechos de reproducción, patentes). Los componentes de las rentas del capital comprenden partidas como los beneficios que obtienen los propietarios de las empresas, los alquileres pagados a los propietarios de la tierra o de los edificios, los intereses recibidos por los bonistas o los *royalties* que obtienen los titulares de derechos de reproducción o de patentes. Debe entenderse que tanto las rentas del trabajo como las rentas del capital se miden antes del pago de impuestos; naturalmente, al final, el Estado se queda con una parte de ambos tipos de renta por medio de la recaudación impositiva.

La Figura 18.2 puede ayudar a visualizar las tres formas equivalentes de concebir el PIB: el valor de mercado de la producción, el valor total del gasto y la suma de las rentas del trabajo y del capital. La figura también refleja aproximadamente la importancia relativa de los componentes del gasto y de la renta. En Estados Unidos, alrededor del 70% del gasto es gasto en consumo, alrededor del 20% son compras del Estado y el resto es gasto de inversión y exportaciones netas (en realidad, como muestra la Tabla 18.2 o la Figura 17.5, las exportaciones netas han sido negativas en los últimos años, debido al déficit comercial). Como hemos señalado, las rentas del trabajo representan alrededor de dos tercios de la renta total y las rentas del capital constituyen el resto.

FIGURA 18.2
Las tres caras del PIB. El PIB puede expresarse de tres formas: (1) por medio del valor de mercado de la producción, (2) por medio del gasto total (consumo, inversión, compras o gastodel Estado, exportaciones netas) o (3) por medio de la renta total (renta del trabajo y renta del capital).

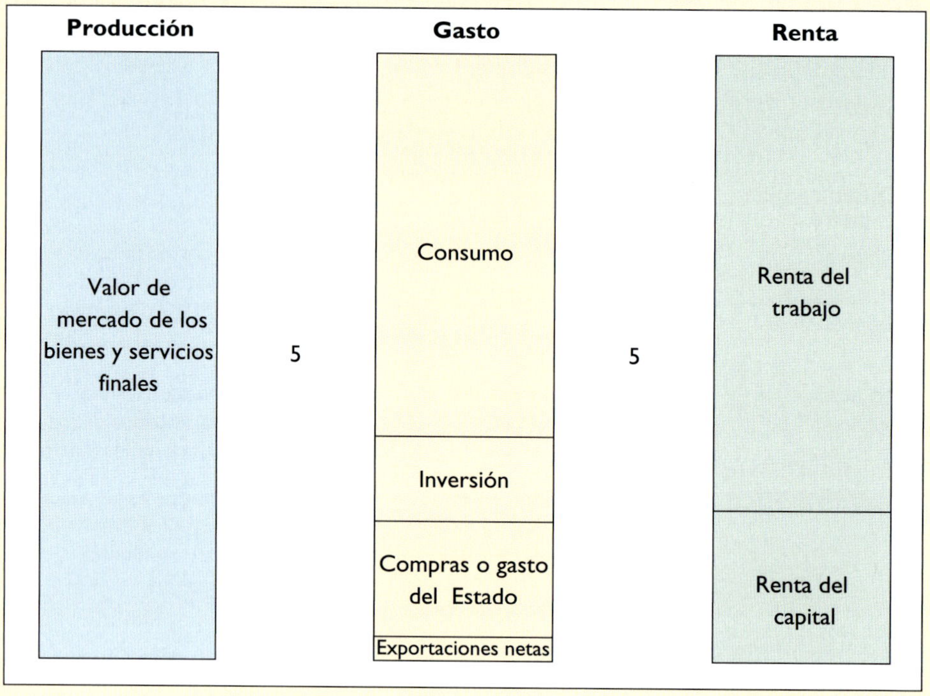

PIB NOMINAL Y PIB REAL

El PIB, como indicador de la producción total de la economía durante un determinado periodo de tiempo, por ejemplo, un año, es útil para comparar la actividad económica de diferentes lugares. Por ejemplo, se podrían utilizar los datos del PIB de Estados Unidos correspondientes al año 2004, desglosados estado por estado, para comparar la producción agregada de ese año en Nueva York y en California. Sin embargo, a los economistas les interesa comparar los niveles de actividad económica no sólo de diferentes *lugares*, sino también de diferentes *periodos*. Por ejemplo, es posible que un presidente que se presente a la reelección basándose en las medidas económicas que han tenido éxito quiera saber cuánto aumentó la producción durante su mandato.

Sin embargo, como muestra el siguiente ejemplo, la utilización del PIB para comparar la actividad económica de dos periodos distintos puede dar respuestas engañosas. Supongamos, para facilitar el análisis, que la economía sólo produce pizzas y ensaladas. La Tabla 18.3 muestra los precios y las cantidades de los dos bienes correspondientes a los años 2004 y 2008, en los que comienza y acaba el mandato del presidente. Si calculamos el PIB de cada año por medio del valor de mercado de la producción, observamos que el PIB de 2004 es (10 pizzas x 10$ por pizza) + (15 ensaladas x 5$ por ensalada) = 175$. El de 2008 es (20 pizzas x 12$ por pizza) + (30 ensaladas x 6$ por ensalada) = 420$. Si comparamos el PIB del año 2008 con el del año 2004, podríamos llegar a la conclusión de que es 2,4 veces mayor (420$/175$).

TABLA 18.3
Precios y cantidades en 2004 y en 2008

	Cantidad de pizzas	Precio de las pizzas	Cantidad de ensaladas	Precio de las ensaladas
2004	10	$10	15	$5
2008	20	$12	30	$6

Pero obsérvense más detenidamente los datos de la Tabla 18.3. ¿Comprende el lector por qué es falsa esta conclusión? Las cantidades tanto de pizzas como de ensaladas producidas en el año 2008 son exactamente el doble de las cantidades producidas en el año 2004. Si la actividad económica, medida por medio de la producción efectiva de ambos bienes, se duplicó exactamente en los 4 años, ¿por qué los valores calculados del PIB muestran un aumento mayor?

Como también puede ver el lector en la tabla, la respuesta es que los precios y las cantidades aumentaron entre 2004 y 2008. Como consecuencia de la subida de los precios, el *valor de mercado* de la producción aumentó durante esos cuatro años más que el *volumen físico* de producción. Por lo tanto, en este caso, el PIB es un indicador engañoso del crecimiento económico registrado durante el mandato del presidente, ya que son las cantidades físicas de los bienes y servicios producidos en un determinado año, no los valores monetarios, las que determinan el bienestar económico de los individuos. De hecho, si los precios de las pizzas y de las ensaladas se hubieran multiplicado por 2,4 entre 2004 y 2008, el PIB también se habría multiplicado por 2,4, ¡sin que aumentara la producción física! En ese caso, la afirmación de que la producción (física) de la economía se duplicó con creces durante el mandato presidencial evidentemente sería falsa.

Como muestra este ejemplo, si queremos utilizar el PIB para comparar la actividad económica de diferentes periodos de tiempo, necesitamos algún método para excluir los efectos de las variaciones de los precios. En otras palabras, necesitamos tener en cuenta la inflación. Para ello los economistas utilizan un conjunto común de precios para valorar las cantidades producidas en diferentes años. Normalmente se elige un determinado año, llamado *año base*, y se utilizan los precios de ese año para calcular el valor de mercado de la producción. No existe ninguna regla especial para elegir el año base, aunque normalmente es un año reciente. Cuando se calcula el PIB utilizando los precios de un año base en lugar de los precios vigentes en cada momento, hablamos de **PIB real,** dado para indicar que es una medida de la producción física real. El PIB real es el PIB ajustado a la inflación. Para distinguir el PIB real, en el que las cantidades producidas se valoran en base a los precios del año base, del PIB valorado en base a los precios vigentes en cada momento, los economistas llaman **PIB nominal** a este último indicador.

PIB real de un determinado año indicador del PIB en el que las cantidades producidas se valoran en base a los precios de un año base y no en base a los precios vigentes ese año; mide el volumen físico de producción

PIB nominal de un determinado año indicador del PIB en el que las cantidades producidas se valoran en base a los precios vigentes ese año; mide el valor monetario de la producción

EJEMPLO 18.7

Cálculo de la variación experimentada por el PIB real durante el mandato del presidente

Halle el PIB real de los años 2008 y 2004 utilizando los datos de la Tabla 18.3 y suponiendo que 2004 es el año base. ¿Cuánto creció la producción real entre 2004 y 2008?

Para hallar el PIB real del año 2008, debemos valorar las cantidades producidas ese año utilizando los precios del año base, que es 2004. Usando los datos de la Tabla 18.3, tenemos que

PIB real del año 2008 = (cantidad de pizzas en el año 2008 x precio de las pizzas en el año 2004) + (cantidad de ensaladas en el año 2008 x precio de las ensaladas en el año 2004)
= (20 x 10$) + (30 x 5$)
= 350$.

El PIB real de esta economía es de 350$ en el año 2008. ¿Cuál es el PIB real de 2004?

El PIB real de 2004 es, por definición, igual a las cantidades de 2004 valoradas en base a los precios del año base. En este ejemplo, resulta que el año base es 2004, por lo que el PIB real de 2004 es igual a las cantidades de 2004 valoradas a los precios de ese año, lo que es lo mismo que el PIB nominal de 2004. En el año base, el PIB real y el PIB nominal son iguales. Ya hemos hallado el PIB nominal de 2004, 175$, que es también el PIB real de 2004.

Ahora podemos averiguar cuánto creció realmente la producción real durante este periodo de cuatro años. Como el PIB real fue de 175$ en 2004 y de 350$ en 2008, el volumen físico de producción se duplicó entre 2004 y 2008. Esta conclusión tiene sentido, ya que la Tabla 18.3 muestra que la producción, tanto de pizzas como de ensaladas, se duplicó durante ese periodo. Utilizando el PIB real hemos eliminado los efectos de las variaciones de los precios y hemos obtenido una medida razonable de la variación efectiva que experimentó la producción física durante este periodo de cuatro años.

Naturalmente, la producción de todos los bienes no crece necesariamente en la misma proporción, como ocurre en el Ejemplo 18.7. En el Ejercicio 18.6 pedimos al lector que halle el PIB real suponiendo que la producción de pizzas y ensaladas crece a tasas diferentes.

EJERCICIO 18.6

Suponga que la producción y precios de pizzas y ensaladas en 2004 y 2008 son los siguientes:

	Cantidad de pizzas	Precio de las pizzas	Cantidad de ensaladas	Precio de las ensaladas
2004	10	$10	15	$5
2008	30	$12	30	$6

Estos datos son iguales que los de la Tabla 18.3, con la salvedad de que entre 2004 y 2008 la producción de pizzas se triplicó en lugar de duplicarse. Halle el PIB real de 2008 y 2004 y calcule el crecimiento de la producción real registrado durante el periodo de 4 años (continúe suponiendo que 2004 es el año base).

Si el lector realiza el Ejercicio 18.6, observará que el crecimiento del PIB real registrado entre 2004 y 2008 es una especie de media del crecimiento de la producción física de pizzas y de ensaladas. Por lo tanto, el PIB real continúa siendo un útil indicador de la producción física total, incluso cuando la producción de los diferentes bienes y servicios crece a tasas distintas.

El método que acabamos de describir para calcular el PIB real fue utilizado durante muchas décadas por el *Bureau of Economic Analysis* (BEA), que es el organismo público de Estados Unidos responsable de los datos del PIB. Sin embargo, en los últimos años, el BEA ha adoptado un procedimiento más complicado para calcular el PIB real, llamado *ponderación encadenada*. Este nuevo método reduce la sensibilidad, respecto al año base, de los datos oficiales del PIB real. Sin embargo, tanto el método de ponderaciones encadenadas como el tradicional comparten la idea básica de valorar la producción en base a los precios del año base, por lo que los resultados que se obtienen con estos dos procedimientos generalmente son parecidos.

EL OBSERVADOR ECONÓMICO 18.2

¿Pueden el PIB nominal y el PIB real variar en sentido contrario?

En la mayoría de los países, tanto el PIB nominal como el real aumentan casi todos los años. Sin embargo, puede muy bien ocurrir que varíen en sentido contrario. La última vez que ocurrió eso en Estados Unidos fue en 1990-1991. En ese periodo, el PIB real calculado utilizando el año 2000 como año base, *disminuyó* un 0,2%, pasando de 7.113 millones de dólares a 7.101 millones, debido a una reducción global de las cantidades físicas producidas de bienes y servicios. Sin embargo, el PIB nominal aumentó un 3,3%, pasando de 5.803 millones de dólares a 5.996 millones durante ese mismo periodo, debido a que los precios subieron más de lo que disminuyeron las cantidades producidas.

El ejemplo anterior también muestra que el PIB nominal de un año es *menor* que el PIB real si los precios vigentes ese año son más bajos que los precios del año base. Generalmente ocurre cuando el año al que se refiere el PIB es anterior al año base.

¿Podría aumentar el PIB real en un año en el que disminuyera el PIB nominal? Una vez más, la respuesta es afirmativa. Podría ocurrir en algunos casos (pero no en todos) en los que un país está experimentando al mismo tiempo crecimiento económico y deflación (descenso general y continuado de los precios). Si la tasa a la que están descendiendo los precios (lo que indica una deflación) es mayor que la tasa a la que está aumentando la producción de cantidades físicas, el PIB real aumentará y el PIB nominal disminuirá. De hecho es lo que ocurrió en Japón durante varios años en la década de 1990.

RECUADRO 18.1: LA PONDERACIÓN ENCADENADA

A los estudiantes que se sientan cómodos con las raíces cuadradas tal vez les resulte interesante ver cómo funciona en realidad la ponderación encadenada. Como su propio nombre indica, los datos anuales se "enlazan" con datos de los años contiguos utilizando lo que se denomina media geométrica.El cociente entre el PIB real de 2005 y el de 2004 se calcula utilizando los precios tanto de 2004 como de 2005 de la forma siguiente:

Cociente entre el PIB real de 2005 y el de 2004

$$= \sqrt{\begin{array}{l}\text{(cociente entre los PIB reales tomando}\\ \text{como año base el 2004)}\end{array}}\ \sqrt{\begin{array}{l}\text{(cociente entre los PIB reales tomando}\\ \text{como año base el 2005)}\end{array}}\ .$$

El primer término, que es el cociente entre los PIB reales calculados con los precios de 2004, es igual a

$$\frac{\text{PIB real del año 2005 calculado con los precios de 2004}}{\text{PIB real del año 2004 calculado con los precios de 2004}}\ .$$

Recuérdese que este cálculo primero utilizaría los precios de 2004 para valorar las cantidades producidas en 2005. A continuación dividiría esta cantidad por el valor de las cantidades producidas en 2004 utilizando de nuevo los precios de 2004 (el resultado obtenido también sería, por supuesto, igual al PIB nominal del año 2004). Supongamos que este cociente fuera 1,06.

Por otra parte, el cociente entre los PIB real calculados con los precios de 2005 es igual a

$$\frac{\text{PIB real del año 2005 calculado con los precios de 2005}}{\text{PIB real del año 2004 calculado con los precios de 2005}}\ .$$

Este segundo cálculo primero utilizaría los precios de 2005 para valorar las cantidades producidas en 2005 (el resultado obtenido también sería igual al PIB nominal de 2005). A continuación dividiría esta cantidad entre el valor de las cantidades producidas en 2004 utilizando los precios de 2005. Supongamos que este cociente fuera 1,03.

El cociente encadenado entre el PIB real de 2005 y el de 2004 sería igual a la media geométrica de estos dos cocientes. En nuestro ejemplo, sería igual a

$$\sqrt{1{,}06}\ \sqrt{1{,}03} = 1{,}0449.$$

Eso implicaría que el PIB real creció un 4,49% entre 2004 y 2005 (obsérvese que esta cifra es muy parecida a la media aritmética simple de 4,5%).

Recuérdese que el PIB real del año base es igual al PIB nominal de ese mismo año. Por consiguiente, podemos utilizar las tasas encadenadas de crecimiento del PIB real de cada año sucesivo para calcular el nivel del PIB real de cada año.

RECAPITULACIÓN | PIB NOMINAL Y PIB REAL

El PIB real de un determinado año se calcula utilizando los precios de los bienes y servicios del año base en lugar de los precios vigentes ese año. El PIB nominal se calcula utilizando los precios vigentes ese año. El PIB real es el PIB ajustado teniendo en cuenta la inflación; puede considerarse que mide el volumen físico de producción. Las comparaciones de la actividad económica de diferentes periodos no deben realizarse nunca por medio del PIB nominal, sino del PIB real.

EL PIB REAL NO ES LO MISMO QUE EL BIENESTAR ECONÓMICO

Los responsables de la política económica prestan mucha atención al PIB real y con frecuencia se comportan como si pensaran que cuanto mayor es el PIB, mejor. Sin embargo, el PIB real *no* es lo mismo que el bienestar económico. Es, en el mejor de los casos, un indicador imperfecto del bienestar económico, ya que sólo recoge en su mayor parte los bienes y los servicios que se valoran y se venden en los mercados. Muchos factores que contribuyen al bienestar económico de los individuos no se valoran ni se venden en el mercado, por lo que se omiten en gran medida, o incluso totalmente, en el PIB. La maximización del PIB real no siempre es, pues, el objetivo que deben perseguir los responsables de la política económica. Para saber si las medidas económicas que aumentan el PIB también aumentan el bienestar de los individuos hay que analizar caso por caso.

Para comprender por qué un aumento del PIB real no siempre mejora el bienestar económico, examinemos algunos factores que no se incluyen en el PIB pero que afectan al bienestar de los individuos.

EL TIEMPO DE OCIO

En los países industrializados, la mayoría de las personas trabajan muchas menos horas que sus bisabuelos hace cien años. A principios del siglo XX, algunos obreros industriales —por ejemplo, los trabajadores siderúrgicos— llegaban a trabajar hasta 12 horas diarias los 7 días de la semana. Actualmente, la semana laboral suele ser de 40 horas. La gente también tiende a comenzar a trabajar más tarde (después de terminar los estudios universitarios) y, en muchos casos, puede jubilarse antes. El aumento del tiempo de ocio de que disponen los trabajadores en los países industrializados —que les permite realizar muchas actividades valiosas, entre las cuales se encuentra estar con la familia o con los amigos, practicar deportes y aficiones y realizar actividades culturales y educativas—, es una importante ventaja de vivir en una sociedad rica. Sin embargo, los mercados no atribuyen ningún valor específico a estas horas adicionales de ocio y, por lo tanto, no se reflejan en el PIB.

EL OBSERVADOR ECONÓMICO 18.3

¿Por qué trabajamos hoy menos que nuestros bisabuelos?

En los países industrializados, la gente comienza a trabajar más tarde, se jubila antes y, en muchos casos, trabaja menos horas a la semana que hace 50 ó 100 años.

El *coste de oportunidad* de trabajar menos —por ejemplo, jubilarse antes o trabajar menos horas a la semana— son los ingresos que se dejan de ganar por no trabajar. Por ejemplo, si podemos ganar 400$ a la semana trabajando en verano en unos almacenes, dejar de trabajar 2 semanas antes para hacer un viaje con unos amigos tiene un coste de oportunidad de 800$. El hecho de que hoy la gente trabaje menos horas, induce a pensar que el coste de oportunidad de los ingresos que deja de ganar es menor para ella que para sus abuelos y bisabuelos. ¿A qué se debe esta diferencia?

En los últimos cien años, el rápido crecimiento económico de los países industrializados ha aumentado extraordinariamente el poder adquisitivo del trabajador medio (véase el Capítulo 21). En otras palabras, hoy el trabajador medio puede comprar, con su salario por hora, más bienes y servicios que antes. Este hecho parece indicar que hoy el coste de oportunidad de los ingresos perdidos (medido por medio de lo que se puede comprar con esos ingresos) es mayor, no menor, que antes. Pero como el poder adquisitivo es hoy mucho mayor, la gente puede conseguir un nivel de vida razonable trabajando menos horas que antes. Así pues, mientras que es posible que nuestros abuelos tuvieran que trabajar muchas horas para pagar el alquiler o comprar comida, actualmente es más probable que con la renta adicional que se obtiene trabajando muchas horas puedan comprarse bienes de relativo lujo, como ropa más bonita o automóviles más elegantes. Como es más fácil renunciar a esas compras discrecionales que a los alimentos y el alojamiento, el verdadero coste de oportunidad de los ingresos perdidos es hoy menor que hace 50 años. Como el coste de oportunidad del ocio ha disminuido, la gente ha decidido disfrutar más de él.

ACTIVIDADES ECONÓMICAS QUE NO SE INTERCAMBIAN EN LOS MERCADOS

No todas las actividades económicamente importantes se intercambian en los mercados, actividades que, salvo algunas excepciones como los servicios públicos, se omiten en el PIB. Antes hemos mencionado el ejemplo de las tareas domésticas no remuneradas. Otro es el voluntariado, como las patrullas de voluntarios para apagar incendios y rescatar personas. El hecho de que estos servicios no remunerados no se incluyan en el PIB *no* significa que no sean importantes. El problema estriba en que como no se venden es muy difícil estimar su valor de mercado.

¿De qué magnitud es el error que cometen los economistas por excluir del PIB las actividades económicas que no se compran y venden en los mercados? La respuesta depende del tipo de economía que se estudie. Aunque existen actividades económicas de esta clase en todas las economías, son especialmente importantes en las economías pobres. Por ejemplo, en los pueblos de las zonas rurales de los países en vías de desarrollo, la gente normalmente intercambia servicios o coopera en diferentes tareas sin intercambiar dinero. En estas comunidades, las familias también tienden a ser relativamente autosuficientes, cultivando sus propios alimentos y realizando muchos de sus propios servicios básicos (recuérdense las numerosas habilidades del cocinero nepalí Birkhaman, que describimos en el Capítulo 2). Como las actividades económicas que no se compran y se venden en el mercado no se contabilizan en las estadísticas oficiales, los datos del PIB pueden subestimar considerablemente la verdadera cantidad de actividad económica de los países más pobres. En 2003, según el Banco Mundial[1] el PIB oficial per cápita de Nepal fue de unos 240$, cantidad que parece increíblemente baja. La explicación se halla, en parte, en que, como los nepalíes no recurren siempre a los mercados formales, en Nepal se excluyen del PIB muchas actividades económicas que se incluirían normalmente.

Las actividades que no se compran y venden en el mercado están estrechamente relacionadas con lo que se denomina *economía sumergida*, que comprende las transacciones que no se declaran nunca, ni a las autoridades, ni a los encuestadores. Engloba tanto las actividades legales como las ilegales, desde el cuidado informal de niños hasta la delincuencia organizada. Por ejemplo, algunas personas pagan en efectivo a los que limpian y pintan casas temporalmente o a tiempo parcial, lo cual permite a estos trabajadores no pagar impuestos sobre su renta. Los economistas que han tratado de estimar el valor de esos servicios estudiando la cantidad de efectivo que tiene el público han llegado a la conclusión de que estos tipos de transacciones son muy importantes, incluso en las economías más desarrolladas.

CALIDAD DEL MEDIO AMBIENTE Y AGOTAMIENTO DE LOS RECURSOS

El PIB real de China ha experimentado recientemente un enorme crecimiento. Pero al expandirse la base industrial de China, la calidad del aire y del agua también ha empeorado seriamente. El aumento de la contaminación reduce, lógicamente, la calidad de vida, pero como la calidad del aire y del agua no se compra ni se vende en los mercados, el PIB chino no refleja este aspecto negativo de su crecimiento económico.

La explotación de los recursos naturales finitos también tiende a omitirse en el PIB. Cuando una compañía petrolífera extrae y vende un barril de petróleo, el PIB aumenta en el valor del petróleo extraído, pero no refleja el hecho de que haya un barril menos de petróleo en el subsuelo, esperando a ser extraído en el futuro.

[1] http://www.worldbank.org/cgi-bin/sendoff.cgi?page=/data/countrydata/aag/np/_aag.pdf.

Se ha intentado tener en cuenta factores como la calidad del aire y el agotamiento de los recursos en un indicador exhaustivo del PIB, pero es difícil, ya que para eso hay que atribuir un valor monetario a bienes intangibles, como tener un río limpio para bañarse en lugar de un río sucio. Pero el hecho de que los beneficios de la calidad del medio ambiente y de la conservación de los recursos sean difíciles de medir en dólares y centavos no significa que no sean importantes.

LA CALIDAD DE VIDA

¿Qué hace de una ciudad un lugar atractivo para vivir? Algunas características deseables en las que posiblemente esté pensando el lector se reflejan en el PIB: viviendas espaciosas y bien construidas, buenos restaurantes y tiendas, variedad de actividades recreativas y buenos servicios médicos. Sin embargo, otros indicadores de la calidad de vida no se venden en los mercados, por lo que es posible que no se reflejen en el PIB. Por ejemplo, una baja tasa de delincuencia, una escasa congestión del tráfico, organizaciones ciudadanas activas y espacios abiertos. Así pues, aunque algunos ciudadanos de una comunidad se opongan a la construcción de un centro comercial porque crean que puede tener consecuencias negativas para la calidad de vida, otros pueden apoyarla porque el centro comercial vende a precios más bajos y puede aumentar el PIB local.

POBREZA Y DESIGUALDAD ECONÓMICA

El PIB mide la cantidad *total* de bienes y servicios producidos y vendidos en una economía, pero no transmite ninguna información sobre quién disfruta de esos bienes y servicios. Dos países pueden tener el mismo PIB, pero una distribución demográfica del PIB radicalmente diferente. Supongamos, por ejemplo, que en un país —llamémoslo Igualia— la mayoría de la gente goza de una vida cómoda de clase media; tanto la pobreza extrema como la riqueza extrema son fenómenos raros. Pero en otro país, Desigualia —que tiene el mismo PIB real que Igualia—, unas cuantas familias ricas controlan la economía y la mayor parte de la población vive en la pobreza. Aunque la mayoría diríamos que la situación económica general es mejor en Igualia, ese juicio de valor no se reflejaría en el PIB de los dos países, dado que éstos son iguales.

En Estados Unidos, la pobreza absoluta ha venido disminuyendo. Actualmente, muchas familias cuya renta es inferior al "umbral de pobreza" oficial (que en 2005 era de 19.350$ en el caso de una familia de cuatro personas) tienen un televisor, un automóvil y, en algunos casos, su casa propia. Algunos economistas han afirmado que las personas que se consideran pobres hoy, viven tan bien como muchas personas de clase media en los años 50.

Pero, aunque parece que la pobreza absoluta está disminuyendo en Estados Unidos, la desigualdad de la renta ha aumentado en general. El director general de una gran empresa estadounidense gana cientos de veces más que el trabajador medio de esa misma empresa. Los psicólogos nos dicen que la satisfacción económica de los individuos depende no sólo de su posición económica absoluta —de la cantidad y la calidad de los alimentos, la ropa y el alojamiento que poseen—, sino de lo que tienen en comparación con lo que tienen otros. Si una persona tiene un automóvil viejo y destartalado pero es la única que tiene automóvil, es posible que se sienta una privilegiada. Pero si todos los demás vecinos tienen un automóvil de lujo, es probable que se sienta menos satisfecha. En la medida en que esas comparaciones afectan al bienestar de los individuos, la desigualdad es tan importante como la pobreza absoluta. Una vez más puede decirse cómo el PIB centra la atención en la producción total y no en su distribución, en definitiva, no recoge los efectos de la desigualdad.

PERO EL PIB ESTÁ RELACIONADO CON EL BIENESTAR ECONÓMICO

Tal vez el lector extraiga de la lista de factores omitidos de las cifras oficiales del PIB la conclusión de que el PIB es un indicador inútil del bienestar económico. De hecho, numerosos críticos han hecho esa afirmación. Es evidente que para evaluar los efectos de una propuesta económica, no basta con examinar solamente las consecuencias que tendrá probablemente para el PIB. Quienes planifican la economía también deben preguntarse si la política afectará a aspectos del bienestar económico que no se recogen en el PIB. Por ejemplo, es posible que las reglamentaciones sobre el medio ambiente reduzcan la producción de acero, lo cual reducirá el PIB, pero ese hecho no es suficiente para saber si esas reglamentaciones son buenas o malas. El método correcto para saberlo es el *principio del análisis coste-beneficio* (véase el Capítulo 1). ¿Los beneficios de un aire más limpio tienen mayor valor para la gente que los costes, en forma de producción y empleos perdidos, que imponen las reglamentaciones? En caso afirmativo, las reglamentaciones deben adoptarse; en caso negativo, no.

Aunque el examen de las consecuencias que una propuesta económica tiene sobre el PIB real no es suficiente para evaluarla, el PIB real per cápita *sí* tiende a estar relacionado positivamente con muchas cosas que valoramos, entre las cuales se encuentran, un elevado nivel de vida material, una mejor salud, una esperanza de vida mayor y una educación más elevada. A continuación analizamos algunos de los casos en los que un aumento del PIB real significa un aumento del bienestar económico.

ACCESO A MÁS BIENES Y SERVICIOS

Evidentemente, los ciudadanos de los países que tienen un elevado PIB tienden a poseer más y mejores bienes y servicios (al fin y al cabo, eso es lo que mide el PIB). Disfrutan, en promedio, de viviendas mayores, mejor construidas y más cómodas, de alimentos y ropa de mayor calidad, de más variedad de oportunidades recreativas y culturales, de mejor acceso al transporte y a los viajes, de mejores comunicaciones y sistemas sanitarios y de otras muchas ventajas. Aunque los observadores sociales pongan en cuestión el valor del consumo material —y estamos de acuerdo en que la riqueza no trae necesariamente consigo la felicidad o la paz espiritual— en todo el mundo la mayoría de la gente concede mucha importancia al logro de la prosperidad material. A lo largo de la historia, la gente ha hecho enormes sacrificios y ha corrido grandes riesgos para conseguir un nivel de vida más alto para ella y para su familia. De hecho, Estados Unidos fue construido en gran medida por personas dispuestas a abandonar su tierra natal, a menudo con grandes dificultades personales, con la esperanza de mejorar su situación económica.

SALUD Y EDUCACIÓN

Un elevado PIB no sólo significa abundancia de bienes de consumo, sino también otras ventajas más básicas. La Tabla 18.4 muestra las diferencias entre los países ricos y los pobres en lo que se refiere a algunos indicadores importantes del bienestar entre los que se encuentran, la esperanza de vida, las tasas de mortalidad de recién nacidos y de niños menores de 5 años, el número de médicos, los indicadores de la nutrición y las oportunidades educativas. Se comparan tres grupos de países: (1) los países en vías de desarrollo en su conjunto (que tienen una población total de 4.900 millones); (2) los países menos desarrollados (49 países que tienen una población total de unos 700 millones); y (3) los países industrializados (24 países, entre los que se encuentran Estados Unidos, Canadá, los países de Europa occidental y Japón, que tienen una población total de alrededor de 900 millones). Como muestra la primera fila de la Tabla 18.4, estos tres grupos de países tienen unos niveles de PIB per cápita radicalmente diferentes. Lo más notable es que el PIB per cápita de los países industrializados es 20 veces mayor que el de los países menos desarrollados[2].

¿Qué relación tienen estas grandes diferencias entre los PIB con otros indicadores del bienestar? La Tabla 18.4 muestra que en algunos de los indicadores

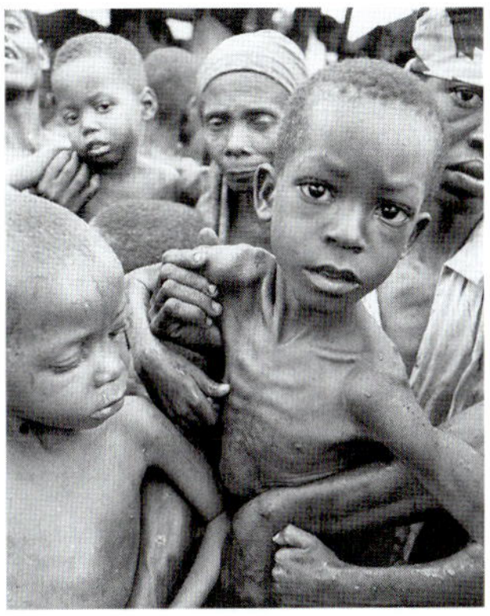

Un niño nacido en uno de los países menos desarrollados tiene un 16% de probabilidades de morir antes de cumplir los cinco años.

[2] Los datos del PIB de la Tabla 18.4 utilizan precios de Estados Unidos para valorar los bienes y los servicios en los países en vías de desarrollo. Como los bienes y los servicios básicos tienden a ser más baratos en los países pobres, este ajuste aumenta significativamente el PIB de esos países.

TABLA 18.4

PIB e indicadores básicos del bienestar

Indicador	Países en vías de desarrollo	Países menos desarrollados	Países industrializados
PIB per cápita (en dólares americanos)	4.054	1.307	29.000
Esperanza de vida al nacer (años)	64,6	50,6	78,3
Tasa de mortalidad de recién nacidos (por cada 1.000 nacidos vivos)	61	99	5
Tasa de mortalidad de niños menores de 5 años (por cada 1.000 nacidos vivos)	89	157	7
Partos atendidos por personal sanitario cualificado (%)	55	33	99
Incidencia del SIDA (% en el grupo de 15-49 años)	1,2	3,4	0,3
Personas desnutridas (%)	17	37	Insignificante
Tasa conjunta de escolarización en la enseñanza primaria, secundaria y terciaria (%)	60	43	93
Porcentaje de adultos que saben leer y escribir (%)	76,7	52,5	99
Población total en los grupos de países (millones)	4.936,9	700,9	911,6

FUENTE: Naciones Unidas, *Human Development Report*, 2004; puede consultarse en http://www.undp.org/. Todos los datos se refieren a 2002, salvo en el caso de los partos atendidos por personal sanitario cualificado (1995-2002), la incidencia del SIDA (2003) y las personas desnutridas (1999–2001). Los datos del PIB se han ajustado para tener en cuenta las diferencias locales en lo que se refiere a los precios de las mercancías y servicios básicos (ajustados para tener en cuenta la paridad del poder adquisitivo).

más básicos del bienestar humano, los países en vías de desarrollo se encuentran en una situación mucho peor que los países industrializados. Un niño nacido en uno de los países menos desarrollados tiene un 10% (99/1.000) de probabilidades de morir antes de su primer cumpleaños y alrededor de un 16% (157/1.000) de hacerlo antes de su quinto cumpleaños. Las cifras correspondientes a los países industrializados son 0,5% (5/1.000) y 0,7% (7/1.000) respectivamente. Un niño nacido en un país industrializado tiene una esperanza de vida de unos 78 años, mientras que la de un niño nacido en uno de los países menos desarrollados es de unos 51 años. El hecho de que la nutrición, los sistemas sanitarios y los servicios médicos sean mejores en los países más ricos, explica estas grandes diferencias entre los niveles básicos de bienestar. El 99% de los partos es atendido por personal sanitario cualificado en los países industrializados, mientras que la cifra es sólo de un 33% en los países menos desarrollados. Las tasas de enfermedad también son mucho más altas en el caso de los pobres: por ejemplo, la incidencia del SIDA en los países menos desarrollados se sitúa en el 3,4% en el caso de la población 15-49 años, es decir, 11 veces mayor que en los países industrializados.

Por lo que se refiere a la capacidad para leer y escribir y las tasas de acceso a la educación, los países industrializados que tienen un elevado PIB también presentan ventaja. Como muestra la Tabla 18.4, en los países industrializados el porcentaje de adultos que saben leer y escribir es próximo al 100%, casi el doble del porcentaje (53%) de los países en vías de desarrollo más pobres. El porcentaje de niños escolarizados en la enseñanza primaria es del 93% en los países industrializados, mientras que la cifra se sitúa en el 43% en los países menos desarrollados. Las tasas de escolarización no recogen, además, las diferencias en la calidad de la educación entre los países ricos y los pobres, lo que puede medirse por indicadores como la titulación de los maestros y la ratio alumnos-profesor. Una vez más, la persona media de un país industrializado parece que disfruta de mayor bienestar que la persona media de un país pobre en vías de desarrollo.

EL OBSERVADOR ECONÓMICO 18.4

¿Por qué es menor el número de niños que terminan los estudios secundarios en los países pobres que en los países ricos?

Tal vez porque en los países pobres se da menos prioridad a la educación que en los países ricos. Sin embargo, los inmigrantes procedentes de países pobres a menudo ponen mucho énfasis en la educación, si bien es posible que estas personas no sean representativas del conjunto de la población.

La explicación que daría un observador económico al hecho de que las tasas de escolarización de los países pobres son más bajas no radicaría en las diferencias culturales, sino en las diferencias en los *costes de oportunidad*. En las sociedades pobres, la mayoría de ellas agrícolas, los niños constituyen una importante fuente de mano de obra. A partir de una cierta edad llevar a los niños a la escuela impone un elevado coste de oportunidad a la familia. Los que van a la escuela no pueden ayudar a sembrar, recolectar y realizar otras tareas necesarias para la supervivencia de la familia. Además, para las familias pobres es muy difícil sufragar el coste de los libros y del material escolar. En los países ricos no agrícolas, los niños en edad escolar tienen pocas oportunidades para trabajar y sus ingresos potenciales son bajos en relación con otras fuentes de ingresos de la familia. El bajo coste de oportunidad de llevar a los niños a la escuela en los países ricos es una importante razón por la que las tasas de escolarización son más altas en esos países.

En el Capítulo 20 analizaremos en mayor profundidad los costes y los beneficios del crecimiento económico, que en la práctica significa el crecimiento del PIB real per cápita. En ese contexto, volveremos a preguntarnos si el crecimiento del PIB real equivale necesariamente a una mejora del bienestar económico.

EL OBSERVADOR ECONÓMICO 18.5

¿Cómo identifican los economistas los determinantes de la felicidad?

Algunos economistas han recurrido a la encuesta para ver cómo afectan algunos factores socioeconómicos a la felicidad. En ellas se pide a los encuestados que describan o den una puntuación de su nivel de felicidad. A continuación se les hace preguntas sobre su renta, su estado civil y sus circunstancias familiares, su situación con respecto al empleo, etc. Los economistas emplean técnicas estadísticas para averiguar cómo afecta cada una de las variables socioeconómicas al nivel de felicidad que declara la gente.

En la mayoría de los estudios, los economistas han observado, como cabría esperar, que los adultos son más felices si están casados, tienen empleo y ganan más dinero. En un estudio reciente[3], el 32% de los estadounidenses se considera a sí mismo "muy feliz", el 56% declara que es "bastante feliz" y el 12% que "no es demasiado feliz". Este estudio también señala, además de los factores habituales, que los adultos son más felices si mantienen relaciones sexuales con más frecuencia (el estadounidense medio mantiene relaciones sexuales dos o tres veces al mes). Las personas que mantuvieron relaciones sexuales con más de una pareja durante el año anterior declararon tener un nivel más bajo de felicidad que las que mantuvieron relaciones sexuales con una sola pareja. Los autores señalan, sin embargo, que los resultados deben interpretarse con "cautela", ya que fue imposible verificar la validez de las respuestas. Este problema es frecuente en los estudios que se basan en encuestas.

[3] David G. Blanchflower y Andrew J. Oswald, "Money, Sex, and Happiness: An Empirical Study", National Bureau of Economic Research Working Paper 10499, mayo, 2004.

RECAPITULACIÓN	PIB REAL Y BIENESTAR ECONÓMICO

El PIB real es, en el mejor de los casos, un indicador imperfecto del bienestar económico. Entre los factores que afectan al bienestar y que se omiten en el PIB real se encuentran, el tiempo de ocio, los servicios que no se compran ni se venden en el mercado, como las tareas domésticas no remuneradas y los servicios de voluntariado, la calidad del medio ambiente y la conservación de los recursos, y los indicadores de la calidad de vida, como una baja tasa de delincuencia. El PIB tampoco refleja el grado de desigualdad económica que existe en un país. En definitiva, como el PIB real no es lo mismo que el bienestar económico, las medidas económicas que se propongan no deben evaluarse estrictamente en función de su efecto sobre el PIB.

Aunque el PIB no es lo mismo que el bienestar económico, está relacionado positivamente con muchas cosas que valoramos, entre las cuales se encuentran una mejora del nivel de vida material, de la salud, de la esperanza de vida, del porcentaje de personas que saben leer y escribir y de los niveles de estudios. Esta relación entre el PIB real y el bienestar económico ha llevado a muchas personas de los países pobres a emigrar en busca de una vida mejor, y a los responsables de la política económica de los países en vías de desarrollo a tratar de elevar las tasas de crecimiento económico de su país.

LA TASA DE DESEMPLEO

Cuando los economistas evalúan el nivel de actividad económica de un país, examinan toda una variedad de datos. Junto al PIB real, otro dato que es objeto de mucha atención tanto por parte de los economistas como por parte del público en general, es la tasa de desempleo, un indicador que refleja la situación del mercado de trabajo. Cuando la tasa de desempleo es baja, el empleo es seguro y es relativamente fácil encontrar trabajo. A menudo también mejoran los salarios y las condiciones de trabajo, ya que los empresarios compiten por atraer y conservar a los trabajadores.

En el Capítulo 21 analizaremos detalladamente el mercado de trabajo y el desempleo. En éste explicamos cómo se define y se mide la tasa de desempleo y algunos datos relacionados con ella. Concluiremos con un análisis de los costes del desempleo, tanto para los desempleados como para la economía en su conjunto.

LA MEDICIÓN DEL DESEMPLEO

En Estados Unidos, la definición y la medición del desempleo es responsabilidad del *Bureau of Labor Statistics* (BLS). Éste encuesta todos los meses a unos 60.000 hogares seleccionados aleatoriamente. Cada persona con 16 o más años en cada uno de esos hogares se clasifica en una de las tres categorías siguientes:

1. *Ocupados.* Una persona está ocupada si trabajó a tiempo completo o a tiempo parcial (aunque sólo fuera unas horas) la semana anterior a la de la encuensta, o tenía empleo y estaba de vacaciones o de baja por enfermedad.
2. *Desempleados.* Una persona está desempleada si no trabajó durante la semana anterior a la de la realización de la encuesta, pero buscó empleo (por ejemplo, acudió a una entrevista de trabajo) en las cuatro semanas anteriores.
3. *Inactivos.* Una persona se considera inactiva si no trabajó la semana anterior a la de la semana de la realización de la encuesta y no buscó trabajo durante las cuatro semanas anteriores. En otras palabras, las personas que no están ni ocupadas ni desempleadas (en el sentido de estar buscando trabajo pero no lo encontran) son "inactivas". Los estudiantes a tiempo completo, las amas de casa, los jubilados y las personas que no pueden trabajar por alguna minusvalía, son ejemplos de personas inactivas.

Basándose en los resultados de la encuesta, el BLS estima el número de personas que pertenece a cada una de las tres categorías.

Para hallar la tasa de desempleo, el BLS debe calcular primero el tamaño de la *población activa*. La **población activa** es el número total de ocupados y desempleados que hay en la economía (las dos primeras categorías de encuestados en la encuesta del BLS). La **tasa de desempleo** es el número de desempleados dividido por la población activa. Obsérvese que las personas inactivas (por ejemplo, porque están estudiando, se han jubilado o están incapacitadas) no se consideran desempleadas y, por lo tanto, no afectan a la tasa de desempleo. Generalmente, cuando la tasa de desempleo es alta, significa que la economía no marcha bien.

población activa número total de ocupados y desempleados que hay en la economía

tasa de desempleo número de desempleados dividido entre la población activa

Otro dato útil es la tasa de actividad, que es el porcentaje de la población en edad de trabajar que participa en la población activa (es decir, la población que está ocupada o buscando trabajo). La Figura 18.1 muestra las tasas de actividad femeninas y masculinas de Estados Unidos desde 1960. Se calcula dividiendo la población activa entre la población en edad de trabajar (más de 16 años). La Figura 18.3 muestra la cantidad de mujeres por cada 100 hombres que pertenecen al trabajo asalariado. En ella podemos observar cómo se ha incrementado la participación femenina en los últimos 10 años.

tasa de actividad porcentaje de la población en edad de trabajar que participa en la población activa (es decir, porcentaje que está ocupado o buscando trabajo)

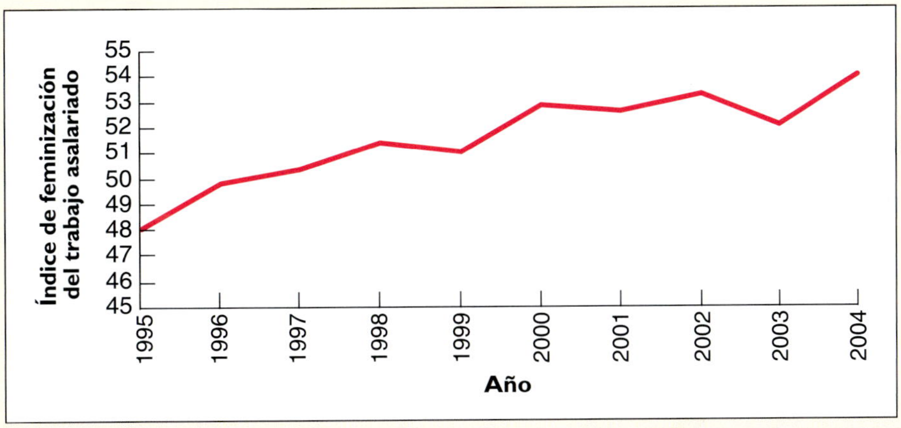

FUENTE: www.inegi.gob.mx.

FIGURA 18.3
Cantidad de mujeres por cada 100 hombres en el mercado laboral mexicano.

La Tabla 18.5 muestra el cálculo de las estadísticas más elementales del mercado de trabajo norteamericano a partir de los datos de la encuesta del BLS de febrero de 2005. Ese mes, el desempleo fue del 5,2% de la población activa. La tasa de actividad fue del 66%, es decir, dos de cada tres adultos tenían empleo o estaban

TABLA 18.5
Datos sobre el empleo en Estados Unidos, abril de 2005 (en millones)

Ocupados	141,10
Más:	
Desempleados	7,66
Igual a: población en edad de trabajar	148,76
Más:	
Inactivos	76,68
Igual a:	
Población en edad de trabajar	225,44
Tasa de desempleo = desempleados/población activa =7,66/148,76 = 5,2%	
Tasa de actividad = población activa/población en edad de trabajar = 148,76/225,44 = 66,0%	

FUENTE: *Bureau of Labor Statistics*, http://stats.bls.gov/.

buscando trabajo. La Figura 18.4 muestra la tasa de desempleo de Estados Unidos desde 1960. Ésta fue excepcionalmente baja —sólo algo superior al 4%— a finales de los años 60 y a finales de los 90. Según este indicador, la última parte de la década de 1990 fue excepcionalmente buena para los trabajadores estadounidenses. Sin embargo, el desempleo aumentó en 2001-2003 tras la contracción de 2001.

FIGURA 18.4
Tasa de desempleo de Estados Unidos desde 1960.
A finales de los años 90 la tasa de desempleo —proporción de la población activa que está desempleada— sólo era algo superior al 4%, que es la cifra más baja registrada desde la última parte de los años 60. El desempleo sobrepasó el 6% en 2003, tras una contratacción.

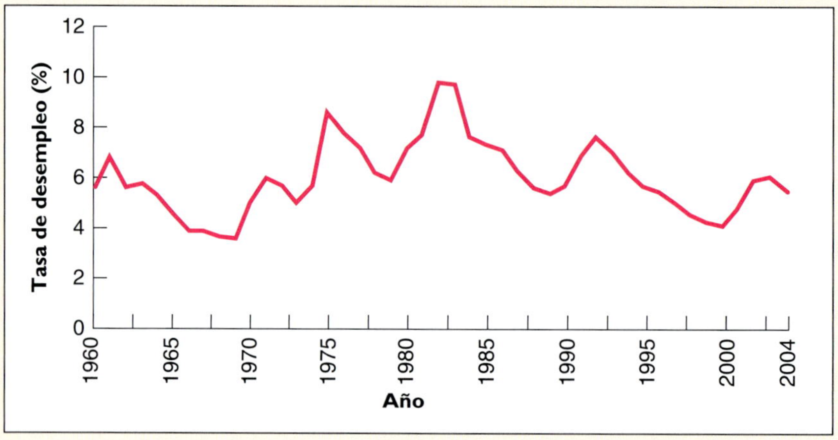

EJERCICIO 18.7

La tabla adjunta muestra los datos del BLS de abril de 2005 sobre el empleo de los afroamericanos.

Ocupados	15.184 millones
Desempleados	1.756 millones
Inactivos	9.473 millones

Halle la población activa, la población en edad de trabajar, la tasa de desempleo y la tasa de actividad de los afroamericanos y compare sus resultados con los de la Tabla 18.5.

LOS COSTES DEL DESEMPLEO

El desempleo impone a los países costes *económicos*, *psicológicos* y *sociales*. Desde el punto de vista económico, el principal es la cantidad de bienes y servicios que deja de producirse al no utilizarse toda la mano de obra disponible. La pérdida que supone la menor producción recae, en su mayor parte, en los propios desempleados, cuya renta disminuye cuando no trabajan y cuyas cualificaciones pueden deteriorarse por falta de uso. Sin embargo, la sociedad también soporta una parte del coste económico del desempleo. Por ejemplo, los trabajadores que pierden el empleo tienen derecho a dejar de pagar impuestos y a comenzar a recibir ayuda del Estado, como son las prestaciones por desempleo. Este gasto del Estado es un coste para todos los contribuyentes.

Los costes *psicológicos* del desempleo recaen principalmente en los trabajadores desempleados y en su familia. Según algunos estudios, los periodos prolongados de desempleo pueden provocar la pérdida de seguridad en uno mismo, la sensación de pérdida de control de la propia vida, depresiones e incluso conductas suicidas[4]. Es probable que la familia del trabajador desempleado sufra estrés psicológico, agravado por las dificultades económicas que crea la pérdida de renta.

[4]Para un estudio de la literatura sobre los efectos psicológicos del desempleo, véase William Darity, Jr. y Arthur H. Goldsmith, "Social Psychology, Unemployment and Macroeconomics", *Journal of Economic Perspectives*, 10, invierno, 1996, págs. 121-140.

Los costes *sociales* del desempleo son resultado de los efectos económicos y psicológicos. Las personas que llevan un tiempo desempleadas tienden no sólo a tener graves dificultades económicas, sino también a sentir ira, frustración y desesperación. Como es de esperar, un aumento del desempleo tiende a ir acompañado de un incremento de la delincuencia, de la violencia doméstica, del alcoholismo, del consumo de drogas y de otros problemas sociales. Los costes de estos problemas recaen no sólo en los desempleados, sino también sobre la sociedad en su conjunto, ya que deben gastarse más recursos públicos para luchar contra estos problemas, por ejemplo, contratando más policía para controlar la delincuencia o incrementando el gasto en servicios sociales.

LA DURACIÓN DEL DESEMPLEO

Para evaluar las consecuencias que el desempleo tiene para las personas paradas, los economistas deben saber cuánto tiempo llevan sin trabajar. Generalmente, cuanto más tiempo lleva una persona sin trabajar, más graves son los costes económicos y psicológicos a los que se enfrenta. Por ejemplo, es poco probable que empeore significativamente el nivel de vida de las personas que sólo llevan unas semanas desempleadas, ya que pueden recurrir a sus ahorros y quizá a las prestaciones públicas. Tampoco es de esperar que las personas que sólo llevan un tiempo en paro tengan problemas psicológicos como depresiones o pérdida de seguridad en sí mismas, al menos no en la misma medida en que una persona que lleve meses o años desempleada.

Por este motivo en las encuestas de población activa se pregunta a los encuestados cuánto tiempo llevan desempleados. El periodo durante el cual una persona está desempleada ininterrumpidamente se denomina **periodo de desempleo**; comienza cuando el trabajador pierde su empleo y termina cuando encuentra trabajo o abandona la población activa (recuérdese que las personas que no participan en la población activa no se consideran desempleadas). El tiempo total de desempleo se denomina **duración,** y aumenta durante las recesiones, debido a que durante esos periodos es más difícil encontrar trabajo.

periodo de desempleo periodo ininterrumpido de tiempo durante el cual una persona está desempleada

duración tiempo total de desempleo

Cuando una parte significativa de los desempleados lleva seis meses o más desempleada hablaremos de *desempleados de larga duración*. El desempleo de larga duración es el que tiene más costes económicos, psicológicos y sociales, tanto para los propios desempleados como para la sociedad en su conjunto.

Aunque el desempleo de larga duración es un grave problema, muchos periodos de desempleo son muy cortos. Por ejemplo, en Estados Unidos el 35% de los trabajadores parados en abril de 2005 sólo llevaba 5 semanas o menos desempleado, otro 30% llevaba entre 5 y 14 semanas y alrededor del 35% llevaba más de 14 semanas (alrededor de tres meses). Sin embargo, estos datos son algo engañosos, ya que los periodos breves de desempleo pueden deberse a dos pautas muy distintas de experiencia laboral. En algunos casos, el breve periodo de desempleo acaba en un empleo estable, siendo los costes del desempleo reducidos. En este caso hablaremos de *desempleo de corta duración*. En otros casos, el breve periodo de desempleo acaba en el abandono de la población activa o en un empleo de corta duración o temporal que pronto desemboca en otro periodo de desempleo. En este caso hablamos de *desempleo crónico*. Desde el punto de vista de los costes, la experiencia de estos trabajadores es similar a la de los desempleados de larga duración.

TASA DE DESEMPLEO Y "VERDADERO" DESEMPLEO

La medición del desempleo, al igual que la del PIB, ha generado ciertas controversias. La mayoría de los críticos sostienen que la tasa oficial de desempleo subestima el verdadero nivel de paro, pues no considera como personas paradas ni a los *trabajadores desanimados*, ni a los *trabajadores a tiempo parcial involuntarios*.

trabajadores desanimados
personas que declaran que les gustaría trabajar pero que no han hecho ningún esfuerzo por encontrar trabajo en las 4 últimas semanas

Los **trabajadores desanimados** son aquellos que declaran que les gustaría trabajar pero que no han hecho ningún esfuerzo por encontrar trabajo en las cuatro últimas semanas. A menudo declaran a los encuestadores que no han buscado trabajo porque ya lo han intentado con anterioridad sin éxito, o porque están convencidas de que la situación en el mercado de trabajo es tal que no encontrarán empleo. Como no han buscado trabajo en las cuatro últimas semanas se consideran inactivas en lugar de desempleadas. Algunos observadores han sugerido que si se considerara como desempleados a los trabajadores desanimados se tendría una idea más precisa de cuál es la situación real del mercado de trabajo.

Los *trabajadores a tiempo parcial involuntarios* son las personas que declaran que les gustaría trabajar a tiempo completo pero que sólo encuentran trabajo a tiempo parcial. Como tienen trabajo, se consideran ocupadas en lugar de desempleadas. Algunos economistas han sugerido que estos trabajadores deben considerarse parcialmente desempleados.

En respuesta a estas críticas, en Estados Unidos el BLS ha publicado en los útimos años unas tasas de desempleo especiales que incluyen estimaciones del número de trabajadores desanimados y trabajadores a tiempo parcial involuntarios. En abril de 2005, mes en que la tasa oficial de desempleo era del 5,2% (véase la Tabla 18.5), el BLS calculó que si se considerara desempleado tanto a los trabajadores desanimados como a los trabajadores a tiempo parcial involuntarios, la tasa de desempleo sería del 9,0%. Parece, pues, que el problema de los trabajadores desanimados y subempleados es bastante importante.

La tasa de desempleo, oficial o ajustada, es un buen indicador global de la situación del mercado de trabajo. Una elevada tasa de desempleo tiende a ser una mala noticia incluso para las personas que están ocupadas, ya que es difícil que haya subidas y ascensos cuando hay atonía en el mercado de trabajo. En el Capítulo 21 y en otros posteriores, analizaremos las causas del desempleo y sus soluciones.

RESUMEN

- El indicador básico de la producción de una economía es el *Producto Interior Bruto (PIB)*, que es el valor de mercado de los bienes y servicios finales producidos en un país durante un determinado periodo de tiempo. Expresando la producción en valores de mercado, los economistas pueden agregar los millones de bienes y servicios que se producen en una economía moderna.

- En el PIB sólo se contabilizan los *bienes y los servicios finales* (que incluyen los *bienes de capital*), ya que son los únicos que benefician directamente a los usuarios finales. Los *bienes y los servicios intermedios*, que se utilizan para producir bienes y servicios finales, no se contabilizan, así como tampoco las ventas de activos existentes, como una vivienda con 20 años de antigüedad. Sumar el valor añadido de cada empresa en el proceso de producción es un útil método para hallar el valor de los bienes y los servicios finales.

- El PIB también puede concebirse como la suma de cuatro tipos de gasto: *consumo, inversión, compras o gasto del Estado* y *exportaciones netas (exportaciones menos importaciones)*. Estos cuatro tipos de gasto corresponden al gasto de los hogares, de las empresas, del Estado y del sector exterior, respectivamente.

- Para comparar los niveles de PIB de diferentes periodos, los economistas deben eliminar los efectos de la inflación, midiendo el valor de mercado de los bienes y los servicios por medio de los precios de un año base. El PIB de un determinado año calculado de esta forma se denomina *PIB real*, mientras que el PIB calculado por medio de los precios vigentes ese año se denomina *PIB nominal*. Cuando se compara la actividad económica de distintos periodos, siempre debe utilizarse el PIB real.

- El PIB real per cápita es un indicador imperfecto del bienestar económico. Salvo contadas excepciones, entre las que se destaca la compra de bienes y servicios por parte del Estado (que se incluyen en el PIB a su coste de producción), el PIB sólo incluye los bienes y los servicios que se venden en el mercado. Excluye importantes factores que afectan al bienestar de la población, como la cantidad de tiempo de ocio de la que se dispone, el valor de los servicios no remunerados o voluntarios, la calidad del medio ambiente, los indicadores de la calidad de vida, como la tasa de delincuencia, y el grado de desigualdad económica.

- El PIB real es, no obstante, un útil indicador del bienestar económico. Los países que tienen un elevado PIB real per cápita no sólo disfrutan de un alto nivel medio de vida, sino que también tienden a tener más esperanza de vida, unas bajas tasas de mortalidad de recién nacidos y de niños menores de 5 años, unas elevadas tasas de escolarización y un alto porcentaje de personas que saben leer y escribir.

- La tasa de desempleo, que es quizás el indicador más conocido de la situación del mercado de trabajo, se construye a partir de las encuestas que realizan los institutos nacionales de estadística de los diferentes países. La encuesta clasifica a todos los encuestados de 16 años o más en ocupados, desempleados o inactivos. La *población activa* es la suma de los ocupados y los desempleados, es decir, las personas que tienen trabajo o están buscando uno. La *tasa de desempleo* es el número de desempleados dividido entre la población activa. La *tasa de actividad* es el porcentaje de la población en edad de trabajar que participa en la población activa.

- Los costes del desempleo comprenden el coste económico de la pérdida de producción, los costes psicológicos de los desempleados y de su familia, y los costes sociales que generan algunos problemas como el aumento de la delincuencia y de la violencia. Los costes más altos se deben a los *periodos de desempleo* prolongados. Los críticos de la tasa oficial de desempleo sostienen que subestima el "verdadero" desempleo porque excluye a los *trabajadores desanimados* y a los trabajadores a tiempo parcial involuntarios.

TÉRMINOS CLAVE

bien de capital (26)
bienes o servicios finales (51)
bienes o servicios intermedios (51)
compras o gasto del Estado (31)
duración (47)
exportaciones netas (31)
gasto en consumo (30)
inversión (30)
periodo de desempleo (78)
PIB nominal (35)
PIB real (35)
población activa (45)
Producto Interior Bruto (PIB) (22)
tasa de actividad (45)
tasa de desempleo (45)
trabajadores desanimados (48)
valor añadido por una empresa (27)

PREGUNTAS DE REPASO

1. ¿Por qué utilizan los economistas valores de mercado cuando calculan el PIB? ¿Cuál es el argumento económico para dar más peso en el PIB a los artículos que tienen un mayor valor que a aquellos que lo tienen menor?
2. En los países en vías de desarrollo, una gran parte del sector agrícola se dedica a la agricultura de subsistencia, en la que el agricultor y su familia consumen la mayor parte de los alimentos que producen. Analice las consecuencias de este hecho para la medición del PIB en los países pobres.
3. Ponga ejemplos de cada uno de los cuatro tipos de gasto agregado. ¿Cuál de los cuatro representa una mayor parte del PIB en Estados Unidos? ¿Puede ser negativo un componente del gasto? Explique su respuesta.
4. Alberto limpió el año pasado 1.000 pares de zapatos y este año 1.200. Cobró 4$ por cada par el año pasado y 5 este año. Tomando como año base el año pasado, halle la contribución de Alberto tanto al PIB nominal como al PIB real en los dos años. ¿Qué indicador sería mejor si se tratara de calcular la variación que experimentó la productividad de Alberto el año pasado? ¿Por qué?
5. ¿Diría usted que el PIB real per cápita es un indicador útil del bienestar económico? Defienda su respuesta.
6. Verdadero o falso: una elevada tasa de actividad en una economía implica una baja tasa de desempleo. Explique su respuesta.
7. ¿Cuáles son los costes de una elevada tasa de desempleo? ¿Cree usted que si el Estado ofrece a los desempleados unas prestaciones más generosas aumentarán estos costes, disminuirán o no variarán? Analice su respuesta.

PROBLEMAS

1. Jorge y Juan, abandonados a su suerte en una isla, utilizan conchas de almejas como dinero. El año pasado Jorge capturó 300 peces y 5 jabalíes. Juan recogió 200 manojos de plátanos. En esta economía que han establecido Jorge y Juan, los peces se venden a una concha cada uno, los jabalíes a 10 conchas y los plátanos a 5 el manojo. Jorge pagó a Juan un total de 30 conchas por ayudarlo a buscar cebo para pescar y también compró 5 de los manojos de plátanos maduros de Juan a 30 conchas cada uno. ¿Cuál es el PIB de la isla de Jorge y Juan expresado en conchas?
2. ¿Cómo afectaría cada una de las transacciones siguientes al PIB de Eurolandia?
   a. El Estado paga 1.000 millones de dólares en sueldos a los funcionarios públicos.
   b. El Estado paga 1.000 millones de dólares a los pensionistas.
   c. El Estado paga a una empresa de Eurolandia 1.000 millones de dólares por piezas de aviones recién fabricadas.

d. El Estado paga 1.000 millones de dólares de intereses a los titulares de bonos del Estado.
e. El Estado paga 1.000 millones de dólares a Arabia Saudita por el crudo comprado para aumentar las reservas oficiales de petróleo de Eurolandia.

3. *Intelligence Incorporated* produce 100 chips de ordenador y los vende a Bell Computers a 200$ cada uno. Utilizando los chips, mano de obra y materias primas, Bell produce 100 ordenadores personales. Los vende, junto con programas informáticos de Macrosoft (por lo que paga 50$ por ordenador en concepto de licencia), a PC Charlie's por 800$ cada uno. PC Charlie's vende los ordenadores al público por 1.000$ cada uno. Calcule la contribución total al PIB utilizando el método del valor añadido. ¿Obtiene la misma respuesta sumando los valores de mercado de los bienes y los servicios finales?

4. Indique el efecto que produce cada una de las siguientes transacciones tanto en el PIB de su país como en los cuatro componentes del gasto agregado.
   a. Su suegra compra un automóvil nuevo a un fabricante nacional.
   b. Su suegra compra un automóvil nuevo importado de Suecia.
   c. La empresa de alquiler de automóviles de su suegra compra un automóvil nuevo a un fabricante nacional.
   d. La empresa de alquiler de automóviles de su suegra compra un automóvil nuevo importado de Suecia.
   e. El Estado compra un automóvil nuevo de fabricación nacional para uso de su suegra, que ha sido nombrada embajadora en Suecia.

5. He aquí algunos datos de una economía. Halle su PIB y explique sus cálculos.

Gastos de consumo	600$
Exportaciones	75$
Compras de bienes y servicios por parte del Estado	200$
Construcción de nuevas viviendas y apartamentos	100$
Ventas de viviendas y apartamentos existentes	200$
Importaciones	50$
Existencias a principios de año	100$
Existencias a finales de año	125$
Inversión empresarial fija	100$
Pensiones públicas	100$
Compras de bienes duraderos por parte de los hogares	150$

6. El país de Joquipunch produce discos de hockey, cajas de cerveza sin alcohol y masajes en la espalda. He aquí los datos sobre los precios y las cantidades de los tres bienes en los años 2000 y 2007.

	Discos de hockey		Cajas de cerveza sin alcohol		Masajes en la espalda	
Año	**Cantidad**	**Precio**	**Cantidad**	**Precio**	**Cantidad**	**Precio**
2000	100	5$	300	20$	100	20$
2007	125	7$	250	20$	110	25$

Suponga que el año base es 2000. Halle el PIB nominal y el PIB real de los dos años.

7. El Gobierno está considerando la posibilidad de reducir la contaminación del aire limitando el uso de combustibles "sucios" en las fábricas. Para saber si debe adoptarse esta medida, ¿deben tenerse en cuenta los efectos que probablemente se producirán en el PIB real? Analice su respuesta.

8. He aquí un informe de un encuestador no muy eficiente de la Encuesta de Población Activa: "Había 65 personas en las viviendas que visité, de las cuales 10 eran niños menores de 16 años y 10 estaban jubiladas; 25 trabajaban a tiempo completo y 5 a tiempo parcial. Había 5 amas de casa a tiempo completo, 5 estudiantes a tiempo completo mayores de 16 años y 2 personas incapacitadas que no podían trabajar. El resto no tenía trabajo pero dijo que le

gustaría trabajar. Sin embargo, una de estas personas no había buscado trabajo activamente en los 3 últimos meses".

Averigüe la población activa, la tasa de desempleo y la tasa de actividad que implica el informe del encuestador.

9. Elena está descargando los datos del último mes sobre el mercado de trabajo, pero su conexión es lenta y hasta ahora esto es lo único que ha podido conseguir:

Tasa de desempleo	5%
Tasa de actividad	62,5%
Inactivos	60 millones

Averigüe la población activa, la población en edad activa, el número de ocupados y el número de desempleados.

10. Las ciudades de Sawyer y Thatcher tienen, cada una de ellas, una población activa de 1.200 personas. En Swayer, 100 personas estuvieron desempleadas todo el año, mientras que el resto de la población activa estuvo ocupada ininterrumpidamente. En Thatcher, cada miembro de la población activa estuvo desemplcada un mes y ocupada 11 meses.
    a. ¿Cuál fue la tasa anual media de desempleo en cada una de las dos ciudades?
    b. ¿Cuál fue la duración media de los periodos de desempleo en cada una de las dos ciudades?
    c. ¿En qué ciudad cree usted que son más altos los costes del desempleo? Explique su respuesta.

11. Construya una serie sobre la tasa de desempleo para su país. Compare estos datos con los presentados para México y Estados Unidos. ¿Existe alguna relación entre los tres países para los años en que se presentan tasas de desempleo relativamente altas?

RESPUESTAS A LOS EJERCICIOS

18.1 En el texto hemos calculado que el PIB era de 64$. Si Huertalandia produce, además, cinco naranjas a 0,30$ cada una, el PIB aumenta 1,50$, es decir, a 65,50$.

18.2 Las fábricas propiedad empresas de norteamericanas produjeron un total de 731.120 vehículos, es decir, 2,60 veces los 281.244 que fabricaron las plantas de propiedad extranjera. En valor de mercado, valorando los automóviles en 25.000$ y otros vehículos ligeros en 30.000$, las fábricas de propiedad estadounidense produjeron vehículos por valor de (223.480 x 25.000$) + (507.640 x 30.000$) = 20.816 millones de dólares. Las plantas de propiedad extranjera produjeron vehículos por valor de (156.757 x 25.000$) + (124.487 x 30.000$) = 7.654 millones de dólares. En valor de mercado, las fábricas de propiedad estadounidense produjeron más que las de propiedad extranjera en una proporción de 2,72 a 1. La ventaja de los fabricantes estadounidenses es mayor cuando la producción se compara en términos monetarios que cuando se compara en términos físicos, ya que producen una cantidad mayor de los vehículos de mayor precio.

18.3 El valor añadido del distribuidor al por mayor junto con el de los fabricantes últimos de las tarjetas es de 500$. El valor añadido de Amanda —su ingreso menos las cantidades pagadas a otras empresas— es de 200$. Como las tarjetas fueron producidas y compradas por Amanda durante el año 2005 (por hipótesis), los 500$ forman parte del PIB del año 2005. Los 200$ de valor añadido originados en la tienda de tarjetas de Amanda forman parte del PIB del año 2006 ya que, en realidad, Amanda vendió las tarjetas ese año.

18.4 La venta de acciones representa una transferencia de propiedad de una parte de los activos de Benson S.A., no la producción de nuevos bienes y servicios. Por lo tanto, la propia venta de acciones no contribuye al PIB. Sin embargo, la comisión del agente de 100$ (un 2% de los ingresos generados por la venta de acciones) representa un pago por un servicio actual y se contabiliza en el PIB.

18.5 El valor de mercado de la producción interior es, al igual que en el Ejemplo 18.6, un millón de automóviles multiplicado por 15.000$, es decir, 15.000 millones de dólares.

El consumo es, también al igual que en el Ejemplo 18.6, de 10.500 millones de dólares y las compras del Estado de 750 millones. Sin embargo, como 25.000 de los automóviles que se compran no son de fabricación nacional, sino importados, a finales de año los fabricantes nacionales tienen existencias sin vender de 50.000 (en lugar de 25.000 como en el Ejemplo 18.6). Por lo tanto, la inversión en existencias es igual a 50.000 automóviles multiplicado por 15.000$, es decir, 750 millones de dólares, y la inversión total (automóviles comprados por las empresas más inversión en existencias) es de 3.750 millones de dólares. Como las exportaciones y las importaciones son iguales (25.000 automóviles en ambos casos), las exportaciones netas (iguales a las exportaciones menos las importaciones) son cero. Obsérvese que, como restamos las importaciones para hallar las exportaciones netas, no es necesario restarlas también del consumo. El consumo es igual a las compras totales de los hogares y no sólo a las compras de bienes de fabricación nacional.

El gasto total es igual a $C + I + G + NX$ = 10.500 millones de dólares + 3.750 millones de dólares + 750 millones de dólares + 0 = 15.000 millones de dólares, igual que el valor de mercado de la producción.

18.6 El PIB real del año 2008 es igual a las cantidades de pizzas y ensaladas producidas en el año 2008 valoradas en base a los precios de mercado vigentes en el año base 2004. Por lo tanto, el PIB real de 2008 = (30 pizzas × 10$ por pizza) + (30 ensaladas × 5$ por ensalada) = 450$.

El PIB real de 2004 es igual a las cantidades de pizzas y ensaladas producidas en 2008, valoradas en base a los precios de 2004, que es igual a 175$. Obsérvese que, como 2004 es el año base, el PIB real y el nominal son iguales ese año.

El PIB real del año 2008 es 2,6 veces el del 2004 (450$/175$). Por lo tanto, la expansión del PIB real se sitúa entre el incremento de la producción de pizzas (se multiplica por tres) y el de la producción de ensaladas (se multiplica por dos) registrados entre 2004 y 2008

18.7

$$\text{Población activa} = \text{ocupados} + \text{desempleados}$$
$$= 15.184 \text{ millones} + 1.756 \text{ millones} = 16.940 \text{ millones}$$
$$\text{Población en edad de trabajar} = \text{población activa} + \text{inactivos}$$
$$= 16.940 \text{ millones} + 9.473 \text{ millones} = 26.413 \text{ millones}$$
$$\text{Tasa de desempleo} = \frac{\text{desempleados}}{\text{población activa}}$$
$$= \frac{1.756 \text{ millones}}{16.940 \text{ millones}} = 10{,}4\%$$
$$\text{Tasa de actividad} = \frac{\text{población activa}}{\text{población en edad activa}}$$
$$= \frac{16.940 \text{ millones}}{26.413 \text{ millones}} = 64{,}1\%$$

En abril de 2005, los afroamericanos representaban un 11,4% de la población activa de Estados Unidos y un 11,8% de la población en edad de trabajar. Obsérvese que mientras que la tasa de actividad de los afroamericanos es similar a la de la población total, su tasa de desempleo es considerablemente más alta.

CAPÍTULO

19

MEDICIÓN DEL NIVEL DE PRECIOS Y DE LA INFLACIÓN

En 1930, el gran jugador de béisbol Babe Ruth ganó 80.000$. Cuando le dijeron que había ganado más que el presidente Hoover, contestó con cierta razón: "He tenido mejor año que él". En 2001, Barry Bonds batió el récord de *home runs* de la liga profesional lanzando 73 *home runs* y ganó 10,3 millones de dólares. ¿Qué jugador de béisbol estaba en mejor posición? ¿Pudo Barry Bonds comprar más bienes y servicios en 2001 con sus 10,3 millones de dólares o era mejor la situación de Babe Ruth con sus 80.000$ en 1930? La respuesta no es evidente, ya que los precios de casi todos los productos subieron espectacularmente entre 1930 y 2001 debido a la inflación que se registró en Estados Unidos durante ese periodo. La cuestión es, pues, saber si los sueldos de las estrellas de béisbol subieron al mismo ritmo que los precios.

La inflación puede dificultar considerablemente la comparación de la situación económica de diferentes periodos. En Estados Unidos, las personas mayores recuerdan que antes podían comprar un tebeo y un helado por 25 centavos. Hoy esos mismos artículos pueden costar 4$ o 5$. Quizá este hecho nos lleve a extraer la conclusión de que los niños vivían mucho mejor en "los viejos tiempos", pero ¿es eso cierto? Sin más información, no podemos saberlo, pues aunque los precios de los tebeos y de los helados han subido, también han subido las pagas que reciben. La verdadera cuestión es saber si el dinero que tienen los jóvenes para sus gastos ha aumentado tanto o más que los precios de las cosas que quieren comprar. De ser así, hoy no están mucho peor que cuando sus padres eran jóvenes y los caramelos costaban cinco centavos.

La inflación también crea incertidumbre cuando se intenta pensar en el futuro, y uno se hace preguntas del tipo "¿cuánto debo ahorrar para la jubilación?" La respuesta a esta pregunta depende de cuánta inflación es probable que haya hasta que nos jubilemos (y, por lo tanto, de cuánto cuesten el combustible para calefacciones, la comida y la ropa). La inflación puede plantear problemas parecidos a los responsables de la política económica. Por ejemplo, para planificar los programas de gasto público a largo plazo deben estimar lo que costarán las compras del Estado en el futuro.

Una importante ventaja de estudiar macroeconomía es aprender a evitar la confusión que introduce la inflación en las comparaciones de la situación económica de periodos de tiempo distintos o en las proyecciones. En este capítulo, continuación de nuestro estudio de la elaboración y la interpretación de datos económicos, veremos cómo se miden tanto los precios como la inflación y cómo pueden "ajustarse" las cantidades monetarias, como el precio de un tebeo, para eliminar los efectos de la inflación. Las cantidades que se miden en unidades monetarias y se ajustan para tener en cuenta la inflación se denominan cantidades *reales* (recuérdese, por ejemplo, el concepto de PIB real del capítulo anterior). Trabajando con cantidades reales, los economistas pueden comparar las rentas reales de Babe Ruth y Barry Bonds.

Más importantes que las complicaciones que crea la inflación en las mediciones económicas son los costes que impone a la economía. En este capítulo, veremos por qué una elevada inflación puede afectar significativamente a los resultados de una economía, hasta el punto de que los responsables de la política económica sostienen que uno de sus principales objetivos es que la tasa de inflación sea baja y estable. Concluimos el capítulo mostrando la relación entre la inflación y otra variable económica fundamental, que es el tipo de interés de los activos financieros.

EL ÍNDICE DE PRECIOS DE CONSUMO: LA MEDICIÓN DEL NIVEL DE PRECIOS

Índice de Precios de Consumo (IPC) de un periodo, mide el coste que tiene una cesta normalizada de bienes y servicios en ese periodo en relación con el coste que tenía esa misma cesta en un año fijo, llamado *año base*

El instrumento básico que utilizan los economistas para medir el nivel de precios y la inflación de la economía es el *Índice de Precios de Consumo* o IPC para abreviar. El IPC es un indicador del "coste de la vida" en un determinado periodo. Concretamente, el **Índice de Precios de Consumo (IPC)** de un periodo cualquiera mide el coste que tiene en ese periodo una cesta normalizada de bienes y servicios en *relación* con el coste que tenía esa misma cesta en un determinado año, llamado *año base.*

Para mostrar cómo se calcula el IPC supongamos que las autoridades económicas han elegido 2005 como año base. Supongamos, para simplificar el análisis, que en 2000 el presupuesto mensual de un hogar representativo consistía en los gastos realizados en tres artículos solamente: el alquiler de una vivienda de dos dormitorios, hamburguesas y entradas para el cine. En la realidad, las familias compran, por supuesto, cientos de artículos al mes, pero los principios básicos del cálculo del IPC son los mismos cualquiera que sea el número de artículos que se incluyan. Supongamos también que en 2000, que es el año base, los gastos mensuales medios de la familia fueron los que muestra la Tabla 19.1.

TABLA 19.1
Presupuesto mensual de un hogar representativo en 2000 (año base)

Artículo	Coste (en 2000)
Alquiler de una vivienda de dos dormitorios	500$
Hamburguesas (60 a 2$ cada una)	120
Entradas para el cine (10 a 6$ cada una)	60
Gasto total	680$

Traslademonos ahora rápidamente al año 2005. Durante ese periodo, es probable que los precios de algunos bienes y servicios hayan variado; unos habrán subido y otros habrán bajado. Supongamos que en el año 2005 el alquiler que paga nuestra familia por su vivienda de dos dormitorios ha subido a 630$. Las hamburguesas cuestan ahora 2,50$ cada una y el precio de las entradas ha subido a 7$ cada una. Por lo tanto, los precios han subido en general.

¿Cuánto ha aumentado el coste de la vida de la familia entre 2000 y 2005? La Tabla 19.2 muestra que si la familia representativa quisiera consumir la *misma cesta de bienes y servicios* en el año 2005 que en el año 2000, tendría que gastar 850$ al mes, es decir, 170$ más que los 680$ que gastó en 2000. En otras palabras, para vivir de la misma forma en el año 2005 que en el año 2000, la familia tendría que gastar un 25% más (170$/680$) al mes. Por lo tanto, en este ejemplo el coste de la vida de la familia representativa ha subido un 25% entre 2000 y 2005.

TABLA 19.2
Coste de reproducir en el año 2005 la cesta de bienes y servicios del año 2000 (año base)

Artículo	Coste (en 2005)	Coste (en 2000)
Alquiler de una vivienda de dos dormitorios	630$	500$
Hamburguesas (60 a 2,50$ cada una)	150	120
Entradas para el cine (10 a 7$ cada una)	70	60
Gasto total	850$	680$

Las autoridades —en realidad, el instituto nacional de estadística de cada país, el mismo que es responsable de calcular la tasa de desempleo— calcula el índice oficial de precios de consumo (IPC) utilizando esencialmente el mismo método. En primer lugar, se elige un año base y se averigua la cesta de bienes y servicios que consumió la familia media ese año. En la práctica, las autoridades se enteran de cómo asignan los consumidores su gasto por medio de una detallada encuesta, llamada encuesta de presupuestos familiares, en la que un grupo de familias seleccionadas aleatoriamente indica cada compra que realizó y el precio que pagó durante un determinado mes (¡toda una tarea!). Llamemos *cesta del año base* a la cesta de bienes y servicios resultante. A continuación, los encuestadores visitan todos los meses miles de tiendas y realizan numerosas entrevistas para averiguar los precios en ese momento de los bienes y servicios de la cesta del año base. El IPC de un año dado se calcula utilizando la siguiente fórmula:

$$\text{IPC} = \frac{\text{Coste de la cesta de bienes y servicios del año base en el año actual}}{\text{Coste de la cesta de bienes y servicios del año base en el año base}}.$$

Volviendo al ejemplo de la familia representativa que consume tres bienes, el IPC del año 2005 puede calcularse de la forma siguiente:

$$\text{IPC del año 2005} = \frac{850\$}{\$680} = 1{,}25.$$

En otras palabras, en este ejemplo el coste de la vida es un 25% más alto en 2005 que en 2000, que es el año base. Obsérvese que el IPC del año base siempre es igual a 1, ya que ese año el numerador y el denominador de la fórmula del IPC son iguales. El IPC de un determinado periodo (por ejemplo, de un mes o de un año) mide el coste de la vida de ese periodo en *relación* con el coste de la vida del año base.

A menudo los periodistas multiplican el IPC por 100 para no tener que poner decimales. Si hiciéramos eso aquí, el IPC del año 2005 sería 125 en lugar de 1,25 y el del año base sería 100 en lugar de 1. Sin embargo, algunos cálculos que realizaremos más adelante en este capítulo se simplifican si el IPC se expresa en tanto por uno, por lo que no adoptaremos la convención de multiplicarlo por 100.

EJEMPLO 19.1

Medición del coste de la vida de la familia representativa

Supongamos que además de los tres bienes y servicios que consumió la familia representativa en 2000, también compró cuatro sudaderas a 30$ cada una. En el año 2005, esas mismas sudaderas costaban 50$ cada una. Los precios de los demás bienes y servicios eran los mismos en los años 2000 y 2005 que en la Tabla 19.2. Halle la variación que experimentó el coste de la vida de la familia entre 2000 y 2005.

En el ejemplo del texto, el coste de la cesta del año base (2000) era de 680$. Si le añadimos cuatro sudaderas a 30$ cada una, aumenta a 800$. ¿Cuánto costó esa misma cesta (incluidas las cuatro sudaderas) en el año 2005? El coste de la vivienda, las hamburguesas y las entradas para el cine es de 850$, al igual que antes. Añadiendo el coste de las cuatro sudaderas a 50$ cada una, el coste total de la cesta aumenta a 1.050$. El IPC es igual al coste de la cesta en el año 2005 dividido por su coste en el año 2000 (el año base), es decir, 1.050$/800$ = 1,31. Llegamos a la conclusión de que el coste de la vida de la familia subió un 31% entre 2000 y 2005.

EJERCICIO 19.1

Volviendo al ejemplo de los tres bienes de las tablas 19.1 y 19.2, halle el IPC del año 2005 suponiendo que el alquiler de la vivienda baja de 500$ en 2000 a 400$ en 2005. Los precios de las hamburguesas y de las entradas para el cine vigentes en los 2 años son iguales que los de las dos tablas.

índice de precios indicador del precio medio de una determinada clase de bienes o servicios en relación con el precio que tenían esos mismos bienes en un año base

El IPC no es en sí mismo el precio de un bien o de un servicio específico. De hecho, no tiene unidades de medición, ya que las unidades monetarias del numerador de la fracción se anulan con las unidades monetarias del denominador. El IPC es un *índice*. El *valor* que tiene un índice un año sólo tiene sentido en comparación con el valor que tiene ese índice otro año. Un **índice de precios** mide, pues, el precio medio de una clase de bienes o servicios en relación con el precio que tenían esos mismos bienes o servicios en el año base. El IPC es un índice de precios especialmente conocido y utilizado por muchos economistas para evaluar las tendencias económicas. Por ejemplo, como los fabricantes tienden a trasladar las subidas de los precios de las materias primas a sus clientes, los economistas utilizan índices de precios de las materias primas para tratar de predecir las variaciones de los precios de los bienes manufacturados. También se utilizan otros índices para estudiar la tasa de variación de los precios de la energía, la alimentación, la asistencia sanitaria y otros grandes sectores.

EJERCICIO 19.2

El Índice de Precios de Consumo recoge el coste de la vida de la familia "representativa" o media. Supongamos que elaboráramos un índice personal de precios para calcular las variaciones que experimenta nuestro propio coste de la vida con el paso del tiempo. En general, ¿cómo elaboraríamos un índice de ese tipo? ¿Por qué podrían ser diferentes las variaciones de nuestro índice personal de precios de las variaciones del IPC?

LA INFLACIÓN

tasa de inflación tasa porcentual anual de variación del nivel de precios, medido, por ejemplo, por el IPC

El IPC constituye un indicador del *nivel* medio de precios en relación con los del año base. En cambio, la *inflación* es un indicador del ritmo al que varía con el paso del tiempo el nivel medio de precios. La **tasa de inflación** es la tasa porcentual anual de variación del nivel de precios, medido, por ejemplo, por el IPC. Supongamos, por ejemplo, que el IPC tiene un valor de 1,25 en el año 2005 y un valor de 1,30 en el año 2006. La tasa de inflación registrada entre los años 2005 y 2006 es el aumento porcentual del nivel de precios, es decir, el aumento del nivel de precios (0,05) dividido por el nivel inicial de precios (1,25), que es igual a un 4%.

EJEMPLO 19.2

Cálculo de las tasas de inflación: 2000-2004

La tabla adjunta muestra los valores del IPC de los años 2000 a 2004. Halle las tasas de inflación registradas entre 2000 y 2001, 2001 y 2002, 2002 y 2003 y 2003 y 2004.

Año	IPC
2000	1,722
2001	1,771
2002	1,799
2003	1,840
2004	1,889

La tasa de inflación registrada entre 2000 y 2001 es el aumento porcentual que experimentó el nivel de precios entre esos años, es decir (1,771 – 1,722)/1,722 = = 0,049/1,722 = 0,028 = 2,8%. Realice usted mismo los cálculos para confirmar que la inflación registrada durante cada uno de los 3 años siguientes fue de 1,6, 2,3 y 2,7%, respectivamente. En Estados Unidos, la última vez que la inflación sobrepasó el 3,5% fue entre 1990 y 1991, cuando fue del 4,2%. Sin embargo, entre 1979 y 1980 alcanzó la cifra del 13,5%.

EJERCICIO 19.3

La tabla adjunta muestra los valores del IPC de los años 1929 a 1933 correspondientes a Estados Unidos. Halle las tasas de inflación registradas entre 1929 y 1930, 1930 y 1931, 1931 y 1932, y 1932 y 1933.

Año	IPC
1929	0,171
1930	0,167
1931	0,152
1932	0,137
1933	0,130

¿En qué se diferencian las tasas de inflación de los años 30 de las tasas de inflación registradas desde 2000?

Los resultados de los cálculos del Ejercicio 19.3 incluyen algunos ejemplos de tasas de inflación *negativas*. Una situación en la que los precios de la mayoría de los bienes y servicios bajan con el paso del tiempo de tal manera que la inflación es negativa se denomina **deflación**. La última vez que Estados Unidos experimentó una significativa deflación fue a principios de los años 30. Japón ha experimentado una deflación relativamente moderada en los últimos diez años.

deflación situación en la que los precios de la mayoría de los bienes y servicios bajan con el paso del tiempo, por lo que la inflación es negativa

AJUSTE PARA TENER EN CUENTA LA INFLACIÓN

El IPC es un instrumento extraordinariamente útil. No sólo nos permite medir las variaciones del coste de la vida, sino que también puede utilizarse para ajustar los datos económicos con el fin de eliminar los efectos de la inflación. En este apartado veremos cómo el IPC puede utilizarse para expresar en términos reales las cantidades expresadas en valores monetarios, proceso denominado *deflactar*. También veremos que el IPC puede utilizarse para expresar cantidades reales en valores monetarios, procedimiento que se denomina *indización*. Ambos métodos son útiles no sólo para los economistas, sino para todo el que tenga que ajustar pagos, indicadores contables u otras cantidades económicas para tener en cuenta los efectos de la inflación.

DEFLACTAR UNA CANTIDAD NOMINAL

cantidad nominal cantidad que se expresa en su valor monetario actual

Uno de los fines importantes para los que se utiliza el IPC es para ajustar **cantidades nominales** —cantidades expresadas en sus valores monetarios— para tener en cuenta los efectos de la inflación. Supongamos, por ejemplo, que sabemos que la familia representativa de una determinada zona metropolitana tuvo una renta total de 20.000$ en 2000 y de 22.000$ en 2005. ¿Se encontraba esta familia en mejor situación económica en el año 2005 o en el año 2000?

Si no tuviéramos más información que ésta, podríamos tener la tentación de decir que sí. Al fin y al cabo, su renta aumentó un 10% durante este periodo de cinco años. Pero es posible que los precios también subieran, tan deprisa o más que la renta de la familia. Supongamos que los precios de los bienes y servicios que consume la familia subieron un 25% durante ese mismo periodo. Como su renta sólo aumentó un 10%, tendríamos que llegar a la conclusión de que la situación económica de la familia es peor en lo que se refiere a los bienes y servicios que puede comprar, a pesar del aumento de su renta *nominal* o unidades monetarias.

cantidad real cantidad que se expresa en términos físicos, por ejemplo, en cantidades de bienes y servicios

Podemos hacer una comparación más precisa del poder adquisitivo que tenía la familia en 2000 y en 2005 calculando su renta de esos años en términos *reales*. En general, una **cantidad real** es aquella que se expresa en términos físicos, por ejemplo, en cantidades de bienes y servicios. Para convertir una cantidad nominal en una cantidad real, debemos dividir la cantidad nominal por un índice de precios del periodo, como muestra la Tabla 19.3. Los cálculos de esta tabla indican que en términos *reales* o en poder adquisitivo, entre 2000 y 2005, la renta de la familia en realidad *disminuyó* 2.400$, es decir, un 12% de su renta real inicial de 20.000$.

TABLA 19.3

Comparación de los valores reales de la renta de una familia en 2000 y 2005

Año	Renta nominal de la familia	IPC	Renta real de la familia = Renta nominal de la familia/IPC
2000	20.000$	1,00	20.000$/1,00 = 20.000$
2005	22.000$	1,25	22.000$/1,25 = 17.600$

deflactar (una cantidad nominal) procedimiento consistente en dividir una cantidad nominal por un índice de precios (como el IPC) para expresarla en términos reales

El problema de esta familia estriba en que, aunque su renta aumentó en términos nominales (monetarios), no aumentó al mismo ritmo que la inflación. Dividir una cantidad nominal por un índice de precios para expresarla en términos reales se denomina **deflactar** la cantidad nominal (tenga cuidado de no confundir la idea de deflactar una cantidad nominal con deflación o inflación negativa, ya que los dos conceptos son diferentes).

Es muy útil dividir una cantidad nominal por el valor de un índice de precios para expresarla en términos reales o en poder adquisitivo. Se puede hacer para eliminar los efectos de la inflación de las comparaciones de cantidades nominales —los salarios de los trabajadores, los gastos sanitarios, los componentes del presupuesto del Estado— de diferentes periodos de tiempo. ¿Por qué funciona este método? En general, si sabemos cuántos dólares hemos gastado en un determinado artículo y su precio, podemos averiguar qué cantidad hemos comprado del artículo (dividiendo nuestro gasto por el precio). Por ejemplo, si gastamos 100$ en hamburguesas el mes pasado y las hamburguesas cuestan 2,50$ cada una, podemos saber que compramos 40 hamburguesas. Asimismo, si dividimos la renta o el gasto monetario de una familia por un índice de precios, que es un indicador del precio medio de los bienes y servicios que compra, obtendremos una medida de la cantidad real de bienes y servicios que compró. Esas cantidades reales a veces se denominan cantidades *ajustadas para tener en cuenta la inflación*.

EJEMPLO 19.3

Los grandes bateadores conducen Cadillacs

Volvamos a la cuestión que hemos planteado al comienzo de este capítulo. Cuando Barry Bonds ganó 10,3 millones de dólares en 2001, ¿era su situación mejor o peor que la de Babe Ruth en 1930 cuando ganó 80.000$?

Para responder a esta pregunta hay que expresar los ingresos de los dos hombres en términos reales. El IPC (utilizando la media de 1982-1984 como año base, ya que durante este periodo se hizo una extensa encuesta de presupuestos familiares) fue de 0,167 en 1930 y de 1,78 en 2001. Dividiendo el sueldo de Babe Ruth por 0,167 obtenemos aproximadamente 479.000$, que es el sueldo de Ruth "en dólares de 1982-1984". En otras palabras, una persona necesitaría 479.000$ en el periodo 1982-1984 para comprar la misma cantidad de bienes y servicios que pudo comprar Babe Ruth en 1930 con su sueldo de 80.000$. Dividiendo el sueldo que ganó Barry Bonds en 2001 por el IPC de 2001, 1,78, se obtiene un sueldo de 5,79 millones de dólares en dólares de 1982-1984. Por lo tanto, una persona necesitaría 5,79 millones de dólares en el periodo 1982-1984 para comprar la misma cantidad de bienes y servicios que pudo comprar Barry Bonds en 2001 con su sueldo de 10,3 millones de dólares. Ahora podemos comparar los ingresos reales de los dos grandes bateadores en dólares de 1982-1984: 479.000$ y 5,79 millones de dólares. Aunque cuando se ajustan las dos cifras para tener en cuenta la inflación, éstas son más parecidas (ya que parte del sueldo más alto de Bonds compensa la subida de los precios registrada entre 1930 y 2001), en términos reales Bonds ganó más de 12 veces más que Ruth. Por cierto, en 2001 Bonds también ganó alrededor de 25 veces más que el presidente Bush.

Es evidente que para comparar los salarios o los ingresos de dos periodos diferentes debemos tener en cuenta las variaciones del nivel de precios. De esa manera obtenemos el **salario real**, que es el salario expresado en poder adquisitivo real. El salario real de un periodo cualquiera se calcula dividiendo el salario nominal (monetario) por el IPC de ese periodo.

salario real salario pagado a los trabajadores expresado en poder adquisitivo real; el salario real de un periodo cualquiera se calcula dividiendo el salario nominal (monetario) por el IPC de ese periodo

EJERCICIO 19.4

En 2004, Alex Rodríguez, jugador de los New York Yankees, ganó 18 millones de dólares. Ese año el IPC fue de 1,89. ¿Qué diferencia hay entre los ingresos reales que obtuvo Rodríguez en 2004 y los que obtuvo Bond en 2001?

EJEMPLO 19.4

Los salarios reales de los obreros industriales en Estados Unidos

Los obreros industriales son trabajadores que no realizan tareas de supervisión, diferente de los que trabajan en las cadenas de montaje. En Estados Unidos, el obrero industrial medio ganó 3,40$ por hora en 1970 y 15,68$ en 2004[1]. Compare los salarios reales que percibió este grupo de trabajadores en los dos años.

Para averiguar el salario real de 1970 y 2004, necesitamos saber que el IPC fue de 0,388 en 1970 y de 1,889 en 2004 (utilizando de nuevo como periodo base la media de 1982-1984). Dividiendo 3,40$ por 0,388, observamos que en 1970 el salario real fue de 8,76$. Dividiendo 15,68$ por 1,889, observamos que en 2004 el salario real fue de 8,30$ solamente. En términos reales o en poder adquisitivo, los salarios de los obreros industriales bajaron entre 1970 y 2004, a pesar de que el salario nominal o monetario casi se quintuplicó.

La Figura 19.1 muestra los salarios nominales y reales de los obreros industriales estadounidenses correspondientes al periodo 1960-2004. Obsérvese la espectacular diferencia entre las dos tendencias. Si nos fijáramos únicamente en los salarios nominales, es posible que llegáramos a la conclusión de que los obreros

[1] http://www.gpoaccess.gov/eop.

FIGURA 19.1
Salarios nominales y reales de los obreros industriales en Estados Unidos, 1960-2004.
Aunque los salarios nominales de los obreros industriales han subido espectacularmente desde 1960, los salarios reales se han estancado.

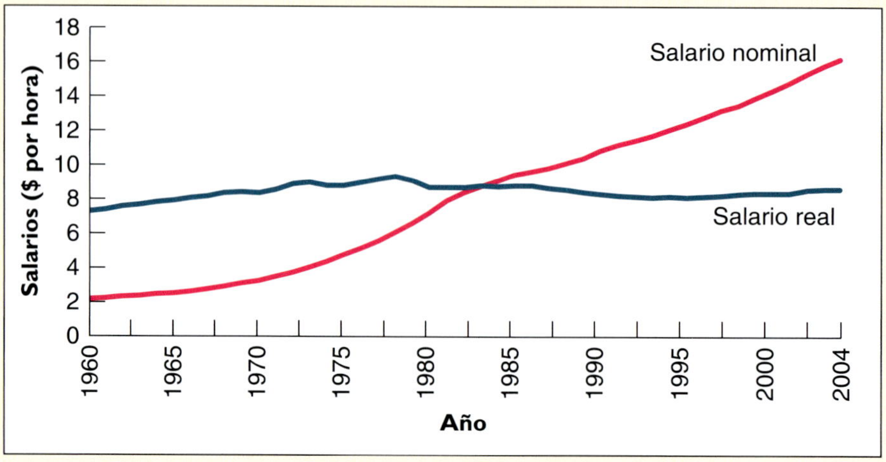

FUENTE: *Economic Report of the President* (http://www.gpoaccess.gov/eop/).

industriales estaban mucho mejor pagados en 2004 que en 1960. Pero cuando se ajustan los salarios para tener en cuenta la inflación, se observa que en poder adquisitivo los salarios de los obreros industriales han permanecido estancados desde principios de los años 70. Este ejemplo muestra lo importante que es ajustar las cifras para tener en cuenta la inflación cuando se comparan valores monetarios de diferentes periodos de tiempo. Por otra parte, la Figura 19.2, muestra los salarios nominales y reales para el trabajador medio en México de 1990 a la fecha. Si sólo observamos los salarios nominales, podríamos cometer el error de afirmar que los salarios han aumentado en un factor de 7 en los últimos 15 años. Sin embargo, ajustando por inflación, es decir, analizando los salarios reales, vemos que el salario promedio no se ha modificado durante este periodo de tiempo.

FIGURA 19.2
Salario nominal y real en México, 1990-2006.

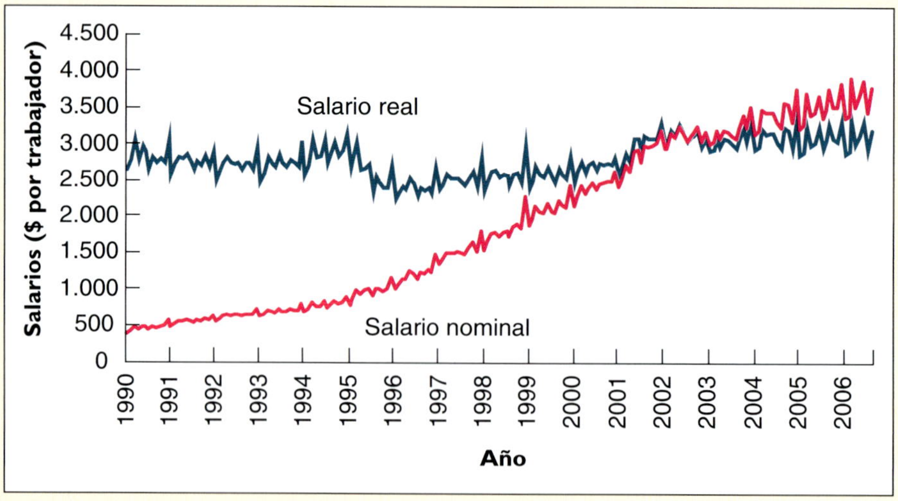

EJERCICIO 19.5

En Estados Unidos, el salario mínimo legal era de 0,75$ por hora en 1950. En abril de 2005, fue de 5,15$ por hora. ¿Qué diferencia hay entre el salario mínimo real de abril de 2005 y el de 1950? El IPC era de 0,241 en 1950 y de 1,946 en abril de 2005.

LA INDIZACIÓN PARA MANTENER EL PODER ADQUISITIVO

El Índice de Precios de Consumo también puede utilizarse para convertir cantidades reales en cantidades nominales. Supongamos, por ejemplo, que en el año 2000 el Estado pagó a algunos pensionistas una pensión de 1.000$ al mes. Supongamos que el Parlamento quiere que el poder adquisitivo de esa pensión permanezca constante para que la inflación no afecte el nivel de vida de los beneficiarios. Para lograr ese objetivo, ¿en qué nivel debe fijar la pensión mensual en el año 2005?

La pensión nominal o monetaria que debería pagar el Parlamento en el año 2005 para mantener el poder adquisitivo de los pensionistas depende de cuánta inflación haya habido entre 2000 y 2005. Supongamos que el IPC ha subido un 20% entre 2000 y 2005. Es decir, los precios de los bienes y los servicios que compran los consumidores han subido, en promedio, un 20% durante ese periodo. Para que las pensiones suban al mismo ritmo que la inflación deben ser en el año 2005 de 1.000$ + 0,20(1.000$) = 1.200$ mensuales, es decir, un 20% más altas que en 2000. En general, para mantener constante el poder adquisitivo, la pensión monetaria debe subirse todos los años en el aumento porcentual del IPC.

indización práctica consistente en aumentar una cantidad nominal cada periodo en una cuantía igual al aumento porcentual de un índice de precios especificado. La indización impide que la inflación reduzca el poder adquisitivo de la cantidad nominal

La práctica de aumentar una cantidad nominal de acuerdo con las variaciones de un índice de precios para impedir que la inflación reduzca el poder adquisitivo se denomina **indización**. En el caso de las pensiones, la legislación puede prever la indización automática de las pensiones. En tal caso, todos los años las pensiones suben en una cantidad igual a la subida porcentual del IPC sin que intervenga el Parlamento. Algunos convenios colectivos también están indizados con el fin de que los salarios se ajusten total o parcialmente para tener en cuenta las variaciones de la inflación (véase el Ejemplo 19.5).

EJEMPLO 19.5

Un convenio colectivo indizado

Un convenio colectivo prevé para el primer año un salario de 12$ por hora y especifica que el salario real subirá un 2% el segundo año y otro 2% el tercero. El IPC es de 1,00 el primer año, de 1,05 el segundo y de 1,10 el tercero. Halle el salario monetario que debe pagarse en el segundo año y el tercero.

Como el IPC es de 1,00 el primer año, tanto el salario nominal como el real son de 12$. Sea W_2 el salario nominal del segundo año. Deflactando por el IPC en el segundo año, podemos expresar el salario real del segundo año de la forma siguiente: $W_2/1,05$. El convenio dice que el salario real del segundo año debe ser un 2% más alto que el del primero, por lo que $W_2/1,05$ = 12$ x 1,02 = 12,24$. Multiplicando por 1,05 para hallar W_2, tenemos que W_2 = 12,85$, que es el salario nominal que estipula el convenio el segundo año. En el tercero, el salario nominal W_3 debe satisfacer la ecuación $W_3/1,10$ = 12,24$ x 1,02 = 12,48$ (¿por qué?). Resolviendo esta ecuación para hallar W_3 tenemos que el salario nominal que debe pagarse el tercer año es de 13,73$.

EJERCICIO 19.6

En Estados Unidos, el salario mínimo no está indizado con respecto a la inflación, pero supongamos que lo hubiera estado desde 1950. ¿Cuál habría sido el salario mínimo nominal en abril de 2005? Véase en el Ejercicio 19.5 los datos necesarios para responder a la pregunta.

EL OBSERVADOR ECONÓMICO 19.1

En Estados Unidos, todos los años estalla en el Congreso una batalla muy aireada en los medios de comunicación sobre la conveniencia o no de subir el salario mínimo. ¿Por qué se repiten estos acalorados debates legislativos con tanta regularidad?

Como el salario mínimo no está indizado con respecto a la inflación, su poder adquisitivo disminuye cuando suben los precios, por lo que el Congreso debe subir periódicamente el salario mínimo nominal para impedir que disminuya el valor real del salario mínimo. Paradójicamente, a pesar de la impresión de la opinión pública de que el Congreso ha subido considerablemente el salario mínimo nominal con el paso del tiempo, el salario mínimo real ha bajado alrededor de un tercio desde 1970.

¿Por qué el Congreso no indiza el salario mínimo con respecto al IPC y elimina la necesidad de reconsiderarlo tan a menudo? Evidentemente, algunos congresistas prefieren mantener un debate público sobre la cuestión cada cierto número de años, tal vez porque moviliza tanto a los defensores como a los detractores del salario mínimo para hacer donaciones electorales a los congresistas que representan sus ideas.

RECAPITULACIÓN | **MÉTODOS DE AJUSTE PARA TENER EN CUENTA LA INFLACIÓN**

Deflactar. Para corregir una cantidad nominal, como la renta monetaria de una familia, con el fin de tener en cuenta las variaciones del nivel de precios, la dividimos por un índice de precios como el IPC. Este proceso, denominado *deflactar* la cantidad nominal, expresa la cantidad nominal en términos de poder adquisitivo real. Si las cantidades nominales de dos años diferentes se deflactan por un índice de precios que tiene el mismo año base, es posible comparar el poder adquisitivo de las dos cantidades deflactadas.

Indizar. Para garantizar que una cantidad nominal, por ejemplo, una pensión, representa un nivel constante de poder adquisitivo real, se aumenta cada año la cantidad nominal en un porcentaje igual a la tasa de inflación de ese año (procedimiento conocido con el nombre de *indización*).

¿MIDE EL IPC LA "VERDADERA" INFLACIÓN?

Tal vez haya extraído la conclusión de que es sencillo medir la inflación, pero al igual que ocurre con el PIB y con la tasa de desempleo, la cuestión no está exenta de controversias. De hecho, en Estados Unidos ha sido objeto de serios debates en los últimos años. Como el IPC es uno de los datos económicos más importantes, la cuestión dista de ser académica. Los responsables de la política económica prestan mucha atención a las cifras más recientes sobre la inflación cuando deciden las acciones que van a emprender. Por otra parte, debido al extendido uso de la indización, las variaciones del IPC afectan directamente al presupuesto del Estado. Por ejemplo, si el IPC sube un 3% durante un determinado año, las pensiones —que representan una parte significativa del gasto público federal— suben automáticamente por ley un 3%. Otros muchos pagos del Estado y contratos privados, como los convenios colectivos, también están indizados con respecto al IPC.

Así pues, cuando en un informe de 1996 se llegó a la conclusión de que las variaciones del IPC no eran un buen indicador de la "verdadera" inflación, estalló una gran controversia. El informe, elaborado por una comisión presidida por Michael Boskin, antiguo asesor económico jefe del presidente George H. W. Bush, llegó a la conclusión de que la tasa oficial de inflación, basada en el IPC, *sobrestima* la verdadera tasa de inflación nada menos que en uno o dos puntos porcentuales al año. En otras palabras, si se dice que la tasa oficial de inflación basada en el IPC es del 3%, la "verdadera" tasa de inflación podría ser del 2 o incluso del 1%.

Si esta valoración es realmente correcta, la indización de las pensiones y de otras prestaciones públicas con respecto al IPC podría estar costando todos los años al gobierno federal miles de millones de dólares más de lo necesario. Además, una tasa de inflación sobrestimada llevaría a subestimar la verdadera mejora que experimenta el nivel de vida con el paso del tiempo. Si la renta nominal de la familia representativa aumenta un 3% al año y se dice que la inflación anual es del 3%, los economistas llegarían a la conclusión de que la renta real de las familias estadounidenses no está aumentando. Pero si la "verdadera" tasa de inflación es realmente de un 2% al año, la renta real de la familia está aumentando en realidad un 1% al año (el aumento de la renta nominal del 3% menos la inflación del 2%).

La Comisión Boskin dio algunas razones por las que la tasa oficial de inflación, basada en el IPC, puede sobrestimar la verdadera tasa de inflación. Hay dos especialmente importantes. En primer lugar, en la práctica, los estadísticos oficiales no siempre pueden tener totalmente en cuenta los cambios de la *calidad* de los bienes y de los servicios. Supongamos que un nuevo ordenador personal tiene un 20% más de memoria, velocidad de cálculo y capacidad de almacenamiento de datos que el modelo del año pasado. Supongamos también, para facilitar el análisis, que su precio es un 20% más alto. ¿Ha habido inflación en los precios de los ordenadores? Los economistas dirían que no; aunque los consumidores estén pagando un 20% más por un ordenador, están obteniendo una máquina que es un 20% mejor. Es como si pagáramos un 20% más por una pizza que es un 20% más grande. Sin embargo, como es difícil medir exactamente los cambios de la calidad y como los estadísticos oficiales tienen que considerar muchos miles de bienes y servicios, a menudo dejan de lado o subestiman los cambios de la calidad. En general, siempre que los estadísticos no tienen debidamente en cuenta las mejoras de la calidad de los bienes o servicios, tienden a sobrestimar la inflación. Este tipo de sobrestimación se denomina *sesgo debido a los cambios de la calidad*[2].

Puede producirse un caso extremo siempre que aparece un bien totalmente nuevo. Por ejemplo, la aparición de los primeros medicamentos eficaces contra el SIDA aumentó significativamente la calidad de la asistencia médica que recibían por los enfermos de SIDA. Sin embargo, es probable que en la práctica el IPC recoja poco o nada las mejoras de la calidad que se deben a productos totalmente nuevos. El problema estriba en que, como el nuevo bien no se produjo en el año base, no existe ningún precio del año base con el que comparar el precio actual del bien. Los estadísticos oficiales utilizan distintos métodos para corregir este problema, por ejemplo comparar el coste del nuevo medicamento con el de la siguiente terapia mejor, pero esos métodos son necesariamente imprecisos y discutibles.

El segundo problema en el que hizo hincapié la Comisión Boskin se debe al hecho de que el IPC se calcula basándose en una cesta fija de bienes y servicios. Este procedimiento no tiene en cuenta el hecho de que los consumidores pueden sustituir productos cuyos precios están subiendo por productos cuyos precios se mantienen estables o están bajando. El hecho de no tener en cuenta que los consumidores pueden sustituir los bienes más caros por otros más baratos lleva a los estadísticos a sobrestimar el verdadero aumento del coste de la vida.

Supongamos, por ejemplo, que a la gente le gusta por igual el café y el té y que en el año base consumió la misma cantidad de los dos. Pero resulta que una helada azota a un importante país productor de café y su precio se duplica como consecuencia. La subida del precio del café lleva a los consumidores a renunciar a él y a beber té en su lugar, sustitución que no empeora mucho su bienestar, ya que les gustan por igual el café y el té. Sin embargo, el IPC, que mide el coste de comprar la cesta de bienes y servicios del año base, sube significativamente cuando el precio del café se duplica. Esta subida del IPC, que no tiene en cuenta el hecho de que la gente puede sustituir el café por té sin que empeore significativamente su bienestar, exagera la verdadera subida del coste de la vida. Este tipo de sobrestimación de la inflación se denomina *sesgo debido a la sustitución*.

[2] En el *Bureau of Labor Statistics* hay muchas personas que tratan denodadamente de medir los cambios de la calidad. Algunas mejoras, como el aumento de la velocidad y de la memoria de los ordenadores, son relativamente fáciles de medir, pero otras son mucho más difíciles de cuantificar.

EJEMPLO 19.6

El sesgo debido a la sustitución

Supongamos que la cesta del IPC de 2000, que es el año base, es la siguiente:

Artículo	Gasto
Café (50 tazas a 1$ por taza)	50$
Té (50 tazas a 1$ por taza)	50
Bollos (100 a 1$ cada uno)	100
Total	200$

Supongamos que a los consumidores les da lo mismo beber café que té con su bollo. En 2000, el café y el té cuestan lo mismo y la persona media bebe las mismas cantidades de café que de té.

En el año 2005, se ha duplicado el precio del café y ahora es de 2$ por taza. El del té sigue siendo de 1$ por taza y los bollos de 1,50$ cada uno. ¿Qué ha ocurrido con el coste de la vida medido por el IPC? ¿Qué diferencia hay entre este resultado y el verdadero coste de la vida?

Para calcular el valor del IPC del año 2005, debemos averiguar primero cuánto cuesta consumir ese año la cesta de bienes de 2000. A los precios vigentes en el año 2005, 50 tazas de café, 50 de té y 100 bollos cuestan (50 x 2$) + (50 x 1$) + (100 x x 1,50$) = 300$. Como consumir la misma cesta de bienes costaba 200$ en 2000, que es el año base, en 2005 el IPC es igual a 300$/200$, es decir, 1,50. Este cálculo nos lleva a la conclusión de que el coste de la vida ha subido un 50% entre 2000 y 2005.

Sin embargo, hemos pasado por alto la posibilidad de que los consumidores hayan sustituido el bien más caro (el café) por uno más barato (el té). De hecho, como les da lo mismo el café que el té, cuando el precio del café se duplica, optan totalmente por el té. Su nueva cesta de consumo —100 tazas de té y 100 bollos— les produce exactamente el mismo placer que su cesta inicial. Si tenemos en cuenta la sustitución de los bienes caros por bienes más baratos, ¿cuánto ha subido realmente el coste de la vida? El coste de 100 tazas de té y 100 bollos en el año 2005 es de solamente 250$, no de 300$. Desde el punto de vista del consumidor, el verdadero coste de la vida sólo ha subido 50$, es decir, un 25%. La subida del IPC del 50% sobrestima, pues, el aumento del coste de la vida como consecuencia del sesgo debido a la sustitución.

Los resultados de la Comisión Boskin han sido controvertidos. Aunque el sesgo debido a los cambios de la calidad y el sesgo debido a la sustitución distorsionan indudablemente la medición de la inflación, es difícil estimar exactamente el grado de sobrestimación (si los economistas supieran cuál es exactamente la magnitud de estos sesgos, podrían simplemente corregir los datos). Pero el *Bureau of Labor Statistics* (organismo responsable de calcular el IPC) ha realizado recientemente significativos esfuerzos para mejorar la calidad de sus datos como consecuencia del informe de la Comisión.

EL OBSERVADOR ECONÓMICO 19.2

¿Por qué es aparentemente alta la inflación en el sector sanitario?

Los estadísticos oficiales publican las tasas de inflación de distintas clases de bienes y servicios, así como de la cesta total de consumo. Según los indicadores oficiales, en Estados Unidos los precios de los servicios médicos han tendido a subir en las últimas décadas mucho más deprisa que los de otros bienes y servicios. ¿Por qué es aparentemente alta la inflación en el sector sanitario?

Aunque las tasas de inflación del sector sanitario son altas, algunos economistas han afirmado que las tasas publicadas sobrestiman extraordinariamente la verdadera tasa de inflación de ese sector. Los críticos sostienen que la razón es el sesgo debido a los cambios de la calidad. La asistencia sanitaria es un sector dinámico de la economía en el que los cambios tecnológicos permanentes han mejorado significativamente la calidad de la atención. En la medida en que los datos oficiales no tengan en cuenta las mejoras de la calidad de la atención médica, la inflación del sector sanitario estará sobrestimada.

Los economistas Matthew Shapiro y James Wilcox[3] ilustraron el problema con el ejemplo de los cambios del tratamiento de las cataratas, enfermedad que nubla el cristalino del ojo e impide la visión. El cristalino debe extraerse quirúrgicamente, pero la operación ha mejorado significativamente en los últimos 30 años. En primer lugar, actualmente los cirujanos pueden sustituir el cristalino dañado por uno artificial, lo cual mejora considerablemente la visión del paciente sin lentes de contacto o gruesos cristales. En segundo lugar, las técnicas para abrir y cerrar la incisión quirúrgica han mejorado mucho. Además de reducir las complicaciones y, por lo tanto, las revisiones posteriores, las nuevas técnicas pueden realizarse en la consulta del médico sin estancia hospitalaria (las anteriores a menudo requerían tres noches de hospital). Por lo tanto, las nuevas tecnologías han mejorado los resultados de los pacientes y han reducido el número de horas que dedican los médicos y las enfermeras a la operación.

Shapiro y Wilcox señalan que los indicadores oficiales de la inflación de la asistencia sanitaria se basan principalmente en datos como los honorarios por hora del médico o el coste de una noche en el hospital. No tienen en cuenta ni la reducción del tiempo del médico ni la reducción de las estancias hospitalarias necesarias actualmente para operaciones como la de cataratas. Shapiro y Wilcox sostienen, además, que los indicadores oficiales no tienen debidamente en cuenta las mejoras de los resultados de los pacientes, como la mejora de la visión de que disfrutan actualmente los enfermos de cataratas. Como no se tienen en cuenta las mejoras de la calidad de las operaciones, incluido el aumento de la productividad del personal médico, es posible que los indicadores oficiales sobrestimen significativamente la inflación del sector sanitario.

LOS COSTES DE LA INFLACIÓN: NO SON LO QUE PENSAMOS

A finales de los años 70, cuando la inflación en Estados Unidos era considerablemente más alta que ahora, el público declaraba en las encuestas que consideraba que era "el enemigo público número uno", es decir, el problema más grave del país. Aunque en Estados Unidos las tasas de inflación no han sido muy altas en los últimos años, actualmente muchos estadounidenses siguen preocupados por la inflación o por la amenaza de inflación. ¿Por qué preocupa tanto a la gente la inflación? Según las encuestas de opinión detalladas, a menudo muchas personas no comprenden su significado y sus efectos económicos. Cuando la gente se queja de la inflación, lo que le suele preocupar principalmente son las variaciones de los precios relativos. Antes de describir los verdaderos costes económicos de la inflación, que son reales y serios, examinemos esta confusión de la gente sobre la inflación y los costes.

Primero tenemos que distinguir entre el *nivel de precios* y el *precio relativo* de un bien o de un servicio. El **nivel de precios** es un indicador del nivel general de precios en un determinado momento del tiempo medido por medio de un índice de precios como el IPC. Recuérdese que la tasa de inflación es la variación porcentual que experimenta el nivel de precios de un año a otro. En cambio, un **precio relativo** es el precio de un bien o servicio específico *en comparación con* los precios de otros bienes y servicios. Por ejemplo, si el precio del petróleo subiera un 10% y los de otros bienes y servicios subieran, en promedio, un 3%, el precio relativo del petróleo

nivel de precios indicador del nivel general de precios en un determinado momento del tiempo medido por medio de un índice de precios como el IPC

precio relativo precio de un bien o servicio específico en comparación con los precios de otros bienes y servicios

[3] "Mismeasurement in the Consumer Price Index: An Evaluation", en Ben Bernanke y Julio Rotemberg (comps.), NBER *Macroeconomics Annual*, 1996.

subiría. Pero si los precios del petróleo suben un 3% y otros suben un 10%, el precio relativo del petróleo bajaría. Es decir, el petróleo sería más barato en relación con otros bienes y servicios, aunque no lo fuera en términos absolutos.

Las encuestas de opinión inducen a pensar que muchas personas no comprenden la distinción entre la inflación o subida del *nivel general de precios* y la subida de un *precio relativo*. Supongamos que la interrupción del suministro en Oriente Medio duplicara el precio de la gasolina, pero no alteraran otros precios. La gente, horrorizada por la subida de los precios de la gasolina, podría pedir que el Gobierno hiciera algo para luchar contra "esta inflación". Pero aunque la subida de los precios de la gasolina perjudica a los consumidores, ¿es un ejemplo de inflación? La gasolina no es más que una de las partidas del presupuesto de un consumidor, uno de los miles de bienes y servicios que compra la gente diariamente. Por lo tanto, es posible que la subida de su precio sólo afectara levemente al nivel general de precios y, por lo tanto, a la tasa de inflación. En este ejemplo, la inflación no es el verdadero problema. Lo que molesta a los consumidores es la variación del *precio relativo* del petróleo, especialmente en comparación con el precio del trabajo (los salarios). La subida del precio relativo del petróleo, al aumentar el coste de utilizar el automóvil, reduce la renta que le queda a la gente para gastar en otras cosas.

Una vez más, las variaciones de los precios relativos *no* implican necesariamente que exista un grado significativo de inflación. Por ejemplo, las subidas de los precios de algunos bienes pueden muy bien ser contrarrestadas por las bajadas de otros, en cuyo caso el nivel de precios y la tasa de inflación apenas resultan afectados. En cambio, la inflación puede ser alta sin afectar a los precios relativos. Imaginemos, por ejemplo, que todos los precios de la economía, incluidos los salarios y los sueldos, suben exactamente un 10% al año. La tasa de inflación es del 10%, pero los precios relativos no están variando. De hecho, como los salarios (el precio del trabajo) están subiendo un 10% al año, la inflación no afecta a la capacidad de la gente para comprar bienes y servicios.

Estos ejemplos muestran que las variaciones del nivel medio de precios (inflación) y las variaciones de los precios relativos de bienes específicos son dos cuestiones muy distintas. La tendencia del público a confundirlos es importante, ya que las soluciones para resolver los dos problemas son diferentes. Para contrarrestar las variaciones de los precios relativos, el Gobierno tendría que adoptar medidas que afectan a la oferta y la demanda de determinados bienes. Por ejemplo, en el caso de una subida de los precios del petróleo, el Gobierno podría tratar de fomentar el desarrollo de fuentes de energía alternativas. Sin embargo, para luchar contra la inflación el Gobierno debe recurrir (como veremos) a modificar la política macroeconómica, por ejemplo, la política monetaria o la fiscal. Si la confusión lleva al público a obligar al Gobierno a adoptar medidas antiinflacionistas cuando el verdadero problema es una variación de los precios relativos, estas medidas podrían en realidad perjudicar a la economía. He aquí un ejemplo de por qué es importante saber de economía tanto para los responsables de la política económica como para el público en general.

EJEMPLO 19.7 **El nivel de precios, los precios relativos y la inflación**

Supongamos que el valor del IPC es de 1,20 en el año 2000, de 1,32 en 2001 y de 1,40 en 2002. Supongamos también que el precio del petróleo sube un 8% entre 2000 y 2001 y otro 8% entre 2001 y 2002. ¿Qué está ocurriendo con el nivel de precios, con la tasa de inflación y con el precio relativo del petróleo?

El nivel de precios puede medirse por medio del IPC. Como éste es más alto en 2001 que en 2000 y más alto aún en 2002 que en 2001, el nivel de precios está subiendo durante todo el periodo. La tasa de inflación es el *aumento porcentual* del IPC. Como éste aumenta un 10% entre 2000 y 2001, la tasa de inflación es del 10% entre esos años. Sin embargo, el IPC sólo sube alrededor de un 6% entre 2001 y 2002 ($1,40/1,32 \approx 1,06$), por lo que la tasa de inflación desciende alrededor de un 6% entre esos años. El descenso de la tasa de inflación implica que, aunque el nivel de precios sigue subiendo, sube a un ritmo más lento que un año antes.

El precio del petróleo sube un 8% entre 2000 y 2001, pero como la inflación general de ese periodo es del 10%, el precio relativo del petróleo —es decir, su precio *en relación con todos los demás bienes y servicios*— disminuye alrededor de un 2% (8% – 10% = –2%). Entre 2001 y 2002, el precio del petróleo sube otro 8%, mientras que la tasa general de inflación es de alrededor de un 6%. Por lo tanto, el precio relativo del petróleo sube entre 2001 y 2002 alrededor de un 2% (8% – 6%).

EJERCICIO 19.7

En abril de 1980, la gasolina sin plomo costaba en Estados Unidos 1,26$ por galón y el IPC era de 0,810. En abril de 2005, costaba 2,24$ por galón y el IPC era de 1,946. ¿Subió el precio de la gasolina en relación con otros artículos del IPC o bajó entre estos dos años?

EJERCICIO 19.8

En 1980, año en que el IPC fue de 0,824, el coste de estudiar en una universidad privada era de 8.761$, incluida la matrícula, el alojamiento y la manutención. En 2004, año en que el IPC fue de 1,889, el coste era de 38.297$. ¿Cuánto aumentó el coste en relación con otros artículos del IPC?

LOS VERDADEROS COSTES DE LA INFLACIÓN

Una vez disipada la confusión habitual entre inflación y variaciones de los precios relativos, podemos analizar ya los verdaderos costes económicos de la inflación. Hay varios costes de ese tipo, cada uno de los cuales tiende a reducir la eficiencia de la economía. Aquí analizamos cinco de los más importantes.

"RUIDO" EN EL SISTEMA DE PRECIOS

En el Capítulo 3 describimos la notable coordinación económica necesaria para suministrar diariamente a los neoyorquinos la cantidad y las clases correctas de alimentos. Esta proeza no es orquestada por un ministerio de distribución de los alimentos formado por burócratas, sino que es realizada mucho mejor por los libres mercados, que actúan sin orientación central alguna.

¿Cómo transmiten los libres mercados la enorme cantidad de información necesaria para realizar complejas tareas como abastecer a la ciudad de Nueva York? Como vimos en el Capítulo 3, la respuesta es a través del sistema de precios. Cuando los propietarios de los restaurantes franceses de Manhattan no pueden encontrar una cantidad suficiente de mízcalos, seta especialmente rara y apetecible, presionan al alza su precio de mercado. Los proveedores de alimentos especializados se dan cuenta de que el precio de los mízcalos es más alto y de que pueden obtener un beneficio ofreciendo más mízcalos al mercado. Al mismo tiempo, los consumidores que se fijan en los precios optan por setas más baratas y más fáciles de conseguir. El mercado de mízcalos sólo alcanza el equilibrio cuando se han explotado todas las oportunidades de obtener beneficios y tanto los oferentes como los demandantes están satisfechos con el precio de mercado (el *principio del equilibrio*). Multipliquemos este ejemplo por un millón y comprenderemos que el sistema de precios logra un grado verdaderamente notable de coordinación económica.

Sin embargo, cuando la inflación es alta, es más difícil interpretar las sutiles señales que se transmiten a través del sistema de precios, de la misma manera que las interferencias o "ruido" hacen que resulte más difícil interpretar lo que dice la radio. En una economía en la que la inflación sea baja o nula, el proveedor de alimentos especiales se dará cuenta inmediatamente de que la subida de los precios de los

La inflación produce interferencias en la información suministrada por las variaciones de los precios.

mízcalos es una señal para que lleve más al mercado. Sin embargo, si la inflación es alta, deberá preguntarse si la subida del precio representa un verdadero aumento de la demanda de mízcalos o es simplemente una consecuencia de la inflación general, que hace que suban todos los precios. Si la subida del precio se debe únicamente a la inflación, el precio de los mízcalos *en relación con otros bienes y servicios* no ha variado realmente, por lo que el oferente no debe alterar la cantidad de setas que lleva al mercado.

En un entorno inflacionista, para saber si la subida de los precios de los mízcalos es una verdadera señal de que ha aumentado la demanda, el oferente tiene que saber no sólo cuál es su precio, sino también qué está ocurriendo con los precios de otros bienes y servicios. Como la recogida de esta información requiere tiempo y esfuerzo, es probable que la respuesta del oferente a la variación de los precios de los mízcalos sea más lenta y tentativa.

En suma, el mercado transmite información a los oferentes y a los demandantes por medio de las variaciones de los precios. Por ejemplo, la subida del precio de un bien o de un servicio indica a los demandantes que deben consumir una cantidad menor del bien o del servicio y a los oferentes que deben llevar una cantidad mayor al mercado. Pero cuando hay inflación, los precios se ven afectados no sólo por las variaciones de la oferta y de la demanda de los productos, sino también por las variaciones del nivel general de precios. La inflación produce interferencias o "ruido" en el sistema de precios, ocultando la información que transmiten los precios y reduciendo la eficiencia del sistema de mercado. Esta reducción de la eficiencia impone costes económicos reales.

DISTORSIONES DEL SISTEMA TRIBUTARIO

Muchos impuestos están indizados con respecto a la inflación, exactamente igual que algunos gastos públicos, como las pensiones. En Estados Unidos, las personas que tienen una renta más alta pagan en impuestos un *porcentaje* más alto de su renta. Sin indización, una inflación que elevara las rentas nominales de la gente la obligaría a pagar en impuestos un porcentaje más alto de su renta, aunque su renta *real* no variara. Para evitar este fenómeno, que se conoce con el nombre de *deslizamiento tributario*, el Congreso ha indizado los tramos del impuesto sobre la renta con respecto al IPC. Como consecuencia de esta indización, una familia cuya renta nominal aumente a la misma tasa que la inflación, no tiene que pagar en impuestos un porcentaje más alto de su renta.

Aunque la indización ha resuelto el problema del deslizamiento tributario, muchas disposiciones de la legislación tributaria no se han indizado, bien por falta de apoyo político, bien por la complejidad de la tarea. Como consecuencia, la inflación puede provocar una variación inintencionada de los impuestos que pagan los contribuyentes, lo cual puede llevarlos, a su vez, a comportarse de una forma poco deseable desde el punto de vista económico.

Por ejemplo, una importante disposición de la legislación relativa a los impuestos sobre las empresas en la que la inflación plantea problemas es la *deducción para amortización del capital*, que funciona de la forma siguiente. Supongamos que una empresa compra una máquina por 1.000 dólares y espera que dure 10 años. Según la legislación fiscal de Estados Unidos, la empresa puede deducir una décima parte del precio de compra, es decir, 100 dólares, de sus beneficios imponibles en cada uno de esos 10 años. Deduciendo de sus beneficios imponibles una parte del precio de compra, reduce sus impuestos. La cuantía exacta de la reducción anual de los impuestos es el tipo del impuesto sobre los beneficios de la empresa multiplicado por 100 dólares.

Esta disposición se basa en la idea de que el desgaste de la máquina es un coste que debe deducirse de los beneficios de la empresa. Además, con la posibilidad de hacer una desgravación fiscal por invertir en nueva maquinaria, el Congreso pretendía animar a las empresas a modernizar sus plantas. Sin embargo, la deducción para amortización del capital no está indizada con respecto a la inflación.

Supongamos que una empresa está considerando la posibilidad de comprar una máquina de 1.000$ en un momento en el que la tasa de inflación es alta. Sus directivos saben que la compra les permitirá deducir 100$ al año de los beneficios imponibles durante los próximos 10. Pero esos 100$ son una cantidad fija que no está indizada con respecto a la inflación. Si piensan en el futuro, los directivos se darán cuenta de que dentro de 5, 6 ó 10 años, el valor real de la deducción fiscal de 100$ será mucho menor que hoy como consecuencia de la inflación, por lo que tendrán menos incentivos para comprar la máquina y es posible que decidan no realizar la inversión. De hecho, muchos estudios muestran que una elevada tasa de inflación puede reducir significativamente la tasa a la que invierten las empresas en nuevas fábricas y equipo.

Como la compleja legislación tributaria de Estados Unidos contiene cientos de disposiciones y de tipos impositivos que no están indizados, la inflación puede reducir seriamente los incentivos del sistema tributario para que la gente trabaje, ahorre e invierta. Los consiguientes efectos negativos que produce en la eficiencia económica y en el crecimiento económico representan un coste real.

COSTES EN "SUELA DE ZAPATOS"

Como todos los compradores saben, el dinero en efectivo es cómodo. A diferencia de los cheques, que no se aceptan en todas partes, y de las tarjetas de crédito, para las que a menudo se exige una compra mínima, el dinero en efectivo puede utilizarse en casi todas las transacciones habituales. Para las empresas también es cómodo tener dinero en efectivo. La tenencia de abundante dinero en efectivo facilita las transacciones con los clientes y reduce la necesidad de realizar frecuentes ingresos y retiradas en el banco.

La inflación eleva el coste que tiene para los consumidores y para las empresas tener dinero en efectivo. Consideremos el caso de un avaro que tiene 10.000$ en billetes de 20$ debajo del colchón. ¿Qué ocurre con el poder adquisitivo de su tesoro escondido a medida que pasa el tiempo? Si la inflación es cero, de tal manera que los precios de los bienes y servicios no están cambiando en promedio, el poder adquisitivo de los 10.000$ no varía con el paso del tiempo. Al final de un año, el avaro tiene el mismo poder adquisitivo que a comienzos de ese año. Pero supongamos que la tasa de inflación es del 10%. En ese caso, el poder adquisitivo del tesoro del avaro disminuirá un 10% al año. Después de doce meses, sólo tendrá 9.000$ de poder adquisitivo. En general, cuanto más alta es la tasa de inflación, menos dinero en efectivo quiere tener la gente, debido a la pérdida de poder adquisitivo que experimenta.

Técnicamente, el efectivo es una deuda que tiene el Estado con el que lo posee. Por lo tanto, cuando el efectivo pierde valor, las pérdidas que experimentan las personas que tienen efectivo son contrarrestadas por las ganancias que experimenta el Estado, que ahora debe menos, en términos reales, a sus portadores. Por lo tanto, desde el punto de vista de la sociedad en su conjunto, la pérdida de poder adquisitivo no es en sí misma un coste de la inflación, ya que no implica un despilfarro de recursos (de hecho, no se gastan bienes o servicios reales cuando el efectivo atesorado por el avaro pierde parte de su valor). Sin embargo, cuando hay inflación, lo probable no es que la gente acepte una pérdida de poder adquisitivo, sino que adopte medidas para tratar de tener menos efectivo. Por ejemplo, la próxima vez que vaya al banco, en lugar de retirar lo suficiente para un mes, sólo retirará lo suficiente para una semana. La incomodidad de acudir al banco más a menudo para reducir lo más posible las tenencias de efectivo es un coste real de la inflación. Asimismo, las empresas reducen sus tenencias de efectivo mandando a sus empleados más a menudo al banco o instalando sistemas informatizados para controlar el uso del efectivo. Para hacer frente al aumento de las transacciones bancarias solicitadas por los consumidores y por las empresas que tratan de utilizar menos efectivo, los bancos tendrán que contratar más empleados y aumentar sus operaciones.

Los costes de acudir más a menudo al banco, de los nuevos sistemas de gestión de tesorería y del aumento del empleo en los bancos son costes reales. Consumen recursos, incluidos tiempo y esfuerzo, que podrían utilizarse para otros fines. Tradicionalmente, los costes de economizar efectivo se han llamado *costes en suela de zapatos* (la idea es que la suela de los zapatos se gasta al acudir más a menudo al banco). Estos costes probablemente hoy no son un problema importante en los países en los que la inflación sólo es de unos cuantos puntos porcentuales al año. Pero en las economías que tienen una elevada tasa de inflación, pueden ser bastante significativos.

EJEMPLO 19.8

Los costes en suela de zapatos de Ferretería Herrera

Ferretería Herrera necesita 5.000$ diarios de efectivo para realizar transacciones con los clientes. Tiene la posibilidad de ir al banco el lunes a primera hora de la mañana para retirar 25.000$ —cantidad suficiente de efectivo para toda la semana— o ir todos los días a primera hora de la mañana para retirar 5.000$ cada vez. Ferretería Herrera calcula que el coste de ir al banco en incomodidad y en tiempo perdido es de 4$ cada vez. Supongamos que los fondos que se dejan en el banco rinden justo los intereses suficientes para que la inflación no afecte a su poder adquisitivo.

Si la inflación es cero, ¿con qué frecuencia irá Ferretería Herrera al banco? ¿Y si es del 10%? En este ejemplo, ¿cuáles son los costes en suela de zapatos de una tasa de inflación del 10%?

Si la inflación es cero, las tenencias de efectivo no tienen coste alguno. Ferretería Herrera sólo irá al banco una vez a la semana, por lo que incurrirá en un coste en suela de zapatos de 4$ a la semana. Pero si la inflación es del 10%, es posible que tenga que cambiar de hábitos bancarios. Si continúa acudiendo al banco solamente los lunes por la mañana y retirando 25.000$ para toda la semana, ¿cuáles serán sus tenencias medias de efectivo a lo largo de la semana? Al comienzo de cada día, sus tenencias de efectivo serán las siguientes:

Lunes	25.000$
Martes	20.000
Miércoles	15.000
Jueves	10.000
Viernes	5.000

Haciendo la media de las tenencias de esos cinco días vemos que al comienzo de cada día las tenencias medias de efectivo de Ferretería Herrera son iguales a 75.000$/5 = = 15.000$. Si la inflación es de un 10% al año, a lo largo del año el coste que tendrá para Ferretería Herrera tener, en promedio, 15.000$ en efectivo es igual a un 10% de 15.000$, es decir, 1.500$.

En cambio, si Ferretería Herrera va al banco todos los días, sus tenencias medias de efectivo al comienzo del día serán de solamente 5.000$. En ese caso, perderá 500$ al año como consecuencia de la inflación (un 10% de 5.000$). ¿Comenzará a ir todos los días al banco cuando la inflación sea del 10%? El *beneficio* de cambiar de conducta bancaria es una pérdida de 500$ anuales solamente a causa de la inflación en lugar de 1.500, por lo que ahorra 1.000$. El *coste* de ir al banco todos los días es de 4$ diarios. Suponiendo que la tienda está abierta 50 semanas al año, ir al banco 5 días a la semana en lugar de 1 supone ir 200 veces más al año, lo que representa un coste total de 800$. Dado que este coste es menor que el beneficio de 1.000$, Ferretería Herrera comenzará a ir al banco más a menudo.

Recapitulando, los costes en suela de zapatos de una elevada tasa de inflación son los costes adicionales en que se incurre para no tener efectivo. En este ejemplo, son los 800$ adicionales al año que supone ir diariamente al banco.

REDISTRIBUCIÓN IMPREVISTA DE LA RIQUEZA

Cuando la inflación es imprevista puede redistribuir arbitrariamente la riqueza de un grupo en favor de otro. Consideremos el caso de un grupo de trabajadores sindicados que han firmado un convenio colectivo que fija los salarios que percibirán durante los tres próximos años. Si esos salarios no están indizados con respecto a la inflación, los trabajadores serán vulnerables a las subidas del nivel de precios. Supongamos, por ejemplo, que la inflación es mucho más alta de lo previsto durante los tres años que dura el convenio colectivo. En ese caso, el poder adquisitivo de los salarios de los trabajadores —sus salarios reales— será menor de lo previsto cuando firmaron el convenio.

Desde el punto de vista de la sociedad, ¿se "pierde" realmente el poder adquisitivo que pierden los trabajadores como consecuencia de la inflación? No; su pérdida de poder adquisitivo es exactamente igual al aumento imprevisto del poder adquisitivo del empresario, ya que el coste real de pagar a los trabajadores es menor de lo previsto. En otras palabras, la inflación no *destruye* poder adquisitivo, sino que lo *redistribuye*, en este caso de los trabajadores en favor de los empresarios. Si la inflación fuera *menor* de lo previsto, los trabajadores disfrutarían de más poder adquisitivo del previsto y el empresario saldría perdiendo.

La inflación también redistribuye la riqueza de los prestatarios (deudores) y los prestamistas (acreedores). Supongamos que uno de los autores de este libro quiere comprar una casa en un lago y pide al banco un préstamo de 150.000$ para pagarla. Poco después de firmar el contrato, se entera de que es probable que la inflación sea mucho más alta de lo previsto. ¿Cómo debe reaccionar ante la noticia? Como macroeconomista solidario, quizá debería entristecerse al oír que la inflación está subiendo, pero como consumidor debería alegrarse. En términos reales, los dólares que tendrá que devolver en el futuro valdrán mucho menos de lo previsto. El banco debería estar consternado, ya que los dólares que recibirá del autor valdrán menos, en poder adquisitivo, de lo previsto en el momento en que se firmó el contrato. Una vez más, no se "pierde" ninguna riqueza real como consecuencia de la inflación, sino que lo que gana el prestatario es exactamente igual que lo que pierde el prestamista. *En general, las tasas de inflación inesperadamente altas benefician a los prestatarios a costa de los prestamistas*, ya que los primeros pueden devolver sus préstamos en dólares de menor valor. En cambio, las tasas de inflación inesperadamente bajas benefician a los prestamistas y perjudican a los prestatarios al obligar a los segundos a devolver el préstamo en dólares que valen más de lo previsto cuando se efectuó el préstamo.

Aunque las redistribuciones provocadas por la inflación no destruyen riqueza directamente, sino que sólo la transfieren de un grupo a otro, son negativas para la economía. Nuestro sistema económico se basa en incentivos. Para que éste funcione bien, la gente debe saber que si trabaja mucho, ahorra parte de su renta y realiza inversiones financieras sensatas, será recompensada a largo plazo con una riqueza real mayor y un nivel de vida más alto. Algunos observadores han comparado las economías de elevada inflación con un casino, en el que la suerte —es decir, las fluctuaciones aleatorias de la tasa de inflación— distribuye en gran medida la riqueza. A largo plazo, lo más probable es que una economía que se comporte como un casino funcione mal, ya que, al no ser predecible, la gente tiene menos incentivos para trabajar y ahorrar (¿para qué molestarnos si la inflación puede llevarse de la noche a la mañana nuestros ahorros?) Una economía de elevada inflación anima, por el contrario, a invertir recursos en tratar de prever la inflación y de protegerse de ella.

INTERFERENCIA EN LA PLANIFICACIÓN A LARGO PLAZO

El quinto y último coste de la inflación que examinaremos es su tendencia a interferir en la planificación a largo plazo de los hogares y de las empresas. Muchas decisiones económicas se toman pensando en el largo plazo. Por ejemplo, los trabajadores pueden comenzar a planificar para la jubilación cuando tienen 20 ó 30 años y las empresas elaboran estrategias de inversión y de gestión para dentro de varias décadas.

Evidentemente, una inflación alta y errática puede dificultar la planificación a largo plazo. Supongamos, por ejemplo, que queremos disfrutar de un cierto nivel de vida cuando nos jubilemos. ¿Cuánta renta tenemos que ahorrar para que nuestros sueños se hagan realidad? Depende de lo que cuesten dentro de 30 ó 40 años los bienes y servicios que pensamos comprar. Cuando la inflación es alta y errática, es extraordinariamente difícil adivinar incluso cuánto costará el nivel de vida elegido cuando nos jubilemos. Puede ocurrir que acabemos ahorrando muy poco y poniendo en peligro nuestros planes de jubilación o que ahorremos demasiado y sacrifiquemos más de lo necesario durante los años que trabajemos. La inflación habrá tenido costes en cualquiera de los dos casos.

En suma, la inflación daña la economía de diversas formas. Algunos de sus efectos son difíciles de cuantificar y, por lo tanto, controvertidos. Pero la mayoría de los economistas coincide en que una inflación baja y estable contribuye decisivamente a mantener una economía saludable.

RECAPITULACIÓN — LOS VERDADEROS COSTES DE LA INFLACIÓN

El público confunde a veces las variaciones de los precios relativos (como el precio del petróleo) con la inflación, que es la variación del nivel general de precios. Esta confusión puede plantear problemas, ya que las soluciones para hacer frente a las variaciones negativas de los precios relativos y a la inflación son diferentes.

La inflación tiene algunos costes reales, que juntos tienden a reducir el crecimiento y la eficiencia de la economía. Estos son:

- El "ruido" del sistema de precios, que se produce cuando la inflación general hace que les resulte difícil a los agentes que participan en el mercado interpretar la información que transmiten los precios.
- Las distorsiones del sistema tributario, por ejemplo, cuando las disposiciones de la legislación tributaria no están indizadas.
- Los costes en suela de zapatos, es decir, los costes de economizar efectivo (por ejemplo, acudiendo más a menudo al banco o instalando un sistema informatizado de gestión de tesorería).
- Las redistribuciones imprevistas de la riqueza; por ejemplo, cuando la inflación es más alta de lo previsto perjudica a los asalariados en beneficio de los empresarios o a los acreedores en beneficio de los deudores.
- La interferencia en la planificación a largo plazo, que se produce porque la gente tiene dificultades para predecir los precios a largo plazo.

LA HIPERINFLACIÓN

Aunque existen algunas discrepancias sobre si una tasa de inflación, por ejemplo, de un 5% al año, impone elevados costes a la economía, pocos economistas dudarían de que una tasa de inflación del 500% o del 1.000% al año perturba el funcionamiento de la economía. Una situación en la que la tasa de inflación es muy alta se denomina **hiperinflación**. Aunque no existe ningún umbral oficial por encima del cual la inflación se convierte en hiperinflación, las tasas de inflación comprendidas entre el 500 y el 1.000% entrarían sin duda dentro de esta categoría. En las últimas décadas, ha habido casos de hiperinflación en Israel (una inflación del 400% en 1985), en algunos países latinoamericanos (entre los que se encuentran Bolivia, Argentina y Brasil), en Nicaragua (una inflación del 33.000% en 1988) y en algunos que intentan pasar del comunismo al capitalismo, entre ellos Rusia. Tal vez el caso más conocido sea lo que ocurrió en Alemania en 1923, año en que la inflación fue del 102.000.000%. En la hiperinflación alemana, los precios subieron tan deprisa que hubo un tiempo en el que los trabajadores cobraban dos veces al día para que su familia pudiera comprar comida antes de que subieran los precios por la tarde y los ahorros que habían hecho muchas personas durante toda su vida perdieron todo su valor. Pero la hiperinflación más extrema es la que experimentó Hungría en 1945, al final de la Segunda Guerra Mundial, cuando la inflación alcanzó un máximo del $3,8 \times 10^{27}\%$. Estados Unidos nunca ha experimentado una hiperinflación, aunque los Estados Confederados de América sufrieron una grave inflación durante la guerra de Secesión. Entre 1861 y 1865, los precios de la Confederación se multiplicaron por 92 con respecto a los niveles vigentes antes de la guerra.

hiperinflación situación en la que la tasa de inflación es muy alta

La hiperinflación magnifica enormemente los costes de la inflación. Por ejemplo, los costes en suela de zapatos —relativamente poco importantes cuando la inflación es baja— cobran mucha importancia durante las hiperinflaciones, en las que la gente puede llegar a acudir al banco dos o tres veces al día para tener dinero durante el menor tiempo posible. Como los precios cambian diariamente o incluso cada hora, los mercados funcionan bastante mal, frenando el crecimiento económico. Se produce una enorme redistribución de la riqueza que empobrece a muchos. Como es de esperar, las hiperinflaciones raras veces duran más de unos cuantos años; son tan perturbadoras que en seguida provocan una demanda general de ayuda.

EL OBSERVADOR ECONÓMICO 19.3

¿Cuáles son los costes de una inflación alta?

La teoría económica sugiere que una tasa de inflación alta, sobre todo una hiperinflación, reduce la eficiencia y el crecimiento económicos. La mayoría de los economistas cree que los costes económicos de una inflación alta son mayores que los beneficios que se cree que tiene y, sin embargo, continuamos viendo episodios de alta inflación en todo el mundo. ¿Cuáles son realmente los costes de una inflación alta?

Los economistas Stanley Fischer, Ratna Sahay y Carlos A. Végh[4] examinaron los resultados económicos de 133 economías de mercado en el periodo 1960-1996 y descubrieron 45 casos de inflación alta (de tasas anuales de inflación de más del 100%) en 25 países diferentes. Observaron que los episodios de inflación alta, aunque son infrecuentes, imponen elevados costes económicos a los países que los experimentan. Durante los periodos de inflación alta, el PIB real per cápita de estos países disminuyó, en promedio, un 1,6% al año, el consumo real per cápita descendió, en promedio, un 1,3% al año y la inversión real per cápita disminuyó, en promedio, un 3,3% al año. Durante los años de inflación baja, el crecimiento económico de cada una de estas variables fue positivo en estos mismos países. Además, durante los periodos de inflación alta, el déficit comercial y el déficit presupuestario público de estos países fueron mayores que durante los años de inflación baja.

[4] "Modern Hyper- and High Inflations", *Journal of Economic Literature*, vol. 11, septiembre, 2002, págs. 837-880.

La disminución de los niveles de producción y de consumo provocada por una inflación alta reduce el bienestar económico de los hogares y de las familias y produce un efecto desproporcionado en los trabajadores pobres, cuyos salarios son los que menos probabilidades tienen de estar indizados con respecto a la tasa de inflación y evitar así una pérdida real de poder adquisitivo. Como hemos señalado en el apartado anterior, las tasas de inflación altas también distorsionan los precios relativos en el mercado, provocando una mala asignación de los recursos que puede tener consecuencias económicas a largo plazo. Por ejemplo, una disminución de la inversión en nuevo capital provocada por una elevada inflación tiene como consecuencia no sólo una desaceleración de la actividad económica actual, sino también una disminución de las tasas de crecimiento de la futura producción. Como consecuencia de estos efectos económicos negativos, los responsables de la política económica tienen un incentivo para mantener bajas las tasas de inflación.

LA INFLACIÓN Y LOS TIPOS DE INTERÉS

Hasta ahora hemos centrado la atención en la medición de la inflación y en sus costes económicos. Otro aspecto importante es su estrecha relación con otras variables macroeconómicas fundamentales. Por ejemplo, los economistas se dieron cuenta hace mucho tiempo de que durante los periodos de inflación alta los tipos de interés también tienden a ser altos. Concluiremos este capítulo con un análisis de la relación entre la inflación y los tipos de interés, que resultará útil en los capítulos siguientes.

LA INFLACIÓN Y EL TIPO DE INTERÉS REAL

Cuando hemos visto antes cómo la inflación redistribuye la riqueza, hemos observado que tiende a perjudicar a los acreedores y a beneficiar a los deudores al reducir el valor del dinero con que se devuelven las deudas. Las consecuencias de la inflación para los deudores y para los acreedores pueden explicarse con mayor precisión utilizando un concepto económico llamado *tipo de interés real*. Lo ilustraremos con un ejemplo.

Supongamos que hay dos países vecinos, Alfa y Beta. En Alfa, cuya moneda se denomina alfán, la tasa de inflación es cero y se prevé que seguirá siéndolo. En Beta, cuya moneda es el betán, la tasa de inflación es del 10% y se espera que se mantenga en ese nivel. El tipo de interés anual de los depósitos bancarios es de un 2% en Alfa y de un 10% en Beta. ¿En qué país obtienen los depositantes bancarios mayor rendimiento?

Es posible que el lector responda "Beta", ya que los tipos de interés de los depósitos son más altos en ese país, pero si piensa en los efectos de la inflación, se dará cuenta de que no es Beta, sino Alfa, el país que ofrece un rendimiento más alto a los depositantes. Para ver por qué, pensemos en la variación que experimenta a lo largo de un año el poder adquisitivo real de los depósitos en los dos países. En Alfa, una persona que deposite el 1 de enero 100 alfanes en el banco tendrá 102 el 31 de diciembre. Como en Alfa no hay inflación, los precios serán, en promedio, los mismos al final del año que al principio. Por lo tanto, los 102 alfanes que puede retirar el depositante representan un aumento del poder adquisitivo del 2%.

En Beta, el depositante que deposite 100 betanes el 1 de enero tendrá 110 al final del año, es decir, un 10% más que con los que comenzó. Pero hemos supuesto que en Beta los precios de los bienes y de los servicios también subirán un 10%. Por lo tanto, el depositante de Beta puede comprar exactamente la misma cantidad de bienes y servicios al final del año que al principio; su poder adquisitivo no aumenta. Así pues, el depositante de Alfa consigue, después de todo, un rendimiento mayor.

Los economistas denominan **tipo de interés real** o *tasa real de rendimiento* al aumento porcentual anual del poder adquisitivo *real* de un activo financiero. En nuestro ejemplo, el poder adquisitivo real de los depósitos aumenta un 2% al año en Alfa y un 0% al año en Beta. Por lo tanto, el tipo de interés real de los depósitos es de un 2% en Alfa y de un 0% en Beta. El tipo de interés real debe distinguirse del tipo de interés de mercado más conocido, también llamado *tipo de interés nominal*. El **tipo de interés nominal** es el aumento porcentual anual del valor nominal o monetario de un activo.

tipo de interés real aumento porcentual anual del poder adquisitivo de un activo financiero; es igual al tipo de interés nominal de ese activo menos la tasa de inflación

tipo de interés nominal (o tipo de interés de mercado) aumento porcentual anual del valor nominal de un activo financiero

Como muestra el ejemplo de Alfa y Beta, el tipo de interés real de un activo financiero —desde una cuenta corriente hasta un bono del Estado— se calcula restando la tasa de inflación del tipo de interés del mercado o nominal de ese activo. Así, en Alfa el tipo de interés real de los depósitos es igual al tipo de interés nominal (2%) menos la tasa de inflación (0%), es decir, 2%. En Beta, el tipo de interés real es igual al tipo de interés nominal (10%) menos la tasa de inflación (10%), es decir, 0%.

Esta definición del tipo de interés real puede expresarse en términos matemáticos:

$$r = i - \pi^5,$$

donde r = tipo de interés real
i = tipo de interés nominal o de mercado,
π = tasa de inflación.

EJEMPLO 19.9

Los tipos de interés reales en Estados Unidos durante los años 70, 80 y 90

A continuación se muestran los tipos de interés de los bonos del Estado de algunos años del periodo posterior a 1970. ¿En qué años obtuvieron un rendimiento más alto los inversores financieros que compraron bonos del Estado? ¿Y un rendimiento más bajo?

Año	Tipo de interés (%)	Tasa de inflación (%)
1970	6,5	5,7
1975	5,8	9,1
1980	11,5	13,5
1985	7,5	3,6
1990	7,5	5,4
1995	5,5	2,8
2000	5,9	3,4
2004	1,4	2,7

Los inversores financieros y los prestamistas obtienen mejores resultados cuando el tipo de interés real (no el nominal) es alto, ya que éste mide el aumento de su poder adquisitivo. El tipo de interés real anual se calcula restando la tasa de inflación del tipo de interés nominal. Los resultados son 0,8% en 1970, –3,3 en 1975, –2 en 1980, 3,9 en 1985, 2,1 en 1990, 2,7 en 1995, 2,5 en 2000 y –1,3% en 2004. Para los compradores de bonos del Estado, el mejor año fue 1985, en el que obtuvieron un rendimiento real del 3,9%. El peor fue 1975, en el que su rendimiento real fue negativo. En otras palabras, a pesar de recibir un tipo de interés nominal del 5,8%, en 1975 los inversores financieros acabaron perdiendo poder adquisitivo, ya que la tasa de inflación fue superior al tipo de interés generado por sus inversiones.

[5] Obsérvese que el tipo de interés real no es igual al tipo de interés nominal dividido por el nivel de precios, ya que el tipo de interés nominal es una tasa de rendimiento, expresada en porcentaje, no una cantidad nominal expresada en unidades monetarias.

FIGURA 19.3
El tipo de interés real en Estados Unidos, 1960-2004.
El tipo de interés real es el tipo de interés nominal —en este caso, el tipo de interés de los fondos tomados en préstamo por el gobierno federal durante tres meses— menos la tasa de inflación. En Estados Unidos, el tipo de interés real fue negativo en los años 70 y en 2003-2004, pero alcanzó un nivel sin precedentes a mediados de los 80.

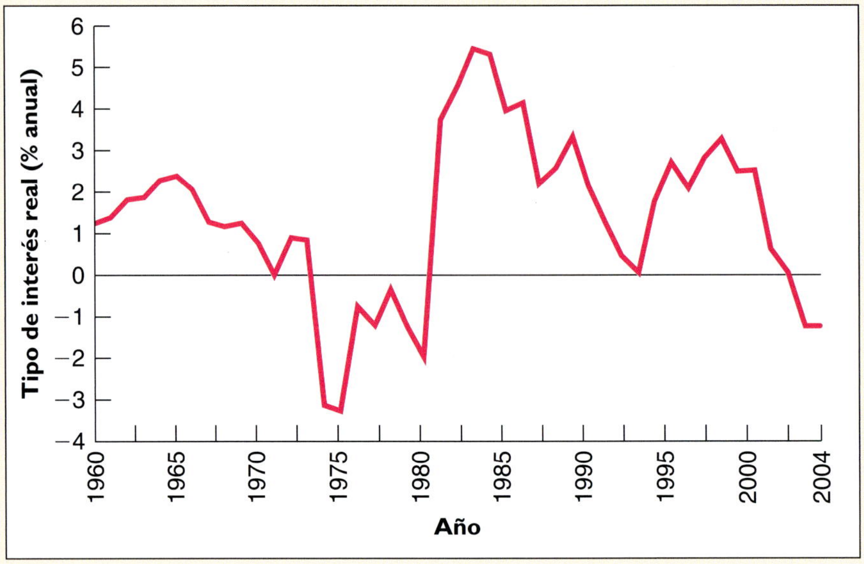

FUENTE: *Economic Report of the President*, http://www.gpoaccess.gov/eop/ y cálculos de los autores.

La Figura 19.3 muestra el tipo de interés real de Estados Unidos desde 1960, que es el tipo de interés nominal de la deuda pública federal menos la tasa de inflación. Obsérvese que fue negativo en la década de 1970 y en 2003-2004, pero alcanzó un nivel sin precedentes a mediados de los años 80. La Figura 19.4, muestra la tasa de interés real en México de 1993 a 2003. Es esta figura observamos dos hechos. Primero una tasa muy baja, cercana a cero en 2003, pero no negativa como en Estados Unidos y un nivel alto en el periodo 1994-1995.

FIGURA 19.4
El tipo de interés real en México, 1993-2003.

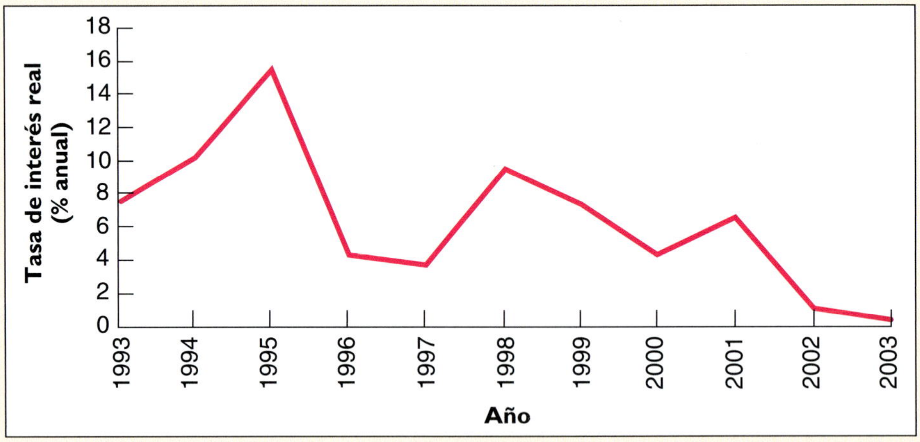

EJERCICIO 19.9

Usted tiene algunos fondos para invertir, pero no le llaman la atención los bajos tipos de interés que le ofrece el banco. Consulta a un agente de bolsa, que le sugiere un bono emitido por el Estado de un pequeño país isleño. Le dice que estos bonos ofrecen un tipo de interés del 25% —muy superior al del banco— y que el Estado de esta isla nunca ha dejado de devolver sus deudas. ¿Qué debe preguntarle a continuación?

El concepto de tipo de interés real ayuda a explicar con mayor precisión por qué un aumento imprevisto de la inflación es negativo para los prestamistas y bueno para los prestatarios. Cualquiera que sea el tipo de interés nominal que cobre el prestamista al prestatario, cuanto más alta sea la tasa de inflación, más bajo será el tipo de interés real que reciba en realidad el prestamista. Por lo tanto, una inflación inesperadamente alta empeora el bienestar del prestamista. En cambio, mejora el de los prestatarios, ya que su tipo de interés real es más bajo de lo previsto.

Aunque una inflación inesperadamente alta perjudica a los prestamistas y beneficia a los prestatarios, una elevada tasa de inflación que *es esperada* puede no redistribuir la riqueza, ya que puede reflejarse en el tipo de interés nominal. Supongamos, por ejemplo, que el prestamista exige un tipo de interés real del 2% por los nuevos préstamos. Si se espera con seguridad que la tasa de inflación sea cero, el prestamista puede percibir un tipo de interés real del 2% cobrando un tipo de interés nominal del 2%. Pero si se espera que la tasa de inflación sea del 10%, el prestamista puede asegurarse un tipo de interés real del 2% cobrando un tipo de interés nominal del 12%. Por lo tanto, una elevada inflación, si se *espera*, no tiene por qué perjudicar a los prestamistas, en la medida en que éstos puedan ajustar el tipo de interés nominal que cobran para reflejar la tasa de inflación esperada.

En respuesta a la preocupación de la gente por la inflación imprevista, en 1997 el Tesoro de Estados Unidos introdujo **bonos protegidos contra la inflación**, que pagan un tipo de interés real fijo. Las personas que compran estos bonos reciben un tipo de interés nominal anual igual al tipo real fijo más la tasa efectiva de inflación de ese año. La riqueza real de los titulares de bonos protegidos contra la inflación no disminuye aunque la inflación sea inesperadamente alta.

bonos protegidos de la inflación bonos que rinden cada año un tipo de interés nominal igual a un tipo real fijo más la tasa efectiva de inflación de ese año

EJERCICIO 19.10

A principios de 2005, la tasa anual real de rendimiento de un bono protegido contra la inflación a 10 años fue del 1,8%. La tasa anual nominal de rendimiento de un bono a 10 años sin protección contra la inflación fue de un 4,4% aproximadamente. ¿Quién hizo la mejor inversión financiera si la inflación es, en promedio, de un 2% en los próximos 10 años? ¿Y si la inflación es, en promedio, de un 3% al año? ¿Qué tasa de inflación hará que los titulares de bonos protegidos contra la inflación y de bonos sin protección contra la inflación se encuentren en la misma posición?

EJERCICIO 19.11

¿Cuál es la tasa real de rendimiento de tener efectivo? (*Pista*: ¿rinde intereses el dinero en efectivo?) ¿Depende esta tasa real de rendimiento de que la tasa de inflación se prevea o no correctamente? ¿Qué relación existe entre su respuesta y la idea de los costes en suela de zapatos?

EL EFECTO DE FISHER

Antes hemos mencionado la observación de que los tipos de interés tienden a ser altos cuando la inflación es alta y bajos cuando la inflación es baja. Esta relación puede verse en la Figura 19.5, que muestra tanto la tasa de inflación de Estados Unidos como un tipo de interés nominal (el tipo al que el Estado pide préstamos para breves periodos) desde 1960 hasta hoy. Es el mismo efecto que se observa en la Figura 19.6 para México. Obsérvese que los tipos de interés nominales han tendido a ser altos en los periodos de elevada inflación, como a finales de los años 70, y relativamente bajos en los periodos de baja inflación, como a principios de los años 60 y a finales de los 90 (los años 2001-2003 en México).

FIGURA 19.5
La inflación y los tipos de interés en Estados Unidos, 1960-2004.
Los tipos de interés nominales tienden a ser altos cuando la inflación es alta y bajos cuando la inflación es baja; este fenómeno se conoce con el nombre de efecto de Fisher.

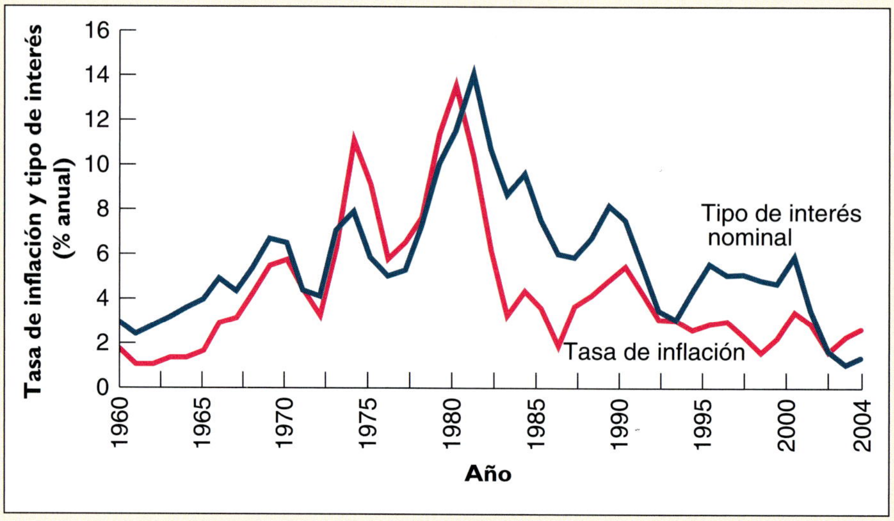

FUENTE: *Economic Report of the President*, http://www.gpoaccess.gov/eoo/p.

¿Por qué tienden a ser altos los tipos de interés cuando la inflación es alta? Nuestro análisis de los tipos de interés reales tiene la respuesta. Supongamos que la inflación ha sido alta recientemente, por lo que los prestatarios y los prestamistas prevén que lo será en un futuro inmediato. Es de esperar que los prestamistas suban el tipo de interés nominal para que su tasa real de rendimiento no resulte afectada. Los prestatarios, por su parte, están dispuestos a pagar unos tipos de interés nominales más altos cuando la inflación es alta, porque comprenden que el tipo de interés nominal más alto sólo sirve para compensar al prestamista por el hecho de que el préstamo se devolverá en dólares que tendrán menos valor real. Un aumento igual del tipo de interés nominal y de la tasa de inflación no afecta en términos reales al coste de los préstamos. En cambio, cuando la inflación es baja, los prestamistas no necesitan cobrar un tipo de interés nominal tan alto para conseguir un determinado rendimiento real. Por lo tanto, los tipos de interés nominales serán altos cuando la inflación sea alta y bajos cuando la inflación sea baja. Esta tendencia de los tipos de interés nominales a seguir a las tasas de inflación se llama **efecto de Fisher**, en honor a Irving Fisher, economista estadounidense de principios del siglo XX que fue quien primero señaló la relación.

efecto de Fisher tendencia de los tipos de interés nominales a ser altos cuando la inflación es alta y bajos cuando la inflación es baja

FIGURA 19.A3
Tasas de inflación y de interés nominal en México, 1993-2003.

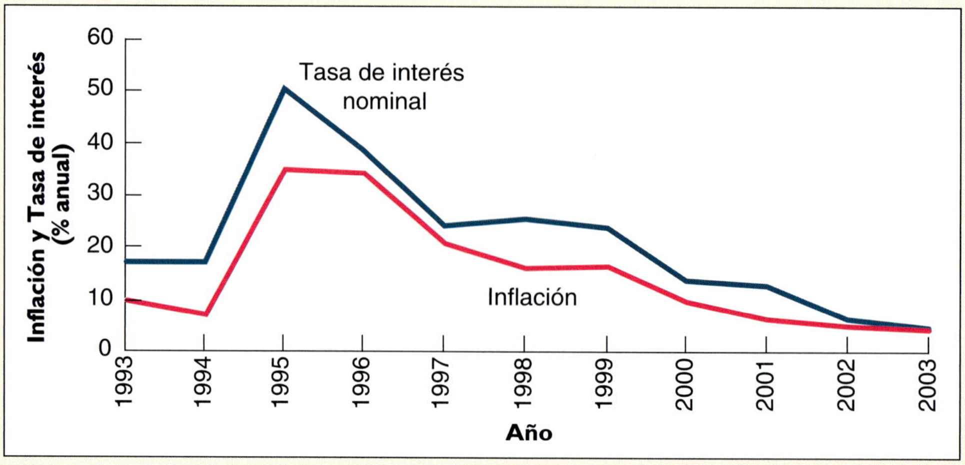

RESUMEN

- El instrumento básico para medir la inflación es el *Índice de Precios de Consumo* o IPC. El IPC mide el coste de comprar una cesta fija de bienes y servicios en cualquier periodo en relación con el coste de comprar esa misma cesta en un año base. La *tasa de inflación* es la tasa porcentual anual de variación del nivel de precios medida por medio de un *índice de precios* como el IPC.

- La tasa de inflación basada en el IPC puede sobrestimar la verdadera tasa de inflación por dos razones: en primer lugar, puede no reflejar suficientemente las mejoras de la calidad de los bienes y servicios. En segundo lugar, el método para calcular el IPC no tiene en cuenta que los consumidores pueden sustituir los bienes y los servicios más caros por bienes y servicios más baratos.

- Una *cantidad nominal* es una cantidad que se expresa en su valor monetario. Dividiendo una cantidad nominal, como la renta de una familia o el salario de un trabajador en dólares, por un índice de precios como el IPC se obtiene esa cantidad en poder adquisitivo real. Este procedimiento se denomina *deflactar* la cantidad nominal. Si se deflactan las cantidades nominales de dos años distintos por un índice de precios común, es posible comparar el poder adquisitivo de las dos cantidades. Para que un pago nominal, como una pensión, represente un nivel constante de poder adquisitivo real, hay que incrementarlo todos los años en un porcentaje igual a la tasa de inflación. Este método de ajuste de los pagos nominales para mantener su poder adquisitivo se denomina *indización*.

- El público a veces confunde las subidas de los *precios relativos* de bienes o servicios específicos con la inflación, que es una subida del nivel general de precios. Como las soluciones para hacer frente a una variación de los precios relativos son diferentes de las soluciones para hacer frente a la inflación, esta confusión puede plantear problemas.

- La inflación impone algunos costes reales a la economía, entre los que se encuentran el "ruido" del sistema de precios; las distorsiones del sistema tributario; los costes en "suela de zapatos", que son los recursos reales que se despilfarran cuando la gente trata de reducir sus tenencias de efectivo; las redistribuciones imprevistas de la riqueza; y la interferencia en la planificación a largo plazo. Como consecuencia de estos costes, la mayoría de los economistas está de acuerdo en que es más probable que el crecimiento económico sea duradero si la inflación es baja y estable. La *hiperinflación*, situación en la que la tasa de inflación es extraordinariamente alta, magnifica enormemente los costes de la inflación y es muy perturbadora para la economía.

- El *tipo de interés real* es el aumento porcentual anual del poder adquisitivo de un activo financiero. Es igual al *tipo de interés nominal* o *de mercado* menos la tasa de inflación. Cuando ésta es inesperadamente alta, el tipo de interés real es menor de lo previsto, lo cual perjudica a los prestamistas pero beneficia a los prestatarios. Cuando la inflación es inesperadamente baja, los prestamistas se benefician y los prestatarios resultan perjudicados. Para obtener una determinada tasa real de rendimiento, los prestamistas deben cobrar un elevado tipo de interés nominal cuando la inflación es alta y un bajo de tipo de interés nominal cuando es baja. La tendencia de los tipos de interés nominales a ser altos cuando la inflación es alta y bajos cuando la inflación es baja se denomina *efecto de Fisher*.

TÉRMINOS CLAVE

bonos protegidos de la inflación (77)
cantidad nominal (58)
cantidad real (58)
deflación (57)
deflactar (una cantidad nominal) (58)
efecto de Fisher (78)
hiperinflación (73)
índice de precios (56)
Índice de Precios de Consumo (IPC) (54)
indización (61)
nivel de precios (65)
precio relativo (65)
salario real (59)
tasa de inflación (56)
tipo de interés nominal (75)
tipo de interés real (75)

PREGUNTAS DE REPASO

1. Explique por qué las variaciones del coste de la vida de una persona o de una familia pueden ser diferentes de las variaciones del índice oficial del coste de la vida, es decir, del IPC.
2. ¿Qué diferencia hay entre el *nivel de precios* y la *tasa de inflación* de una economía?
3. ¿Por qué es importante tener en cuenta la inflación cuando se comparan cantidades nominales (por ejemplo, los salarios medios de los trabajadores) de diferentes momentos del tiempo? ¿Cuál es el método básico para ajustarlas con el fin de tener en cuenta la inflación?
4. Indique cómo podría utilizarse la indización para garantizar que la inflación no mermará el poder adquisitivo del salario acordado en un convenio colectivo plurianual.
5. Cite dos razones por las que la tasa oficial de inflación puede subestimar la "verdadera" tasa de inflación. Ponga ejemplos.
6. "Es cierto, por ejemplo, que la inflación imprevista redistribuye la riqueza de los acreedores en favor de los deudores. Pero lo que pierde una de las partes lo gana la otra, por lo que, desde el punto de vista de la sociedad en su conjunto, no hay ningún coste real". ¿Está usted de acuerdo? Explique su respuesta.
7. ¿Cómo afecta la inflación al rendimiento real de tener efectivo?
8. Verdadero o falso: si tanto el posible prestamista como el posible prestatario prevén correctamente la tasa de inflación, ésta no redistribuye la riqueza del acreedor en favor del deudor. Explique su respuesta.

PROBLEMAS

1. Los encuestadores oficiales observan que los gastos que realiza una familia representativa cada mes del año elegido como año base son los siguientes:

   20 pizzas a 10$ cada una
   Alquiler del piso, 600$ al mes
   Gasolina y mantenimiento del automóvil, 100$
   Servicio telefónico (servicio básico más 10 llamadas de larga distancia), 50$

   Doce meses después del año base, los encuestadores observan que las pizzas han subido a 11$ cada una, el alquiler del apartamento es de 640$, la gasolina y el mantenimiento han subido a 120$ y el servicio telefónico ha bajado de precio a 40$.
   a. Halle el IPC del año siguiente y la tasa de inflación registrada entre el año base y el año siguiente.
   b. La renta nominal de la familia aumentó un 5% entre el año base y el año siguiente. ¿Ha empeorado o ha aumentado su bienestar desde el punto de vista de lo que puede comprar con su renta?

2. He aquí los valores del IPC (multiplicados por 100) de cada uno de los años del periodo comprendido entre 1990 y 2000. Calcule la tasa de inflación de cada año con respecto al año anterior, comenzando por 1991. ¿Qué ocurrió con las tasas de inflación en la década de 1990?

1990	130,7
1991	136,2
1992	140,3
1993	144,5
1994	148,2
1995	152,4
1996	156,9
1997	160,5
1998	163,0
1999	166,6
2000	172,2

3. Según el *Census Bureau* de Estados Unidos (http://www.census.gov/), la renta nominal de una familia representativa de cuatro miembros (renta mediana) era de 24.332$ en 1980, de 32.777$ en 1985, de 41.451$ en 1990 y de 62.228$ en 2000. ¿Qué diferencia hay en poder adquisitivo entre la renta familiar de cada uno de esos cuatro años? Es necesario saber que el IPC (multiplicado por 100, 1982–1984 = 100) fue de 82,4 en 1980, de 107,6 en 1985, de 130,7 en 1990 y de 172,2 en 2000. En términos generales, ¿en qué variaría su respuesta si se confirmaran las conclusiones de la Comisión Boskin sobre el IPC?

4. Según un informe reciente, en Estados Unidos el salario real de nivel de entrada de los titulados universitarios disminuyó un 8% entre 1990 y 1997. En 1997, el salario nominal de nivel de entrada era de 13,65$ por hora. Suponiendo que los resultados son correctos, ¿cuál era el salario nominal de nivel de entrada en 1990? Es necesario utilizar los datos del Problema 2.

5. He aquí una tabla hipotética del impuesto sobre la renta del año 2005, expresada en términos nominales:

Renta de la familia	Deuda tributaria (% de la renta)
≤20.000$	10
20.001$ – 30.000$	12
30.001$ – 50.000$	15
50.001$ – 80.000$	20
>80.000$	25

El Parlamento quiere que la inflación no lleve a las familias que tienen una determinada renta real a un tramo impositivo más alto. El IPC (multiplicado por 100) es de 175 en 2005 y de 185 en 2007. ¿Cómo debería ajustarse la tabla del impuesto sobre la renta para el año 2007 para cumplir el objetivo del Parlamento?

6. La cesta de alimentos del consumidor representativo es la siguiente en el año base 2005:

   30 pollos a 3$ cada uno
   10 jamones a 6$ cada uno
   10 filetes a 8$ cada uno

   La escasez de pienso para pollos eleva el precio de los pollos a 5$ cada uno en el año 2006. Los jamones suben a 7$ cada uno y el precio de los filetes no varía.
   a. Calcule la variación que experimenta el índice del "coste de comer" entre 2005 y 2006.
   b. Suponga que a los consumidores les da exactamente lo mismo comer dos pollos que un jamón. ¿De qué magnitud es en este ejemplo el sesgo debido a la sustitución del índice oficial del "coste de comer"?

7. La tabla adjunta muestra los precios por galón de la gasolina sin plomo observados en Estados Unidos en los meses de junio de los años comprendidos entre 1978 y 1986, así como los valores de los IPC de esos años. Halle la tasa de inflación basada en el IPC y la variación del precio relativo de la gasolina de cada uno de los años comprendidos entre 1979 y 1986 con respecto al año anterior. ¿Sería justo decir que las variaciones de los precios de la gasolina registradas durante este periodo se debieron en su mayor parte a la inflación general o también desempeñaron un papel importante factores específicos del mercado de petróleo?

Año	Precio de la gasolina ($ por galón)	IPC (1982 – 1984 = 1,00)
1978	0,663	0.652
1979	0,901	0.726
1980	1,269	0.824
1981	1,391	0.909
1982	1,309	0.965
1983	1,277	0.996
1984	1,229	1.039
1985	1,241	1.076
1986	0,955	1.136

8. Repita el Ejemplo 19.8 del texto (los costes en suela de zapatos de Ferretería Herrera). Calcule los costes en suela de zapatos (en relación con la situación inicial, en la que Ferretería Herrera va una vez a la semana al banco) suponiendo
   a. que la inflación es del 5% en lugar del 10%.
   b. que la inflación es del 5% y que cada desplazamiento de Ferretería Herrera al banco cuesta 2$.
   c. que la inflación sigue siendo de un 10% y que un desplazamiento al banco cuesta 4$, pero Ferretería Herrera necesita 10.000$ al día para realizar transacciones con los clientes.

9. El 1 de enero de 2005, Alberto invirtió 1.000$ a un tipo de interés anual del 6% durante tres años. El IPC era igual a 100 el 1 de enero de 2005. El 1 de enero de 2006, el IPC (multiplicado por 100) era igual a 105, el 1 de enero de 2007 era igual a 110 y el 1 de enero de 2008, día en que vencía la inversión de Alberto, era igual a 118. Halle el tipo de interés real obtenido por Alberto en cada uno de los tres años y el rendimiento real total obtenido durante el periodo de tres años. Suponga que los intereses percibidos se reinvierten cada año y que rinden intereses.

10. Fran presta 1.000$ a Sara durante 2 años. Ambos están de acuerdo en que Fran debe obtener un rendimiento real anual del 2%.
    a. El IPC (multiplicado por 100) es igual a 100 en el momento en que Fran realiza el préstamo. Se espera que sea igual a 110 dentro de un año e igual a 121 dentro de dos. ¿Qué tipo de interés nominal debe cobrar Fran a Sara?
    b. Suponga que Fran y Sara no saben con seguridad cuál será el IPC dentro de dos años. Muestre cómo podrían indizar las devoluciones anuales de Sara para asegurarse de que Fran recibe una tasa real anual de rendimiento del 2%.

11.* El Instituto Nacional de Estadística ha observado que los gastos del consumidor representativo en el año base se desglosan de la forma siguiente:

Alimentación y bebidas	17,8 %
Vivienda	42,8 %
Vestido	6,3 %
Transporte	17,2 %
Asistencia médica	5,7 %
Ocio	4,4 %
Otros bienes, servicios	5,8 %
Total	100,0 %

Suponga que desde el año base los precios de la alimentación y bebidas han subido un 10%, el de la vivienda un 5% y el de la asistencia médica un 10%. Otros precios no han variado. Halle el IPC del año actual.

12. Busque información sobre la tasa de inflación, el salario, nominal y real, y la tasa de interés, nominal y real para su país
   a. Verifique gráficamente que se cumple el Efecto Fisher
   b. Grafique el salario real y el salario nominal. Discuta si los trabajadores se encontraban mejor o peor hace 5, 10 ó 15 años que ahora.

RESPUESTAS A LOS EJERCICIOS

19.1 En 2000, el coste de la cesta de la familia seguía siendo de 680$, como en la Tabla 19.1. Si el alquiler de su apartamento desciende a 400$ en 2005, el coste de reproducir la cesta de bienes y servicios de 2000 en 2005 es de 620$ (400$ del alquiler + 150$ de las hamburguesas + 70$ de las entradas de cine). El IPC de 2005 es, pues, igual a 620$/680$, es decir, 0,912. Por lo tanto, en este ejemplo, el coste de la vida bajó casi un 9% entre 2000 y 2005.

19.2 Para calcular nuestro propio índice personal de precios es necesario averiguar la cesta de bienes y servicios que compramos personalmente en el año base. El índice personal de precios de cada periodo sería, pues, el coste de nuestra cesta personal de ese periodo en relación con el coste que tenía en el año base. En la medida en que nuestra combinación de compras sea diferente de la del consumidor representativo, nuestro índice del coste de la vida será diferente del IPC oficial. Por ejemplo, si en el año base gastamos en bienes y servicios cuyo precio ha subido relativamente deprisa una proporción de nuestro presupuesto mayor que la del ciudadano representativo, nuestra tasa personal de inflación será mayor que la tasa de inflación del IPC.

19.3 Las variaciones porcentuales del IPC de cada año con respecto al año anterior son las siguientes:

1930	−2,3% = (0,16 − 0,171)/0,171
1931	−9,0%
1932	−9,9%
1933	−5,1%

La inflación negativa se denomina deflación. La experiencia de los años 30, en que los precios bajaron, contrasta claramente con la inflación registrada desde 2000.

19.4 Los ingresos reales de Rodriguez en dólares de 1982-1984 fueron iguales a 18 millones de dólares/1,89, es decir, de 9,52 millones de dólares. En términos reales, ganó alrededor de un 64% más en 2004 que Bonds en 2001.

* Los problemas indicados con un asterisco (*) son más difíciles.

19.5 En 1950, el salario mínimo real es igual a 0,75$/0,241, es decir, 3,11$ en dólares de 1982-1984. En abril de 2005, es igual a 5,15$/1,946, es decir, 2,65$ en dólares de 1982-1984. Por lo tanto, el salario mínimo real de abril de 2005 es casi un 15% menor que el de 1950.

19.6 El aumento del coste de la vida registrado entre 1950 y abril de 2005 se refleja en el cociente entre el IPC de abril de 2005 y el de 1950, o bien, 1,946/0,241 = 8,07. Es decir, en abril de 2005 el coste de la vida era 8,07 multiplicado por lo que era en 1950. Si el salario mínimo estuviera indizado para preservar su poder adquisitivo, habría sido 8,07 veces más alto en abril de 2005 que en 1950, es decir, 8,07 × 0,75$ = 6.05$.

19.7 Entre abril de 1980 y abril de 2005, el precio de la gasolina subió de 1,26$ por galón a 2,24$ por galón, es decir, un 77,8%. Durante ese mismo periodo, el IPC subió de 0,810 a 1,946, es decir, un 140,2%. Los precios de la gasolina subieron menos deprisa que los precios de los demás bienes y servicios del IPC. Por lo tanto, el precio de la gasolina bajó durante este periodo.

19.8 El coste real de estudiar en esta universidad en 1980 fue igual a 8.761$/0,824 = 10.632$. En 2004, fue igual a 38.297$/1,889 = 20.274$. Por consiguiente, el coste relativo aumentó un 90,7% entre 1980 y 2004.

19.9 Usted debe fijarse en el rendimiento real de su inversión, no en el nominal. Para calcular el rendimiento real probable tiene que saber no sólo cuál es el tipo de interés nominal de los bonos del país isleño, sino también la tasa de inflación de ese país. Por lo tanto, lo que debe preguntar a continuación es qué tasa de inflación es probable que tenga este país durante el periodo en que usted va a tener estos bonos.

19.10 El titular de un bono protegido de la inflación obtiene un tipo de interés real del 1,8% independientemente del nivel de inflación. Si ésta es, en promedio, de un 2% al año durante la próxima década, la tasa real de rendimiento del bono sin protección de la inflación será igual a 4,4 – 2 = 2,4%. En este caso, la situación de la persona que compró el bono sin protección de la inflación será mejor. Si la inflación es, en promedio, de un 3% al año, la tasa real de rendimiento del bono sin protección de la inflación será igual a 4,4 – 3 = 1,4%. En este caso, la situación de la persona que compró el bono protegido de la inflación será mejor. Los dos bonos tendrán el mismo tipo de interés real (y la situación de los dos titulares de bonos será la misma) si el tipo de interés real del bono sin protección de la inflación es del 1,8%, lo cual ocurrirá cuando la inflación sea del 2,6%, ya que 4,4 – 2,6 = 1,8%.

19.11 La tasa real de rendimiento del efectivo es, como la de cualquier otro activo, el tipo de interés nominal menos la tasa de inflación. Pero el efectivo no rinde intereses, es decir, su tipo de interés nominal es cero. Por lo tanto, la tasa real de rendimiento del efectivo es simplemente igual a menos la tasa de inflación. En otras palabras, el efectivo pierde poder adquisitivo a una tasa igual a la tasa de inflación. Esta tasa de rendimiento depende de la tasa efectiva de inflación y no de que la tasa de inflación se prevea o no correctamente.

Si la inflación es alta, por lo que la tasa real de rendimiento del efectivo es muy negativa, la gente tomará medidas para tratar de reducir sus tenencias de efectivo, como acudir al banco más a menudo. Los costes de tratar de reducir las tenencias de efectivo son lo que los economistas denominan costes en suela de zapatos.

PARTE

6

LA ECONOMÍA A LARGO PLAZO

Durante miles de años, la inmensa mayoría de los habitantes del planeta vivió a duras penas de lo que le daba la tierra. Sólo una pequeña proporción tenía un nivel de vida superior al de subsistencia, aprendía a leer y escribir o viajaba y se alejaba unos cuantos kilómetros de su lugar de origen. Surgieron grandes ciudades, que eran capitales imperiales y centros comerciales, pero la inmensa mayoría de la población urbana vivía en una espantosa pobreza, presa de la desnutrición y de las enfermedades.

Pero hace unos trescientos años ocurrió un cambio fundamental. Comenzó un proceso de crecimiento económico, impulsado por los avances tecnológicos y por las innovaciones empresariales. Este crecimiento de la capacidad productiva de la economía, mantenido durante muchos años, ha transformado casi todos los aspectos de nuestro modo de vida, desde lo que comemos y vestimos hasta la forma en que trabajamos y jugamos. ¿A qué se ha debido este crecimiento económico? ¿Y por qué han sido las tasas de crecimiento de unos países mucho más altas que las de otros? Como señaló el Premio Nobel Robert E. Lucas, Jr. en un artículo clásico sobre el desarrollo económico, "las consecuencias que tiene este tipo de cuestiones para el bienestar humano son sencillamente asombrosas: cuando se piensa en ellas, resulta difícil pensar en otra cosa". Aunque la mayoría de la gente daría a estas cuestiones menos importancia que Lucas, tienen indudablemente una enorme importancia.

El tema de la Sexta Parte es la conducta de la economía a largo plazo, incluidos los factores que impulsan su crecimiento y su desarrollo. En el Capítulo 20 comenzamos ocupándonos directamente de las causas y las consecuencias del crecimiento económico y llegamos a la conclusión fundamental de que las mejoras de la productividad media del trabajo constituyen la causa principal de la mejora de los niveles de vida; de ahí que las medidas que pretenden el nivel de vida deban tratar de estimular la productividad. En el Capítulo 21 estudiamos las tendencias del mercado de trabajo a largo plazo y analizamos la influencia a largo plazo del crecimiento económico en los salarios reales y en las oportunidades de empleo. Como la creación de nuevos bienes de capital es un importante factor en el que se basa el aumento de la productividad, en el Capítulo 22 examinamos los procesos de ahorro y formación de capital. En el 23 introducimos el concepto de dinero y examinamos su relación con la inflación a largo plazo. También introducimos el banco central y describimos cómo controla la oferta monetaria para fomentar la estabilidad económica. En el 24 analizamos el papel de los bancos, de los mercados de bonos y de los mercados de valores en la asignación del ahorro a fines productivos, así como el papel de los movimientos internacionales de capitales, que facilitan la distribución del ahorro entre los países.

CAPÍTULO

20

EL CRECIMIENTO ECONÓMICO, LA PRODUCTIVIDAD Y LOS NIVELES DE VIDA

Uno de nosotros asistió una vez a una conferencia sobre las consecuencias del crecimiento y el desarrollo económicos para la sociedad. Uno de los conferenciantes formuló la siguiente pregunta: "¿Qué preferirían ser? ¿Un estadounidense normal y corriente de clase media hoy o la persona más rica de Estados Unidos en la época de George Washington?"

Un oyente contestó inmediatamente: "Puedo responder a esa pregunta con una palabra. Odontólogo".

La respuesta desató una carcajada, quizá porque recordó a la audiencia los famosos dientes de madera de George Washington. Pero era una buena respuesta. En Estados Unidos, la odontología era en los primeros tiempos algo primitivo, ya fuera el paciente rico o pobre. La mayoría de los dentistas extraían los dientes cariados de los pacientes con un poquito de whisky como anestesia.

Otros tipos de asistencia médica no eran mucho mejores que la odontología. Los médicos del siglo XVIII carecían de medios eficaces para luchar contra la tuberculosis, las fiebres tifoideas, la difteria, la gripe, la neumonía y otras enfermedades contagiosas. Esas enfermedades, hoy bastante tratables, eran mortales en tiempos de Washington. Los lactantes y los niños eran especialmente vulnerables a las enfermedades contagiosas mortales, particularmente a la tosferina y al sarampión. Incluso las familias acomodadas a menudo perdían dos o tres hijos a causa de estas enfermedades. Washington, que era un hombre excepcionalmente grande y fuerte, vivió hasta los 67 años, pero en esa época la esperanza media de vida probablemente no era muy superior a los 40 años.

La asistencia médica no es más que uno de los aspectos de la vida ordinaria que han cambiado radicalmente en los últimos doscientos años. El escritor Stephen Ambrose describe en su relato de la expedición de Lewis y Clark las limitaciones del transporte y de las comunicaciones en los Estados Unidos de los primeros tiempos:

> Un hecho fundamental en el mundo de 1801 era que nada corría más deprisa que un caballo. Ningún ser humano, ningún artículo manufacturado, ningún quintal de trigo, ninguna media res (o, en realidad, ninguna res a pie), ninguna carta, ninguna información, ninguna idea, pedido o instrucción del tipo que fuera iba más deprisa y, hasta donde sabían los contemporáneos de Jefferson, nada iría nunca más deprisa.
>
> Y, salvo en los hipódromos, ningún caballo corría muy deprisa. En Estados Unidos, el estado de las carreteras iba desde malo hasta abominable, y no había muchas. La mejor carretera del país iba de Boston a Nueva York; una diligencia ligera... tardaba tres días enteros en hacer un viaje de 175 millas. Dos días enteros en recorrer las cien millas que separaban Nueva York de Filadelfia [1].

¿Preferiría ser una persona rica que viviera en el siglo XVIII a una persona de clase media que viviera en el siglo XXI?

Actualmente, los neoyorquinos pueden ir en tren a Filadelfia en hora y media. ¿Qué habría pensado George Washington de eso? ¿Y cómo habrían reaccionado los pioneros del siglo XIX, que cruzaron el continente en caravana, ante la idea de que sus bisnietos iban a poder desayunar en Nueva York y comer el mismo día en San Francisco?

Podemos pensar, desde luego, en otros enormes cambios que ha experimentado, incluso en las últimas décadas, el modo de vida de la persona corriente. Por ejemplo, la tecnología informática e Internet han cambiado en sólo unos cuantos años nuestra forma de trabajar y de estudiar. Aunque estos cambios se deben en gran parte a avances científicos, esos descubrimientos normalmente apenas afectan *por sí solos* a la vida de la mayoría de la gente. Los nuevos conocimientos científicos sólo mejoran en general los niveles de vida cuando se comercializan. Por ejemplo, el hecho de conocer mejor el sistema inmunológico del hombre tiene poca repercusión, a menos que se traduzca en nuevas terapias o medicamentos. Y un nuevo medicamento sirve de poco si no es asequible para los que lo necesitan.

Un trágico ejemplo es la epidemia de SIDA que sufre África. Aunque algunos nuevos fármacos reduzcan los efectos del virus que causa el SIDA, son tan caros que tienen poco valor práctico en los países africanos asolados por la pobreza que están luchando contra la enfermedad. Pero aunque los medicamentos fueran asequibles, sus beneficios serían limitados sin unos hospitales modernos, unos profesionales sanitarios formados, un nivel de nutrición suficiente y las debidas condiciones de salubridad. En suma, la mayoría de las mejoras del nivel de vida de un país son el resultado no sólo de los avances científicos y tecnológicos, sino también de un sistema económico que pone sus beneficios al alcance de la persona media.

En este capítulo analizaremos las fuentes del crecimiento económico y del aumento del nivel de vida en el mundo moderno. Comenzaremos pasando revista al notable crecimiento económico de los países industrializados, medido por medio del PIB real per cápita. Desde mediados del siglo XIX (y antes en algunos países) el nivel de vida de estos países ha sufrido una transformación radical. ¿A qué se ha debido? La clave para que mejore el nivel de vida es un *aumento continuo de la productividad media del trabajo,* que depende de varios factores, desde las cualificaciones y la motivación de los trabajadores hasta el clima jurídico y social en el que trabajen. Analizaremos cada uno de estos factores y sus consecuencias para las medidas económicas que fomentan el crecimiento. También examinaremos los costes del rápido crecimiento económico y veremos si es limitada la cantidad de crecimiento económico que una sociedad puede alcanzar.

[1] Stephen E. Ambrose, *Undaunted Courage: Meriwether Lewis, Thomas Jefferson, and the Opening of the American West,* Nueva York, Touchstone, Simon & Schuster, 1996, p. 52.

EL NOTABLE AUMENTO DEL NIVEL DE VIDA: LOS DATOS

Los avances de la asistencia sanitaria y del transporte mencionados al comienzo de este capítulo no ilustran más que algunos de los impresionantes cambios que ha experimentado el bienestar material de la población en los últimos doscientos años, especialmente en los países industrializados. Sin embargo, para estudiar los factores que afectan sistemáticamente al nivel de vida, debemos ir más allá de las anécdotas y adoptar un indicador específico del bienestar económico existente en un determinado país y en un determinado momento.

En el Capítulo 18 introdujimos el concepto de PIB real como indicador básico del nivel de actividad económica de un país. Recuérdese que el PIB real mide esencialmente el volumen físico de bienes y servicios producidos dentro de las fronteras de un país durante un periodo de tiempo específico, por ejemplo, durante un trimestre o un año. Por consiguiente, el PIB real per cápita es un indicador de la cantidad de bienes y servicios de que dispone el residente representativo de un país en un determinado momento. Aunque el PIB real per cápita no es, desde luego, un indicador perfecto del bienestar económico, como vimos en el Capítulo 18, está relacionado positivamente con algunas variables pertinentes, como la esperanza de vida, la salud infantil y la capacidad de lectura y escritura. Al carecer de una alternativa mejor, los economistas lo han utilizado como indicador clave del nivel de vida de los países y de su fase de desarrollo económico.

La Figura 17.2 mostraba el notable crecimiento que experimentó el PIB real per cápita de Estados Unidos entre 1900 y 2004. La Tabla 20.1 muestra, a modo de comparación, el PIB real per cápita de ocho grandes países correspondiente a algunos años del periodo comprendido entre 1870 y 2003. La Tabla 20.2, presenta el PIB per cápita real para una muestra seleccionada de países de Latinoamérica para el periodo 1960-2003. Para facilitar la comparación con la Tabla 20.1, los datos están expresados en dólares de 2000. Podemos observar que para todos los países, excepto Venezuela, éste ha sido un periodo donde el ingreso per cápita ha aumentado. El caso más exitoso es el chileno, donde la tasa de crecimiento entre 1960 y 2003 fue de 182%. Por el contrario, Venezuela ha presentado un retroceso con una tasa de crecimiento negativa de casi 30%. La Figura 20.1 representa gráficamente los mismos datos de cinco de los ocho países. La Figura 20.2 muestra gráficamente los datos de la Tabla 20.2 para Argentina, México, Chile, Colombia y Venezuela.

TABLA 20.1
El PIB real per cápita de algunos países, 1870-2003 (en dólares de 2000)

País	1870	1913	1950	1979	2003	Variación porcentual anual 1870-2003	Variación porcentual anual 1950-2003
Australia	5.512	7.236	9.396	17.670	28.312	1,2	2,1
Canadá	2.328	5.509	8.906	19.882	29.201	1,9	2,3
Francia	2.291	4.484	6.164	18.138	26.176	1,8	2,8
Alemania	1.152	2.218	4.785	17.222	25.271	2,3	3,2
Italia	2.852	4.018	5.128	16.912	25.458	1,7	3,1
Japón	931	1.763	2.141	16.329	26.636	2,6	4,9
Reino Unido	3.892	5.976	8.709	16.557	26.852	1,5	2,1
Estados Unidos	2.887	6.852	12.110	22.835	35.488	1,9	2,0

FUENTES: Angus Maddison, *Phases of Capitalist Development*, Oxford, Oxford University Press, reimpreso en 1988, tablas A2, B2-B4. Expresado tomando como base 2000 y actualizado a 2003 por los autores utilizando la publicación de la OCDE, *Quaterly National Accounts*. "Alemania" se refiere a Alemania occidental en 1950 y en 1979.

TABLA 20.2

PIB real per cápita de países latinoamericanos seleccionados, 1960-2003 (dólares de 2000)

País	1960	1970	1980	1990	2003	Crecimiento % 1960-2003
México	2.557	3.581	5.121	4.973	5.792	126,5
Argentina	5.254	6.617	7.551	5.643	7.165	36,4
Chile	1.842	2.209	2.494	3.072	5.196	182,1
Colombia	955	1.192	1.616	1.869	2.017	111,1
Costa Rica	2.075	2.518	3.314	3.151	4.410	112,5
Ecuador	820	929	1.367	1.299	1.368	66,7
Paraguay	735	879	1.552	1.531	1.407	91,4
Venezuela	5.654	6.544	6.066	5.027	4.009	–29,1

FUENTE: *World Bank Indicators*.

Los datos de la Tabla 20.1 y de la Figura 20.1 muestran un crecimiento espectacular para este grupo de países de ingresos altos. Por ejemplo, en Estados Unidos (que ya era un país industrializado relativamente rico en 1870), el PIB real per cápita se multiplicó por más de 12 entre 1870 y 2003. En Japón, se multiplicó por más de 28 durante ese mismo periodo. Tras estas cifras se encuentra un proceso sorprendentemente rápido de crecimiento y transformación de la economía, a través del cual, en sólo unas cuantas generaciones, las sociedades agrarias relativamente pobres se convirtieron en economías muy industrializadas con unos niveles medios de vida difícilmente imaginables en 1870. Como muestra la Figura 20.1, este crecimiento se ha registrado en gran parte desde 1950, sobre todo en Japón. El caso japonés es aún más impresionante si lo comparamos con los países de la Tabla 20.2. En 1960 tenía niveles similares a los de Argentina o Venezuela y, al cabo de 40 años tenía un ingreso per cápita casi cuatro veces más que Argentina y seis veces más que Venezuela.

Conviene hacer una advertencia. Cuanto más nos retrotraemos en el tiempo, menos precisas son las estimaciones históricas del PIB real. La mayoría de los gobiernos no publicaron estadísticas oficiales del PIB hasta después de la Segunda Guerra Mundial; los datos sobre la producción de periodos anteriores suelen ser incompletos y de dudosa precisión. La comparación de la produción económica de cien años o más

FIGURA 20.1
El PIB real per cápita de cinco países industrializados, 1870-2003.
El crecimiento económico ha sido especialmente rápido desde los años 50, especialmente en Japón.

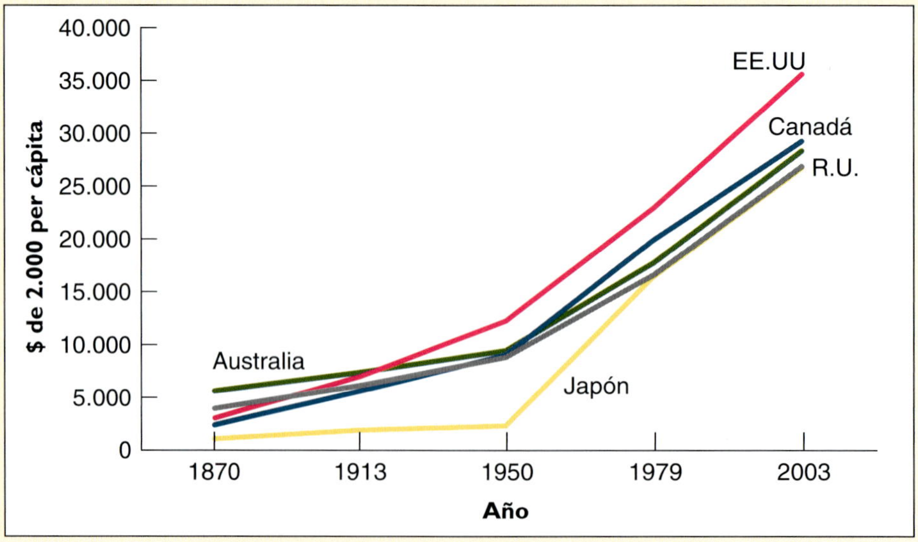

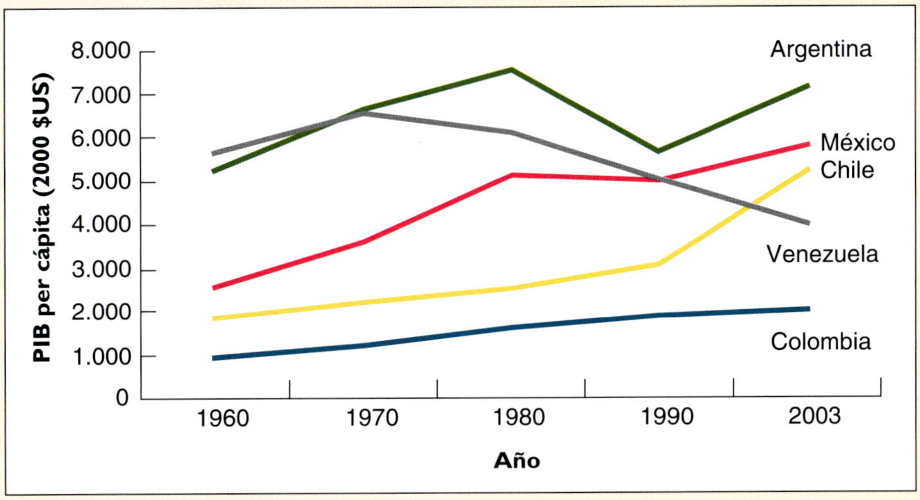

FIGURA 20A.1
PIB real per cápita para cinco países latinoamericanos, 1960-2003 (dólares de 2000).

también plantea problemas porque muchos bienes y servicios que se producen hoy no existían —de hecho, eran inconcebibles— en 1870. Por ejemplo, ¿cuántas caravanas del siglo XIX tiradas por caballos serían el equivalente económico de un BMW 328i o de un Boeing 757? Sin embargo, a pesar de las dificultades para hacer comparaciones precisas, podemos decir con certeza que la variedad, la calidad y la cantidad de bienes y servicios aumentó enormemente en los países industrializados durante los siglos XIX y XX, hecho que se refleja en los datos sobre el PIB real per cápita.

¿POR QUÉ SON IMPORTANTES LAS "PEQUEÑAS" DIFERENCIAS ENTRE LAS TASAS DE CRECIMIENTO?

Las dos últimas columnas de la Tabla 20.1 muestran las tasas anuales de crecimiento del PIB real per cápita, tanto de todo el periodo 1870-2003 como de los años más recientes 1950-2003. A primera vista, parece que estas tasas de crecimiento no varían mucho de unos países a otros. Por ejemplo, en el periodo 1870-2003, la tasa de crecimiento más alta es del 2,6% (Japón) y la más baja del 1,2% (Australia). Pero consideremos el efecto a largo plazo de esta diferencia aparentemente "pequeña" entre las tasas anuales de crecimiento. En 1870, Australia era con mucho el país más rico de los ocho de la Tabla 20.1, desde el punto de vista de la producción per cápita: su PIB real per cápita era casi el séxtuple del japonés. Sin embargo, en 2003, Japón no sólo había dado alcance a Australia, sino que lo había superado. Este notable cambio de la suerte económica es el resultado de la diferencia aparentemente pequeña entre una tasa de crecimiento del 1,2% y una tasa de crecimiento del 2,6% mantenida durante 133 años.

El hecho de que lo que parecen pequeñas diferencias entre las tasas de crecimiento pueda producir grandes efectos a largo plazo se debe a lo que se denomina *poder del interés compuesto*.

EJEMPLO 20.1

El interés compuesto (I)

En 1800, nuestro tatarabuelo depositó 10$ en una cuenta corriente a un tipo de interés del 4%. Los intereses se calculan anualmente (por lo que los intereses pagados al final de cada año rinden intereses a su vez en los años posteriores). Nuestro tatarabuelo manifestó en su testamento que la cuenta debía pasar a su descendiente más directo (nosotros) en el año 2005. Cuando retiramos los fondos ese año, ¿cuánto vale la cuenta?

La cuenta valía 10$ en 1800; 10$ x 1,04 = 10,40$ en 1801; 10$ x 1,04 x 1,04 = = 10 x $(1,04)^2$ = 10,82$ en 1802; y así sucesivamente. Dado que han transcurrido 205 años desde 1800, año en que se realizó el depósito, hasta 2005, año en que se cierra la cuenta, el valor de la cuenta en el año 2005 es igual a 10 x $(1,04)^{205}$; es decir, 10$ x 1,04 elevado a la 205ª potencia. Utilizando una calculadora, veremos que 10$ multiplicados por 1,04 elevado a la 205ª potencia son iguales a 31.033,77$, ¡un buen rendimiento por un depósito de 10$!

interés compuesto pago de intereses no sólo por el depósito inicial, sino por todos los intereses acumulados anteriormente

El **interés compuesto** —mecanismo por el que se pagan intereses no sólo por el depósito inicial, sino por todos los intereses que van acumulándose— es diferente del *interés simple*, en el que sólo se pagan intereses por el depósito inicial. Si la cuenta de nuestro tatarabuelo se hubiera depositado a un interés simple del 4%, sólo habría acumulado 40 centavos cada año (4% del depósito inicial de 10$), lo que hace un valor total de 10$ + 205 x 0,40$ = 92$ después de 205 años. El tremendo crecimiento del valor de esta cuenta se debe al interés compuesto; de ahí la expresión "el poder del interés compuesto".

EJEMPLO 20.2

El interés compuesto (2)

Volvamos al Ejemplo 20.1. ¿Cuánto habría valido el depósito de 10$ de nuestro tatarabuelo después de 205 años si el tipo de interés anual hubiera sido del 2%? ¿Y si hubiera sido del 6%?

A un tipo de interés del 2%, la cuenta valdría 10$ en 1800; 10$ x 1,02 = = 10,20$ en 1801; 10$ x $(1,02)^2$ = 10,42$ en 1802; y así sucesivamente. En el año 2005, el valor de la cuenta sería igual a 10$ x $(1,02)^{205}$; es decir, 579,48$. Si el tipo de interés fuera del 6%, después de 205 años la cuenta valdría 10$ x $(1,06)^{205}$, es decir, 1.540.644,29$. Resumamos los resultados de los ejemplos 20.1 y 20.2:

Tipo de interés	Valor de 10$ después de 205 años
2	579,48$
4	31.033,77$
6	1.540.644,29$

El poder del interés compuesto radica en que el valor de una pequeña cantidad depositada durante un periodo suficientemente largo puede aumentar extraordinariamente incluso a un tipo de interés relativamente bajo. Una cuestión más sutil que muestra este ejemplo es que las pequeñas diferencias entre los tipos de interés son muy importantes. La diferencia entre un tipo de interés del 2% y uno del 4% no parece muy grande, pero si se mantiene durante un largo periodo de tiempo, implica grandes diferencias entre las cantidades de intereses acumuladas en una cuenta. Asimismo, como muestran nuestros cálculos, el efecto del paso de un tipo de interés de un 4% a uno de un 6% es enorme[2].

Las tasas de crecimiento económico son similares a los tipos de interés compuestos. De la misma manera que el valor de un depósito bancario crece todos los años a una tasa igual al tipo de interés, así el tamaño de la economía de un país se expande todos los años a la tasa de crecimiento económico. Esta analogía sugiere que incluso una tasa de crecimiento de la producción per cápita relativamente pequeña —por ejemplo, de 1 ó 2% al año— provoca un enorme aumento del nivel medio de vida durante un largo periodo. Y las *diferencias* relativamente pequeñas entre las tasas de crecimiento, por ejemplo, de Australia y Japón, acaban dando como resultado unos niveles de vida muy diferentes. Así pues, a largo plazo, la tasa de crecimiento económico es una variable sumamente importante. De ahí que tengan enormes consecuencias económicas los cambios de política u otros factores que afectan, aunque sea en una pequeña cuantía, a la tasa de crecimiento a largo plazo.

[2] Los economistas emplean una útil fórmula para calcular aproximadamente el número de años que tardará una cantidad inicial en duplicarse con diferentes tasas de crecimiento o tipos de interés. La fórmula es 72 dividido por la tasa de crecimiento o por el tipo de interés. Así, por ejemplo, si el tipo de interés es de un 2% al año, la cantidad inicial tardará 72/2 = 36 años en duplicarse. Si el tipo de interés es del 4%, tardará 72/4 = 18 años. Esta fórmula es una buena aproximación únicamente cuando los tipos de interés son bajos y moderados.

EJERCICIO 20.1

Suponga que el PIB real per cápita de Estados Unidos hubiera crecido entre 1870 y 2003 un 2,6% al año, como el de Japón, en lugar del 1,9% realmente observado. ¿Cuánto mayor habría sido el PIB real per cápita de Estados Unidos en 2003?

EL OBSERVADOR ECONÓMICO 20.1

¿Es China el número uno?

En la década de 1980, hubo un gran debate en Estados Unidos sobre la economía japonesa. La tasa de crecimiento económico de Japón había superado con creces a las de Estados Unidos y Europa desde la década de 1950. Los expertos pensaban que esta tasa de crecimiento iba a mantenerse en el futuro y preveían que Japón tendría la mayor producción del mundo en algún momento del siglo XXI y se convertiría mucho antes en la economía más próspera del mundo, desde el punto de vista de la producción por trabajador. Los libros como el titulado *Japan as Number One* se convirtieron en un éxito de ventas.

En la segunda mitad de la década de 1980, la elevada tasa de crecimiento de Japón se desaceleró y el país entró en una larga recesión de la que aún no ha salido totalmente. Sin embargo, actualmente, la atención se ha desviado hacia su vecino, China. No hace mucho China era uno de los países más pobres del mundo. Sin embargo, en las últimas décadas su crecimiento económico se ha disparado. Actualmente, China ya produce alrededor de la mitad de la producción tanto de ropa como de cemento de todo el planeta, y también es el mayor productor mundial de carbón y acero. Es el mayor *consumidor* mundial de cobre, aluminio y teléfonos celulares, y el segundo mayor consumidor de ordenadores personales[3]. Algunos observadores predicen que se convertirá en la mayor economía del mundo a mediados de este siglo.

Como China también tiene la mayor población del mundo, su producción per cápita aún es mucho menor que la de Estados Unidos, Europa occidental y Japón. Como vimos en el Ejemplo 17.1, la producción per cápita de China sólo representa un 14% de la producción per cápita de Estados Unidos. En la Tabla 20.3, mostramos la proporción de la población mundial de 2003 correspondiente a China, así como su proporción del consumo mundial de diversos artículos de 2002 o de 2003.

Como la población china representa un 20,5% de la población mundial, su consumo per cápita será mayor que el de cualquier otro lugar del mundo en el caso de los bienes en los que su consumo represente más de un 20,5% del consumo

TABLA 20.3

Población y consumo de China en porcentaje de la población y el consumo mundiales, 2002-2003*

Población	20.5%
Consumo de:	
Porcino	51%
Cigarrillos	35
Algodón	33
Pescado	32
Acero	27
Televisores	23
Helado	19
Lavadoras	18
Ordenadores	6
Refrescos	4

*"Inside the New China", *Fortune,* 4 de octubre, 2004. Los datos del pescado se refieren a 2001.

[3] "Inside the New China", *Fortune*, 4 de octubre de 2004.

mundial. Así, por ejemplo, China consume más del doble de carne de porcino por habitante que el resto del mundo, pero menos de un quinto de refrescos. Aunque consuma menos de un tercio de ordenadores por habitante que el resto del mundo, su enorme población hace que sea el segundo mayor consumidor de ordenadores del mundo.

¿Continuará China creciendo a un ritmo tan rápido? Como acabamos de ver en los ejemplos 20.1 y 20.2, las pequeñas diferencias entre las tasas de crecimiento producen enormes efectos a largo plazo. ¿Sobrepasará China a Estados Unidos y se convertirá en la mayor economía del mundo? ¿Se transformará en el país más próspero del mundo desde el punto de vista de la producción por trabajador o seguirá la senda de Japón y crecerá menos en el futuro? Y lo que quizá sea más importante, debemos ver cómo ha logrado China este extraordinario crecimiento y qué pueden aprender otros países menos desarrollados de su experiencia.

¿POR QUÉ SE ENRIQUECEN LOS PAÍSES? EL PAPEL FUNDAMENTAL DE LA PRODUCTIVIDAD MEDIA DEL TRABAJO

¿De qué depende la tasa de crecimiento económico de un país? Para comprender esta cuestión vital, resultará útil expresar el PIB real per cápita como el producto de dos términos: la productividad media del trabajo y la proporción de la población que está trabajando.

Para ello, sea Y la producción real total (medida, por ejemplo, por medio del PIB real), N el número de trabajadores ocupados y POP la población total. En ese caso, el PIB real per cápita puede expresarse de la forma siguiente: Y/POP; la productividad media del trabajo; es decir, la producción por trabajador ocupado, es igual a Y/N; y la proporción de la población que está trabajando es N/POP. La relación entre estas tres variables es

$$\frac{Y}{POP} = \frac{Y}{N} \times \frac{N}{POP'}$$

que, como puede observarse anulando el término N del segundo miembro de la ecuación, siempre se cumple exactamente. En palabras, esta relación básica es

PIB real per cápita = productividad media del trabajo × proporción de población ocupada.

Esta expresión del PIB real per cápita nos dice algo muy básico e intuitivo: la cantidad de bienes y servicios que puede consumir cada persona depende (1) de la cantidad que puede producir cada trabajador y (2) del número de personas (en porcentaje de la población total) que está trabajando. Además, como el PIB real per cápita es igual a la productividad media del trabajo multiplicada por la proporción de la población que está ocupada, el PIB real per cápita sólo puede *crecer* en la medida en que *crezca* la productividad del trabajo y/o la proporción de la población que está ocupada.

Las figuras 20.3 y 20.4 muestran las cifras de las tres variables fundamentales de la relación anterior correspondientes a Estados Unidos y al periodo 1960-2004. La Figura 20.3 muestra tanto el PIB real per cápita como el PIB real por trabajador (la productividad media del trabajo). La Figura 20.4 muestra la proporción de la población total de Estados Unidos (no sólo de la población en edad activa) que trabajó durante ese periodo. Una vez más, vemos que el aumento de la producción per cápita de Estados Unidos ha sido impresionante. Entre 1960 y 2004, el PIB real per cápita de Estados Unidos creció un 166%. Por lo tanto, en 2004, el estadounidense medio tenía alrededor de 2 veces y media más de bienes y servicios que en 1960. Las figuras 20.3 y 20.4 muestran que los aumentos tanto de la productividad del trabajo como de la proporción de la población ocupada contribuyeron a este aumento del nivel de vida.

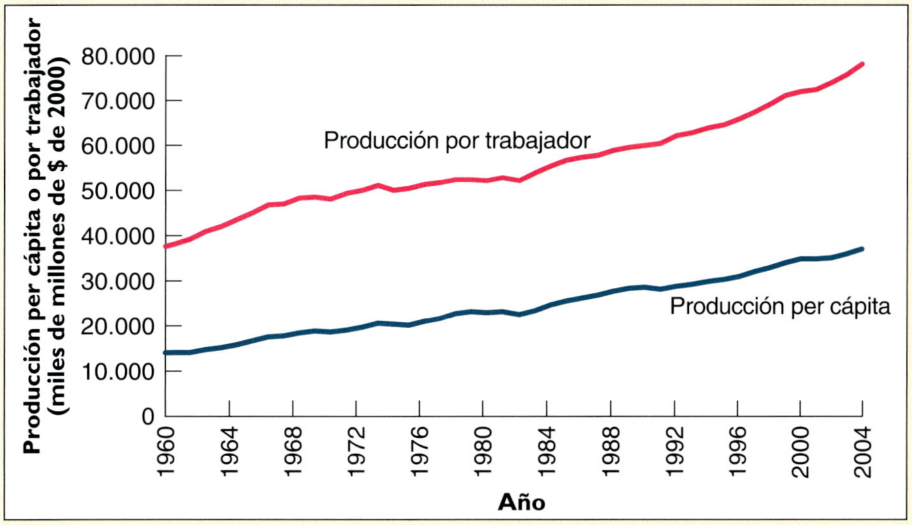

FUENTE: *Economic Report of the President* (http://www.gpoaccess.gov/eop/).

FIGURA 20.3
El PIB real per cápita y la productividad media del trabajo en Estados Unidos, 1960-2004.
La producción real per cápita creció en Estados Unidos un 166% entre 1960 y 2004, y la producción real por trabajador (la productividad media del trabajo) un 105%.

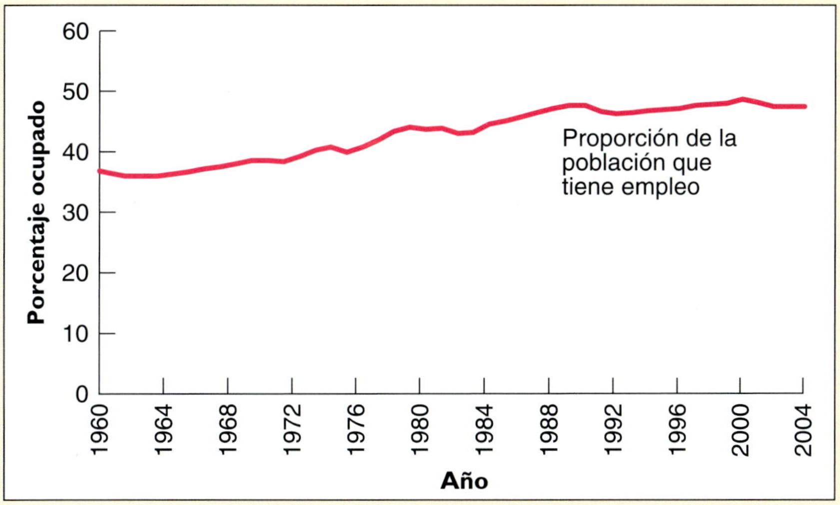

FUENTE: *Economic Report of the President* (http://www.gpoaccess.gov/eop/).

FIGURA 20.4
Proporción de la población de Estados Unidos que está ocupada, 1960-2004.
La proporción de la población de Estados Unidos que tiene empleo aumentó del 36% en 1960 al 47 en 2004.

Examinemos algo más de cerca estos dos factores, comenzando por la proporción de la población que está ocupada. Como muestra la Figura 20.4, en Estados Unidos el número de personas ocupadas aumentó entre 1960 y 2004 del 36 al 47% de la población total, lo que constituye un notable aumento. La creciente tendencia de las mujeres a trabajar fuera del hogar (véase El observador económico 18.1) fue la causa más importante de este aumento del empleo. Otro factor que elevó las tasas de ocupación fue el aumento de la proporción de la población general que está en edad de trabajar (16-65 años). La llegada a la edad de trabajar de la generación perteneciente a la "explosión de la natalidad", nacida tras la Segunda Guerra Mundial, y, en menor medida, la inmigración de trabajadores jóvenes de otros países contribuyeron a este crecimiento de la población trabajadora.

Aunque en Estados Unidos la creciente proporción de la población que tiene empleo ha contribuido significativamente al aumento del PIB real per cápita durante las cuatro últimas décadas, es casi seguro que esta tendencia no se mantendrá en el futuro. Es improbable que la participación de las mujeres en la población activa continúe aumentando a la misma tasa que en las cuatro últimas décadas. Y lo que es más importante, la generación de la explosión de la natalidad, que actualmente se encuentra en los años centrales de su vida laboral, comenzará a llegar a la edad de jubilación en torno al año 2010. A medida que se jubilen más personas de esta generación, la población que tiene empleo empezará a disminuir, posiblemente en un grado significativo. Así pues, a largo plazo, es probable que la mejora de los niveles de vida provocada por el aumento de la proporción de estadounidenses que tienen empleo sea transitoria.

¿Qué ocurre con el otro factor que determina la producción per cápita, a saber, la productividad media del trabajo? Como muestra la Figura 20.3, en Estados Unidos la productividad media del trabajo aumentó entre 1960 y 2004 un 105%, lo que representa una considerable proporción del aumento total del PIB per cápita. En otros periodos, la relación entre la productividad media del trabajo y la producción per cápita ha sido a menudo incluso mayor, ya que en la mayoría de los periodos anteriores la proporción de la población que tenía empleo era más estable que últimamente (véase la Figura 17.2 para la conducta del PIB real per cápita y de la productividad media del trabajo en Estados Unidos durante el periodo 1900-2004).

Este rápido análisis de los datos recientes permite llegar a una conclusión más general. *A largo plazo, los aumentos de la producción per cápita se deben principalmente a los aumentos de la productividad media del trabajo.* Por otra parte, cuanto más puede producir la gente, más puede consumir. Para comprender por qué crecen las economías, debemos comprender, pues, las causas del aumento de la productividad del trabajo.

RECAPITULACIÓN | CRECIMIENTO ECONÓMICO Y PRODUCTIVIDAD

El PIB real per cápita, indicador básico del nivel de vida, ha crecido espectacularmente en los países industrializados. Este crecimiento refleja el *poder del interés compuesto:* incluso una pequeña tasa de crecimiento, si se mantiene durante un largo periodo de tiempo, puede provocar un gran aumento del tamaño de la economía.

La producción per cápita es igual a la productividad media del trabajo multiplicada por la proporción de la población ocupada. En Estados Unidos, la proporción de la población ocupada ha aumentado significativamente desde 1960, pero es probable que esta variable disminuya en las próximas décadas. A largo plazo, los aumentos de la producción per cápita y, por lo tanto, de los niveles de vida se deben principalmente a los incrementos de la productividad media del trabajo.

LOS DETERMINANTES DE LA PRODUCTIVIDAD MEDIA DEL TRABAJO

¿De qué depende la productividad del trabajador medio en un determinado país y en un determinado momento? La gente, cuando habla de esta cuestión, suele equiparar la productividad de los trabajadores con la disposición de los trabajadores de una determinada nacionalidad a trabajar mucho. Manteniéndose todo lo demás constante, una cultura que fomenta el trabajo tiende, desde luego, a incrementar la productividad de los trabajadores. Pero el grado de esfuerzo no puede explicar por sí solo las enormes diferencias entre las productividades medias del trabajo que observamos en todo el mundo. Por ejemplo, la productividad media del trabajo de Estados Unidos es alrededor de 24 veces mayor que la de Indonesia y 100 veces mayor que la de Bangladesh, aunque apenas hay dudas de que los indonesios y los bengalíes trabajan mucho.

En este apartado examinaremos seis factores que parece que explican las grandes diferencias de productividad media del trabajo entre los países y entre las generaciones. Más adelante, en este capítulo, veremos cómo puede influir la política económica en estos factores para elevar la productividad y el crecimiento.

EL CAPITAL HUMANO

Para ilustrar los factores que determinan la productividad media del trabajo, introducimos dos trabajadores prototípicos de una cadena de montaje: Lucía y Elisa.

EJEMPLO 20.3

Lucía y Elisa en la cadena de montaje

El trabajo de Lucía y de Elisa consiste en envolver chocolatinas y colocarlas en cajas. Lucía, que es una principiante, sólo es capaz de envolver 100 chocolatinas por hora. Elisa, que ha recibido formación en el trabajo, puede envolver 300. Lucía y Elisa trabajan 40 horas a la semana cada una. Hallemos la productividad media del trabajo expresada en el número de chocolatinas envueltas a la semana y de chocolatinas envueltas por hora, (a) por Lucía, (b) por Elisa y (c) por Lucía y Elisa juntas.

The Everett Collection

¿Cuál es la productividad de estas trabajadoras?

Hemos dicho que la productividad media del trabajo es, en términos generales, la producción por trabajador. Obsérvese, sin embargo, que la medición de la productividad media del trabajo depende del periodo de tiempo especificado. Por ejemplo, los datos presentados en la Figura 20.3 nos dicen cuánto produce el trabajador medio *en un año*. En este ejemplo nos interesa saber cuánto pueden producir Lucía y Elisa *por hora* de trabajo o *por semana* de trabajo. Las dos formas de medir la productividad del trabajo son válidas, siempre y cuando indiquemos claramente la unidad de tiempo que utilizamos.

Las productividades por hora de Lucía y Elisa se dan en el problema: Lucía puede envolver 100 chocolatinas por hora y Elisa 300. La productividad semanal de Lucía es igual a (40 horas semanales) × (100 chocolatinas envueltas por hora) = 4.000 chocolatinas envueltas a la semana. La productividad semanal de Elisa es igual a (40 horas semanales) × (300 chocolatinas envueltas por hora); es decir, 12.000 chocolatinas semanales.

Lucía y Elisa pueden envolver conjuntamente 16.000 chocolatinas a la semana. Como equipo, su productividad semanal media es igual a (16.000 chocolatinas envueltas)/(2 semanas de trabajo); es decir, 8.000 chocolatinas a la semana. Su productividad media por hora como equipo es igual a (16.000 chocolatinas envueltas)/(80 horas de trabajo) = 200 chocolatinas por hora. Obsérvese que, como equipo, la productividad de las dos mujeres se encuentra entre sus productividades individuales.

Elisa es más productiva que Lucía porque ha recibido formación en el trabajo, lo cual le ha permitido adquirir un nivel más alto de cualificaciones para envolver chocolatinas que el de Lucía. Gracias a su formación, puede producir más que Lucía en un número dado de horas.

EJERCICIO 20.2

Suponga que Elisa asiste a más clases de envolver chocolatinas y aprende a envolver 500 por hora. Halle la producción semanal y la producción por hora de Lucía y Elisa, tanto por separado como en equipo.

Los economistas explicarían la diferencia entre los resultados de las dos mujeres diciendo que Elisa tiene más capital humano que Lucía. El *capital humano* comprende el talento, la educación, la formación y las cualificaciones de los trabajadores. Los que tienen una gran cantidad de capital humano son más productivos que los que tienen menos formación. Por ejemplo, una secretaria que sepa utilizar un procesador de textos puede mecanografiar más cartas que una que no sepa; un mecánico de automóviles familiarizado con un equipo de diagnóstico informatizado podrá resolver los problemas de los motores que no pueden resolver los mecánicos que tienen menos formación.

EL OBSERVADOR ECONÓMICO 20.2

¿Por qué se recuperaron tan bien Alemania occidental y Japón tras la devastación de la Segunda Guerra Mundial?

Las ciudades y las industrias de Alemania y Japón fueron destruidas durante la Segunda Guerra Mundial y los dos países iniciaron el periodo posterior empobrecidos. Sin embargo, 30 años después, los dos no sólo habían sido reconstruidos, sino que se habían convertido en líderes industriales y económicos mundiales. ¿A qué se debieron estos "milagros económicos"?

Fueron muchos los factores que contribuyeron a la recuperación económica de Alemania occidental y de Japón tras la Segunda Guerra Mundial; entre ellos se encuentra la abundante ayuda que brindó Estados Unidos a Europa con el Plan Marshall y a Japón durante la ocupación estadounidense. Sin embargo, la mayoría de los economistas está de acuerdo en que el elevado nivel de *capital humano* desempeñó un papel fundamental en ambos países.

Cuando terminó la guerra, la población alemana tenía un nivel de educación excepcionalmente alto y contaba con un elevado número de científicos e ingenieros muy cualificados. Alemania también tenía (y sigue teniendo hoy) un extenso sistema de aprendizaje que daba formación en el trabajo a los trabajadores jóvenes, por lo que contaba con una población trabajadora industrial cualificada. Además, la zona que se convirtió en Alemania occidental se benefició mucho de la entrada de trabajadores cualificados de Alemania oriental y del resto de la Europa controlada por la Unión Soviética, entre los que había 20.000 ingenieros y técnicos formados. Ya en 1949, esta concentración de capital humano contribuyó a una gran expansión del sector industrial alemán tecnológicamente sofisticado y muy productivo. En 1960, Alemania occidental era un importante exportador de bienes manufacturados de alta calidad y sus ciudadanos gozaban de uno de los niveles de vida más altos de Europa.

Japón, que probablemente sufrió en la guerra una destrucción física mayor que la de Alemania, también comenzó el periodo posterior con una población trabajadora cualificada y educada. Además, las fuerzas estadounidenses ocupantes reestructuraron el sistema escolar japonés y animaron a todos los japoneses a recibir una buena educación. No obstante, los japoneses hicieron mayor hincapié en la formación en el trabajo, incluso más que los alemanes. Las empresas japonesas realizaron grandes inversiones en la formación de los trabajadores, como parte de un sistema de empleo vitalicio, en el que se esperaba que permanecieran en la misma empresa durante toda su vida laboral. El fruto de estas inversiones en capital humano fue un continuo aumento de la productividad media del trabajo, sobre todo en la industria. En la década de 1980, los bienes manufacturados japoneses figuraban entre los más avanzados del mundo y los trabajadores japoneses entre los más cualificados.

Aunque los elevados niveles de capital humano desempeñaron un papel decisivo en el rápido crecimiento económico de Alemania occidental y de Japón, el capital humano no puede generar por sí solo un elevado nivel de vida. Un buen ejemplo es la Alemania oriental dominada por la Unión Soviética, que tenía un nivel de capital humano similar al de Alemania occidental tras la guerra, pero que no disfrutó del mismo crecimiento económico. Por razones que analizaremos más adelante en este capítulo (véase El observador económico 20.5), el sistema comunista impuesto por los soviéticos utilizó el capital humano de Alemania oriental mucho menos eficazmente que los sistemas económicos de Japón y de Alemania occidental.

El capital humano es análogo al capital físico (como las máquinas y las fábricas), en el sentido de que se adquiere principalmente invirtiendo tiempo, energía y dinero. Por ejemplo, para aprender a utilizar un programa de procesamiento de textos, puede ocurrir que una secretaria tenga que asistir a una escuela técnica por la noche. El coste de ir a la escuela no sólo es la matrícula que paga, sino también el *coste de oportunidad* del tiempo que dedica a asistir a clase y a estudiar. El beneficio de los estudios es la subida del salario que ganará cuando acabe el curso. Sabemos por el *principio del coste-beneficio* que la secretaria sólo debe aprender a procesar textos si los beneficios son superiores a los costes, incluidos los costes de oportunidad. En general, es de esperar, pues, que la gente adquiera más formación y cualificaciones cuando la diferencia entre los salarios de los trabajadores cualificados y los de los no cualificados es significativa.

EL CAPITAL FÍSICO

La productividad de los trabajadores depende no sólo de sus cualificaciones y de su esfuerzo, sino también de las herramientas que tienen para trabajar. Ni siquiera el cirujano más cualificado puede realizar una operación a corazón abierto sin un sofisticado equipo, y un programador experto tiene un reducido valor sin un ordenador. Estos ejemplos ilustran la importancia del *capital físico*, como las fábricas y las máquinas. Como muestra el Ejemplo 20.4, los trabajadores producen más eficientemente con más y mejor capital.

EJEMPLO 20.4

Lucía y Elisa se automatizan

Volvamos al Ejemplo 20.3. El jefe de Lucía y Elisa ha adquirido una máquina eléctrica de envolver chocolatinas, que está pensada para ser manejada por un único trabajador. Utilizando esta máquina, un trabajador sin formación puede envolver 500 chocolatinas por hora. ¿Cuál es ahora el nivel de producción por hora y por semana de Lucía y Elisa? ¿Será distinta la respuesta si el jefe compra una segunda máquina? ¿Y una tercera?

Supongamos, para simplificar el análisis, que una máquina de envolver chocolatinas debe asignarse a un único trabajador (este supuesto excluye la posibilidad de compartirla, es decir, de que un trabajador la utilice en el turno de día y otro en el turno de noche). Si el jefe sólo compra una máquina, la asignará a Lucía (¿por qué? Véase el Ejercicio 20.3). Ahora Lucía podrá envolver 500 chocolatinas por hora, mientras que Elisa sólo puede envolver 300. La producción semanal de Lucía será de 20.000 chocolatinas envueltas (40 horas × 500 chocolatinas envueltas por hora). La de Elisa sigue siendo de 12.000 chocolatinas envueltas (40 horas × 300 chocolatinas envueltas por hora). Ahora, juntas pueden envolver 32.000 chocolatinas a la semana; es decir, 16.000 cada una. Por horas, la productividad media del trabajo de las dos mujeres juntas es de 32.000 chocolatinas envueltas por 80 horas de trabajo; es decir, 400 por hora, el doble de su productividad media del trabajo antes de que el jefe comprara la máquina.

Si hubiera dos máquinas de envolver chocolatinas, tanto Lucía como Elisa podrían utilizar una máquina. Cada una podría envolver 500 chocolatinas por hora, lo que hace un total de 40.000 a la semana. La productividad media del trabajo de las dos mujeres juntas sería de 20.000 chocolatinas envueltas a la semana; es decir, 500 por hora.

¿Qué ocurriría si el jefe comprara una tercera máquina? Con dos trabajadores solamente, una tercera máquina sería inútil: no aumentaría nada ni la producción total ni la productividad media del trabajo.

EJERCICIO 20.3

Partiendo de los supuestos de los ejemplos 20.3 y 20.4, explique por qué el jefe debe asignar la única máquina de envolver chocolatinas a Lucía y no a Elisa (*Pista*: utilice el *principio del coste de oportunidad creciente*, introducido en el Capítulo 3).

La máquina de envolver chocolatinas es un ejemplo de *bien de capital*, que definimos en el Capítulo 18 como un bien duradero, que por una parte se produce y, por otra, se utiliza para producir otros bienes y servicios. Los bienes de capital son las máquinas y el equipo (como los ordenadores, las excavadoras o las cadenas de montaje), así como los edificios (fábricas o edificios de oficinas).

Los bienes de capital como la máquina de envolver chocolatinas aumentan la productividad de los trabajadores. La Tabla 20.4 resume los resultados de los ejemplos 20.3 y 20.4. Indica la producción semanal total de Lucía y Elisa consideradas conjuntamente (columna 2) correspondiente a cada número de máquinas que podría adquirir el jefe (columna 1), el número total de horas de trabajo de las dos mujeres (columna 3) y la producción media por hora (columna 4), igual a la producción semanal total dividida por el número total de horas semanales.

La Tabla 20.4 muestra dos importantes cuestiones sobre la influencia del capital adicional en la producción. En primer lugar, dado un número de trabajadores, un aumento del capital generalmente eleva tanto la producción total como la productividad media del trabajo. Por ejemplo, la compra de la primera máquina de envolver chocolatinas aumenta la producción semanal (columna 2) en 16.000 chocolatinas y la productividad media del trabajo (columna 4) en 200 chocolatinas envueltas por hora.

TABLA 20.4

Capital, producción y productividad en la fábrica de envolver chocolatinas

(1) Número de máquinas (capital)	(2) Número total de chocolatinas envueltas a la semana (producción)	(3) Número total de horas trabajadas a la semana	(4) Chocolatinas envueltas por hora trabajada (productividad)
0	16.000	80	200
1	32.000	80	400
2	40.000	80	500
3	40.000	80	500

La segunda cuestión que muestra la Tabla 20.4 es que, cuanto más capital ya exista, menores son los beneficios de añadir más capital. Obsérvese que la primera máquina aumenta la producción total en 16.000 chocolatinas, pero la segunda sólo en 8.000. La tercera máquina, que no puede utilizarse porque sólo hay dos trabajadores, no aumenta la producción ni la productividad. Este resultado ilustra un principio general de economía llamado *rendimientos decrecientes del capital*. Según el principio de los **rendimientos decrecientes del capital,** si la cantidad de trabajo y de otros factores utilizados se mantiene constante, cuanto mayor sea la cantidad de capital que se utilice, menos aumentará la producción con una unidad más de capital. En el caso de la fábrica de envolver chocolatinas, los rendimientos decrecientes del capital implican que la primera máquina adquirida aumenta la producción más que la segunda, la cual aumenta, a su vez, la producción más que la tercera.

rendimientos decrecientes del capital si la cantidad de trabajo y de otros factores se mantiene constante, cuanto mayor es la cantidad de capital ya empleada, menos aumenta la producción con cada unidad adicional de capital

Los rendimientos decrecientes del capital son una consecuencia natural del incentivo de las empresas para utilizar lo más productivamente posible todos los componentes de su equipo de capital. Para maximizar la producción, los directivos de empresas asignarán la primera máquina que adquieran al fin más productivo, la siguiente máquina al siguiente fin más productivo y así sucesivamente; se trata de un ejemplo del *principio del costes de oportunidad creciente* o de *la fruta que está más al alcance de la mano* (Capítulo 3). Cuando se dispone de muchas máquinas, ya se han explotado las formas más productivas de utilizarlas. Por lo tanto, la utilización de otra máquina no elevará mucho la producción o la productividad. Si Lucía y Elisa ya están manejando dos máquinas de envolver chocolatinas, tiene poco sentido comprar otra, salvo quizá para reponer alguna o para tener una de sobra.

Las consecuencias de la Tabla 20.4 pueden aplicarse a la cuestión de la forma de estimular el crecimiento económico. En primer lugar, un aumento de la cantidad de capital de que dispone la población trabajadora tiende a elevar la producción y la productividad media del trabajo. Cuanto más equipados están los trabajadores, más productivos son. En segundo lugar, las posibilidades de incrementar la productividad aumentando el *stock* de capital son limitadas. Como consecuencia de los rendimientos decrecientes del capital, una economía en la que ya sea muy grande la cantidad de capital de que dispone cada trabajador no se beneficiará mucho de un nuevo aumento del *stock* de capital.

¿Existen pruebas empíricas de que los trabajadores son más productivos cuando tienen más capital para trabajar? La Figura 20.5 muestra la relación existente en 1990

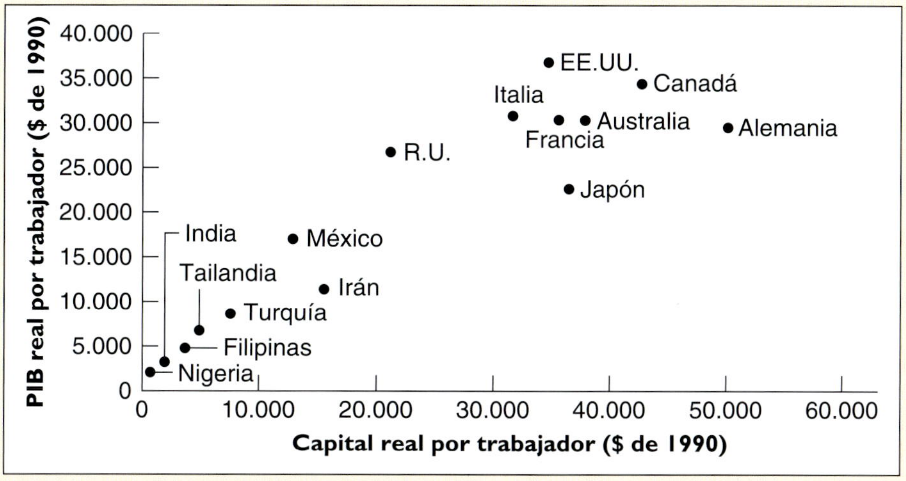

FUENTE: *Penn World Tables* (www.nber.org). Los países incluidos son los que figuran en la Tabla 20.1, más todos los que tienen una población de 40 millones o más y de los que existen datos.

FIGURA 20.5
Productividad media del trabajo y capital por trabajador en 15 países, 1990.
Los países que tienen una gran cantidad de capital por trabajador también tienden a tener una elevada media de productividad del trabajo medida a través de del PIB real por trabajador.

entre la productividad media del trabajo (el PIB real por trabajador) y la cantidad de capital por trabajador en 15 grandes países, incluidos los 8 industrializados de la Tabla 20.1. La Figura 20.6 muestra esta información para varios países de Latinoamérica, incluidos los mostrados en la Tabla 20.2. Estas dos figuras muestran que hay una estrecha relación entre la cantidad de capital por trabajador y la productividad, lo cual está de acuerdo con la teoría. Obsérvese, sin embargo, que la relación entre el capital y la productividad es algo menor en los países más ricos. Por ejemplo, Alemania tiene más capital por trabajador que Estados Unidos, pero los trabajadores alemanes son menos productivos, en promedio, que los estadounidenses. Igualmente, Ecuador tiene más capital por trabajador que México, pero los trabajadores mexicanos son más productivos. Los rendimientos decrecientes del capital pueden ayudar a explicar el debilitamiento de la relación entre el capital y la productividad cuando los niveles de capital son altos, con relación al trabajo. Las figuras 20.5 y 20.6 no tienen en cuenta, además, muchas otras diferencias entre los países, como las diferencias entre sus sistemas económicos o entre sus medidas económicas. No es de esperar, pues, que exista una relación perfecta entre las dos variables.

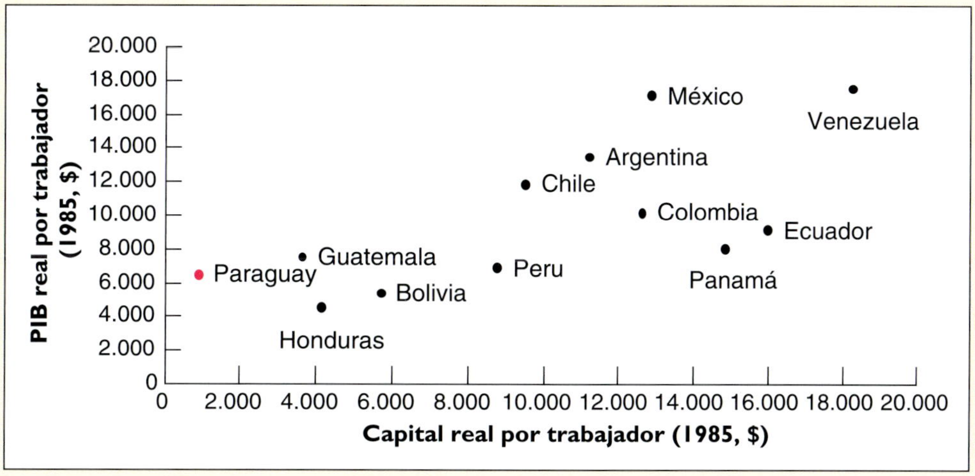

FUENTE: *Penn World Tables* 5.6.

FIGURA 20.6
PIB real per cápita para cinco países latinoamericanos, 1960-2003 (dólares de 2000).

LA TIERRA Y OTROS RECURSOS NATURALES

Hay otros factores de producción, además de los bienes de capital, que ayudan a aumentar la productividad de los trabajadores; entre ellos se encuentran la tierra, la energía y las materias primas. El suelo fértil es esencial para la agricultura y los procesos industriales modernos utilizan intensivamente energía y materias primas.

En general, la abundancia de recursos naturales aumenta la productividad de los trabajadores que los utilizan. Por ejemplo, un agricultor puede producir mucho más en un país que tiene abundante tierra como Estados Unidos o Australia que en uno cuyo suelo es pobre o cuya tierra cultivable es escasa. Con la ayuda de maquinaria agrícola moderna y grandes extensiones de tierra, los agricultores estadounidenses de hoy son tan productivos que a pesar de que representan menos de un 3% de la población, producen suficientes alimentos no sólo para alimentar al país, sino también para exportar al resto del mundo.

Aunque la extensión de tierra cultivable de un país tiene límites, otros muchos recursos naturales, como el petróleo y los metales, pueden obtenerse en los mercados internacionales. Como es posible obtener recursos por medio del comercio, los países no tienen que poseer grandes cantidades de recursos naturales dentro de sus propias fronteras para que su economía crezca. De hecho, algunos se han enriquecido sin muchos recursos naturales propios; entre ellos figuran Japón, Hong Kong, Singapur y Suiza. Tan importante como poseer recursos naturales es la capacidad para utilizarlos productivamente, por ejemplo, por medio de tecnologías avanzadas.

LA TECNOLOGÍA

Además del capital humano, el capital físico y los recursos naturales, la capacidad de un país para desarrollar y aplicar nuevas tecnologías más productivas ayuda a determinar su productividad. Consideremos simplemente el caso de un único sector, el transporte. Como sugiere la cita de Steven Ambrose que figura al comienzo del capítulo, hace doscientos años el caballo y la caravana eran el principal medio de transporte, un método realmente lento y caro. Pero en el siglo XIX, los avances tecnológicos como la máquina de vapor contribuyeron a la expansión del transporte fluvial y al desarrollo de una red nacional de ferrocarriles. En el siglo XX, la invención del motor de combustión interna y el desarrollo de la aviación, apoyados por la construcción de una extensa infraestructura de carreteras y aeropuertos, han dado como resultado un transporte cada vez más rápido, barato y fiable. El cambio tecnológico ha sido claramente una fuerza motriz en la revolución del transporte.

Las nuevas tecnologías pueden mejorar la productividad en sectores distintos de aquel en el que se introducen. Por ejemplo, antes, los agricultores sólo podían vender su producción donde vivían. Ahora, la existencia de medios de transporte rápidos y refrigerados les permite vender sus productos en casi todas partes del mundo. Al ser más amplio el mercado en el que pueden vender, pueden especializarse en los productos más idóneos para su suelo y su clima. Asimismo, las fábricas pueden obtener sus materias primas donde sean más baratas y más abundantes, producir los bienes que producen más eficientemente y vender sus productos allí donde el precio sea más alto. Estos dos ejemplos ilustran el *principio de la ventaja comparativa,* a saber, que la productividad total aumenta cuando los productores se concentran en las actividades en las que son relativamente más eficientes (véase el Capítulo 3).

Otros numerosos avances tecnológicos incrementaron la productividad, entre ellos los avances de las comunicaciones y la medicina y la introducción de la tecnología informática. Todo indica que Internet tendrá una enorme repercusión en las economías industrializadas, no sólo en el comercio al por menor, sino también en otros muchos sectores. De hecho, *la mayoría de los economistas probablemente estaría de acuerdo en que las nuevas tecnologías son la fuente más importante de mejora de la productividad* y, por lo tanto, de crecimiento económico en general.

Sin embargo, el crecimiento económico no se deriva automáticamente de los avances de la ciencia básica. Para aprovechar lo más posible los nuevos conocimientos, una economía necesita empresarios que puedan explotar comercialmente los avances científicos, así como un clima jurídico y político que fomente la aplicación práctica de los nuevos conocimientos.

EJERCICIO 20.4

Se ha inventado un nuevo tipo de papel de envolver que agiliza y facilita el trabajo de envolver chocolatinas. La utilización de este papel *aumenta* en 200 por hora el número de chocolatinas que puede envolver una persona manualmente y en 300 por hora el número que puede envolver con una máquina. Utilizando los datos de los ejemplos 20.3 y 20.4 construya una tabla como la 20.4 que muestre cómo afecta este avance tecnológico a la productividad media del trabajo. ¿Sigue el capital mostrando rendimientos decrecientes?

EL OBSERVADOR ECONÓMICO 20.3

¿Por qué ha crecido tan deprisa la productividad del trabajo en Estados Unidos desde 1995?

Durante las décadas de 1950 y 1960, el PIB real y la productividad media del trabajo experimentaron un rápido crecimiento en los países más industrializados. Por ejemplo, entre 1947 y 1973 la productividad del trabajo creció en Estados Unidos un 2,8% al año[4]. Sin embargo, entre 1973 y 1995, su crecimiento se redujo a la mitad: 1,4% al año. La productividad también disminuyó en otros países y se escribieron muchos artículos y libros tratando de descubrir las razones. Sin embargo, en los últimos años, el crecimiento de la productividad se ha recuperado, especialmente en Estados Unidos. Entre 1995 y 2004, fue, en promedio, de un 3,1% al año. ¿A qué se ha debido este resurgimiento del crecimiento de la productividad? ¿Puede mantenerse?

Los economistas coinciden en que la recuperación del crecimiento de la productividad se ha debido al rápido progreso tecnológico y al aumento de la inversión en nuevas tecnologías de la información y la comunicación (TIC). Las investigaciones indican que la productividad ha crecido rápidamente tanto en las industrias que *producen* TIC, por ejemplo chips de silicona y fibra óptica, como en las que *utilizan* TIC. La aplicación de estos avances ha producido una reacción que se ha ido extendiendo a sectores que van desde la producción de automóviles hasta la gestión de las existencias en el comercio minorista. Por ejemplo, el rápido crecimiento de Internet ha permitido a los consumidores comprar y buscar información en la red. Pero también ha ayudado a las empresas a mejorar su eficiencia mejorando la coordinación entre los fabricantes y sus proveedores. En cambio, el crecimiento de la productividad no se ha acelerado en las industrias que ni producen ni utilizan TIC[5].

Los optimistas sostienen que los avances realizados en los campos de los ordenadores, las comunicaciones, la biotecnología y otras TIC permitirán que la productividad continúe creciendo a esta elevada tasa. Otros son más cautos y sostienen que los aumentos del crecimiento de la productividad provocados por estos avances podrían ser temporales en lugar de permanentes. La conclusión depende de qué punto de vista sea el correcto.

LA INICIATIVA EMPRESARIAL Y LA GESTIÓN

La productividad de los trabajadores depende, en parte, de las personas que ayudan a decidir qué se produce y cómo se produce. Los **empresarios** son las personas que crean nuevas empresas económicas. Gracias a los nuevos productos, servicios,

empresarios personas que crean nuevas empresas económicas

[4] Los datos se refieren al crecimiento de la productividad en el sector empresarial no agrícola y pueden encontrarse en http://data.bls.gov/cgi-bin/dsrv.

[5] Kevin J. Stiroh, "Information, Technology and the U.S. Productivity Revival: What Do the Industry Data Say?", *American Economic Review*, 92, diciembre, 2002, págs. 1.559-1.576.

procesos tecnológicos y métodos de producción que introducen, son fundamentales para que la economía sea dinámica y saludable. A finales del siglo XIX y principios del XX, algunas personas como Henry Ford y Alfred Sloan (automóviles), Andrew Carnegie (acero), John D. Rockefeller (petróleo) y J. P. Morgan (finanzas) desempeñaron un papel fundamental en el desarrollo de la industria de Estados Unidos y amasaron, al mismo tiempo y no por causalidad, ingentes fortunas personales. Estas personas y otras como ellas (incluidos algunos empresarios contemporáneos como Bill Gates) han sido criticadas por algunas de sus prácticas empresariales, en algunos casos con justificación. Sin embargo, es evidente que ellas y docenas de destacados líderes empresariales del siglo XX han contribuido significativamente al crecimiento de la economía de Estados Unidos. Por ejemplo, Henry Ford desarrolló la idea de la producción en serie, que redujo los costes lo suficiente como para poner los automóviles al alcance de la familia estadounidense media. Ford comenzó en su garaje, tradición que ha sido mantenida desde entonces por miles de innovadores. Larry Page y Sergey Brin, cofundadores de Google, revolucionaron el modo de investigación de los estudiantes universitarios y de muchos profesionales desarrollando un método para establecer prioridades en la lista de páginas web que se obtienen en una búsqueda en Internet.

La iniciativa empresarial, como cualquier tipo de creatividad, es difícil de enseñar, aunque algunas de las cualificaciones que contribuyen a ella, como el análisis financiero y el *marketing*, pueden aprenderse en la universidad o en la escuela de administración de empresas. ¿Cómo fomenta, pues, una sociedad la iniciativa empresarial? La historia sugiere que la iniciativa empresarial siempre existirá; el reto para la sociedad es canalizar la energía empresarial de una forma económicamente productiva. Por ejemplo, las autoridades económicas han de asegurarse de que la presión fiscal no es tan grande y la regulación tan inflexible que las pequeñas empresas —algunas de las cuales acabarán convirtiéndose en grandes empresas— no puedan despegar. Los factores sociológicos también pueden desempeñar un papel importante. Las sociedades en las que la actividad empresarial y comercial se considera indigna de las personas refinadas y educadas tienen menos probabilidades de producir empresarios prósperos (véase El observador económico 20.4). En Estados Unidos, la actividad empresarial se ha considerado casi siempre una actividad respetable. En conjunto, un medio social y económico que permita que florezca la iniciativa empresarial parece que fomenta el crecimiento económico y eleva la productividad, especialmente en las eras de alta tecnología como la nuestra.

EJEMPLO 20.5

La invención del ordenador personal

En 1975, Steve Jobs y Steve Wozniak eran dos jóvenes de 20 años que diseñaban juegos de ordenador para Atari. Querían hacer un ordenador más pequeño y barato que los que estaban utilizándose por entonces, que eran del tamaño de un armario. Para montar su taller en el garaje de la casa de los padres de Steve Jobs y comprar el material necesario, vendieron sus dos pertenencias más preciadas, la furgoneta Volkswagen usada de Jobs y la calculadora científica Hewlett-Packard de Wozniak, por las que obtuvieron un total de 1.300$. El resultado fue el primer ordenador personal, al que llamaron Apple en honor a su nueva compañía (y a la fruta favorita de Jobs). El resto es historia. Es evidente que la productividad media del trabajo de Jobs y Wozniak como inventores del ordenador personal era mucho mayor que cuando diseñaban juegos de ordenador. La iniciativa empresarial creativa puede aumentar la productividad exactamente igual que el capital o la tierra adicionales.

EL OBSERVADOR ECONÓMICO 20.4

¿Por qué se estancó la economía de la China medieval?

En China, el periodo Sung (960-1270 d.C.) fue una época de considerable sofisticación tecnológica; entre sus inventos figuran el papel, la noria, los relojes de agua, la pólvora y posiblemente el compás. Sin embargo, no se produjo una industrialización significativa y en los siglos posteriores hubo más crecimiento económico e innovación tecnológica en Europa que en China. ¿Por qué se estancó la economía de la China medieval?

Según las investigaciones del economista William Baumol[6], el principal impedimento para la industrialización durante el periodo Sung fue un sistema social que impedía la iniciativa empresarial. El comercio y la industria se consideraban actividades de bajo estatus, no aptas para una persona educada. Además, el emperador tenía derecho a confiscar las propiedades de sus súbditos y a quedarse con el control de sus empresas, derecho que reducía enormemente los incentivos de sus súbditos para emprender proyectos empresariales. La vía más directa para conseguir un estatus y riquezas en la China medieval era un sistema de difíciles exámenes para entrar en la función pública que realizaba el Estado cada tres años. Las personas que obtenían las puntuaciones más altas en estos exámenes nacionales recibían un puesto vitalicio en la burocracia imperial, en el que ejercían mucho poder y a menudo se enriquecían, en parte gracias a la corrupción. Como cabría esperar, la China medieval no desarrolló una clase empresarial dinámica, por lo que sus avances científicos y tecnológicos no se tradujeron en un crecimiento económico duradero. El caso de China muestra por qué los avances científicos no pueden garantizar por sí solos el crecimiento económico; para tener beneficios económicos, los conocimientos científicos deben aplicarse comercialmente a través de nuevos productos y nuevos medios más eficientes para producir bienes y servicios.

Aunque la iniciativa empresarial sea más glamurosa, los directivos —las personas que dirigen las empresas diariamente— también desempeñan un importante papel en la determinación de la productividad media del trabajo. Los puestos de dirección van desde el supervisor de la zona de carga hasta el director general que lleva las riendas de una empresa de *Fortune 500*. Los directivos trabajan para satisfacer a los clientes, negocian con los proveedores, organizan la producción, consiguen financiación, asignan los trabajadores a los puestos y los motivan para que trabajen mucho y eficazmente. Esas actividades mejoran la productividad del trabajo. Por ejemplo, en los años 70 y 80, los directivos japoneses introdujeron nuevos métodos de producción que aumentaron extraordinariamente la eficiencia de las fábricas japonesas. Entre ellos se encontraban el sistema de existencias *just-in-time*, en el que los proveedores suministran componentes de producción a la fábrica exactamente cuando los necesita, eliminando la necesidad de fábricas para almacenar componentes. Los directivos japoneses también fueron los primeros que organizaron a los trabajadores en equipos de producción semiindependientes, que les permitieron tener más flexibilidad y responsabilidad que en la cadena de montaje tradicional. En Estados Unidos y en otros países, los directivos estudiaron minuciosamente las técnicas de gestión japonesas y adoptaron muchas de ellas.

EL CLIMA POLÍTICO Y JURÍDICO

Hasta ahora hemos hecho hincapié en el papel que desempeña el sector privado en el aumento de la productividad media del trabajo. Pero el Estado también tiene que fomentar la mejora de la productividad. Una de sus aportaciones fundamentales es crear un *clima político y jurídico* que anime a comportarse de una forma económicamente productiva, es decir, a trabajar mucho, a ahorrar e invertir con sensatez, a adquirir información y cualificaciones útiles, y a suministrar los bienes y servicios que demanda el público.

Una función específica del Estado que parece fundamental para el éxito económico es el establecimiento de unos *derechos de propiedad perfectamente definidos*. Los derechos de propiedad están perfectamente definidos cuando la ley establece unas normas claras para decidir quién es el propietario de cada recurso (por ejemplo, a través de un sistema de escrituras y títulos) y cómo pueden utilizarse esos recursos.

[6] "Entrepreneurship: Productive, Unproductive, and Destructive", *Journal of Political Economy*, octubre, 1990, pp. 893-921.

Imaginemos que vivimos en una sociedad en la que un dictador, respaldado por el ejército y la policía, puede hacer lo que quiera y lo hace sistemáticamente. En un país de ese tipo, ¿qué incentivos tendríamos para producir una gran cosecha u otros bienes y servicios valiosos? Muy pocos, ya que nos quitarían probablemente una gran parte de lo que produjéramos. Desgraciadamente, hoy esta situación dista de ser hipotética en muchos países del mundo.

Las condiciones políticas y jurídicas también afectan de otras formas al crecimiento de la productividad. Los politólogos y los economistas han documentado el hecho de que la *inestabilidad política* puede ser perjudicial para el crecimiento económico. Esta observación es razonable, ya que es improbable que los empresarios y los ahorradores inviertan sus recursos en un país cuyo gobierno sea inestable, sobre todo si la lucha por el poder crea malestar social, terrorismo y guerra de guerrillas. En cambio, un sistema político que fomente el *libre intercambio de ideas* acelerará el desarrollo de nuevas tecnologías y productos. Por ejemplo, algunos historiadores económicos han sugerido que el declive de España como potencia económica se debió en parte a la llegada de la Inquisición española, que impedía disentir de la ortodoxia religiosa. Como consecuencia de la persecución inquisitorial de las personas cuyas teorías sobre el mundo natural eran contrarias a la doctrina de la Iglesia, la ciencia y la tecnología españolas languidecieron y España se quedó rezagada con respecto a otros países más tolerantes como los Países Bajos.

EJERCICIO 20.5

Un trabajador bengalí que emigre a Estados Unidos probablemente observará que su productividad media del trabajo es mucho mayor en Estados Unidos que en su país. El trabajador es, por supuesto, la misma persona que era cuando vivía en Bangladesh. ¿Cómo puede aumentar su productividad el mero hecho de que se traslade a vivir a Estados Unidos? ¿Qué dice su respuesta sobre el incentivo para emigrar?

EL OBSERVADOR ECONÓMICO 20.5

¿Por qué fracasó el comunismo?

Durante más de 70 años, desde la revolución rusa de 1917 hasta la caída de la Unión Soviética en 1991, muchos creyeron que el comunismo planteaba un gran reto a los sistemas económicos basados en el mercado. Sin embargo, cuando cayó la Unión Soviética, ya eran evidentes los malos resultados económicos del comunismo. De hecho, los bajos niveles de vida de los países comunistas, en comparación con los de Occidente, fueron una importante causa del descontento popular que derribó el sistema comunista en Europa. En términos económicos, ¿por qué fracasó el comunismo?

La baja tasa de crecimiento de la Unión Soviética y de otros países comunistas no se debió a la falta de recursos o de potencial económico. La Unión Soviética tenía una población trabajadora bien formada; un gran *stock* de capital; una enorme cantidad de recursos naturales, entre ellos tierra y energía; y acceso a tecnologías sofisticadas. Sin embargo, en el momento en que cayó la Unión Soviética, su producción per cápita probablemente era una séptima parte de la de Estados Unidos.

La mayoría de los observadores estaría de acuerdo en que el clima político y jurídico que estableció la estructura del sistema económico comunista fue una importante causa de su fracaso final. El sistema económico de la Unión Soviética y de otros países comunistas tenía dos grandes elementos: en primer lugar, el *stock* de capital y otros recursos eran propiedad del Estado, no de los individuos o de las empresas privadas. En segundo lugar, la mayoría de las decisiones relacionadas con la producción y con la distribución eran tomadas y llevadas a cabo por una agencia estatal de planificación, no por los individuos y las empresas a través de los mercados. Hoy comprendemos que este sistema funcionaba mal por varias razones.

Un importante problema era *la ausencia de derechos de propiedad privada.* Al no poder adquirir una cantidad significativa de propiedad privada, los ciudadanos soviéticos tenían pocos incentivos para comportarse de una forma económicamente productiva. En Estados Unidos o en Japón, el propietario de una empresa tiene muchos incentivos para reducir los costes y producir bienes que sean muy valorados por el público, ya que su renta depende de la rentabilidad de la empresa. En cambio, los resultados del administrador de una empresa soviética se juzgaban en función de que hubiera producido o no la cantidad de bienes especificada en el plan del gobierno, independientemente de la calidad de los bienes producidos o de que los consumidores los quisieran o no. Los administradores soviéticos tenían pocos incentivos para reducir los costes o para producir productos mejores y más valorados, ya que los beneficios adicionales que generaran iban a parar al Estado, no a los administradores; los empresarios tampoco podían montar nuevas empresas. En el sistema comunista, los trabajadores también tenían pocos motivos para trabajar mucho o eficazmente, ya que el salario no dependía del valor económico de lo que éstos producían, sino que era decidido por la agencia estatal de planificación.

El segundo problema importante del sistema comunista era la *ausencia de libres mercados*. En las economías planificadas centralmente, los mercados son sustituidos por detallados planes estatales que especifican lo que debe producirse y cómo debe producirse. Pero, como vimos en el ejemplo del suministro de alimentos de la ciudad de Nueva York (Capítulo 3), incluso la coordinación de actividades económicas relativamente básicas puede ser sumamente compleja y requerir una gran cantidad de información, mucha de la cual está repartida entre muchas personas. En un sistema de mercado, las variaciones de los precios transmiten información sobre los bienes y los servicios que quiere la gente y dan a los oferentes incentivos para llevar esos bienes y servicios al mercado. De hecho, como sabemos por el *principio del equilibrio*, en un mercado en equilibrio no queda ninguna oportunidad sin explotar. Los planificadores centrales de los países comunistas demostraron ser menos capaces que los mercados descentralizados de hacer frente a esta complejidad. Como consecuencia, en el comunismo la escasez era constante y los bienes de mala calidad.

Tras la caída del comunismo, muchos antiguos países comunistas iniciaron la difícil transición a un sistema económico basado en el mercado. Cambiar todo un sistema económico (éste es el ejemplo más extremo de *política estructural*) es una tarea lenta y difícil, y al principio muchos países vieron que la situación económica empeoraba en lugar de mejorar. La *inestabilidad política* y la ausencia de un *marco jurídico* moderno, sobre todo de leyes sobre las transacciones comerciales, han dificultado a menudo el progreso de las reformas. Sin embargo, algunos antiguos países comunistas, entre los que se encuentran Polonia, la República Checa y la antigua Alemania oriental, han conseguido establecer sistemas de mercado al estilo occidental y han comenzado a lograr un significativo crecimiento económico.

RECAPITULACIÓN — DETERMINANTES DE LA PRODUCTIVIDAD MEDIA DEL TRABAJO

- Entre los factores fundamentales que determinan la productividad media de un país se encuentran los siguientes:
  - Las cualificaciones y la formación de los trabajadores, llamadas *capital humano*.
  - La cantidad y la calidad del *capital físico*: máquinas, equipo y edificios.
  - La existencia de tierra y de otros *recursos naturales*.
  - La sofisticación de las *tecnologías* utilizadas para producir.
  - La eficacia de la *gestión* y la *iniciativa empresarial*.
  - El *clima social y jurídico* general
- El crecimiento de la productividad del trabajo se desaceleró en el mundo industrializado en las décadas de 1970 y 1980. Desde 1995, se ha recuperado (especialmente en Estados Unidos), debido en gran parte a los avances de la tecnología de la información y la comunicación.

RECUADRO 20.1: LAS FUNCIONES DE PRODUCCIÓN

Los economistas utilizan frecuentemente una expresión matemática llamada *función de producción* para describir la relación entre las cantidades de factores y las cantidades de productos. Una función de producción se expresa en su forma general de la manera siguiente:

$$Y = f(K, L, M, A)$$

donde

Y = la cantidad de producción o PIB real

K = la cantidad de capital físico

L = la cantidad de trabajo, ajustada para tener en cuenta el nivel de capital humano

M = la cantidad de tierra y de otros recursos naturales de que se dispone

A = el nivel de tecnología y de otros factores, como la eficacia de la gestión y el entorno social y jurídico

$f(\,)$ es una forma funcional sin especificar

En la práctica, se utilizan algunas formas funcionales específicas para calcular el nivel de producción. Una sencilla, pero famosa, en la que intervienen únicamente Y, K y L, es

$$Y = K^{1/2}L^{1/2} = \sqrt{KL}$$

Por ejemplo, si $K = 25$ y $L = 100$, $Y = \sqrt{25 \times 100} = \sqrt{2.500} = 50$. Esta sencilla función de producción tiene varias propiedades atractivas y una ligera variante de ella se ajusta razonablemente bien a los datos agregados. En primer lugar, si se duplican K y L, la producción también se duplica; es decir, si $K = 50$ y $L = 200$, $Y = \sqrt{50 \times 200} = \sqrt{10.000} = 100$. En segundo lugar, el capital (y el trabajo) tiene rendimientos decrecientes, por lo que, si mantenemos constante el nivel de trabajo y continuamos añadiendo más capital, la producción aumenta cada vez menos. Así, por ejemplo, si L se mantiene constante en 100 y K aumenta de 25 a 26, la producción aumenta de 50 a $\sqrt{26 \times 100} = 50{,}99$; es decir, en 0,99 unidades. Si K aumenta en una unidad más, a 27, la producción aumenta a $\sqrt{27 \times 100} = 51{,}96$; es decir, en sólo 0,97 unidades.

LOS COSTES DEL CRECIMIENTO ECONÓMICO

Tanto en este capítulo como en el Capítulo 18 hemos hecho hincapié en la influencia positiva del crecimiento económico en el nivel de vida de la persona media. Pero ¿deben luchar siempre las sociedades por conseguir la tasa más alta posible de crecimiento económico? La respuesta es negativa. Aunque aceptáramos por un momento la idea de que siempre es deseable que aumente la producción per cápita, el incremento de la tasa de crecimiento económico impone costes a la sociedad.

¿Cuáles son estos costes? El más evidente es el coste de crear nuevo capital. Sabemos que aumentando el *stock* de capital podemos incrementar la productividad y la producción en el futuro. Pero para aumentar el *stock* de capital, debemos utilizar recursos que podrían emplearse para aumentar la oferta de bienes de consumo. Por ejemplo, para instalar más cadenas de montaje manejadas por robots, una sociedad debe utilizar más técnicos cualificados para construir robots industriales y menos para diseñar videojuegos. Para construir nuevas fábricas, debe asignar más carpinteros y madera a la construcción de fábricas y menos a remodelar los sótanos o a reformar las viviendas familiares. En suma, para conseguir una elevada tasa de inversión en nuevo capital, la gente tiene que apretarse el cinturón, consumir menos y ahorrar más, lo cual constituye un coste económico real.

¿Debe tener un país una elevada tasa de inversión en bienes de capital a costa de los bienes de consumo? La respuesta depende del grado en que la gente quiera y pueda sacrificar consumo hoy para tener una tarta económica mayor mañana. En un país que sea muy pobre o que esté experimentando crisis económicas, es posible que la gente prefiera mantener un nivel de consumo relativamente alto y unos niveles de ahorro y de inversión relativamente bajos. ¡En medio de una tormenta, no es momento de reservar el paraguas para cuando llueva! Pero en una sociedad relativamente acomodada, la gente puede estar más dispuesta a hacer sacrificios para conseguir un crecimiento económico mayor en el futuro.

El consumo sacrificado en aras de la formación de capital no es el único coste en que se incurre para lograr un crecimiento mayor. En Estados Unidos, los periodos de rápido crecimiento económico del siglo XIX y principios del XX fueron a menudo épocas en las que muchas personas trabajaron muchas horas y realizaron trabajos peligrosos y desagradables. Aunque esos trabajadores ayudaron a construir la economía de la que disfrutan hoy los estadounidenses, los costes fueron altos en lo que se refiere al tiempo de ocio y, en algunos casos, a la salud y la seguridad de los trabajadores.

Otros costes del crecimiento son el coste de la investigación y el desarrollo necesarios para mejorar la tecnología y los costes de adquirir formación y cualificaciones (capital humano). El hecho de que para tener un nivel de vida más alto en el futuro haya que hacer sacrificios hoy es un ejemplo del *principio de la escasez*, según el cual tener una cantidad mayor de una cosa buena normalmente significa tener una menor de otra. Como para elevar el crecimiento económico hay que incurrir en costes económicos reales, sabemos por el *principio del coste-beneficio* que sólo se debe tratar de elevar el crecimiento si los beneficios son superiores a los costes.

FOMENTAR EL CRECIMIENTO ECONÓMICO

Si una sociedad decide tratar de elevar su tasa de crecimiento económico, ¿cuáles son algunas de las medidas que pueden tomar las autoridades para alcanzar este objetivo? He aquí una breve lista de sugerencias, basada en nuestro análisis de los factores que contribuyen al crecimiento de la productividad media del trabajo y, por lo tanto, de la producción per cápita.

MEDIDAS PARA AUMENTAR EL CAPITAL HUMANO

Como los trabajadores cualificados y bien formados son más productivos que los no cualificados, en la mayoría de los países los gobiernos tratan de aumentar el capital humano de sus ciudadanos financiando programas de educación y de formación. En Estados Unidos, el Estado financia la enseñanza pública hasta el nivel secundario y concede abundantes ayudas a las escuelas postsecundarias, incluidas las escuelas técnicas y las universidades. Los programas de intervención temprana financiados por el Estado, como *Head Start*, también intentan crear capital humano ayudando a los niños desfavorecidos a prepararse para la escuela. El Estado también financia, en menor medida que algunos otros países, la formación en el trabajo de los jóvenes no cualificados y el reciclaje de los trabajadores cuyas cualificaciones se han quedado obsoletas.

EL OBSERVADOR ECONÓMICO 20.6

¿Por qué disponen casi todos los países de enseñanza pública gratuita?

Todos los países industriales ofrecen a sus ciudadanos enseñanza pública gratuita hasta el nivel secundario y la mayoría subvenciona las universidades y las escuelas postsecundarias. ¿Por qué?

Los ciudadanos de la mayoría de los países avanzados están tan acostumbrados a la idea de la enseñanza pública gratuita que tal vez les parezca extraña esta pregunta. Pero ¿por qué debe facilitar el Estado enseñanza gratuita cuando no facilita gratuitamente bienes y servicios que son incluso más esenciales, como alimentos o asistencia médica, salvo a los más necesitados? Por otra parte, los servicios educativos pueden ofrecerse y demandarse y, de hecho, así ocurre en el mercado privado sin la ayuda del Estado.

Un importante argumento a favor de la enseñanza gratuita, o al menos subvencionada, es que la curva de demanda privada de educación no incluye todos los beneficios sociales de la educación (recuérdese el *principio del equilibrio* del Capítulo 3, que establece, en parte, que un mercado en equilibrio puede no explotar todas las ventajas de la acción colectiva). Por ejemplo, para que el sistema político democrático funcione eficazmente, los ciudadanos tienen que estar formados, factor que un demandante individual de educación tiene pocas razones para tener en cuenta. Desde un punto de vista más estrictamente económico, cabría afirmar que los individuos no recogen todos los rendimientos económicos de su escolarización. Por ejemplo, las personas que tienen un elevado capital humano y, por lo tanto, altos ingresos, pagan más impuestos, que pueden utilizarse para financiar servicios públicos y ayudar a los menos afortunados. Como consecuencia del impuesto sobre la renta, el beneficio privado de adquirir capital humano es menor que el beneficio social, por lo que la demanda de educación en el mercado privado puede ser inferior a la óptima desde el punto de vista de la sociedad. Asimismo, las personas que poseen formación tienen más probabilidades que otras de contribuir al desarrollo tecnológico y, por lo tanto, al crecimiento general de la productividad, lo cual puede beneficiarles no sólo a ellas, sino también a otras muchas. Por último, otro argumento a favor de la financiación pública de la educación es que las personas pobres a las que les gustaría invertir en capital humano pueden no tener los medios para hacerlo porque carecen de suficiente renta.

¿Por qué es gratuita la enseñanza pública en casi todos los países?

El Premio Nobel Milton Friedman, entre otros muchos economistas, ha sugerido que estos argumentos pueden justificar la implantación de los llamados *vales* educativos, que son ayudas del Estado a los ciudadanos para que puedan comprar educación en el sector privado, pero *no* justifican que el Estado proporcione educación directamente, por ejemplo, a través del sistema público de enseñanza. Los defensores de la enseñanza pública sostienen, por el contrario, que el Estado debe controlar directamente la enseñanza en alguna medida, con el fin de fijar las normas y supervisar la calidad. ¿Qué piensa el lector?

MEDIDAS QUE FOMENTAN EL AHORRO Y LA INVERSIÓN

La productividad media del trabajo aumenta cuando los trabajadores pueden utilizar un considerable y moderno *stock* de capital. Para apoyar la creación de nuevo capital, el Estado puede fomentar el ahorro y la inversión en el sector privado. Muchas disposiciones de la legislación tributaria están pensadas expresamente para animar a los hogares a ahorrar y a las empresas a invertir. Por ejemplo, un hogar que se hace un plan de jubilación puede ahorrar para su jubilación sin pagar impuestos por los fondos depositados en el plan o por los intereses que éste devenga (sin embargo, tiene que pagar impuestos cuando se retiran los fondos en el momento de la jubilación). El objetivo de la legislación sobre estos planes es aumentar el atractivo económico del ahorro para los hogares. Asimismo, el Parlamento puede instituir una deducción fiscal por inversión, que reduce la deuda tributaria de las empresas que invierten en nuevo capital. El ahorro y la inversión del sector privado se analizan más detenidamente en el Capítulo 22.

El Estado puede contribuir directamente a la formación de capital por medio de la *inversión pública*, es decir, de la creación de capital propiedad del Estado. La inversión pública comprende la construcción de carreteras, puentes, aeropuertos, presas y, en algunos países, redes de energía y de comunicaciones. La construcción de la red interestatal de autopistas de Estados Unidos, que se inició durante la administración del presidente Eisenhower, suele ponerse como ejemplo de éxito de la inversión pública. Esta red redujo considerablemente los costes del transporte de larga distancia en Estados Unidos, mejorando la productividad en toda la economía. Actualmente, la red de ordenadores y comunicaciones que llamamos Internet está produciendo un efecto similar. Este proyecto también recibió una financiación crucial del Estado en sus primeras fases. Muchos estudios han confirmado que la inversión pública en *infraestructura*, que es el capital público que sustenta las actividades económicas del sector privado, puede ser una importante fuente de crecimiento.

MEDIDAS QUE FINANCIAN LA INVESTIGACIÓN Y EL DESARROLLO

El progreso tecnológico aumenta la productividad; éste necesita, a su vez, inversión en investigación y desarrollo (I+D). En muchas industrias, las empresas privadas tienen suficientes incentivos para realizar investigación y desarrollo. Por ejemplo, no es necesario que el Estado financie la investigación para desarrollar un desodorante mejor. Pero algunos tipos de conocimientos, especialmente los conocimientos científicos básicos, pueden producir beneficios económicos generales que una empresa privada no puede recoger. Por ejemplo, los que desarrollaron el chip de silicio desempeñaron un papel decisivo en la creación de enormes industrias nuevas y, sin embargo, sólo recibieron una pequeña parte de los beneficios generados por sus inventos. Dado que es posible que sea la sociedad en general, más que los inventores, la que reciba la mayor parte de los beneficios derivados de la investigación básica, el Estado puede tener que financiarla, como ocurre en Estados Unidos, donde se financia a través de organismos como la *National Science Foundation*. El gobierno federal también financia una gran cantidad de investigaciones aplicadas, especialmente en el campo militar y espacial. En la medida en que la seguridad nacional lo permita, el Estado puede aumentar el crecimiento compartiendo los frutos de esa investigación con el sector privado. Por ejemplo, el *Global Positioning System* (GPS), que se desarrolló inicialmente con fines militares, hoy puede utilizarse en vehículos privados de pasajeros y ayuda a los automovilistas a orientarse.

EL MARCO JURÍDICO Y POLÍTICO

Aunque el crecimiento económico se deriva principalmente de las actividades del sector privado, el Estado desempeña un papel esencial en la creación de un marco en el que el sector privado pueda funcionar productivamente. Hemos analizado la importancia de que existan unos derechos de propiedad seguros y un sistema jurídico que funcione bien, un clima económico que fomente la iniciativa empresarial, así como estabilidad política y libre intercambio de ideas. Los gobernantes también deben considerar la posible repercusión de la política de impuestos y de regulación en las actividades que aumentan la productividad, como la inversión, la innovación y la asunción de riesgos. Las medidas que afectan al marco jurídico y político son ejemplos de *medidas macroeconómicas estructurales* (véase el Capítulo 17).

LOS PAÍSES MÁS POBRES: ¿SON UN CASO ESPECIAL?

Existen diferencias radicales entre el nivel de vida de los países más ricos del mundo y el de los más pobres (véase la Tabla 18.4 para algunos datos). Es, pues, sumamente urgente lograr que crezcan las economías de los países más pobres. ¿Son las recomendaciones de este apartado relevantes para esos países o se necesitan medidas muy diferentes para impulsar su crecimiento?

Los mismos factores y medidas que fomentan el crecimiento en los países más ricos también son válidos en gran medida para los países más pobres. Aumentar el capital humano financiando la educación y la formación, elevar las tasas de ahorro y de inversión, invertir en capital e infraestructura públicos, financiar la investigación y el desarrollo y fomentar la iniciativa empresarial son medidas todas ellas que aumentan el crecimiento económico en los países pobres.

Sin embargo, la mayoría de estos países necesita mejorar, mucho más que los más ricos, el marco jurídico y político que sustenta sus economías. Por ejemplo, muchos países en vías de desarrollo tienen sistemas jurídicos poco desarrollados o corruptos que disuaden de crear empresas y de invertir, ya que los derechos de propiedad son inciertos. En los países en vías de desarrollo, los impuestos y las reglamentaciones a menudo son torpes y están administrados por burocracias ineficientes, hasta el punto de que se puede tardar meses o años en conseguir los permisos necesarios para montar un pequeño negocio o ampliar una fábrica. En muchos países pobres, la excesiva regulación o la excesiva propiedad pública de empresas impiden que los mercados funcionen eficazmente para lograr el crecimiento económico. Por ejemplo, puede ocurrir que no sea el mercado, sino el Estado, el que decida la asignación del crédito bancario o los precios de los productos agrícolas. Las medidas estructurales que pretenden mejorar estos problemas son importantes condiciones previas para conseguir que crezcan las economías de los países más pobres. Pero lo más importante —y lo más difícil en algunos países— probablemente sea conseguir la estabilidad política y el imperio de la ley. Sin estabilidad política, los ahorradores interiores y extranjeros serán reacios a invertir en el país, por lo que será difícil, cuando no imposible, lograr el crecimiento económico.

¿Pueden ayudar los países ricos a los países pobres a desarrollarse? Históricamente, los países más ricos han tratado de ayudarlos individualmente por medio de préstamos o ayudas (ayuda exterior) o por medio de préstamos realizados por organismos internacionales, como el Banco Mundial. Sin embargo, la experiencia ha demostrado que la ayuda económica a los países que no emprenden reformas estructurales, como una reducción de la excesiva regulación o una mejora del sistema jurídico, es de escaso valor. Para que la ayuda exterior sea más eficaz, los países ricos deben ayudar a los pobres a conseguir la estabilidad política y a introducir las reformas necesarias en la estructura de su economía.

¿TIENE LÍMITES EL CRECIMIENTO ECONÓMICO?

En este capítulo hemos visto que incluso una tasa de crecimiento económico relativamente baja, si se mantiene durante un largo periodo, provoca un enorme aumento de las dimensiones de la economía. Este hecho lleva a preguntarse si el crecimiento económico puede continuar indefinidamente sin agotar los recursos naturales y causar un enorme daño al medio ambiente mundial. ¿Implica la verdad básica de que vivimos en un mundo finito de recursos finitos que el crecimiento económico acabará deteniéndose?

El temor a que el crecimiento económico no pueda mantenerse no es nuevo. Un influyente libro de 1972, *The Limits to Growth*[7], publicó los resultados de simulaciones informáticas que sugerían que si no se detenía el crecimiento demográfico y la expansión económica, el mundo pronto se quedaría sin recursos naturales, agua potable y aire respirable. Este libro y otros estudios posteriores en la misma línea han suscitado algunas cuestiones fundamentales que no podemos tratar aquí como se merecen. Sin embargo, sus conclusiones son engañosas en algunos aspectos.

Uno de los problemas de la tesis de los "límites del crecimiento" radica en su concepto subyacente de crecimiento económico. Quienes hacen hincapié en que el medio ambiente limita el crecimiento suponen implícitamente que el crecimiento económico siempre significa tener una cantidad mayor de los bienes que tenemos hoy: más fábricas llenas de humo, más automóviles contaminantes, más restaurantes de comida rápida. Si fuera así, seguramente el crecimiento que puede mantener el planeta sería limitado. Pero el crecimiento del PIB real no significa necesariamente eso. Los aumentos del PIB real también pueden deberse a productos nuevos o de mayor calidad. Por ejemplo, no hace mucho las raquetas de tenis eran artículos relativamente sencillos que se hacían principalmente de madera. Hoy se hacen de materiales sintéticos recién inventados y se diseñan para obtener unos resultados óptimos utilizando sofisticadas simulaciones informáticas. Como estas nuevas raquetas de tenis de alta tecnología son más valoradas por los consumidores que las antiguas de madera, su introducción aumentó el PIB real. Asimismo, la introducción de nuevos productos farmacéuticos ha contribuido al crecimiento económico, al igual que el aumento del número de canales de TV, el sonido digital y las ventas por Internet. Por lo tanto, el crecimiento económico no tiene por qué significar tener una cantidad cada vez mayor de los mismos y antiguos bienes; puede significar tener bienes y servicios más nuevos, mejores y quizá más limpios y eficientes.

[7] Donella H. Meadows, Dennis L. Meadows, Jørgen Randers y William W. Behrens, III, *The Limits to Growth*, Nueva York, New American Library, 1972.

El segundo problema de la conclusión de los "límites del crecimiento" se halla en que pasa por alto el hecho de que el incremento de la riqueza y de la productividad aumenta la capacidad de la sociedad para tomar medidas que salvaguarden el medio ambiente. De hecho, los países más contaminados del mundo no son los más ricos, sino los que se encuentran en una fase de industrialización relativamente temprana (véase El observador económico 20.7). En esta fase, los países deben dedicar la mayor parte de sus recursos a las necesidades básicas —alimentos, alojamiento, asistencia sanitaria— y a una continua expansión industrial. En estos países, el aire y el agua limpios pueden no considerarse una necesidad básica, sino un bien de lujo. En los países cuya economía está más desarrollada, en los cuales las necesidades más básicas se satisfacen más fácilmente, se dispone de más recursos para mantener limpio el medio ambiente. Así pues, un continuo crecimiento económico puede reducir la contaminación en lugar de aumentarla.

El tercer problema de la visión pesimista del crecimiento económico radica en que no tiene en cuenta el poder del mercado y de otros mecanismos sociales para hacer frente a la escasez. Durante la interrupción del suministro de petróleo de los años 70, los periódicos se llenaron de titulares sobre la crisis de la energía y el inminente agotamiento de las existencias mundiales de petróleo. Sin embargo, 30 años más tarde, las reservas mundiales conocidas de petróleo son, en realidad, *mayores* que en los años 70[8].

La situación actual de la energía es mucho mejor de lo previsto hace 30 años debido a que el mercado ha continuado funcionando. La reducción de las existencias de petróleo provocó una subida de los precios que modificó la conducta tanto de los demandantes como de los oferentes. Los consumidores aislaron sus viviendas, compraron automóviles y electrodomésticos que consumían menos energía y optaron por otras fuentes de energía. Los oferentes se dedicaron a buscar nuevas reservas, abriendo importantes nuevas fuentes en Latinoamérica, China y el Mar del Norte. En resumen, las fuerzas del mercado resolvieron la crisis de la energía.

En general, la escasez de cualquier recurso provoca alteraciones de los precios que inducen a los oferentes y a los demandantes a resolver el problema. Si simplemente se extrapolan las tendencias económicas actuales al futuro, no se tiene en cuenta el poder del sistema de mercado para reconocer la escasez y realizar las correcciones necesarias. Es de esperar que las medidas que adoptan los gobiernos ante las presiones políticas, como la asignación de fondos públicos para preservar los espacios abiertos o reducir la contaminación del aire, complementen los ajustes del mercado.

A pesar de los fallos de la tesis de los "límites del crecimiento", la mayoría de los economistas estaría de acuerdo en que no todos los problemas que crea el crecimiento económico pueden resolverse eficazmente a través del mercado o del proceso político. Y lo que probablemente sea más importante, los problemas mundiales del medio ambiente, como la posibilidad de que se caliente el planeta o la continua destrucción de la selva tropical, constituyen un reto especial para las instituciones económicas y políticas existentes. La calidad del medio ambiente no se compra ni se vende en los mercados y, por lo tanto, no alcanzará automáticamente su nivel óptimo a través de los procesos del mercado (recuérdese el *principio del equilibrio*). Los gobiernos locales o nacionales tampoco pueden resolver eficazmente problemas que son de alcance mundial. Si no se establecen mecanismos internacionales para abordar los problemas mundiales del medio ambiente, éstos pueden agravarse a medida que continúe el crecimiento económico.

EL OBSERVADOR ECONÓMICO 20.7

¿Por qué es tan mala la calidad del aire en la ciudad de México?

Los países en vías de desarrollo como México, que ni están totalmente industrializados ni son desesperadamente pobres, a menudo tienen graves problemas de medio ambiente. ¿Por qué?

Una de las cuestiones por las que preocupa el crecimiento económico es que provocará un creciente nivel de contaminación del medio ambiente. Sin embargo,

[8] Las recientes subidas de los precios del petróleo han aumentado de nuevo las preocupaciones. Recuérdese, sin embargo, que en el Ejercicio 19.7 vimos que el precio real del petróleo bajó en realidad entre 1980 y abril de 2005.

los estudios empíricos muestran que la relación entre la contaminación y el PIB real per cápita se parece más a una U invertida (véase la Figura 20.5). En otras palabras, a medida que los países dejan de tener un PIB real per cápita muy bajo y se trasladan a los niveles de "renta media", la mayoría de los indicadores de la contaminación tiende a empeorar, pero la calidad del medio ambiente mejora a medida que el PIB real per cápita sigue aumentando. Según un estudio de la relación entre la calidad del aire y el PIB real per cápita, el nivel del PIB real per cápita en el que la calidad del aire es peor —representado por el punto *A* de la Figura 20.5— es más o menos igual que el nivel medio de renta de México[9]. Y, de hecho, la calidad del aire de la ciudad de México es excepcionalmente mala, como podrá atestiguar cualquiera que visite esa ciudad de crecimiento descontrolado.

FIGURA 20.5
La relación entre la contaminación del aire y el PIB real per cápita. Empíricamente, la contaminación del aire aumenta conforme aumenta el PIB real per cápita hasta un punto y a continuación comienza a disminuir. La contaminación del aire es máxima (punto A) en un nivel de PIB real per cápita aproximadamente igual al de México.

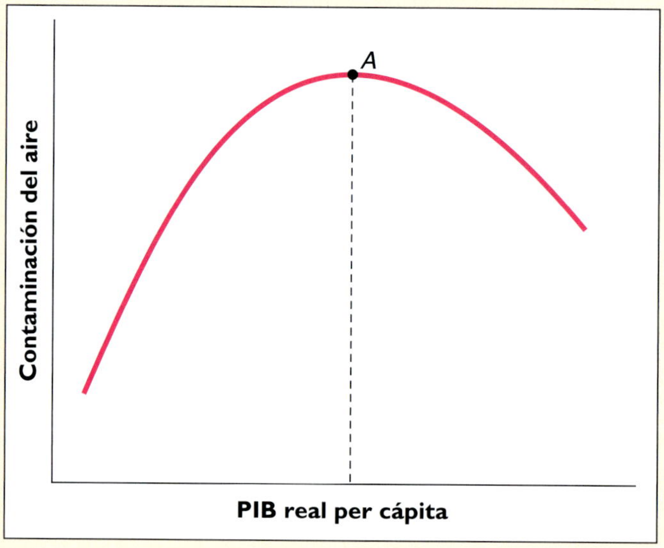

Que la contaminación puede empeorar cuando un país se industrializa es comprensible, pero ¿por qué mejora la calidad del medio ambiente cuando el PIB real per cápita alcanza niveles muy altos? Este fenómeno tiene varias explicaciones. Las economías más ricas están relativamente más concentradas que las de renta media en la producción de servicios de alto valor y "limpios", como los servicios financieros y la producción de programas informáticos, por oposición a los sectores intensivos en contaminación como la industria manufacturera pesada. Las economías ricas también tienen más probabilidades de contar con los conocimientos necesarios para desarrollar tecnologías anticontaminantes sofisticadas y de bajo coste. Pero la principal razón por la que las economías más ricas tienden a ser más limpias es la misma por la que las casas de los ricos generalmente están más limpias y en mejores condiciones que las de los pobres. A medida que la renta es mayor de la necesaria para satisfacer las necesidades básicas, quedan más recursos para dedicar a los "bienes de lujo", como un medio ambiente limpio (el *principio de la escasez*). Las familias ricas utilizan los recursos adicionales para financiar un servicio de limpieza; los países ricos los utilizan para financiar mecanismos de control de la contaminación en las fábricas y en los automóviles. De hecho, las leyes anticontaminación generalmente son más estrictas y se aplican con mayor rigor en los países ricos que en los de renta media y pobres.

[9] Gene M. Grossman y Alan B. Krueger, "Environmental Impacts of a North American Free Trade Agreement", en Peter Garber (comp.), *The Mexico-U.S. Free Trade Agreement*, Cambridge, MA, MIT Press, 1993. Véase también Grossman y Krueger, "Economic Growth and the Environment", *Quarterly Journal of Economics*, mayo, 1995, pp. 353-78; y Banco Mundial, *World Development Report: Development and the Environment*, 1992.

RECAPITULACIÓN — EL CRECIMIENTO ECONÓMICO: TENDENCIAS Y CUESTIONES

- El crecimiento económico tiene considerables costes, especialmente el sacrificio de consumo actual que se necesita para liberar recursos para crear nuevo capital y nuevas tecnologías. Sólo se debe tratar de elevar las tasas de crecimiento si los beneficios son mayores que los costes.
- Entre las medidas para fomentar el crecimiento económico se encuentran las medidas para aumentar el capital humano (la educación y la formación); las medidas para fomentar el ahorro y la formación de capital; las medidas para apoyar la investigación y el desarrollo; y la creación de un marco jurídico y político en el que el sector privado pueda funcionar productivamente. Las deficiencias del marco jurídico y político (por ejemplo, la corrupción oficial o los derechos de propiedad mal definidos) son un problema especial en muchos países en vías de desarrollo.
- Algunos han afirmado que los recursos finitos implican que el crecimiento económico tiene límites. Esta idea no tiene en cuenta que el crecimiento puede adoptar la forma de mejores bienes y servicios, no de más bienes y servicios; que el aumento de la riqueza libera recursos para salvaguardar el medio ambiente; y que existen mecanismos políticos y económicos para resolver muchos de los problemas que conlleva el crecimiento. Sin embargo, estos mecanismos pueden no funcionar bien cuando los problemas medioambientales o de otro tipo que provoca el crecimiento económico son de alcance mundial.

RESUMEN

- En los últimos doscientos años, los niveles de vida de los países industrializados han mejorado enormemente, como lo demuestra el gran aumento que ha experimentado el PIB real per cápita. Como consecuencia del poder del *interés compuesto*, una diferencia relativamente pequeña entre las tasas de crecimiento, si se mantiene durante un largo periodo, puede producir grandes diferencias entre los PIB reales per cápita y entre los niveles medios de vida. La tasa de crecimiento económico a largo plazo es, pues, una variable económica de capital importancia.

- El PIB real per cápita es el producto de la productividad media del trabajo (PIB real por trabajador ocupado) y la proporción de la población que está ocupada. Sólo puede crecer cuando crece la productividad media del trabajo, la proporción de la población que está trabajando o ambas. En Estados Unidos, los aumentos de la proporción de la población que tiene trabajo han contribuido significativamente desde 1960 a elevar el PIB real per cápita. Pero en las cuatro últimas décadas, al igual que en la mayoría de los periodos, la principal causa del aumento del PIB real per cápita ha sido el incremento de la productividad media del trabajo.

- Entre los factores que determinan la productividad del trabajo se encuentran el talento, la educación, la formación y las cualificaciones de los trabajadores; es decir, el capital humano; la cantidad y la calidad del capital físico que utilizan los trabajadores; la existencia de tierra y de otros recursos naturales; la aplicación de la tecnología a la producción y la distribución de bienes y servicios; la eficacia de los *empresarios* y de los directivos; y el clima social y jurídico en general. Como consecuencia de los *rendimientos decrecientes del capital*, hay un punto a partir del cual el aumento del *stock* de capital no es la forma más eficaz de elevar la productividad media del trabajo. Los economistas coinciden, generalmente, en que las nuevas tecnologías son la fuente más importante de mejora de la productividad.

- En las décadas de 1970 y 1980, el crecimiento de la productividad se desaceleró en el mundo industrializado, pero se ha recuperado desde 1995, debido, principalmente, a los avances de la tecnología de la información y las comunicaciones.

- El crecimiento económico tiene costes y beneficios. Entre ellos los más destacados son la necesidad de sacrificar consumo actual para lograr una elevada tasa de inversión en nuevos bienes de capital; otros costes son el trabajo adicional y los costes de la investigación y el desarrollo. Por lo tanto, el aumento del crecimiento económico no es necesariamente mejor; es deseable o no dependiendo de que sus beneficios sean superiores a sus costes.

- Los gobernantes pueden estimular el crecimiento económico adoptando medidas que fomenten la creación de capital humano; que promuevan el ahorro y la inversión, incluida la inversión pública en infraestructura; que financien la investigación y el desarrollo, especialmente en las ciencias básicas; y que creen un marco jurídico y político que sustente las actividades del sector privado. Los países más pobres, que tienen un sistema jurídico, tributario y regulador mal desarrollado, suelen ser los que más necesitan mejorar el marco jurídico y político y aumentar la estabilidad política.

- ¿Tiene límites el crecimiento? Los argumentos de que los problemas del medio ambiente limitan el crecimiento económico y de los límites de los recursos naturales no tienen en cuenta el hecho de que el crecimiento económico puede adoptar la forma de una mejora de la calidad y de un aumento de la cantidad. De hecho, los aumentos de la producción pueden generar más recursos para limpiar el medio ambiente. Por último, el sistema de mercado, junto con los procesos políticos, puede resolver muchos de los problemas del crecimiento económico. Por otra parte, los problemas mundiales del medio ambiente, que no pueden ser resueltos ni por el mercado ni por los gobiernos nacionales unilateralmente, pueden limitar el crecimiento económico.

TÉRMINOS CLAVE

empresarios (103)

interés compuesto (92)

rendimientos decrecientes del capital (100)

PREGUNTAS DE REPASO

1. ¿Qué ha ocurrido con el PIB real per cápita en los países industrializados en los últimos cien años? ¿Qué consecuencias tiene eso para la persona media?
2. ¿Por qué los economistas consideran que el crecimiento de la productividad media del trabajo es un determinante fundamental del nivel de vida a largo plazo?
3. ¿Qué es el *capital humano*? ¿Por qué es importante desde el punto de vista económico? ¿Cómo se crea nuevo capital humano?
4. Usted ha empleado a cinco trabajadores de distinta fuerza física para cavar una zanja. Los trabajadores sin palas tienen una productividad cero cavando. ¿Cómo debe repartir las palas entre ellos si no tiene suficientes? ¿Cómo debe repartir las palas adicionales que consiga? Utilizando este ejemplo analice (a) la relación entre la existencia de capital físico y la productividad media del trabajo, y (b) el concepto de rendimientos decrecientes del capital.
5. ¿Cuál es la causa de la recuperación que ha experimentado el crecimiento de la productividad del trabajo de Estados Unidos desde 1995? ¿Cómo lo sabemos?
6. Explique cómo pueden mejorar los empresarios de talento y los directivos eficaces la productividad media del trabajo.
7. ¿Qué aportaciones importantes puede hacer el Estado al objetivo de aumentar la productividad media del trabajo?
8. Analice la siguiente afirmación: "Como el medio ambiente es frágil y los recursos naturales finitos, el crecimiento económico acabará deteniéndose".

PROBLEMAS

1. El PIB real per cápita de Ricolandia es de 10.000$ y el de Pobrelandia de 5.000$. Sin embargo, el PIB real per cápita de Ricolandia está creciendo un 1% al año y el de Pobrelandia un 3%. Compare los PIB reales per cápita que tendrán los dos países dentro de diez años y dentro de veinte. ¿Cuántos años tardará aproximadamente Pobrelandia en dar alcance a Ricolandia?
2. Basándose en los datos de El observador económico 20.2, calcule cuánto habrá aumentado la productividad del trabajo de Estados Unidos en 2024 (en relación con 2004) si
   a. la productividad continúa creciendo un 3,1% al año
   b. el crecimiento de la productividad desciende a su tasa media del periodo 1973-1995 (*nota*: no es necesario saber cuáles son los valores efectivos de la productividad media del trabajo de ningún año para resolver este problema).
3. El "envejecimiento de Estados Unidos" elevará considerablemente la proporción de la población que se jubilará en las próximas décadas. Para mostrar las consecuencias para los niveles de vida de Estados Unidos, suponga que a partir de 2004 la proporción de la población que está trabajando vuelve durante 44 años al nivel en el que se encontraba en 1960, mientras que la productividad media del trabajo aumenta exactamente igual que durante 1960-2004. Partiendo de este supuesto, ¿cuál sería la variación neta del PIB real per cápita entre 2004 y 2048? Le resultarán útiles los datos siguientes:

	Productividad media del trabajo	Proporción de la población ocupada
1960	38.034$	36,4%
1999	77.858$	47,4%

4. He aquí los datos de Canadá, Alemania y Japón sobre la tasa de ocupación de 1979 y 2003:

	1979	2003
Canadá	0,44	0,50
Alemania	0,33	0,43
Japón	0,48	0,52

Averigüe con los datos de la Tabla 20.1 la productividad media del trabajo de cada país correspondiente a 1979 y a 2003. ¿Qué parte del aumento que experimentó la producción per cápita de cada país en el periodo 1979-2003 se debe a un aumento de la productividad del trabajo? ¿Y a un aumento de la tasa de ocupación?

5. Juana acaba de terminar los estudios secundarios y no sabe si estudiar 2 años en la universidad o comenzar a trabajar directamente. Su objetivo es tener la mayor cantidad posible de ahorros en el banco dentro de cinco años. Si comienza a trabajar directamente, ganará 20.000$ al año durante cada uno de los próximos cinco años. Si va a la universidad, no ganará nada en cada uno de los dos próximos años; de hecho, tendrá que pedir un préstamo de 6.000$ cada año para sufragar los gastos de la matrícula y los libros. Este préstamo deberá devolverlo tres años después de que se titule. Si termina la carrera, sus salarios serán de 38.000$ al año en cada uno de los tres años siguientes. El importe total de sus gastos e impuestos, excluidos la matrícula y los libros, asciende a 15.000$ al año.
   a. Suponga, para simplificar, que Juana puede pedir un préstamo y prestar a un tipo de interés nulo. Basándose en criterios puramente económicos, ¿debe estudiar en la universidad o trabajar?
   b. ¿Varía su respuesta a la pregunta *a* si puede ganar 23.000$ al año con sólo un título de enseñanza secundaria?
   c. ¿Varía su respuesta a la pregunta *a* si la matrícula y los libros le cuestan 8.000$ al año?
   d.* Suponga que el tipo de interés al que Juana puede pedir préstamos y prestar es de un 10% al año, pero los demás datos son iguales que los de la parte *a*. Los ahorros se depositan al final del año en que se ganan y rinden un interés (compuesto) al final de cada año posterior. Asimismo, los préstamos se solicitan al final del año en el que se necesitan y los intereses no se pagan hasta el final del año siguiente. Ahora que ha subido el tipo de interés, ¿debe estudiar Juana en la universidad o trabajar?

6. La tienda Comestibles Buenos y Frescos tiene dos cajas y cuatro empleados. Éstos poseen las mismas cualificaciones y todos pueden manejar una caja registradora o meter los artículos en bolsas. El dueño de la tienda asigna a cada caja un cajero y un empleado para meter los artículos en bolsas. Una caja con un cajero y un empleado para meter los artículos en bolsas puede cobrar a 40 clientes por hora. Una caja con un cajero solamente puede cobrar a 25 clientes por hora.
   a. ¿Cuál es la producción total y la productividad media del trabajo de la tienda expresadas en el número de clientes cobrados por hora?
   b. El propietario instala una tercera caja. Suponiendo que no amplía la plantilla, ¿cuál es la mejor forma de reasignar a los trabajadores? ¿Cuáles son ahora la producción total y la productividad media del trabajo (expresados en el número de clientes cobrados por hora)?
   c. Repita al apartado *b* con una cuarta caja y una quinta. ¿Observa la presencia de rendimientos decrecientes del capital en este ejemplo?

7. Javier, Carla y Fede son pintores. Javier y Carla pueden pintar 100 metros cuadrados por hora utilizando una brocha normal y Fede puede pintar 80. Cualquiera de los tres puede pintar 200 utilizando un rodillo.
   a. Suponga que Javier, Carla y Fede sólo disponen de brochas. ¿Cuál es la productividad media del trabajo en metros cuadrados por hora de los tres pintores considerados como un equipo? Suponga que los tres siempre trabajan el mismo número de horas.
   b. Repita la parte *a* suponiendo que el equipo tiene uno, dos, tres o cuatro rodillos. ¿Muestra el capital rendimientos decrecientes?
   c. Una mejora de la calidad de la pintura aumenta un 20% la superficie que pueden pintar por hora (con brocha o con rodillo). ¿Cómo afecta esta mejora tecnológica a sus respuestas a al apartado *b*? ¿Muestra el capital rendimientos decrecientes? ¿Aumenta la mejora tecnológica el valor económico de un rodillo más o lo reduce?

8. Piscifactoría Helena cría peces. Al final de esta temporada, tiene 1.000 peces en la piscifactoría. Puede capturar el número de peces que desee y venderlos a los restaurantes a 5$ cada uno. Como los peces grandes engendran peces pequeños, por cada pez que deje en la piscifactoría este año tendrá dos a finales del próximo año. Se espera que el precio de los peces también sea de 5$ el próximo año. Helena vive exclusivamente de los ingresos que obtiene por la venta de peces.
   a. ¿Cuántos peces debe capturar si quiere maximizar el crecimiento de su número de peces entre esta temporada y la siguiente?
   b. ¿Cree usted que maximizar el crecimiento de su número de peces es una estrategia sensata desde el punto de vista económico? ¿Por qué? Relacione su respuesta con el análisis de los costes del crecimiento económico de este capítulo.
   c. ¿Cuántos peces debe capturar Helena si quiere maximizar la renta de este año? ¿Cree usted que es una buena estrategia?
   d. Explique por qué es improbable que Helena capture todos los peces o ninguno y por qué lo probable es que capture algunos y deje que el resto se reproduzca.
9. Verdadero o falso: Para que los avances de la ciencia básica se traduzcan en mejoras de los niveles de vida, las condiciones económicas deben ser favorables. Analice su respuesta. Utilice ejemplos concretos cuando sea posible para ilustrar sus argumentos.
10. Escriba un breve ensayo evaluando la economía de Estados Unidos desde el punto de vista de cada uno de los seis determinantes de la productividad media del trabajo analizados en el texto. ¿Existen algunas áreas en las que Estados Unidos es excepcionalmente fuerte en relación con otros países? ¿Algunas en las que es menos fuerte? Ilustre sus argumentos con datos del *Statistical Abstract of the United States* (disponible en http://www.census.gov/statab/www/) y otras fuentes cuando sea conveniente.
11. Escriba un breve ensayo evaluando la economía de su país desde el punto de vista de cada uno de los seis determinantes de la productividad media del trabajo analizados en el texto. ¿Existen algunas áreas en las que su país es excepcionalmente fuerte en relación con otros países? ¿Algunas áreas en las que es menos fuerte? Ilustre sus argumentos con datos que pueda conseguir para las variables relevantes de cualquier fuente de información.
12. Encuentre las tasas de crecimiento anual para el PIB per capita de los ocho países presentados en la Tabla 20.2.
13. Considere los datos de Colombia presentados en la Tabla 20.2. Utilice la tasa de crecimiento medio anual de este país encontrada en el Ejercicio 11. ¿En cuántos años tendrá Colombia los niveles de ingreso per cápita mostrados en Alemania en 2003? ¿en Estados Unidos en 2003? ¿en Argentina en 2003?

RESPUESTAS A LOS EJERCICIOS

20.1 Si Estados Unidos hubiera crecido a la misma tasa que Japón durante el periodo 1870-2003, el PIB real per cápita habría sido en 2003 igual a $(2.887\$) \times (1{,}026)^{133} = 87.709\$$. El PIB per cápita efectivo fue de 35.488$ en 2003, por lo que, a la tasa más alta de crecimiento, la producción per cápita habría sido 87.709$/35.488$ = 2,47 veces mayor.

20.2 Lucía puede envolver, al igual que antes, 4.000 chocolatinas a la semana, es decir, 100 por hora. Elisa puede envolver 500 por hora y trabajando 40 horas a la semana puede envolver 20.000 a la semana. Lucía y Elisa pueden envolver juntas 24.000 chocolatinas a la semana. Como trabajan un total de 80 horas entre las dos, su producción por hora como equipo es de 24.000 chocolatinas/80 horas = 300 chocolatinas envueltas por hora, cifra que se encuentra entre sus productividades por hora individuales.

20.3 Como Elisa puede envolver 300 chocolatinas por hora manualmente, el beneficio de asignarle la máquina es igual a 500 – 300 = 200 chocolatinas más envueltas por hora. Como Lucía sólo envuelve 100 por hora manualmente, el beneficio de asignarle la máquina es de 400 chocolatinas más envueltas por hora. Por lo tanto, el beneficio de asignar la máquina a Lucía es mayor que el beneficio de asignársela a Elisa. En otras palabras, si la máquina se asigna a Elisa, Lucía y Elisa pueden envolver entre las dos 500 + 100 = 600 chocolatinas por hora, pero si Lucía utiliza la máquina, el equipo puede envolver 300 + 500 = 800 chocolatinas por hora. Por lo tanto, la producción aumenta si se asigna a Lucía la máquina.

20.4 Ahora trabajando manualmente, Lucía puede envolver 300 chocolatinas por hora y Elisa 500. Con una máquina, Lucía o Elisa pueden envolver 800 chocolatinas por hora. El beneficio de asignar una máquina a Lucía (500 chocolatinas por hora) es, al igual que en el Ejercicio 20.3, superior al beneficio de asignársela a Elisa (300 chocolatinas por hora), por lo que si sólo se dispone de una máquina, debe utilizarla Lucía.

La tabla análoga a la 20.4 ahora es ésta:

Relación entre el capital, la producción y la productividad en la fábrica de envolver chocolatinas

Número de máquinas (*K*)	Número total de chocolatinas envueltas a la semana (*Y*)	Número total de horas trabajadas	Productividad media del trabajo por hora (*Y*/*N*)
0	32.000	80	400
1	52.000	80	650
2	64.000	80	800
3	64.000	80	800

Si se compara esta tabla con la 20.4, se observará que el avance tecnológico ha aumentado la productividad del trabajo cualquiera que sea el valor de K, que es el número de máquinas de que se dispone.

La instalación de una máquina permite producir 20.000 chocolatinas envueltas más a la semana, la instalación de una segunda máquina permite producir 12.000 más y la instalación de una tercera no aumenta nada la producción (debido a que no hay ningún trabajador para utilizarla). Por lo tanto, el capital sigue mostrando rendimientos decrecientes después de la mejora tecnológica.

20.5 Aunque el trabajador es la misma persona que era en Bangladesh, su emigración a Estados Unidos le permite beneficiarse de factores que mejoran la productividad media del trabajo en este país en relación con su país de origen. Entre éstos se encuentran más y mejor capital con el que trabajar, más recursos naturales por persona, tecnologías más avanzadas, sofisticados empresarios y directivos, y un marco político y jurídico propicio para obtener una elevada productividad. No está garantizado que el valor del capital humano del inmigrante aumentará (por ejemplo, puede no aumentar si no habla inglés y no tiene cualificaciones que puedan utilizarse en Estados Unidos), pero normalmente aumentará.

Dado que un aumento de la productividad eleva los salarios y el nivel de vida, el trabajador bengalí tiene muchos incentivos económicos para emigrar a Estados Unidos si puede hacerlo.

CAPÍTULO

21

LOS TRABAJADORES, LOS SALARIOS Y EL DESEMPLEO EN LA ECONOMÍA MODERNA

Un libro de Thomas L. Friedman, columnista de *The New York Times*, sobre el cambio de la economía mundial, *The Lexus and the Olive Tree*[1], contiene una memorable fotografía tomada en Jerusalén hace unos años. La foto muestra a un judío ortodoxo, Shimon Biton, rezando ante el Muro de las Lamentaciones, uno de los lugares más sagrados del judaísmo. Las devociones del Sr. Biton no tienen nada de raro; de hecho, miles de judíos rezan diariamente ante el Muro. Lo que *es* raro de la fotografía es que muestre al Sr. Biton portando un teléfono móvil apoyado contra el Muro. A través del teléfono, un familiar del Sr. Biton que se encuentra en Francia está cumpliendo con su obligación religiosa de rezar "ante" el Muro de las Lamentaciones.

La fotografía ilustra perfectamente el tema del libro de Friedman, según el cual una de las características más destacadas del mundo moderno es la estrecha conjunción del rápido cambio económico y tecnológico y los valores y costumbres tradicionales. La fotografía sugiere que el Sr. Biton se siente muy a gusto combinando lo tradicional con lo moderno; pero, como subraya el libro de Friedman, no todo el mundo se siente tan a gusto. En muchos países, las fuerzas contrapuestas de la modernización y los modos tradicionales de vida han provocado enormes conflictos sociales. Friedman sostiene que, desde un punto de vista económico las poderosas fuerzas de la modernización han agrandado la diferencia entre los que "tienen", es decir, los que pueden beneficiarse del rápido cambio tecnológico y económico; y los que "no tienen", o lo que es lo mismo, los que no pueden o no quieren beneficiarse de él.

[1]Nueva York: Farrar, Straus, & Giroux, 1999.

AP/World Wide Photos

En el capítulo anterior examinamos el notable crecimiento de la economía y de la productividad que ha experimentado el mundo industrializado durante los últimos doscientos años y que ha au+mentado extraordinariamente la cantidad de bienes y servicios que puede producir la economía. Pero aún no hemos visto cómo se distribuyen los frutos del crecimiento económico. ¿Se ha beneficiado todo el mundo por igual del crecimiento económico y del aumento de la productividad? O como sugiere la tesis de Friedman, ¿está dividida la población entre los que han cogido el "tren" de la modernización económica y se han enriquecido con él y los que se han quedado en la estación?

Para comprender cómo afectan el crecimiento y el cambio económicos a los diferentes sectores, debemos analizar el mercado de trabajo. Exceptuando los jubilados y otros grupos que reciben ayuda del Estado, la mayoría de las personas recurre, casi exclusivamente, a los sueldos y los salarios para pagar sus facturas y guardar algo para el futuro. Por lo tanto, es en el mercado de trabajo en el que la mayoría de la gente ve los beneficios del crecimiento económico y del aumento de la productividad. En este capítulo describimos y explicamos algunas tendencias importantes de los mercados de trabajo de los países industrializados. Utilizando un modelo de oferta y demanda del mercado de trabajo, centramos primero la atención en algunas tendencias importantes de los salarios reales y del empleo; y, en la segunda parte del capítulo examinamos el problema del desempleo, especialmente del desempleo a largo plazo. Veremos los dos factores fundamentales que contribuyen a las tendencias recientes de los salarios, el empleo y el desempleo son la *globalización* de la economía, que se refleja en la creciente importancia del comercio mundial, y el continuo *cambio tecnológico*. Al final del capítulo, el lector comprenderá mejor la conexión entre estas tendencias macroeconómicas y la suerte económica de los trabajadores y de su familia.

CINCO TENDENCIAS IMPORTANTES DEL MERCADO DE TRABAJO

En las últimas décadas, los mercados de trabajo del mundo industrializado se han caracterizado, al menos, por cinco tendencias. Dividimos estas tendencias en dos grupos: las que afectan a los salarios reales y las que afectan al empleo y al desempleo.

TENDENCIAS DE LOS SALARIOS REALES

1. En el siglo XX, los salarios reales subieron considerablemente en todos los países industrializados.

En Estados Unidos, el trabajador medio podía comprar con sus ingresos anuales el doble de bienes y servicios en 2004 que en 1960, y casi el quíntuple que en 1929 justo antes de la Gran Depresión. Las tendencias han sido similares en otros países industrializados.

2. Sin embargo, desde principios de los años 70 la tasa de crecimiento de los salarios reales se ha desacelerado.

Aunque en el periodo posterior a la Segunda Guerra Mundial los salarios reales han experimentado una impresionante subida, las tasas de aumento más rápidas se registraron en los años 60 y a principios de los 70. En los 13 años comprendidos entre 1960 y 1973, el poder adquisitivo de la renta de los trabajadores aumentó a la elevada tasa de 2,61% al año. Pero entre 1973 y 1996, los ingresos anuales reales sólo crecieron un 0,91% al año. La buena noticia es que desde 1996 hasta 2004 crecieron un 2,22%, a pesar de que hubo una recesión en 2001. El crecimiento de los ingresos anuales de todo el periodo 1973-2004, de un 1,25% al año, siguió siendo muy inferior al anterior a 1973.

3. Por otra parte, en Estados Unidos la desigualdad salarial ha aumentado considerablemente en las últimas décadas.

La creciente diferencia entre los salarios reales de los trabajadores cualificados y los de los no cualificados ha sido un motivo de especial preocupación. Aunque los ingresos reales por trabajador se duplicaron entre 1960 y 2004, los ingresos semanales reales medios de los obreros disminuyeron y los salarios reales de los trabajadores que tienen el nivel más bajo de cualificaciones y de estudios han descendido nada menos que entre un 25 y un 30% según algunos estudios. Al mismo tiempo, los salarios reales de los trabajadores mejor formados y más cualificados han aumentado ininterrumpidamente. Datos recientes mostraron que en Estados Unidos los trabajadores que tenían un título de posgrado ganaban casi el triple que los trabajadores que tenían estudios secundarios y el cuádruple que los que tenían menos de 9 años de estudios. Muchos observadores temen que Estados Unidos esté creando un mercado de trabajo "dual"; es decir, abundantes puestos de trabajo buenos con unos buenos salarios para los trabajadores bien formados y cualificados y cada vez menos oportunidades para los que carecen de estudios o de cualificaciones.

En otros países, concretamente en Europa occidental, los salarios han subido a un ritmo más rápido y la tendencia ascendente de la desigualdad salarial ha sido mucho menor. Pero como veremos, en Europa las tendencias del empleo no han sido tan alentadoras como en Estados Unidos. Pasemos ahora a analizar las tendencias del empleo y del desempleo.

TENDENCIAS DEL EMPLEO Y DEL DESEMPLEO

4. En Estados Unidos, el número de personas que tienen empleo ha aumentado considerablemente en las últimas décadas.

En 1970, alrededor de un 57% de la población de más de 16 años tenía trabajo. En 2004, el empleo total era superior a los 139 millones de personas, lo que representa más de un 62,3% de la población de más de 16 años. Entre 1980 y 2004, la economía estadounidense creó 40 millones de puestos de trabajo —lo que significa un aumento del empleo total del 40%— mientras que la población de más de 16 años sólo creció un 33%. Sin embargo, el empleo *no* ha experimentado un crecimiento parecido en casi ningún otro país industrializado. En concreto,

5. Los países de Europa occidental han padecido elevadas tasas de desempleo durante casi dos décadas.

En Francia, por ejemplo, en el periodo 1990-2004 el 10,2%, en promedio, de la población trabajadora estuvo desempleado, mientras que en Estados Unidos la cifra fue de un 5,6% solamente. La Figura 21.10 muestra las tasas recientes de desempleo de cuatro países de Europa occidental. En consonancia con las elevadas tasas de desempleo, las tasas de creación de empleo de Europa occidental han sido excepcionalmente bajas. Este comportamiento también ha estado presente en la mayoría de los países de Latinoamérica. La Figura 21.1, muestra que en general las tasas de desempleo han estado creciendo desde 1995, con excepción de México, donde ha disminuido.

Dada la tendencia de la desigualdad salarial a aumentar en Estados Unidos y la persistencia del elevado desempleo en Europa, podemos concluir que una proporción significativa de la población activa del mundo industrializado no se ha beneficiado del periodo reciente de crecimiento y prosperidad económicos. Mientras en Estados Unidos el problema son los bajos y descendentes salarios reales de los trabajadores no cualificados, en Europa lo que ocurre sencillamente es que a menudo no hay trabajo para los no cualificados y, en ocasiones, ni siquiera para los cualificados.

¿A qué se deben estas tendencias del empleo y de los salarios? En el resto del capítulo mostraremos que un análisis de oferta y demanda del mercado de trabajo puede ayudar a explicar estas importantes tendencias.

FIGURA 21.1
Tasas de desempleo en cinco países de Latinoamérica, 1991-2002.

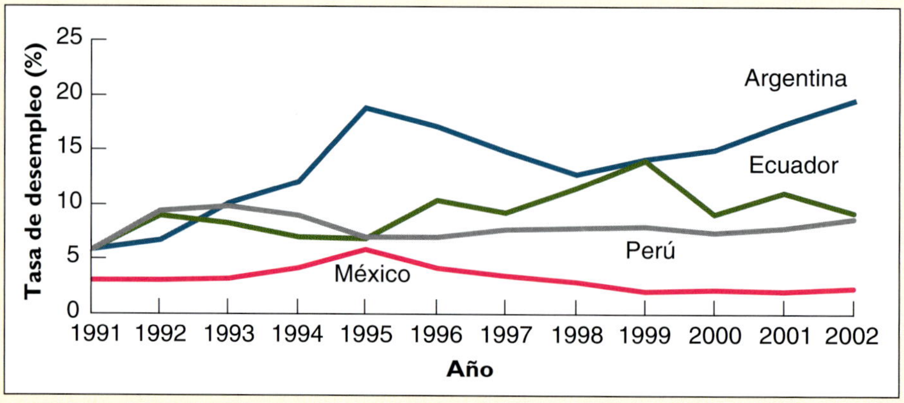

FUENTE: *World Bank Indicators.*

RECAPITULACIÓN	TENDENCIAS IMPORTANTES DEL MERCADO DE TRABAJO

- Los salarios reales medios han aumentado considerablemente durante un largo periodo tanto en Estados Unidos como en otros países industrializados.
- A pesar de la tendencia ascendente a largo plazo de los salarios reales, su crecimiento se ha desacelerado significativamente en Estados Unidos desde principios de los años 70.
- En Estados Unidos, la desigualdad de los salarios ha aumentado espectacularmente en las últimas décadas. De hecho, los salarios reales de la mayoría de los trabajadores no cualificados han disminuido, mientras que los salarios reales de los trabajadores cualificados y formados han continuado aumentando.
- En Estados Unidos, el empleo ha crecido considerablemente —de hecho, a un ritmo mucho más rápido que la población activa— durante las últimas décadas.
- Desde 1980 aproximadamente, los países de Europa occidental han experimentado elevadísimas tasas de desempleo y bajas tasas de creación de empleo.

LA OFERTA Y LA DEMANDA EN EL MERCADO DE TRABAJO

En el Capítulo 3 vimos cómo puede utilizarse el análisis de oferta y demanda para averiguar los precios y las cantidades de equilibrio de los bienes y los servicios. Este enfoque también es útil para estudiar la situación del mercado de trabajo. En el mercado de trabajo, el "precio" es el salario que se paga a los trabajadores a cambio de sus servicios. El salario se expresa por unidad de tiempo, por ejemplo, por hora o al año. La "cantidad" es la cuantía de trabajo que utilizan las empresas, que en este libro se mide generalmente por medio del número de trabajadores ocupados. También podría expresarse por medio del número de horas trabajadas; la elección de las unidades es una cuestión de comodidad.

¿Quiénes son los demandantes y los oferentes en el mercado de trabajo? Las empresas demandan trabajo para producir bienes y servicios. Casi todos nosotros ofrecemos trabajo durante alguna fase de nuestra vida. Siempre que la gente trabaja a cambio de una remuneración, ofrece servicios de trabajo a un precio igual al salario que recibe. En este capítulo analizamos tanto la oferta como la demanda de trabajo, poniendo énfasis en el lado de la demanda del mercado laboral. Las variaciones de la demanda de trabajo son fundamentales para explicar las tendencias agregadas de los salarios y del empleo que hemos descrito en el apartado anterior.

El mercado de trabajo es estudiado tanto por los microeconomistas como por los macroeconomistas y ambos utilizan los instrumentos de la oferta y la demanda. Sin embargo, los microeconomistas centran la atención en cuestiones como la determinación de los salarios de puestos de trabajo o trabajadores específicos. En este capítulo adoptamos un enfoque macroeconómico y examinamos factores que afectan a las tendencias agregadas del empleo y de los salarios.

LOS SALARIOS Y LA DEMANDA DE TRABAJO

Comencemos viendo de qué depende el número de trabajadores que quieren contratar los empresarios a un salario dado; es decir, la demanda de trabajo. Como veremos, ésta depende tanto de la productividad del trabajo como del precio que pone el mercado a la producción de los trabajadores. Cuanto más productivos son éstos o cuanto más valiosos son los bienes y los servicios que producen, mayor es el número de trabajadores que quieren contratar los empresarios a un salario dado.

La Tabla 21.1 muestra la relación entre la producción y el número de trabajadores de la Empresa Ordenadores Banana (EOB), que fabrica y vende ordenadores. La columna 1 de la tabla muestra algunas cantidades de técnicos que podría emplear EOB en su fábrica. La columna 2 muestra la cantidad de ordenadores que puede producir la empresa cada año, dependiendo del número de trabajadores empleados. Cuantos más haya, más ordenadores puede producir. Para simplificar el análisis, supondremos que las cantidades de planta, equipo y materiales que utilizan los trabajadores para fabricar ordenadores son fijas.

TABLA 21.1

Producción y producto marginal de Ordenadores Banana

(1) Número de trabajadores	(2) Ordenadores producidos al año	(3) Producto marginal	(4) Valor del producto marginal (a 3.000$ por ordenador)
0	0		
		25	75.000$
1	25		
		23	69.000
2	48		
		21	63.000
3	69		
		19	57.000
4	88		
		17	51.000
5	105		
		15	45.000
6	120		
		13	39.000
7	133		
		11	33.000
8	144		

La columna 3 de la Tabla 21.1 muestra el *producto marginal* de cada trabajador, que es la producción adicional que se obtiene empleando un trabajador más. Obsérvese que cada trabajador adicional aumenta la producción total menos que el anterior. La tendencia del producto marginal a disminuir conforme se emplean más trabajadores se denomina *rendimientos decrecientes escala del trabajo*. El principio de los **rendimientos decrecientes del trabajo** establece que, si la cantidad de capital y de otros factores se mantiene constante, cuanto mayor es la cantidad de trabajo ya empleada, menos aumenta la producción con cada trabajador adicional.

rendimientos decrecientes de escala del trabajo si la cantidad de capital y de otros factores se mantiene constante, cuanto mayor es la cantidad de trabajo ya empleada, menos aumenta la producción con cada trabajador adicional

El principio de los rendimientos decrecientes del trabajo es análogo al principio de los rendimientos decrecientes del capital analizado en el capítulo anterior. La base económica de estos principios es la misma, a saber, *el principio del coste de oportunidad creciente*, también conocido con el nombre de *principio de la fruta que está más al alcance de la mano*. Como vimos en el capítulo anterior, los directivos de una empresa quieren utilizar los factores de que disponen de la forma más productiva posible. Por lo tanto, un empresario que tenga un trabajador lo asignará al trabajo más productivo. Si contrata otro, lo asignará al segundo trabajo más productivo.

El tercero lo asignará al tercer trabajo más productivo, y así sucesivamente. Como muestra la Tabla 21.1, cuanto mayor es el número de trabajadores empleados, menor es el producto marginal de añadir otro más.

La columna 4 de la Tabla 21.1 muestra el *valor del producto marginal* de cada trabajador, suponiendo que los ordenadores de EOB se venden a 3.000$ cada uno. El valor del producto marginal de un trabajador es la cantidad de ingreso adicional que genera el trabajador a la empresa. Concretamente, el valor del producto marginal de cada trabajador de EOB es el producto marginal de ese trabajador expresado en el número de ordenadores adicionales producidos multiplicado por el precio del producto, que en este caso es de 3.000$ por ordenador. Ahora tenemos toda la información necesaria para averiguar la demanda de trabajadores de EOB.

EJEMPLO 21.1

La demanda de trabajo de EOB

Supongamos que el salario vigente de los técnicos informáticos es de 60.000$ al año. Los directivos de EOB saben que es el salario que ofrecen todas sus competidoras, por lo que no pueden contratar trabajadores cualificados por menos. ¿Cuántos técnicos contratará EOB? ¿Cuál sería la respuesta si el salario fuera de 50.000$ al año?

EOB contratará un trabajador más si y sólo si el valor de su producto marginal (que es igual al ingreso adicional que genera el trabajador a la empresa) es superior al salario que debe pagar EOB. El salario vigente de los técnicos informáticos, que EOB considera dado, es de 60.000$ al año. La Tabla 21.1 muestra que el valor del producto marginal del primer trabajador, del segundo y del tercero es en cada caso superior, a 60.000$. La contratación de estos trabajadores será rentable para EOB porque el ingreso adicional que genera cada uno es mayor que el salario que debe pagar EOB. Sin embargo, el producto marginal del cuarto trabajador sólo vale 57.000$. Si los directivos de EOB contrataran a un cuarto trabajador, pagarían 60.000$ más de salarios por una producción adicional que sólo vale 57.000$. Dado que si la empresa contrata el cuarto trabajador, pierde dinero, sólo contratará tres trabajadores. Por lo tanto, la cantidad de trabajo que demanda EOB cuando el salario vigente es de 60.000$ al año es de tres técnicos.

Si el salario de mercado de los técnicos informáticos fuera de 50.000$ al año en lugar de 60.000$, merecería la pena contratar el cuarto técnico, ya que el valor de su producto marginal, 57.000$, sería 7.000$ mayor que sus salarios. También merecería la pena contratar el quinto técnico, puesto que su producto marginal vale 51.000$; es decir, 1.000$ más que el salario vigente. Sin embargo, el valor del producto marginal del sexto sólo es de 45.000$, por lo que no sería rentable contratarlo. Cuando los salarios son de 50.000$ al año, la demanda de trabajo de EOB es de cinco técnicos.

EJERCICIO 21.1

¿Cuántos trabajadores contratará EOB, si el salario vigente de los técnicos es de 35.000$ al año?

Cuanto más bajo sea el salario que debe pagar una empresa, más trabajadores contratará. Por lo tanto, la demanda de trabajo es como la demanda de otros bienes o servicios, en el sentido de que la cantidad demandada aumenta cuando baja el precio (en este caso, el salario). La Figura 21.2 muestra una curva de demanda de trabajo hipotética de una empresa o de una industria en la que el salario se encuentra en el eje de ordenadas y el empleo en el de abscisas. Manteniéndose todo lo demás constante, cuanto más alto sea el salario, menos trabajadores demandará una empresa o una industria.

Hasta ahora hemos visto en nuestro ejemplo que la demanda de trabajo depende del salario *nominal* o monetario. Como explicamos en el Capítulo 19, generalmente es más esclarecedor examinar el salario real, que es el salario expresado en poder adquisitivo. De momento, mantendremos constante el nivel de precios, por lo que las variaciones del salario nominal también reflejan las variaciones del salario real.

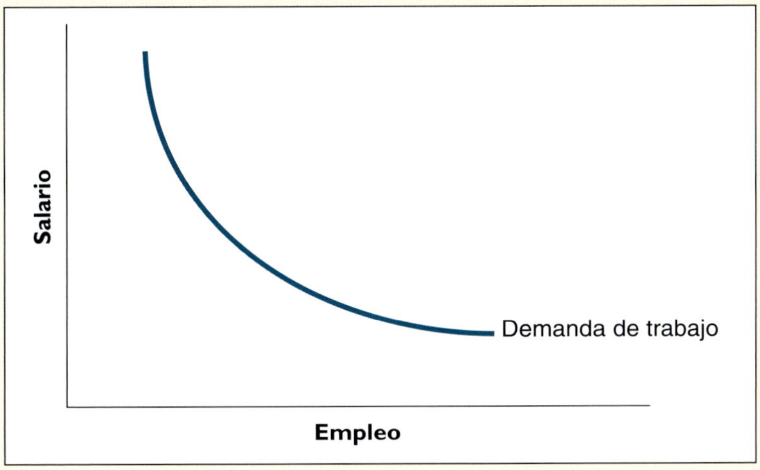

FIGURA 21.2
La curva de demanda de trabajo.
La curva de demanda de trabajo tiene pendiente negativa. Cuanto más alto es el salario, menos trabajadores contratan los empresarios.

DESPLAZAMIENTOS DE LA DEMANDA DE TRABAJO

Como muestra la columna 4 de la Tabla 21.1, el número de trabajadores que empleará EOB a cualquier salario real dado depende del valor de su producto marginal. Los cambios de la economía que elevan el valor del producto marginal de los trabajadores aumentan el valor que tienen los trabajadores adicionales para EOB y, por lo tanto, la demanda de trabajo de EOB a cualquier salario real dado. En otras palabras, cualquier factor que eleve el valor del producto marginal de los trabajadores de EOB desplazará la curva de demanda de trabajo de EOB hacia la derecha.

Son dos los principales factores que podrían elevar la demanda de trabajo de EOB: (1) una subida del precio del producto de la empresa (ordenadores) y (2) un aumento de la productividad de los trabajadores de EOB. El Ejemplo 21.2 muestra la primera de estas posibilidades y el 21.3, la segunda.

El precio de los ordenadores y la demanda de trabajo de EOB

EJEMPLO 21.2

Supongamos que un aumento de la demanda de ordenadores de EOB eleva el precio relativo de sus ordenadores a 5.000$ cada uno. ¿Cuántos técnicos contratará ahora si el salario real es de 60.000$ al año? ¿Y si es de 50.000$?

La Tabla 21.2 muestra el efecto de la subida de los precios de los ordenadores. Las columnas 1, 2 y 3 de la tabla son iguales que las de la 21.1. El número de ordenadores que puede fabricar un número dado de técnicos (columna 2) no ha variado; por lo tanto, el producto marginal de los técnicos (columna 3) es el mismo.
Pero como ahora los ordenadores pueden venderse a 5.000$ cada uno en lugar de 3.000$, el valor del producto marginal de cada trabajador ha aumentado dos tercios (compárese la columna 4 de la Tabla 21.2 con la 4 de la 21.1).

¿Cómo afecta la subida del precio de los ordenadores a la demanda de trabajo de EOB? Recuérdese que en el Ejemplo 21.1 hemos visto que, cuando el precio de los ordenadores era de 3.000$ y el salario de los técnicos de 60.000$, la demanda de trabajo de EOB era de tres trabajadores. Pero ahora, al venderse los ordenadores a 5.000$ cada uno, el valor del producto marginal de cada uno de los siete primeros trabajadores es superior a 60.000$ (Tabla 21.2). Por lo tanto, si el salario real de los técnicos informáticos sigue siendo de 60.000$, EOB aumentaría su demanda de tres trabajadores a siete.

Supongamos, por el contrario, que el salario real de los técnicos es de 50.000$. En el Ejemplo 21.1, cuando el precio de los ordenadores era de 3.000$ y el salario de 50.000$, EOB demandaba cinco trabajadores. Pero si los ordenadores se venden a 5.000$, podemos ver en la columna 4 de la Tabla 21.2 que el valor del producto marginal incluso del octavo trabajador es superior al salario de 50.000$. Por lo tanto, si el salario real es de 50.000$, la subida de los precios de los ordenadores eleva la demanda de trabajo de EOB de cinco a ocho trabajadores.

TABLA 21.2

Producción y producto marginal de Ordenadores Banana tras una subida de los precios de los ordenadores

(1) Número de trabajadores	(2) Ordenadores producidos al año	(3) Producto marginal	(4) Valor del producto marginal (a 5.000$ por ordenador)
0	0		
		25	125.000$
1	25		
		23	115.000
2	48		
		21	105.000
3	69		
		19	95.000
4	88		
		17	85.000
5	105		
		15	75.000
6	120		
		13	65.000
7	133		
		11	55.000
8	144		

EJERCICIO 21.2

¿Cuántos trabajadores contratará EOB si el salario real de los técnicos es de 100.000$ al año y el precio relativo de los ordenadores de 5.000$? Compare su respuesta con la demanda de técnicos a un salario de 100.000$ cuando el precio de los ordenadores es de 3.000$.

El Ejemplo 21.2 lleva a la conclusión general de que *una subida del precio del producto de los trabajadores eleva la demanda de trabajo*, desplazando la curva de demanda de trabajo hacia la derecha, como muestra la Figura 21.3. Cuando sube el precio del producto de los trabajadores, éstos son más valiosos, lo cual lleva a los empresarios a demandar más trabajadores a cualquier salario real dado.

El segundo factor que afecta a la demanda de trabajo es la productividad de los trabajadores. Dado que un aumento de la productividad eleva el valor del producto marginal de un trabajador, también eleva la demanda de trabajo, como muestra el Ejemplo 21.3.

FIGURA 21.3
La subida del precio de un producto eleva la demanda de trabajo.
La subida del precio del producto de los trabajadores eleva el valor de su producto marginal, desplazando la curva de demanda de trabajo hacia la derecha.

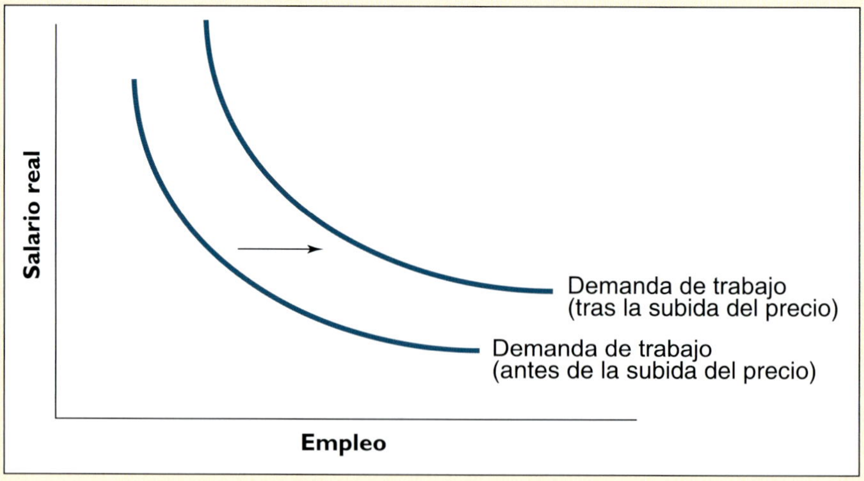

EJEMPLO 21.3 **La productividad de los trabajadores y la demanda de trabajo de EOB**

Supongamos que EOB adopta una nueva tecnología que reduce el número de componentes que deben montarse, lo que permite a cada técnico fabricar un 50% más de máquinas al año. Supongamos que el precio de los ordenadores es de 3.000$ cada uno. ¿Cuántos técnicos contratará EOB si el salario real es de 60.000$ al año?

La Tabla 21.3 muestra los productos marginales de los trabajadores y el valor de su producto marginal tras el aumento de la productividad de un 50%, suponiendo que los ordenadores se venden a 3.000$ cada uno.

Antes del aumento de la productividad, EOB habría demandado tres trabajadores a un salario de 60.000$ (Tabla 21.1). Sin embargo, tras ese aumento, el valor del producto marginal de los seis primeros trabajadores es superior a 60.000$ (véase la columna 4 de la Tabla 21.3). Por lo tanto, a un salario de 60.000$, la demanda de trabajo de EOB aumenta de tres a seis trabajadores.

TABLA 21.3
Producción y producto marginal de Ordenadores Banana tras un aumento de la productividad de los trabajadores

(1) Número de trabajadores	(2) Ordenadores producidos al año	(3) Producto marginal	(4) Valor del producto marginal (a 3.000$ por ordenador)
0	0		
1	37,5	37,5	125.000$
2	72	34,5	103.500
3	103,5	31,5	94.500
4	132	28,5	85.500
5	157,5	25,5	76.500
6	180	22,5	67.500
7	199,5	19,5	58.500
8	216	16,5	49.500

EJERCICIO 21.3

¿Cuántos trabajadores contratará EOB tras el aumento de la productividad del 50% si el salario de los técnicos es de 50.000$ al año? Compare esta cifra con la cantidad de trabajadores que demandaba la empresa a un salario de 50.000$ antes del aumento de la productividad.

En general, un aumento de la productividad de los trabajadores eleva la demanda de trabajo, desplazando la curva de demanda de trabajo hacia la derecha, como muestra la Figura 21.4.

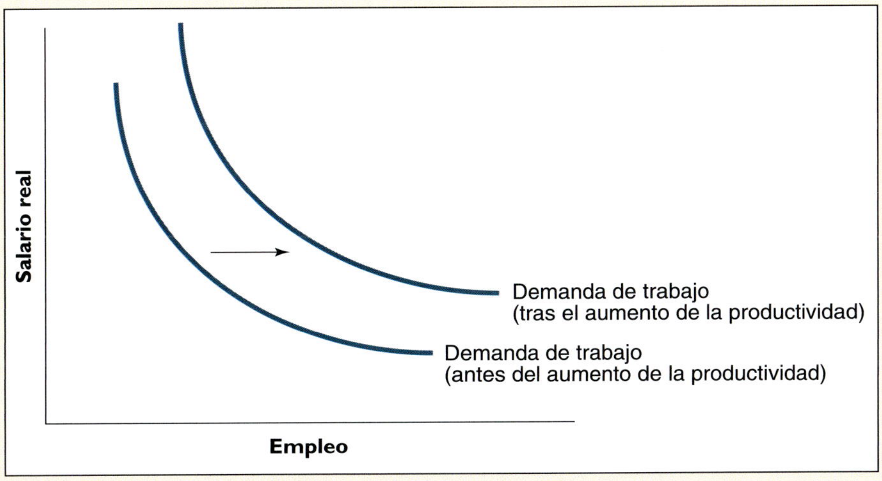

FIGURA 21.4
Un aumento de la productividad eleva la demanda de trabajo. Un aumento de la productividad eleva el producto marginal de los trabajadores y —suponiendo que no varía el precio del producto— el valor de su producto marginal. Como un aumento de la productividad eleva el valor del producto marginal, los empresarios contratarán más trabajadores a cualquier salario real dado, desplazando la curva de demanda de trabajo hacia la derecha.

LA OFERTA DE TRABAJO

Hemos analizado la demanda de trabajo por parte de los empresarios; para completar el análisis, hay que examinar la oferta de trabajo. Los oferentes de trabajo son los trabajadores y los trabajadores potenciales. A cualquier salario real dado, los oferentes potenciales de trabajo deben decidir si están dispuestos a trabajar. El número total de personas que están dispuestas a trabajar a cada salario real es la oferta de trabajo[2].

EJEMPLO 21.4

¿Limpiamos el sótano del vecino o nos vamos a la playa?

Estamos pensando en irnos a la playa hoy, pero nuestro vecino nos pide que le limpiemos el sótano. La playa nos gusta mucho más que quitar telarañas. ¿Aceptamos el empleo?

A menos que nuestro principal objetivo sea establecer buenas relaciones de vecindad, es probable que nuestra respuesta a esta oferta de trabajo sea "depende de cuánto pague el vecino". Probablemente no estemos dispuestos a aceptar el trabajo por 10$ o por 20$, a menos que tengamos una grave y urgente necesidad de dinero en efectivo. Pero si nuestro vecino es rico y lo bastante excéntrico para ofrecernos 500$ (por poner un ejemplo extremo), es muy probable que digamos que sí. La cantidad mínima que estaríamos dispuestos a aceptar por limpiar el sucio sótano se encuentra entre los 20$ y la cifra poco realista de 500$. Esta cantidad mínima, que es el *precio de reserva* que fijamos a nuestro trabajo, es la remuneración con la que nos da exactamente lo mismo trabajar que no trabajar.

En términos económicos, la decisión de trabajar o no a un salario dado es una sencilla aplicación del *análisis coste-beneficio*. El coste que tiene para nosotros limpiar el sótano es el coste de oportunidad de nuestro tiempo (preferiríamos hacer surf) más el coste de tener que trabajar en condiciones desagradables. Este coste total podemos medirlo en dólares preguntándonos simplemente: "¿cuál es la cantidad mínima de dinero que aceptaríamos por limpiar el sótano en lugar de ir a la playa?" La cantidad mínima que aceptaríamos es igual que nuestro precio de reserva. El beneficio de aceptar el empleo se mide por medio de la cantidad que percibimos, que destinaremos a comprar el nuevo reproductor de DVD que queremos. Sólo debemos aceptar el trabajo si la remuneración prometida (el beneficio de trabajar) es mayor que nuestro precio de reserva (el coste de trabajar).

En este ejemplo, nuestra disposición a ofrecer trabajo es mayor cuanto más alto es el salario. En general, lo mismo ocurre con la población en su conjunto. La gente trabaja, desde luego, por muchas razones, entre las que se encuentran la satisfacción personal, la posibilidad de adquirir cualificaciones, y talento y la posibilidad de

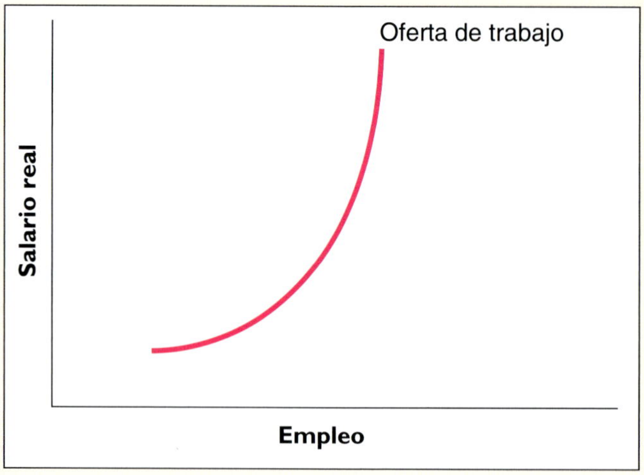

FIGURA 21.5
La oferta de trabajo.
La curva de oferta de trabajo tiene pendiente positiva porque, en general, cuanto más alto es el salario real, más dispuesta está la gente a trabajar.

[2] Seguimos manteniendo constante el nivel general de precios, por lo que cualquier subida del salario nominal también representa una subida del salario real.

relacionarse con los compañeros de trabajo. Aun así, para la mayoría de las personas la renta es uno de los principales beneficios de trabajar, por lo que cuanto más alto es el salario real, más dispuestas están a no hacer otras actividades a las que podrían dedicar su tiempo. El hecho de que la gente esté más dispuesta a trabajar cuando el salario que se le ofrece es más alto se recoge por medio de la pendiente positiva de la curva de oferta de trabajo.

EJERCICIO 21.4

Usted quiere hacer carrera en el mundo de la radiodifusión. La emisora local de radio ofrece para el verano una beca de formación sin remunerar que le permitiría adquirir una valiosa experiencia. Su alternativa es ganar 3.000$ lavando automóviles. ¿Cómo elige entre los dos trabajos? ¿Estaría en contradicción la decisión de aceptar la beca con la conclusión de que la curva de oferta de trabajo tiene pendiente positiva?

¿Podría ser alguna vez mejor desde el punto de vista de la carrera profesional aceptar un empleo no remunerado?

DESPLAZAMIENTOS DE LA OFERTA DE TRABAJO

Cualquier factor que afecte a la cantidad de trabajo ofrecida a un salario real dado desplazará la curva de oferta de trabajo. Desde el punto de vista macroeconómico, el factor más importante que afecta a la oferta de trabajo es el tamaño de la población activa, en el que influyen factores como la tasa nacional de natalidad, las tasas de inmigración y de emigración y la edad a la que la gente entra normalmente en la fuerza de trabajo y se jubila. Manteniéndose todo lo demás constante, un aumento de la población activa eleva la cantidad de trabajo ofrecida a cada salario real, desplazando la curva de oferta de trabajo hacia la derecha. Las variaciones del porcentaje de personas activas que buscan trabajo —por ejemplo, como consecuencia de cambios sociales que animan a las mujeres a trabajar fuera del hogar— también pueden afectar a la oferta de trabajo.

Una vez analizadas tanto la demanda de trabajo como la oferta, nos encontramos en condiciones de aplicar el análisis de oferta y demanda a los mercados de trabajo del mundo real. Pero primero pruebe a utilizar este análisis para responder a la siguiente pregunta:

EJERCICIO 21.5

Los sindicatos, normalmente, son partidarios de que se limite rigurosamente la inmigración, mientras que los empresarios tienden a defender una legislación más liberal. ¿Por qué? Pista: ¿cómo afecta probablemente a los salarios reales la entrada de trabajadores potenciales?

RECAPITULACIÓN	LA OFERTA Y LA DEMANDA EN EL MERCADO DE TRABAJO

La demanda de trabajo

La producción adicional de un trabajador más se denomina *producto marginal* de ese trabajador. El *valor del producto marginal* de un trabajador es su producto marginal multiplicado por el precio del producto de la empresa. Una empresa sólo empleará a un trabajador si el valor de su producto marginal, que es igual al ingreso adicional que éste genera a la empresa, es superior al salario real que debe pagar ésta. Cuanto más bajo sea el salario real, mayor será la cantidad de trabajadores que le resultará rentable contratar a la empresa. Por lo tanto, la curva de demanda de trabajo tiene pendiente negativa, como la mayoría de las curvas de demanda.

Dado el salario real, cualquier variación que eleve el valor del producto marginal de los trabajadores elevará la demanda de trabajo y desplazará la curva de demanda de trabajo hacia la derecha. Ejemplos de factores que elevan la demanda de trabajo son una subida del precio del producto de los trabajadores y un aumento de la productividad.

RECAPITULACIÓN	LA OFERTA Y LA DEMANDA EN EL MERCADO DE TRABAJO

La oferta de trabajo

Una persona está dispuesta a ofrecer trabajo si el salario real que se le ofrece es mayor que el coste de oportunidad de su tiempo. Generalmente, cuanto más alto es el salario real, más dispuesta a trabajar está una persona. Por lo tanto, la curva de oferta de trabajo tiene pendiente positiva, como la mayoría de las curvas de oferta.

Dado el salario real, cualquier factor que eleve el número de personas que pueden y quieren trabajar aumenta la oferta de trabajo y desplaza la curva de oferta de trabajo hacia la derecha. Ejemplos de hechos que elevan la oferta de trabajo son un aumento de la población activa o un aumento de la proporción de la población activa que busca trabajo.

EXPLICACIÓN DE LAS TENDENCIAS DE LOS SALARIOS REALES Y DEL EMPLEO

Nos encontramos ya en condiciones de analizar las tendencias importantes de los salarios reales y del empleo examinadas antes en este capítulo. Las analizaremos por medio de algunos recuadros de la serie El observador económico.

EL OBSERVADOR ECONÓMICO 21.1

¿Por qué han subido tanto los salarios reales en los países industrializados?

Como hemos señalado, en Estados Unidos los salarios anuales reales se han cuadruplicado desde 1929 y en otros países industrializados han experimentado similares aumentos. Éstos han mejorado extraordinariamente el nivel de vida de los trabajadores de estos países. ¿Por qué han subido tanto los salarios reales en Estados Unidos y en otros países industrializados?

La gran subida de los salarios reales se debe al continuo crecimiento de la productividad registrado en los países industrializados durante el siglo XX (la Figura 17.3 representa el crecimiento de la producción por trabajador de Estados Unidos desde 1900). Como muestra la Figura 21.6, un aumento de la productividad eleva la demanda de trabajo, aumentando el empleo y el salario real.

Dos de los factores más importantes que han contribuido al crecimiento de la productividad en los países industrializados son: (1) el espectacular progreso tecnológico que se registró durante el siglo XX y (2) los grandes aumentos del capital, que

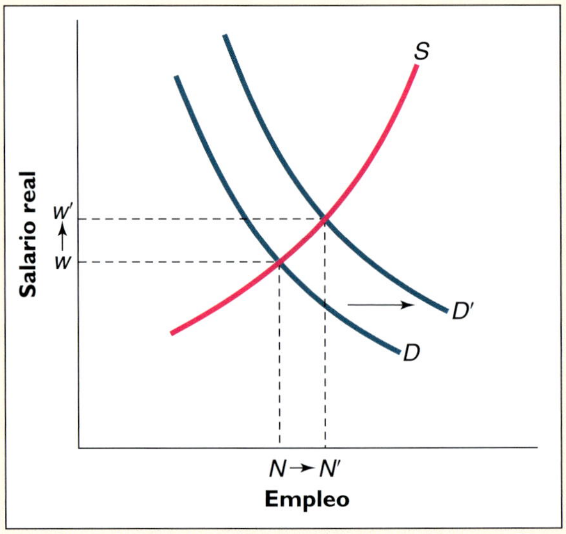

FIGURA 21.6
Un aumento de la productividad eleva el salario real.
Un aumento de la productividad eleva la demanda de trabajo, desplazando la curva de demanda de trabajo de *D* a *D'*. El salario real sube de *w* a *w'* y el empleo aumenta de *N* a *N'*.

proporcionaron a los trabajadores más y mejores herramientas con las que trabajar. La oferta de trabajo también aumentó, por supuesto, durante el siglo XX (no se muestra en el gráfico). Sin embargo, los aumentos de la demanda de trabajo, impulsados por el rápido incremento de la productividad, han sido tan grandes que han contrarrestado el efecto negativo producido por el aumento de la oferta de trabajo en los salarios reales.

EL OBSERVADOR ECONÓMICO 21.2

En Estados Unidos, el crecimiento de los salarios reales se ha desacelerado desde los años 70, mientras que el empleo ha aumentado rápidamente. ¿A qué se deben estas tendencias?

Salvo durante un breve periodo a finales de los años 90, desde 1973 las tasas de crecimiento del salario real en los Estados Unidos han sido significativamente menores que en las décadas anteriores. Pero, durante una gran parte del periodo reciente, la economía ha creado nuevos puestos de trabajo a una tasa récord. ¿A qué se deben estas tendencias?

Comencemos con la desaceleración que ha experimentado el crecimiento de los salarios reales desde principios de los años 70. El análisis de oferta y demanda nos dice que una desaceleración del crecimiento de los salarios reales tiene que deberse a una desaceleración del crecimiento de la demanda de trabajo, a una aceleración del crecimiento de la oferta de trabajo o a ambas cosas a la vez. Por lo que se refiere a la demanda, recuérdese que en el capítulo anterior vimos que desde principios de los años 70 el crecimiento de la productividad se ha desacelerado en Estados Unidos y en otros países industrializados. Por lo tanto, una de las posibles explicaciones de la desaceleración que ha experimentado el crecimiento de los salarios reales desde principios de los años 70 es la disminución del ritmo de crecimiento de la productividad.

La Tabla 21.4, que muestra las tasas anuales medias de crecimiento de la productividad del trabajo y de los ingresos anuales reales desde 1960, aporta algunas pruebas de la existencia de una relación entre la productividad y los salarios reales. El lector puede ver que existe una estrecha correspondencia entre el crecimiento anual de la productividad, observado en cada una de las décadas, y el de los ingresos reales. Especialmente destacado es el rápido crecimiento que experimentaron tanto la productividad como los salarios durante la década de 1960. Desde los años 70, han crecido significativamente menos, si bien se observa una cierta mejoría a partir de 1990.

La Tabla 21.4 también muestra que el crecimiento de los salarios reales ha sido menor que el de la productividad desde 2000. El lento crecimiento de los salarios reales de este periodo podría deberse a la debilidad del mercado de trabajo tras la recesión de 2001; de ser así, es de esperar que el crecimiento de los salarios reales dé alcance al crecimiento de la productividad cuando el mercado de trabajo retorne a la normalidad.

TABLA 21.4
Tasas de crecimiento de la productividad y de los ingresos reales

	Tasa anual de crecimiento (%)	
	Productividad	**Ingresos reales**
1960-1970	2,34	2,90
1970-1980	0,81	0,78
1980-1990	1,42	1,13
1990-2000	1,82	2,06
2000-2004	2,08	1,02

FUENTE: *Economic Report of the President*, 2005 (http://www.gpoaccess.gov/eop). La productividad es el PIB real dividido por el empleo civil; los ingresos reales son iguales a la remuneración total de los asalariados dividida por el empleo civil y deflactada por el deflactor del PIB.

Aunque la influencia de la desaceleración de la productividad en la demanda de trabajo es una importante causa de la disminución del crecimiento de los salarios reales, no puede ser la única explicación. Lo sabemos porque cuando la oferta de trabajo se mantiene constante, una disminución del crecimiento de la demanda de trabajo provoca una reducción de las tasas de crecimiento del empleo, así como una reducción del crecimiento de los salarios reales. Pero en Estados Unidos el crecimiento del empleo ha sido rápido en las últimas décadas. Estos grandes aumentos de empleo en medio de un lento crecimiento de la demanda de trabajo no pueden atribuirse más que a un aumento simultáneo de la oferta de trabajo (véase el Ejercicio 2.16).

En Estados Unidos sí parece que la oferta de trabajo ha crecido rápidamente en los últimos años. Por ejemplo, como vimos en el Capítulo 18, el aumento de la participación de las mujeres en el mercado de trabajo ha elevado la oferta de trabajo desde mediados de los años 70. Otros factores, entre los que se encuentran la llegada a la edad activa de la generación perteneciente a la explosión de la natalidad y las elevadas tasas de inmigración, también ayudan a explicar el aumento de la oferta de trabajo. La desaceleración del crecimiento de la demanda de trabajo (resultado de la desaceleración de la productividad), unida a la aceleración del crecimiento de la oferta de trabajo (consecuencia del aumento de la participación de las mujeres en la población trabajadora y otros factores), ayuda a explicar por qué el crecimiento de los salarios reales ha sido lento durante muchos años en Estados Unidos, a pesar de que el empleo ha crecido rápidamente.

¿Qué ocurrirá en el futuro? Como vimos en el capítulo anterior, es probable que el crecimiento de la oferta de trabajo se desacelere a medida que se jubile la generación perteneciente a la explosión de la natalidad y se estabilice el porcentaje de mujeres que participan en la fuerza laboral. La productividad ha crecido recientemente más deprisa debido, entre otros factores, a las ventajas de la nueva tecnología (véase el Capítulo 20). Parece que hay muchas probabilidades de que los salarios reales suban sensiblemente en los próximos años, sobre todo si se mantiene la tendencia reciente de la productividad.

EJERCICIO 21.6

Según El observador económico 21.2, el crecimiento relativamente bajo de la productividad y el crecimiento relativamente alto de la oferta de trabajo registrados en Estados Unidos a partir de 1973, aproximadamente, pueden explicar: (1) la desaceleración del crecimiento de los salarios reales y (2) la aceleración de la expansión del empleo a partir de 1973 aproximadamente. Muéstrelo gráficamente trazando dos curvas de oferta y de demanda del mercado de trabajo, una para el periodo 1960-1972 y otra para el periodo 1973-2000 (el periodo que terminó justo antes de la recesión de 2001). Suponiendo que el crecimiento de la productividad fue alto durante 1960-1972, pero el de la oferta de trabajo modesto, muestre que sería de esperar que en ese periodo el crecimiento de los salarios reales fuera rápido y el del empleo sólo moderado. Ahora aplique el mismo análisis a 1973-2000, suponiendo que el crecimiento de la productividad es menor que en 1960-1972, y el de la oferta de trabajo es mayor. ¿Qué predicción hace sobre el crecimiento de los salarios reales y del empleo en 1973-2000 en relación con el periodo anterior?

AUMENTO DE LA DESIGUALDAD DE LOS SALARIOS: EFECTOS DE LA GLOBALIZACIÓN

Otra importante tendencia de los mercados de trabajo de Estados Unidos es la creciente desigualdad de los salarios, sobre todo la tendencia de los salarios de los trabajadores menos cualificados y formados a quedarse cada vez más rezagados con respecto a los salarios de los trabajadores mejor preparados. A continuación, analizamos dos causas de esta creciente desigualdad: (1) la globalización y (2) el cambio tecnológico.

EL OBSERVADOR ECONÓMICO 21.3

¿Por qué ha aumentado en los últimos años la diferencia salarial entre los trabajadores cualificados y los no cualificados? (1) La globalización.

En los últimos años, los salarios reales de los trabajadores que tienen un nivel más alto de cualificaciones y de estudios han continuado subiendo, mientras que los salarios reales de los menos cualificados se han estancado o incluso han disminuido. ¿Tiene algo que ver con esta tendencia la "globalización" de la economía mundial?

Muchos observadores han culpado de la creciente diferencia salarial entre los trabajadores cualificados y los no cualificados al fenómeno de la "globalización". Este popular término se refiere al hecho de que los mercados de muchos bienes y servicios son cada vez más internacionales en lugar de nacionales o locales. Aunque los estadounidenses pueden comprar productos de todo el mundo desde hace mucho tiempo, cada vez es más fácil para los bienes y los servicios cruzar las fronteras. Esta tendencia se debe, en parte, a los acuerdos comerciales internacionales como el Acuerdo Norteamericano de Libre Comercio (NAFTA), que bajó los impuestos sobre los bienes y los servicios comercializados entre Canadá, Estados Unidos y México. Sin embargo, algunos avances tecnológicos como internet también han fomentado la globalización. Un anuncio reciente de televisión mostraba a un pequeño fabricante de piezas de automóviles de Texas pujando en internet por un contrato de una empresa automovilística japonesa.

La principal ventaja económica de la globalización es el aumento de la especialización y de la eficiencia que conlleva. Cada país puede concentrar sus esfuerzos en la producción de los bienes y los servicios en los que es relativamente más eficiente, en lugar de que cada país trate de producir todo lo que consumen sus ciudadanos. Como implica el *principio de la ventaja comparativa* (Capítulo 2), los consumidores de todos los países disfrutan, pues, de una variedad mayor de bienes y servicios, de una calidad mejor y de unos precios más bajos que si no hubiera comercio internacional.

Sin embargo, los efectos que produce la globalización en el mercado de *trabajo* son diversos, lo cual explica por qué muchos políticos se oponen a los acuerdos de libre comercio. Cuando aumenta el comercio, los consumidores dejan de comprar algunos bienes y servicios a los productores nacionales y adquieren en su lugar productos extranjeros. No harían eso si los productos extranjeros no fueran mejores, más baratos o ambas cosas a la vez, por lo que el aumento del comercio mejora claramente su bienestar. Pero los trabajadores y los propietarios de las empresas de los sectores que pierden negocio pueden resultar muy perjudicados por el aumento de la competencia exterior.

La influencia del aumento del comercio en el mercado de trabajo puede analizarse utilizando la Figura 21.7. Esta figura compara la oferta y la demanda de trabajo de dos industrias diferentes: (a) la de textiles y (b) la de programas

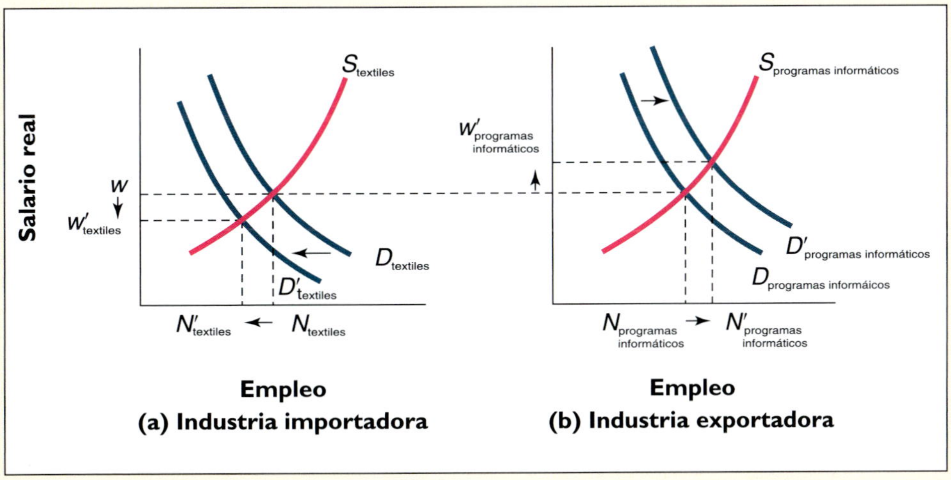

FIGURA 21.7
Influencia de la globalización en la demanda de trabajadores en dos industrias.
Al principio, los salarios reales de las dos industrias son iguales a *w*. Tras el aumento del comercio, (a) la demanda de trabajadores disminuye en la industria importadora (textiles), reduciendo los salarios reales y el empleo, mientras que (b) aumenta en la industria exportadora (programas informáticos), elevando los salarios reales y el empleo en esa industria.

informáticos. Imaginemos que al principio el comercio internacional de estos dos bienes es escaso o nulo. Sin comercio, la demanda de trabajadores en cada industria está representada por las curvas $D_{textiles}$ y $D_{programas}$, respectivamente. Los salarios y el empleo de cada industria se encuentran en el punto de intersección de las curvas de demanda y de oferta de trabajo de cada industria. Tal como hemos trazado la figura, inicialmente el salario real es el mismo en ambas industrias e igual a w. El empleo es $N_{textiles}$ en los textiles y $N_{programas}$ en los programas informáticos.

¿Qué ocurre cuando esta economía comienza a comerciar, por ejemplo, como consecuencia de un acuerdo de libre comercio? Tras este acuerdo, los países comienzan a producir para la exportación los bienes o los servicios en los que son relativamente más eficientes y a importar aquellos en los que son relativamente menos eficientes. Supongamos que el país de este ejemplo es relativamente más eficiente en la producción de programas informáticos que en la fabricación de textiles. Cuando comienza a comerciar, entra en nuevos mercados extranjeros de sus programas informáticos y comienza a producir para la exportación, así como para consumo interno. Al mismo tiempo, como el país es relativamente menos eficiente en la producción de textiles, los consumidores comienzan a comprar textiles extranjeros, que son más baratos o de mejor calidad, en lugar del producto nacional. En suma, la industria de programas informáticos se convierte en una industria exportadora y la de textiles en una industria importadora.

Estos cambios de la demanda de productos nacionales se traducen en un cambio de la demanda de trabajo. La apertura de los mercados de exportaciones aumenta la demanda de programas informáticos nacionales, elevando su precio. La subida del precio de los programas informáticos nacionales eleva, a su vez, el valor del producto marginal de los trabajadores del sector, desplazando la curva de demanda de trabajo de la industria de programas informáticos hacia la derecha de $D_{programas}$ a $D'_{programas}$ en la Figura 21.7(b). Los salarios de esta industria suben de w a $w'_{programas}$ y su empleo también aumenta. En la industria textil ocurre lo contrario. La demanda de textiles nacionales disminuye cuando los consumidores optan por los textiles importados. El precio de los textiles nacionales baja con la demanda, reduciendo el valor del producto marginal de los trabajadores de los textiles y, por lo tanto, la demanda de su trabajo a $D'_{textiles}$ en la Figura 21.7(a). El empleo disminuye en la industria textil y el salario real también baja de w a $w'_{textiles}$.

En suma, la Figura 21.7 muestra cómo puede contribuir la globalización a aumentar la desigualdad de los salarios. Hemos supuesto que inicialmente los trabajadores de la industria de programas informáticos y los trabajadores de la industria textil percibían el mismo salario. Sin embargo, la apertura del comercio ha elevado los salarios de los trabajadores de la industria que sale ganando (la industria de programas informáticos) y ha reducido los salarios de los trabajadores de la industria que sale perdiendo (la industria textil), aumentando la desigualdad.

En la práctica, la tendencia del comercio a aumentar la desigualdad de los salarios puede ser incluso peor de lo que se indica en el ejemplo, ya que la inmensa mayoría de los trabajadores de todo el mundo, especialmente los de los países en vías de desarrollo, tienen un nivel de cualificación relativamente bajo. Por lo tanto, cuando los países industrializados comienzan a comerciar con los países en vías de desarrollo, las industrias nacionales, que es probable que se enfrenten a la competencia internacional más feroz, son las que emplean principalmente trabajadores poco cualificados. En cambio, las industrias que es probable que saquen más partido de la competencia internacional son las que emplean principalmente trabajadores cualificados. Así pues, un aumento del comercio puede reducir los salarios de los trabajadores que ya están mal remunerados y elevar los salarios de los que están bien remunerados.

El hecho de que el aumento del comercio pueda exacerbar la desigualdad de los salarios explica, en parte, la resistencia política a la globalización, pero en general no justifica los intentos de invertir la tendencia. El aumento del comercio y de la especialización es una importante causa de la mejora de los niveles de vida de los países, por lo que es contraproducente tratar de detener el proceso. De hecho, las fuerzas económicas que se encuentran tras la globalización —principalmente, el deseo de los consumidores de poder disponer de productos mejores y más baratos, y de los productores de entrar en nuevos mercados— son tan poderosas que sería difícil detener el proceso aunque las autoridades estuvieran decididas a hacerlo.

En lugar de tratar de detener la globalización, probablemente sea mejor ayudar al mercado de trabajo a ajustarse a sus consecuencias. De hecho, la economía se ajustará en cierta medida por sí sola. La Figura 21.7 muestra que tras la apertura del comercio, los salarios reales y el empleo disminuyen en (a) la industria textil y aumentan en (b) la industria de programas informáticos. En ese momento, los salarios y las oportunidades de empleo son mucho más atractivos en la industria de programas informáticos que en la de textiles. ¿Persistirá esta situación? Es evidente que los trabajadores que pueden abandonar la industria textil tienen muchos incentivos para abandonarla y buscar empleo en la de programas informáticos.

El movimiento de trabajadores de unos puestos de trabajo, empresas e industrias a otros se denomina **movilidad de los trabajadores.** En nuestro ejemplo, la movilidad de los trabajadores tiende a reducir la oferta de trabajo en la industria textil y a aumentarla en la de programas informáticos, ya que los trabajadores se trasladan de la industria en declive a la industria en expansión. Este proceso invierte en parte el aumento de la desigualdad salarial al elevar los salarios en la industria textil y reducirlos en la de programas informáticos. También desplaza trabajadores de un sector menos competitivo a otro más competitivo. El mercado de trabajo puede ajustarse, pues, en alguna medida por sí solo a los efectos de la globalización.

movilidad de los trabajadores movimiento de trabajadores de unos puestos de trabajo, empresas y sectores a otros

Naturalmente, es muy difícil para un trabajador textil convertirse en ingeniero informático, por lo que también puede ser necesaria una *ayuda transitoria* para los trabajadores de los sectores afectados. Idealmente, esa ayuda permite a estos trabajadores formarse y encontrar otro empleo. Si eso no fuera posible o deseable —por ejemplo, porque el trabajador está a punto de jubilarse— la ayuda transitoria puede consistir en prestaciones públicas para ayudar a los trabajadores a mantener su nivel de vida. Como el comercio y la especialización aumentan la tarta económica total, los "ganadores" con la globalización pueden pagar los impuestos necesarios para financiar la ayuda e incluso disfrutar de un beneficio neto como consecuencia del aumento del comercio.

EL AUMENTO DE LA DESIGUALDAD DE LOS SALARIOS: EL CAMBIO TECNOLÓGICO

La segunda causa del aumento de la desigualdad de los salarios es el cambio tecnológico que favorece a los trabajadores que tienen más cualificaciones o un nivel de estudios más alto. En El observador económico 21.4 vemos cómo afecta el cambio tecnológico al mercado de trabajo.

EL OBSERVADOR ECONÓMICO 21.4

¿Por qué ha aumentado en los últimos años la diferencia salarial entre los trabajadores menos cualificados y los más cualificados? (2) El cambio tecnológico.

¿Cómo ha contribuido la pauta de cambio tecnológico al aumento de la desigualdad de los salarios?

Como hemos visto, los nuevos conocimientos científicos y los correspondientes avances tecnológicos constituyen una importante fuente de mejora de la productividad y de crecimiento económico. Los incrementos de la productividad de los trabajadores son, a su vez, una fuerza motriz de las subidas salariales y del aumento del nivel medio de vida. A largo plazo y en promedio, el progreso tecnológico es, sin duda alguna, amigo del trabajador.

Poco impresionado por la nueva tecnología.

cambio tecnológico sesgado a las cualificaciones
cambio tecnológico que afecta de forma distinta al producto marginal de los trabajadores más cualificados y de los trabajadores menos cualificados

Sin embargo, esta afirmación general no es cierta siempre y en todo lugar. Un determinado avance tecnológico es bueno o no para un determinado trabajador dependiendo de cómo afecte esa innovación al valor del producto marginal de ese trabajador y, por lo tanto, a su salario. Por ejemplo, hubo un tiempo en que la capacidad para sumar números de una manera rápida y exacta era una valiosa habilidad; el oficinista que tuviera esa cualificación podía esperar que le ascendieran y le ofrecieran salarios más altos. Sin embargo, la invención y la producción en serie de la calculadora electrónica han reducido el valor de la capacidad de cálculo en detrimento de las personas que tienen esa cualificación.

La historia está llena de ejemplos de trabajadores que se opusieron a las nuevas tecnologías por miedo a que sus cualificaciones perdieran valor. En Inglaterra, los trabajadores destruyeron a principios del siglo XIX la maquinaria ahorradora de trabajo recién introducida. El nombre de su reputado líder, Ned Ludd, se ha conservado en el término *ludita*, que se emplea para referirse a la persona que se opone a la introducción de nuevas tecnologías. Este tema también aparece en la historia popular de Estados Unidos, por ejemplo, en el cuento de John Henry, el fortísimo hombre que murió en el intento de demostrar que una sola persona podía horadar una roca con un martinete más deprisa que una máquina de vapor.

¿Qué relación tienen estas observaciones con la desigualdad de los salarios? Según algunos economistas, muchos avances tecnológicos recientes han adoptado la forma de **cambio tecnológico sesgado a las cualificaciones**, que es el cambio tecnológico que afecta de forma distinta al producto marginal de los trabajadores más cualificados y de los trabajadores menos cualificados. Concretamente, parece que los avances tecnológicos de las últimas décadas han favorecido a los trabajadores que tienen un nivel más alto de cualificación y de formación. Un buen ejemplo son los avances realizados en la producción de automóviles. La llegada de las técnicas de producción en serie en los años 20 permitió a varias generaciones de trabajadores del automóvil relativamente poco cualificados tener un empleo bien remunerado. Pero en los últimos años tanto la producción de automóviles como los propios automóviles se han vuelto mucho más sofisticados. Los trabajos de producción más sencillos son realizados por robots y maquinaria controlada por ordenador, que requieren operarios cualificados que sepan utilizar y mantener el nuevo equipo. Las demandas de los consumidores de características de lujo y de opciones de encargo también han elevado la demanda de oficiales muy cualificados por parte de los fabricantes de automóviles. Las cualificaciones necesarias para producir automóviles han aumentado, pues, en general. Asimismo, pocos empleados de oficina pueden evitar hoy la necesidad de utilizar aplicaciones informáticas, como procesadores de textos y hojas de cálculo. Y en muchos lugares se espera que los maestros de enseñanza primaria sepan crear una página web o utilizar Internet.

La Figura 21.8 muestra los efectos del cambio tecnológico que favorece a los trabajadores cualificados. La 21.8(a) representa el mercado de trabajadores no cualificados y la 21.8(b) el mercado de trabajadores cualificados. Las curvas de demanda $D_{\text{no cualificados}}$ y $D_{\text{cualificados}}$ muestran la demanda de cada tipo de trabajador antes del cambio tecnológico sesgado a las cualificaciones. Los salarios y el empleo de cada tipo de trabajador se encuentran en la intersección de las curvas de demanda y de oferta de cada mercado. La Figura 21.8 muestra que incluso antes del cambio tecnológico, los trabajadores no cualificados percibían unos salarios reales inferiores a los de los trabajadores cualificados ($w_{\text{no cualificados}} < w_{\text{cualificados}}$), debido a que el producto marginal de los no cualificados es más bajo.

Supongamos ahora que se introduce una nueva tecnología, por ejemplo, maquinaria controlada por ordenador. Este cambio tecnológico está sesgado hacia los trabajadores cualificados, lo cual significa que eleva su productividad marginal en relación con la de los trabajadores no cualificados. En este ejemplo suponemos que la nueva tecnología también reduce la productividad marginal de los trabajadores

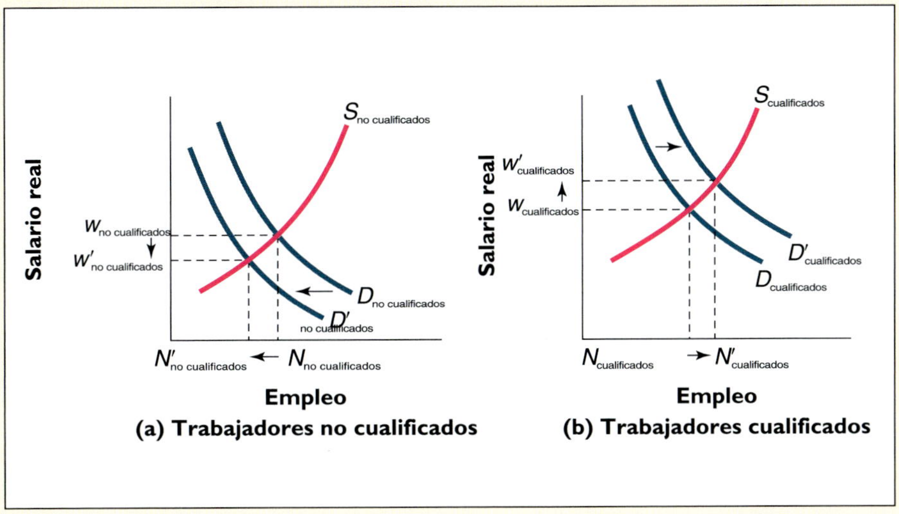

FIGURA 21.8
Influencia del cambio tecnológico sesgado a las cualificaciones en la desigualdad de los salarios. La figura muestra los efectos de un cambio tecnológico sesgado a las cualificaciones que eleva el producto marginal de los trabajadores cualificados y reduce el de los no cualificados. El aumento resultante de la demanda de trabajadores cualificados eleva sus salarios (b), mientras que la disminución de la demanda de trabajadores no cualificados reduce sus salarios (a). La desigualdad de los salarios aumenta.

no cualificados, debido, quizá, a que no saben utilizar la nueva tecnología, pero lo único necesario para llegar a nuestras conclusiones es que se beneficien menos que los cualificados. La Figura 21.8 muestra las consecuencias de este cambio de los productos marginales. En la parte (b), el aumento de la productividad marginal de los trabajadores cualificados eleva la demanda de esos trabajadores; la curva de demanda se desplaza hacia la derecha a $D'_{\text{cualificados}}$. Por lo tanto, los salarios reales y el empleo de los trabajadores cualificados también aumentan. En cambio, como los trabajadores no cualificados son menos productivos como consecuencia del cambio tecnológico, la demanda de estos trabajadores se desplaza hacia la izquierda a $D'_{\text{no cualificados}}$ [Figura 21.8(a)]. La disminución de la demanda de trabajadores no cualificados reduce sus salarios reales y el empleo.

En resumen, este análisis corrobora la conclusión de que el cambio tecnológico sesgado hacia los trabajadores cualificados tiende a aumentar la diferencia salarial entre los cualificados y los no cualificados. Los estudios empíricos han confirmado el papel del cambio tecnológico sesgado a las cualificaciones en los aumentos recientes de la desigualdad de los salarios.

Como las nuevas tecnologías que favorecen a los trabajadores cualificados aumentan la desigualdad de los salarios, ¿deben intervenir las autoridades para impedirlas? Al igual que ocurre en el caso de la globalización, la mayoría de los economistas sería contrario a tratar de impedir la adopción de las nuevas tecnologías, ya que los avances tecnológicos son necesarios para el crecimiento económico y para la mejora del nivel de vida. Si los *luditas* hubieran conseguido impedir de alguna forma la introducción de maquinaria ahorradora de trabajo en Gran Bretaña, es posible que el crecimiento y el desarrollo económicos hubieran sido mucho menores en los últimos siglos.

Las soluciones para resolver el problema de las desigualdades salariales provocadas por el cambio tecnológico son similares a las soluciones para resolver las desigualdades salariales causadas por la globalización. La primera es la movilidad de los trabajadores. Al aumentar la diferencia retributiva entre los trabajadores cualificados y los no cualificados, los segundos tienen más incentivos para adquirir educación y cualificaciones en beneficio de todos. La segunda solución es la ayuda transitoria. Las autoridades deben considerar la posibilidad de crear programas que ayuden a los trabajadores a reciclarse si pueden o les den ayuda económica en caso contrario.

RECAPITULACIÓN | **EXPLICACIÓN DE LAS TENDENCIAS DE LOS SALARIOS REALES Y DEL EMPLEO**

- El aumento a largo plazo de los salarios reales de que disfrutan los trabajadores en los países industrializados se debe principalmente a los grandes incrementos de la productividad que han elevado la demanda de trabajo. El progreso tecnológico y el aumento y la modernización del *stock* de capital son dos importantes causas de estos aumentos a largo plazo de la productividad.
- La desaceleración del crecimiento de los salarios reales que comenzó en los años 70 se debió en parte a la desaceleración del crecimiento de la productividad (y, por lo tanto, a la desaceleración del crecimiento de la demanda de trabajo) que se produjo más o menos al mismo tiempo. El aumento de la oferta de trabajo, provocado por factores como el incremento de la participación de las mujeres en la población activa y la llegada a la edad activa de la generación perteneciente a la explosión de la natalidad, redujo aún más los salarios reales, al tiempo que aumentó el empleo. En la segunda mitad de los años 90, la recuperación del crecimiento de la productividad fue acompañada de un aumento del crecimiento de los salarios reales.
- Tanto la globalización como el cambio tecnológico sesgado a las cualificaciones contribuyen a la desigualdad de los salarios. La globalización eleva los salarios de los trabajadores de las industrias exportadoras al elevar la demanda de esos trabajadores y reduce los salarios de los trabajadores de las industrias importadoras. El cambio tecnológico, que favorece a los trabajadores más cualificados, eleva la demanda de esos trabajadores y, por lo tanto, sus salarios en relación con los salarios de los menos cualificados.

  Intentar impedir la globalización o el cambio tecnológico no es la mejor respuesta al problema de la desigualdad salarial. La movilidad de los trabajadores (el movimiento de trabajadores de las industrias de bajos salarios a las de altos salarios) contrarresta en alguna medida la desigualdad creada por estas fuerzas. En los casos en que no es viable, la mejor solución posiblemente es la ayuda transitoria; es decir, la ayuda pública a los trabajadores cuyas perspectivas de empleo han empeorado.

EL DESEMPLEO

El concepto de tasa de desempleo se introdujo en el Capítulo 18. Repasando, los encuestadores oficiales clasifican a los adultos en las categorías de ocupados (que tienen empleo), desempleados (que no tienen empleo, pero están buscando trabajo) o inactivos (que no tienen empleo ni están buscando trabajo, por ejemplo, los jubilados). La población activa está formada por los ocupados y los desempleados. La tasa de desempleo es el porcentaje de la población activa que está desempleada.

Las tasas de desempleo varían mucho de unos países a otros. En Estados Unidos, alcanzaron mínimos históricos en 2000 —algo más de un 4% de la población activa— aunque subieron a un 6% en la recesión de 2001 (la Figura 18.4 muestra la tasa de desempleo de Estados Unidos desde 1960). En Canadá y en muchos países de Europa occidental, las tasas de desempleo han sido durante muchos años el doble o el triple de la estadounidense. En Europa, el desempleo juvenil es excepcionalmente alto. Se dice que los tutores de la enseñanza secundaria británica repartieron una vez entre los estudiantes de último curso un folleto titulado: "Al acabar la escuela: cómo solicitar las prestaciones por desempleo".

Como vimos en el Capítulo 18, una elevada tasa de desempleo tiene graves costes económicos, psicológicos y sociales. Comprender las causas del desempleo y encontrar la forma de reducirlo son, pues, importantes objetivos de los macroeconomistas. En el resto de este capítulo analizamos las causas y los costes de tres tipos de desempleo y examinamos también algunas características de los mercados de trabajo que pueden exacerbar el problema.

TIPOS DE DESEMPLEO Y SUS COSTES

A los economistas les resulta útil dividir el desempleo en tres grandes tipos: desempleo *friccional*, desempleo *estructural* y desempleo *cíclico*. Cada uno tiene causas distintas e impone costes económicos y sociales diferentes.

El desempleo friccional

La función del mercado de trabajo es emparejar los puestos de trabajo existentes con los trabajadores. Si todos los puestos y todos los trabajadores fueran iguales o si el conjunto de puestos y de trabajadores fuera estático y no cambiara, este proceso de emparejamiento sería rápido y fácil. Pero el mundo real es más complejo. En la práctica, tanto los puestos de trabajo como los trabajadores son muy *heterogéneos*. Los puestos se diferencian por el lugar en el que se encuentran, las cualificaciones que exigen, sus condiciones de trabajo y las horas y otros muchos aspectos. Los trabajadores se diferencian por sus aspiraciones profesionales, sus cualificaciones y su experiencia, sus horas de trabajo preferidas, su disposición a viajar, etc.

El mercado de trabajo real también es *dinámico*, es decir, está cambiando y evolucionando constantemente. Por lo que se refiere a la demanda, los avances tecnológicos, la globalización y los cambios de los gustos de los consumidores impulsan la creación de nuevos productos, nuevas empresas e incluso nuevas industrias, mientras que los productos, las empresas y las industrias anticuados desaparecen. Así, por ejemplo, los lectores de CD han sustituido a los tocadiscos y los procesadores de textos a las máquinas de escribir. Como consecuencia de estos cambios, se están creando puestos de trabajo continuamente, mientras que algunos de los antiguos dejan de ser viables. La población trabajadora de las economías modernas también es dinámica. La gente se traslada, adquiere nuevas cualificaciones, abandona la población activa durante un tiempo para criar a sus hijos o para volver a estudiar e incluso cambia de tipo de trabajo.

Como el mercado de trabajo es heterogéneo y dinámico, el proceso de emparejamiento de los puestos con los trabajadores suele llevar tiempo. Por ejemplo, un ingeniero informático que pierde el empleo o lo abandona en Silicon Valley puede tardar semanas o incluso meses en encontrar otro que se ajuste a sus conocimientos. En su búsqueda probablemente considerará otras áreas de desarrollo de programas informáticos o incluso retos totalmente nuevos. Es posible que también piense en otras regiones del país en las que hay empresas de programas informáticos, como el *Research Triangle* de Carolina del Norte o la zona neoyorquina denominada *Silicon Alley*. Durante el periodo en el que está buscando otro trabajo, se considera desempleado.

El desempleo de corto plazo relacionado con el proceso de emparejamiento de los puestos (las vacantes) con los trabajadores se denomina **desempleo friccional**. Sus *costes* son bajos y pueden ser incluso negativos; es decir, el desempleo friccional puede ser económicamente beneficioso. En primer lugar, es de corta duración, por lo que sus efectos psicológicos y las pérdidas económicas directas son mínimos. En segundo lugar, en la medida en que el proceso de búsqueda da como resultado un emparejamiento mejor del trabajador y el puesto de trabajo, es en realidad productivo, en el sentido de que eleva la producción a largo plazo. De hecho, parece que para que funcione fluidamente una economía dinámica en rápida transformación es esencial que haya una cierta cantidad de desempleo friccional.

desempleo friccional
desempleo a corto plazo relacionado con el proceso de emparejamiento de los puestos de trabajo y los trabajadores

El desempleo estructural

El segundo tipo de desempleo es el **desempleo estructural**, que es el desempleo a largo plazo y crónico que existe incluso cuando la economía está produciendo a un ritmo normal. Son varios los factores que contribuyen al desempleo estructural.
En primer lugar, la falta de cualificaciones, las dificultades lingüísticas o la discriminación impiden que algunos trabajadores encuentren un empleo estable y de larga duración. Los trabajadores agrícolas emigrantes y los obreros de la construcción no cualificados que encuentran de vez en cuando un trabajo de corta duración o temporal, pero nunca permanecen mucho tiempo en un puesto, encajan en la definición de desempleados crónicos a largo plazo.

desempleo estructural
desempleo a largo plazo y crónico que existe incluso cuando la economía produce a un ritmo normal

"Lo único que me permite seguir adelante es pensar que las variables fundamentales están bien."

En segundo lugar, los cambios económicos a veces provocan un *desajuste a largo plazo* entre las cualificaciones de algunos trabajadores y las vacantes. Por ejemplo, en Estados Unidos la industria siderúrgica ha entrado en declive con los años, mientras que la informática ha crecido a un rápido ritmo. Lo ideal sería que los trabajadores siderúrgicos que pierden el empleo pudieran encontrar otro en la industria informática (movilidad de los trabajadores) y que su desempleo sólo fuera de carácter friccional. Naturalmente, en la práctica muchos antiguos trabajadores siderúrgicos carecen de los estudios, la capacidad o el interés necesarios para trabajar en la industria informática. Como sus cualificaciones ya no se demandan, estos trabajadores pueden convertirse en desempleados crónicos o a largo plazo.

Por último, el desempleo estructural puede deberse a *características estructurales del mercado de trabajo* que son barreras al empleo. Ejemplos son los sindicatos y la legislación sobre el salario mínimo, que mantienen los salarios en un nivel superior al que equilibra el mercado, generando desempleo. En seguida analizaremos algunas de estas características estructurales.

Los *costes* del desempleo estructural son mucho mayores que los del desempleo friccional. Como los desempleados estructurales realizan poco trabajo productivo durante largos periodos, su inactividad provoca grandes pérdidas económicas tanto a los trabajadores desempleados como a la sociedad. Los desempleados estructurales también pierden la oportunidad de adquirir nuevas cualificaciones en el trabajo y ven cómo se atrofian las que tenían por falta de uso. Los periodos largos de desempleo también son mucho más difíciles de afrontar psicológicamente que los periodos relativamente breves relacionados con el desempleo friccional.

El desempleo cíclico

El tercer tipo de desempleo se produce durante los periodos de recesión (es decir, durante los periodos de producción excepcionalmente baja) y se denomina **desempleo cíclico**. Los bruscos aumentos del desempleo mostrados en la Figura 18.4 reflejan el desempleo cíclico que se produce durante las recesiones. Los aumentos del desempleo cíclico, aunque son relativamente breves, están relacionados con una significativa disminución del PIB real, por lo que tienen unos costes económicos bastante altos. En los capítulos dedicados a las expansiones y a las recesiones estudiaremos más detenidamente el desempleo cíclico.

desempleo cíclico desempleo adicional que se produce durante los periodos de recesión

En principio, el desempleo friccional, el estructural y el cíclico aumentan la tasa total de desempleo. En la práctica, a menudo no se puede hacer una nítida distinción entre las diferentes categorías, por lo que cualquier desagregación de la tasa total de desempleo en los tres tipos es necesariamente subjetiva y aproximada.

ELEMENTOS QUE IMPIDEN EL PLENO EMPLEO

Al analizar el desempleo estructural, hemos mencionado que las características estructurales del mercado de trabajo pueden contribuir al desempleo a largo plazo y crónico. Veamos algunas.

La legislación sobre el salario mínimo[3]

Los países industrializados tienen leyes sobre el salario mínimo que establecen el salario por hora más bajo que pueden pagar los empresarios a los trabajadores. El análisis básico de oferta y demanda muestra que si la legislación sobre el salario mínimo produce algún efecto, éste es elevar la tasa de desempleo. La Figura 21.9 muestra por qué. Esta figura representa las curvas de demanda y de oferta de trabajadores poco cualificados, que es el grupo para el que es más importante el salario mínimo. El salario real que equilibra el mercado, es decir, el salario al que la cantidad demandada de trabajo es igual a la ofrecida, es w, y el nivel de empleo correspondiente de los trabajadores poco cualificados es N. Supongamos ahora que hay un salario mínimo legal $w_{mín}$ que es superior al de equilibrio del mercado w, como muestra la Figura 21.9. Al salario mínimo, el número de personas que quieren trabajar, N_B, es superior al que los empresarios están dispuestos a contratar, N_A. El resultado es una cantidad de desempleo $N_B - N_A$, que es igual a la longitud del segmento AB de la figura. Si no hubiera salario mínimo, este desempleo no existiría, ya que el mercado de trabajo se vaciaría al salario w.

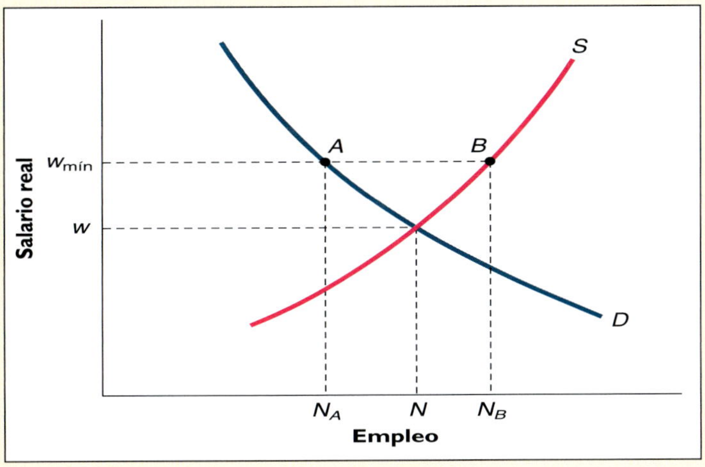

FIGURA 21.9
Un salario mínimo legal puede generar desempleo.
Si el salario mínimo, $w_{mín}$, es superior al que equilibra el mercado, w, en el caso de los trabajadores poco cualificados, genera una cantidad de desempleo igual a la diferencia entre el número de personas que quieren trabajar al salario mínimo, N_B, y el de personas que quieren contratar los empresarios, N_A.

Si el salario mínimo genera desempleo, ¿por qué es políticamente popular? Un salario mínimo crea dos clases de trabajadores: los que son suficientemente afortunados para encontrar trabajo al salario mínimo y los que quedan excluidos porque el salario mínimo es superior al de equilibrio del mercado. Los trabajadores que encuentran trabajo al salario mínimo ganan más de lo que ganarían en caso contrario, ya que el salario mínimo es más alto que el que equilibra el mercado. Si el salario mínimo se sometiera a votación, el número de trabajadores que se benefician de la legislación y que, por lo tanto, es de esperar que lo apoyen, podría muy bien ser superior al número de trabajadores a los que perjudica. La legislación sobre el salario mínimo, al crear grupos de personas que salen ganando y grupos de personas que salen perdiendo, se parece a la legislación de control de los alquileres (véase el Capítulo 3). Pero los salarios mínimos, al igual que el control de los alquileres, generan ineficiencia económica. Por lo tanto, es posible que fueran más eficaces otros métodos para luchar contra la pobreza, como la concesión de ayudas directas a los pobres que trabajan.

[3] Los salarios mínimos también se analizan en el Capítulo 14.

Los sindicatos

Los sindicatos son organizaciones que negocian con los empresarios en nombre de los trabajadores. Entre las cuestiones que negocian y que se plasman en los acuerdos que firman con los empresarios se encuentran los salarios que perciben los trabajadores, las normas de contratación y de despido, las obligaciones de los diferentes tipos de trabajadores, las horas y las condiciones de trabajo y los procedimientos para resolver los conflictos entre los trabajadores y los empresarios. Los sindicatos consiguen poder de negociación gracias a su poder para convocar una huelga, es decir, para negarse a trabajar hasta que se llegue a un acuerdo.

Con la amenaza de la huelga, los sindicatos normalmente consiguen que los empresarios acepten un salario superior al que equilibra el mercado. La Figura 21.9 podría representar, pues, la situación de una industria sindicada si se considera que $w_{\text{mín}}$ es el salario de los trabajadores sindicados en lugar del salario mínimo legal. Al igual que ocurre en el caso del salario mínimo, el salario de los trabajadores sindicados que es más alto que el que equilibra el mercado genera una cantidad de desempleo igual a $N_B - N_A$ en la Figura 21.9. Por otra parte, el elevado salario de los trabajadores sindicados plantea una disyuntiva similar a la que plantea el salario mínimo. Los trabajadores suficientemente afortunados para conseguir trabajo como afiliados a un sindicato ganan más que si no estuvieran afiliados. Desgraciadamente, se benefician a costa de otros trabajadores que están desempleados como consecuencia del salario artificialmente alto de los trabajadores sindicados.

¿Son buenos los sindicatos para la economía? Se trata de una pregunta controvertida y delicada. En Estados Unidos, algunos empresarios que tenían a principios del siglo XX poca competencia local por los trabajadores —por ejemplo, las compañías mineras de los Apalaches— explotaban su ventaja obligando a los trabajadores a trabajar muchas horas en condiciones peligrosas a cambio de un salario bajo. Tras enconadas y a veces sangrientas confrontaciones con estas empresas, los sindicatos consiguieron eliminar muchos de los peores abusos. También señalan con orgullo el papel político histórico que desempeñaron en la defensa de la legislación laboral progresista, como las leyes que prohíben el trabajo infantil. Por último, los dirigentes sindicales a menudo afirman que aumentan la productividad y fomentan la democracia en el centro de trabajo al permitir que los trabajadores expresen sus opiniones sobre el funcionamiento de la empresa.

Los enemigos de los sindicatos, aunque reconocen que es posible que estas organizaciones desempeñaran un papel positivo en el pasado, ponen en duda su valor en las economías modernas. Actualmente, cada vez es mayor el número de trabajadores que son profesionales o semiprofesionales en lugar de obreros industriales, por lo que pueden cambiar con relativa facilidad de empresa. De hecho, muchos mercados de trabajo se han vuelto nacionales o incluso internacionales, por lo que actualmente los trabajadores pueden trabajar en muchas empresas. Por lo tanto, las fuerzas de la competencia —el hecho de que los empresarios tengan que convencer a los trabajadores de talento para que trabajen para ellos— deberían proteger lo suficiente a los trabajadores. De hecho, los que se oponen a los sindicatos sostienen que se han vuelto cada vez más contraproducentes, ya que las empresas que deben pagar unos salarios artificialmente altos a los trabajadores sindicados y someterse a inflexibles normas de trabajo no pueden competir en una economía global. El efecto último de estos inconvenientes será la quiebra de las empresas sindicadas y la pérdida de puestos de trabajo sindicados. De hecho, en Estados Unidos los sindicatos están en declive y actualmente representan un 12,5% de la población trabajadora, de la cual una elevada proporción son funcionarios públicos, como los maestros de la enseñanza pública y la policía.

El seguro de desempleo

Otra característica estructural del mercado de trabajo que puede elevar la tasa de desempleo es el *seguro de desempleo*, es decir, las transferencias del Estado a los trabajadores desempleados. El seguro de desempleo constituye una importante prestación social porque ayuda a los desempleados a tener un nivel de vida digno mientras buscan trabajo. Pero como permite a los desempleados buscar trabajo durante más tiempo o con menor intensidad, puede alargar el periodo medio de tiempo que el trabajador desempleado representativo permanece sin empleo.

La mayoría de los economistas afirmaría que el seguro de desempleo debe ser suficientemente generoso para dar una ayuda básica a los desempleados, pero no tanto como para eliminar su incentivo a buscar trabajo activamente. Por lo tanto, el seguro de desempleo sólo debe durar un tiempo y sus prestaciones no deben ser tan altas como la renta que percibe un trabajador cuando trabaja.

Otras reglamentaciones

Además de la legislación sobre el salario mínimo, hay otras muchas reglamentaciones que influyen en el mercado de trabajo, por ejemplo, las *reglamentaciones sobre seguridad e higiene*, que establecen las normas de seguridad que deben cumplir los empresarios, y las normas que prohíben la discriminación en la contratación por motivos de raza o sexo. Muchas de estas reglamentaciones son beneficiosas (véase el Capítulo 14 para un análisis más extenso). Sin embargo, en muchos casos, los costes del cumplimiento de las normas pueden ser superiores a sus beneficios. Por otra parte, en la medida en que elevan los costes de los empresarios y reducen la productividad, reducen la demanda de trabajo, reduciendo los salarios reales y contribuyendo al desempleo. Para lograr la máxima eficiencia económica, los legisladores deben utilizar el *criterio del coste-beneficio* cuando deciden las reglamentaciones que van a imponer en el mercado de trabajo.

Las cuestiones planteadas en este capítulo pueden ayudarnos a comprender una de las tendencias importantes del mercado de trabajo analizadas antes en este capítulo, a saber, la persistencia de un elevado desempleo en Europa occidental.

EL OBSERVADOR ECONÓMICO 21.5

¿Por qué son tan altas las tasas de desempleo en Europa occidental?

Como muestra la Figura 21.10, el desempleo ha sido excepcionalmente alto durante más de dos décadas en los principales países de Europa occidental. Por ejemplo, en 2004 la tasa de desempleo era del 8,1% en Italia, el 9,8% en Francia y el 9,8% en Alemania, mientras que en Estados Unidos sólo era del 5,5%. En los años 50, 60 y 70, Europa occidental disfrutó sistemáticamente de unas tasas de desempleo muy bajas. ¿Por qué ha sido persistentemente alto el desempleo en Europa durante las dos últimas décadas?

Una de las explicaciones del elevado desempleo de los principales países de Europa occidental es la existencia de "rigideces" estructurales en sus mercados de trabajo. Los mercados de trabajo europeos están muy regulados en comparación con los de

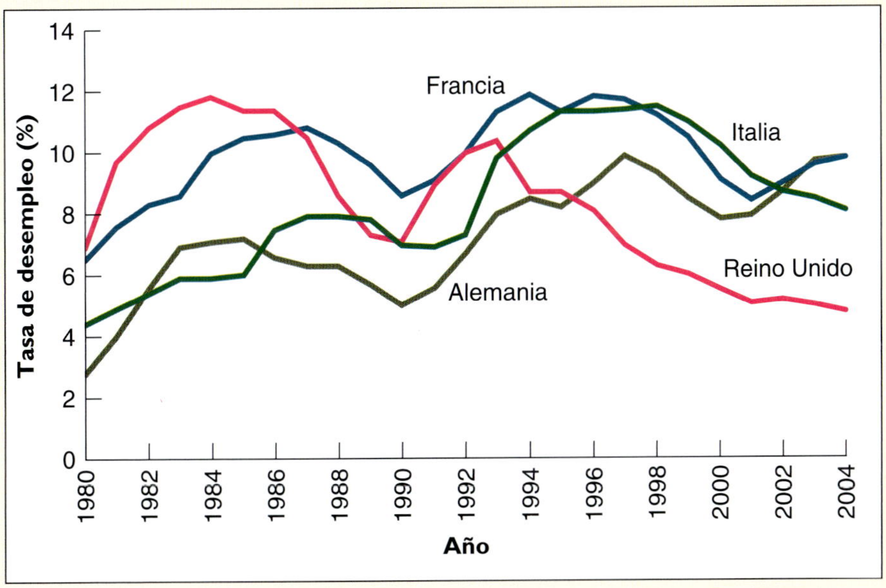

FUENTE: Tasas normalizadas de desempleo, *Bureau of Labor Statistics* (http://www.stats.bls.gov).

FIGURA 21.10
Las tasas de desempleo en Europa occidental, 1980-2004.
En los principales países de Europa occidental, las tasas de desempleo han sido altas durante más de dos décadas.

Estados Unidos. Los gobiernos europeos establecen normas en cuestiones que van desde el número de semanas de vacaciones que deben disfrutar los trabajadores hasta los motivos por los que los puede despedir. En Europa, los salarios mínimos son altos y las prestaciones por desempleo mucho más generosas que en Estados Unidos. Los sindicatos europeos también son mucho más poderosos que los estadounidenses; sus convenios colectivos a menudo se extienden por ley a todas las empresas del sector, independientemente de que estén o no sindicadas. Esta falta de flexibilidad de los mercados de trabajo —que algunos observadores denominan *Euroesclerosis*— provocan un desempleo friccional y estructural mayor.

Si los mercados de trabajo europeos funcionan tan mal, ¿por qué sólo ha sido alto el desempleo en Europa durante las dos últimas décadas? Una de las explicaciones gira en torno al creciente ritmo de *globalización* y al *cambio tecnológico sesgado a las cualificaciones*. Como hemos visto, estos dos factores reducen la demanda de trabajo menos cualificado en relación con la demanda de trabajo cualificado. En Estados Unidos, la disminución de la demanda ha reducido los salarios de los trabajadores menos cualificados, aumentando la desigualdad salarial. Pero en Europa occidental es posible que los elevados salarios mínimos, los convenios colectivos, el generoso seguro de desempleo y otros factores hayan creado un salario por debajo del cual ni los trabajadores están dispuestos a trabajar ni las empresas pueden contratar a nadie. Al disminuir la productividad marginal de los trabajadores menos cualificados por debajo de ese nivel, a las empresas ya no les resulta rentable emplear a esos trabajadores, que pasan a engrosar las filas de desempleados. Es posible, pues, que la rigidez del mercado de trabajo, unida a la disminución de la productividad marginal de los trabajadores poco cualificados, sea responsable del problema de desempleo en Europa.

El caso del Reino Unido, donde el gobierno de la Primera Ministra Margaret Thatcher introdujo una serie de reformas a principios de los años 80, confirma la idea de que la rigidez del mercado de trabajo ha contribuido al desempleo europeo. Desde entonces, Gran Bretaña ha liberalizado en gran medida su mercado de trabajo, por lo que éste se parece mucho más al de Estados Unidos. La Figura 21.10 muestra que el desempleo ha disminuido gradualmente y que hoy es más bajo que en otros países de Europa occidental. Los tipos de reformas del mercado de trabajo llevadas a cabo en Gran Bretaña son un ejemplo de *políticas estructurales*.

RECAPITULACIÓN | EL DESEMPLEO

Los economistas distinguen tres grandes tipos de desempleo. El *desempleo friccional* es el desempleo a corto plazo relacionado con el proceso de emparejamiento de los trabajadores con los puestos de trabajo (vacantes). El *desempleo estructural* es el desempleo a largo plazo o crónico que se produce incluso cuando la economía produce a un ritmo normal. El *desempleo cíclico* es el desempleo adicional que se produce durante los periodos de recesión. El desempleo friccional puede ser beneficioso desde el punto de vista económico, ya que la mejora del emparejamiento de los trabajadores y los puestos puede elevar la producción a largo plazo. El desempleo estructural y el cíclico imponen elevados costes económicos a los trabajadores y a la sociedad, así como costes psicológicos a los trabajadores y a su familia.

Las características estructurales del mercado de trabajo pueden generar desempleo estructural. Ejemplos son los salarios mínimos legales o los convenios colectivos que fijan unos salarios superiores a los que equilibran el mercado, el seguro de desempleo, que permite a los desempleados buscar trabajo durante más tiempo o con menor intensidad, y las reglamentaciones que imponen costes adicionales a los empresarios. La regulación del mercado de trabajo no es necesariamente negativa, pero debe estar sometida al criterio del coste-beneficio. El elevado grado de regulación del mercado de trabajo y las altas tasas de sindicación de Europa occidental ayudan a explicar la persistencia de las elevadas tasas de paro en esos países.

RESUMEN

- Para la persona media, el resultado más tangible del crecimiento económico y del aumento de la productividad es la existencia de "buenos puestos de trabajo a cambio de buenos salarios". A largo plazo, la economía de Estados Unidos ha cumplido casi siempre esta promesa, ya que tanto los salarios reales como el empleo han crecido notablemente. Pero aunque el crecimiento del empleo recientemente ha sido rápido, dos tendencias preocupantes han perseguido al mercado de trabajo estadounidense: la desaceleración del crecimiento de los salarios reales desde principios de los años 70 y el aumento de la desigualdad salarial. Europa occidental ha experimentado menos desigualdad salarial, pero unas tasas de desempleo muy superiores a las de Estados Unidos.

- Las tendencias de los salarios reales y del empleo pueden estudiarse utilizando un modelo de oferta y demanda del mercado de trabajo. Si mantenemos constante el nivel general de precios, la productividad del trabajo y el precio del producto de los trabajadores determinan la demanda de trabajo. Los empresarios sólo contratan trabajadores en la medida en que el valor del producto marginal del último trabajador contratado sea igual o superior al salario que debe pagar la empresa. Como consecuencia de los *rendimientos decrecientes del trabajo*, cuantos más trabajadores contrata una empresa, menos producción adicional obtiene contratando a otro trabajador más. Cuanto más bajo es el salario vigente, más trabajadores contrata; es decir, la curva de demanda de trabajo tiene pendiente negativa. Los cambios económicos que elevan el valor del producto marginal del trabajo, como una subida del precio del producto de los trabajadores o un aumento de la productividad, desplazan la curva de demanda de trabajo hacia la derecha. Por el contrario, los cambios que reducen el valor del producto marginal del trabajo desplazan la curva de demanda de trabajo hacia la izquierda.

- La curva de oferta de trabajo muestra el número de personas que están dispuestas a trabajar a cualquier salario real dado. Puesto que cuando el salario real es más alto, es mayor el número de personas que trabajan, la curva de oferta tiene pendiente positiva. Un aumento de la población activa o un cambio social que fomenta la participación en el mercado de trabajo (por ejemplo, un aumento de la actividad femenina) eleva la oferta de trabajo y desplaza la curva de oferta de trabajo hacia la derecha.

- Las mejoras de la productividad, que elevan la demanda de trabajo, explican la mayor parte del aumento de los salarios reales registrado en Estados Unidos durante los últimos cien años. La desaceleración del crecimiento de los salarios reales que se ha producido en las últimas décadas se debe a la desaceleración del crecimiento de la demanda de trabajo, provocada, a su vez, por una desaceleración de la tasa de mejora de la productividad, y a la aceleración del crecimiento de la oferta de trabajo. El rápido crecimiento de la oferta de trabajo, provocado por factores como la inmigración y el aumento de la participación de las mujeres en la población activa, también ha contribuido a la continua expansión del empleo. Recientemente, la tasa de crecimiento de la productividad y de los salarios reales ha mejorado algo.

- Dos causas de la creciente desigualdad de los salarios existente en Estados Unidos son la globalización económica y el *cambio tecnológico sesgado a las cualificaciones*. Ambos han elevado la demanda y, por lo tanto, los salarios reales de los trabajadores que tienen un nivel de cualificaciones y de estudios relativamente alto. Sin embargo, es contraproducente intentar impedir la globalización y el cambio tecnológico, ya que ambos factores son esenciales para el crecimiento económico y para el aumento de la productividad. El movimiento de trabajadores de los puestos de trabajo o de los sectores peor remunerados a los mejor remunerados (*movilidad de los trabajadores*) contrarrestará, en alguna medida, la tendencia de la desigualdad de los salarios a aumentar. Una respuesta más útil al problema es una política de ayuda transitoria y de formación para los trabajadores que tienen cualificaciones obsoletas.

- Existen tres grandes tipos de desempleo: friccional, estructural y cíclico. El *desempleo friccional* es el desempleo a corto plazo relacionado con el proceso de emparejamiento de los trabajadores con los puestos de trabajo (vacantes) en un mercado de trabajo dinámico y heterogéneo. El *desempleo estructural* es el desempleo a largo plazo y crónico que existe incluso cuando la economía produce a un ritmo normal. Se debe a toda una variedad de factores, entre los que se encuentran las dificultades lingüísticas, la discriminación, las características estructurales del mercado de trabajo, la falta de cualificaciones o los desajustes a largo plazo entre las cualificaciones que tienen los trabajadores y las vacantes. El *desempleo cíclico* es el desempleo adicional que se produce durante los periodos de recesión. Los costes del desempleo friccional son bajos, ya que tiende a ser breve y a crear emparejamientos más productivos entre los trabajadores y los puestos. Pero el desempleo estructural, que suele ser de larga duración, y el cíclico, que está relacionado con una reducción significativa del PIB real, tienen unos costes relativamente más altos.

- Las características estructurales del mercado de trabajo que pueden contribuir al desempleo son: la legislación sobre el salario mínimo, que disuade a las empresas de contratar trabajadores poco cualificados; los sindicatos, que pueden fijar unos salarios superiores a los que equilibran el mercado; el seguro de desempleo, que reduce los incentivos de los desempleados para encontrar trabajo rápidamente; y otras reglamentaciones, que —aunque posiblemente tengan beneficios— elevan los costes de contratar trabajadores. La "rigidez" del mercado de trabajo provocada por las reglamentaciones y por los convenios colectivos es un problema mayor en Europa occidental que en Estados Unidos, lo que podría explicar las elevadas tasas de desempleo de Europa.

TÉRMINOS CLAVE

cambio tecnológico sesgado a las cualificaciones (138)
desempleo cíclico (142)
desempleo estructural (141)
desempleo friccional (141)
movilidad de los trabajadores (137)
rendimientos decrecientes del trabajo (125)

PREGUNTAS DE REPASO

1. Enumere y analice las cinco tendencias importantes del mercado de trabajo indicadas en el primer apartado del capítulo. ¿Cómo confirman o matizan estas tendencias la proposición de que un aumento de la productividad del trabajo eleva el nivel de vida?
2. Alicia tiene mucha habilidad para arreglar máquinas de escribir. ¿Sería de esperar que su salario real fuera alto debido a su elevada productividad? ¿Por qué sí o por qué no?
3. Acme S.A. está considerando la posibilidad de contratar a Juana Sánchez. Juana, basándose en las demás oportunidades que tiene en el mercado de trabajo, le dice a Acme que trabajará para ella por 40.000$ al año. ¿Cómo debería averiguar Acme si debe contratarla?
4. ¿Por qué han subido tanto los salarios reales en Estados Unidos durante los últimos cien años? ¿Por qué se desaceleró el crecimiento de los salarios reales durante 25 años desde principios de los años 70? ¿Qué ha ocurrido recientemente con los salarios reales?
5. ¿Cuáles son los dos principales factores que contribuyen al aumento de la desigualdad de los salarios? En pocas palabras, ¿por qué aumentan estos factores la desigualdad de los salarios? Compare las medidas que pueden adoptarse para responder al aumento de la desigualdad desde el punto de vista de sus consecuencias para la eficiencia económica.
6. Enumere tres tipos de desempleo y sus causas. ¿Cuáles de ellos son los que tienen menos costes desde el punto de vista económico y social? Explique su respuesta.
7. Describa algunas de las características estructurales de los mercados de trabajo europeos que contribuyen a mantener las tasas de desempleo europeas altas. Si estas características estructurales generan desempleo, ¿por qué no las eliminan simplemente los gobiernos europeos?

PROBLEMAS

1. Los datos de Estados Unidos sobre los ingresos medios de las personas que tienen diferentes niveles de estudios pueden consultarse en la página web del *Bureau of the Census* (http://www.census.gov/population/socdemo/education/tableA-3.txt). Construya con estos datos una tabla que muestre los ingresos de los titulados universitarios en relación con los ingresos de las personas que tienen estudios secundarios y los ingresos de los titulados universitarios en relación con los ingresos de las personas que no llegan a terminar los estudios secundarios. Muestre los datos del año más reciente del que se disponga de información y de cada cinco años anteriores hasta remontarse a los datos más antiguos de que se disponga. ¿Cuáles son las tendencias de los ingresos relativos?
2. Los datos sobre la producción de la fábrica Bicicletas Bérnar son los siguientes:

Número de trabajadores	Bicicletas montadas/día
1	10
2	18
3	24
4	28
5	30

Bérnar tiene, además de los salarios, unos costes de 100$ (de las piezas y demás) por cada bicicleta montada.

a. Las bicicletas se venden a 130$ cada una. Halle el producto marginal y el valor del producto marginal de cada trabajador (no se olvide de los costes de las piezas de Bérnar).
b. Elabore una tabla que muestre la curva de demanda de trabajo de Bérnar.

c. Repita el apartado *b* suponiendo que las bicicletas se venden a 140$ cada una.
d. Repita el apartado *b* suponiendo que la productividad de los trabajadores aumenta un 50%. Las bicicletas se venden a 130$ cada una.

3. El producto marginal de un trabajador en una fábrica de bombillas es igual a $30 - N$ bombillas por hora, donde N es el número total de trabajadores empleados. Las bombillas se venden a 2$ cada una y su producción no tiene más costes que los laborales.
   a. El salario de los obreros es de 20$ por hora. ¿Cuántos trabajadores debe contratar el gerente de la empresa? ¿Y si el salario es de 30$ por hora?
   b. Represente gráficamente la demanda de trabajo de la fábrica.
   c. Repita el apartado *b* suponiendo que las bombillas se venden a 3$ cada una.
   d. Suponga que la oferta de obreros en la ciudad en la que se encuentra la fábrica de bombillas es de 20 trabajadores (en otras palabras, la curva de oferta de trabajo es vertical en 20 trabajadores). ¿Cuál es el salario real de equilibrio de los obreros en esta ciudad, si las bombillas se venden a 2$ cada una? ¿Y si se venden a 3$?

4. ¿Cómo afectaría probablemente cada uno de los siguientes acontecimientos al salario real y al empleo de los trabajadores no cualificados de una cadena de montaje de automóviles?
   a. Un aumento de la demanda del tipo de automóvil fabricado por la planta.
   b. Una brusca subida del precio de la gasolina lleva a muchos trabajadores a optar por el transporte público para trasladarse al trabajo.
   c. Como consecuencia de la existencia de otras oportunidades, la gente está menos dispuesta a trabajar en las fábricas.
   d. La dirección de la planta introduce nuevos métodos en la cadena de montaje que aumentan el número de automóviles por hora que pueden producir los trabajadores no cualificados y reducen al mismo tiempo los defectos.
   e. Se introducen robots para realizar las tareas más básicas de la cadena de montaje.
   f. Los trabajadores se sindican.

5. ¿Cómo es probable que afecte cada uno de los factores siguientes a la oferta de trabajo de toda la economía?
   a. Se retrasa la edad obligatoria de jubilación.
   b. Los salarios reales suben como consecuencia de un aumento de la productividad.
   c. Los preparativos para la guerra llevan a instituir el reclutamiento forzoso nacional y muchos jóvenes son llamados a filas.
   d. Aumenta el número de personas que deciden tener hijos (considere tanto los efectos a corto como a largo plazo).
   e. Las pensiones suben.

6. Para producir un pequeño juguete pueden utilizarse trabajadores cualificados o no cualificados. El producto marginal de los trabajadores cualificados, expresado en juguetes producidos diariamente, es igual a $200 - N^c$, donde N^c es el número de trabajadores cualificados empleados. Asimismo, el producto marginal de los trabajadores no cualificados es igual a $100 - N^n$, donde N^n es el número de trabajadores no cualificados empleados. Los juguetes se venden a 3$ cada uno.
   a. Suponga que hay 100 trabajadores cualificados y 50 no cualificados (y que las curvas de oferta de trabajo de cada grupo son verticales). ¿Cuál es el salario de equilibrio en dólares de cada tipo de trabajador? *Pista*: ¿cuáles son los productos marginales y los valores del producto marginal de cada tipo de trabajador cuando todos son empleados?
   b. Se introduce equipo electrónico que eleva el producto marginal de los trabajadores cualificados (que pueden utilizar el equipo) a $300 - N^c$. Los productos marginales de los trabajadores no cualificados no resultan afectados. ¿Cuáles son ahora los salarios de equilibrio de los dos grupos?
   c. Suponga que a los trabajadores no cualificados les merece la pena adquirir cualificaciones cuando la diferencia de salarios entre los cualificados y los no cualificados es de 300$ al día o más. Tras la introducción del equipo electrónico, ¿cuántos trabajadores no cualificados adquirirán cualificaciones? (*Pista*: ¿cuántos trabajadores tendrían que pasar de la categoría de no cualificados a la de cualificados para que la diferencia salarial de equilibrio fuera exactamente de 300$ al día?) ¿Cuáles son los salarios de equilibrio de los trabajadores cualificados y no cualificados después de que algunos no cualificados adquieren formación?

7. Una economía sin comercio exterior produce sudaderas y vestidos. Hay 14 trabajadores en la industria de sudaderas y 26 en la de vestidos. El producto marginal de los trabajadores de la industria de sudaderas, expresado en sudaderas producidas al día, es igual a $20 - NS$, donde NS es el número de trabajadores empleados en la industria de sudaderas. El producto marginal de los trabajadores de la industria de vestidos, expresado en vestidos producidos al día, es igual a $30 - NV$, donde NV es el número de trabajadores empleados en la industria de vestidos.
   a. Al principio, las sudaderas se venden a 40$ cada una y los vestidos a 60$. Halle el salario de equilibrio de cada industria.

b. La economía se abre al comercio. La demanda extranjera de sudaderas de fabricación nacional es alta, lo cual eleva el precio de las sudaderas a 50$ cada una. Pero la competencia extranjera reduce la demanda de vestidos de fabricación nacional, por lo que ahora se venden a 50$ cada uno. Suponiendo que los trabajadores no pueden cambiar de industria, ¿cuáles son ahora los salarios de cada industria? ¿A quién ha perjudicado la apertura del comercio y a quién ha beneficiado?

c. Ahora suponga que los trabajadores pueden cambiar de industria libremente y que siempre se van a la que paga el salario más alto. De los 40 trabajadores de la economía, ¿cuántos habrá a largo plazo en cada industria? ¿Qué salarios percibirán? ¿Resultan los trabajadores nacionales perjudicados o beneficiados a largo plazo con la apertura del comercio exterior? Suponga que las sudaderas y los vestidos continúan vendiéndose a 50$.

8. Indique en cada uno de los siguientes casos si el desempleo es friccional, estructural o cíclico y justifique su respuesta.
   a. Teo perdió su empleo cuando se cerró la acería. Carece de cualificaciones para trabajar en otra industria, por lo que lleva más de un año desempleado.
   b. Alicia fue suspendida temporalmente de empleo en la fábrica de automóviles porque la recesión ha reducido la demanda de automóviles. Espera volver a su trabajo cuando la economía se recupere.
   c. Lucas es un trabajador no cualificado que trabaja para empresas locales de mudanzas durante las temporadas de mayor actividad. El resto del año está desempleado.
   d. Guiomar trabajaba de administrativa pero lo dejó cuando su marido fue trasladado a otra región. Estuvo buscando trabajo durante un mes hasta que encontró uno que le gustaba.
   e. Timoteo estuvo buscando trabajo durante seis semanas cuando acabó los estudios universitarios. Rechazó un par de ofertas porque no le permitían utilizar las cualificaciones que había adquirido en la universidad, pero ahora tiene trabajo en el campo en el que se especializó.
   f. Carol, ingeniera informática, perdió su empleo cuando la empresa para la que trabajaba y que era de reciente creación quebró. Realizó entrevistas en cinco empresas antes de aceptar un trabajo en otra empresa de la misma industria.

9. La demanda y la oferta de trabajo de una industria vienen dadas por las ecuaciones

$$N^d = 400 - 2w$$
$$N^s = 240 + 2w$$

donde N^d es el número de trabajadores que quieren contratar los empresarios, N^s es el número de personas dispuestas a trabajar y tanto la oferta como la demanda de trabajo dependen del salario real w, que se expresa en dólares por día.
   a. Halle el empleo y el salario real en el equilibrio del mercado de trabajo.
   b. Suponga que el salario mínimo es de 50$ al día. Halle el empleo y el desempleo. ¿Aumenta el bienestar de alguna persona gracias al salario mínimo? ¿Empeora? Para responder a la segunda parte de la pregunta, considere no sólo los trabajadores sino también los empresarios y otras miembros de la sociedad, como los consumidores y los contribuyentes.
   c. Repita el apartado b, pero ahora suponga que un convenio colectivo obliga a pagar a los trabajadores 60$ diarios.
   d. Repita el apartado *b*, pero ahora suponga que en lugar del salario mínimo hay una prestación por desempleo de 50$ diarios. A los trabajadores les da lo mismo ganar un salario de 50$ al día que permanecer desempleados y percibir la prestación.
   e. Repita el apartado *b* suponiendo que el salario mínimo es de 50$ diarios. Suponga, sin embargo, que el coste de cumplir las normas sobre seguridad en el centro de trabajo reduce la demanda de trabajo a $N^d = 360 - 2w$.

10. El *Economic Report of the President* (ERP), publicado anualmente por el *Council of Economic Advisers* del Presidente de Estados Unidos, se encuentra en las bibliotecas y en Internet (http://www.gpoaccess.gov/eop). Contiene tanto artículos útiles sobre los acontecimientos económicos recientes como un apartado estadístico con datos históricos sobre muchas variables macroeconómicas.

    Busque en el ERP o en alguna otra fuente datos de 2005, año sin recesión, sobre el porcentaje de desempleados que llevaba desempleado menos de 5 semanas, entre 5 y 14 semanas, y más de 26 semanas. ¿Qué sugieren estos datos sobre la importancia relativa del desempleo friccional y del estructural en la economía cuando ésta no se encuentra en una recesión?

    Compare los datos que ha encontrado del año más reciente con datos similares de los años de recesión 1981-1982, 1990-1991 y 2001. ¿Cómo cambian las recesiones la proporción de desempleo de corta duración y de larga duración?

RESPUESTAS A LOS EJERCICIOS

21.1 El valor del producto marginal del séptimo trabajador es de 39.000$ y el del octavo de 33.000$. Por lo tanto, es rentable contratar a un salario de 35.000$ al séptimo trabajador, pero no al octavo.

21.2 Si el precio de los ordenadores es de 5.000$, es rentable contratar tres trabajadores a un salario de 100.000$, ya que el valor del producto marginal del tercero (105.000$) es superior a 100.000$, pero el del cuarto (95.000$) es inferior a 100.000$. Si el precio de un ordenador es de 3.000$, podemos ver en la Tabla 21.1 que ni siquiera el primer trabajador tiene un valor del producto marginal de 100.000$, por lo que a ese precio EOB no contratará ningún trabajador. En suma, a un salario de 100.000$, la subida del precio de los ordenadores eleva la demanda de técnicos de cero a tres.

21.3 El valor del producto marginal del séptimo trabajador es superior a 50.000$, pero no el del octavo (Tabla 21.3), por lo que es rentable contratar siete trabajadores si el salario vigente es de 50.000$. Según la Tabla 21.1, antes del aumento de la productividad, los valores del producto marginal de los cinco primeros trabajadores son superiores a 50.000$, por que la demanda de trabajo a un salario dado de 50.000$ es de cinco trabajadores. Por lo tanto, el aumento de la productividad eleva la cantidad demandada de trabajo a un salario de 50.000$ de cinco trabajadores a siete.

21.4 Aunque no le pagaran, probablemente la valiosa experiencia que adquiriría le permitiría ganar más en el futuro, por lo que es una inversión en capital humano. Probablemente también le resulte más agradable trabajar en la emisora de radio que lavar automóviles. Para elegir entre los dos trabajos, debe hacerse la siguiente pregunta: "Teniendo en cuenta tanto el aumento probable de mis futuros ingresos como el hecho de que disfruto más trabajando en la emisora de radio, ¿estaría dispuesto a pagar 3.000$ por trabajar en la emisora en lugar de lavar automóviles?" Si la respuesta es afirmativa, debe trabajar en la emisora; en caso contrario, debe dedicarse a lavar automóviles.
La decisión de trabajar en la emisora no contradice la idea de que la curva de oferta de trabajo tiene pendiente positiva, si estamos dispuestos a aceptar que la remuneración total de ese empleo comprende no sólo los salarios en efectivo, sino también factores como el valor de la formación que recibimos. Nuestra curva de oferta de trabajo sigue teniendo pendiente positiva en el sentido de que cuanto mayor es el valor que damos a la experiencia, más probable es que aceptemos el trabajo.

21.5 La inmigración eleva la oferta de trabajo; de hecho, la búsqueda de trabajo es para empezar uno de los factores más poderosos que atraen a los inmigrantes. Como mostramos en la figura adjunta, un aumento de la oferta de trabajo tiende a reducir los salarios que tienen que pagar los empresarios (de w a w'), mientras que eleva el empleo total (de N a N'). Como la inmigración a gran escala tiende a reducir los salarios reales, los sindicatos generalmente se oponen a ella, mientras que los empresarios la defienden.

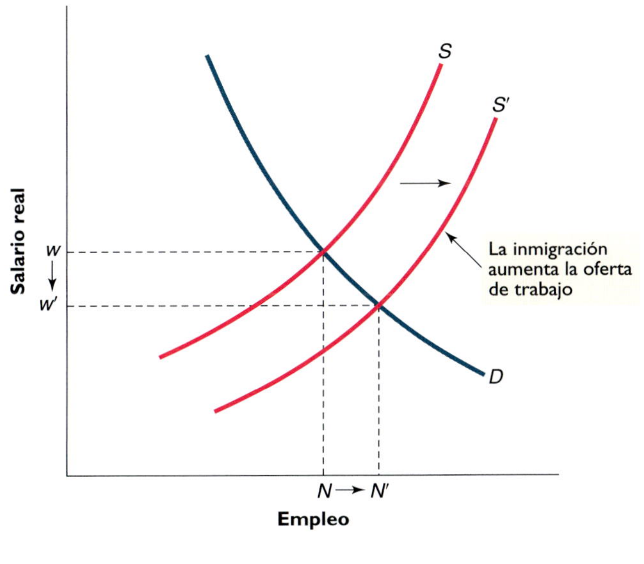

Aunque la figura muestra la oferta total o agregada de trabajo de la economía, los efectos que produce específicamente la inmigración en los salarios dependen de las cualificaciones y de las ocupaciones de los inmigrantes. Según la política actual de inmigración de Estados Unidos, la principal razón por la que se admiten inmigrantes es la reunificación familiar y éstos no se seleccionan casi nunca teniendo en cuenta su nivel de estudios o sus cualificaciones. En Estados Unidos también hay muchos inmigrantes ilegales, que son en gran medida personas que buscan una oportunidad económica. Como consecuencia de estos dos factores, los nuevos inmigrantes tienden a estar relativamente poco cualificados. Como la inmigración tiende a elevar relativamente más la oferta de trabajo no cualificado, reduce los salarios de los trabajadores interiores poco cualificados más que los salarios de los trabajadores interiores cualificados. Algunos economistas, como George Borjas, profesor de la Universidad de Harvard, han afirmado que la inmigración de trabajadores poco cualificados es otro importante factor que reduce los salarios de los trabajadores menos cualificados en relación con los salarios de los que tienen más cualificaciones y un nivel de estudios más alto. Borjas sostiene que Estados Unidos debería adoptar el enfoque utilizado en Canadá y dar preferencia a los inmigrantes que tienen un nivel más alto de cualificaciones y de estudios.

21.6 La parte (a) de la figura adjunta muestra la situación del mercado de trabajo en 1960-1972 y la (b) su situación en 1973-2000. Para poder hacer comparaciones, las curvas iniciales de oferta (*S*) y de demanda (*D*) de trabajo son iguales en las dos partes, lo cual implica que los valores iniciales del salario real (*w*) y del empleo (*N*) son iguales. En la parte (a), mostramos los efectos de un gran aumento de la demanda de trabajo (de *D* a *D'*), provocado por un rápido crecimiento de la productividad, y de un aumento relativamente pequeño de la oferta de trabajo (de *S* a *S'*). El salario real sube a *w'* y el empleo aumenta a *N'*. En la parte (b) observamos los efectos de un aumento algo menor de la demanda de trabajo (de *D* a *D''*) y un aumento mayor de la oferta de trabajo (de *S* a *S''*). La parte (b), que corresponde al periodo 1973-2000, muestra un aumento menor del salario real y un aumento mayor del empleo que la parte (a), que corresponde al periodo 1960-1972. Estos resultados son coherentes con las tendencias reales del mercado de trabajo de Estados Unidos en estos dos periodos.

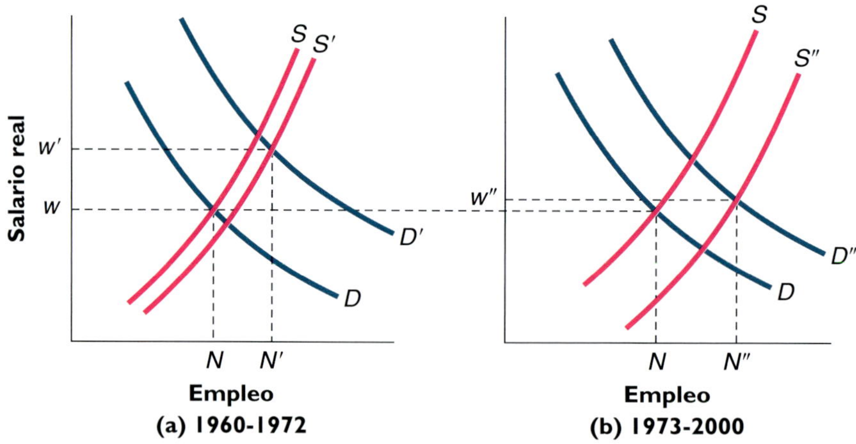

CAPÍTULO

22

EL AHORRO Y LA FORMACIÓN DE CAPITAL

Probablemente el lector habrá oído contar a su madre o a su padre la fábula de la cigarra y la hormiga. La hormiga trabajaba mucho todos los veranos para almacenar comida para el invierno. La cigarra se burlaba de los esfuerzos de la hormiga y se conformaba con disfrutar del sol, haciendo caso omiso de las serias advertencias de la hormiga. Cuando llegó el invierno, la hormiga estaba bien alimentada, mientras que la cigarra se murió de hambre. Moraleja: cuando vienen épocas buenas, las personas prudentes guardan algo para el futuro.

La fábula también tiene, por supuesto, un final moderno, en el que la cigarra se rompe una pata al tropezar con el hormiguero, demanda a la hormiga por negligencia y termina viviendo desahogadamente de los ahorros de la hormiga (nadie sabe qué ocurrió con la hormiga). Moraleja: ahorrar es arriesgado; vive al día.

A pesar de las dificultades de la vida moderna, el ahorro es importante, tanto para los individuos como para los países. Se necesita ahorrar para la jubilación y otras necesidades futuras, como pagar la educación de los hijos o comprar una casa nueva. El ahorro de una persona o de una familia también puede ser un importante amortiguador en una situación de emergencia económica, como la pérdida del empleo o una factura médica imprevista. A escala nacional, la producción de nuevos bienes de capital —fábricas, equipo y vivienda— es un factor importante que fomenta el crecimiento económico y eleva el nivel de vida. Como veremos en este capítulo, los recursos necesarios para producir nuevo capital proceden principalmente del ahorro colectivo del país.

Como es tan importante que el ahorro sea suficiente tanto para garantizar la seguridad económica de las familias como para crear bienes de capital, en Estados Unidos, por ejemplo, muchas personas han manifestado su preocupación por la baja tasa de ahorro de los hogares. La Figura 22.1 muestra la tasa de ahorro de los hogares estadounidenses (el porcentaje de la renta de los hogares después de impuestos que es ahorrado) desde 1960. En Estados Unidos, la tasa de ahorro de los hogares, que nunca ha sido muy alta en comparación con la de otros países, descendió vertiginosamente a mediados de los años 80 y cayó de nuevo a mediados de los 90, llegando a representar un 1,8% de la renta disponible en 2004.

FIGURA 22.1
Tasa de ahorro de los hogares en Estados Unidos, 1960-2004.
La tasa de ahorro de los hogares estadounidenses, que viene descendiendo desde mediados de los años 80, cayó a un 1,8% en 2004.

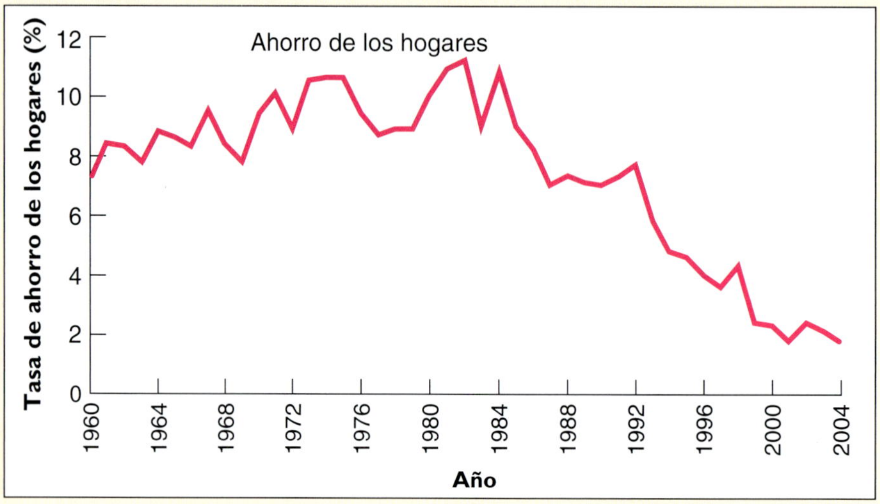

FUENTE: Bureau of Economic Analysis (http://www.bea.gov/).

¿Cuál era el significado de este precipitado descenso? Los alarmistas vieron en los datos una prueba de que los hogares estaban comportándose como la cigarra y una amenaza para la futura prosperidad de los estadounidenses. Pero como veremos, la realidad es más compleja. Es verdad que muchas familias estadounidenses ahorran muy poco, decisión que probablemente repercutirá en su bienestar económico a largo plazo pero, por otro lado, el ahorro de los hogares no es más que una parte del ahorro total de la economía, ya que las empresas y el Estado también ahorran. En realidad, el ahorro total de la economía de Estados Unidos, llamado *ahorro nacional*, no ha disminuido significativamente en los últimos años, por lo que si Estados Unidos está sufriendo una "escasez de ahorro", ésta es mucho menos grave de lo que sugieren las cifras sobre el ahorro de los hogares solamente.

En este capítulo analizamos el ahorro y sus relaciones con la formación de nuevo capital. Comenzamos definiendo los conceptos de ahorro y de riqueza y analizando la conexión entre ellos. Vemos por qué la gente decide ahorrar en lugar de gastar toda su renta. A continuación examinamos el ahorro nacional, es decir, el ahorro colectivo de los hogares, las empresas y el Estado. Como el ahorro nacional determina la capacidad de una economía para crear nuevo capital, este es el indicador más importante del ahorro desde un punto de vista macroeconómico.

A continuación analizamos la formación de capital. Las empresas son las que toman la mayoría de las decisiones de invertir en nuevo capital. Como veremos, la decisión de una empresa de invertir es, en muchos aspectos, análoga a su decisión de aumentar o no el empleo; las empresas deciden aumentar su capital cuando los beneficios de aumentarlo son superiores a los costes. Concluimos el capítulo mostrando la relación entre el ahorro nacional y la formación de capital utilizando el análisis de oferta y demanda.

EL AHORRO Y LA RIQUEZA

ahorro renta obtenida en un determinado periodo menos el gasto realizado en necesidades durante ese periodo

En general, podemos decir que el **ahorro** de una unidad económica —ya sea un hogar, una empresa, una universidad o un país— es *la renta que obtiene en un determinado periodo* menos *el gasto que realiza en necesidades en ese periodo*. Por ejemplo, si Consuelo gana 300$ a la semana, gasta 280$ semanales en gastos de manutención como alquileres, comida, ropa y ocio y deposita los 20$ restantes en el banco, su ahorro es de 20$ a la semana. La **tasa de ahorro** de una unidad económica es su ahorro dividido por su renta. Como Consuelo ahorra 20$ de su renta semanal de 300$, su tasa de ahorro es de 20$/300$, es decir, de 6,7%.

tasa de ahorro ahorro dividido por la renta

El ahorro de una unidad económica está estrechamente relacionado con su **riqueza**, que es la diferencia entre el valor de su activo y el de su pasivo. El **activo** está formado por cualquier cosa de valor que *poseamos*, ya sea *financiera* o *real*. Ejemplos de activos financieros que podemos poseer nosotros o nuestra familia son el dinero en efectivo, una cuenta corriente, acciones y bonos. Ejemplos de activos reales son una vivienda o cualquier otra propiedad inmobiliaria, joyas, bienes de consumo duradero como automóviles y objetos de valor coleccionables. El **pasivo** es, por el contrario, lo que *debemos*. Ejemplos de pasivos son los saldos de las tarjetas de crédito, los préstamos para realizar estudios y los créditos hipotecarios.

activo cualquier cosa de valor que *poseamos*

pasivo lo que *debemos*

balance de situación lista del activo y el pasivo de una unidad económica en una fecha específica

Los economistas calculan la riqueza de una unidad económica, también llamada *patrimonio neto*, comparando su activo con su pasivo. Esta comparación se realiza utilizando una lista de su activo y su pasivo en una fecha dada, llamada **balance de situación.**

EJEMPLO 22.1

Consuelo elabora su balance de situación

Para hacer un resumen de su situación económica a 1 de enero de 2005, Consuelo anota en un balance de situación el activo y el pasivo que tiene en esa fecha. El resultado se muestra en la Tabla 22.1. ¿Cuál es la riqueza de Consuelo?

TABLA 22.1
Balance de situación de Consuelo a 1 de enero de 2005

Activo		Pasivo	
Dinero en efectivo	$ 80	Préstamo para realizar estudios	$ 3.000
Cuenta corriente	1.200	Saldo de la tarjeta de crédito	250
Acciones	1.000		
Automóvil (valor de mercado)	3.500		
Muebles (valor de mercado)	500		
Total	**$6.280**		**$3.250**
		Patrimonio neto	**$3.030**

Los activos financieros de Consuelo son el dinero en efectivo que tiene en el monedero, el saldo de su cuenta corriente y el valor corriente de algunas acciones que heredó de sus padres. Sus activos financieros valen en total 2.280$. También anota 4.000$ de activos reales, que es la suma de los valores de mercado de su automóvil y de sus muebles. Los activos totales, tanto financieros como reales, ascienden a 6.280$. Su pasivo está formado por el préstamo para realizar estudios que debe al banco y el saldo que debe de su tarjeta de crédito, lo que hace un total de 3.250$. La riqueza de Consuelo o patrimonio neto a 1 de enero de 2005 es el valor de su activo (6.280$) menos el valor de su pasivo (3.250$), es decir, 3.030$.

EJERCICIO 22.1

¿Cuál sería el patrimonio neto de Consuelo si el préstamo para realizar estudios no fuera de 3.000$ sino de 6.500$? Elabore un nuevo balance de situación

El ahorro y la riqueza están relacionados, ya que el ahorro contribuye a la riqueza. Para comprender mejor esta relación, debemos distinguir entre *fondo* y *flujo*.

FONDOS Y FLUJOS

flujo medida que se define *por unidad de tiempo*

fondo medida que se define en un momento dado

El ahorro es un ejemplo de **flujo**, que se mide *por unidad de tiempo*. Por ejemplo, el ahorro de Consuelo es de 20$ *a la semana*. En cambio, la riqueza es un **fondo**, que se mide *en un momento dado*. Por ejemplo, la riqueza de Consuelo de 3.030$ es la riqueza que tiene en un determinado momento, por ejemplo, el 1 de enero de 2005.

El flujo de ahorro aumenta el fondo de riqueza de la misma manera que el flujo de agua que sale del grifo aumenta la cantidad de agua que hay en la bañera.

Para visualizar la diferencia entre fondo y flujo, imaginemos que llenamos de agua una bañera. La cantidad de agua que hay en la bañera en un determinado momento —por ejemplo, 40 litros a las 7,15 de la tarde— es un fondo, ya que se mide en un determinado momento del tiempo. La tasa a la que entra agua en la bañera —por ejemplo, 2 litros por minuto— es un flujo, ya que se mide por unidad de tiempo. En muchos casos, un flujo es la *tasa de variación* de un fondo: si sabemos, por ejemplo, que hay 40 litros de agua en la bañera a las 7,15 de la tarde y que el agua fluye a un ritmo de 2 litros por minuto, podemos averiguar fácilmente que el fondo de agua cambiará a la tasa de 2 litros por minuto y que será igual a 42 litros a las 7,16 de la tarde, 44 litros a las 7,17, etc., hasta que la bañera se desborde.

EJERCICIO 22.2

Continuando con el ejemplo de la bañera, si hay 40 litros de agua en la bañera a las 7,15 de la tarde y el agua *sale* a una tasa de 3 litros por minuto, ¿cuáles serán el fondo y el flujo a las 7,16? ¿Y a las 7,17? ¿Sigue siendo el flujo igual a la tasa de variación del fondo?

La relación entre el ahorro (un flujo) y la riqueza (un fondo) es similar a la relación entre el flujo de agua que entra en la bañera y el fondo de agua que hay en ella, en el sentido de que el *flujo* de ahorro hace que el *fondo* de riqueza varíe a la misma tasa. De hecho, como muestra el Ejemplo 22.2, cada dólar que ahorra una persona aumenta un dólar su riqueza.

EJEMPLO 22.2

La relación entre el ahorro y la riqueza

Consuelo ahorra 20$ a la semana. ¿Cómo afecta este ahorro a su riqueza el 8 de enero de 2005? ¿Depende la variación de su riqueza de que utilice sus ahorros para aumentar su activo o para reducir su pasivo?

Consuelo podría utilizar los 20$ que ahorró durante la primera semana de enero para aumentar su activo —por ejemplo, ingresando los 20$ en su cuenta corriente— o para reducir su pasivo, por ejemplo, cancelando el saldo de su tarjeta de crédito. Supongamos que ingresa los 20$ en su cuenta corriente, incrementando su activo en 20$ el 8 de enero de 2005. Como su pasivo no varía, su riqueza también aumenta 20$ y es de 3.050$ (véase la Tabla 22.1).

Si Consuelo decide utilizar los 20$ que ha ahorrado durante la primera semana de enero para cancelar el saldo de su tarjeta de crédito, lo reduce de 250$ a 230$. Esa decisión reduciría 20$ su pasivo, pero su activo no variaría. Como la riqueza es igual a su activo menos su pasivo, la reducción de su pasivo en 20$ aumenta 20$ su riqueza, por lo que ahora ésta es de 3.050$. El ahorro de 20$ a la semana eleva, pues, 20$ a la semana el fondo de riqueza de Consuelo el 8 de enero de 2005, independientemente de que utilice sus ahorros para aumentar su activo o para reducir su pasivo.

La estrecha relación entre el ahorro y la riqueza explica por qué es tan importante el ahorro para una economía. Si la tasa actual de ahorro es más alta, se acumula riqueza a un ritmo más rápido y, cuanto más rico es un país, más alto es su nivel de vida. Por lo tanto, una tasa actual de ahorro elevada contribuye a mejorar el nivel de vida en el futuro.

LAS GANANCIAS Y LAS PÉRDIDAS DE CAPITAL

Aunque el ahorro incrementa la riqueza, éste no es el único factor que la determina. La riqueza también puede cambiar como consecuencia de las variaciones del valor de los activos reales o financieros que poseemos. Supongamos que en enero el valor de las acciones de Consuelo sube de 1.000$ a 1.500$. Este aumento de su valor eleva 500$ su activo total sin afectar a su pasivo. Como consecuencia, el 1 de febrero de 2005 la riqueza de Consuelo aumenta 500$, pasando de 3.030$ a 3.530$ (véase la Tabla 22.2).

TABLA 22.2
Balance de situación de Consuelo a 1 de enero de 2005 después de una subida del valor de sus acciones

Activo		Pasivo	
Dinero en efectivo	$ 80	Préstamo para realizar estudios	$ 3.000
Cuenta corriente	1.200	Saldo de la tarjeta de crédito	250
Acciones	1.500		
Automóvil (valor de mercado)	3.500		
Muebles (valor de mercado)	500		
Total	**$6.780**		**$3.250**
		Patrimonio neto	**$3.530**

Las variaciones del valor de los activos existentes se denominan **ganancias de capital** cuando el valor de un activo aumenta y **pérdidas de capital** cuando disminuye. De la misma manera que las ganancias de capital incrementan la riqueza, las pérdidas de capital la reducen. Sin embargo, las ganancias y las pérdidas de capital no se consideran parte del ahorro sino que la variación que experimenta la riqueza de una persona durante un periodo cualquiera es igual al ahorro realizado durante ese periodo más las ganancias de capital o menos las pérdidas de capital registradas durante ese periodo. En términos de ecuación,

ganancias de capital aumento del valor de los activos existentes

pérdidas de capital disminución del valor de los activos existentes

Variación del ahorro = Ahorro + Ganancias de capital – Pérdidas de capital

EJERCICIO 22.3

¿Cómo afectaría cada una de las decisiones o acontecimientos siguientes al *ahorro* de Consuelo y a su *riqueza*?

a. Consuelo deposita, como siempre, 20$ en el banco al final de la semana. También carga 50$ en su tarjeta de crédito, elevando el saldo de la tarjeta a 300$.

b. Consuelo retira 300$ de su cuenta corriente para pagar la factura de su tarjeta de crédito.

c. El viejo automóvil de Consuelo pasa a considerarse un clásico. Su valor de mercado sube de 3.500$ a 4.000$.

d. Los muebles de Consuelo sufren daños, por lo que su valor disminuye de 500$ a 200$.

Las ganancias y las pérdidas de capital pueden influir considerablemente en la riqueza total de una persona, como se muestra en El observador económico 22.1.

EL OBSERVADOR ECONÓMICO 22.1

La tendencia alcista de la bolsa de valores y la riqueza de los hogares

En Estados Unidos, los ciudadanos tenían en los años 90 la sensación general de prosperidad: durante este periodo, los indicadores de la riqueza de los hogares mostraron un enorme aumento. Sin embargo, como muestra la Figura 22.1, el ahorro de los hogares fue bastante bajo durante esos años. ¿Cómo aumentó su riqueza en la década de 1990 a pesar de ahorrar tan poco?

Durante la década de 1990, un creciente número de estadounidenses compró acciones, bien directamente, bien indirectamente a través de sus fondos de pensiones y de sus planes de jubilación. Al mismo tiempo, los precios de las acciones subieron a un ritmo sin precedentes (véase la Figura 22.2). La fuerte tendencia alcista de la bolsa, que elevó los precios de la mayoría de las acciones, permitió a muchos estadounidenses obtener considerables ganancias de capital e incrementó la riqueza a pesar de ahorrar poco o nada. De hecho, algunos economistas afirmaron que la baja tasa de ahorro de los hogares en los años 90 se *debió* en parte al mercado alcista; como las ganancias de capital aumentaron tanto la riqueza de las familias, muchas personas no vieron la necesidad de ahorrar.

La bolsa alcanzó un máximo a principios de 2000 y los precios de las acciones cayeron vertiginosamente durante los dos años siguientes. Es interesante el hecho de que los hogares estadounidenses no decidieran ahorrar más en el 2000 y en los años posteriores (Figura 22.1), a pesar de la disminución de su patrimonio en riqueza financiera. Una de las explicaciones es que en 2000-2004 un componente aún mayor de la riqueza de los hogares —el valor de las viviendas de propiedad privada— aumentó significativamente, lo que contrarrestó en parte la repercusión de la caída de la bolsa en su riqueza.

FIGURA 22.2
La tendencia alcista de la bolsa de valores en los años 90.
Los precios de las acciones subieron vertiginosamente durante los años 90, aumentando extraordinariamente la riqueza de los hogares que tenían acciones. Esta figura muestra el índice bursátil *Standard & Poor's* 500 del periodo 1960-2004 dividido por el IPC para tener en cuenta la inflación. Los precios de las acciones alcanzaron un máximo en 2000 y después bajaron vertiginosamente hasta tocar fondo a principios de 2003.

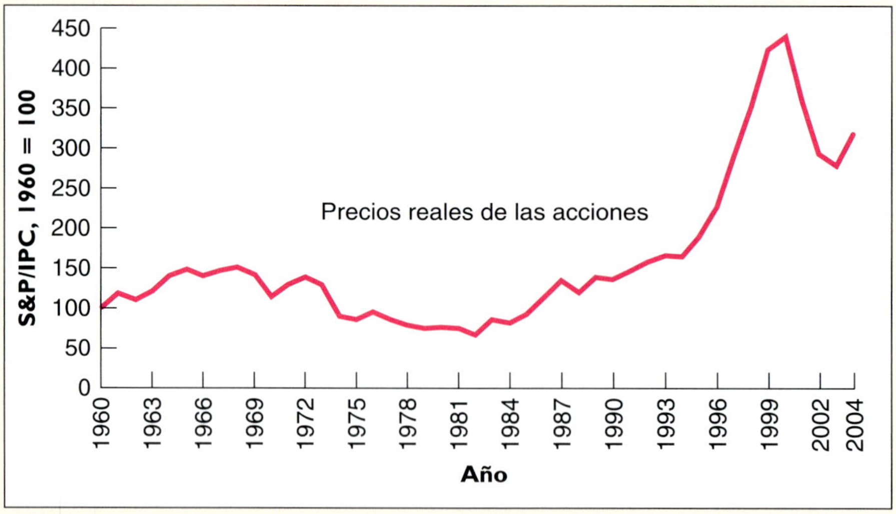

FUENTE: *Economic Report of the President* (http://www.gpoaccess.gov/eop/).

Hemos visto la relación entre el ahorro y la acumulación de riqueza. Sin embargo, para comprender por qué decide ahorrar la gente, es necesario examinar los motivos por los que ahorra.

RECAPITULACIÓN	EL AHORRO Y LA RIQUEZA

En general, el *ahorro* es la renta obtenida en un determinado periodo menos el gasto realizado en necesidades en ese mismo periodo. La *riqueza* es el valor del activo, que es todo lo que poseemos, menos el pasivo, que es lo que debemos. El ahorro se mide por unidad de tiempo (por ejemplo, dólares a la semana) y, por lo tanto, es un *flujo*. La riqueza se mide en un momento dado y, por lo tanto, es un *fondo*. De la misma manera que el flujo de agua que sale del grifo aumenta el fondo de agua de una bañera, el flujo de ahorro aumenta el fondo de riqueza.
La riqueza también puede aumentar como consecuencia de las *ganancias de capital* (del aumento del valor de los activos existentes) o disminuir como consecuencia de las *pérdidas de capital* (de la disminución del valor de los activos). Las ganancias de capital que obtuvieron los accionistas en Estados Unidos como consecuencia de la tendencia alcista de la bolsa en los años 90 permitieron a muchas familias aumentar significativamente su riqueza a pesar de ahorrar muy poco.

¿POR QUÉ AHORRA LA GENTE?

¿Por qué ahorra la gente parte de su renta en lugar de gastar todo lo que gana? Los economistas han identificado al menos tres grandes razones por las que se ahorra. En primer lugar, la gente ahorra para cumplir algunos objetivos a largo plazo, como una desahogada jubilación. Apartando una parte de su renta durante los años que trabaja, podrá vivir mejor cuando se jubile que si se quedara solamente con la pensión que le pagará el Estado y quizá su empresa. Otros objetivos a largo plazo son pagar la matrícula universitaria de los hijos y comprar una vivienda o un automóvil. Dado que muchas de estas necesidades se producen en fases de la vida bastante predecibles, los economistas denominan **ahorro del ciclo vital** a este tipo de ahorro.

ahorro del ciclo vital ahorro para alcanzar objetivos a largo plazo, como la jubilación, los estudios universitarios o la compra de una vivienda

La segunda razón por la que la gente ahorra es para protegerse ella y su familia de los reveses imprevistos, por ejemplo, de la pérdida del empleo o de un caro problema médico. Los asesores financieros personales normalmente sugieren a las familias mantener una reserva de emergencia (un "fondo para los días difíciles") igual a la renta de entre tres y seis meses. El ahorro realizado para protegerse de las posibles emergencias se denomina **ahorro precaución**.

ahorro precaución ahorro para protegerse de los reveses imprevistos, como la pérdida del empleo o una emergencia médica

"Afortunadamente, tiene ahorrado lo que un hombre mayor que usted."

La tercera razón por la que la gente ahorra es para dejar propiedades a los herederos, que normalmente son los hijos, pero que también puede ser una institución benéfica favorita u otra buena causa. El ahorro que se realiza con el fin de dejar una herencia o legado se denomina **ahorro legado**. Este ahorro es realizado principalmente por las personas que se encuentran en el extremo superior de la pirámide de rentas. Pero, como estas personas controlan una gran parte de la riqueza de un país, este ahorro constituye una importante parte del ahorro total.

ahorro legado ahorro que se realiza con el fin de dejar una herencia

Naturalmente, la gente no suele dividir mentalmente su ahorro en estas tres categorías sino que las tres razones para ahorrar motivan en distinto grado a la mayoría de los ahorradores. En El observador económico 22.2 se muestra que las tres razones para ahorrar pueden explicar la conducta de los hogares japoneses en relación con el ahorro.

EL OBSERVADOR ECONÓMICO 22.2

El ahorro de los hogares en Japón

Tras la Segunda Guerra Mundial, los hogares japoneses aumentaron su tasa de ahorro a un 15-25% de su renta, tasa excepcionalmente alta. Aunque a menudo se dice que la causa de su propensión a ahorrar está relacionada con factores culturales, las tasas de ahorro eran mucho más bajas antes de la Segunda Guerra Mundial. Por otra parte, han disminuido desde 1990 (aunque siguen siendo más altas que las de Estados Unidos). ¿Por qué ahorraron tanto los japoneses hasta alrededor de 1990 y por qué han descendido algo las tasas de ahorro japonesas desde entonces?

Entre las razones para ahorrar que hemos analizado, la del *ciclo vital* probablemente sea el determinante más importante del ahorro en Japón. Los japoneses tienen una elevada esperanza de vida y muchos se jubilan relativamente pronto. Al tener que financiar un largo periodo de jubilación, las familias japonesas deben ahorrar mucho durante sus años de trabajo. Cuando la población activa representaba un elevado porcentaje de la población total, la tasa total de ahorro era alta. Cuando la generación de la explosión de la natalidad llegó a la edad de jubilación y la tasa japonesa de fecundidad descendió, también disminuyó la tasa de ahorro de Japón[1].

También hay otros factores que contribuyen a explicar los cambios de las tasas de ahorro. Las entradas para comprar una vivienda son altas en Japón en comparación con otros países. Hasta 1990 los precios del suelo y de la vivienda fueron extraordinariamente altos, por lo que los jóvenes tenían que ahorrar mucho o pedir a sus padres que les prestaran de sus ahorros para comprar su primera vivienda. Sin embargo, tras la crisis del mercado inmobiliario a comienzos de los años 90, los precios del suelo y de la vivienda bajaron, por lo que los jóvenes no tienen que ahorrar tanto como antes.

También se ha observado que en Japón es importante el *ahorro legado*. Muchas personas de edad avanzada viven con sus hijos cuando se jubilan. Los padres piensan que, a cambio de la ayuda y la atención que les dispensan durante sus últimos años, deben dejarles una herencia considerable.

Sin embargo, el *ahorro precaución* probablemente es más bajo en Japón que en algunos otros países. Aunque sus problemas económicos recientes han reducido la práctica del *empleo vitalicio*, las empresas japonesas siguen utilizando frecuentemente este sistema, que garantiza esencialmente un empleo de por vida a los trabajadores que entran en una empresa cuando terminan los estudios universitarios. Este tipo de seguridad de empleo, unido a la tasa de desempleo tradicionalmente baja de Japón, reduce la necesidad de ahorrar como precaución.

Aunque la mayoría de las personas normalmente ahorran al menos por una de las tres razones que hemos analizado, la cantidad que deciden ahorrar puede depender del clima económico. Una de las variables económicas bastante importantes en las decisiones de ahorro es el tipo de interés real.

[1] Maiko Koga, *The Decline of the Saving Rate and the Demographic Effects*, Bank of Japan Research and Statistics Department, noviembre de 2004.

EL AHORRO Y EL TIPO DE INTERÉS REAL

Casi nadie ahorra poniendo el dinero debajo de un colchón, sino realizando inversiones financieras que prometen un buen rendimiento. Por ejemplo, una cuenta corriente puede rendir intereses. Las inversiones financieras más sofisticadas, como los bonos del Estado o las acciones de una sociedad anónima (véase el Capítulo 24) también tienen un rendimiento consistente en intereses, dividendos o ganancias de capital. Es deseable, por supuesto, que los rendimientos sean altos, ya que cuanto más altos sean, más deprisa aumentarán nuestros ahorros.

La tasa de rendimiento más relevante para las decisiones de ahorro es el *tipo de interés real*, representado por r. Recuérdese que en el Capítulo 19 vimos que el tipo de interés real es el tipo que aumenta el poder adquisitivo real de un activo financiero con el paso del tiempo. El tipo de interés real es igual al tipo de interés de mercado o nominal (i) menos la tasa de inflación (π).

El tipo de interés real es relevante para los ahorradores porque es la "recompensa" por ahorrar. Supongamos que estamos considerando la posibilidad de ahorrar este año 1.000$ más, lo cual es posible si renunciamos a nuestra costumbre de comer fuera una vez a la semana. Si el tipo de interés real es del 5%, dentro de un año nuestro ahorro adicional nos permitirá tener un poder adquisitivo adicional de 1.050$, expresado en dólares actuales. Pero si el tipo de interés real fuera del 10%, nuestro sacrificio de 1.000$ este año sería recompensado con 1.100$ de poder adquisitivo el próximo año. Evidentemente, manteniéndose todo lo demás constante, estaríamos más dispuestos a ahorrar hoy si supiéramos que la recompensa que vamos a obtener el año que viene va a ser mayor. En cualquier caso, el *coste* del ahorro adicional —renunciar a comer fuera una vez a la semana— es el mismo. Pero el *beneficio* del ahorro adicional, expresado en el poder adquisitivo adicional que tendremos el año que viene, es mayor si el tipo de interés real no es del 5 sino del 10%.

EJEMPLO 22.3

¿Cuánto aumenta el futuro nivel de vida de una familia si su tasa de ahorro es alta?

Los Gastones y los Ahorrativos son familias similares, pero los Gastones ahorran todos los años un 5% de su renta y los Ahorrativos un 20%. Las dos familias comenzaron a ahorrar en 1980 y piensan continuar ahorrando hasta que se jubilen en el año 2015 sus respectivos cabezas de familia. Ambas familias ganan 40.000$ al año en términos reales en el mercado de trabajo y las dos colocan sus ahorros en un fondo de inversión que ha tenido un rendimiento real de un 8% al año, rendimiento que esperan que se mantenga en el futuro. Compare la cantidad que consumen las dos familias cada uno de los años comprendidos entre 1980 y 2015 y compare la riqueza que tienen cuando se jubilan.

En el primer año, 1980, los Gastones ahorraron 2.000$ (un 5% de su renta de 40.000$) y consumieron 38.000$ (un 95% de 40.000$). Los Ahorrativos ahorraron 8.000$ en 1980 (un 20% de 40.000$) y, por lo tanto, sólo consumieron 32.000$ ese año, es decir, 6.000$ menos que los Gastones. En 1981, la renta de los Ahorrativos era de 40.640$; los 640$ adicionales representan un rendimiento del 8% de sus ahorros de 8.000$. En 1981, la renta de los Gastones sólo aumentó 160$ (un 8% de sus ahorros de 2.000$). Con una renta de 40.640$, los Ahorrativos consumieron 32.512$ ese año (un 80% de 40.640$) en comparación con los 38.152$ (un 95% de 40.160$) de los Gastones. La diferencia de consumo entre las dos familias, que comenzó siendo de 6.000$, cayó, pues, a 5.640$ un año más tarde.

Al aumentar más deprisa la riqueza de los Ahorrativos y, por lo tanto, la renta generada por los intereses, su renta creció todos los años más deprisa que la de los Gastones; los Ahorrativos continuaron ahorrando todos los años un 20% de su renta más alta, mientras que los Gastones continuaron ahorrando un 5%. La Figura 22.3 muestra las trayectorias que siguieron los gastos de consumo de las dos familias. Vemos que el consumo de los Ahorrativos, aunque partió de un nivel más bajo, creció a un ritmo relativamente más rápido. En 1995, los Ahorrativos habían sobrepasado a los Gastones y a partir de ese momento la cuantía en la que el gasto de los Ahorrativos era superior al de los Gastones aumentó cada año que pasaba. Aunque los Gastones continuaron consumiendo todos los años un 95% de su renta, ésta creció tan despacio que en 2000 estaban consumiendo casi 3.000$ al año menos que los Ahorrativos (41.158$ al año frente a 43.957$). Y cuando las dos familias se jubilen, en 2015, los Ahorrativos estarán consumiendo más de 12.000$ al año más que los Gastones (55.774$ frente a 43.698$). Aún más llamativa es la diferencia entre los ahorros de las dos familias para la jubilación. Mientras que los Gastones se jubilarán con unos ahorros totales acumulados de sólo algo más de 77.000$, los Ahorrativos tendrán más de 385.000$, es decir, cinco veces más.

FIGURA 22.3
Trayectorias del consumo de los Ahorrativos y de los Gastones.
La figura muestra el gasto anual de consumo de dos familias, los Ahorrativos y los Gastones. Como los Ahorrativos ahorran más que los Gastones, su gasto anual de consumo aumenta relativamente más deprisa. Cuando se jubilen en el año 2015, los Ahorrativos consumirán cada año significativamente más que los Gastones y también tendrán unos ahorros para la jubilación cinco veces mayores.

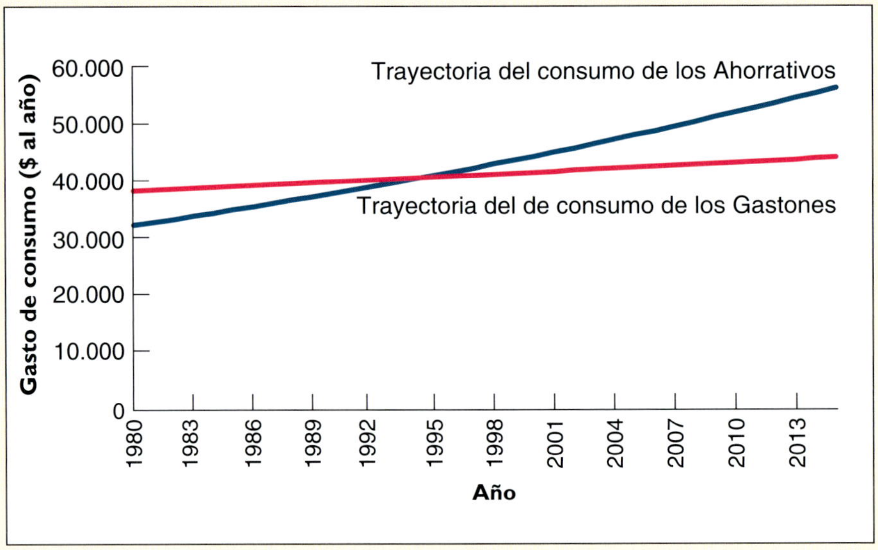

Estas espectaculares diferencias dependen en parte del supuesto de que la tasa real de rendimiento es de un 8%, que es menor que el rendimiento efectivo que han generado los fondos de inversión desde 1980 en Estados Unidos, pero aún así relativamente alta desde el punto de vista histórico. Por otra parte, la familia de los Gastones de nuestro ejemplo en realidad ahorra más que los hogares estadounidenses representativos, muchos de los cuales tienen en sus tarjetas de crédito un saldo de 5.000$ o más a unos elevados tipos de interés y no ahorran casi nada. Lo que quiere decir este ejemplo, que sigue siendo válido si se postulan otros supuestos sobre el tipo de interés real y las tasas de ahorro, es que una elevada tasa de ahorro genera un elevado rendimiento a largo plazo debido al poder del interés compuesto.

Aunque cuanto más alto es el tipo de interés real, mayor es la recompensa que se obtiene por ahorrar y eso tiende a llevar a la gente a estar más dispuesta a hacerlo, hay otra fuerza que contrarresta este incentivo adicional. Recuérdese que una importante razón para ahorrar es lograr determinados objetivos: una jubilación desahogada, unos estudios universitarios o una primera vivienda. Si el objetivo es una cantidad específica —por ejemplo, 25.000$ para pagar la entrada de una vivienda— cuando la tasa de rendimiento es más alta, los hogares pueden ahorrar *menos* y lograr, aún así, su objetivo, ya que los fondos que apartan crecen más deprisa. Por ejemplo, para acumular 25.000$ en un plazo de 5 años a un tipo de interés del 5%, una persona tendría que ahorrar alrededor de 4.309$ al año. A un tipo de interés del 10%, sólo tendría que ahorrar unos 3.723$ al año. En la medida en que la *gente ahorra para lograr un determinado objetivo*, unos tipos de interés más altos reducen, en realidad, la cantidad que necesita ahorrar.

"Algún día, hijo, todo ésto será mío."

En resumen, un tipo de interés real más alto produce efectos tanto positivos como negativos en el ahorro, un efecto positivo porque aumenta la recompensa del ahorro y un efecto negativo porque reduce la cantidad que necesitamos ahorrar cada año para lograr un determinado objetivo. Los datos empíricos sugieren que en la práctica los tipos de interés reales más altos provocan un modesto aumento del ahorro.

EL AHORRO, EL AUTOCONTROL Y LOS EFECTOS DEMOSTRACIÓN

Las razones por las que ahorramos que acabamos de analizar se basan en la idea de que los individuos son personas racionales que eligen la tasa de ahorro que maximiza su bienestar a largo plazo. Sin embargo, muchos psicólogos y algunos economistas han afirmado, por el contrario, que la conducta de ahorro de las personas se basa tanto en factores psicológicos como en factores económicos. Por ejemplo, los psicólogos hacen hincapié en que muchas personas carecen de *autocontrol* para hacer lo que saben que redunda en su propio beneficio. La gente fuma o toma comida grasienta, a pesar de los conocidos riesgos que tiene para la salud a largo plazo. Asimismo, puede tener la intención de ahorrar, pero carece del autocontrol necesario para apartar mensualmente todo lo que debería.

Una manera de reforzar el autocontrol es eliminar las tentaciones del entorno inmediato. Las personas que estén tratando de dejar de fumar deben proponerse no tener cigarrillos en casa y las que tengan problemas de sobrepeso deben evitar ir a la panadería. Asimismo, las que no estén ahorrando lo suficiente pueden pedir que se les retenga de cada nómina una determinada cantidad para que sea depositada en una cuenta especial de la que no le sea posible retirar dinero hasta la jubilación. Al tener que ahorrar automáticamente y ser difícil retirar dinero, no tienen la tentación de gastar todos los ingresos que perciben o de despilfarrar los ahorros acumulados. De esta forma muchas personas han aumentado la cantidad que ahorran para la jubilación o para otros fines.

La hipótesis del autocontrol implica que los planes de crédito personales para el consumo que facilitan la solicitud de préstamos y el gasto pueden reducir la cantidad que ahorra la gente. Por ejemplo, en Estados Unidos los bancos han animado a la gente en los últimos años a pedir préstamos contra el *valor neto* de su vivienda, es decir, contra la diferencia entre el valor total de la vivienda y el del crédito hipotecario pendiente. Es posible que esas innovaciones financieras, al aumentar la tentación de gastar, hayan reducido la tasa de ahorro de los hogares. Otra tentación es la mayor posibilidad de conseguir tarjetas de crédito más fácilmente con un elevado límite de endeudamiento.

También es posible que existan presiones a la baja sobre la tasa de ahorro cuando el gasto adicional de algunos consumidores lleva a otros a gastar más. Esos *efectos demostración* surgen cuando la gente utiliza el gasto de otros como referencia para saber si su propio nivel de vida es aceptable. Por ejemplo, en Estados Unidos las familias que viven en zonas residenciales de clase media-alta en las que la vivienda media tiene 300 metros cuadrados pueden considerar que las de 150 son demasiado pequeñas, demasiado apretadas para recibir a los amigos de la manera a la que están acostumbrados los miembros de la comunidad. En cambio, una familia similar que viva en un barrio de renta baja puede considerar que esa misma vivienda es un lujo.

La consecuencia de los efectos demostración para el ahorro es que las familias que viven al lado de otras que consumen más que ellas pueden tener muchos incentivos para aumentar su propio gasto de consumo. Cuando la satisfacción depende en parte de los estándares de vida *relativos*, una espiral ascendente puede dar como resultado un gasto mayor en los hogares y un menor ahorro que el que convendría a las familias o a la economía en su conjunto.

EL OBSERVADOR ECONÓMICO 22.3

¿Por qué ahorran tan poco los hogares en Estados Unidos?

En Estados Unidos, el ahorro de los hogares, que siempre ha sido relativamente bajo, ha disminuido aún más en la última década (Figura 22.1). Las encuestas muestran que en Estados Unidos una proporción significativa de los hogares ahorra una parte muy pequeña de su sueldo. ¿Por qué tan poco?

Los economistas discrepan sobre las causas del bajo ahorro de las familias en Estados Unidos, aunque se han sugerido muchas hipótesis.

Una de las causas posibles del bajo ahorro es la existencia de una ayuda pública generosa para los ancianos. Desde el punto de vista del *ciclo vital*, un motivo importante para ahorrar es la jubilación. En Estados Unidos, la “red de seguridad social” es, en general, menor que en otros países industrializados, es decir, el Estado ofrece relativamente menos programas para ayudar a la gente necesitada, pero la que ofrece va destinada principalmente al segmento de la población de mayor edad. Juntos, los programas de pensiones y Medicare, ambos destinados principalmente a ayudar a personas jubiladas, constituyen una importante proporción del gasto federal. Estos programas han tenido mucho éxito; de hecho, han erradicado casi por completo la pobreza en el caso de los ancianos. Sin embargo, en la medida en que los estadounidenses creen que el Estado les garantizará un nivel de vida suficiente en la jubilación, tienen menos incentivos de ahorro para el futuro.

Otro importante objetivo a lo largo del ciclo vital es comprar una casa. Hemos visto que los japoneses deben ahorrar mucho para comprar una vivienda debido a su alto precio y a las elevadas entradas que hay que pagar. Lo mismo ocurre en otros muchos países. Pero en Estados Unidos, que tiene un desarrollado sistema financiero, la gente puede comprar una casa con una entrada del 10% o menos del precio de compra. La facilidad con que se puede pedir un crédito hipotecario con una pequeña entrada reduce la necesidad de ahorrar para comprar una vivienda.

¿Qué ocurre con el *ahorro precaución*? Estados Unidos, a diferencia de Japón y de Europa, que tuvieron que iniciar la reconstrucción tras la Segunda Guerra Mundial, no ha conocido un largo periodo de dificultades económicas desde la Gran Depresión de los años 30 (y cada vez quedan menos estadounidenses que vivieron aquella experiencia). Tal vez el pasado próspero del país haya llevado a los estadounidenses a confiar más en el futuro y a ser, de este modo, menos propensos que los ciudadanos de otros países a ahorrar para las emergencias económicas, aunque en Estados Unidos no exista el nivel de seguridad de empleo que se observa en Japón o en Europa.

El ahorro de las familias estadounidenses no sólo es bajo en comparación con el de otros países sino que ha venido disminuyendo. La buena marcha de la bolsa en la década de 1990, junto con las continuas subidas de los precios de las viviendas familiares, probablemente ayude a explicar esta disminución del ahorro (véase El observador económico 22.1). En la medida en que los estadounidenses disfrutan de ganancias de capital, ven cómo aumenta su riqueza casi sin ningún esfuerzo, por lo que tienen menos incentivos para ahorrar.

Es posible que algunos factores psicológicos también expliquen la conducta de ahorro de los estadounidenses. Por ejemplo, en Estados Unidos, a diferencia de lo que ocurre en la mayoría de los países, los propietarios de viviendas pueden pedir créditos fácilmente contra su valor neto. Esta posibilidad, consecuencia de los desarrollados mercados financieros, puede agudizar los problemas de *autocontrol* al aumentar la tentación de gastar. Por último, es posible que los *efectos demostración* hayan reducido el ahorro en las últimas décadas. En el capítulo anterior analizamos el fenómeno de la creciente desigualdad salarial, que ha mejorado la posición relativa de los trabajadores más cualificados y formados. Es posible que el aumento del gasto por parte de los hogares en viviendas, automóviles y otros bienes de consumo de la escala de ingresos haya llevado a los que se encuentran justamente por debajo de ellos a gastar también más, y así sucesivamente. Las familias de clase media que antes se conformaban con un automóvil de precio medio posiblemente ahora piensen que necesitan un Volvo o un BMW para mantenerse al mismo nivel de los demás. En la medida en que los efectos demostración llevan a las familias a vivir por encima de sus posibilidades, reducen su tasa de ahorro.

RECAPITULACIÓN — ¿POR QUÉ AHORRAMOS?

Los motivos para ahorrar son lograr objetivos a largo plazo, como prever para la jubilación (*ahorro del ciclo vital*), hacer frente a emergencias (*ahorro precaución*) y dejar una herencia o legado (*ahorro legado*). La cantidad que ahorramos también depende de factores macroeconómicos, como el tipo de interés real. Una subida del tipo de interés real estimula el ahorro al aumentar la recompensa de ahorrar, pero también puede reducirlo al hacer que resulte más fácil para los ahorradores lograr la cantidad de ahorro que se han propuesto. En conjunto, parece que unos tipos de interés reales más altos provocan un modesto aumento del ahorro.

Los factores psicológicos también pueden afectar a las tasas de ahorro. Si la gente tiene problemas de *autocontrol*, los mecanismos financieros (como las retenciones automáticas de las nóminas) que hacen que resulte más difícil gastar, elevan su ahorro. Los *efectos demostración* también pueden influir en las decisiones de ahorro, por ejemplo, cuando nos sentimos obligados a gastar al mismo ritmo que los vecinos, aunque no podamos permitírnoslo.

EL AHORRO NACIONAL Y SUS COMPONENTES

Hasta ahora hemos examinado los conceptos de ahorro y de riqueza desde la perspectiva del individuo. Pero a los macroeconomistas les interesa principalmente el ahorro y la riqueza del país en su conjunto. En este apartado estudiamos el *ahorro nacional*, es decir, el ahorro agregado de la economía. Comprende el ahorro de las empresas y del Estado, así como el ahorro de los hogares. Más adelante en este capítulo examinaremos la estrecha relación entre el ahorro nacional y la tasa de formación de capital de una economía.

LA MEDICIÓN DEL AHORRO NACIONAL

Para definir la tasa de ahorro de un país en su conjunto, comenzaremos con una identidad contable básica que presentamos en el Capítulo 18. Según esta identidad, para la economía en su conjunto, la producción (o la renta) debe ser igual al gasto total. En símbolos, la identidad es

$$Y = C + I + G + NX,$$

donde Y representa la producción o la renta agregada (que deben ser iguales), C es el gasto de consumo, I es el gasto de inversión, G es la compra de bienes y servicios por parte del Estado y NX son las exportaciones netas.

Supongamos, de momento, que las exportaciones netas (NX) son iguales a cero, como ocurriría si un país no comercializara con otros o si sus exportaciones y sus importaciones siempre estuvieran equilibradas (también analizamos el sector exterior en el Capítulo 9). Al ser cero las exportaciones netas, la condición según la cual la producción debe ser igual al gasto se convierte en

$$Y = C + I + G.$$

Para averiguar cuánto ahorra el país en su conjunto, podemos aplicar la definición general de ahorro. El ahorro de un país es, como el de cualquier otra unidad económica, la *renta que tiene en un determinado periodo* menos el *gasto que realiza en necesidades en ese mismo periodo*. La renta del país en su conjunto es su PIB, también llamada, Y, es decir, el valor de los bienes y los servicios finales producidos dentro de las fronteras del país durante el año.

Identificar la parte del gasto total que corresponde al gasto del país en necesidades actuales es más difícil que identificar su renta. El componente del gasto agregado más fácil de clasificar es el gasto de inversión I. Sabemos que éste —la adquisición de nuevas fábricas, equipo y otros bienes de capital, así como la construcción de viviendas— se realiza para expandir la futura capacidad productiva de la economía o para construir más viviendas para el futuro, no para satisfacer necesidades actuales. Por lo tanto, evidentemente el gasto de inversión *no* forma parte del gasto en necesidades actuales.

Saber qué parte del gasto de consumo de los hogares, C, y de las compras de bienes y servicios por parte del Estado, G, debe considerase gasto en necesidades actuales es menos sencillo. La mayor parte del gasto de los hogares —en comida, ropa, servicios públicos, ocio, etc.— es, desde luego, en necesidades actuales. Pero el gasto de consumo también comprende las compras de *bienes de consumo duradero*, como automóviles, muebles y electrodomésticos. Los bienes de consumo duradero sólo se gastan parcialmente en el año en que se adquieren, pueden continuar prestando servicio, de hecho, durante muchos años después. Por lo tanto, el gasto de los hogares en bienes de consumo duradero es una combinación de gasto en necesidades actuales y de gasto en necesidades futuras.

La mayor parte de las compras de bienes y servicios por parte del Estado pretende, al igual que el gasto de consumo, satisfacer necesidades actuales. Sin embargo, al igual que sucede con las compras de los hogares, una parte de las compras del Estado se dedica a la adquisición o a la construcción de bienes de capital de larga duración, como carreteras, puentes, escuelas, edificios públicos y material militar. Y al igual que los bienes de consumo duradero, estos tipos de *capital público* sólo en parte se gastan durante el año en el que se adquieren; la mayoría presta un servicio útil en el futuro. Así pues, las compras del Estado son, en realidad, al igual que el gasto de consumo, una mezcla de gasto en necesidades actuales y gasto en necesidades futuras.

En Estados Unidos se ha comenzado a distinguir en los datos oficiales entre la inversión en capital público y el resto de las compras del Estado. No obstante ésta representa una pequeña parte del total y es extraordinariamente difícil saber con precisión qué parte del gasto se destina a necesidades actuales y cuál a necesidades futuras. Para simplificar el análisis, en este libro seguiremos la práctica tradicional de considerar que *tanto* el gasto de consumo (C) *como* las compras del Estado (G) constituyen un gasto en necesidades actuales. Pero téngase presente que, como el gasto de consumo y las compras del Estado incluyen en realidad algún gasto para satisfacer necesidades futuras, no actuales, si se considera que todo C y G es gasto en necesidades actuales, se subestima la verdadera cantidad de ahorro nacional.

Si consideramos que todo el gasto de consumo y todas las compras del Estado son gasto en necesidades actuales, el ahorro del país es su renta Y menos su gasto en necesidades actuales, $C + G$. Podemos definir, pues, el **ahorro nacional** S de la forma siguiente:

ahorro nacional ahorro de toda la economía; es igual al PIB menos el gasto de consumo y las compras de bienes y servicios por parte del Estado, o sea, $Y - C - G$

$$S = Y - C - G. \tag{22.1}$$

La Figura 22.4 muestra la tasa de ahorro nacional de Estados Unidos (el ahorro nacional en porcentaje del PIB) correspondiente al periodo 1960-2004. Desde 1960, ésta ha oscilado entre el 11 y el 18%. Al igual que el ahorro de los hogares, disminuyó algo, aunque si se comparan las figuras 22.4 y 22.1, se observa que la disminución del ahorro nacional fue mucho menor. Además, el ahorro nacional, a diferencia del ahorro de los hogares, se recuperó a finales de los años 90. Como veremos a continuación, la causa de estas diferencias entre la conducta del ahorro nacional y la del ahorro de los hogares es que el ahorro de las empresas y, durante un tiempo, el del Estado ha sido considerable. Por otra parte, la Figura 22.5 muestra la tasa de ahorro nacional (como porcentaje del PIB) para México en el periodo 1960-2002. En ella observamos una gran variabilidad, pues la tasa ha estado en el rango de 15-30% y destacan las tasas por encima de 25% entre 1982 y 1985.

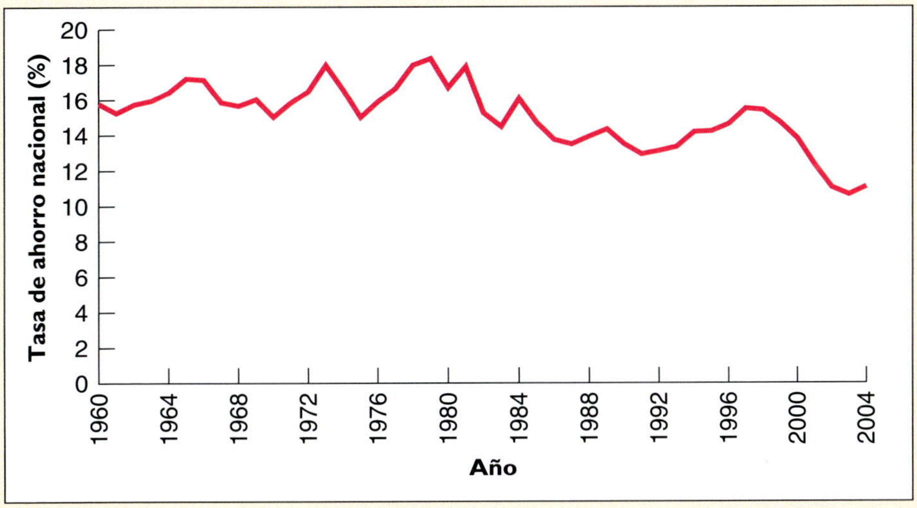

FUENTE: *Bureau of Economic Analysis* (http://www.bea.gov/).

FIGURA 22.4
La tasa de ahorro nacional de Estados Unidos, 1960-2004. Desde 1960, el ahorro nacional de Estados Unidos ha representado entre el 11 y el 18% del PIB.

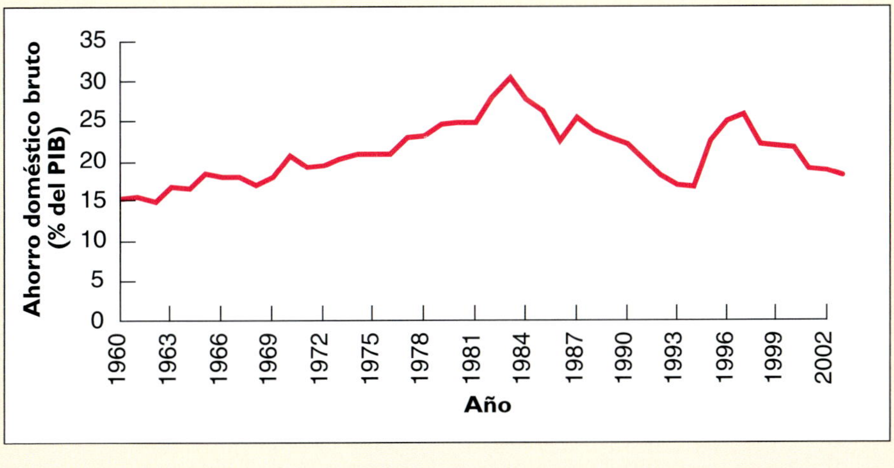

FIGURA 22.5
Tasa de ahorro nacional para México, 1960-2002.

COMPONENTE PRIVADO Y PÚBLICO DEL AHORRO NACIONAL

Para comprender mejor el ahorro nacional, examinemos sus dos grandes componentes: el ahorro privado, y el ahorro público. El ahorro privado es la cantidad que ahorran los hogares y las empresas de la renta del sector privado. El ahorro público es la cantidad que ahorra el Estado de la renta del sector público. Aunque la renta total del sector privado procedente de la producción de bienes y servicios es Y, debe pagar impuestos sobre esta renta y recibe cantidades adicionales del Estado en forma de *transferencias corrientes* e intereses pagados a los individuos y a las instituciones que tienen bonos del Estado. Las **transferencias** son pagos que realiza el Estado al público a cambio de los cuales no recibe ningún bien o servicio inmediato. Las pensiones, las prestaciones sociales y las ayudas agrarias son transferencias.

transferencias pagos que realiza el Estado al público a cambio de los cuales no recibe ningún bien o servicio inmediato

Restando de los impuestos totales las transferencias y los intereses pagados por el Estado tenemos la cantidad neta pagada por el sector privado al Estado, es decir, la cantidad que paga al Estado menos la que recibe de él. Lo llamamos *impuestos netos* y lo denominamos T:

$$T = \text{Impuestos totales} - \text{Transferencias} - \text{Intereses gubernamentales.}$$

El **ahorro privado** es la cantidad de la renta después de impuestos del sector privado que no se gasta en consumo actual. El ahorro privado, S_{privado}, es, por tanto, igual a la renta total privada procedente de la producción de bienes y servicios menos los impuestos netos menos el consumo, es decir,

ahorro privado el ahorro del sector privado de la economía es igual a la renta después de impuestos del sector privado menos los gastos de consumo ($Y - T - C$); puede dividirse, a su vez, en ahorro de los hogares y ahorro de las empresas

$$S_{\text{privado}} = Y - T - C.$$

El ahorro privado puede dividirse, a su vez, en el ahorro de los hogares y el ahorro de las empresas. El *ahorro de los hogares*, también llamado *ahorro personal*, es el ahorro que realizan las familias y los individuos. Corresponde a la conocida imagen de las familias que apartan todos los meses una parte de su renta y es objeto de mucha atención por parte de los medios de comunicación. Pero las empresas también son ahorradoras importantes; de hecho, en Estados Unidos su ahorro representa la mayor parte del ahorro privado. Las empresas utilizan los ingresos que reciben por sus ventas para pagar los salarios de los trabajadores y otros costes de explotación, para pagar los impuestos y para repartir dividendos entre sus accionistas. Los fondos que quedan una vez efectuados estos pagos (beneficios no distribuidos) son iguales al *ahorro de las empresas*. Éstos pueden utilizarse para comprar nuevo equipo de capital o para expandir las operaciones. También pueden colocarse en el banco para utilizarlos en el futuro.

El **ahorro público** es la cantidad de renta del sector público que no se gasta en necesidades actuales. El sector público comprende las administraciones regionales y locales, así como la central. La renta del sector público son meramente los impuestos netos T. El gasto público en necesidades actuales es igual a las compras del Estado G (recuérdese que para simplificar el análisis estamos prescindiendo de la parte de las compras del Estado que se dedican a inversión). Por lo tanto, calculamos el ahorro público, $S_{\text{público}}$, de la forma siguiente:

ahorro público el ahorro del sector público es igual a los impuestos netos recaudados menos las compras del Estado ($T - G$)

$$S_{\text{público}} = T - G.$$

Si sumamos el ahorro público y el privado podemos formular la expresión del ahorro nacional total que aparece en la Ecuación 22.1 de esta otra manera:

$$S_{\text{privado}} + S_{\text{público}} = (Y - T - C) + (T - G) = Y - C - G = S \qquad (22.2)$$

Esta ecuación confirma que el ahorro nacional S es la suma del ahorro privado y el ahorro público. Como el ahorro privado puede dividirse, a su vez, en el ahorro de los hogares y el ahorro de las empresas, vemos que el ahorro nacional está formado por el ahorro de tres grupos: los hogares, las empresas y el Estado.

EL AHORRO PÚBLICO Y EL PRESUPUESTO DEL ESTADO

Aunque la idea de que los hogares y las empresas pueden ahorrar resulta familiar a la mayoría de las personas, no ocurre así con el hecho de que el Estado también puede ahorrar. El ahorro público está estrechamente relacionado con las decisiones del gobierno sobre el gasto público y los impuestos. Las administraciones financian la mayor parte de su gasto gravando al sector privado. Si un año cualquiera los impuestos y el gasto son iguales, se dice que el Estado tiene un *presupuesto equilibrado*. Si la cantidad que recauda el Estado en impuestos es mayor que la que gasta, la diferencia se llama **superávit presupuestario público**. Cuando el Estado tiene un superávit, utiliza los fondos adicionales para reducir su deuda pendiente con el público. En términos algebraicos, el superávit presupuestario público puede expresarse de la forma siguiente: $T - G$, esto es, impuestos netos recaudados menos compras del Estado.

superávit presupuestario público exceso de recaudación de impuestos del Estado sobre el gasto público ($T - G$); el superávit presupuestario público es igual al ahorro público

Si la expresión algebraica del superávit presupuestario público, $T - G$, resulta familiar, se debe a que también es la definición del ahorro público. Por lo tanto, *el ahorro público es idéntico al superávit presupuestario público*. En otras palabras, cuando el Estado recauda más impuestos de lo que gasta, el ahorro público es positivo. Por ejemplo, en el 2000 la administración federal de Estados Unidos tuvo el mayor superávit presupuestario de la historia. El Ejemplo 22.4 muestra las relaciones entre el ahorro público, el superávit presupuestario público y el ahorro nacional ese año.

EJEMPLO 22.4

El ahorro público

A continuación mostramos datos de Estados Unidos sobre los ingresos y los gastos del Estado correspondientes al año 2000 en miles de millones de dólares. Calculemos (a) el superávit presupuestario federal, (b) el superávit o déficit presupuestario de los estados y los municipios y (c) la contribución del sector público al ahorro nacional.

Administración federal:	
Ingresos	2.053,8
Gastos	1.864,4
Administraciones de los estados y municipios	
Ingresos	1.319,5
Gastos	1.269,5

FUENTE: *Economic Report of the President* (http://www.gpoaccess.gov/eop/).

Los ingresos de la administración federal menos sus gastos fueron iguales a 2.053,8 – 1.864,4 = 189,4, por lo que en el 2000 la administración federal tuvo un superávit presupuestario de 189.400 millones de dólares. Los ingresos de las administraciones de los estados y los municipios menos sus gastos fueron iguales a 1.319,5 – 1.269,5 = 50,0, por lo que las administraciones de los estados y municipios tuvieron un superávit presupuestario colectivo de 50.000 millones de dólares. El superávit presupuestario de todo el sector público —es decir, el superávit federal y el de los estados y municipios— fue igual a 189,4 + 50,0 = 239,4, es decir, 239.400 millones de dólares. Por lo tanto, en el 2000 la contribución del sector público al ahorro nacional de Estados Unidos fue de 239.400 millones de dólares.

En cambio, si el Estado gasta más de lo que recauda en impuestos, el ahorro público es negativo. En este caso, hablamos de un **déficit presupuestario público**, que es la cantidad en que el gasto es mayor que los impuestos y se calcula de la forma siguiente: $G - T$[2]. Si el Estado incurre en un déficit, debe compensar la diferencia pidiendo préstamos al público mediante la emisión de nuevos bonos del Estado.

déficit presupuestario público exceso de gasto público sobre la recaudación de impuestos ($G - T$)

[2] Obsérvese que un déficit presupuestario de 100.000 millones de dólares es lo mismo que un superávit presupuestario de –100.000 millones.

En Estados Unidos, aunque el Estado tuvo un superávit presupuestario de 239.400 millones de dólares en 2000, posteriormente incurrió en déficit presupuestario. En 2004, el déficit presupuestario había aumentado a 412.300 millones. El recuadro adjunto contiene más detalles.

Administración federal	
Ingresos	1.974,8
Gastos	2.381,3
Administraciones de los estados y municipios	
Ingresos	1.581,7
Gastos	1.587,5

FUENTE: *Economic Report of the President* (http://www.gpoaccess.gov/eop/).

En 2004, los ingresos de la administración federal menos sus gastos fueron iguales a 1.974,8 – 2.381,3 = –406,5. Como los gastos fueron mayores que los ingresos, la administración federal incurrió en un déficit presupuestario de 406.500 millones de dólares. Los ingresos de las administraciones de los estados y municipios menos los gastos fueron iguales a 1.581,7 – 1.587,5 = –5,8, por lo que incurrieron en un déficit presupuestario colectivo de 5.800 millones de dólares. Todo el sector público incurrió en un déficit de 406.500 millones de dólares + 5.800 millones de dólares = 412.300 millones de dólares. La contribución del sector público al ahorro nacional fue, de este modo, negativa e igual a –412.300 millones de dólares.

Este espectacular vuelco del presupuesto público se debió principalmente a tres causas. En primer lugar, los ingresos del Estado disminuyeron debido a la recesión que comenzó en 2001. Durante las recesiones, las rentas disminuyen y, como muchos impuestos se basan en la renta, los ingresos fiscales también disminuyen o aumentan a un ritmo más lento de lo previsto. En segundo lugar, el Presidente Bush y el Congreso aprobaron durante el primer mandato del presidente una reducción de los impuestos. Por último, el gasto público aumentó espectacularmente entre 2000 y 2004, debido, en gran parte, a las guerras de Iraq y Afganistán y al gasto del Departamento de Seguridad Nacional en respuesta al ataque terrorista del 11 de septiembre de 2001 [3].

La Figura 22.4 muestra la tasa de ahorro nacional de Estados Unidos desde 1960. La 22.6 representa la conducta de los tres componentes del ahorro nacional desde 1960: el ahorro de los hogares, el ahorro de las empresas y el ahorro público, expresado cada uno en porcentaje del PIB. Obsérvese que el ahorro de las empresas desempeñó un importante papel en el ahorro nacional durante estos años, mientras que el papel del ahorro de los hogares fue relativamente pequeño. Como hemos visto en la Figura 22.1, el ahorro de los hogares ha venido disminuyendo desde mediados de los años 80.

La contribución del ahorro público ha variado considerablemente con el paso del tiempo. Hasta principios de los años 70, la administración federal y las administraciones de los estados y municipios tuvieron un superávit conjunto, contribuyendo positivamente al ahorro nacional. Pero a finales de los años 70, el ahorro público se volvió negativo, debido a los elevados déficits presupuestarios, especialmente en el ámbito federal. Durante las dos décadas siguientes, el Estado sufrió un gran vacío en cuanto al ahorro nacional, salvo durante un breve periodo a finales de los años 90.

El comportamiento del ahorro privado y del ahorro público en México ha sido similar. La Figura 22.7, muestra las trayectorias del ahorro privado y público para México para el periodo 1980-1995. En ella observamos que en 1981 el ahorro privado era muy alto relativo al público, mientras que en 1987 el ahorro público era

[3] William G. Gale y Meter R. Orszag, "Bush Administration Tax Policy: Revenue and Budget Effects", *Tax Notes*, 4 de octubre de 2004, págs. 105-118.

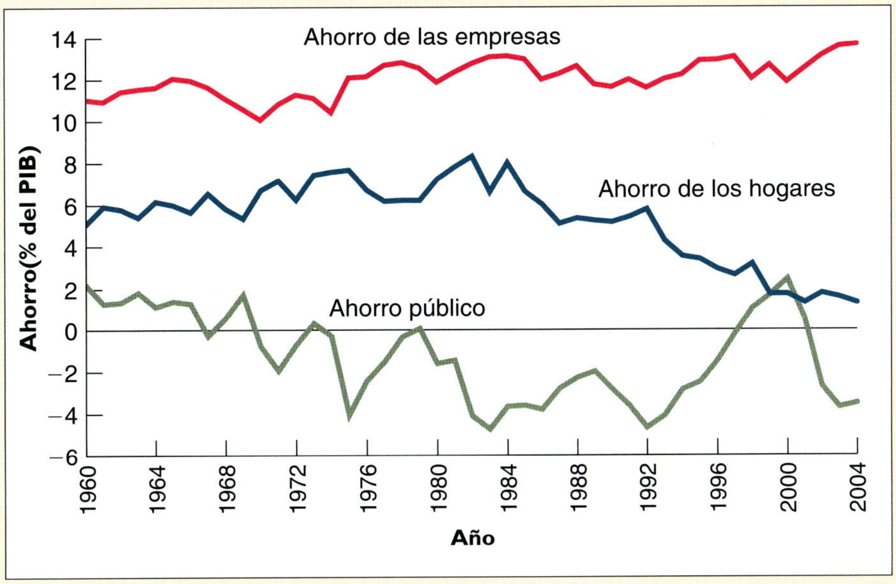

FUENTE: *Bureau of Economic Analysis* (http://www.bea.gov/).

FIGURA 22.6
Los tres componentes del ahorro nacional, 1960-2004.
De los tres componentes del ahorro nacional, el más importante es el ahorro de las empresas. El ahorro de los hogares ha disminuido desde mediados de los años 80. El ahorro público generalmente ha sido negativo, salvo en la década de 1960 y durante un breve periodo a finales de los años 90.

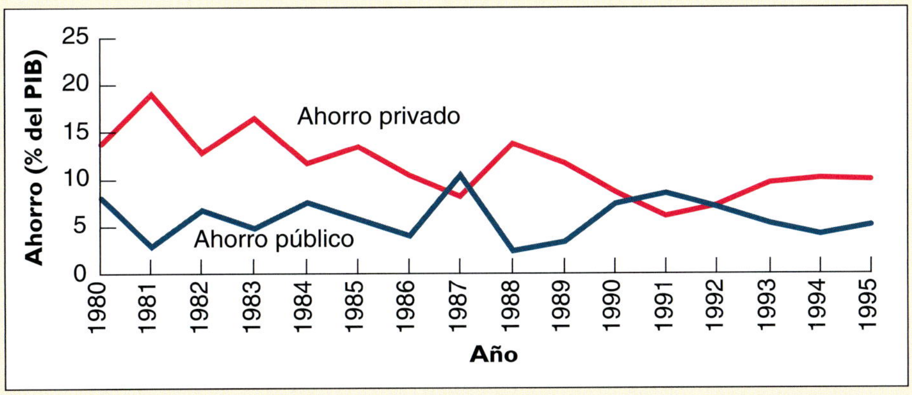

FUENTE: Angel Calderón (1998). *Explicaciones de la caída del ahorro privado en México desde tres perspectivas.* El Colegio de México, Centro de Estudios Económicos. Documento de Trabajo R-346, México, D. F.

FIGURA 22.7
Componentes público y privado del ahorro nacional en México, 1980-1995.

mayor que el privado. En ambos años el ahorro nacional superó el 25% del PIB. Así, observamos que tasas de ahorro nacional altas se pueden conseguir con diferentes combinaciones de ahorro privado y ahorro público. Lo que importa, al final, en términos de crecimiento económico y de calidad es el ahorro nacional.

¿ES UN PROBLEMA EL BAJO AHORRO DE LOS HOGARES?

La Figura 22.1 muestra que en Estados Unidos el ahorro de los hogares, que nunca ha sido alto en comparación con el de otros países, disminuyó considerablemente durante la década de 1990. Esta disminución fue objeto de mucha atención en los medios de comunicación. ¿Es la baja tasa de ahorro de los hogares estadounidenses un problema tan importante como sugiere la prensa?

Desde el punto de vista macroeconómico, es probable que se haya exagerado el problema que plantea el bajo ahorro de los hogares. El hecho fundamental que suele pasarse por alto en las noticias de los medios es que la capacidad de una economía para invertir en nuevos bienes de capital y para mejorar continuamente el nivel de vida no depende del ahorro de los hogares sino del ahorro nacional. Aunque el ahorro de los hogares sea bajo, el ahorro de las empresas ha sido significativo. Además, el ahorro público aumentó durante la década de 1990, ya que los presupuestos del Estado pasaron de un déficit a un superávit. Hasta 2002, el ahorro nacional se había mantenido razonablemente estable, a pesar de la vertiginosa disminución de la tasa de ahorro de los hogares que muestra la Figura 22.1. De hecho, aunque la tasa de ahorro nacional normalmente ha sido baja en comparación con la de otros países industrializados, era suficiente para que Estados Unidos pudiera convertirse en una de las economías más productivas del mundo. Sin embargo, desde 2002 los grandes déficits presupuestarios federales (que implican un ahorro público negativo) han contribuido a una disminución de la tasa de ahorro nacional.

Desde el punto de vista microeconómico, la baja tasa de ahorro de los hogares sí indica un problema, que es la gran y creciente desigualdad de la riqueza de los hogares. Las pautas de ahorro tienden a aumentar esta desigualdad, ya que los hogares más acomodados tienden no sólo a ahorrar más sino que, además, como propietarios de empresas o como accionistas, también son los beneficiarios últimos del ahorro de las empresas. En cambio, las familias de renta más baja, muchas de las cuales ahorran muy poco y no poseen una empresa o acciones en una sociedad anónima, han acumulado muy poca riqueza; en muchos casos, no llegan a ahorrar ni 5.000$ en toda su vida. Estos hogares apenas están protegidos de los reveses, como las enfermedades crónicas o la pérdida de empleo, y deben recurrir casi por completo a los programas públicos de ayuda como la seguridad social para financiar su jubilación. La baja tasa de ahorro de los hogares de este grupo es sin duda alguna un motivo de preocupación.

La subida que han experimentado los precios de la vivienda en la primera mitad de esta década ha agudizado esta desigualdad. Muchos hogares de renta media y alta que no ahorran una gran parte de su renta han acumulado, no obstante, una cantidad considerable de riqueza al aumentar el valor de su vivienda. Cuando se jubilen y vendan su casa para trasladarse a una más pequeña, podrán realizar una considerable ganancia de capital (siempre y cuando los precios de la vivienda no bajen) que les ayudará a financiar su jubilación. Las personas de renta baja que no poseen una vivienda no disfrutarán de esa ventaja.

RECAPITULACIÓN	EL AHORRO NACIONAL Y SUS COMPONENTES

- El *ahorro nacional*, que es el ahorro de un país en su conjunto, se define como $S = Y - C - G$, donde Y es el PIB, C es el gasto de consumo y G son las compras de bienes y servicios por parte del Estado. El ahorro nacional es la suma del ahorro público y el ahorro privado: $S = S_{privado} + S_{público}$.
- El *ahorro privado*, que es el ahorro del sector privado, es $S_{privado} = Y - T - C$, donde T son los impuestos netos recaudados. El ahorro privado puede dividirse, a su vez, en ahorro de los hogares y ahorro de las empresas.
- El *ahorro público*, que es el ahorro del Estado, es $S_{público} = T - G$. Es igual al superávit presupuestario público, $T - G$. Cuando el presupuesto del Estado tiene un superávit, el ahorro público es positivo; cuando tiene un déficit, el ahorro público es negativo.

LA INVERSIÓN Y LA FORMACIÓN DE CAPITAL

Desde el punto de vista de la economía en su conjunto, la importancia del ahorro nacional radica en que facilita los fondos necesarios para invertir. La inversión —la creación de nuevos bienes de capital y vivienda— es fundamental para elevar la productividad media del trabajo y mejorar el nivel de vida.

¿De qué factores depende que las empresas decidan invertir y la cantidad que aportan? Las empresas adquieren nuevos bienes de capital por la misma razón que contratan nuevos trabajadores: esperan que la adquisición sea rentable. En el capítulo anterior vimos que la rentabilidad de contratar a un trabajador más depende principalmente de dos factores: del coste de contratar al trabajador y del valor del producto marginal del trabajador. De la misma manera, la disposición de las empresas a adquirir nuevas fábricas y máquinas depende del *coste* esperado al utilizarlas y del *beneficio* esperado, que es igual al valor del producto marginal que generan.

EJEMPLO 22.5

¿Debe comprar Lorenzo un cortacésped?

Lorenzo está considerando la posibilidad de dedicarse profesionalmente a cortar el césped. Puede comprar un cortacésped de 4.000$ pidiendo un préstamo a un tipo de interés anual del 6%. Con este cortacésped y su propio trabajo, puede ganar 6.000$ netos cada verano, tras la deducción de los costes, como la gasolina y el mantenimiento. De los ingresos netos de 6.000$, debe pagar al Estado un 20% en impuestos. Supongamos que Lorenzo puede ganar 4.400$ después de impuestos en otro trabajo y que el cortacésped siempre puede revenderse a su precio original de compra de 4.000$. ¿Debe comprar Lorenzo el cortacésped?

Para saber si debe invertir en el bien de capital (el cortacésped), Lorenzo debe comparar los beneficios y los costes financieros. Con el cortacésped puede obtener un ingreso de 6.000$, una vez descontados los costes de la gasolina y el mantenimiento. Sin embargo, debe pagar un 20% de esa cantidad, esto es, 1.200$ en impuestos, por lo que le quedan 4.800$. Lorenzo podría ganar 4.400$ después de impuestos en otro trabajo, por lo que el beneficio financiero de comprar el cortacésped es la diferencia entre 4.800$ y 4.400$, es decir, 400$; 400$ es el valor del producto marginal del cortacésped.

Como no pierde valor con el paso del tiempo y los costes de la gasolina y del mantenimiento ya se han deducido, el otro único coste que debe tener en cuenta Lorenzo son los intereses del préstamo que debe pedir para comprar el cortacésped. Lorenzo debe pagar un tipo de interés del 6% sobre 4.000$, es decir, 240$ al año. Como este coste financiero es menor que el beneficio financiero de 400$, que es el valor del producto marginal del cortacésped, Lorenzo debe comprarlo.

La decisión de Lorenzo podría cambiar si varían los costes y los beneficios de su inversión en el cortacésped.

EJEMPLO 22.6

¿Debe comprar Lorenzo un cortacésped? (continuación)

Partiendo de los mismos supuestos que en el Ejemplo 22.5, decida si Lorenzo debe comprar el cortacésped suponiendo que:

a. El tipo de interés no es del 6% sino del 12%.
b. El precio de compra del cortacésped es de 7.000$ en lugar de 4.000$.
c. Si el tipo del impuesto sobre los ingresos netos de Lorenzo no es del 20 sino del 25%.
d. Si el cortacésped es menos eficiente de lo que pensaba Lorenzo, por lo que sus ingresos netos son de 5.500$ en lugar de 6.000$.

Lorenzo debe comparar en todos los casos los costes y los beneficios financieros de comprar el cortacésped.

a. Si el tipo de interés es del 12%, el coste en intereses será un 12% de 4.000$, es decir, 480, cantidad superior al valor del producto marginal del cortacésped (400$). Lorenzo no debe comprar el cortacésped.
b. Si el coste del cortacésped es de 7.000$, Lorenzo debe pedir un préstamo de 7.000$ en lugar de 4.000$. A un tipo de interés del 6%, el coste en intereses será de 420$, cifra demasiado alta para justificar la compra, ya que el valor del producto marginal del cortacésped es de 400$.
c. Si el tipo del impuesto sobre los ingresos netos es del 25%, Lorenzo debe pagar en impuestos un 25% de sus ingresos netos de 6.000$, es decir, 1.500$.

Después de impuestos, los ingresos que genera el cortacésped son de 4.500$, cifra que sólo es 100$ mayor que la que podría obtener en otro trabajo. Además, los 100$ no cubren los 240$ de intereses que tendría que pagar. Por lo tanto, una vez más, Lorenzo no debe comprar el cortacésped.

d. Si el cortacésped es menos eficiente de lo que pensaba Lorenzo, por lo que sólo puede obtener unos ingresos netos de 5.500$, sólo le quedarán 4.400$ después de impuestos, la misma cantidad que podría ganar en otro trabajo. Por lo tanto, en este caso el valor del producto marginal del cortacésped es cero. A cualquier tipo de interés superior a cero, no debe comprar el cortacésped.

EJERCICIO 22.4

Repita el Ejemplo 22.5, pero suponga que a lo largo del año el desgaste reduce el valor de reventa del cortacésped de 4.000$ a 3.800$. ¿Debe comprar Lorenzo el cortacésped?

Los ejemplos de Lorenzo y el cortacésped muestran los principales factores que deben tener en cuenta las empresas cuando se preguntan si deben invertir en nuevos bienes de capital. En relación a los costes, dos importantes factores son el *precio de los bienes de capital* y el *tipo de interés real*. Es evidente que cuanto más caros son los nuevos bienes de capital, más reacias son las empresas a invertir en ellos. Comprar el cortacésped era rentable para Lorenzo cuando su precio era de 4.000$, pero no cuando era de 7.000$.

¿Por qué es el tipo de interés real un factor tan importante en las decisiones de inversión? El caso más sencillo es aquel en el que una empresa tiene que pedir un préstamo (como Lorenzo) para comprar su nuevo capital. En ese caso, el tipo de interés real determina el coste real que tiene para la empresa la devolución de su deuda. Como los costes de financiación constituyen una importante parte del coste total de poseer y manejar un bien de capital, de la misma manera que el pago de los plazos de una hipoteca constituyen una importante parte del coste de tener una vivienda, las subidas del tipo de interés real hacen que, manteniéndose todo lo demás constante, la compra de bienes de capital sea menos atractiva para las empresas.

Aunque una empresa no necesite pedir un préstamo para comprar nuevo capital —debido, por ejemplo, a que ha acumulado suficientes beneficios para comprarlo directamente— el tipo de interés real sigue siendo un importante determinante de la conveniencia de realizar una inversión. Si una empresa no utiliza sus beneficios para adquirir nuevo capital, lo más probable es que los utilice para adquirir activos financieros como bonos, que le permitirán obtener el tipo de interés real. Si la empresa utiliza sus beneficios para comprar capital en lugar de un bono, renuncia a la oportunidad de obtener el tipo de interés real por sus fondos. Por lo tanto, el tipo de interés real mide el *coste de oportunidad* de una inversión de capital. Como una subida del tipo de interés real eleva el coste de oportunidad de invertir en nuevo capital, reduce la disposición de las empresas a invertir, aunque no necesiten literalmente pedir un préstamo para financiar nuevas máquinas o equipo.

Por lo que se refiere a los beneficios, el factor clave en la determinación de la inversión por parte de las empresas es el *valor del producto marginal* del nuevo capital, que debe calcularse descontando tanto los gastos de explotación y de mantenimiento como los impuestos pagados por los ingresos que genera el capital. En el valor del producto marginal influyen varios factores. Por ejemplo, un avance tecnológico que permite que un bien de capital produzca más bienes y servicios eleva el valor de su producto marginal, al igual que una reducción de los impuestos sobre los ingresos generados por el nuevo capital. Una subida del precio del bien o del servicio para cuya producción se utiliza el capital también aumenta el valor del producto marginal y, por lo tanto, la conveniencia de realizar la inversión. Por ejemplo, si el precio vigente de los servicios de cortar el césped subiera y todo lo demás se mantuviera constante, invertir en el cortacésped sería más rentable para Lorenzo.

EL OBSERVADOR ECONÓMICO 22.4

¿Por qué ha aumentado tanto la inversión en ordenadores en las últimas décadas?

La inversión de las empresas en nuevos sistemas informáticos ha aumentado vertiginosamente desde aproximadamente 1980 (la Figura 22.8 muestra los datos correspondientes a Estados Unidos). Actualmente, las compras de nuevos ordenadores y de programas informáticos por parte de las empresas representan en Estados Unidos más de un 2,5% del PIB y alrededor de un 24% de toda la inversión privada no residencial (no en vivienda). ¿Por qué ha aumentado tanto la inversión en ordenadores?

La inversión en ordenadores ha aumentado mucho más que otros tipos de inversión, no es probable, pues, que los factores que afectan a todas las clases de inversión (como el tipo de interés real y el tipo impositivo) sean responsables de este aumento. Parece que las dos causas principales son el descenso del precio de la capacidad de cálculo (procesador matemático) y el aumento del valor del producto marginal de los ordenadores. En los últimos años, el precio de la capacidad de cálculo ha bajado a un ritmo vertiginoso. Según una regla práctica del sector, la cantidad de capacidad de cálculo que puede obtenerse a un determinado precio se duplica cada 18 meses. A medida que baja su precio, cada vez será más probable que la inversión en ordenadores supere la prueba del *coste-beneficio*.

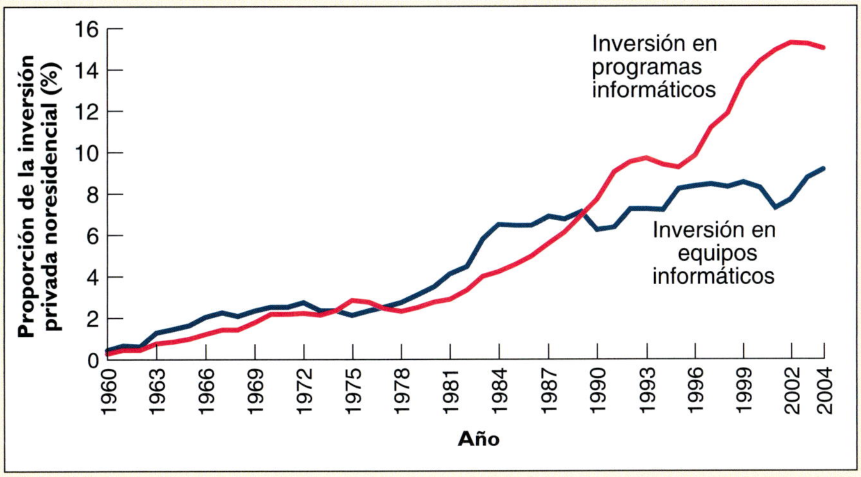

FUENTE: *Bureau of Economic Analysis* (http://www.bea.gov/).

FIGURA 22.8
Inversión en ordenadores y en programas informáticos en Estados Unidos, 1960-2004.
La figura muestra la inversión en equipo y programas informáticos desde 1960 en porcentaje de la inversión privada no residencial. Las inversiones de las empresas estadounidenses en ordenadores han aumentado significativamente desde 1980.

Por lo que se refiere a los beneficios, cuando comenzó el auge de los ordenadores, los economistas no fueron capaces durante unos años de relacionar la tecnología con un significativo incremento de la productividad. Los defensores de la inversión en sistemas informáticos sostenían que las mejoras de los bienes y servicios que los ordenadores hacen posibles son especialmente difíciles de medir. ¿Cómo calculamos el valor que tiene para los consumidores la posibilidad de obtener dinero en efectivo las 24 horas del día o de reservar un billete de avión por Internet? Los críticos respondían diciendo que los beneficios esperados de la revolución informática posiblemente eran ilusorios debido a problemas como la dificultad de utilizar los programas informáticos y la escasa formación técnica. Sin embargo, en Estados Unidos la productividad ha aumentado notablemente en los últimos años (véase el Capítulo 20) y actualmente muchas personas atribuyen la mejora a la inversión en ordenadores y en tecnologías informáticas como Internet. A medida que sea mayor el número de empresas que se convencen de que los ordenadores aumentan significativamente la productividad y los beneficios, es de esperar que continúe el auge de la inversión en ordenadores.

RECAPITULACIÓN	FACTORES QUE AFECTAN A LA INVERSIÓN

Cualquiera de los siguientes factores aumenta la disposición de las empresas a invertir en nuevo capital:

1. Un descenso del precio de los nuevos bienes de capital.
2. Una reducción del tipo de interés real.
3. Una mejora tecnológica que eleva el producto marginal del capital.
4. Una reducción de los impuestos sobre los ingresos generados por el capital.
5. Una subida del precio relativo del producto de la empresa.

EL AHORRO, LA INVERSIÓN Y LOS MERCADOS FINANCIEROS

El ahorro y la inversión son determinados por fuerzas diferentes. Sin embargo, al final, en una economía sin préstamos internacionales, el ahorro nacional debe ser igual a la inversión. La oferta de ahorro (por parte de los hogares, las empresas y el Estado) y la demanda de ahorro (por parte de las empresas que quieren comprar o construir nuevo capital) se igualan a través de los *mercados financieros*. La Figura 22.9 muestra este proceso. Las cantidades de ahorro nacional y de inversión se representan en el eje de abscisas y el tipo de interés real en el de ordenadas. Como veremos, en el mercado de ahorro el tipo de interés real es el "precio".

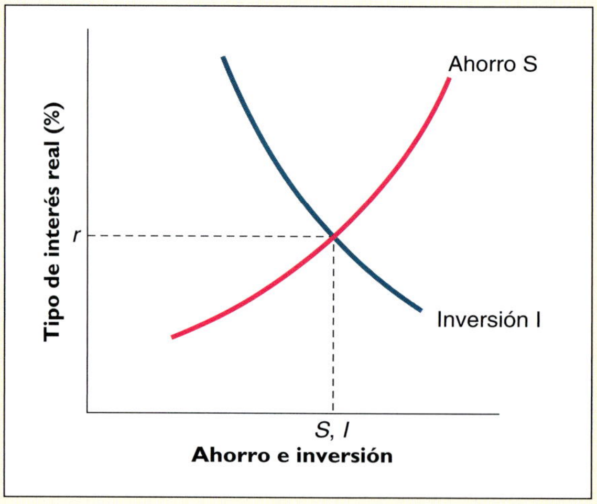

FIGURA 22.9
La oferta y la demanda de ahorro.
El ahorro es ofrecido por los hogares, las empresas y el Estado y demandado por los prestatarios que desean invertir en nuevos bienes de capital. La oferta de ahorro *(S)* aumenta cuando sube el tipo de interés real y la demanda de ahorro por parte de los inversores *(I)* disminuye cuando sube el tipo de interés real. En el equilibrio de los mercados financieros, el tipo de interés real toma el valor que iguala la cantidad ofrecida de ahorro y demandada.

En la figura, la oferta de ahorro está representada por la curva de pendiente positiva *S*. Esta curva muestra la cantidad de ahorro nacional que están dispuestos a ofrecer los hogares, las empresas y el Estado a cada valor del tipo de interés real. La curva de ahorro tiene pendiente positiva porque los datos empíricos sugieren que las subidas del tipo de interés real estimulan el ahorro. La demanda de ahorro está representada por la curva de pendiente negativa *I*. Esta curva muestra la cantidad de inversión en nuevo capital que elegirían las empresas y, por lo tanto, la cantidad que necesitarían pedir prestada en los mercados financieros a cada valor del tipo de interés real. Dado que, cuando sube el tipo de interés real, el coste de los préstamos aumenta y la disposición de las empresas a invertir disminuye, la curva de demanda de ahorro tiene pendiente negativa.

Si se prescinde de la posibilidad de pedir préstamos a extranjeros (analizada en el Capítulo 9), un país sólo puede invertir los recursos que ponen a su disposición sus ahorradores. De este modo, en condiciones de equilibrio la inversión deseada (la demanda de ahorro) y el ahorro nacional deseado (la oferta de ahorro) deben ser iguales. Como sugiere la Figura 22.9, el ahorro deseado y la inversión deseada se igualan por medio de los ajustes del tipo de interés real, que es el "precio" del ahorro. Las variaciones del tipo de interés real equilibran el mercado de ahorro de la misma forma que el precio de las manzanas equilibra el mercado de manzanas. En la Figura 22.9, el tipo de interés real que equilibra el mercado de ahorro es *r*, que es el tipo de interés real que corresponde a la intersección de las curvas de oferta y de demanda.

Las fuerzas que llevan el tipo de interés real a su nivel de equilibrio son similares a las que llevan al equilibrio en cualquier otra situación de oferta y demanda. Supongamos, por ejemplo, que el tipo de interés real fuera superior a *r*. En este caso, los ahorradores ofrecerían más fondos de los que quieren invertir las empresas. Al competir los prestamistas (los ahorradores) entre ellos para atraer a los prestatarios (los inversores), el tipo de interés real bajaría hasta ser igual a *r*, que es el único tipo de interés con el que tanto los prestatarios como los prestamistas están satisfechos y no queda sin explotar ninguna oportunidad en el mercado financiero (recuérdese el *principio del equilibrio* del Capítulo 3). ¿Qué ocurriría si el tipo de interés real fuera *menor* que *r*?

Los cambios de los factores, *salvo el tipo de interés real,* que afectan a la oferta o a la demanda de ahorro desplazan las curvas, llevando a un nuevo equilibrio en el mercado financiero. Las variaciones del tipo de interés real no pueden desplazar las curvas de oferta o de demanda, de la misma forma que una variación del precio de las manzanas no puede cambiar la oferta o la demanda de manzanas, debido a que la influencia del tipo de interés real en el ahorro ya se refleja en las pendientes de las curvas. Bastarán unos cuantos ejemplos para ver cómo se utiliza el modelo de oferta y demanda para estudiar los mercados financieros.

EJEMPLO 22.7

Los efectos de la nueva tecnología

En los últimos años se han introducido fascinantes tecnologías, que van desde Internet hasta las nuevas aplicaciones de la genética. Parece que algunas tienen un gran potencial comercial. ¿Cómo afecta la introducción de nuevas tecnologías al ahorro, a la inversión y al tipo de interés real?

La introducción de cualquier nueva tecnología que tenga aplicaciones comerciales brinda a los que pueden llevar los frutos de la tecnología al público la oportunidad de obtener beneficios. En el lenguaje de los economistas, los avances técnicos elevan el producto marginal del nuevo capital. La Figura 22.10 muestra los efectos de un

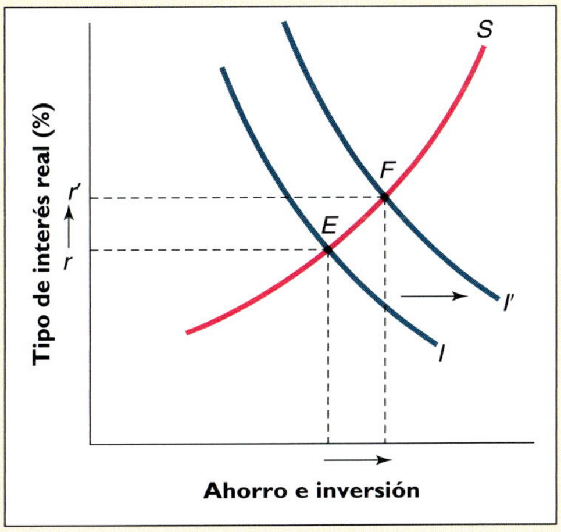

FIGURA 22.10
Influencia de una nueva tecnología en el ahorro nacional y en la inversión.
Un avance tecnológico eleva el producto marginal de los nuevos bienes de capital, aumentando la inversión deseada y la demanda de ahorro. El tipo de interés real sube y el ahorro nacional y la inversión aumentan.

avance tecnológico y el aumento resultante del producto marginal del capital. A cualquier tipo de interés real dado, un aumento del producto marginal del capital hace que las empresas tengan más deseos de invertir. Por lo tanto, la llegada de la nueva tecnología provoca un desplazamiento de la demanda de ahorro en sentido ascendente y hacia la derecha de I a I'.

En el nuevo punto de equilibrio F, la inversión y el ahorro nacional son mayores que antes, al igual que el tipo de interés real, que sube de r a r'. La subida del tipo de interés real refleja el aumento que experimenta la demanda de fondos por parte de los inversores cuando éstos se apresuran a aplicar las nuevas tecnologías. Como consecuencia del incentivo de los mayores rendimientos reales, el ahorro también aumenta. De hecho, en Estados Unidos el tipo de interés real fue relativamente alto a finales de los años 90 (Figura 19.2), al igual que la tasa de inversión, debido a las oportunidades que brindaban las nuevas tecnologías.

En el Ejemplo 22.8 vemos cómo afecta un cambio de política fiscal al mercado de ahorro.

EJEMPLO 22.8

Un aumento del déficit presupuestario público

Supongamos que el Estado incrementa su gasto sin subir los impuestos y eleva así su déficit presupuestario (o reduce su superávit presupuestario). ¿Cómo afecta esta decisión al ahorro nacional, a la inversión y al tipo de interés real?

El ahorro nacional comprende tanto el ahorro privado (el ahorro de los hogares y de las empresas) como el ahorro público, que es equivalente al superávit presupuestario público. Un aumento del déficit presupuestario público (o una disminución del superávit) reduce el ahorro público. Suponiendo que el ahorro privado no varía, la reducción del ahorro público también reduce el ahorro nacional.

La Figura 22.11 muestra cómo afecta el aumento del déficit presupuestario público al mercado de ahorro y de inversión. A cualquier tipo de interés real, un aumento del déficit reduce el ahorro nacional, provocando un desplazamiento de la curva de ahorro hacia la izquierda de S a S'. En el nuevo punto de equilibrio F, el tipo de interés real es más alto en r', por lo que tanto el ahorro nacional como la inversión son menores. En términos económicos, el Estado echa mano aún más del ahorro privado para pedir prestados los fondos que necesita para financiar el déficit presupuestario. Los préstamos adicionales pedidos por el Estado fuerzan a los inversores a competir por una cantidad menor de ahorro, lo cual eleva el tipo de interés real. La subida del tipo de interés real reduce el atractivo de la inversión, lo que garantiza que la inversión disminuirá, al igual que el ahorro nacional.

FIGURA 22.11
Influencia de un aumento del déficit presupuestario público en el ahorro nacional y en la inversión.
Un aumento del déficit presupuestario público reduce la oferta de ahorro, elevando el tipo de interés real y reduciendo la inversión. La tendencia de un aumento del déficit presupuestario a reducir la inversión en nuevo capital se denomina efecto-expulsión.

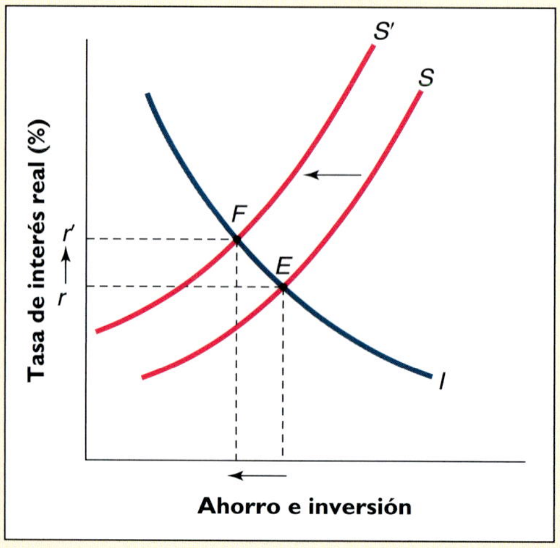

La tendencia de los déficits presupuestarios públicos a reducir el gasto de inversión se denomina **efecto-expulsión.** Como vimos en el Capítulo 20, una disminución del gasto de inversión implica una reducción de la formación de capital y, por lo tanto, una desaceleración del crecimiento económico. Esta influencia negativa de los déficits presupuestarios públicos en el crecimiento económico probablemente sea el coste más importante de los déficits y una importante razón por la que los economistas aconsejan a los gobiernos que los reduzcan lo máximo posible.

efecto-expulsión tendencia del aumento de los déficits públicos a reducir el gasto de inversión

EJERCICIO 22.5

Suponga que el público en general comienza a comportarse como la cigarra más que como la hormiga en sus decisiones de ahorro y a preocuparse menos por ahorrar para el futuro. ¿Cómo afectará el cambio de actitud del público a la tasa de formación de capital y al crecimiento económico del país?

EL OBSERVADOR ECONÓMICO 22.5

¿Cómo puede Estados Unidos aumentar el ahorro nacional?

La mayoría de los responsables de la política económica reconocen que a la larga sería bueno para Estados Unidos que aumentara su tasa de ahorro nacional. El gobierno podría aumentar el ahorro público reduciendo los déficits presupuestarios, recortando el gasto público o bien subiendo los impuestos. Sin embargo, puede ser difícil por razones políticas reducir rápidamente el déficit presupuestario público. También se podrían dar incentivos a los hogares y a las empresas para ahorrar y aumentar así el ahorro privado. Por ejemplo, algunos economistas creen que el impuesto federal sobre la renta debe sustituirse por un impuesto federal sobre el consumo. Un impuesto sobre el consumo sería similar al impuesto sobre las ventas que recauda la mayoría de los estados y que sólo grava a los contribuyentes cuando gastan. Gravando la parte de la renta que se consume, pero no la que se ahorra, se aumentarían los incentivos para ahorrar. Otros economistas son partidarios de que se bajen los tipos de los impuestos sobre los dividendos y las ganancias de capital más de lo que los bajó George Bush durante su primer mandato. Estas reducciones de los impuestos aumentarían la tasa de rendimiento del ahorro después de impuestos y fomentarían así el ahorro privado. Si el aumento del ahorro privado es mayor que la pérdida inmediata de ingresos fiscales, el ahorro nacional también aumentará.

En el ámbito nacional, una elevada tasa de ahorro aumenta la inversión en nuevos bienes de capital y, por lo tanto, los niveles de vida. En el ámbito del individuo o de la familia, una elevada tasa de ahorro fomenta la acumulación de riqueza y el logro de seguridad económica. En este capítulo, hemos estudiado algunos de los factores que subyacen a las decisiones de ahorro y de inversión. En los dos siguientes, veremos más detenidamente cómo los ahorradores mantienen su riqueza y cómo el sistema financiero asigna el ahorro a los proyectos de inversión más productivos.

RESUMEN

- Generalmente, el *ahorro* es igual a la renta que obtenemos en un determinado periodo menos el gasto que realizamos en necesidades en ese mismo periodo; la *tasa de ahorro* es el porcentaje de la renta que se ahorra. La *riqueza* o patrimonio neto es igual al valor de mercado del activo (artículos reales o financieros de valor) menos el pasivo (las deudas). El ahorro es un *flujo* que se mide en unidades monetarias por unidad de tiempo, mientras que la riqueza es un *fondo* que se mide en unidades monetarias en un momento dado. De la misma manera que la cantidad de agua que hay en una bañera varía de acuerdo con el ritmo al que entra el agua, el fondo de riqueza aumenta cuando aumenta la tasa de ahorro. La riqueza también aumenta si el valor de los activos existentes aumenta (*ganancias de capital*) y disminuye si el valor de los activos existentes disminuye (*pérdidas de capital*).

- Los individuos y los hogares ahorran por diversas razones, entre las que se encuentran los objetivos *del ciclo vital*, como el ahorro para la jubilación o para comprar una nueva vivienda; la necesidad de estar preparados para las emergencias (*ahorro precaución*); y el deseo de dejar una herencia (*ahorro legado*). La cantidad que ahorra la gente también depende del tipo de interés real, que es la "recompensa" del ahorro. Los datos sugieren que cuando los tipos de interés reales suben, el ahorro experimenta un pequeño aumento. En el ahorro también pueden influir factores psicológicos, como el grado de autocontrol y el deseo de consumir lo mismo que los vecinos (efectos demostración).

- El ahorro de todo un país es el ahorro nacional S. Se define de la forma siguiente: $S = Y - C - G$, donde Y representa la producción o la renta total, C es el gasto de consumo y G son las compras de bienes y servicios por parte del Estado. El ahorro nacional puede dividirse en ahorro privado o $Y - T - C$ y ahorro público o $T - G$, donde T representa los impuestos pagados al Estado menos las transferencias y los intereses pagados por el Estado al sector privado. El ahorro privado puede dividirse, a su vez, en el ahorro de los hogares y el ahorro de las empresas. En Estados Unidos, las empresas realizan la mayor parte del ahorro privado.

- El ahorro público equivale al superávit presupuestario público $T - G$; si el Estado incurre en un déficit presupuestario, el ahorro público es negativo. La tasa de ahorro nacional de Estados Unidos es baja en relación con la de otros países industrializados, pero es más alta y estable que el ahorro de los hogares estadounidenses.

- La inversión es la compra o la construcción de nuevos bienes de capital, incluida vivienda. Las empresas invierten en nuevos bienes de capital si los beneficios de la inversión son superiores a sus costes. Dos factores que determinan el coste de la inversión son el precio de los nuevos bienes de capital y el tipo de interés real. Cuanto más alto es el tipo de interés real, más caro es pedir préstamos, por lo que es menos probable que las empresas inviertan. El beneficio de la inversión es el valor del producto marginal del nuevo capital, que depende de factores como la productividad de los nuevos bienes de capital, los impuestos sobre los ingresos que generan y el precio relativo del producto de la empresa.

- En ausencia de préstamos internacionales, la oferta y la demanda de ahorro nacional deben ser iguales. La oferta de ahorro nacional depende de las decisiones de ahorro de los hogares y de las empresas y de la política fiscal del gobierno (que determina el ahorro público). La demanda de ahorro es la cantidad que quieren invertir las empresas en nuevo capital. El tipo de interés real, que es el "precio" de los fondos prestados, varía para igualar la oferta y la demanda de ahorro nacional. Los factores que afectan a la oferta o a la demanda de ahorro alteran el ahorro, la inversión y el tipo de interés real de equilibrio. Por ejemplo, un aumento del déficit presupuestario público reduce el ahorro nacional y la inversión y eleva el tipo de interés real de equilibrio. La tendencia de los déficits presupuestarios públicos a reducir la inversión se denomina efecto-expulsión.

TÉRMINOS CLAVE

activo (155)
ahorro (154)
ahorro del ciclo vital (159)
ahorro legado (160)
ahorro nacional (167)
ahorro precaución (159)
ahorro privado (168)
ahorro público (168)
balance de situación (155)
déficit presupuestario público (169)
efecto-expulsión (179)
flujo (156)
fondo (156)
ganancias de capital (157)
pasivo (155)
pérdidas de capital (157)
riqueza (154)
superávit presupuestario público (169)
tasa de ahorro (155)
transferencias (168)

PREGUNTAS DE REPASO

1. Explique la relación entre el ahorro y la riqueza, utilizando los conceptos de flujo y fondo. ¿Es el ahorro el único medio por el que puede aumentar la riqueza? Explique su respuesta.
2. Indique tres motivos básicos por los que se ahorra e ilustre cada uno de ellos con un ejemplo. ¿Qué otros factores que pueden ser importantes para el ahorro citarían los psicólogos?
3. Defina el ahorro nacional, relacionando su definición con el concepto general de ahorro. ¿Por qué puede subestimar la definición estadounidense convencional del ahorro nacional la verdadera cantidad de ahorro que se realiza en la economía?
4. Las tasas de ahorro de los hogares son muy bajas en Estados Unidos. ¿Es este hecho un problema para la economía estadounidense? Explique el porqué.
5. ¿Por qué disminuye la cantidad demandada de ahorro cuando suben los tipos de interés reales? Pista: ¿quiénes son los "demandantes" de ahorro?
6. Cite uno de los factores que puede aumentar la oferta de ahorro y otro que puede reducir la demanda de ahorro. Muestre cómo afecta cada uno al ahorro, a la inversión y al tipo de interés real.

PROBLEMAS

1. a. Carlos tiene una bicicleta de montaña que cuesta 300$, un saldo deudor en la tarjeta de crédito de 150$, 200$ en efectivo, un cromo de béisbol de Sandy Koufax que vale 400$, 1.200$ en una cuenta corriente y una factura de electricidad pendiente de pago por el importe de 250$. Elabore el balance de situación de Carlos y calcule su patrimonio neto. Explique cómo afecta cada uno de los siguientes acontecimientos al activo, al pasivo y a la riqueza de Carlos.
   b. Carlos acude a una convención de coleccionistas de cromos de béisbol y descubre que su cromo es una falsificación que no vale nada.
   c. Carlos utiliza 150$ de su nómina para cancelar el saldo de la tarjeta de crédito y se gasta el resto de sus ingresos.
   d. Carlos extiende un cheque de 150$ contra su cuenta corriente para devolver el saldo de su tarjeta de crédito. ¿Alguno de los acontecimientos de las tres partes anteriores corresponde al ahorro por parte de Carlos? En caso afirmativo, ¿cuáles?

2. Indique si cada una de las magnitudes siguientes es un fondo o un flujo y explique su respuesta.
   a. El producto interior bruto.
   b. El ahorro nacional.
   c. El valor del parque de viviendas existente en su país el 1 de enero de 2005.
   d. La cantidad de dólares en circulación esta mañana.
   e. El déficit presupuestario público.
   f. La cantidad de deuda pública en circulación el 1 de enero de 2005.

3. Elisa y Vicente son una pareja casada y los dos tienen un título universitario y empleo. ¿Cómo afectarían cada uno de los acontecimientos siguientes a la cantidad que ahorran mensualmente? Explique sus respuestas basándose en los motivos esenciales para ahorrar.
   a. Elisa se entera de que está embarazada.
   b. Vicente lee en el periódico que puede haber suspensiones temporales de empleo en su sector.
   c. Vicente confiaba en que sus padres le ayudarían económicamente a comprar la casa que tenía prevista la pareja, pero se entera de que no pueden.
   d. Elisa anuncia que le gustaría estudiar derecho durante los próximos años.
   e. El alza de la bolsa de valores eleva extraordinariamente el valor de los fondos que la pareja tiene invertidos en sus planes de jubilación.
   f. Vicente y Elisa acuerdan que les gustaría legar una cantidad significativa a instituciones benéficas locales.

4. Los planes individuales de jubilación (*individual retirement accounts* o IRA) fueron creados por el gobierno de Estados Unidos para fomentar el ahorro. Una persona que deposita parte de sus ingresos en un IRA no tiene que pagar el impuesto sobre la renta por los ingresos depositados ni por los intereses que generan los fondos colocados en el IRA. Sin embargo, cuando éstos se retiran, la cantidad total retirada se considera renta y está sujeta al tipo del impuesto sobre la renta del individuo en vigor en el momento en que se retira. En cambio, una persona que deposita dinero en otro tipo de cuenta tiene que pagar el impuesto sobre la renta por los fondos depositados y por los intereses anuales obtenidos, pero no tiene que pagar impuestos por el dinero que retira de la cuenta. Otra característica del IRA por la que es diferente de una cuenta de ahorro ordinaria es que los fondos depositados no pueden retirarse antes de la jubilación, salvo pagando una elevada penalización.
   a. Gregorio, a quien le faltan 5 años para jubilarse, recibe un plus de 10.000$ en el trabajo. No sabe si ahorrar esta renta adicional en un plan IRA o en una cuenta de ahorro ordinaria. Ambos rentan un tipo de interés nominal del 5% y Gregorio se encuentra todos los años (incluido el de su jubilación) en el tramo impositivo del 30%. Compare las cantidades que tendrá dentro de 5 años con cada una de las dos estrategias de ahorro, una vez descontados todos los impuestos. ¿Es el IRA una buena estrategia para Gregorio?
   b. ¿Sería de esperar que la existencia del IRA aumentara la cantidad que ahorran los hogares? Analice la pregunta a la luz de (1) la respuesta del ahorro a las variaciones del tipo de interés real y (2) las teorías psicológicas del ahorro.

5. Utilice en cada una de las partes siguientes los datos económicos citados para calcular el ahorro nacional, el ahorro privado, el ahorro público y la tasa de ahorro nacional.
   a. Ahorro de los hogares = 200 Ahorro de las empresas = 400
   Compras de bienes y servicios por parte del Estado = 100
   Transferencias y pagos de intereses del Estado = 100
   Recaudación de impuestos = 150 PIB = 2.200

b. PIB = 6.000 Recaudación de impuestos = 1.200
   Transferencias y pagos de intereses del Estado = 400
   Gastos de consumo = 4.500
   Superávit presupuestario público = 100
c. Gastos de consumo = 4.000 Inversión = 1.000
   Compras del Estado = 1.000 Exportaciones netas = 0
   Recaudación de impuestos = 1.500
   Transferencias y pagos de intereses del Estado = 500

6. Busque un número reciente de la publicación *Survey of Current Business* del *Bureau of Economic Analysis* en la biblioteca o en Internet (http://www.bea.doc.gov/bea/pubs.htm). En la parte de *Survey* dedicada a los datos nacionales, busque datos nominales sobre el PIB, el consumo, las compras de bienes y servicios por parte del Estado, el gasto público total y los ingresos totales del Estado del trimestre más reciente del que se disponga de información (véanse las tablas 1.1 y 3.1). Calcule el ahorro nacional, el ahorro privado, el ahorro público y la tasa de ahorro nacional. ¿Qué diferencia hay entre la contribución del Estado al ahorro nacional en el periodo más reciente y la de 2004 (véanse los datos de 2004 en el texto)?

7. Elisa y Vicente se preguntan si deben comprar o no una nueva casa. La vivienda que quieren tiene un precio de 200.000$. Los gastos anuales como el mantenimiento, los impuestos y el seguro representan un 4% del valor de la casa. Si la mantienen como es debido, no es de esperar que varíe su valor real. El tipo de interés real de la economía es de un 6% y Elisa y Vicente pueden pedir un préstamo por el precio total de compra (para simplificar el análisis suponemos que no tienen que dar ninguna entrada) a ese tipo. No tenga en cuenta el hecho de que en muchos países los intereses de los créditos hipotecarios son deducibles de los impuestos.
   a. Elisa y Vicente estarían dispuestos a pagar 1.500$ al mes de alquiler por vivir en una casa de la misma calidad que la que están pensando comprar. ¿Deben comprarla?
   b. ¿Varía la respuesta a la parte *a* si están dispuestos a pagar 2.000$ mensuales de alquiler?
   c. ¿Varía la respuesta a la parte *a* si el tipo de interés real es del 4% en lugar del 6%?
   d. ¿Varía la respuesta a la parte *a* si el promotor inmobiliario les ofrece la casa por 150.000$?
   e. ¿Por qué no les gusta a las constructoras que los tipos de interés sean altos?

8. El constructor de unos nuevos multicines está tratando de decidir el número de salas que quiere construir. A continuación se indican sus estimaciones del número de clientes que atraerán los multicines cada año, dependiendo del número de salas que se construyan.

Número de salas	Número total de clientes
1	40.000
2	75.000
3	105.000
4	130.000
5	150.000

   Después de pagar a los distribuidores de las películas y realizar todos los demás gastos no relacionados con los intereses, el propietario espera obtener 2$ por entrada vendida. Los costes de la construcción ascienden a 1.000.000$ por sala.
   a. Muestre en una tabla el valor del producto marginal de cada sala desde la primera hasta la quinta. ¿Qué propiedad ilustra la conducta de los productos marginales?
   b. ¿Cuántas salas se construirán si el tipo de interés real es del 5,5%?
   c. ¿Y si es del 7,5%?
   d. ¿Y si es del 10%?
   e. Si el tipo de interés real es del 5,5%, ¿cuánto tendrían que disminuir los costes de la construcción para que el constructor estuviera dispuesto a construir unos multicines con cinco salas?

9. Utilice el análisis de oferta y demanda en cada uno de los casos siguientes para predecir las variaciones resultantes del tipo de interés real, del ahorro nacional y de la inversión. Muestre todos sus gráficos.
   a. El Parlamento aprueba una deducción fiscal por inversión del 10%. En virtud de este programa, por cada 100$ que gasta una empresa en nuevo equipo de capital, el Estado le devuelve 1$.
   b. Una reducción de los gastos militares hace que el presupuesto del Estado tenga un superávit en lugar de un déficit.

c. Aparece una nueva generación de máquinas controladas por ordenador. Estas máquinas producen bienes manufacturados mucho más deprisa y con menos defectos.
d. El gobierno sube el impuesto sobre los beneficios de las sociedades. También introduce otros cambios en los impuestos de tal manera que el déficit público no varía.
e. La preocupación por la seguridad de empleo eleva el ahorro precaución.
f. Las nuevas reglamentaciones sobre el medio ambiente elevan los costes que tiene para las empresas el uso de maquinaria.

RESPUESTAS A LOS EJERCICIOS

22.1 Si el préstamo que ha pedido Consuelo para realizar estudios fuera de 6.500$ en lugar de 3.000$, su pasivo sería de 6.750$ (el préstamo más el saldo de la tarjeta de crédito) en lugar de 3.250$. El valor de su activo, 6.280$, no varía. En este caso, la riqueza de Consuelo es negativa, ya que el activo de 6.280$ menos el pasivo de 6.750$ es igual a –470$. Cuando la riqueza o el patrimonio neto son negativos, significa que se debe más de lo que se posee.

22.2 Si sale agua de la bañera, el flujo es negativo e igual a –3 litros por minuto. Hay 37 litros en la bañera a las 7,16 de la tarde y 34 a las 7,17. La tasa de variación del fondo es de –3 litros por minuto, que es igual que el flujo.

22.3 a. Consuelo ha apartado sus 20$ habituales, pero también ha incurrido en un nuevo pasivo de 50. Por lo tanto, su ahorro neto de la semana es de *menos* 30. Como su activo (su cuenta corriente) ha aumentado 20$, pero su pasivo (el saldo de su tarjeta de crédito) ha aumentado 50, su riqueza también ha disminuido en 30$.
b. Cuando paga la factura de su tarjeta de crédito, Consuelo reduce su activo en 300$ al retirarlos de su cuenta corriente y reduce su pasivo en la misma cantidad al reducir a cero el saldo de su tarjeta. Por lo tanto, su riqueza no varía. Tampoco varía su ahorro (obsérvese que la renta y el gasto de Consuelo en necesidades no han variado).
c. El aumento del valor del automóvil de Consuelo eleva 500$ su activo. Por lo tanto, su riqueza también aumenta en 500$. Sin embargo, las variaciones del valor del activo existente no se consideran parte del ahorro, por lo que éste no varía.
d. La disminución del valor de los muebles de Consuelo es una pérdida de capital de 300$. Su activo y su riqueza disminuyen 300$. Su ahorro no varía.

22.4 La pérdida de valor de 200$ a lo largo del año es otro coste financiero de poseer el cortacésped, que Lorenzo debería tener en cuenta al tomar su decisión. Ahora su coste total es de 240$ en costes de intereses más 200$ en pérdida prevista de valor del cortacésped (conocida con el nombre de depreciación), es decir, 440$. Esta cifra es superior al valor del producto marginal, 400$, por lo que ahora Lorenzo no debe comprar el cortacésped.

22.5 El ahorro de los hogares forma parte del ahorro nacional. Una disminución del ahorro de los hogares y, por lo tanto, del ahorro nacional a cualquier tipo de interés real dado desplaza la curva de oferta de ahorro hacia la izquierda. Los resultados son como los de la Figura 22.11. El tipo de interés real sube y los valores de equilibrio del ahorro nacional y de la inversión disminuyen. La reducción de la inversión es lo mismo que una reducción de la tasa de formación de capital, que sería de esperar que frenara el crecimiento económico.

CAPÍTULO

23

EL DINERO, LOS PRECIOS Y LA RESERVA FEDERAL

El pueblo azteca, que dominó la zona central de México hasta la llegada de los españoles en el siglo XVI, quizá se recuerde hoy principalmente por sus complejas ceremonias que culminaban en un sacrificio humano. Pero también tenía un sofisticado sistema económico, en el que se comerciaba no sólo una amplia variedad de productos agrícolas —como maíz, tomates y cacahuetes— sino también de bienes manufacturados, como joyas, sandalias, capas, cestos, bebidas alcohólicas y armas. Los esclavos y los cautivos —algunos destinados al sacrificio— también se compraban y se vendían. Se comerciaba en los mercados locales, especialmente en la capital azteca, situada en el mismo lugar en el que hoy se encuentra Ciudad de México, y en mercados muy alejados, llegándose, por ejemplo, por el norte hasta lo que hoy es Arizona[1].

Los aztecas, a pesar de contar con abundantes reservas de oro, no utilizaban monedas metálicas para realizar sus transacciones de mercado, como la mayoría de los pueblos europeos, sino que a menudo utilizaban chocolate o, más concretamente, granos de café (las semillas de la planta del cacao). Los precios de los bienes o de los servicios se expresaban en granos de cacao, de la misma forma que hoy se expresan en dólares, euros o pesos. Los granos de cacao también podían utilizarse para comprar bienes, para financiar un servicio o para dar cambio, por ejemplo, para saldar una transacción cuando se intercambiaba un bien de mayor valor por uno de menor valor. Cuando se trataba de grandes artículos, los precios se expresaban en sacos de unos 24.000 granos de cacao, aunque las grandes compras podían pagarse en realidad con algo más fácil de llevar que los sacos de granos de cacao, como capas.

[1] Véase Jack Weatherford, *The History of Money: From Sandstone to Cyberspace*, Nueva York, Crown Publishers, 1997, para un análisis del uso del dinero en muchas economías desde la antigüedad hasta nuestros días.

dinero cualquier activo que puede utilizarse para realizar compras

Los granos de cacao eran para los aztecas una forma de dinero. En el habla de la calle, la gente utiliza la palabra *dinero* para referirse a la "renta" o a la "riqueza", por ejemplo, cuando dice "en ese trabajo se gana mucho dinero" o "me gustaría tener tanto dinero como ella". Sin embargo, los economistas dan un significado mucho más preciso al término. Para ellos, el **dinero** es cualquier activo que puede utilizarse para realizar compras.

Ejemplos corrientes de dinero en el mundo moderno son los billetes y las monedas. El saldo de una cuenta corriente es otro activo que podemos utilizar para efectuar pagos (por ejemplo, cuando extendemos un cheque para pagar la comida que compramos semanalmente), por lo que también se considera dinero. En cambio, por ejemplo, las acciones no pueden utilizarse directamente en casi ninguna transacción. Para poder realizar nuevas transacciones, como comprar comida, primero hay que venderlas, es decir, convertirlas en efectivo o en un depósito de una cuenta corriente.

Históricamente, se ha utilizado como dinero una amplia variedad de objetos, entre los que se encuentran no sólo los granos de cacao sino también las monedas de oro y plata hasta conchas, cuentas, plumas y, en la Isla de Yap, grandes e inamovibles rocas. Antes de que se utilizaran monedas metálicas, el tipo de dinero más frecuente era el cauri, que es un tipo de concha que se encuentra en el sur del Pacífico. El cauri se utilizaba como dinero en algunas partes de África hasta hace muy poco y era aceptado oficialmente para pagar los impuestos en Uganda hasta comienzos del siglo XX. Actualmente, el dinero puede ser casi intangible, como en el caso del saldo de una cuenta corriente, que sólo existe en forma de un asiento en la computadora de nuestro banco.

En este capítulo analizamos el papel del dinero en las economías modernas: por qué es importante, cómo se mide, cómo se crea. El dinero desempeña un importante papel en todas las transacciones económicas, pero, como veremos, también es muy importante desde el punto de vista macroeconómico. Por ejemplo, como señalamos en el Capítulo 17, uno de los tres principales tipos de política macroeconómica, la política monetaria, se refiere principalmente a las decisiones sobre la cantidad de dinero que debe permitirse que circule en la economía. La política monetaria es gestionada por el banco central. Como éste decide la oferta monetaria del país, en este capítulo también introducimos el banco central y analizamos el principal instrumento de que dispone. Por último, examinamos la importante relación entre la cantidad de dinero en circulación y la tasa de inflación de la economía.

medio de cambio activo utilizado para comprar bienes y servicios

trueque intercambio directo de bienes o servicios por otros bienes o servicios

En un mundo sin dinero, la violinista sólo podría comer si encontrara a una persona dispuesta a intercambiar comida por una interpretación musical.

EL DINERO Y SUS FUNCIONES

¿Por qué utilizamos dinero? El dinero desempeña principalmente tres funciones: es un *medio de cambio*, una *unidad de cuenta* y un *depósito de valor*.

El dinero es un **medio de cambio** cuando lo utilizamos para comprar bienes y servicios, por ejemplo, cuando pagamos con efectivo un periódico o extendemos un cheque para pagar la factura de la luz. Ésta es quizá su función más importante. Pensemos en lo complicada que sería la vida diaria si no hubiera dinero. Todas las transacciones económicas tendrían que realizarse mediante **trueques**, que es el intercambio directo de unos bienes y servicios por otros.

El trueque es muy ineficiente porque exige que cada una de las partes de un intercambio tengan algo que quiera la otra, la llamada doble coincidencia de deseos. Por ejemplo, en un sistema de trueque, un músico sólo podría conseguir comida para cenar si encontrara a una persona dispuesta a intercambiar comida por una interpretación musical. Sería difícil encontrar sistemáticamente esa coincidencia de deseos, en la que dé la casualidad de que ambas partes quieran exactamente lo que la otra tiene para ofrecer. En un mundo con dinero, el problema del músico es mucho más sencillo. Primero, tiene que encontrar a una persona dispuesta a pagar dinero por su interpretación musical y, a continuación, con el dinero recibido, puede comprar la comida y demás bienes y servicios que necesite. En una sociedad que utiliza dinero, no es necesario que la persona que quiere oír música y la que está dispuesta a ofrecer comida al músico sean la misma. En otras palabras, no es necesaria la doble coincidencia de deseos para que se intercambien bienes y servicios.

La utilización de dinero en una sociedad, al eliminar la necesidad de que exista una doble coincidencia de deseos para comerciar, permite a los individuos especializarse en la producción de unos bienes o servicios determinados; no es necesario que cada familia o cada pueblo produzca la mayoría de los bienes que necesita. Como señalamos en el Capítulo 2 (*principio de la ventaja comparativa*), la especialización aumenta extraordinariamente la eficiencia económica y los niveles de vida materiales. Esta utilidad del dinero para realizar transacciones explica por qué los ahorradores tienen dinero, aunque éste tenga generalmente una baja tasa de rendimiento. Por ejemplo, el efectivo no rinde intereses y los saldos de las cuentas corrientes normalmente tienen un tipo de interés más bajo que el de otras inversiones financieras.

unidad de cuenta medida básica del valor económico

La segunda función del dinero es la de *unidad de cuenta*. Como **unidad de cuenta**, el dinero es el patrón básico para medir el valor económico. En todos los países, casi todos los precios —incluido el del trabajo (los salarios) y el de los activos financieros, como las acciones de las empresas— se expresan en unidades monetarias. Eso permite realizar comparaciones fácilmente. Por ejemplo, los cereales pueden medirse en quintales y el carbón en toneladas, pero para saber si 20 quintales de cereales tienen desde el punto de vista económico más o menos valor que una tonelada de carbón, expresamos ambos valores en unidades monetarias. La utilización del dinero como unidad de cuenta está estrechamente relacionada con su utilización como medio de cambio; como el dinero se emplea para comprar y vender cosas, tiene sentido expresar todos los tipos de precios en términos monetarios.

depósito de valor activo que sirve para tener riqueza

El dinero, como **depósito de valor**, su tercera función, es una manera de tener riqueza. Por ejemplo, el avaro que mete el dinero en el colchón o entierra monedas de oro bajo un viejo roble a medianoche, tiene su riqueza en dinero. El que tiene normalmente un saldo en su cuenta corriente, tiene parte de su riqueza en dinero. Aunque éste normalmente es el principal medio de cambio o unidad de cuenta en una economía, no es el único depósito de valor. Existen otras muchas formas de tener riqueza, como poseer acciones, bonos o propiedades inmobiliarias.

Para la mayoría de las personas el dinero no es una forma especialmente buena de tener riqueza, salvando su utilidad como medio de cambio. A diferencia de los bonos del Estado y de otros tipos de activos financieros, la mayoría de las clases de dinero no rinden intereses y cuando se trata de dinero en efectivo, siempre existe el riesgo de que lo perdamos o de que nos lo roben. Sin embargo, el dinero en efectivo tiene la ventaja de que es anónimo y de que es difícil seguirle la pista, por lo que resulta un atractivo depósito de valor para los contrabandistas, los narcotraficantes y otras personas que quieren que sus activos no sean detectados por el fisco.

El dinero privado: Ithaca Hours y LETS

EL OBSERVADOR ECONÓMICO 23.1

Si el dinero es un instrumento tan útil, ¿por qué normalmente sólo es emitido por el Estado? ¿Existe algún ejemplo de dinero emitido por particulares?

Normalmente, el dinero no es emitido por particulares sino por el Estado, pero eso se debe en parte a que la ley restringe la emisión de dinero privado. Éste a veces existe cuando la ley lo permite[2]. Por ejemplo, en más de 30 comunidades de Estados Unidos circulan monedas emitidas por particulares. En Ithaca (Nueva York), circula desde 1991 una moneda privada llamada "Ithaca Tour". Instituida por el residente Paul Glover, equivale a 10$, que es el salario medio por hora de los trabajadores del condado. Los billetes, impresos con una tinta desarrollada especialmente para impedir la falsificación, llevan imágenes de personalidades locales y del entorno. Se estima que 1.600 personas y empresas ganan y gastan "Hours". Su fundador, Paul Glover, sostiene que el uso de las "Hours", que no pueden gastarse en ningún otro lugar, induce a la gente a realizar una parte mayor de sus compras en la economía local.

[2] Barbara A. Good, "Private Money: Everything Old Is New Again", Federal Reserve Bank of Cleveland, *Economic Commentary*, 1 de abril de 1998.

Existe un tipo de dinero privado más tecnológico relacionado con los sistemas de comercio electrónico llamados LETS (*local electronic trading system*, que significa sistema de comercio electrónico local). Éstos son bastante conocidos en Australia, Nueva Zelanda y Gran Bretaña (Estados Unidos tiene unos 10). Los participantes en un LETS anuncian la lista de bienes y servicios que les gustaría comprar o vender. Cuando se realizan las transacciones, se resta de la cuenta del comprador un determinado número de "créditos informáticos" y se suman a la del vendedor. Los participantes pueden tener un saldo negativo en su cuenta, por lo que tienen que confiar en que los demás no abusarán del sistema comprando muchos bienes y servicios y desapareciendo después. Los créditos de LETS sólo existen en el ordenador, nunca en papel o en metal. En este sentido, LETS puede ser el preludio del sistema monetario electrónico del futuro.

¿Qué tienen en común la "Ithaca Tour" y los créditos de LETS? Al servir de medio de cambio, ambos facilitan el comercio dentro de una comunidad.

LA MEDICIÓN DEL DINERO

¿Cuánto dinero, en el sentido de activos financieros que pueden utilizarse para realizar compras, hay en la economía en un determinado momento? No es fácil responder a esta pregunta, ya que en la práctica no es fácil trazar una clara distinción entre los activos que deben considerarse dinero y los demás. Los billetes de dólares son, desde luego, un tipo de dinero y los cuadros de van Gogh, desde luego, no lo son. Sin embargo, ahora las agencias de valores ofrecen cuentas que permiten a sus propietarios conjugar las inversiones financieras en acciones y bonos con el privilegio de extender cheques o de utilizar tarjetas de crédito. ¿Deben considerarse dinero los saldos de estas cuentas o al menos una parte de ellos? Es difícil saberlo.

TABLA 23.1
Componentes de M1 y M2 en Estados Unidos, abril de 2005

M1		**1.361,0**
Efectivos	704,3	
Depósitos a la vista	325,8	
Otros depósitos a la vista	323,4	
Cheques de viaje	7,5	
M2		**6.481,5**
M1	1.361,0	
Depósitos de ahorro	3.544,7	
Depósitos a plazo de pequeña denominación	868,8	
Fondos de inversión en el mercado de dinero	707,0	

NOTAS: Miles de millones de dólares ajustados para tener en cuenta las variaciones estacionales. En M1, el efectivo se refiere a los billetes y las monedas. Los depósitos a la vista son cuentas corrientes que no devengan intereses y "otros depósitos a la vista" comprenden las cuentas corrientes que devengan intereses. M2 comprende todos los componentes de M1, los saldos de las cuentas de ahorro, los depósitos de "pequeña denominación" (menos de 100.000$) en bancos a plazo fijo y los fondos de inversión en el mercado de dinero, que son organizaciones que venden participaciones, utilizan los ingresos para comprar activos seguros (como bonos del Estado) y a menudo permiten a los participantes extender cheques.

FUENTE: Federal Reserve Bank of St. Louis, base de datos FRED, http://www.stlouisfed.org/fred2/ o comunicado H.6 de la Reserva Federal.

M1 suma del efectivo en circulación y los saldos de las cuentas corrientes

M2 Todos los activos de M1 más algunos otros que pueden utilizarse para realizar pagos pero con un coste o incomodidad mayores que el efectivo o los cheques

Los economistas sortean el problema de decidir lo que es o no es dinero utilizando diferentes definiciones, que varían dependiendo de que el concepto se defina o no en un sentido amplio. En Estados Unidos, una definición relativamente "estricta" de la cantidad de dinero se denomina M1. **M1** es la suma del efectivo en circulación y los saldos de las cuentas corrientes. Una medida más amplia, llamada **M2**, comprende todos los activos de M1 más algunos otros que se utilizan para realizar pagos, pero con mayores costes o incomodidad que el efectivo o los cheques. La Tabla 23.1 enumera los componentes de M1 y M2 e indica la cantidad de cada tipo de activo que había en circulación en abril de 2005. Sin embargo, para la mayoría de los fines basta concebir el dinero como la suma del efectivo en circulación y los saldos de las cuentas corrientes, o sea, M1.

Para una descripción detallada de los componentes que conforman M1 y M2, veamos el caso de México, que se presenta en la Tabla 23.2 para octubre de 2006. En ella vemos las cantidades que se tenían para cada uno de los componentes. Para M1, el componente más importante son las cuentas de cheques, tanto en moneda nacional como en moneda extranjera. Para M2 el más importante son los valores públicos en poder de los residentes.

TABLA 23.2
Componentes de M1 y M2, octubre de 2006 (miles de pesos)

M1	**1.069.129.064**
Billetes y monedas en poder del público	328.102.761
Cuentas de cheques m. n. en bancos residentes[1]	471.723.219
Cuentas de cheques m. e. en bancos residentes[2]	108.180.332
Depósitos en cuenta corriente en bancos residentes	158.562.631
Depósitos a la vista de las Sociedades de Ahorro y Préstamo	2.560.121
M2	**4.646.417.733**
M1	1.069.129.064
Activos financieros internos en poder de residentes	3.577.288.669
Captación interna de bancos residentes	841.017.752
Valores públicos en poder de residentes	1.995.982.180
Valores privados	236.922.133
Fondos de ahorro para el retiro fuera de las SIEFORES[3]	489.932.311
FICORCA[4]	0

[1] Moneda nacional (m. n.).
[2] Moneda extranjera (m. e.).
[3] Sociedades de Inversión Especializadas en Fondos para el Retiro (SIEFORES).
[4] Fideicomiso para la Cobertura de Riesgos Cambiarios (FICORCA).
FUENTE: Banco de México.

Obsérvese que las tarjetas de crédito no se incluyen ni en M1 ni en M2, aunque la gente las utilice cada vez más para pagar muchas de sus compras, desde productos alimenticios, ropa y automóviles hasta incluso la matrícula universitaria. No se incluyen en la oferta monetaria principalmente porque no representan parte de la riqueza de la gente. De hecho, un cargo de 1.000$ en una tarjeta de crédito representa una obligación de pagar 1.000$ a otra persona.

RECAPITULACIÓN | EL DINERO Y SUS USOS

El *dinero* es cualquier activo que puede utilizarse para realizar compras, como el efectivo o una cuenta corriente. El dinero sirve de *medio de cambio* cuando se utiliza para comprar bienes y servicios. Su utilización como medio de cambio elimina la necesidad de realizar *trueques* y las dificultades de encontrar una "doble coincidencia de deseos". El dinero también sirve de *unidad de cuenta* y de *depósito de valor.*

En la práctica, dos medidas básicas del dinero son M1 y M2. M1, medida más estricta, está formada principalmente por el efectivo y los saldos de las cuentas corrientes. La medida más amplia, M2, comprende todos los activos de *M*1 más algunos otros que pueden utilizarse para realizar pagos.

LOS BANCOS COMERCIALES Y LA CREACIÓN DE DINERO

¿De qué depende la cantidad de dinero que hay en la economía? Si la oferta de dinero de la economía estuviera formada enteramente por efectivo, la respuesta sería sencilla: la oferta de dinero sería igual simplemente al valor del efectivo creado y puesto en circulación por el Estado. Sin embargo, como hemos visto, en las economías modernas la oferta de dinero está formada no sólo por el efectivo sino también por los saldos de los depósitos que tiene el público en los bancos comerciales. Los bancos comerciales son empresas privadas que aceptan depósitos de los individuos y de las empresas y los utilizan para hacer préstamos. En los países occidentales, hay literalmente miles de bancos comerciales y juntos comprenden el sistema bancario privado.

La determinación de la oferta monetaria en una economía moderna depende en parte de la conducta de los bancos comerciales y de sus depositantes. Para ver cómo, utilizaremos el ejemplo de un país imaginario, la República de Gorgonzola. Suponemos que al principio Gorgonzola no tiene ningún sistema bancario comercial. Para facilitar el comercio y eliminar la necesidad de realizar trueques, el gobierno ordena al banco central de Gorgonzola que ponga en circulación un millón de billetes idénticos, llamados florines. El banco central imprime los florines y los distribuye entre la población. En este momento, la oferta monetaria de Gorgonzola es de un millón de florines.

Sin embargo, los ciudadanos de Gorgonzola no están contentos con una oferta monetaria compuesta únicamente por billetes de florines, ya que pueden perderlos o pueden robárselos. En respuesta a la demanda de custodia del dinero, algunos empresarios crean un sistema de bancos comerciales. Al principio, estos bancos no son más que cajas fuertes en las que la gente puede depositar sus florines. Cuando necesita efectuar un pago, puede retirar físicamente sus florines o, lo que es más cómodo, puede extender un cheque contra su cuenta. Los cheques autorizan al banco a transferir florines de la cuenta de la persona que paga mediante un cheque a la cuenta de la persona a la que se le extiende el cheque. Con un sistema de pagos basado en cheques, los florines no tienen que salir nunca del sistema bancario, aunque fluyen de un banco a otro cuando el depositante de un banco efectúa un pago a un depositante de otro. En esta economía, los depósitos no rinden intereses; de hecho, los bancos sólo pueden obtener beneficios cobrando una comisión a los depositantes por custodiar sus billetes.

Supongamos de momento que la gente prefiere los depósitos bancarios al efectivo, por lo que deposita todos sus florines en los bancos comerciales. Al estar todos los florines en las cajas fuertes de los bancos, el balance de situación de todos los bancos comerciales de Gorgonzola considerados en su conjunto es como el que muestra la Tabla 23.3.

TABLA 23.3
Balance consolidado de los bancos comerciales de Gorgonzola (inicial)

Activo		Pasivo	
Efectivo	1.000.000 florines	Depósitos	1.000.000 florines

El *activo* del sistema bancario comercial de Gorgonzola son los billetes de florines que se encuentran en las cajas fuertes de todos los bancos. El *pasivo* son los depósitos de los clientes de los bancos, ya que los saldos de las cuentas corrientes representan dinero que deben los bancos a los depositantes.

El efectivo o los activos similares que tienen los bancos se denominan **reservas bancarias.** En este ejemplo, las reservas bancarias de todos los bancos en su conjunto, son iguales a 1 millón de florines, que es el efectivo que figura en el lado del activo del balance consolidado. Los bancos tienen reservas para satisfacer las demandas de retiradas de efectivo de los depositantes o para pagar los cheques extendidos contra las cuentas de sus depositantes. En este ejemplo, las reservas bancarias de 1 millón de florines son iguales a un 100% de los depósitos de los bancos, que también son de 1 millón de florines. La situación en la que las reservas bancarias son iguales a un 100% de los depósitos bancarios se denomina **sistema bancario de reservas del 100%**.

reservas bancarias efectivo o activos similares que tienen los bancos comerciales con el fin de satisfacer las retiradas y los pagos de los depositantes

sistema bancario de reservas del 100% situación en la que las reservas de los bancos son iguales a un 100 por ciento de sus depósitos

Las reservas bancarias se encuentran en las cajas fuertes de los bancos, no circulan entre el público, por lo que *no* se consideran parte de la oferta monetaria. Sin embargo, los saldos de los depósitos bancarios, que pueden utilizarse para realizar transacciones, *se consideran* dinero. Por lo tanto, después de que en Gorgonzola se introduzcan bancos para "custodiar" el dinero, la oferta monetaria, que es igual al valor de los depósitos bancarios, es de 1 millón de florines, que es la misma cantidad que había antes de que se introdujeran los bancos.

Continuando con el ejemplo, pasado un tiempo los bancos comerciales de Gorgonzola comienzan a darse cuenta de que no es necesario tener unas reservas del 100% para respaldar los depósitos. Bien es verdad que unos cuantos florines entran y salen del banco representativo cuando los depositantes reciben pagos o extienden cheques, pero los billetes de florines permanecen en su mayor parte apilados en las cajas fuertes sin que se toquen o se utilicen. Los banqueros se dan cuenta de que pueden hacer frente a las entradas y las salidas aleatorias de florines de sus bancos con unas reservas inferiores a un 100% de sus depósitos. Tras un periodo de observación, llegan a la conclusión de que es suficiente tener unas reservas del 10% de los depósitos para hacer frente al movimiento aleatorio de retiradas y pagos de sus bancos, se dan cuenta de que el 90% restante puede prestarse a los prestatarios para obtener intereses.

Los banqueros deciden, pues, mantener unas reservas de 100.000 florines, es decir, un 10% de sus depósitos. Prestan los otros 900.000 con intereses a los productores de queso de Gorgonzola que quieren utilizar el dinero para hacer mejoras en sus granjas. Una vez realizados los préstamos, el balance de todos los bancos comerciales considerados en su conjunto ha cambiado, como muestra la Tabla 23.4.

TABLA 23.4
Balance consolidado de los bancos comerciales de Gorgonzola tras una ronda de préstamos

Activo		Pasivo	
Efectivo (= reservas)	1.000.000 florines	Depósitos	1.000.000 florines
Préstamos a los granjeros	900.000 florines		

Después de conceder los préstamos, las reservas de 100.000 florines de los bancos ya no representan un 100% de los depósitos bancarios de 1 millón de florines. Ahora el cociente entre las reservas y los depósitos, llamado **coeficiente de reservas**, que son las reservas bancarias divididas por los depósitos, es igual a 100.000/1.000.000, o sea, un 10%. Un sistema bancario en el que los bancos tienen menos reservas que depósitos, de manera que el coeficiente de reservas es inferior al 100%, se denomina **sistema bancario de reservas fraccionarias.**

coeficiente de reservas reservas bancarias divididas por los depósitos

sistema bancario de reservas fraccionarias sistema bancario en el que las reservas bancarias son menores que los depósitos, por lo que el coeficiente de reservas es inferior al 100%

Obsérvese que han salido 900.000 florines del sistema bancario (en forma de préstamos a los granjeros) y ahora se encuentran en manos del público. Pero hemos supuesto que los particulares prefieren los depósitos bancarios al efectivo para realizar transacciones, por lo que al final vuelven a depositar los 900.000 florines en el sistema bancario. Una vez realizados estos depósitos, el balance consolidado de los bancos comerciales es como el que muestra la Tabla 23.5.

TABLA 23.5
Balance consolidado de los bancos comerciales de Gorgonzola una vez que se depositan de nuevo los florines

Activo		Pasivo	
Efectivo (= reservas)	1.000.000 florines	Depósitos	1.900.000 florines
Préstamos a los granjeros	900.000 florines		

Obsérvese que ahora los depósitos bancarios y, por lo tanto, la oferta monetaria de la economía son iguales a 1.900.000 florines. En efecto, la existencia del sistema bancario comercial ha permitido la creación de nuevo dinero. Estos depósitos, que son un pasivo de los bancos, son compensados por un activo de 1 millón de florines en reservas y 900.000 florines en préstamos que se deben a los bancos.

La historia no acaba ahí. Tras examinar su balance, los banqueros se sorprenden al ver que tienen, una vez más, "demasiadas" reservas. Con unos depósitos de 1.900.000 florines y un coeficiente de reservas del 10%, sólo necesitan unas reservas de 190.000 florines, pero tienen unas reservas de 1 millón, es decir, 810.000 más de las que necesitan. Como siempre es más rentable prestar el exceso de florines que dejarlo en la caja fuerte, los banqueros prestan otros 810.000 florines. Al final, estos florines prestados se depositan de nuevo en el sistema bancario, tras lo cual el balance consolidado de los bancos es como el que muestra la Tabla 23.6.

TABLA 23.6
Balance consolidado de los bancos comerciales de Gorgonzola tras dos rondas de préstamos y redepósitos

Activo		Pasivo	
Efectivo (= reservas)	1.000.000 florines	Depósitos	2.710.000 florines
Préstamos a los granjeros	1.710.000 florines		

Ahora la oferta monetaria ha aumentado a 2.710.000 florines, que son iguales al valor de los depósitos bancarios. Sin embargo, a pesar del aumento de los préstamos y de los depósitos, los banqueros observan que sus reservas de 1 millón de florines *siguen* siendo superiores al nivel deseado del 10% de los depósitos, que es de 2.710.000 florines, por lo que se realiza otra ronda de préstamos.

EJERCICIO 23.1

Indique cómo es el balance del sistema bancario de Gorgonzola después de que se realiza una tercera ronda de préstamos a los agricultores y vuelven a depositarse los florines en el sistema bancario comercial. ¿Cuál es la oferta monetaria en ese momento?

El proceso de expansión de los préstamos y de los depósitos sólo termina cuando las reservas son iguales a un 10% de los depósitos bancarios, porque mientras las reservas sean superiores a un 10% de los depósitos, a los bancos les resultará rentable prestar las reservas sobrantes. Como al final de cada ronda las reservas son iguales a 1 millón de florines, para que el coeficiente de reservas sea de un 10%, los depósitos totales deben ser iguales a 10 millones de florines. Además, como el balance debe cuadrar, es decir, el activo debe ser igual al pasivo, sabemos también que al final del proceso los préstamos concedidos a los productores de queso deben ser iguales a 9 millones de florines. Si los préstamos son iguales a 9 millones de florines, el activo de los bancos, que es la suma de los préstamos y las reservas (1 millón de florines) será igual a 10 millones de florines, que es igual que el pasivo (depósitos bancarios). El balance consolidado final es como el que muestra la Tabla 23.7.

TABLA 23.7
Balance consolidado final de los bancos comerciales de Gorgonzola

Activo		**Pasivo**	
Efectivo (= reservas)	1.000.000 florines	Depósitos	10.000.000 florines
Préstamos a los granjeros	9.000.000 florines		

Al final del proceso, la oferta monetaria, que es igual al total de depósitos, es de 10 millones de florines. Vemos que la existencia de un sistema bancario de reservas fraccionarias ha multiplicado la oferta monetaria por 10, en relación con la economía en la que no hay bancos o con la economía en la que hay un sistema bancario de reservas del 100%. En otras palabras, con un coeficiente de reservas del 10%, cada florín depositado en el sistema bancario puede "respaldar" unos depósitos por valor de 10 florines.

Para hallar más directamente la oferta monetaria en este ejemplo, observamos que los depósitos aumentan a través de rondas adicionales de préstamos mientras el coeficiente de reservas sea superior al que desean los bancos. Cuando es igual, los depósitos dejan de aumentar. Por lo tanto, al final los depósitos del sistema bancario satisfacen la siguiente relación:

$$\frac{\text{Reservas bancarias}}{\text{Depósitos bancarios}} = \text{Coeficiente deseado de reservas}$$

A partir de esta ecuación podemos expresar los depósitos bancarios de la forma siguiente:

$$\text{Depósitos bancarios} = \frac{\text{Reservas bancarias}}{\text{Coeficiente deseado de reservas}} \qquad (23.1)$$

En Gorgonzola, como todo el efectivo que hay en la economía entra en el sistema bancario, las reservas bancarias son iguales a 1 millón de florines. El coeficiente deseado de reservas de los bancos es de 0,10. Por lo tanto, utilizando la Ecuación 23.1, observamos que los depósitos bancarios son iguales a (1.000.000 florines)/0,10, esto es, 10 millones de florines, la misma respuesta que hemos encontrado en el balance consolidado de los bancos de la Tabla 23.7.

EJERCICIO 23.2

Halle los depósitos y la oferta monetaria de Gorgonzola suponiendo que el coeficiente deseado de reservas de los bancos no es del 10 sino del 5%. ¿Qué ocurre si la cantidad total de efectivo que pone en circulación el banco central es de 2 millones de florines y el coeficiente deseado de reservas sigue siendo del 10%?

LA OFERTA MONETARIA TANTO CON EFECTIVO COMO CON DEPÓSITOS

En el ejemplo de Gorgonzola, hemos supuesto que todo el dinero se encuentra en depósitos bancarios. Naturalmente, en la realidad la gente sólo tiene una parte de su dinero en cuentas bancarias; el resto lo tiene en efectivo. Afortunadamente, como muestra el Ejemplo 23.1, el hecho de tener en cuenta que la gente tiene tanto efectivo como depósitos bancarios no complica mucho la determinación de la oferta monetaria.

EJEMPLO 23.1

La oferta monetaria tanto con efectivo como con depósitos

Supongamos que los ciudadanos de Gorgonzola deciden tener un total de 500.000 florines en efectivo y depositar el resto del dinero en los bancos. Éstos tienen unas reservas iguales a un 10% de los depósitos. ¿Cuál es la oferta monetaria de Gorgonzola?

Es la suma del efectivo en manos del público y los depósitos bancarios. El efectivo en manos del público es de 500.000 florines. ¿Cuál es la cantidad de depósitos bancarios? Como 500.000 del millón de florines emitido por el banco central están siendo utilizados por el público en forma de efectivo, los bancos sólo disponen de los 500.000 restantes como reservas. Sabemos que los depósitos son iguales a las reservas bancarias divididas por el coeficiente de reservas, por lo que los depósitos son iguales a 500.000 florines/0,10 = 5.000.000 florines. La oferta monetaria total es la suma del efectivo en manos del público (500.000 florines) y los depósitos bancarios (5.000.000 florines), es decir, 5.500.000 florines.

Podemos formular una relación general que recoja el razonamiento del Ejemplo 23.1. Formulemos primero el hecho de que la oferta monetaria es igual al efectivo más los depósitos bancarios:

$$\text{Oferta monetaria} = \text{Efectivo en manos del público} + \text{Depósitos bancarios.}$$

También sabemos que los depósitos bancarios son iguales a las reservas bancarias divididas por el coeficiente de reservas deseado por los bancos comerciales (Ecuación 23.1). Teniendo en cuenta esta relación, podemos expresar la oferta monetaria de la forma siguiente:

$$\text{Oferta monetaria} = \text{Efectivo en manos del público} + \frac{\text{Reservas bancarias}}{\text{Coeficiente deseado de reservas}}. \qquad (23.2)$$

Podemos utilizar la Ecuación 23.2 para confirmar nuestra respuesta al Ejemplo 23.1. En ese ejemplo, el efectivo en manos del público es de 500.000 florines, las reservas bancarias son de 500.000 florines y el coeficiente deseado de reservas es de 0,10. Introduciendo estos valores en la Ecuación 23.2, observamos que la oferta monetaria es igual a 500.000 + 500.000/0,10 = 5.500.000, la misma respuesta que hemos obtenido antes.

EJEMPLO 23.2

La oferta monetaria en Navidades

En Navidades, la gente decide tener una cantidad excepcionalmente grande de efectivo para realizar sus compras. Si no interviniera el banco central, ¿cómo afectaría este cambio de las tenencias de efectivo a la oferta monetaria nacional?

Para mostrarlo con un ejemplo numérico, supongamos que las reservas bancarias son inicialmente iguales a 500, que la cantidad de efectivo en manos del público es de 500 y que el coeficiente deseado de reservas del sistema bancario es de 0,2. Introduciendo estos valores en la Ecuación 23.2, hallamos que la oferta monetaria es igual a 500 + 500/0,2 = 3.000.

Supongamos ahora que como consecuencia de las compras que se necesita hacer en Navidades, el público aumenta sus tenencias de efectivo a 600 retirando 100 de los bancos comerciales. Estas retiradas reducen las reservas bancarias a 400. Utilizando la Ecuación 23.2, observamos ahora que la oferta monetaria es igual a 600 + 400/0,2 = 2.600. Por lo tanto, el aumento de las tenencias de efectivo del público ha provocado una disminución de la oferta monetaria de 3.000 a 2.600. La causa se halla en que con un coeficiente de reservas del 20%, cada dólar que hay en las cajas fuertes de los bancos puede "respaldar" 5$ de depósitos y, por lo tanto, 5$ de oferta monetaria. Sin embargo, el mismo dólar en manos del público se convierte en 1$ de efectivo, que sólo aporta 1$ a la oferta monetaria total. Por lo tanto, cuando el público retira efectivo de los bancos, la oferta monetaria total disminuye (en el siguiente apartado veremos, sin embargo, que en la práctica el banco central tiene medios para contrarrestar las consecuencias de las actividades del público para la oferta monetaria).

RECAPITULACIÓN — LOS BANCOS COMERCIALES Y LA CREACIÓN DE DINERO

- Una parte de la oferta monetaria consiste en depósitos en los bancos comerciales privados. Por lo tanto, la conducta de los bancos comerciales y de sus depositantes contribuye a determinar la oferta monetaria.
- El efectivo o los activos similares de los bancos se denominan *reservas bancarias*. En las economías modernas, las reservas de los bancos son menores que sus depósitos, situación que se denomina *sistema bancario de reservas fraccionarias*. El cociente entre las reservas bancarias y los depósitos se denomina *coeficiente de reservas*; en un sistema bancario de reservas fraccionarias, este coeficiente es menor que 1.
- La proporción de los depósitos que no se tiene en reservas puede ser prestada por los bancos para obtener intereses. Los bancos continúan concediendo préstamos y aceptando depósitos mientras que el coeficiente de reservas sea superior al nivel que desean. Este proceso sólo se detiene cuando el coeficiente efectivo y el deseado son iguales. En ese momento, el total de depósitos bancarios es igual a las reservas bancarias divididas por el coeficiente deseado de reservas y la oferta monetaria es igual al efectivo en manos del público más los depósitos bancarios (véase la Ecuación 23.2).

EL SISTEMA DE LA RESERVA FEDERAL

Para los agentes que participan en los mercados financieros y para el ciudadano medio, una de las ramas más importantes del Estado es el *banco central*, que en Estados Unidos se denomina **Sistema de la Reserva Federal** o Fed para abreviar. Los bancos centrales tienen principalmente dos competencias.

Sistema de la Reserva Federal (o Fed) banco central de Estados Unidos

En primer lugar, son responsables de la política monetaria, lo cual significa que deciden la cantidad de dinero que circula en la economía. Como veremos en capítulos posteriores, los cambios de la oferta monetaria pueden afectar a muchas variables macroeconómicas importantes, entre las que se encuentran los tipos de interés, la inflación, el desempleo y los tipos de cambio. Como consecuencia de la capacidad del banco central para influir en variables fundamentales, especialmente en variables financieras como los tipos de interés, los agentes que participan en el mercado financiero prestan especial atención a sus actuaciones y comunicados. Como un primer paso necesario para comprender los efectos que producen las medidas que adoptan los bancos centrales, en este capítulo centramos primero la atención en una cuestión básica —cómo influyen los bancos centrales en la oferta monetaria— y dejamos para más adelante la explicación de las razones por las que los cambios de la oferta monetaria afectan a la economía.

En segundo lugar, el banco central tiene, junto con otros organismos públicos, la importante responsabilidad de vigilar y regular los mercados financieros. También desempeña un importante papel durante los periodos de crisis de los mercados financieros. Para sentar las bases necesarias para ver cómo cumple con sus responsabilidades, primero pasaremos revista brevemente a la historia y la estructura de un banco central como el Sistema de la Reserva Federal.

LA HISTORIA Y LA ESTRUCTURA DEL SISTEMA DE LA RESERVA FEDERAL

El Sistema de la Reserva Federal fue creado por la *Federal Reserve Act,* aprobada por el Congreso en 1913, y comenzó a funcionar en 1914. Es, como todos los bancos centrales, un organismo público. Los bancos centrales, a diferencia de los bancos comerciales, que son empresas privadas cuyo objetivo principal es obtener beneficios, concentran sus esfuerzos en la consecución de objetivos públicos como el crecimiento económico, una baja inflación y un funcionamiento fluido de los mercados financieros.

"Lo siento, señor, pero no creo que nos conozca lo suficiente para llamarnos el Fed."

La *Federal Reserve Act* estableció un sistema de 12 bancos regionales de la Reserva Federal, asociado cada uno a una zona geográfica llamada distrito de la Reserva Federal. El Congreso confiaba en que el establecimiento de bancos de la Reserva Federal en todo el país garantizaría la representación de las diferentes regiones en el proceso de elaboración de la política económica nacional. En realidad, los Fed regionales evalúan periódicamente la situación económica de su distrito y transmiten esta información a los responsables de la política económica de Washington. Los bancos regionales de la Reserva Federal también prestan a los bancos comerciales de su distrito diversos servicios, como la compensación de cheques.

El Sistema de la Reserva Federal es dirigido a escala nacional por su **Junta de Gobernadores.** Ésta, junto con un gran equipo de profesionales, se encuentra situada en Washington, D. C. Está formada por siete gobernadores, nombrados por el Presidente de Estados Unidos y confirmados por el Senado para un mandato de 14 años. Los mandatos están escalonados de manera que cada dos años se renueve un gobernador. El Presidente también nombra a uno de sus miembros presidente de la Junta de Gobernadores para un mandato de cuatro años. El presidente del Fed probablemente sea, junto con el Secretario del Tesoro, una de las autoridades económicas más poderosas en la administración de Estados Unidos, después del Presidente del país. Los presidentes recientes, como Paul Volcker y Alan Greenspan, han sido personas muy respetadas e influyentes.

Junta de Gobernadores formada por siete gobernadores nombrados por el Presidente para un mandato escalonado de 14 años, dirige el Fed

Las decisiones sobre la política monetaria son tomadas por un comité de 12 miembros llamado **Comité Federal de Mercado Abierto** (o **FOMC**). El FOMC está formado por siete gobernadores del Fed, el presidente del Banco de la Reserva Federal de Nueva York y cuatro de los presidentes de los demás bancos regionales de la Reserva Federal por rotación. El FOMC se reúne alrededor de ocho veces al año para pasar revista a la situación de la economía y decidir la política monetaria.

Comité Federal de Mercado Abierto (o FOMC) comité que toma decisiones sobre la política monetaria

EL CONTROL DE LA OFERTA MONETARIA MEDIANTE OPERACIONES DE MERCADO ABIERTO

La principal responsabilidad del banco central es elaborar la política monetaria, lo cual significa tomar decisiones sobre la oferta monetaria del país. Como hemos visto en el apartado anterior, los bancos centrales no controlan directamente la oferta monetaria, pero pueden controlarla indirectamente por medio de diversos métodos. En este capítulo analizamos el más importante, llamado *operaciones de mercado abierto*. En el Capítulo 27, analizamos otros dos: los préstamos en la ventanilla de descuento y la modificación de las reservas obligatorias.

Supongamos que el banco central quiere incrementar las reservas bancarias con el objetivo último de aumentar los depósitos bancarios y la oferta monetaria. Para lograrlo, compra al público activos financieros, normalmente bonos del Estado. Un bono es un trozo de papel que representa un préstamo. La gente compra bonos cuando hace préstamos al Estado. A cambio, normalmente recibe periódicamente intereses del Estado hasta que éste devuelve el préstamo. Los bonistas pueden decidir conservar el bono hasta recuperar el préstamo o puede venderlo[3].

Para simplificar algo el procedimiento real, imaginemos que el banco central compra bonos que el público compró al Estado y le paga con dinero recién impreso. Suponiendo que el público ya tiene todo el efectivo que desea, depositará en bancos comerciales el que recibe en pago por sus bonos. Por lo tanto, las reservas del sistema bancario comercial aumentarán en una cuantía igual al valor de los bonos comprados por el banco central. El aumento de las reservas bancarias provocará, a su vez, a través del proceso de préstamos y redepósito de los fondos descrito en el apartado anterior, una expansión de los depósitos bancarios y de la oferta monetaria, como resume la Ecuación 23.2. La compra de bonos del Estado al público por parte del banco central, que provoca un aumento de las reservas bancarias y de la oferta monetaria, se denomina **compra de mercado abierto.**

compra de mercado abierto compra de bonos del Estado al público por parte del banco central con el fin de aumentar la oferta de reservas bancarias y la oferta monetaria

Para reducir las reservas bancarias y, por lo tanto, la oferta monetaria, el banco central invierte el procedimiento. Vende al público algunos de los bonos del Estado que posee (adquiridos en las compras anteriores de mercado abierto). Supongamos que el público paga los bonos extendiendo cheques contra las cuentas que tiene abiertas en los bancos comerciales. En ese caso, cuando el banco central presenta los

[3] Para una descripción más completa de los bonos, véase el siguiente capítulo.

venta de mercado abierto venta de bonos del Estado al público por parte del banco central con el fin de reducir las reservas bancarias y la oferta monetaria

operaciones de mercado abierto compraventa de mercado abierto

cheques al cobro en los bancos comerciales, se transfieren de los bancos comerciales al banco central unas reservas iguales en valor a los bonos del Estado vendidos por el banco central. Éste retira estas reservas de la circulación, reduciendo la oferta de reservas bancarias y, por lo tanto, la oferta monetaria total. La venta de bonos del Estado al público por parte del banco central con el fin de reducir las reservas bancarias y, por lo tanto, la oferta monetaria, se denomina **venta de mercado abierto.** Las compraventas de mercado abierto se denominan **operaciones de mercado abierto.** Son el instrumento más cómodo y flexible que tiene el banco central para influir en la oferta monetaria y se utilizan periódicamente.

EJEMPLO 23.3

Aumentar la oferta monetaria por medio de operaciones de mercado abierto

En una economía, el efectivo en manos del público es igual a 1.000 shequels, las reservas bancarias son de 200 shequels y el coeficiente deseado de reservas es de 0,2. ¿Cuál es la oferta monetaria? ¿Cómo varía si el banco central imprime 100 shequels y utiliza este nuevo efectivo para comprar bonos del Estado al público? Suponga que éste no quiere cambiar la cantidad de efectivo que tiene.

Como las reservas bancarias son de 200 shequels y el coeficiente de reservas es de 0,2, los depósitos bancarios deben ser iguales a 200 shequels/0,2, o sea, 1.000 shequels. La oferta monetaria, igual a la suma del efectivo en manos del público y los depósitos bancarios, es, pues, de 2.000 shequels, resultado que podemos confirmar utilizando la Ecuación 23.2.

La compra de mercado abierto pone 100 shequels más en manos del público. Suponemos que éste continúa queriendo tener 1.000 shequels en efectivo, por lo que deposita los 100 shequels adicionales en el sistema bancario comercial, elevando las reservas bancarias de 200 shequels a 300. Como el coeficiente deseado de reservas es de 0,2, las múltiples rondas de préstamos y redepósitos acaban elevando el nivel de depósitos bancarios a 300 shequels/0,2, esto es, 1.500 shequels. La oferta monetaria, igual a 1.000 shequels en manos del público más unos depósitos bancarios de 1.500 shequels, es igual a 2.500 shequels. Por lo tanto, la compra de mercado abierto de 100 shequels, al aumentar 100 shequels las reservas bancarias, ha aumentado 500 shequels la oferta monetaria. Una vez más, podemos confirmar este resultado utilizando la Ecuación 23.2.

EJERCICIO 23.3

Continuando con el Ejemplo 23.3, supongamos que el banco central, en lugar de realizar una compra de mercado abierto de 100 shequels, realiza una venta de mercado abierto de bonos del Estado por valor de 50 shequels. ¿Qué ocurre con las reservas bancarias, con los depósitos bancarios y con la oferta monetaria?

EL PAPEL DEL BANCO CENTRAL EN LA ESTABILIZACIÓN DE LOS MERCADOS FINANCIEROS: LOS PÁNICOS BANCARIOS

Además de controlar la oferta monetaria, el banco central también es responsable (junto con otros organismos públicos) de garantizar el funcionamiento fluido de los mercados financieros. De hecho, el Fed se creó en 1913 en respuesta a una serie de crisis de los mercados financieros que perturbaron tanto los propios mercados como la economía de Estados Unidos en su conjunto. El Congreso confiaba en que el Fed sería capaz de eliminar o, al menos, controlar esas crisis.

pánico bancario episodio en el que los depositantes, impulsados por las noticias o el rumor de la inminente quiebra de uno o más bancos, se apresuran a retirar sus depósitos del sistema bancario

Históricamente, en Estados Unidos los *pánicos bancarios* han sido quizá el tipo más perturbador de crisis financiera recurrente. En un **pánico bancario**, las noticias o los rumores de la inminente quiebra de uno o más bancos llevan a los depositantes a apresurarse a sacar sus fondos. A continuación analizamos los pánicos bancarios y los intentos del Fed de controlarlos.

¿Por qué se producen los pánicos bancarios? Un importante factor que contribuye a la aparición de un pánico bancario es la existencia del sistema bancario de reservas fraccionarias. En un sistema de este tipo, como el de Estados Unidos y de todos los demás países industrializados, las reservas bancarias son menores que los depósitos, lo cual significa que los bancos no tienen a mano suficiente efectivo para pagar a sus depositantes si todos ellos deciden retirar sus depósitos. Normalmente no se plantea este problema, ya que todos los días sólo un pequeño porcentaje de los depositantes intenta retirar sus fondos. Pero si circula el rumor de que uno o más bancos tienen problemas financieros y pueden quebrar, los depositantes pueden dejarse llevar por el pánico y hacer cola para exigir su dinero. Como las reservas bancarias son menores que los depósitos, un pánico suficientemente grave puede llevar incluso a los bancos financieramente sanos a quedarse sin efectivo y obligarlos a declararse en quiebra y cerrar.

La Reserva Federal se creó en respuesta a un pánico bancario especialmente grave que se produjo en 1907. El Fed fue dotado de dos grandes instrumentos para tratar de prevenir o de atenuar los pánicos bancarios. En primer lugar, se le concedió la potestad de supervisar y regular los bancos. Se confiaba en que el público tendría mayor confianza en los bancos y, por lo tanto, sería menos propenso a dejarse llevar por el pánico, si sabía que el Fed vigilaba de cerca las actividades de los banqueros. En segundo lugar, se permitió al Fed conceder préstamos. La idea era que durante los pánicos los bancos pudieran pedir préstamos al Fed para pagar a los depositantes y evitar la necesidad de cerrar.

Entre 1914, año en que se creó el Fed, y 1930 no hubo ningún pánico bancario. Sin embargo, entre 1930 y 1933 Estados Unidos experimentó la serie peor y más prolongada de pánicos bancarios de su historia. Los historiadores económicos están de acuerdo en que la culpa de este pánico fue en gran parte del Fed, ya que no se dio cuenta de la gravedad del problema ni actuó decididamente para frenarlo.

EL OBSERVADOR ECONÓMICO 23.2

Los pánicos bancarios de 1930-1933 y la oferta monetaria

Los peores pánicos bancarios que ha sufrido Estados Unidos se produjeron durante las primeras fases de la Gran Depresión, es decir, entre 1930 y 1933. Durante este periodo, alrededor de un tercio de los bancos de Estados Unidos se vio obligado a cerrar. La quiebra casi total del sistema bancario fue probablemente una importante razón por la que la Depresión fue tan grave. Al haber muchos menos bancos, a principios de los años 30 era muy difícil para las pequeñas empresas y los consumidores obtener un crédito. Otra importante consecuencia de los pánicos bancarios fue una extraordinaria reducción de la oferta monetaria del país. ¿Por qué reducen los pánicos bancarios la oferta monetaria nacional?

Durante un pánico bancario, la gente teme mantener sus depósitos en un banco debido al riesgo de que éste quiebre y de perder su dinero (eso ocurría antes de que se introdujera el seguro federal de depósitos analizado más adelante). Durante el periodo 1930-1933, muchos depositantes retiraron su dinero de los bancos manteniendo efectivo en su lugar. Estas retiradas redujeron las reservas bancarias. Cada dólar adicional de efectivo en manos del público aumenta 1$ la oferta monetaria; pero cada dólar adicional de reservas bancarias se traduce en varios dólares de oferta monetaria, ya que en un sistema bancario de reservas fraccionarias cada dólar de reservas puede "respaldar" varios dólares de depósitos bancarios. Por lo tanto, las retiradas de efectivo de los bancos por parte del público, que aumentaron sus tenencias de efectivo, pero redujeron las reservas bancarias en la misma cuantía, provocaron una reducción neta de la oferta monetaria total (el efectivo más los depósitos).

Además, temiendo que se produjeran pánicos bancarios y que los depositantes retiraran sus fondos, los bancos aumentaron su coeficiente de reservas, lo cual redujo la cantidad de depósitos que podían respaldarse con cualquier nivel dado de reservas bancarias. Este cambio de los coeficientes también tendió a reducir la oferta monetaria.

La Tabla 23.8 muestra datos sobre las tenencias de efectivo por parte del público, el coeficiente de reservas, las reservas bancarias y la oferta monetaria de algunas fechas. Obsérvese el aumento que experimentaron durante este periodo la cantidad de efectivo en manos del público y el coeficiente de reservas, así como la disminución de las reservas bancarias registrada después de 1930. La última columna muestra que la oferta monetaria de Estados Unidos disminuyó alrededor de un tercio entre los meses de diciembre de 1929 y 1933.

TABLA 23.8

Datos estadísticos monetarios fundamentales de Estados Unidos, 1929-1933

	Efectivo en manos del público	Coeficiente de reservas	Reservas bancarias	Oferta monetaria
Diciembre de 1929	3,85	0,075	3,15	45,9
Diciembre de 1930	3,79	0,082	3,31	44,1
Diciembre de 1931	4,59	0,095	3,11	37,3
Diciembre de 1932	4,82	0,109	3,18	34,0
Diciembre de 1933	4,85	0,133	3,45	30,8

NOTA: Los datos sobre el efectivo, la base monetaria y la oferta monetaria están expresados en miles de millones de dólares.

FUENTE: Milton Friedman y Anna J. Schwartz, *A Monetary History of the United States*, 1863-1960, Princeton, N. J., Princeton University Press, 1963, Tabla A-1.

Utilizando la Ecuación 23.2, podemos ver que los aumentos de las tenencias de efectivo por parte del público y los aumentos del coeficiente de reservas tienden a reducir la oferta monetaria. Estos efectos fueron tan poderosos en 1930-1933 que la oferta monetaria del país, mostrada en la cuarta columna de la Tabla 23.8, cayó vertiginosamente, a pesar de que las tenencias de efectivo y las reservas bancarias, consideradas por separado, aumentaron en realidad durante el periodo.

EJERCICIO 23.4

Confirme mediante los datos de la Tabla 23.8 que la relación entre la oferta monetaria y sus determinantes es coherente con la Ecuación 23.2. ¿Habría disminuido la oferta monetaria en 1931-1933 si el público hubiera dejado de retirar sus depósitos después de diciembre de 1930 y el efectivo en manos del público hubiera permanecido en el nivel en el que se encontraba en diciembre de 1930?

EJERCICIO 23.5

Según la Tabla 23.8, la oferta monetaria de Estados Unidos cayó de 44.100 millones de dólares a 37.300 millones durante 1931. El Fed realizó durante 1931 compras de mercado abierto para reponer las reservas bancarias ante las retiradas de los depositantes. Halle (a) la cantidad de reservas que inyectó el Fed en la economía en 1931 y (b) la cantidad de reservas que tendría que haber inyectado para mantener la oferta monetaria en el nivel de 1930, suponiendo que el efectivo en manos del público y los coeficientes de reservas de cada año eran los que indica la tabla. ¿Por qué se ha criticado al Fed por ser demasiado tímido en 1931?

seguro de depósitos sistema en el que el Estado garantiza que los depositantes no perderán ningún dinero aunque quiebre el banco

Cuando el Fed no fue capaz de detener los pánicos bancarios de la década de 1930, las autoridades económicas decidieron buscar otras estrategias para controlarlos. En 1934, el Congreso instituyó un sistema de seguro de depósitos. En un sistema de **seguro de depósitos**, el Estado garantiza a los depositantes —concretamente, en

Estados Unidos actualmente garantiza los depósitos de menos de 100.000$— la recuperación de su dinero aunque el banco quiebre. Con el seguro de depósitos, desaparece el incentivo para retirar depósitos cuando circula el rumor de que el banco tiene problemas financieros, lo cual corta los pánicos de raíz. De hecho, desde la creación de este seguro, Estados Unidos no ha tenido ningún pánico bancario significativo.

Desgraciadamente, el seguro de depósitos no es una solución perfecta para resolver el problema de los pánicos bancarios. Un importante inconveniente es que cuando existe un seguro de depósitos, los depositantes saben que están protegidos, independientemente de lo que le ocurra a su banco, por lo que les da exactamente lo mismo que el banco esté haciendo o no préstamos prudentes. Eso puede llevar a los bancos o a otros intermediarios asegurados a comportarse temerariamente. Por ejemplo, durante la década de 1980 muchas sociedades de ahorro y crédito inmobiliario de Estados Unidos quebraron, debido en parte a sus temerarios préstamos e inversiones financieras. Estas sociedades tienen, al igual que los bancos, un seguro de depósitos, por lo que el Estado tuvo que pagar a sus depositantes todo el valor de sus depósitos, lo cual acabó costando a los contribuyentes estadounidenses cientos de miles de millones de dólares. Para tratar de impedir que eso ocurra, la Reserva Federal y otros reguladores examinan los bancos para asegurarse de que están concediendo préstamos prudentes.

EL DINERO Y LOS PRECIOS

Desde el punto de vista macroeconómico, una importante razón por la que es importante controlar la oferta monetaria es que *a largo plazo la cantidad de dinero en circulación en una economía y el nivel general de precios están estrechamente relacionados*. De hecho, casi nunca se oye decir que un país está experimentando una inflación alta y continua sin un crecimiento igualmente rápido de la cantidad de dinero en manos de los ciudadanos. La Figura 23.1 muestra la relación entre el crecimiento del dinero y la inflación en nueve países latinoamericanos durante el periodo 1995-2004. Aunque esta relación es algo vaga, los países que tienen una tasa más alta de crecimiento del dinero tienden claramente a tener una tasa más alta de inflación y esta relación se ha observado en otros países y otros periodos. El economista Milton Friedman resumió la relación entre la inflación y el dinero diciendo que "la inflación es siempre y en todo lugar un fenómeno monetario". Más adelante veremos que a corto plazo la inflación puede no deberse a un aumento de la oferta monetaria. Pero a largo plazo y especialmente en el caso de las inflaciones

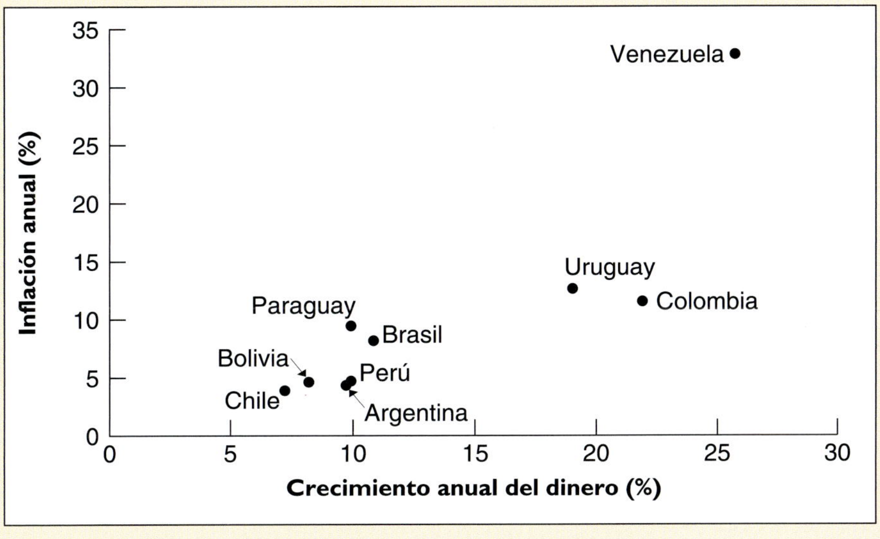

FUENTE: Fondo Monetario Internacional, *Internacional Financial Statistics*.

FIGURA 23.1
La inflación y el crecimiento del dinero en Latinoamérica, 1995-2004.
Los países latinoamericanos que tenían entre 1995 y 2004 unas tasas más altas de crecimiento de su oferta monetaria también tendían a tener unas tasas más altas de inflación (los datos de Paraguay terminan en 2003).

más graves, la afirmación de Friedman es ciertamente correcta: la tasa de inflación y la tasa de crecimiento de la oferta monetaria están estrechamente relacionadas.

La existencia de una estrecha relación entre la oferta monetaria y los precios debería tener sentido intuitivo. Imaginemos una situación en la que la oferta de bienes y servicios es más o menos fija. En ese caso, cuanto más dinero (por ejemplo, dólares) tenga la gente, más podrá presionar al alza sobre los precios de la oferta fija de bienes y servicios. Por lo tanto, una gran oferta monetaria en relación con la de bienes y servicios (demasiado dinero a la caza de demasiados pocos bienes) tiende a dar como resultado unos elevados precios. Asimismo, si la oferta monetaria *crece* rápidamente, los precios también *suben* a un rápido ritmo, es decir, hay inflación.

LA VELOCIDAD

velocidad medida del ritmo al que el dinero cambia de manos en las transacciones de bienes y servicios finales; en otras palabras, PIB nominal dividido por la cantidad de dinero. Numéricamente, $V = (P \times Y)/M$, donde V es la velocidad, $P \times Y$ es el PIB nominal y M es la oferta monetaria cuya velocidad se mide

Para analizar más detalladamente la relación entre el crecimiento del dinero y la inflación, es útil introducir el concepto de *velocidad*. En economía, **velocidad** es una medida del ritmo al que el dinero cambia de manos en las transacciones de bienes y servicios finales. Por ejemplo, un billete de dólar puede pasar de nuestras manos a las del tendero cuando compramos un litro de leche. Ese mismo dólar puede pasar entonces del tendero a un concesionario de automóviles cuando el tendero compra un automóvil y a continuación del concesionario a su médico a cambio de servicios médicos. Cuanto más deprisa circula el dinero de una persona a otra, más alta es su velocidad. En términos más formales, la velocidad es el número de veces al año que se utiliza el dólar representativo de la oferta monetaria para comprar bienes y servicios finales, de acuerdo con la fórmula siguiente:

$$\text{Velocidad} = \frac{\text{PIB nominal}}{\text{Cantidad de dinero}}.$$

Sea V la velocidad y M la cantidad de dinero examinada (por ejemplo, M1 o M2). El PIB nominal (que es una medida del valor total de las transacciones) es igual al nivel de precios, P, multiplicado por el PIB real (Y). Utilizando esta notación, podemos expresar la definición de la velocidad de la forma siguiente:

$$V = \frac{P \times Y}{M}. \tag{23.3}$$

Cuanto más alto es este cociente, más deprisa circula el dólar "representativo".

EJEMPLO 23.4

La velocidad del dinero en la economía de Estados Unidos

En Estados Unidos, M1 era de 1,3735 billones de dólares, M2 era de 6,4307 billones y el PIB nominal era de 11,7343 billones en 2004. Halle la velocidad de M1 y de M2 de ese año.

Utilizando la Ecuación 23.3, tenemos que la velocidad de M1 es

$$V = \frac{11{,}7343 \text{ billones de dólares}}{1{,}3735 \text{ billones de dólares}} = 8{,}54.$$

Asimismo, la velocidad de M2 es

$$V = \frac{11{,}7343 \text{ billones de dólares}}{6{,}4307 \text{ billones de dólares}} = 1{,}82.$$

Vemos que la velocidad de M1 es mayor que la de M2. Eso tiene sentido: como los componentes de M1, como el efectivo y las cuentas corrientes, se utilizan más a menudo para realizar transacciones, cada dólar de M1 cambia de manos más a menudo que el dólar medio de M2.

Son varios los factores que determinan la velocidad. Un destacado ejemplo son los avances de las tecnologías de pagos, como la introducción de las tarjetas de crédito y de débito o la creación de redes de cajeros automáticos. Estas nuevas tecnologías y métodos de pago han permitido a la gente realizar sus operaciones diarias y tener al mismo tiempo menos efectivo, por lo que han tendido a aumentar la velocidad del dinero con el paso del tiempo.

EL DINERO Y LA INFLACIÓN A LARGO PLAZO

Podemos utilizar la definición de velocidad para ver la relación entre el dinero y los precios a largo plazo. En primer lugar, formulamos de nuevo la definición de velocidad, la Ecuación 23.3, multiplicando los dos miembros de la ecuación por la cantidad de dinero M, tenemos que

$$M \times V = P \times Y . \qquad (23.4)$$

La Ecuación 23.4, que es una famosa relación en economía, se denomina por razones históricas *ecuación cuantitativa*. La **ecuación cuantitativa** establece que el dinero multiplicado por la velocidad es igual al PIB nominal. Como la ecuación cuantitativa es simplemente otra forma de expresar la definición de la velocidad, la Ecuación 23.3, siempre se cumple exactamente.

ecuación cuantitativa el dinero multiplicado por la velocidad es igual al PIB nominal, $M \times V = P \times Y$

La ecuación cuantitativa es históricamente importante porque los economistas monetarios de finales del siglo XIX y principios del XX, como Irving Fisher, profesor de la Universidad de Yale, utilizaron esta relación para teorizar sobre la relación entre el dinero y los precios. Podemos hacer lo mismo aquí. Para simplificar el análisis, imaginemos que la velocidad, V, es determinada por las tecnologías actuales de pago y, por lo tanto, se mantiene más o menos constante en el periodo examinado. Supongamos también que la producción real se mantiene más o menos constante. Si colocamos una barra encima de las variables para indicar que se mantienen constantes, podemos formular la ecuación cuantitativa de la forma siguiente:

$$M \times \bar{V} = P \times \bar{Y} . \qquad (23.5)$$

donde estamos considerando que $\bar{V}$ y $\bar{Y}$ son números fijos.

Examinemos ahora la Ecuación 23.5 e imaginemos que por alguna razón el banco central aumenta la oferta monetaria, M, un 10%. Como se supone que $\bar{V}$ e $\bar{Y}$ son fijos, la Ecuación 23.5 sólo puede continuar cumpliéndose si el nivel de precios, P, también sube un 10%. Es decir, según la ecuación cuantitativa, un aumento de la oferta monetaria, M, de un 10% debe provocar una subida del nivel de precios, P, de un 10%, es decir, una inflación de un 10%.

Esta conclusión se basa en una idea intuitiva que mencionamos al comienzo de este apartado. Si la cantidad de bienes y servicios, Y, se mantiene más o menos constante (y suponiendo que la velocidad, V, también es constante), un aumento de la oferta monetaria llevará a la gente a presionar a la alza sobre los precios de los bienes y servicios existentes. Por lo tanto, una elevada tasa de crecimiento del dinero tenderá a ir acompañada de una elevada tasa de inflación, que es exactamente lo que observamos en la Figura 23.1.

Si una elevada tasa de crecimiento del dinero provoca inflación, ¿por qué permiten los países que su oferta monetaria aumente rápidamente? En general, las tasas de crecimiento del dinero son rápidas cuando hay un elevado déficit presupuestario público. Los gobiernos a veces observan, especialmente en los países en vías de desarrollo o en los que están en guerra o sufren una inestabilidad política, que no pueden recaudar suficientes impuestos o pedir suficientes préstamos al público para cubrir el gasto público. En esta situación, su único recurso puede ser imprimir dinero y utilizarlo para pagar sus facturas. Si el aumento resultante de la cantidad de dinero en circulación es suficientemente grande, el resultado es una inflación.

RECAPITULACIÓN	EL DINERO Y LOS PRECIOS

- Una elevada tasa de crecimiento del dinero normalmente genera inflación. Cuanto mayor es la cantidad de dinero en circulación, más presiona el público al alza sobre los precios de los bienes y los servicios existentes.
- La *velocidad* mide el ritmo al que circula el dinero en el pago de bienes y servicios finales; en otras palabras, es igual al PIB nominal dividido por la cantidad de dinero. La velocidad puede hallarse por medio de la ecuación $V = (P \times Y)/M$, donde V es la velocidad, $P \times Y$ es el PIB nominal y M es la oferta monetaria.
- La *ecuación cuantitativa* establece que el dinero multiplicado por la velocidad es igual al PIB nominal o, en símbolos, $M \times V = P \times Y$. La ecuación cuantitativa es una reformulación de la definición de velocidad, por lo que siempre se cumple. Si la velocidad y la producción se mantienen más o menos constantes, la ecuación cuantitativa implica que un aumento porcentual dado de la oferta monetaria provoca el mismo aumento porcentual del nivel de precios. En otras palabras, la tasa de crecimiento de la oferta monetaria es igual a la tasa de inflación.

RECUADRO 23.1: CÁLCULO APROXIMADO DE LA VARIACIÓN PORCENTUAL DE UN PRODUCTO

En la Ecuación 23.5 hemos supuesto que V e Y se mantienen constantes y hemos mostrado que la variación porcentual de M es en ese caso igual a la tasa de inflación, que es la variación porcentual de P. Si V e Y no se mantienen constantes, se pueden hacer aún así algunas interesantes deducciones sobre la relación entre las variaciones de la cantidad de dinero y la inflación. Según la ecuación cuantitativa (Ecuación 23.4), $MV = PY$. Como esta relación siempre es cierta por definición, es una identidad. Por consiguiente, siempre que el primer miembro, MV, varía en una cuantía específica o en un porcentaje específico, el segundo, PY, debe variar en la misma cuantía o en el mismo porcentaje. Por lo tanto,

$$\text{variación porcentual de } MV = \text{variación porcentual de } PY. \qquad (23.6)$$

Los economistas a veces utilizan una sencilla aproximación para desagregar las variaciones porcentuales de la Ecuación 23.6. La variación porcentual del producto de dos (o más) variables es aproximadamente igual a la suma de las variaciones porcentuales de cada una de las variables, siempre que esas variaciones porcentuales sean relativamente pequeñas. Utilizando esta aproximación, podemos reformular la Ecuación 23.6 de la forma siguiente:

$$\text{variación porcentual de } M + \text{variación porcentual de } V \approx \text{variación porcentual de } P + \text{variación porcentual de } Y, \qquad (23.7)$$

donde el símbolo matemático ≈ significa "es aproximadamente igual a".

Supongamos, por ejemplo, que la oferta monetaria, M, crece un 4% al año, la velocidad V crece un 1% al año y el PIB real, Y, crece un 3% al año. Si introducimos estos valores en la Ecuación 23.7, obtenemos

$$4\% + 1\% \approx \text{variación porcentual de } P + 3\%.$$

Resolviendo, obtenemos la tasa aproximada de inflación:

$$\text{variación porcentual de } P \approx 4\% + 1\% - 3\% = 2\%.$$

De hecho, siempre que se conocen tres variaciones porcentuales cualesquiera de la Ecuación 23.7, ésta se puede utilizar para hallar la cuarta variación porcentual. Los economistas utilizan esta "regla de las variaciones porcentuales" en multitud de aplicaciones.

RESUMEN

- El *dinero* es cualquier activo que puede utilizarse para realizar compras, como el efectivo y los saldos de las cuentas corrientes. El dinero desempeña principalmente tres funciones: es un *medio de cambio*, lo cual significa que puede utilizarse para realizar transacciones. Es una *unidad de cuenta*, en el sentido de que los valores económicos normalmente se miden en unidades de dinero (por ejemplo, dólares). Y es un *depósito de valor*, un medio con el que la gente puede tener riqueza. En la práctica, es difícil medir la oferta monetaria, ya que muchos activos tienen características parecidas a las del dinero. Una medida relativamente estricta del dinero es M1, que comprende el efectivo y las cuentas corrientes. Una medida más amplia, M2, comprende todos los activos de M1 más otros que son algo menos cómodos para realizar transacciones que los que comprende M1.

- Como los depósitos bancarios forman parte de la oferta monetaria, la conducta de los bancos comerciales y de los depositantes afecta a la cantidad de dinero que hay en la economía. Un factor fundamental es el *coeficiente de reservas* elegido por los bancos. Las *reservas bancarias* son el efectivo o los activos similares que tienen los bancos comerciales, con el fin de satisfacer las retiradas de los depositantes y los pagos. El coeficiente de reservas es igual a las reservas bancarias divididas por los depósitos bancarios. Un sistema bancario en el que todos los depósitos se mantienen como reservas es un *sistema bancario de reservas del 100%*. Los sistemas bancarios modernos tienen coeficientes de reservas inferiores a un 100%, por lo que se denominan *sistemas bancarios de reservas fraccionarias*.

- Los bancos comerciales crean dinero a través de múltiples rondas de préstamos y aceptación de depósitos. Este proceso de préstamos y aumento de los depósitos llega a su fin cuando el coeficiente de reservas de los bancos es igual al nivel que éstos desean. En ese momento, los depósitos bancarios son iguales a las reservas bancarias divididas por el coeficiente deseado de reservas. La oferta monetaria es igual al efectivo en manos del público más los depósitos del sistema bancario.

- El banco central de Estados Unidos se denomina *Sistema de la Reserva Federal* o Fed para abreviar. Sus dos principales competencias son elaborar la política monetaria, lo cual significa decidir la cantidad de dinero que circulará en la economía, y supervisar y regular los mercados financieros, especialmente los bancos. Creado en 1914, es dirigido por la *Junta de Gobernadores* formada por siete gobernadores nombrados por el Presidente de Estados Unidos. Uno de estos siete gobernadores es nombrado presidente. El *Comité Federal de Mercado Abierto*, que se reúne alrededor de ocho veces al año para decidir la política monetaria, está formado por los siete gobernadores y cinco presidentes de los bancos regionales de la Reserva Federal.

- El banco central puede influir indirectamente en la oferta monetaria mediante varios métodos. El más importante de todos son las *operaciones de mercado abierto*, que consisten en la compraventa de títulos del Estado a cambio del efectivo en manos de los bancos o del público.

- Uno de los fines iniciales de la Reserva Federal era ayudar a eliminar o a controlar los pánicos bancarios. Un *pánico bancario* es un episodio en el que los depositantes, impulsados por las noticias o los rumores de inminente quiebra de uno o más bancos se apresuran a retirar sus depósitos del sistema bancario. Como los bancos no tienen suficientes reservas a mano para devolver a todos los depositantes su dinero, incluso un banco financieramente sano puede quedarse sin efectivo durante un pánico y verse obligado a cerrar. La Reserva Federal no fue capaz de contener los pánicos bancarios durante la Gran Depresión, lo cual provocó una enorme disminución de la oferta monetaria. La adopción de un sistema de *seguro de depósitos* en Estados Unidos eliminó los pánicos bancarios. Uno de los inconvenientes del seguro de depósitos es que si los bancos u otros intermediarios asegurados conceden préstamos fallidos o realizan inversiones financieras improductivas, los contribuyentes pueden ser responsables de cubrir las pérdidas.

- A largo plazo, la tasa de crecimiento de la oferta monetaria y la tasa de inflación están estrechamente relacionadas porque cuando la cantidad de dinero en circulación es mayor, la gente presiona al alza sobre los precios de los bienes y los servicios existentes. La *velocidad* mide el ritmo al que circula el dinero en las transacciones de bienes y servicios finales; en otras palabras, es igual al PIB nominal dividido por la cantidad de dinero. La velocidad se define por medio de la siguiente ecuación: $V = (P \times Y)/M$, donde V es la velocidad, $P \times Y$ es el PIB nominal y M es la oferta monetaria. La definición de la velocidad puede reformularse por medio de la *ecuación cuantitativa*, $M \times V = P \times Y$. La ecuación cuantitativa muestra que si la velocidad y la producción se mantienen constantes, un aumento porcentual dado de la oferta monetaria provoca el mismo aumento porcentual del nivel de precios.

TÉRMINOS CLAVE

PREGUNTAS DE REPASO

1. ¿Qué es el *dinero*? ¿Por qué tiene dinero la gente incluso aunque su rendimiento sea más bajo que el de otros activos financieros?
2. Suponga que el público deja de hacer la mayoría de sus compras con efectivo y recurre más a los cheques. Si el banco central no interviene, ¿qué ocurrirá con la oferta monetaria nacional? Explique su respuesta.
3. El banco central quiere reducir la oferta monetaria del país. Describa las distintas medidas que puede adoptar y explique cómo lograría cada una el objetivo del banco central.
4. ¿Qué es un *pánico bancario*? Antes de que se introdujera el seguro de depósitos, ¿por qué podían temer un pánico incluso los bancos que habían hecho préstamos prudentes?
5. Defina el término *velocidad*. ¿Cómo le ha afectado la introducción de nuevas tecnologías de pago, como los cajeros automáticos? Explique su respuesta.
6. Utilice la ecuación cuantitativa para explicar por qué el crecimiento del dinero y la inflación tienden a estar estrechamente relacionados.

PROBLEMAS

1. Durante la Segunda Guerra Mundial, un soldado aliado llamado Robert Radford pasó varios años en un enorme campo de concentración alemán. A veces había más de 50.000 presos en el campo y tenían una cierta libertad para moverse por los barracones. Radford relató más tarde sus experiencias. Contó que se desarrolló una economía, en la que los presos intercambiaban comida, ropa y otros artículos. También intercambiaban algunos servicios como el corte de pelo. Al carecer de papel-moneda, comenzaron a utilizar cigarrillos (suministrados mensualmente por la Cruz Roja) como dinero. Los precios se expresaban y los pagos se efectuaban en cigarrillos.
   a. ¿Cómo desempeñaban los cigarrillos las tres funciones del dinero en el campo de concentración de Radford?
   b. ¿Por qué cree usted que los presos utilizaban cigarrillos como dinero en lugar de otros artículos de valor como trozos de chocolate o pares de botas?
   c. ¿Cree usted que un preso que no fumara estaría dispuesto a aceptar cigarrillos a cambio de un bien o de un servicio en el campo de concentración de Radford? ¿Por qué sí o por qué no?
2. Obtenga datos recientes sobre M1, M2 y sus componentes (para una fuente de Internet, véase la Tabla 23.1). ¿En qué porcentaje han aumentado los dos agregados monetarios el año pasado? ¿Qué componentes de los dos agregados han aumentado más deprisa?
3. Realice de nuevo el ejemplo de Gorgonzola del texto (véanse las tablas 23.3 a 23.7), suponiendo que (a) inicialmente el banco central pone en circulación 5 millones de florines y (b) los bancos comerciales desean tener unas reservas del 20% de los depósitos. Suponga como en el texto que el público no tiene efectivo. Muestre el balance consolidado de los bancos comerciales de Gorgonzola tras los depósitos iniciales (compare con la Tabla 23.3), tras una ronda de préstamos (compare con la Tabla 23.4), tras la primera vez que vuelven a depositarse los florines (compare con la Tabla 23.5) y tras las dos rondas de préstamos y redepósitos (Tabla 23.6). ¿Cuáles son los valores finales de las reservas bancarias, los préstamos bancarios, los depósitos bancarios y la oferta monetaria?
4. a. Las reservas bancarias son iguales a 100, el público tiene 200 en efectivo y el coeficiente deseado de reservas es de 0,25. Halle los depósitos y la oferta monetaria.
   b. La oferta monetaria es igual a 500 y el efectivo en manos del público es igual a las reservas bancarias. El coeficiente deseado de reservas es de 0,25. Halle el efectivo en manos del público y las reservas bancarias.
   c. La oferta monetaria es igual a 1.250, de los cuales 250 son efectivo en manos del público. Las reservas bancarias son iguales a 100. Halle el coeficiente deseado de reservas.
5. Cuando un banco central aumenta 1$ las reservas bancarias, la oferta monetaria aumenta más de 1$. La cantidad de dinero adicional creada cuando el banco central aumenta 1$ las reservas bancarias se denomina multiplicador del dinero.
   a. Explique por qué el multiplicador del dinero generalmente es mayor que 1. ¿En qué caso especial sería igual a 1?
   b. La oferta monetaria inicial es de 1.000$, de los cuales 500$ son efectivo en manos del público. El coeficiente deseado de reservas es de 0,2. Halle el aumento de la oferta monetaria correspondiente a los aumentos de las reservas de 1$, 5$ y 10$. ¿Cuál es el multiplicador del dinero en esta economía?

c. Halle una regla general para calcular el multiplicador del dinero.
d. Suponga que el banco central quiere reducir el multiplicador del dinero, quizá porque cree que así podrá controlar con mayor precisión la oferta monetaria. ¿Qué medidas puede tomar para alcanzar este objetivo?

6. Vuelva a la Tabla 23.8. Suponga que el Fed hubiera decidido fijar la oferta monetaria de Estados Unidos en diciembre de 1932 y en diciembre de 1933 en el mismo valor que en diciembre de 1930. Suponiendo que los valores del efectivo en manos del público y el coeficiente deseado de reservas se hubieran mantenido en los valores indicados en la tabla, ¿cuánto más debería haber aumentado el Fed las reservas bancarias en cada una de esas fechas para lograr ese objetivo?

7. Suponga que el PIB real es de 8 billones de dólares, el PIB nominal es de 10 billones, M1 es de 2 billones y M2 es de 5 billones.
a. Halle la velocidad de M1 y de M2.
b. Muestre que la ecuación cuantitativa se cumple tanto en el caso de M1 como en el de M2.

8. He aquí los siguientes datos hipotéticos de 2007 y 2008:

	2007	**2008**
Oferta monetaria	1.000.0000	1.050
Velocidad	8,0	8,0
PIB real	12.000	12.000

a. Halle el nivel de precios de 2007 y 2008. ¿Cuál es la tasa de inflación entre los dos años?
b. ¿Cuál es la tasa de inflación entre 2007 y 2008 si la oferta monetaria es en 2008 de 1.100 en lugar de 1.050?
c. ¿Cuál es la tasa de inflación entre 2007 y 2008 si la oferta monetaria es en 2008 de 1.100 y la producción de 12.600?

RESPUESTAS A LOS EJERCICIOS

23.1 La Tabla 23.6 muestra el balance de los bancos tras dos rondas de préstamos y redepósitos. En ese momento, los depósitos son de 2.710.000 florines y las reservas de 1.000.000. Dado que los bancos tienen un coeficiente deseado de reservas del 10%, mantendrán 271.000 florines (un 10% de los depósitos) como reservas y prestarán los 729.000 restantes. Ahora se presta a los granjeros 2.439.000 florines. Finalmente, los 729.000 florines prestados a los granjeros volverán a depositarse en los bancos, por lo que éstos tendrán unos depósitos de 3.439.000 florines y unas reservas de 1.000.000. El balance es como el que muestra la tabla adjunta.

Activo		**Pasivo**	
Efectivo (= reservas)	1.000.000 florines	Depósitos	3.439.000 florines
Préstamos a los granjeros	2.439.000 florines		

Obsérvese que el activo es igual al pasivo. La oferta monetaria es igual a los depósitos, o sea, 3.439.000 florines. El efectivo en manos de los bancos como reservas no se contabiliza en la oferta monetaria.

23.2 Como el público no tiene efectivo, la oferta monetaria es igual a los depósitos bancarios, los cuales son iguales, a su vez, a las reservas bancarias divididas por el coeficiente de reservas (Ecuación 23.1). Si las reservas bancarias son de 1 millón y el coeficiente de reservas es de 0,05, los depósitos son iguales a 1.000.000/0,05 = 20.000.000 florines, lo cual también es la oferta monetaria. Si las reservas de los bancos son de 2 millones de florines y el coeficiente de reservas es de 0,10, la oferta monetaria y los depósitos son de nuevo iguales a 20 millones de florines, o sea, 2.000.000/0,10.

23.3 Si el banco central vende 50 shequels de bonos del Estado a cambio de efectivo, el efecto inmediato es una reducción de la cantidad de efectivo en manos del público de 50 shequels. Para que sus tenencias de efectivo vuelvan al nivel deseado de 1.000 shequels, el público retirará 50 shequels de los bancos comerciales, reduciendo las reservas bancarias de 200 shequels a 150. El coeficiente deseado de reservas es de 0,2, por lo que finalmente los depósitos deben ser iguales a 150 shequels en reservas divididos por 0,2, o sea, 750 shequels (obsérvese que para reducir los depósitos, los bancos comerciales tendrán que exigir la devolución de préstamos, reduciendo sus préstamos pendientes). La oferta monetaria es igual a 1.000 shequels en efectivo en manos del público más 750 en depósitos, es decir, 1.750. Por lo tanto, la compra de mercado abierto ha reducido la oferta monetaria de 2.000 shequels a 1.750.

23.4 Verifique directamente en cada fecha de la Tabla 23.8 que

$$\text{Oferta monetaria} = \text{Efectivo} + \frac{\text{Reservas bancarias}}{\text{Coeficiente deseado de reservas}}.$$

Por ejemplo, podemos comprobar que en diciembre de 1929, 45,9 = 3,85 + 3,15/0,075. Suponga que el efectivo en manos del público en diciembre de 1933 hubiera sido de 3,79, como en diciembre de 1930, en lugar de 4,85, y que la diferencia (4,85 – 3,79 = 1,06) se hubiera dejado en los bancos. En ese caso, en diciembre de 1933 las reservas bancarias habrían sido iguales a 3,45 + 1,06 = 4,51 y la oferta monetaria igual a 3,79 + 4,15/0,133 = 37,7. Por lo tanto, la oferta monetaria también habría disminuido entre 1930 y 1933 si la gente no hubiera aumentado sus tenencias de efectivo, pero sólo alrededor de la mitad.

23.5 Durante 1931, el efectivo en manos del público aumentó en 800 millones de dólares, pero las reservas bancarias sólo cayeron en conjunto en 200 millones. Por lo tanto, el Fed debería haber repuesto 600 millones de reservas perdidas durante el año por medio de compras de mercado abierto.
A finales de 1931, las tenencias de efectivo eran de 4.590 millones de dólares. Para mantener la oferta monetaria en el valor de diciembre de 1930 de 44.100 millones, el Fed tendría que haber garantizado que los depósitos bancarios eran de 44.100 millones – 4.590 millones, o sea, 39.510 millones. Como en 1931 el coeficiente de reservas era de 0,095, habrían sido necesarias unas reservas bancarias de 0,095 x 39.510 millones, o sea, 3.750 millones, en comparación con el valor efectivo de 3.110 millones de diciembre de 1931. Por lo tanto, para impedir que disminuyera la oferta monetaria, el Fed tendría que haber aumentado las reservas bancarias en 640 millones más de lo que las aumentó. El Fed ha sido criticado por aumentar las reservas bancarias solamente alrededor de la mitad de lo necesario para impedir que disminuyera la oferta monetaria.

CAPÍTULO

24

LOS MERCADOS FINANCIEROS Y LOS MOVIMIENTOS INTERNACIONALES DE CAPITALES

En un anuncio reciente de televisión de una empresa de comercio electrónico se veía a un empleado de oficina, llamémoslo Ed, sentado delante de su ordenador. En lugar de trabajar, estaba comprobando los precios de las acciones que había comprado por Internet. De repente abría los ojos de par en par al ver en la pantalla del ordenador un gráfico que mostraba que el precio de sus acciones salía disparado como un cohete. Pegaba un grito y se dirigía a la oficina de su jefe, le soltaba unos cuantos insultos bien dichos y dejaba su trabajo. Desgraciadamente, cuando volvía a su mesa de trabajo para recoger sus pertenencias, veía en la pantalla que el precio de sus acciones había bajado tan deprisa como había subido. Lo último que se sabía de Ed eran sus vanos intentos de convencer a su jefe de que lo que le había dicho no era más que una broma.

La historia de Ed no es una mala metáfora de la conducta de los mercados financieros de Estados Unidos en los primeros años del milenio. La década de los noventa fue en Estados Unidos un periodo de expansión, que se caracterizó por un elevado crecimiento económico, unas bajas tasas de desempleo sin precedentes y una inflación casi nula. Esta prosperidad se reflejó en el espectacular comportamiento del mercado de valores. En 1999, el índice Dow Jones, conocido indicador de las cotizaciones bursátiles, alcanzó por primera vez los 10.000 puntos y después los 11.000, casi el triple del valor registrado cinco años antes. Los precios de las acciones de las nuevas empresas, especialmente de las compañías de alta tecnología y de Internet, subieron hasta niveles increíbles, convirtiendo en multimillonarios a algunos empresarios que aún no habían cumplido los 30 años. La subida de los

¿Habrían gastado los inversores 5.300 millones de dólares en la construcción de la central nuclear de Shoreham si hubieran sabido que las autoridades nunca iban a declarar que era totalmente segura para ponerla en funcionamiento?

precios de las acciones no sólo benefició a las personas muy ricas o las que estaban vinculadas con el mundo de la informática. La propiedad de acciones de la población en general —incluida tanto la propiedad directa como la indirecta a través de los fondos de inversión y de los planes de pensiones— alcanzó niveles sin precedentes. Sin embargo, el alza de la bolsa no duró mucho. Las empresas de alta tecnología no produjeron los beneficios que esperaban los inversores y los precios de las acciones comenzaron a bajar. Las acciones de muchas nuevas empresas perdieron casi todo su valor e incluso las de las empresas consolidadas cayeron un tercio o más.

Durante los periodos como en los noventa, la gente a menudo comienza a pensar que el mercado de valores es un lugar para especular y quizá para hacerse rico. Algunas personas sí se hacen ricas en la bolsa, pero otras, como Ed, y muchas personas que han invertido en acciones en los últimos años, lo pierden todo. Sin embargo, el mercado de valores, al igual que otros mercados financieros, desempeña un papel fundamental en la economía que no desempeñan los casinos. Ese papel consiste en conseguir que el ahorro nacional se destine a los fines más productivos.

En el Capítulo 22 analizamos la importancia del ahorro nacional. En la mayoría de las circunstancias, una elevada tasa de ahorro nacional permite que la tasa de formación bruta de capital fijo sea alta, lo cual tanto según la lógica como la experiencia económicas, tiende a elevar la productividad del trabajo y el nivel de vida. Sin embargo, la creación de nuevo capital no *garantiza* una economía más rica y productiva. La historia está llena de ejemplos de "elefantes blancos", es decir, de proyectos de capital en los que se invirtieron millones e incluso miles de millones de dólares y se obtuvo un escaso beneficio económico: centrales de energía nuclear que nunca se abrieron, grandes presas cuyo principal efecto fue desviar el suministro de agua y perturbar la agricultura local, nuevas tecnologías que simplemente no funcionaron como se preveía.

Una economía saludable no sólo ahorra lo suficiente sino que también invierte esos ahorros de una forma productiva. En las economías de mercado, el papel del sistema financiero —los bancos, los mercados de valores, los mercados de bonos y otros mercados e instituciones financieros— es encauzar el ahorro de la sociedad hacia las mejores inversiones de capital posibles. Por este motivo, muchos economistas han afirmado que el desarrollo de mercados financieros que funcionen bien es una condición previa fundamental para conseguir un continuo crecimiento económico. En la primera parte de este capítulo analizamos algunos importantes mercados e instituciones financieros y el papel que desempeñan en la canalización del ahorro hacia las inversiones productivas.

Muchas de las personas que compraron acciones de empresas estadounidenses durante los cambiantes años de finales de la década de los noventa y principios de 2000 eran extranjeros que buscaban oportunidades de inversión en Estados Unidos. En términos generales, en el mundo moderno el ahorro a menudo traspasa las fronteras nacionales, cuando los ahorradores compran activos financieros en otros países y los prestatarios buscan fuentes de financiación en el extranjero. Los movimientos de fondos entre los prestamistas y los prestatarios que se encuentran en países distintos se denominan *movimientos internacionales de capitales*. En la segunda parte de este capítulo analizamos el aspecto internacional del ahorro y la formación bruta de capital fijo. Como veremos, en muchos países el ahorro extranjero constituye un importante complemento del ahorro interior para financiar la formación de nuevo capital.

EL SISTEMA FINANCIERO Y LA ASIGNACIÓN DEL AHORRO A FINES PRODUCTIVOS

Hemos hecho hincapié en que para el crecimiento económico y para la productividad es importante que las tasas de ahorro y de formación de capital sean altas. Sin embargo, eso no basta. Un buen ejemplo es la antigua Unión Soviética, que tenía elevadísimas tasas de ahorro y de inversión, pero a menudo utilizaba sus recursos de una manera muy ineficiente, por ejemplo, para construir fábricas enormes pero mal diseñadas que producían bienes inferiores con un elevado coste. Una economía próspera no sólo ahorra sino que también utiliza sus ahorros de una forma sensata destinando estos reducidos fondos a los proyectos de inversión que parecen más productivos.

En la Unión Soviética, una burocracia centralizada asignaba el ahorro a los distintos fines. Como los burócratas moscovitas tenían relativamente poca información y como se dejaban influir por consideraciones no económicas como el favoritismo político, a menudo tomaban malas decisiones. En cambio, en las economías de mercado como las occidentales, el ahorro se asigna por medio de un sistema financiero basado en el mercado y descentralizado. El sistema financiero de los países industrializados está formado tanto por instituciones financieras, como los bancos, los mercados financieros, como los mercados de bonos y de acciones.

El sistema financiero de los países industrializados mejora la asignación del ahorro al menos de dos formas claras. En primer lugar, suministra *información* a los ahorradores sobre cuáles de los muchos fines a los que pueden destinarse sus fondos tienen más probabilidades de ser más productivos y generar, pues, el rendimiento más alto. Evaluando la productividad potencial de las distintas inversiones de capital, ayuda a encauzar el ahorro hacia las inversiones más rentables. En segundo lugar, los mercados financieros ayudan a los ahorradores a *repartir los riesgos* de sus proyectos de inversión. De esa forma impiden que cada ahorrador corra excesivos riesgos, al tiempo que permiten destinar el ahorro a proyectos, como el desarrollo de nueva tecnología, que son arriesgados, pero que también pueden ser muy productivos.

En este apartado analizamos brevemente tres componentes fundamentales del sistema financiero, el sistema bancario, el mercado de bonos y el mercado de valores, extendiéndonos al mismo tiempo sobre el papel que desempeña el sistema financiero en su conjunto como fuente de información sobre los proyectos de inversión y de ayuda a los ahorradores para repartir los riesgos de los préstamos.

EL SISTEMA BANCARIO

Como señalamos en el capítulo anterior, el sistema bancario está formado por miles de bancos comerciales que aceptan depósitos de los individuos y de las empresas y los utilizan para conceder préstamos. Los bancos son el ejemplo más importante de una clase de instituciones llamadas **intermediarios financieros**, que son empresas que hacen préstamos utilizando los fondos de los ahorradores. Otros ejemplos son las cajas de ahorro y las cooperativas de crédito. En México también existen Instituciones Microfinancieras y Organismos Intermediarios que se encargan de otorgar créditos a grupos específicos de la población.

intermediarios financieros empresas que conceden préstamos a los prestatarios utilizando fondos de los ahorradores

¿Por qué son necesarios los intermediarios financieros, como los bancos, que "se encuentran entre" los ahorradores y los inversores? ¿Por qué no se limitan los ahorradores a prestar directamente a los prestatarios que quieren invertir en nuevos proyectos de capital? Principalmente porque los bancos y otros intermediarios adquieren por medio de la especialización una *ventaja comparativa* en la evaluación de la calidad de los prestatarios: la función de recogida de información a la que nos hemos referido hace un momento. La mayoría de los ahorradores, especialmente los pequeños, no tienen el tiempo o la información que se necesita para saber por sí solos qué prestatarios utilizarán probablemente de la manera más productiva posible los fondos que reciben. En cambio, los bancos y otros intermediarios han adquirido experiencia en la realización de las actividades de recogida de la información necesarias para conceder préstamos rentables, entre las que se encuentran comprobar el historial de los prestatarios, averiguar si sus planes empresariales tienen sentido y controlar sus actividades durante la vida del préstamo. Como los bancos se especializan en la evaluación de los posibles prestatarios, pueden realizar esta función con un coste mucho menor y con mejores resultados que los ahorradores por su cuenta. Los bancos también reducen los costes de la recogida de información sobre los posibles prestatarios reuniendo los ahorros de muchas personas para conceder grandes préstamos. Cada uno de estos grandes préstamos sólo tiene que ser evaluado una vez por el banco y no por separado por cada uno de los cientos de individuos cuyos ahorros se reúnen para conceder el préstamo.

Los bancos ayudan a los ahorradores eliminando su necesidad de recoger información sobre los posibles prestatarios y destinando sus ahorros a las inversiones más productivas y más rentables. Los bancos también ayudan a los prestatarios, facilitando el acceso a un crédito al que, de lo contrario, podrían no acceder. La pequeña empresa que quiere comprar una fotocopiadora o remodelar sus oficinas

"Vamos, circulen. Estoy seguro de que todos ustedes han visto alguna vez a una persona a la que le han concedido un préstamo."

tiene pocas opciones que no sean ir a un banco, a diferencia de las empresas de la lista de *Fortune 500,* que normalmente tienen muchas formas de conseguir fondos. Como el personal de los bancos que concede los préstamos ha adquirido experiencia en la evaluación de los préstamos a pequeñas empresas y es posible incluso que mantenga relación con sus propietarios, los bancos pueden recoger la información que necesitan para conceder el préstamo con un coste razonable. Asimismo, los consumidores que quieren pedir un préstamo, por ejemplo, para reformar su vivienda encontrarán pocas alternativas buenas al banco. En suma, la experiencia de los bancos en la recogida de información sobre las distintas oportunidades de conceder préstamos les permite reunir a pequeños ahorradores que buscan un buen destino para sus fondos y a los pequeños prestatarios que tienen proyectos de inversión que merecen la pena.

Pero la gente no sólo tiene depósitos bancarios para poder obtener un rendimiento por los ahorros, sino también para efectuar los pagos con mayor facilidad. La mayoría de los depósitos bancarios permiten a su titular firmar cheques contra ellos o retirar dinero utilizando una tarjeta de débito o un cajero automático. Hay muchas transacciones en las que es más cómodo pagar con un cheque o con una tarjeta de débito que con dinero en efectivo. Por ejemplo, es más seguro mandar un cheque por correo que dinero en efectivo y, además, de esa manera queda un registro de la transacción, cosa que no ocurre cuando se paga en efectivo. Ya analizamos en el capítulo anterior el papel de los bancos en la creación de dinero.

EL OBSERVADOR ECONÓMICO 24.1

¿Cómo afectó a la economía japonesa la crisis bancaria que sufrió Japón en los años 90?

En Japón, los precios de la propiedad inmobiliaria y de las acciones se dispararon durante la década de los ochenta. Los bancos japoneses concedieron muchos préstamos a los promotores inmobiliarios y adquirieron acciones en empresas (en Japón, a diferencia de Estados Unidos, la ley permite a los bancos comerciales poseer acciones). Sin embargo, a principios de los años noventa los precios del suelo se hundieron, por lo que muchos prestatarios no devolvieron los préstamos a los bancos. Los precios de las acciones también cayeron vertiginosamente, reduciendo el valor de las tenencias de acciones de los bancos. Como consecuencia, la mayoría de los bancos japoneses se encontraron con graves problemas financieros y muchos estuvieron al borde de la quiebra. ¿Qué consecuencias tuvo para la economía japonesa esta crisis, que duró más de una década?

A diferencia de lo que ocurre en Estados Unidos, que tiene mercados más desarrollados de acciones y de bonos, tradicionalmente Japón ha recurrido mucho a los bancos para asignar su ahorro, por lo que, cuando los graves problemas financieros de los bancos les impidieron funcionar normalmente, a muchos prestatarios les resultó excepcionalmente difícil conseguir créditos, situación que se conoce con el nombre de "escasez de crédito". Los prestatarios más pequeños, como las pequeñas y medianas empresas, habían dependido hasta entonces especialmente de los bancos para conseguir préstamos, por lo que fueron los que más sufrieron.

La economía japonesa, tras muchos años de elevado crecimiento, sufrió una grave recesión durante toda la década de los noventa. Fueron muchos los factores que contribuyeron a esta brusca recesión. Sin embargo, la quiebra casi total del sistema bancario no ayudó, desde luego, a mejorar la situación, ya que la escasez de crédito redujo las posibilidades de las pequeñas empresas de realizar inversiones de capital y, en algunos casos, de comprar materias primas y pagar a los trabajadores. El gobierno japonés reconoció el problema, pero tardó mucho en responder debido en gran parte a su renuencia a asumir los elevados costes de sanear los bancos. En los últimos años, la salud del sistema bancario japonés parece que ha mejorado significativamente, aunque sigue habiendo problemas y la economía japonesa no ha vuelto a tener una elevada tasa de crecimiento.

BONOS Y ACCIONES

Las sociedades anónimas grandes y sólidas que desean obtener fondos para invertir a veces acuden a los bancos. Sin embargo, estas empresas, a diferencia del pequeño prestatario representativo, tienen otras vías para conseguir fondos, especialmente el mercado de bonos de empresa y el mercado de acciones. Primero examinaremos algunos de los mecanismos de los bonos y de las acciones y después volveremos al papel que desempeñan los mercados de bonos y de acciones en la asignación del ahorro.

Los bonos Un **bono** es una promesa legal de que se devolverá una deuda. Esta devolución normalmente consta de dos partes. En primer lugar, se devuelve el **principal,** que es la cantidad prestada originalmente, en una fecha específica, llamada **fecha de vencimiento.** En segundo lugar, el titular del bono, llamado *bonista,* recibe intereses periódicamente, llamados **pagos del cupón,** hasta la fecha de vencimiento del bono. Por ejemplo, un bono puede tener un principal de 1.000$ pagaderos el 1 de enero de 2025 y unos pagos del cupón de 50$. Estos pagos del cupón también son iguales al principal multiplicado por el **tipo de interés anual según cupón,** que es el tipo prometido cuando se emite el bono (por lo tanto, el tipo según cupón también es igual al pago anual del cupón dividido por el principal). En el ejemplo del texto, el principal es de 1.000$ y el tipo según cupón es del 5%, por lo que el pago anual del cupón es de (0,05)(1.000$), es decir, 50$.

bono promesa legal de que se devolverá una deuda, que normalmente comprende tanto el principal como los pagos periódicos de intereses o cupón

principal cantidad prestada originalmente

fecha de vencimiento fecha en que se devuelve el principal

pagos del cupón pagos de intereses efectuados periódicamente al bonista

tipo de interés según cupón tipo de interés prometido cuando se emite un bono; los pagos anuales del cupón son iguales al tipo según cupón multiplicados por el principal del bono

Las sociedades anónimas y el Estado obtienen fondos frecuentemente emitiendo bonos y vendiéndolos a los ahorradores. El tipo según cupón que un bono recién emitido tiene que prometer para que resulte atractivo a los ahorradores depende de algunos factores, entre los que se encuentran el plazo del bono, su riesgo crediticio y su tratamiento fiscal. El *plazo* de un bono es el tiempo que transcurre hasta que vence el bono, que puede ir desde 30 días hasta 30 años o más. Los tipos según cupón anuales de los bonos a largo plazo (30 años) generalmente son más altos que los de los bonos a corto plazo (1 año) porque los prestamistas exigen un tipo según cupón más alto (y, por lo tanto, unos pagos anuales del cupón más altos) para prestar a más largo plazo. El *riesgo crediticio* es el riesgo de que el prestatario quiebre y, por lo tanto, no devuelva el préstamo. Un prestatario que se considera arriesgado tiene que pagar un tipo de interés más alto para compensar a los prestamistas por el riesgo que corren de perder su inversión financiera en parte o en su totalidad. Por ejemplo, los llamados bonos de alto rendimiento, que se conocen en términos menos formales con el nombre de "bonos basura", son bonos emitidos por empresas que las agencias de calificación del crédito consideran arriesgadas; los tipos de interés de estos bonos son más altos que los tipos de los bonos que emiten empresas que se consideran menos arriesgadas.

Los bonos también se diferencian por su *tratamiento fiscal*. Por ejemplo, en Estados Unidos los intereses pagados por los bonos emitidos por las administraciones locales, llamados *bonos municipales,* están exentos de los impuestos federales, mientras que los de otros tipos de bonos se consideran renta imponible. Como consecuencia de esta ventaja fiscal, los prestamistas están dispuestos a aceptar un tipo de interés más bajo en el caso de los bonos municipales.

Los bonistas no tienen que tener los bonos hasta que vencen. Siempre pueden venderlos en el *mercado de bonos,* que es un mercado organizado que gestionan operadores profesionales de bonos. El valor de mercado de un bono en un determinado momento del tiempo se denomina *precio* del bono. El precio de un bono puede ser mayor, menor o igual a su principal, dependiendo de la diferencia entre el tipo de interés vigente en los mercados financieros y el tipo de interés vigente en el momento en que se emitió el bono. El Ejemplo 24.1 muestra la existencia de una estrecha relación entre el precio de un bono en un determinado momento del tiempo y el tipo de interés vigente.

EJEMPLO 24.1

Los precios de los bonos y los tipos de interés

El 1 de enero de 2006 Tania compra un bono del Estado a 2 años recién emitido cuyo principal es de 1.000$ a un precio de 1.000$. El tipo según cupón del bono es del 5%, se paga anualmente y refleja los tipos de interés vigentes el 1 de enero de 2006. Por lo tanto, Tania, o quien posea en ese momento el bono, recibirá un pago del cupón de 50$ (un 5% de 1.000) el 1 de enero de 2007 y otro pago de 50$ el 1 de enero de 2008, momento en el que también recuperará el principal de 1.000$.

El 1 de enero de 2007, tras recibir el pago del primer año, Tania decide vender el bono para conseguir los fondos necesarios para irse de vacaciones. Pone el bono en venta en el mercado de bonos. El comprador del bono recibirá 1.050$ el 1 de enero de 2008, que representan el segundo pago del cupón de 50$ más la devolución del principal de 1.000$. ¿Cuánto puede esperar Tania que le den por su bono "usado"? La respuesta depende del tipo de interés vigente en el mercado de bonos cuando vende el bono el 1 de enero de 2007.

Supongamos primero que el 1 de enero de 2007, en que Tania lleva el bono al mercado de bonos, el tipo de interés vigente de los bonos a 1 año recién emitidos ha subido a un 6%. Por lo tanto, una persona que compre un bono a un año recién emitido el 1 de enero de 2007, con un tipo según cupón del 6% por 1.000$ recibirá 1.060$ el 1 de enero de 2008 (el principal de 1.000$ más un pago del cupón de 60$). ¿Estaría también dispuesta esa persona a pagar a Tania los 1.000$ que ella pagó por su bono? No. Obsérvese que el pago del cupón del bono "usado" de Tania no aumenta cuando suben los tipos de interés, sino que sigue siendo de 50$. Por consiguiente, el comprador del bono "usado" de Tania sólo recibirá 1.050$ el 1 de enero de 2008, cuando el bono venza. Para vender su bono "usado", Tania tendrá que bajar su precio a menos de 1.000$. Este ejemplo muestra que *los precios de los bonos y los tipos de interés están relacionados inversamente*. Cuando sube el tipo de interés que se paga por los bonos recién emitidos, los precios que los inversores financieros están dispuestos a pagar por los bonos existentes baja.

¿Cuánto tendría que bajar el precio del bono "usado" de Tania? Recuérdese que la persona que compra el bono a un año recién emitido el 1 de enero de 2007 por 1.000$ recibirá 1.060$ el 1 de enero de 2008. Esta ganancia de 60$ representa un rendimiento del 6% sobre el precio pagado. Esa persona sólo comprará el bono "usado" de Tania, si también obtiene un rendimiento del 6%. El precio del bono de Tania que permite al comprador obtener un rendimiento del 6% debe satisfacer la ecuación:

$$\text{Precio del bono} \times 1{,}06 = 1.050\$.$$

Resolviendo la ecuación para hallar el precio del bono, observamos que el bono de Tania se venderá por 1.050$/1,06; es decir, por algo menos de 991$. Para comprobar este resultado, obsérvese que el 1 de enero de 2008 el comprador del bono recibirá 1.050$, es decir, 59$ más de los que pagó el 1 de enero de 2007. Su tasa de rendimiento es de 59$/991$, es decir, del 6%, como esperaba.

¿Qué ocurriría si el tipo de interés vigente bajara al 4%? Cuando los tipos de interés vigentes bajan, los precios de los bonos suben. El precio del bono "usado" de Tania subiría hasta que también tuviera un rendimiento del 4%. En ese momento, el precio del bono de Tania satisfaría la relación:

$$\text{Precio del bono} \times 1{,}04 = 1.050\$.$$

lo que implica que el precio de su bono sería de 1.050$/1,04, es decir, de casi 1.010$. Por último, ¿qué ocurre si el tipo de interés vigente cuando Tania quiere vender es del 5%, es decir, el mismo que cuando compró inicialmente el bono? El lector debe demostrar que en este caso el bono se vendería a su precio inicial de 1.000$.

EJERCICIO 24.1

Se emiten bonos del Estado a tres años con un principal (llamado a veces *valor facial*) de 1.000$ y un tipo según cupón del 7%. Por lo tanto, el propietario recibirá tres pagos del cupón de (0,7)(1.000$) = 70$ al final de cada año. Un año antes de que venzan estos bonos, un periódico publica el siguiente titular, "Las malas noticias económicas provocan una caída de los precios de los bonos", y revela que el precio de estos bonos a 3 años ha caído a 960$. ¿Qué ha ocurrido con los tipos de interés vigentes? ¿Cuál es el tipo de interés a 1 año en el momento en que se publica este reportaje?

La emisión de bonos es uno de los medios con los que una sociedad anónima o el Estado puede obtener fondos de los ahorradores. Otro importante medio, pero que sólo pueden utilizar las sociedades anónimas, es la emisión de acciones al público.

Las acciones Una **acción** es un derecho a la propiedad parcial de una empresa. Por ejemplo, si una sociedad anónima tiene 1 millón de acciones en circulación, la propiedad de una acción equivale a la propiedad de una millonésima parte de la empresa. Los accionistas reciben rendimientos por su inversión financiera de dos formas. En primer lugar, reciben un pago periódico llamado **dividendo** por cada acción que poseen. Los dividendos son decididos por la dirección de la empresa y normalmente dependen de los beneficios obtenidos recientemente. En segundo lugar, los accionistas reciben rendimientos en forma de *ganancias de capital* cuando sube el precio de sus acciones (en el Capítulo 22 analizamos las ganancias y las pérdidas de capital).

acción derecho a la propiedad parcial de una empresa

dividendo pago periódico recibido por los accionistas por cada acción que poseen

Los precios de las acciones se determinan a través de las operaciones realizadas en la bolsa de valores, como la de Nueva York. Los precios de las acciones suben y bajan cuando varía su demanda. La demanda de acciones depende, a su vez, de factores como las noticias sobre las perspectivas de la empresa. Por ejemplo, el precio de las acciones de una empresa farmacéutica que anuncia el descubrimiento de un importante medicamento probablemente subirá tras el anuncio, aunque se tarde algún tiempo en producirlo y comercializarlo, ya que los inversores financieros esperan que la empresa sea más rentable en el futuro. El Ejemplo 24.2 muestra una ilustración numérica de algunos factores fundamentales que afectan a los precios de las acciones.

EJEMPLO 24.2

¿Cuánto debemos pagar por una acción de GalletadelaSuerte.com?

Se nos ha presentado la oportunidad de comprar acciones de una nueva empresa llamada GalletadelaSuerte.com, que planea vender galletas de la suerte de alta calidad por Internet. Nuestra agencia de valores estima que la empresa pagará un dividendo de 1$ por acción dentro de un año y que entonces el precio de mercado de la empresa será de 80$ por acción. Suponiendo que pensemos que las estimaciones de la agencia son exactas, ¿cuál es la cantidad máxima que deberíamos estar dispuestos a pagar hoy por cada acción de GalletadelaSuerte.com? ¿Cómo variaría nuestra respuesta, si esperáramos un dividendo de 5$? ¿Y si esperáramos un dividendo de 1$ pero un precio de las acciones de 84$ dentro de 1 año?

Basándonos en las estimaciones de la agencia, llegamos a la conclusión de que dentro de 1 año cada acción de GalletadelaSuerte.com que poseamos valdrá 81$ en nuestro bolsillo: el dividendo de 1$ más los 80$ que podríamos obtener revendiendo la acción. Averiguar el precio máximo que pagaríamos hoy por la acción se reduce, pues, a preguntarse cuánto invertiríamos hoy para tener 81$ dentro de un año. Para responder a esta pregunta es necesario, a su vez, una información más, que es la tasa esperada de rendimiento que exigimos para estar dispuestos a comprar acciones de esta empresa.

¿Cómo averiguaríamos la tasa de rendimiento que exigimos para tener acciones de GalletadelaSuerte.com? Imaginemos de momento que no nos preocupa demasiado el posible riesgo de las acciones, bien porque pensamos que son una "cosa segura", bien porque somos unos despreocupados y nos da lo mismo el riesgo. En ese caso, la tasa de rendimiento que exigimos para tener acciones de GalletadelaSuerte.com debe ser igual que la que podemos obtener en otras inversiones financieras, como los bonos del Estado. El rendimiento de otras inversiones financieras indica el *coste de oportunidad* de nuestros fondos. Así, por ejemplo, si el tipo de interés que se ofrece actualmente por los bonos del Estado es del 6%, debemos estar dispuestos a aceptar también un rendimiento del 6% por tener acciones de GalletadelaSuerte.com. En ese caso, el precio máximo que pagaríamos hoy por las acciones de esta empresa satisface la ecuación:

$$\text{Precio de la acción} \times 1{,}06 = 81\$.$$

Esta ecuación define el precio que deberíamos estar dispuestos a pagar por las acciones si estamos dispuestos a aceptar un rendimiento del 6% el próximo año. Resolviendo la ecuación, tenemos que precio de la acción = 81$/1,06 = 76,42$. Si compramos acciones de GalletadelaSuerte.com por 76,42$, el rendimiento que obtendremos a lo largo del año es igual a (81$ – 76,42$)/76,42$ = 4,58$/71,42$ = 6%, que es la tasa de rendimiento que exigimos para comprar las acciones.

Si se espera, por el contrario, que el dividendo sea de 5$, el beneficio total de tener las acciones dentro de un año, igual al dividendo esperado más el precio esperado, es 5$ + 80$, es decir, 85$. Suponiendo de nuevo que estamos dispuestos a aceptar un rendimiento del 6% por tener acciones de GalletadelaSuerte.com, el precio que estamos dispuestos a pagar hoy por las acciones satisface la relación precio de una acción × 1,06 = 85$. Resolviendo esta ecuación para hallar el precio de una acción, nos da el precio de una acción = 85$/1,06 = 80,19$. Comparando este caso con el anterior, vemos que un aumento del dividendo esperado en el futuro eleva el valor de la acción hoy. Esa es la razón por la que las buenas noticias sobre las futuras perspectivas de una empresa —como el anuncio de una compañía farmacéutica de que ha descubierto un medicamento útil— afectan inmediatamente al precio de sus acciones.

Si el futuro precio esperado de las acciones es de 84$ y el dividendo de 1$, el valor de tener las acciones dentro de 1 año es de nuevo de 85$ y el cálculo es idéntico al anterior. Una vez más, el precio que debemos estar dispuestos a pagar por cada acción es de 80,19$.

Estos ejemplos muestran que un aumento del futuro dividendo o del futuro precio esperado de las acciones eleva su precio hoy, mientras que un aumento del rendimiento que exige un ahorrador para tener las acciones reduce su precio hoy. Como esperamos que los rendimientos exigidos en el mercado de valores estén relacionados estrechamente con los tipos de interés de mercado, este último resultado implica que las subidas de los tipos de interés tienden a reducir los precios de las acciones, así como los precios de los bonos.

Nuestros ejemplos también consideran dado el precio futuro de las acciones. Pero ¿de qué depende éste? De la misma manera que el precio actual de las acciones depende del dividendo que esperan obtener los accionistas este año y del precio que tendrá cada acción dentro de un año, el precio que tendrá cada acción dentro de un año depende del dividendo que esperamos obtener el próximo año y del precio que tendrá cada acción dentro de 2 años, y así sucesivamente. Al final, pues, el precio actual de cada acción depende no sólo del dividendo que se espera este año, sino también de los futuros dividendos. La capacidad de una empresa para repartir dividendos depende de sus beneficios. Si se espera que aumenten rápidamente, sus futuros dividendos probablemente también aumentarán. Por lo tanto, como hemos señalado en el ejemplo de la empresa farmacéutica que anuncia el descubrimiento de un medicamento, es probable que las noticias sobre los futuros beneficios de una empresa —incluso sobre los beneficios de una fecha muy lejana— afecten inmediatamente a los precios de sus acciones.

EJERCICIO 24.2

Usted espera, al igual que en el Ejemplo 24.2, que las acciones de GalletadelaSuerte.com valgan 80$ cada una dentro de 1 año y también que paguen un dividendo de 1$ dentro de 1 año. ¿Cuánto debería estar dispuesto a pagar por las acciones hoy si el tipo de interés vigente, igual a la tasa de rendimiento que usted exige, es del 4%? ¿Y si es del 8%? En general, ¿cómo esperaría que reaccionaran los precios de las acciones si se publicara una noticia económica que implicara que los tipos de interés subirán en un futuro inmediato?

En el Ejemplo 24.2 hemos supuesto que estábamos dispuestos a aceptar un rendimiento del 6% para tener acciones de GalletadelaSuerte.com, el mismo rendimiento que podríamos obtener con un bono del Estado. Sin embargo, las inversiones financieras en el mercado de valores son bastante arriesgadas, en el sentido de que los rendimientos de las acciones pueden ser bastante variables e impredecibles. Por ejemplo, aunque esperemos que las acciones de GalletadelaSuerte.com valgan 80$ cada una dentro de 1 año, también nos damos cuenta de que existe la posibilidad de que se vendan por sólo 50$ cada una o hasta por 110$. A la mayoría de los inversores financieros les desagrada el riesgo y la imposibilidad de predecir el futuro, por lo que exigen una tasa de rendimiento más alta por tener activos arriesgados como las acciones que por tener activos relativamente seguros como los bonos del Estado. La diferencia entre la tasa de rendimiento exigida para tener activos arriesgados y la tasa de rendimiento de los activos seguros, como los bonos del Estado, se denomina **prima de riesgo.** El Ejemplo 24.3 muestra cómo influye en los precios de las acciones el hecho de que a los inversores financieros les desagrade el riesgo.

prima de riesgo tasa de rendimiento que exigen los inversores financieros para tener activos arriesgados menos la tasa de rendimiento de los activos seguros

EJEMPLO 24.3

Riesgo y precio de las acciones

Continuando con el Ejemplo 24.2, supongamos que se espera que GalletadelaSuerte.com reparta un dividendo de 1$ y tenga un precio de mercado de 80$ por acción dentro de un año. El tipo de interés de los bonos del Estado es de un 6% al año. Sin embargo, para estar dispuesto a tener un activo arriesgado como las acciones de GalletadelaSuerte.com, exigimos un rendimiento esperado cuatro puntos porcentuales más alto que el de los activos seguros, como los bonos del Estado (una prima de riesgo del 4%). Por lo tanto, exigimos un rendimiento esperado del 10% para tener acciones de GalletadelaSuerte.com. ¿Cuál es la cantidad máxima que estaríamos dispuestos a pagar hoy por las acciones? ¿Qué conclusión extraemos sobre la relación entre el riesgo percibido y los precios de las acciones?

Como se espera que las acciones de GalletadelaSuerte.com paguen 81$ cada una dentro de un año y como el rendimiento exigido es del 10%, tenemos que precio de una acción × 1,10 = 81$. Despejando el precio de una acción, vemos que es igual a 81$/1,10 = 73,64$, menor que el de 76,42$ que calculamos cuando no había prima de riesgo y la tasa de rendimiento exigida era del 6% (Ejemplo 24.2). Llegamos a la conclusión de que el hecho de que a los inversores financieros les desagrade el riesgo y la prima de riesgo resultante reducen los precios de los activos arriesgados, como las acciones.

RECAPITULACIÓN — FACTORES QUE AFECTAN A LOS PRECIOS DE LAS ACCIONES

1. Un aumento de los futuros dividendos esperados de las acciones o de su precio futuro de mercado esperado eleva su precio actual.
2. Una subida de los tipos de interés, que implica un aumento de la tasa de rendimiento exigida para tener acciones, reduce su precio actual.
3. Un aumento del riesgo percibido, que se traduce en un aumento de la prima de riesgo, reduce el precio actual de las acciones.

LOS MERCADOS DE BONOS, LOS MERCADOS DE ACCIONES Y LA ASIGNACIÓN DEL AHORRO

Los mercados de bonos y los mercados de acciones canalizan, al igual que los bancos, los fondos de los ahorradores hacia los prestatarios que tienen oportunidades de inversión productivas. Por ejemplo, una empresa que planea realizar una inversión de capital, pero que no quiere pedir un préstamo a un banco, tiene otras dos opciones: puede emitir nuevos bonos para venderlos a los ahorradores en el mercado de bonos o puede emitir nuevas acciones, que se venden en el mercado de acciones. La empresa dispone entonces de los ingresos generados por la venta de nuevos bonos o acciones para financiar su inversión de capital.

¿Cómo ayudan los mercados de acciones y de bonos a garantizar que el ahorro se dedica a los fines más productivos? Como hemos señalado antes, dos importantes funciones de estos mercados son recoger información sobre los posibles prestatarios y ayudar a los ahorradores a repartir los riesgos de los préstamos que conceden.

El papel informativo de los mercados de bonos y de acciones Los ahorradores y sus asesores financieros saben que para extraer el mayor rendimiento posible de sus inversiones financieras deben encontrar a los prestatarios que tengan las oportunidades más rentables. Esta información da un poderoso incentivo para examinar detenidamente a los posibles prestatarios.

Por ejemplo, las empresas que se plantean la posibilidad de sacar una nueva emisión de acciones o de bonos al mercado saben que sus resultados recientes y sus planes para el futuro serán estudiados atentamente por los analistas profesionales que operan en los mercados y por otros inversores financieros. Si los analistas y otros posibles compradores tienen dudas sobre la futura rentabilidad de la empresa, ofrecerán un precio relativamente bajo por las acciones recién emitidas o exigirán un tipo de interés alto por los bonos recién emitidos. Consciente de eso, la empresa se mostrará reacia a acudir al mercado de bonos o de acciones para conseguir financiación, a menos que la dirección confíe en que podrá convencer a los inversores financieros de que el uso planeado de los fondos de la empresa será rentable. Por lo tanto, la búsqueda permanente por parte de los ahorradores y de sus asesores financieros de elevados rendimientos lleva a los mercados de bonos y de valores a destinar los fondos a los fines que tienen aparentemente más probabilidades de ser productivos.

Reparto del riesgo y diversificación Muchos proyectos de inversión sumamente prometedores también son muy arriesgados. Por ejemplo, el éxito en el desarrollo de un nuevo medicamento para reducir el colesterol podría reportar a una compañía farmacéutica unos beneficios de miles de millones de dólares; pero si el medicamento resulta menos eficaz que otros que ya hay en el mercado, no se recuperará ninguno de los costes de su desarrollo. La persona que prestara todo lo que ha ahorrado durante toda su vida para ayudar a financiar el desarrollo de este medicamento podría disfrutar de un excelente rendimiento, pero también correría el riesgo de perderlo todo. Los ahorradores generalmente son reacios a asumir grandes riesgos, por lo que, si no se puede reducir de alguna manera el riesgo que corre cada ahorrador, puede ser muy difícil para la empresa encontrar los fondos que necesita para desarrollar el medicamento.

Los mercados de bonos y de acciones ayudan a reducir el riesgo al permitir a los ahorradores *diversificar* sus inversiones financieras. La **diversificación de la cartera** es la práctica consistente en repartir la riqueza de una persona entre diferentes inversiones financieras para reducir el riesgo total. La idea de la diversificación se deriva del dicho "no se debe apostar todo a una carta". En lugar de colocar todos los ahorros en un proyecto muy arriesgado, es mucho más seguro para un inversor financiero colocar una pequeña cantidad de sus ahorros en una gran cantidad de acciones y de bonos. De esa manera, si disminuye el valor de algunos activos financieros, existen muchas posibilidades de que aumente el de otros, en cuyo caso las ganancias contrarrestarán las pérdidas. El Ejemplo 24.4 ilustra las ventajas de la diversificación.

diversificación práctica consistente en repartir la riqueza entre diversas inversiones financieras para reducir el riesgo total

EJEMPLO 24.4

Las ventajas de la diversificación

Víctor tiene 200$ para invertir y está considerando las acciones de dos empresas: Paraguas Sánchez y Bronceadores Juanan. Supongamos que el precio de las acciones de cada empresa es de 100$ cada una. La empresa de paraguas será la mejor inversión si el tiempo es lluvioso, pero la de bronceadores será la mejor si el tiempo es soleado. En la Tabla 24.1 mostramos la cuantía en que variará el precio de las acciones de cada empresa y cómo depende del tiempo que haga.

TABLA 24.1
Variaciones de los precios de las acciones de dos empresas

	Subida del precio por acción	
Tiempo efectivo	**Paraguas Sánchez**	**Bronceadores Juanan**
Lluvioso	+10$	No varía
Soleado	No varía	+10$

Según la Tabla 24.1, el precio de las acciones de Paraguas Sánchez subirá 10$ (de 100$ a 110$) si llueve, pero no variará si hace sol. En cambio, se espera que el precio de las acciones de Bronceadores Juanan suba 10$ (de 100$ a 110$) si hace sol, pero que no varíe si llueve.

Supongamos que la probabilidad de que llueva es de un 50% y la de que haga sol de otro 50%. ¿Cómo debe invertir Víctor sus 200$? Si los invierte en Paraguas Sánchez, podría comprar dos acciones. La mitad del tiempo lloverá y cada una de las acciones subirá 10$, lo que hace una ganancia total de 20$. Sin embargo, la mitad del tiempo hará sol, en cuyo caso el precio de las acciones no variará. Por lo tanto, su ganancia media será del 50% (es decir, la mitad) multiplicado por 20$ más 50% multiplicado por 0$, es decir, 10$.

Sin embargo, si Víctor invierte sus 200$ en Bronceadores Juanan, puede comprar de nuevo dos acciones a 100$ cada una. Cada acción subiría 10$, si el tiempo es soleado (lo que hace una ganancia total de 20$) y no variaría si el tiempo es lluvioso. Como hará sol la mitad del tiempo, la ganancia media será 50% multiplicado por 20$ más 50% multiplicado por 0$, es decir, 10$.

Aunque Víctor puede obtener una ganancia *media* de 10$ si invierte todo su dinero en las acciones de cualquiera de las dos empresas, es bastante arriesgado invertir sólo en una de ellas, ya que su ganancia efectiva varía mucho dependiendo de que llueva o haga sol. ¿Puede *asegurarse* una ganancia de 10$ y evitar la incertidumbre y el riesgo? Sí, lo único que tiene que hacer es comprar una acción de cada una de las dos empresas. Si llueve, obtendrá 10$ por las acciones de Paraguas Sánchez y nada por las de Bronceadores Juanan. Si hace sol, no obtendrá nada por las acciones de Paraguas Sánchez y 10$ por las de Bronceadores Juanan. Haga lluvia o haga sol, tiene garantizados 10$ sin riesgo alguno.

La existencia de mercados de bonos y de mercados de valores facilita a los ahorradores la diversificación al colocar sus ahorros en una amplia variedad de activos financieros, cada uno de los cuales representa una parte de una empresa o de un proyecto de inversión. Desde el punto de vista de la sociedad, la diversificación permite que los proyectos que son arriesgados, pero que merecen la pena, obtengan financiación sin que cada ahorrador tenga que asumir demasiados riesgos.

fondo de inversión
intermediario financiero que vende participaciones en sí mismo al público y utiliza los fondos obtenidos para comprar una amplia variedad de activos financieros

Una manera de diversificar especialmente cómoda para la persona corriente es comprar bonos y acciones indirectamente a través de fondos de inversión. Un **fondo de inversión** es un intermediario financiero que vende al público participaciones en sí mismo y utiliza los fondos obtenidos para comprar una amplia variedad de activos financieros. Tener participaciones de un fondo de inversión es, pues, como tener una pequeña parte de muchos activos financieros, lo que ayuda a lograr la diversificación. La ventaja de los fondos de inversión reside en que normalmente cuesta menos y lleva menos tiempo comprar participaciones de uno o dos fondos de inversión que comprar directamente muchas acciones y bonos distintos. En la última década, los fondos de inversión se han vuelto cada vez más populares en Estados Unidos.

EL OBSERVADOR ECONÓMICO 24.2

¿Por qué subió vertiginosamente la bolsa de valores en Estados Unidos durante la década de 1990 y bajó en el nuevo milenio?

En Estados Unidos, los precios de las acciones se dispararon durante la década de 1990. El índice *Standard & Poor's 500,* que resume el comportamiento de los precios de las acciones de 500 grandes empresas, subió un 60% entre 1990 y 1995 y se duplicó con creces entre 1995 y 2000. Sin embargo, en los dos primeros años del nuevo milenio, este índice perdió casi la mitad de su valor. ¿Por qué subió la bolsa de valores en Estados Unidos durante la década de los noventa y cayó en la de 2000?

Los precios de las acciones dependen de las expectativas de sus compradores sobre los futuros dividendos y sobre los futuros precios de las acciones, así como sobre la tasa de rendimiento que exigen los posibles accionistas. La tasa de rendimiento exigida es igual, a su vez, al tipo de interés de los activos seguros más la prima de riesgo. En principio, una subida de los precios de las acciones puede deberse a un aumento del optimismo sobre los futuros dividendos, a una disminución del rendimiento exigido o a una combinación de las dos cosas.

Probablemente los dos factores contribuyeron a la subida de los precios de las acciones en la década de 1990. Los dividendos aumentaron rápidamente durante esa década, debido a los buenos resultados generales de la economía. Animados por la promesa de las nuevas tecnologías, muchos inversores financieros esperaban que los dividendos fueran aún más altos en el futuro.

También existen pruebas de que la prima de riesgo que exigía la gente para tener acciones disminuyó durante la década de 1990, reduciendo así el rendimiento total exigido y elevando los precios de las acciones. Una de las posibles explicaciones de la disminución que experimentó la prima de riesgo en los años 90 es el aumento de la diversificación. Durante esa década, el número y la variedad de fondos de inversión aumentaron notablemente. Millones de estadounidenses invirtieron en estos fondos, incluidos muchos que nunca habían tenido acciones o las habían tenido, sólo que de unas cuantas empresas. Es posible que este aumento de la diversificación del inversor corriente del mercado de valores redujera el riesgo percibido de tener acciones (ya que ahora podía tener acciones comprando fondos de inversión) y que eso redujera, a su vez, la prima de riesgo y subiera los precios de las acciones. Otra explicación es que los inversores simplemente subestimaron el riesgo inherente a la economía y, por consiguiente, a la bolsa de valores. Si lo subestimaron, es posible que la prima de riesgo bajara hasta un nivel demasiado bajo.

A partir de 2000, estos dos factores favorables se invirtieron. El crecimiento de los dividendos fue decepcionante para los accionistas, debido en gran parte a que muchas empresas de alta tecnología no resultaron tan rentables como se esperaba. Otro golpe fue una serie de escándalos contables que salieron a la luz en 2002 y que mostraron que algunas grandes empresas habían realizado operaciones ilegales o poco éticas para que sus beneficios parecieran mayores de lo que eran en realidad. Algunos factores, entre los que se encuentran una recesión, un gran ataque terrorista y los escándalos contables, también aumentaron la preocupación de los accionistas por el riesgo de las acciones, por lo que la prima de riesgo que exigieron para tener acciones subió con respecto a los mínimos de los años 90. El hecho de que los dividendos fueran menores de lo esperado y de que la prima de riesgo fuera más alta provocó una caída de los precios de las acciones. Éstos no comenzaron a recuperarse hasta 2003, cuando la economía comenzó a crecer a un ritmo más rápido.

LOS MOVIMIENTOS INTERNACIONALES DE CAPITALES

Hasta ahora hemos centrado la atención en los mercados financieros que operan en un país. Sin embargo, no sólo existen oportunidades económicas dentro de las fronteras nacionales. El destino más productivo del ahorro de un ciudadano de Estados Unidos puede encontrarse muy lejos de su país, por ejemplo, en la contribución a la construcción de una fábrica en Tailandia o en la creación de un pequeño negocio en Polonia. Asimismo, la mejor forma de diversificar los activos de un ahorrador brasileño y de reducir su riesgo podría ser tener bonos y acciones de diferentes países. Con el tiempo se han desarrollado grandes mercados financieros que permiten los préstamos internacionales. Los mercados financieros en los que los prestatarios y los prestamistas son residentes de diferentes países se llaman mercados financieros *internacionales.*

Los mercados financieros internacionales se diferencian de los nacionales al menos en un importante aspecto: las transacciones financieras internacionales, a diferencia de las interiores, están sometidas a las leyes y las regulaciones de dos países como mínimo, el país de origen del prestamista y el país de origen del prestatario. Por lo tanto, las dimensiones y la vitalidad de los mercados financieros internacionales dependen del grado de cooperación económica y política entre los países. Por ejemplo, durante las décadas relativamente pacíficas de finales del siglo XIX y principios del XX, los mercados financieros internacionales estuvieron notablemente desarrollados. Gran Bretaña, que era entonces la potencia económica mundial dominante, era un importante prestamista internacional en todo el mundo. Sin embargo, durante los borrascosos años del periodo 1914-1945, dos grandes guerras mundiales y la Gran Depresión redujeron significativamente tanto las finanzas internacionales como el comercio internacional de bienes y servicios. Éstos no retornaron hasta los años ochenta a los niveles alcanzados a finales del siglo XIX.

Para analizar los mercados financieros internacionales, es útil comprender que la concesión de préstamos equivalen en términos económicos a la compra de un activo real o financiero y la petición de préstamos equivale a la venta de un activo real o financiero. Por ejemplo, los ahorradores prestan a las empresas comprando acciones o bonos, que son activos financieros para el prestamista y pasivos financieros para las empresas prestatarias. Asimismo, se presta a un gobierno adquiriendo un bono del Estado, que es un activo financiero para el prestamista y un pasivo financiero para el prestatario, que en este caso es el Estado. Los ahorradores también pueden suministrar fondos adquiriendo activos reales como suelo; si compramos una parcela de tierra a una persona, aunque no hagamos un préstamo en el sentido habitual del término, le suministramos fondos que podríamos utilizar para consumir o para invertir. En lugar de obtener intereses o dividendos como en el caso de un bono o de las acciones, recibimos el valor de alquiler del suelo que hemos comprado.

La compraventa internacional de activos reales y financieros (que equivale en términos económicos a los préstamos internacionales) se conoce con el nombre de **movimientos internacionales de capitales.** Desde la perspectiva de nuestro país, las compras de activos de nuestro país por parte de extranjeros se denominan **entradas de capital;** las compras de activos extranjeros por parte de hogares y empresas de nuestro país se denominan **salidas de capital.** Para recordar estos términos, tal vez sea útil tener presente que las entradas de capital representan fondos que "entran" en el país (los ahorradores extranjeros compran activos interiores), mientras que las salidas son fondos que "salen" del país (los ahorradores interiores compran activos extranjeros). La diferencia entre los dos movimientos se denominan **entradas netas de capital** (entradas de capital menos salidas de capital) o *salidas netas de capital* (salidas de capital menos entradas de capital). Aunque se pueden analizar los movimientos netos de capitales en

movimientos internacionales de capitales compraventa internacional de activos reales y financieros

entrada de capital compra de activos interiores por parte de familias y empresas extranjeras

salida de capital compra de activos extranjeros por parte de familias y empresas interiores

entradas netas de capital entradas de capital menos salidas de capital cualquiera de los dos sentidos, centraremos la atención en las entradas netas de capital, que, una vez más, son iguales a las compras extranjeras de activos interiores (con las que entran fondos en el país) menos las compras interiores de activos extranjeros (con las que salen fondos del país). Obsérvese que las entradas y las salidas de capital *no* se contabilizan como exportaciones o importaciones, ya que se refieren a la compra de activos reales y financieros existentes, no a bienes y servicios producidos en ese momento.

Desde el punto de vista macroeconómico, los movimientos internacionales de capitales desempeñan dos importantes papeles. En primer lugar, permiten a los países cuyas oportunidades de inversión productivas son mayores que el ahorro interior llenar el vacío pidiendo préstamos al extranjero. En segundo lugar, permiten a los países tener desequilibrios comerciales, situaciones en las que las exportaciones de bienes y servicios de un país no son iguales a sus importaciones de bienes y servicios. En el resto de este capítulo analizamos estos papeles clave. Comenzamos examinando la importante relación entre los movimientos internacionales de capitales y los desequilibrios comerciales.

LOS MOVIMIENTOS DE CAPITALES Y LA BALANZA COMERCIAL

balanza comercial (o exportaciones netas) valor de las exportaciones de un país menos valor de sus importaciones en un determinado periodo (un trimestre o un año)

superávit comercial cuando las exportaciones son superiores a las importaciones, diferencia entre el valor de las exportaciones de un país y el valor de sus importaciones en un determinado periodo

déficit comercial cuando las importaciones son superiores a las exportaciones, diferencia entre el valor de las importaciones de un país y el valor de sus exportaciones en un determinado periodo

En el Capítulo 18 introdujimos el término *exportaciones netas (NX),* que es el valor de las exportaciones de un país menos el valor de sus importaciones. Otro término equivalente para referirse al valor de las exportaciones de un país menos el valor de sus importaciones es la **balanza comercial.** Como las exportaciones no tienen por qué ser iguales a las importaciones todos los trimestres o todos los años, la balanza comercial (o exportaciones netas) no tiene por qué ser siempre igual a cero. Si es positiva en un determinado periodo, de manera que el valor de las exportaciones es mayor que el de las importaciones, se dice que el país tiene un **superávit comercial** en ese periodo igual al valor de sus exportaciones menos el valor de sus importaciones. Si es negativa, es decir, si sus importaciones son mayores que sus exportaciones, se dice que tiene un **déficit comercial** igual al valor de sus importaciones menos el valor de sus exportaciones.

La Figura 24.1 muestra los componentes de la balanza comercial de Estados Unidos desde 1960 (véase la Figura 17.7 para datos que llegan hasta 1900). La línea de color azul representa las exportaciones de Estados Unidos en porcentaje del PIB y la de color rojo las importaciones en porcentaje del PIB. Cuando las exportaciones son superiores a las importaciones, la distancia vertical entre las dos líneas indica el superávit comercial de Estados Unidos en porcentaje del PIB. Cuando las importaciones son superiores a las exportaciones, la distancia vertical entre las dos líneas representa el déficit comercial de Estados Unidos. La Figura 24.1 muestra, en primer lugar, que en las últimas décadas el comercio internacional se ha convertido en una parte cada vez más importante de la economía de Estados Unidos. En 1960, sólo se exportó un 5,1% del PIB de Estados Unidos y el valor de las importaciones representó un 4,3%. En cambio, en 2004 se vendió a otros países un 10,0% de la producción de Estados Unidos y las importaciones representaron un 15,2% del PIB de Estados Unidos. En segundo lugar, la figura muestra que desde finales de los años 70 Estados Unidos ha tenido sistemáticamente déficits comerciales, que han

FIGURA 24.1
La balanza comercial de Estados Unidos, 1960-2004.
Esta figura muestra las exportaciones y las importaciones de Estados Unidos en porcentaje del PIB. Desde finales de los años 70, Estados Unidos ha tenido un déficit comercial; es decir, sus importaciones han sido superiores a sus exportaciones.

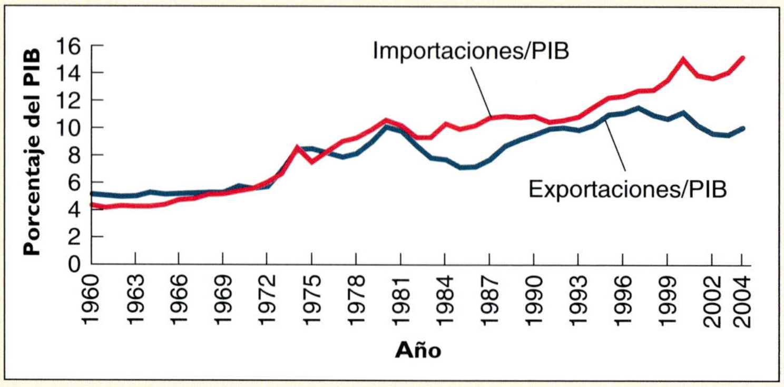

FUENTE: *Bureau of Economic Analysis* (http://www.bea.gov).

representado a menudo un 2% o más del PIB. ¿Por qué ha sido deficitaria durante tanto tiempo la balanza comercial de Estados Unidos? Responderemos más adelante a esta pregunta en este apartado.

La Figura 24.2 muestra los componentes de la balanza comercial de México para el periodo 1960-2002. La línea de color azul representa las importaciones y la línea de color rojo muestra las exportaciones. En este caso, observamos que de 1960 a 1975 las importaciones siempre fueron mayores que las exportaciones. A partir de esta fecha se ha entrado en un patrón en el cual se observan años donde las exportaciones son mayores que las importaciones y años donde la relación se invierte. Lo importante para México es el crecimiento, tanto en importaciones como en exportaciones, del porcentaje del PIB, lo que indica un mayor intercambio comercial con el extranjero. Este cambio ha sido más notorio a partir de 1994.

FUENTE: *World Bank Indicators.*

FIGURA 24.2
Balanza Comercial para México, 1960-2002.

La balanza comercial representa la diferencia entre el valor de los bienes y los servicios exportados por un país y el valor de los bienes y los servicios importados por él. Las entradas netas de capitales representan la diferencia entre las compras de activos interiores por parte de extranjeros y las compras de activos extranjeros por parte de residentes interiores. Existe una relación precisa y muy importante entre estos dos desequilibrios, y es que, en cualquier periodo dado, *la balanza comercial y las entradas netas de capital suman cero.* Para referirnos a ella en el futuro, formulémosla en forma de ecuación:

$$NX + KI = 0, \qquad (24.1)$$

donde NX es la balanza comercial (igual que las exportaciones netas) y KI son las entradas netas de capital. La relación de la Ecuación 24.1 es una identidad, lo cual significa que es verdadera por definición.

Para ver por qué se cumple la Ecuación 24.1, veamos qué ocurre cuando (por ejemplo) un residente estadounidense compra un bien importado, por ejemplo, un automóvil japonés cuyo precio es de 20.000$. Supongamos que paga mediante un cheque, por lo que ahora el fabricante japonés de automóviles tiene 20.000$ en una cuenta en un banco de Estados Unidos. ¿Qué hace con estos 20.000$? Tiene fundamentalmente dos posibilidades.

En primer lugar, puede utilizarlos para comprar bienes y servicios producidos por Estados Unidos, como piezas de automóviles fabricadas por Estados Unidos o unas vacaciones en Hawai para sus ejecutivos. En este caso, Estados Unidos tiene unas exportaciones de 20.000$ que son iguales a la importación de un automóvil de 20.000$. Como las exportaciones son iguales a las importaciones, la balanza comercial de Estados Unidos no resulta afectada por estas transacciones ($NX = 0$). Y como no se compra ni se vende ningún activo, no hay entradas ni salidas de capital ($KI = 0$). Por lo tanto, en este caso se satisface la condición establecida en la Ecuación 24.1, según la cual la suma de la balanza comercial y las entradas netas de capital debe ser igual a cero.

Pero el fabricante japonés de automóviles también podría utilizar los 20.000$ para adquirir activos estadounidenses, por ejemplo, un bono del Tesoro de Estados Unidos o algún terreno contiguo a la fábrica que tiene en Tennessee. En este caso, Estados Unidos tiene un déficit comercial de 20.000$, ya que la importación de un automóvil de 20.000$ no es contrarrestada por una exportación ($NX = -20.000\$$). Pero se produce una entrada de capitales de 20.000$ debido a la compra de un activo estadounidense por parte del japonés ($KI = 20.000\$$). Por lo tanto, una vez más, la balanza comercial y las entradas netas de capital suman cero, por lo que se satisface la Ecuación 24.1 [1].

En realidad, existe una tercera posibilidad, y es que la empresa japonesa de automóviles intercambie sus dólares con algún otro agente que se encuentre fuera de Estados Unidos. Por ejemplo, podría intercambiar sus dólares con otra empresa o persona japonesa por yenes japoneses. Sin embargo, en ese caso, quien adquiriera los dólares tendría las dos mismas opciones que el fabricante de automóviles —comprar bienes y servicios norteamericanos o adquirir activos estadounidenses— por lo que continuaría cumpliéndose la igualdad de las entradas netas de capital y el déficit comercial.

EJERCICIO 24.3

Un ahorrador estadounidense compra un bono del Estado japonés de 20.000$. Explique por qué se satisface la Ecuación 24.1, independientemente de lo que haga el Estado japonés con los 20.000$ que recibe por su bono.

LOS DETERMINANTES DE LOS MOVIMIENTOS INTERNACIONALES DE CAPITALES

Recuérdese que las entradas de capital son compras de activos interiores por parte de extranjeros, mientras que las salidas de capital son compras de activos extranjeros por parte de residentes interiores. Por ejemplo, las entradas de capital en Estados Unidos incluyen las compras extranjeras de artículos como acciones y bonos de empresas estadounidenses, de bonos del Estado estadounidense y de activos reales como tierra o edificios propiedad de residentes estadounidenses. ¿Por qué querrían adquirir los extranjeros activos estadounidenses y por qué querrían los estadounidenses adquirir activos extranjeros?

Los factores básicos que determinan el atractivo de cualquier activo, interior o extranjero, son el *rendimiento* y el *riesgo*. Los inversores financieros buscan elevados rendimientos reales, por lo que, si se mantienen constantes otros factores (como el grado de riesgo y los rendimientos que pueden obtenerse en otros países), una subida del tipo de interés real en nuestro país provoca una entrada de capital al ser más atractivos nuestros activos para los extranjeros. Por la misma razón, las salidas de capital disminuyen, ya que tenemos incentivos para invertir nuestros ahorros en nuestro país. Por lo tanto, manteniéndose todo lo demás constante, cuando el tipo de interés real es más alto en nuestro país, la entrada neta de capital aumenta y cuando es bajo, la entrada neta de capital tiende a disminuir (aumentando las salidas netas de capital), ya que los inversores financieros buscan en otros países mejores oportunidades. La Figura 24.3 muestra la relación entre las entradas netas de capital de un país y el tipo de interés real vigente en ese país. Cuando el tipo de interés real interior es alto, las entradas netas de capitales son positivas (las compras extranjeras de activos interiores son superiores a las compras interiores de activos extranjeros). Pero cuando es bajo, las entradas netas de capital son negativas (es decir, el país experimenta salidas netas de capital).

La influencia del riesgo en los movimientos de capitales es la opuesta a la influencia del tipo de interés real. Dado un tipo de interés real, un aumento del riesgo de los activos interiores reduce las entradas netas de capital, ya que los extranjeros se muestran menos dispuestos a comprar activos interiores y los ahorradores interiores se muestran más inclinados a comprar activos extranjeros. Por ejemplo, la inestabilidad política, que aumenta el riesgo de invertir en un país, tiende a reducir las entradas netas

[1] Si la empresa japonesa simplemente dejara los 20.000$ en el banco estadounidense, seguiría siendo una entrada de capital, ya que el depósito continuaría siendo un activo estadounidense adquirido por extranjeros.

de capital. La Figura 24.4 muestra cómo afecta un aumento del riesgo a los movimientos de capitales: a cada valor del tipo de interés real interior, un aumento del riesgo reduce las entradas netas de capital, desplazando la curva de entradas de capital hacia la izquierda.

EJERCICIO 24.4

Dados el tipo de interés real y el riesgo de un país, ¿cómo es de esperar que afecte una subida de los tipos de interés reales extranjeros a las entradas netas de capitales? Muestre su respuesta gráficamente.

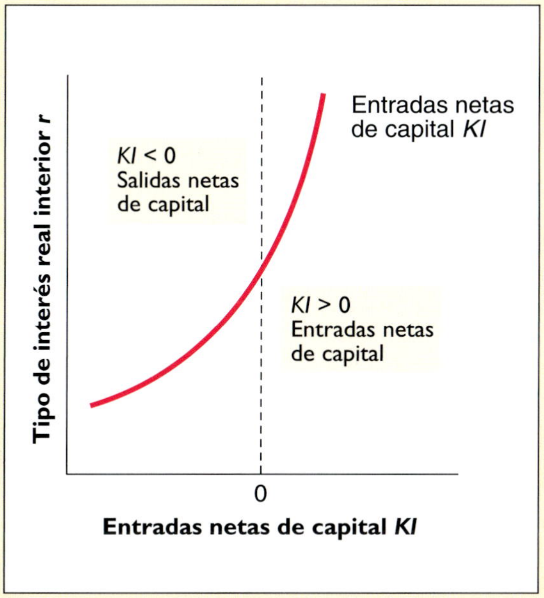

FIGURA 24.3
Entradas netas de capital y tipo de interés real.
Manteniéndose constantes el grado de riesgo y los rendimientos reales que pueden obtenerse en el extranjero, un elevado tipo de interés real en nuestro país induce a los extranjeros a comprar activos interiores, elevando las entradas de capital, y reduce el incentivos de los ahorradores interiores para comprar activos extranjeros, lo que reduce las salidas de capital. Por lo tanto, manteniéndose todo lo demás constante, cuanto más alto es el tipo de interés real interior *r*, mayores son las entradas netas de capitales, *KI*.

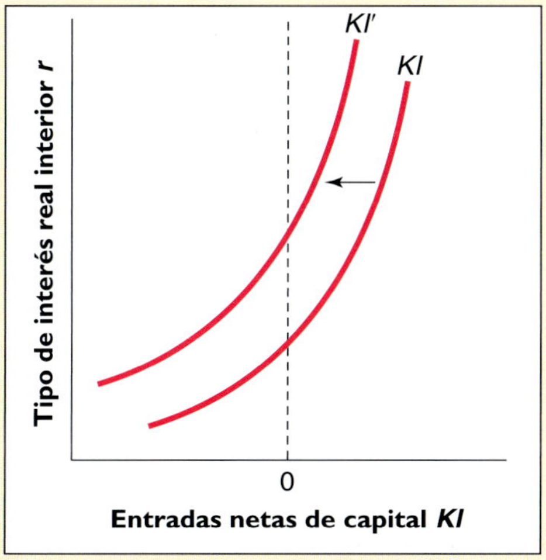

FIGURA 24.4
Un aumento del riesgo reduce las entradas netas de capital.
Un aumento del riesgo de los activos interiores debida, por ejemplo, a un aumento de la inestabilidad política, reduce la disposición de los ahorradores extranjeros e interiores a tener activos interiores. La oferta de entradas de capital disminuye a cada valor del tipo de interés real interior, desplazando la curva *KI* hacia la izquierda.

EL AHORRO, LA INVERSIÓN Y LAS ENTRADAS DE CAPITAL

Los movimientos internacionales de capitales tienen una estrecha relación con el ahorro y la inversión interiores. Como veremos a continuación, las entradas de capital aumentan la cantidad de ahorro interior, aumentando los fondos de que se dispone para invertir en capital físico, mientras que las salidas de capital reducen la cantidad de ahorro de que se dispone para invertir. Las entradas de capital pueden contribuir, pues, a fomentar el crecimiento económico dentro de un país y las salidas a frenarlo.

Para hallar la relación entre las entradas de capital, el ahorro y la inversión, recuérdese que en el Capítulo 18 vimos que la producción o renta total Y siempre debe ser igual a la suma de los cuatro componentes del gasto: el consumo (C), la inversión (I), las compras del Estado (G) y las exportaciones netas (NX). Formulando esta identidad, tenemos que:

$$Y = C + I + G + NX.$$

A continuación, restamos $C + G + NX$ de ambos miembros de la identidad y obtenemos:

$$Y - C - G - NX = I.$$

En el Capítulo 22 vimos que el ahorro nacional S es igual a $Y - C - G$. Si introducimos este resultado en la ecuación anterior, tenemos que:

$$S - NX = I. \qquad (24.2)$$

Ahora recuérdese que la Ecuación 24.1 describe la relación entre la balanza comercial, NX, y las entradas netas de capital, KI. En concreto, la suma de la balanza comercial y las entradas de capital es igual a cero, es decir, $NX + KI = 0$, lo que también puede expresarse de la forma siguiente: $KI = -NX$. Si sustituimos $Y - C - G$ por S y $-NX$ por KI en la ecuación anterior, observamos que

$$S + KI = I. \qquad (24.3)$$

La Ecuación 24.3, que es un resultado fundamental, establece que la suma del ahorro nacional, S, y las entradas netas de capital del extranjero, KI, debe ser igual a la inversión interior en nuevos bienes de capital, I. En otras palabras, en una economía abierta el ahorro de que se dispone para inversión interior incluye no sólo el ahorro nacional (el ahorro del sector privado y del sector público interiores), sino también los fondos de los ahorradores extranjeros.

En el Capítulo 22 introdujimos el gráfico del ahorro y la inversión, que muestra que en una economía cerrada la oferta de ahorro debe ser igual a la demanda. El diagrama es parecido en una economía abierta, con la salvedad de que en este caso la oferta de ahorro en una economía abierta incluye las entradas netas de capital y el ahorro interior. La Figura 24.5 muestra la versión del diagrama del ahorro y la inversión correspondiente a una economía abierta. El tipo de interés real interior se muestra en el eje de ordenadas y los movimientos de ahorro y de inversión en el de abscisas. Al igual que ocurre en una economía cerrada, la curva de pendiente negativa I muestra la demanda de fondos por parte de las empresas que quieren realizar inversiones de capital. La curva $S + KI$ muestra la oferta total de ahorro, que incluye *tanto* el ahorro interior S *como* las entradas netas de capital del extranjero KI. Como una subida del tipo de interés real interior aumenta tanto el ahorro interior como las entradas netas de capital, la curva $S + KI$ tiene pendiente positiva. Como muestra la Figura 24.5, en

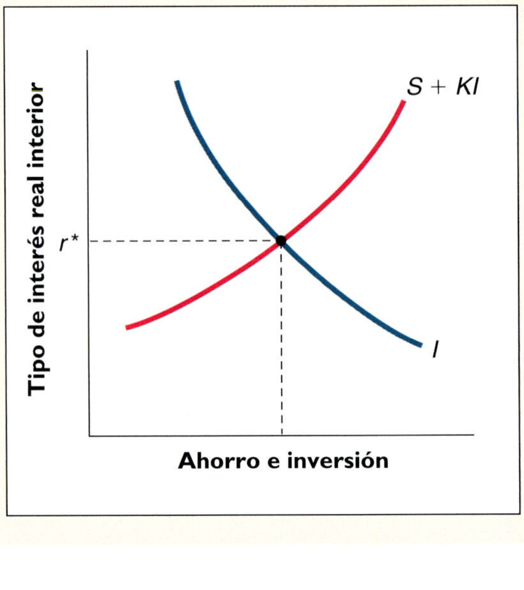

FIGURA 24.5
El diagrama de ahorro e inversión de una economía abierta.
La oferta total de ahorro en una economía abierta es la suma del ahorro nacional, S, y las entradas netas de capital, KI. Una subida del tipo de interés real interior eleva tanto S como KI. La demanda interior de ahorro para realizar inversiones de capital se muestra por medio de la curva I. El tipo de interés real de equilibrio r^* iguala la oferta total de ahorro, incluidas las entradas de capital, y la demanda interior de ahorro.

una economía abierta el tipo de interés real de equilibrio, r^*, es el nivel que iguala la cantidad total ofrecida de ahorro (incluidas las entradas netas de capital del extranjero) y la cantidad demandada de ahorro para realizar inversiones de capital interiores.

La Figura 24.5 también muestra cómo pueden beneficiar a una economía las entradas netas de capital. Un país que atrae una cantidad significativa de capital extranjero tiene una cantidad mayor de ahorro total y, por lo tanto, un tipo de interés real más bajo y una tasa de inversión en nuevo capital más alta. Estados Unidos y Canadá se beneficiaron ambos de las grandes entradas de capital en las primeras fases de su desarrollo económico, al igual que muchos países hoy en vías de desarrollo. Como las entradas de capital tienden a ser muy sensibles al riesgo, los países que tienen estabilidad política y protegen los derechos de los inversores extranjeros atraen más capital extranjero y, por lo tanto, crecen más deprisa que los países que carecen de esas características.

Aunque las entradas de capital generalmente son beneficiosas para los países que las reciben, no están exentas de costes. Los países que financian la formación interior de capital principalmente por medio de entradas de capital tienen que pagar intereses y dividendos a los inversores financieros extranjeros que les han prestado. Algunos países en vías de desarrollo han experimentado *crisis de la deuda*, que se deben a que las inversiones interiores que han realizado con fondos extranjeros han resultado fallidas, por lo que no han tenido renta suficiente para pagar lo que debían a los acreedores extranjeros. Una ventaja de la financiación de la formación interior de capital principalmente con ahorro interior es que los rendimientos de las inversiones de capital del país van a parar a los ahorradores interiores en lugar de irse a otros países.

EL OBSERVADOR ECONÓMICO 24.3

¿Por qué se hundió la economía argentina en 2001-2002?

Argentina, que tiene abundantes recursos naturales y cuya población posee un elevado nivel de educación, fue durante mucho tiempo una de las economías más prósperas de Latinoamérica. Sin embargo, en 2001-2002 el país sufrió una grave crisis económica. La insatisfacción política llegó a tal extremo que los argentinos salieron a las calles de Buenos Aires y el país tuvo cinco presidentes en sólo unos meses. ¿Por qué se hundió la economía argentina en 2001-2002?

Como Argentina es un país en desarrollo que tiene abundantes recursos humanos y naturales, las inversiones en nuevos bienes de capital en ese país podrían ser muy rentables. Sin embargo, su tasa de ahorro nacional es de las más bajas de Latinoamérica. Para compensar la diferencia entre la demanda de inversión (nuevos bienes de capital) y la oferta interior de ahorro, Argentina pidió muchos préstamos en el extranjero; es decir, hubo muchas entradas de capital en Argentina. Estas entradas de capital le ayudaron a invertir más y a crecer a un ritmo más rápido. Sin embargo, las rápidas entradas de capital también implicaban que Argentina estaba acumulando una gran deuda exterior. Los extranjeros seguían estando dispuestos a prestarle, mientras esperaban obtener buenos rendimientos por sus préstamos.

Desgraciadamente, a finales de los años noventa la situación dio un giro para peor. En 1998, la economía argentina, tras crecer durante tres años, experimentó una considerable desaceleración. Por otro lado, debido en parte a la desaceleración de la economía, que redujo los ingresos fiscales y aumentó las demandas de servicios públicos por parte de los argentinos, la situación presupuestaria empeoró. La administración central, que tenía un superávit presupuestario de más de un 2% en 1993, comenzó a incurrir en grandes déficits. Las administraciones provinciales y municipales, que podían gastar libremente, también incurrieron en déficit, que exacerbaron el problema fiscal del país.

El aumento de los déficits presupuestarios públicos redujo el ahorro nacional de Argentina, aumentando la necesidad de pedir préstamos al extranjero. Pero, al mismo tiempo que aumentaban las necesidades crediticias de Argentina, los prestamistas extranjeros comenzaron a temer que el país, con la desaceleración de su economía, la elevada carga de la deuda y el empeoramiento de los déficit presupuestarios públicos, fuera un lugar de inversión mucho más arriesgado de lo que pensaban. El aumento del riesgo reduce la oferta de entradas de capital (véase la Figura 24.4) y, por lo tanto, también reduce el ahorro total existente; el resultado es una subida del tipo de interés interior, una disminución de la inversión interior y, por lo tanto, un debilitamiento de la economía. A medida que la economía continuaba debilitándose y los presupuestos del Estado empeoraban, los prestamistas extranjeros comenzaron a mostrarse tan pesimistas respecto a la situación de Argentina que sólo estaban dispuestos a prestar, si acaso, a unos tipos de interés muy altos. Finalmente, Argentina no fue capaz de pagar ni siquiera los intereses de su deuda exterior y se vio obligada a suspender el pago de la deuda (a negarse a pagar). A partir de ese momento, el país ya no pudo pedir préstamos en el extranjero a ningún precio. La inversión en Argentina se hundió, los tipos de interés reales se dispararon y Argentina se vio obligada a negociar con los organismos internacionales, como el Fondo Monetario Internacional, para obtener préstamos para reconstruir su economía. Durante los últimos años, la economía argentina se ha recuperado, pero el gobierno se ha negado a devolver toda su deuda exterior.

LA TASA DE AHORRO Y EL DÉFICIT COMERCIAL

Hemos visto que las exportaciones y las importaciones de un país no tienen por qué ser siempre iguales. De hecho, Estados Unidos ha incurrido durante muchos años en un déficit comercial; es decir, sus importaciones han sido superiores a sus exportaciones. ¿A qué se deben los déficits comerciales? A veces se dice en los medios de comunicación que los déficit comerciales se deben a que los países producen bienes inferiores que nadie quiere comprar o a que otros países imponen restricciones comerciales injustas sobre sus importaciones. Sin embargo, a pesar de la popularidad de estas explicaciones, ni la teoría económica ni los datos las avalan. Por ejemplo, Estados Unidos tiene un gran déficit comercial con China, pero nadie afirmaría que los bienes estadounidenses generalmente son peores que los chinos. Y muchos países en vías de desarrollo tienen significativos déficits comerciales aunque sean ellos, más que sus socios comerciales, los que tiendan a imponer las restricciones más rigurosas sobre el comercio.

Los economistas sostienen que *la principal causa de los déficits comerciales no es la calidad de las exportaciones de un país o la existencia de restricciones comerciales injustas, sino la existencia de una baja tasa de ahorro nacional.*

Ya hemos visto la relación entre el ahorro nacional y la balanza comercial en la Ecuación 24.2, $S - NX = I$, que reformulamos de la forma siguiente:

$$S - I = NX. \tag{24.4}$$

Según la Ecuación 24.4, si mantenemos constante la inversión interior (I), una elevada tasa de ahorro nacional S implica un elevado nivel de exportaciones netas, NX, mientras que un bajo nivel de ahorro nacional implica un bajo nivel de exportaciones netas. Por otra parte, si el ahorro nacional de un país es menor que su inversión, es decir, $S < I$, la Ecuación 24.4 implica que las exportaciones netas, NX, son negativas. De este modo, el país tiene un déficit comercial. La Ecuación 24.4 lleva a la conclusión de que manteniendo constante la inversión interior, un bajo ahorro nacional tiende a ir acompañado de un déficit comercial ($NX < 0$) y un elevado ahorro nacional va acompañado de un superávit comercial ($NX > 0$).

¿Por qué una baja tasa de ahorro nacional tiende a ir acompañada de un déficit comercial? Un país que tiene una baja tasa de ahorro nacional es un país en el que los hogares y el Estado tienen una elevada tasa de gasto en relación con la renta y la producción interiores. Como una parte del gasto de los hogares y del Estado se dedica a bienes importados, es de esperar que una economía que tenga un bajo ahorro y un elevado gasto tenga un elevado volumen de importaciones. Por otra parte, una economía que tiene un bajo ahorro consume una elevada proporción de su producción interior, reduciendo la cantidad de bienes y servicios de que se dispone para exportar. Al ser altas las importaciones y bajas las exportaciones, una economía que tiene un ahorro bajo experimenta un déficit comercial.

Como hemos visto, un país que tiene un déficit comercial también debe estar recibiendo entradas de capital (la Ecuación 24.1 nos dice que, si existe un déficit comercial, de tal manera que $NX < 0$, debe ser cierto que $KI > 0$, es decir, las entradas netas de capital son positivas). ¿Es compatible también una baja tasa de ahorro nacional con la existencia de entradas netas de capital? La respuesta es afirmativa. Un país que tiene una baja tasa de ahorro nacional carece de suficientes ahorros propios para financiar la inversión interior, por lo que es probable que haya muchas y buenas oportunidades de inversión para los ahorradores extranjeros, lo que provocará entradas de capital. En otras palabras, una escasez de ahorro interior tiende a elevar el tipo de interés real interior, lo que atrae capital del extranjero.

Llegamos a la conclusión de que una baja tasa de ahorro nacional tiende a generar un déficit comercial, así como a fomentar la entrada de capital que debe acompañar a un déficit comercial. En El observador económico 24.4 mostramos este efecto en el caso de Estados Unidos.

EL OBSERVADOR ECONÓMICO 24.4

¿Por qué es tan grande el déficit comercial de Estados Unidos?

Como muestra la Figura 24.1, en Estados Unidos el comercio estuvo más o menos equilibrado hasta mediados de los años setenta. Sin embargo, desde finales de esa década Estados Unidos ha incurrido en grandes déficits comerciales, sobre todo a mediados de los años ochenta y en la segunda mitad de los 90. De hecho, en 2004 el déficit comercial representó un 5,2% del PIB. ¿Por qué es tan grande el déficit comercial de Estados Unidos?

La Figura 24.6 muestra el ahorro nacional, la inversión y la balanza comercial de Estados Unidos desde 1960 hasta 2004 (expresados todos en relación con el PIB). Obsérvese que la balanza comercial ha sido negativa desde finales de los años 70, lo que indica un déficit comercial, y que los déficit comerciales corresponden a periodos en los que la inversión es superior al ahorro nacional, como exige la Ecuación 24.4.

En Estados Unidos, el ahorro nacional y la inversión estuvieron más o menos equilibrados en los años 60 y principios de los 70, por lo que la balanza comercial fue cercana a cero durante ese periodo. Sin embargo, el ahorro nacional disminuyó bruscamente a finales de los años 70 y en los 80. Uno de los factores que contribuyó a esa disminución fueron los grandes déficits presupuestarios de esa época (véase el Capítulo 22). Como la inversión no disminuyó tanto como el ahorro, el déficit comercial se disparó en los años 80 y sólo se controló cuando la inversión disminuyó durante la recesión de 1990-1991. El ahorro y la inversión se recuperaron ambos durante la década de 1990, pero en la segunda mitad el ahorro nacional disminuyó de nuevo. En esta ocasión, el culpable no fue la administración federal, puesto que su presupuesto mostró un saludable superávit, sino una disminución del ahorro privado, causada por un enorme aumento del gasto de consumo. Este aumento del gasto de consumo se destinó en gran parte a bienes y servicios importados, lo que elevó el déficit comercial.

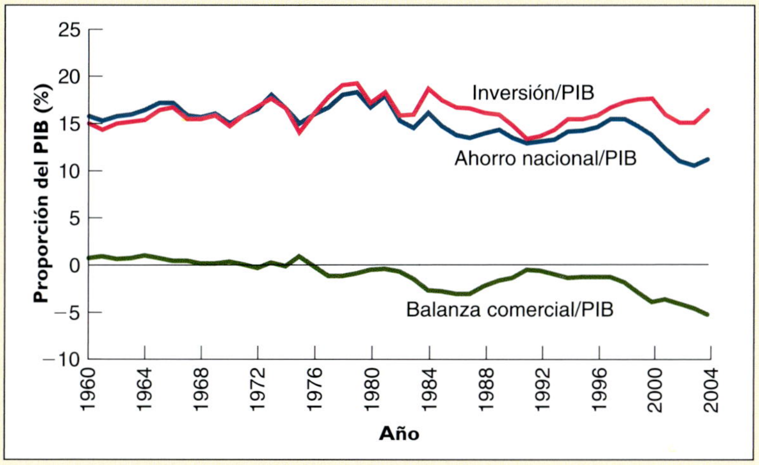

FUENTE: *Bureau of Economic Analysis* (http://www.bea.gov).

FIGURA 24.6
El ahorro nacional, la inversión y la balanza comercial en Estados Unidos, 1960-2004.
Desde los años 70, el ahorro nacional ha sido inferior a la inversión interior, lo que implica un significativo déficit comercial.

En 2002, sin embargo, la administración federal comenzó de nuevo a tener grandes déficits presupuestarios, lo cual redujo aún más el ahorro nacional y elevó el déficit comercial a un nivel sin precedentes en 2004.

¿Es un problema el déficit comercial de Estados Unidos? El déficit comercial implica que Estados Unidos está recurriendo mucho al ahorro extranjero y a las entradas netas de capital para financiar su formación interior de capital. Estos préstamos extranjeros deben acabar devolviéndose con intereses. Si el ahorro extranjero se invierte bien y la economía estadounidense crece, la devolución no planteará ningún problema. Sin embargo, si el crecimiento económico se desacelera, la devolución de la deuda a los prestamistas extranjeros impondrá una carga económica en el futuro.

"Pero no estamos hablando simplemente de comprar un coche, estamos hablando de enfrentarnos al déficit comercial con Japón."

RECAPITULACIÓN	LOS MOVIMIENTOS INTERNACIONALES DE CAPITALES Y LA BALANZA COMERCIAL

- Las compraventas internacionales de activos se llaman *movimientos internacionales de capitales*. Si un ciudadano, una empresa o el gobierno, por ejemplo, de nuestro país pide préstamos en el extranjero, decimos que hay una entrada neta de capital en nuestro país. En este caso, los ahorradores extranjeros están adquiriendo activos de nuestro país. Si un ciudadano, una empresa o el gobierno de nuestro país presta a un extranjero, adquiriendo así un activo exterior, decimos que ha habido una salida de capital de nuestro país. Las entradas netas de capital en un país son iguales a las entradas de capital menos las salidas.
- Si un país importa más bienes y servicios de los que exporta, debe pedir préstamos en el extranjero para cubrir la diferencia. Asimismo, un país que exporta más de lo que importa presta la diferencia a extranjeros. Por lo tanto, desde el punto de vista contable, la balanza comercial, NX, y las entradas netas de capital deben sumar cero en todos los periodos.
- Los fondos existentes para inversión interior en nuevos bienes de capital son iguales a la suma del ahorro interior y las entradas netas de capital del extranjero. Cuanto mayor es el rendimiento y menor el riesgo de invertir en el interior, mayor es la entrada de capital del extranjero. Las entradas de capital benefician a una economía al suministrarle más fondos para invertir en capital, pero pueden convertirse en una carga si los rendimientos de la inversión en nuevos bienes de capital son insuficientes para devolver los préstamos a los prestamistas extranjeros.
- Una importante causa de los déficits comerciales es una baja tasa de ahorro nacional. Un país que ahorra poco y gasta mucho tiende a importar una cantidad mayor de bienes y servicios de la que puede exportar. Al mismo tiempo, la baja tasa de ahorro del país implica la necesidad de endeudarse más con otros países para financiar el gasto de inversión interior.

Hasta ahora hemos analizado toda una variedad de cuestiones relacionadas con los resultados de la economía a largo plazo, entre las que se encuentran el crecimiento económico, las causas del aumento de la productividad y de la mejora de los niveles de vida, la determinación de los salarios reales y los determinantes del ahorro y de la formación de capital. A partir del próximo capítulo, adoptaremos una perspectiva a corto plazo, examinando primero las causas de las contracciones y de las expansiones de la economía y a continuación las medidas que pueden adoptarse para influir en estas fluctuaciones.

RESUMEN

- Las instituciones y los mercados financieros, además de equilibrar el ahorro y la inversión en conjunto, desempeñan el importante papel de asignar el ahorro a los proyectos de inversión más rentables. El sistema financiero mejora la asignación del ahorro de dos maneras: en primer lugar, suministra a los ahorradores información sobre cuáles de los muchos fines que pueden darse a sus fondos probablemente resultarán más productivos y, por lo tanto, generarán el mayor rendimiento posible. Por ejemplo, los *intermediarios financieros,* como los bancos, adquieren experiencia en la evaluación de los posibles prestatarios, haciendo innecesario que los pequeños ahorradores los evalúen por su cuenta. Asimismo, los analistas de acciones y bonos evalúan las perspectivas empresariales de las empresas que emiten acciones o bonos, y ese cálculo determina el precio que se pagará por las acciones o el tipo de interés que tendrán que ofrecer las empresas por sus bonos. En segundo lugar, los mercados financieros ayudan a los ahorradores a repartirse los riesgos de los préstamos al permitirles *diversificar* sus inversiones financieras. Los ahorradores tienen a menudo acciones a través de los *fondos de inversión,* que son un tipo de intermediario financiero que reduce el riesgo teniendo muchos activos financieros diferentes. Los mercados financieros, al reducir el riesgo al que se enfrenta cualquier ahorrador, permiten financiar proyectos arriesgados, pero que pueden ser muy productivos.

- Las sociedades anónimas que no quieren pedir préstamos bancarios pueden obtener financiación emitiendo bonos o acciones Un *bono* es certificado de deuda incluido tanto el *principal* como los pagos periódicos de intereses. Los precios de los bonos existentes bajan cuando los tipos de interés suben. Una *acción* es un derecho a la propiedad parcial de una empresa. El precio de las acciones depende positivamente del *dividendo* que se espera que paguen y del precio futuro esperado de las acciones y negativamente de la tasa de rendimiento que exigen los inversores financieros para tener las acciones. La tasa de rendimiento exigida es, a su vez, la suma del rendimiento de los activos seguros y el rendimiento adicional necesario para compensar a los inversores financieros por el riesgo de las acciones, llamado *prima de riesgo.*

- La *balanza comercial* o exportaciones netas de un país es el valor de sus exportaciones menos el valor de sus importaciones en un determinado periodo. Las exportaciones no tienen por qué ser siempre iguales a las importaciones. Si son mayores, la diferencia se denomina *superávit comercial* y si son menores, la diferencia se denomina *déficit comercial.* No sólo se comercian bienes y servicios sino también activos. Las compras de activos interiores (reales o financieros) por parte de extranjeros se denominan *entradas de capital* y las compras de activos extranjeros por parte de ahorradores interiores se llaman *salidas de capital.*

- Las *entradas netas de capital* son iguales a las entradas de capital menos las salidas de capital; es decir, a las compras extranjeras de activos interiores menos las compras interiores de activos extranjeros. Como las importaciones que no se financian mediante la venta de exportaciones deben financiarse mediante la venta de activos, la balanza comercial y las entradas netas de capital deben sumar cero.

- Cuanto más alto es el tipo de interés real de un país y menor el riesgo de invertir en él, mayores son las entradas de capital. La existencia de entradas de capital aumenta la cantidad de ahorro de un país, lo que permite aumentar la inversión interior y el crecimiento. Un inconveniente de utilizar las entradas de capital para financiar la formación interior de capital es que los rendimientos del capital (los intereses y los dividendos) no van a parar a los residentes interiores sino a los inversores financieros extranjeros.

- Los déficit comerciales se deben principalmente a que la tasa de ahorro nacional es baja. Un país que tenga una baja tasa de ahorro y un elevado gasto probablemente importará más que un país que tenga una elevada tasa de ahorro. También consumirá una cantidad mayor de su producción interior, por lo que quedará menos para exportar. Por último, un país que tenga una baja tasa de ahorro probablemente tendrá un tipo de interés real alto, lo que atraerá entradas netas de capitales. Como la suma de la balanza comercial y las entradas de capital es cero, cuando el nivel de entradas netas de capital es alto, también lo es el déficit comercial.

TÉRMINOS CLAVE

PREGUNTAS DE REPASO

1. Indique de qué dos formas ayuda el sistema financiero a mejorar la asignación del ahorro. Ilústrelo con ejemplos.
2. Artemio planea vender un bono que vence dentro de un año y cuyo principal es de 1.000$. ¿Puede esperar obtener 1.000$ por el bono en el mercado de bonos? Explique su respuesta.
3. Suponga que a usted le preocupa el riesgo mucho menos que a la persona corriente. ¿Son las acciones una buena inversión financiera para usted? ¿Por qué sí o por qué no?
4. Los precios de las acciones se disparan, pero los precios de los bonos del Estado permanecen estables. ¿Qué puede deducir usted de la conducta de los precios de los bonos sobre las posibles causas del aumento del valor de las acciones?
5. Ponga un ejemplo de una entrada de capital y de una salida de capital desde el punto de vista de un país, por ejemplo, España.
6. ¿Qué relación hay entre las entradas o las salidas de capital y la inversión interior en nuevos bienes de capital?
7. Explique con ejemplos por qué en cualquier periodo las entradas netas de capital de un país son iguales a su déficit comercial.
8. ¿Cómo afectará probablemente el aumento de la inestabilidad política en un país a las entradas de capital, al tipo de interés real interior y a la inversión en nuevos bienes de capital? Muéstrelo gráficamente.

PROBLEMAS

1. Simón compra por 1.000$ un bono recién emitido por Amalgama S.A. El bono paga 60$ a su titular al final del primer y segundo año, y 1.060$ a su vencimiento al final del tercer año.
   a. ¿Cuáles son el principal, el plazo, el tipo según cupón y los pagos del cupón del bono de Simón?
   b. Tras recibir el segundo pago del cupón (al final del segundo año), Simón decide vender el bono en el mercado de bonos. ¿Qué precio puede esperar por su bono si en ese momento el tipo de interés a un año es del 3%? ¿Y si es del 8%? ¿Y si es del 10%?
   c. ¿Imagina alguna razón por la que el precio del bono de Simón podría bajar después de dos años por debajo de 1.000$, aunque el tipo de interés de mercado fuera igual al tipo según cupón?
2. Se espera que las acciones de Hermanos Grimm, S.A., fabricantes de casitas de chocolate, repartan un dividendo de 5$ dentro de 1 año y que se vendan por 100$ cada una en ese momento. ¿Cuánto debería usted estar dispuesto a pagar hoy por cada acción de Grimm:
   a. si el tipo de interés seguro es de un 5% y cree que invertir en Grimm no es arriesgado?
   b. si el tipo de interés seguro es de un 10% y cree que invertir en Grimm no es arriesgado?
   c. si el tipo de interés seguro es de un 5% pero su prima de riesgo es del 3%?
   d. Repita los apartados de la *a* a la *c* suponiendo que no se espera que Grimm reparta dividendos, pero el precio esperado no varía.
3. Sus inversiones financieras consisten en bonos del Estado que vencen dentro de 10 años y acciones en una nueva empresa de investigación farmacéutica. ¿Cómo es de esperar que afecte cada una de las siguientes noticias al valor de sus activos? Explique su respuesta.
   a. Suben los tipos de interés de los bonos del Estado recién emitidos.
   b. Se predice que la inflación será mucho menor de lo previsto (*pista:* recuerde el efecto de Fisher del Capítulo 5). Suponga para simplificar el análisis que esta información *no* afecta a su predicción sobre el valor en dólares de los futuros dividendos y el futuro precio de las acciones de la empresa farmacéutica.

   En los apartados de la *c* a la *f* se supone que los tipos de interés de los bonos del Estado recién emitidos no varían.

   c. Las grandes fluctuaciones del mercado de valores aumentan la preocupación de los inversores financieros por el riesgo de mercado.
   d. La nueva empresa cuyas acciones posee usted anuncia el desarrollo de un valioso medicamento. Sin embargo, éste no llegará al mercado hasta dentro de 5 años como mínimo.
   e. La empresa farmacéutica anuncia que no repartirá dividendos el próximo año.
   f. El gobierno anuncia un sistema de control de los precios de los medicamentos con receta.
4. Usted tiene 1.000$ para invertir y está considerando la posibilidad de comprar acciones de dos empresas: BurroSA y ElefanteSA. Las acciones de BurroSA tienen un rendimiento del 10% si resultan elegidos los socialistas, acontecimiento que usted cree que tiene un 40% de

probabilidades de producirse; de lo contrario, las acciones tienen un rendimiento nulo. Las acciones de ElefanteSA tienen un rendimiento del 8% si resultan elegidos los conservadores (un 60% de probabilidades) y cero en caso contrario. Las elecciones sólo las pueden ganar los socialistas o los conservadores.

a. Si su único objetivo es maximizar su rendimiento esperado medio, independientemente del riesgo, ¿cómo debe invertir sus 1.000$?
b. ¿Cuál es su rendimiento esperado si invierte 500$ en acciones de cada empresa? *Pista:* piense cuál sería su rendimiento si ganaran los socialistas y si ganaran los conservadores y pondere cada resultado por la probabilidad de que se produzca ese acontecimiento.
c. La estrategia de invertir 500$ en acciones de cada empresa *no* indica el máximo rendimiento esperado medio posible. ¿Por qué podría elegirla de todas formas?
d. Imagine una estrategia de inversión que garantice al menos un rendimiento del 4,4%, independientemente del partido que gane.
e. Imagine una estrategia de inversión que no sea arriesgada, es decir, una estrategia en la que el rendimiento de sus 1.000$ no dependa del partido que gane.

5. Busque en la página web del *Bureau of Economic Analysis* (http://www.bea.doc.gov) datos sobre los componentes del PIB nominal del trimestre más reciente y de los dos años anteriores completos. Halle las exportaciones netas, el ahorro nacional (que puede obtenerse a partir de la relación $S = Y - C - G$) y la inversión interior privada bruta del periodo y verifique que satisfacen la relación $S - I = NX$. ¿Cómo ha variado la balanza comercial de Estados Unidos en los 2 últimos años en porcentaje del PIB? ¿Son atribuibles las variaciones a los cambios de la tasa de ahorro nacional, de la tasa de inversión o de ambas?

6. ¿Cómo afecta cada una de las transacciones siguientes (1) al superávit o al déficit comercial y (2) a las entradas o las salidas de capital de Estados Unidos? Muestre que en cada caso se aplica la identidad de que la suma de la balanza comercial y las entradas netas de capital es igual a cero.
   a. Un exportador estadounidense vende programas informáticos a Israel. Utiliza los shequels israelíes que recibe para comprar acciones de una empresa israelí.
   b. Una empresa mexicana utiliza los ingresos generados por la venta de petróleo a Estados Unidos para comprar deuda pública estadounidense.
   c. Una empresa mexicana utiliza los ingresos generados por la venta de petróleo a Estados Unidos para comprar equipo de prospecciones petrolíferas a una empresa estadounidense.
   d. Una empresa mexicana recibe dólares americanos por la venta de petróleo a Estados Unidos. Una empresa francesa acepta los dólares en pago del equipo de prospecciones petrolíferas y los utiliza para comprar deuda pública estadounidense.
   e. Un inversor financiero británico extiende un cheque contra la cuenta que tiene en un banco de Nueva York para comprar acciones de General Motors (GM es una empresa estadounidense).

7. Utilice un gráfico como la Figura 24.5 para mostrar cómo afecta cada uno de los hechos siguientes al tipo de interés real y a la inversión de capital de un país que es un deudor exterior neto.
   a. Las oportunidades de inversión en el país mejoran debido a las nuevas tecnologías.
   b. El déficit presupuestario público aumenta.
   c. Los ciudadanos deciden ahorrar más.
   d. Los inversores extranjeros creen que el riesgo de prestar al país ha aumentado.

8. La oferta interior de ahorro de un país, la demanda interior de ahorro para formación de capital y la oferta de entradas netas de capital vienen dadas por las siguientes ecuaciones:

$$S = 1.500 + 2.000r,$$

$$I = 2.000 - 4.000r,$$

$$KI = -100 + 6.000r.$$

   a. Suponga que el mercado de ahorro y de inversión se encuentra en equilibrio y halle el ahorro nacional, las entradas netas de capital, la inversión interior y el tipo de interés real.
   b. Repita el apartado *a* suponiendo que el ahorro nacional deseado desciende 120 en cada valor del tipo de interés real. ¿Cómo afecta una reducción del ahorro interior a las entradas netas de capital?
   c. La preocupación por la política macroeconómica de la economía hace que las entradas de capital disminuyan bruscamente, por lo que ahora $KI = -700 + 6.000r$. Repita el apartado*a*. ¿Cómo afecta una reducción de las entradas de capital a la inversión interior y al tipo de interés real?

9. Considere la siguiente gráfica que muestra información para México con respecto al ahorro doméstico y la balanza comercial para el periodo 1960-2002.

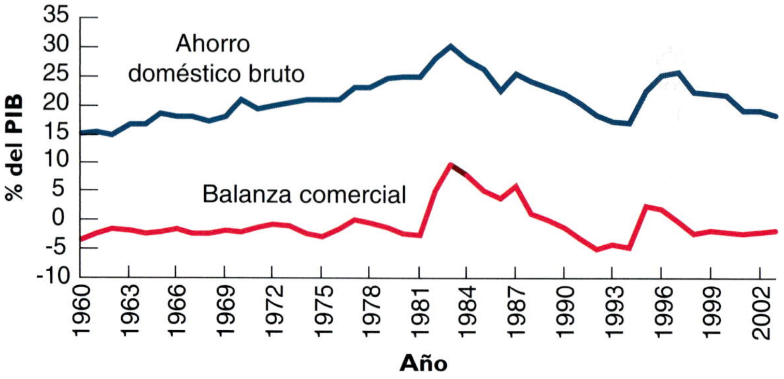

FUENTE: *World Bank Indicators*.

a. ¿Qué puede inferir a partir de la gráfica con respecto a la inversión del país?
b. ¿Cómo será la entrada neta de capitales?

RESPUESTAS A LOS EJERCICIOS

24.1 Como los precios de los bonos cayeron, los tipos de interés tuvieron que subir. Para hallar el tipo de interés, obsérvese que los inversores en bonos sólo están dispuestos a pagar 960$ hoy por un bono que devolverá 1.070$ (un pago del cupón de 70$ más el principal de 1.000$) dentro de un año. Para hallar el rendimiento dentro de un año, dividimos 1.070$ por 960$ y obtenemos 1,115. Por lo tanto, el tipo de interés debió subir a 11,5%.

24.2 Las acciones valdrán 81$ cada una dentro de un año, que es la suma de su precio futuro esperado y el dividendo esperado. A un tipo de interés del 4%, su valor es hoy de 81$/1,04= = 77,88$. A un tipo de interés del 8%, el valor actual es de 81$/1,08 = 75$. Recuérdese que en el Ejemplo 24.2 hemos visto que cuando el tipo de interés es del 6%, el valor de una acción de GalletasdelaSuerte.com es de 76,42$. Como cuando los tipos de interés son más altos, los valores de las acciones son más bajos, la noticia de que los tipos de interés están a punto de subir debería provocar una caída de la bolsa de valores.

24.3 La compra del bono japonés es una salida de capital para Estados Unidos, es decir, KI = = –20.000$. Ahora el Estado japonés tiene 20.000$. ¿Qué hará con estos fondos? Tiene esencialmente tres posibilidades. En primer lugar, podría utilizarlos para comprar bienes y servicios estadounidenses (por ejemplo, equipo militar). En ese caso, la balanza comercial de Estados Unidos es igual a +20.000$ y la suma de la balanza comercial y las entradas de capital es cero. En segundo lugar, podría adquirir activos estadounidenses, por ejemplo, depósitos en bancos de Estados Unidos. En ese caso, una entrada de capital en Estados Unidos de 20.000$ contrarresta la salida inicial de capital. Tanto la balanza comercial como las salidas netas de capital son individualmente cero, por lo que su suma es cero.

Por último, el Estado japonés podría utilizar los 20.000$ para comprar bienes, servicios o activos que no fueran estadounidenses, por ejemplo, petróleo de Arabia Saudita. Pero, en ese caso, quien recibe los 20.000$, que no es estadounidense, tiene los fondos y las mismas opciones que el Estado japonés. Finalmente los fondos se utilizan para comprar bienes, servicios o activos estadounidenses, satisfaciendo la Ecuación 28.1. De hecho, aunque el receptor conserve los fondos (en efectivo o en un depósito en un banco de Estados Unidos), éstos siguen considerándose una entrada de capital en Estados Unidos, ya que los dólares americanos o una cuenta en un banco de Estados Unidos son activos estadounidenses adquiridos por extranjeros.

24.4 Una subida del tipo de interés real en el extranjero aumenta el atractivo relativo de las inversiones financieras extranjeras tanto para los ahorradores extranjeros como para los ahorradores interiores. Las entradas netas de capital en el país disminuyen en cada nivel del tipo de interés real interior. La curva de oferta de entradas netas de capital se desplaza hacia la izquierda, como en la Figura 24.4.

PARTE

7

LA ECONOMÍA A CORTO PLAZO

Un cartel situado en Redwood City (California) presume de que esta ciudad tiene el mejor clima del mundo. Su temperatura y sus precipitaciones anuales medias son similares a las de otras muchas ciudades de Estados Unidos. ¿En qué se basan, pues, los que presumen del clima de Redwood City para hacer esa afirmación? El clima de Redwood City es atractivo para muchas personas porque varía muy poco a lo largo del año y es casi tan agradable y templado en invierno como en verano. Una ciudad que tuviera la misma temperatura anual media que Redwood City, pero en la que hiciera mucho frío en invierno y un calor insoportable en verano, no sería ni de lejos un lugar tan agradable para vivir.

La idea es la misma en el caso de los resultados de la economía. Como hemos visto, la tasa media de crecimiento de la economía de un periodo de décadas o más es el determinante fundamental del nivel medio de vida. Pero las fluctuaciones a corto plazo de la tasa de crecimiento de la economía en torno a su media a largo plazo también son importantes para el bienestar económico. En concreto, los periodos de crecimiento económico constantes, que se conocen con el nombre de contracciones, pueden crear considerables dificultades económicas e insatisfacción. En la Séptima Parte analizamos las causas de las fluctuaciones a corto plazo de las variables económicas fundamentales, entre las que se encuentran la producción, el desempleo y la inflación, y analizamos las opciones de que disponen los responsables de la política económica para estabilizar la economía.

En el Capítulo 25 sentamos algunas de las bases necesarias para estudiar las fluctuaciones a corto plazo describiendo sus características fundamentales y pasando revista al historial de las fluctuaciones de la economía de Estados Unidos. En los capítulos del 26 a 29 presentamos un modelo para analizar las fluctuaciones a corto plazo y las distintas respuestas posibles de la política económica. En el 26 mostramos que las fluctuaciones del gasto, es decir, de la demanda agregada, pueden hacer que la producción y el empleo experimenten fluctuaciones a corto plazo. En ese capítulo también explicamos cómo puede utilizarse la política fiscal —la política relacionada con el gasto y los impuestos del Estado— para estabilizar el gasto y la producción. En el 27 centramos la atención en la política monetaria, que es el segundo instrumento para estabilizar la producción y el empleo. En el 28 incorporamos la inflación al análisis, examinando tanto sus causas como las medidas que pueden adoptarse para controlarla. Por último, en el 29 ampliamos más detalladamente el análisis y examinamos las prácticas y los problemas de la formulación de la política macroeconómica.

CAPÍTULO

25

LAS FLUCTUACIONES ECONÓMICAS A CORTO PLAZO: INTRODUCCIÓN

A principios de 1991, tras derrotar Estados Unidos y sus aliados a Iraq en la Guerra del Golfo, las encuestas de opinión mostraron que el 90% de los estadounidenses aprobaba la labor de George H. W. Bush como presidente. La victoria en la Guerra del Golfo siguió a algunos otros éxitos de la política exterior de la administración Bush, entre los que figuran la destitución del presidente corrupto de Panamá, el General Manuel Noriega, en diciembre de 1989, la mejora de las relaciones con China, los progresos realizados en las conversaciones de paz de Oriente Medio y el fin del *apartheid* en Sudáfrica. La caída de la Unión Soviética en diciembre de 1991 —sensacional acontecimiento que supuso el fin de la Guerra Fría— también se registró durante el mandato de Bush. Sin embargo, a pesar de estas mejoras desde el punto de vista político, unos meses después de la Guerra del Golfo, el porcentaje de personas que aprobaban la actuación de Bush, que había alcanzado elevadas cotas, cayó en picado. Según una encuesta, cuando se celebró la convención nacional republicana en 1992, sólo el 29% de la opinión pública aprobaba la actuación de Bush. Aunque la opinión que tenía el público del presidente mejoró durante la campaña, Bush y su candidato a la vicepresidencia Dan Quayle perdieron las elecciones generales de 1992 en favor de Bill Clinton y Al Gore, obteniendo solamente 39 millones de votos de los 104 millones emitidos. El candidato del tercer partido, Ross Perot, obtuvo casi 20 millones.

¿A qué se debió este giro de la suerte política del presidente Bush (padre)? A pesar de la alta puntuación que le dieron sus votantes en política exterior, muchos pensaban que su política económica interna había sido muy ineficaz. Bush fue muy criticado por incumplir la promesa de campaña de no subir los impuestos. Y lo que es más importante, la economía se debilitó significativamente en 1990-1991 y a partir de entonces sólo se recuperó a un ritmo constante. Aunque la inflación era baja, a mediados de 1992 el desempleo había aumentado y afectaba al 7,8% de la población activa, es decir, era 2,5 puntos porcentuales más alto que en el primer año del mandato de Bush y el más alto desde 1984. Un cartel que había en la oficina central de la campaña del candidato demócrata Bill Clinton resumía la estrategia de Clinton para acceder a la Casa Blanca: "Es la economía, estúpido", Clinton se dio cuenta de la importancia de los problemas económicos del país e insistió en la incapacidad de la administración republicana para sacar al país del bache económico. El énfasis de Clinton en la economía fue la clave de su elección.

La capacidad de Clinton para hacer de la crítica a la situación económica un éxito electoral no es excepcional en la historia política de Estados Unidos. La debilidad de la economía ayudó de una manera decisiva a Franklin D. Roosevelt a derrotar a Herbert Hoover en 1932, a John F. Kennedy a vencer a Richard Nixon en 1960 y a Ronald Reagan a derrotar a Jimmy Carter en 1980. La popularidad política de que gozó el presidente George W. Bush tras conseguir la caída del régimen talibán en 2001 disminuyó como consecuencia de una contracción económica y de la lenta recuperación posterior, aunque, a diferencia de su padre, consiguió ganar las elecciones. En cambio, la buena situación económica ha ayudado a algunos presidentes (o a su partido) a mantenerse en el cargo; así sucedió con Nixon en 1972, Reagan en 1984 y Clinton en 1996. De hecho, algunos estudios empíricos sugieren que los resultados económicos del año anterior a las elecciones se encuentran entre los determinantes más importantes de la probabilidad de que el presidente en el cargo sea reelegido.

En la parte anterior analizamos los factores que determinan el crecimiento económico a largo plazo. Históricamente, esos factores determinan la prosperidad económica de una sociedad. De hecho, en un periodo de 30, 50 ó 100 años las diferencias relativamente pequeñas entre las tasas de crecimiento económico pueden producir un enorme efecto en el nivel de vida de la persona media. Pero aunque el "clima" económico (la situación económica a largo plazo) sea el determinante último del nivel de vida, también son importantes los cambios de la "meteorología" económica (las fluctuaciones a corto plazo de las condiciones económicas). Un buen historial del crecimiento a largo plazo no es de mucho consuelo para un trabajador que ha perdido el empleo a causa de una contracción. El peso que tienen los resultados macroeconómicos a corto plazo en los resultados electorales es uno de los indicadores de la importancia que les concede al consumidor representativo.

En esta parte del libro estudiamos las fluctuaciones a corto plazo de la actividad económica, que se conocen normalmente con el nombre de *contracciones* y *expansiones*. Comenzamos en este capítulo con algunos datos sobre la historia y las características de estas fluctuaciones económicas. Sin embargo, el tema principal de esta parte son sus *causas*, así como las *respuestas posibles de la política económica*. Como el análisis de las fluctuaciones económicas a corto plazo puede ser complejo e incluso controvertido, iremos paso por paso. En este capítulo introduciremos un modelo básico —y muy simplificado— de las expansiones y las contracciones, que denominaremos *modelo keynesiano básico* en honor a su principal creador, el economista británico John Maynard Keynes. Este modelo centra la atención en los componentes del gasto agregado, como el gasto de consumo de los hogares y el gasto de inversión de las empresas, y en los efectos que producen los cambios del gasto en el PIB real total.

Aunque este modelo es un punto útil de partida, no aborda algunas cuestiones clave. En primer lugar, y lo que quizá sea más importante, tiene poco que decir sobre los determinantes de la inflación. En segundo lugar, como se ocupa del muy corto plazo, no presta suficiente atención a la tendencia natural de la economía a eliminar las desviaciones con respecto al pleno empleo a más largo plazo. Como no tiene en cuenta las tendencias "autocorrectoras" de la economía, tiende a sobreestimar la necesidad de que intervenga el gobierno para contrarrestar las fluctuaciones. En los dos capítulos siguientes introducimos nuevos elementos en el modelo para que sea más realista. Al final de esta parte habremos analizado las principales causas de las fluctuaciones económicas a corto plazo, así como las opciones que tienen los responsables de la política económica para darles respuesta.

Herbert Hoover
© CORBIS

Jimmy Carter
© David Rubinger/CORBIS

George Bush
© Wally McNamee/CORBIS

Víctimas de la contracción.

LAS CONTRACCIONES Y LAS EXPANSIONES

Como antecedente del estudio de las fluctuaciones económicas en el corto plazo, examinemos los datos históricos sobre las fluctuaciones de la economía de México. Luego, para un análisis más detallado, analizaremos las fluctuaciones de la economía de Estados Unidos. La Figura 25.1 muestra la evolución del PIB real de México para el periodo de 1960 a 2002. En ella podemos observar las contracciones de 1983 y de 1995. La contracción de 1983 generó consecuencias graves en la economía pues se tomaron casi diez años para recuperar los niveles del producto real al inicio de la caída. Por otra parte, la contracción de 1995 generó una caída brusca en el producto real, pero la recuperación fue muy rápida retomando niveles de crecimiento considerables a partir de 1997. La Figura 25.2 muestra la evolución del PIB real de Estados Unidos desde 1920 (la Figura 17.1 contenía una serie de datos incluso más larga). Como verá el lector, la senda de crecimiento del PIB real no siempre es uniforme; las protuberancias y las curvas corresponden a breves periodos de crecimiento más rápido o más lento.

FUENTE: *World Bank Indicators.*

FIGURA 25.1
Fluctuaciones en el PIB real de México, 1960-2002.

Un periodo en el que la economía crece a una tasa significativamente inferior a la normal se denomina **contracción** o *recesión*. Una contracción extraordinariamente grave o prolongada se denomina **depresión.** El lector debería ser capaz de reconocer la Gran Depresión en la Figura 25.2, especialmente el brusco declive inicial registrado entre 1929 y 1933. Pero también puede ver que la economía de Estados Unidos estuvo inestable a mediados de los años 70 y principios de los 80 y sufrió graves contracciones en 1973-1975 y en 1981-1982. En 1990-1991, se registró una contracción moderada (pero no lo suficientemente moderada para el primer presidente George Bush). La siguiente contracción no comenzó hasta después de otros 10 años, el periodo más largo sin contracciones en la historia de Estados Unidos. También fue breve y relativamente suave: comenzó en marzo de 2001 y terminó ocho meses más tarde.

contracción (o recesión) periodo en el que la economía crece a una tasa significativamente inferior a la normal

depresión contracción especialmente grave o prolongada

Según una definición menos formal, citada a menudo por los periodistas, una contracción es un periodo en el que el PIB real disminuye al menos durante dos trimestres consecutivos. Esta definición no es una mala regla práctica, ya que durante las contracciones el PIB real, normalmente, disminuye. Sin embargo, muchos economistas dirían que los periodos en los que el crecimiento del PIB real es mucho menor de lo normal, aunque no negativo, deben considerarse contracciones. De hecho, el PIB real sólo disminuyó en uno de los trimestres de la contracción de 2001. Otro problema que plantea la utilización de las cifras del PIB para datar las contracciones es que pueden revisarse considerablemente, a veces años después. En la práctica, cuando los economistas tratan de averiguar si hay una contracción, analizan toda una variedad de datos económicos, no sólo el PIB.

FIGURA 25.2
Fluctuaciones del PIB real de Estados Unidos, 1920-2004.
El PIB real no crece fluidamente, sino que tiene aceleraciones (expansiones) y desaceleraciones (contracciones o depresiones). Obsérvese la contracción registrada entre 1929 y 1933 (la primera fase de la Gran Depresión), la expansión de 1941-1945 (Segunda Guerra Mundial) y las contracciones de 1973-1975, 1981-1982, 1990-1991 y 2001.

FUENTE: *Bureau of Economic Analysis* (http://www.bea.gov).

cumbre comienzo de una contracción, punto máximo de actividad económica previo a una contracción

valle final de una contracción, punto mínimo de actividad económica previo a una recuperación

La Tabla 25.1 indica las fechas de comienzo y final de las contracciones de Estados Unidos desde 1929, así como la *duración* (en meses) de cada una. También indica la tasa de desempleo más alta registrada durante cada contracción y la variación porcentual del PIB real (olvídese de momento de la última columna de la tabla). El comienzo de una contracción se denomina **cumbre**, porque representa el punto máximo de actividad económica previo a una contracción. El fin de una contracción, que marca el punto mínimo de actividad económica previo a una recuperación, se denomina **valle**. Las fechas de las cumbres y de los valles indicadas en la Tabla 25.1 han sido fijadas por el *National Bureau of Economic Research* (NBER), organización de economistas sin fines lucrativos que ha sido un importante centro de investigación de las fluctuaciones económicas a corto plazo desde que se fundó en 1920. En El observador económico 25.1 describimos los datos y los métodos que utiliza el NBER para identificar las diferentes fases del ciclo económico. El NBER no es un organismo oficial, pero los medios de comunicación y el gobierno normalmente lo consideran el árbitro "oficial" de las fechas de las cumbres y los valles.

"Por favor, espere tonos. El primero indica el fin oficial de la contracción, el segundo prosperidad y el tercero el regreso de la contracción."

TABLA 25.1
Contracciones de Estados Unidos desde 1929

Fecha de la cumbre (comienzo)	Fecha del valle (final)	Duración (meses)	Tasa de desempleo más alta (%)	Variación porcentual del PIB real	Duración de la expansión posterior (meses)
Agosto 1929	Marzo 1933	43	24,9	–28,8	50
Mayo 1937	Junio 1938	13	19,0	–5,5	80
Feb. 1945	Oct. 1945	8	3,9	–8,5	37
Nov. 1948	Oct. 1949	11	5,9	–1,4	45
Julio 1953	Mayo 1954	10	5,5	–1,2	39
Agosto 1957	Abril 1958	8	6,8	–1,7	24
Abril 1960	Feb. 1961	10	6,7	2,3	106
Dic. 1969	Nov. 1970	11	5,9	0,1	36
Nov. 1973	Marz. 1975	16	8,5	–1,1	58
Enero 1980	Julio 1980	6	7,6	–0,3	12
Julio 1981	Nov. 1982	16	9,7	–2,1	92
Julio 1990	Mar. 1991	8	7,5	–0,9	120
Marzo 2001	Nov. 2001	8	5,8	0,8	

NOTAS: La tasa de desempleo es la tasa anual. Fechas de las cumbres y de los valles del *National Bureau of Economic Research*. Los datos sobre el desempleo y el PIB real proceden de *Historical Statistics of the United States* y del *Economic Report of the President*. La tasa de desempleo es la tasa anual del año del valle o del año posterior, la que sea más alta. La variación del PIB real anual se mide desde el año de la cumbre hasta el año del valle, salvo en el caso de la contracción de 1945 en que es la variación del PIB real registrada en 1945-1946, en el de la contracción de 1980 en que es la variación registrada en 1979-1980 y en la de 2001 que es la variación registrada en 2000-2001.

FUENTES: Fechas de las cumbres y los valles, *National Bureau of Economic Research*; desempleo y PIB real, *Historical Statistics of the United States* y *Economic Report of the President*.

La Tabla 25.1 muestra que desde 1929 la contracción más larga y grave de Estados Unidos fue la caída económica que duró 43 meses y que comenzó en agosto de 1929 y duró hasta marzo de 1933, iniciando lo que dio en llamarse Gran Depresión. Entre 1933 y 1937, la economía creció a un ritmo bastante rápido, por lo que, desde el punto de vista técnico, el periodo no fue una contracción, aunque el desempleo se mantuvo muy alto y afectó a cerca de un 20% de la población trabajadora. En 1937-1938, el país fue sacudido por otra importante contracción. La economía no se recuperó totalmente de la Depresión hasta que Estados Unidos entró en la Segunda Guerra Mundial a finales de 1941. Experimentó una expansión entre 1941 y 1945 (véase la Figura 25.2) debido a la enorme producción de equipo y suministros militares durante la guerra.

Las contracciones registradas desde la Segunda Guerra Mundial en general han sido breves en comparación con las de la década de 1930 —transcurrieron entre 6 y 16 meses desde la cumbre hasta el valle —. Como muestra la Tabla 25.1, las dos contracciones más graves después de la Segunda Guerra Mundial, las de 1973-1975 y 1981-1982, sólo duraron 16 meses. Aunque durante estas contracciones las tasas de desempleo fueron altas en comparación con las de hoy, fueron bajas en comparación con las de la Gran Depresión. Desde 1982, la economía de Estados Unidos sólo ha experimentado dos contracciones relativamente suaves: en 1990-1991 y en 2001. Aunque no han sido las peores que han sufrido los estadounidenses, advierten de que no se debe pecar de un exceso de confianza. La prosperidad y la estabilidad económica no están garantizadas.

Lo contrario de una contracción es una **expansión**, que es un periodo en el que la economía crece a una tasa significativamente *más alta* de lo normal. Una expansión especialmente fuerte y prolongada se denomina **auge**. En Estados Unidos, se registraron fuertes expansiones en 1933-1937, 1961-1969, 1982-1990 y 1991-2001, con un crecimiento excepcionalmente fuerte entre 1995 y 2000 (véase la Figura 25.2). Las expansiones han sido, en promedio, mucho más largas que las contracciones. La última columna de la Tabla 25.1 muestra la duración en meses de las expansiones

expansión periodo en el que la economía crece a una tasa significativamente superior a la normal

auge expansión especialmente fuerte y prolongada

que ha experimento Estados Unidos desde 1929. Como verá el lector en la tabla, la de 1961-1969 duró 106 meses; la de 1982-1990, 92 meses. La expansión más larga de todas comenzó en marzo de 1991 en el valle de la contracción de 1990-1991. Esta expansión duró 120 meses, 10 años completos, hasta que comenzó una nueva contracción en marzo de 2001. Igualmente, en la Figura 25.1 se observa el extraordinario periodo de 1960 a 1980 en el cual la economía mexicana creció sin sobresaltos, generando una estabilidad que no se ha vuelto a observar.

EL OBSERVADOR ECONÓMICO 25.1

¿Por qué se decidió que en 2001 se había iniciado una contracción en Estados Unidos?

El *Business Cycle Dating Committee* del *National Bureau of Economic Research* llegó a la conclusión de que en marzo de 2001 comenzó una contracción, la primera después de 10 años. ¿Qué llevó al comité a elegir esa fecha?

A principios de 2001 no había habido ninguna contracción "oficial" en Estados Unidos desde la que comenzó en julio de 1990 y concluyó en marzo de 1991. Como hemos señalado antes, este periodo de 10 años sin contracciones fue la expansión más larga de la historia de Estados Unidos. Sin embargo, la economía se debilitó notablemente durante la segunda mitad de 2000 y durante la primavera y el verano de 2001. Otro golpe fueron los ataques terroristas del 11 de septiembre de 2001, que causaron la pérdida de muchos puestos de trabajo tanto en las zonas afectadas como en sectores como el transporte aéreo y la hostelería (ya que la gente comenzó a tener miedo a viajar). Como habían aumentado las probabilidades de que hubiera comenzado una contracción, se convocó a los seis economistas que integran el *Business Cycle Dating Committee* —grupo del *National Bureau of Economic Research* que data realmente las contracciones— por primera vez desde hacía diez años.

Para saber si y cuándo ha comenzado una contracción es necesario realizar un intenso análisis estadístico combinado con una elevada dosis de valoraciones personales. El *Business Cycle Dating Committee* normalmente se basa principalmente en un pequeño grupo de indicadores estadísticos que miden la fuerza general de la economía. Prefiere los indicadores mensuales, ya que es posible disponer de ellos rápidamente y pueden suministrar información relativamente precisa sobre la cronología de las cumbres y los valles. Cuatro de los indicadores más importantes que utiliza el comité son

- La producción industrial, que mide la producción de las fábricas y las minas.
- Las ventas totales en la industria de la manufacturación, el comercio al por mayor y el comercio al por menor.
- El empleo no agrícola (el número de personas que trabajan fuera de la agricultura).
- La renta real después de impuestos que reciben los hogares, excluidas las transferencias como las pensiones.

Cada uno de estos indicadores mide un aspecto de la economía. Como sus variaciones tienden a coincidir con las variaciones globales de la economía se llaman *indicadores coincidentes*.

Normalmente, los indicadores coincidentes varían más o menos al unísono; durante la contracción de 2001 no ocurrió así. La producción industrial y las ventas en el sector de la manufacturación ya habían comenzado a disminuir en septiembre de 2000. Esta debilidad inicial del sector de la manufacturación se debió a las escasas ventas de tecnología de la información (ordenadores, programas informáticos, dispositivos de comunicaciones, etc.) tras la caída de las empresas "punto.com" en la bolsa durante 2000 (los valores de las acciones de las empresas de alta tecnología cayeron dos tercios o más durante el año). Sin embargo, la debilidad de la industria de la manufacturación no se reflejó inmediatamente en la economía en su conjunto, ya que tanto el empleo como la renta personal crecieron notablemente en el otoño de 2000. El empleo no comenzó a disminuir hasta marzo de 2001 aproximadamente y la renta personal real continuó creciendo durante el otoño de 2001.

El hecho de que los indicadores coincidentes no variaran al unísono dificultó la labor del comité. Éste acabó datando la cumbre, es decir, el comienzo de la contracción, en marzo de 2001, que fue el mes en el que el empleo no agrícola comenzó a disminuir, debido a que se supone que las contracciones reflejan los declives del conjunto de la economía, no sólo el de unos cuantos sectores. Cabría argumentar que la disminución del empleo no agrícola de marzo de 2001 (que contabiliza las personas que están trabajando en toda la economía, fuera de la agricultura) fue la primera indicación clara de que la contracción que había comenzado en el sector de alta tecnología se había extendido a la economía en general.

EJERCICIO 25.1

Actualice la Tabla 25.1 utilizando la página web del *National Bureau of Economic Research* (entre en http://www.nber.org y pinche en *business cycle dates*). Según el NBER, ¿se encuentra actualmente la economía de Estados Unidos en una contracción o en una expansión? ¿Cuánto tiempo ha transcurrido desde la última cumbre o valle? Busque en la página web del NBER más información útil sobre la situación actual de la economía de Estados Unidos.

ALGUNOS HECHOS SOBRE LAS FLUCTUACIONES ECONÓMICAS A CORTO PLAZO

Aunque la Figura 25.2 y la Tabla 25.1 sólo muestran datos del siglo XX, los periodos de expansión y de contracción son una característica de las economías industriales, al menos desde finales del siglo XVIII. Karl Marx y Friedrich Engels se refieren en su Manifiesto Comunista (1848) a estas fluctuaciones, que denominan "crisis comerciales". En Estados Unidos, los economistas llevan al menos cien años estudiando las fluctuaciones a corto plazo. El término tradicional para referirse a ellas es *ciclo económico* y aún se denominan a menudo *fluctuaciones cíclicas*. Sin embargo, ninguno de los términos es muy preciso, ya que, como muestra la Figura 25.2, las fluctuaciones económicas no son "cíclicas" en el sentido de que se repiten a intervalos predecibles, sino que son *bastante irregulares en cuanto a duración y gravedad*. Esta irregularidad hace que resulte muy difícil predecir las fechas de las cumbres y de los valles, a pesar de que los expertos en predicciones han puesto un gran empeño en ello y le han dado muchas vueltas.

Las contracciones son muy difíciles de predecir.

Las expansiones y las contracciones normalmente no afectan solamente a unas cuantas industrias o regiones, sino que, como señalamos en El observador

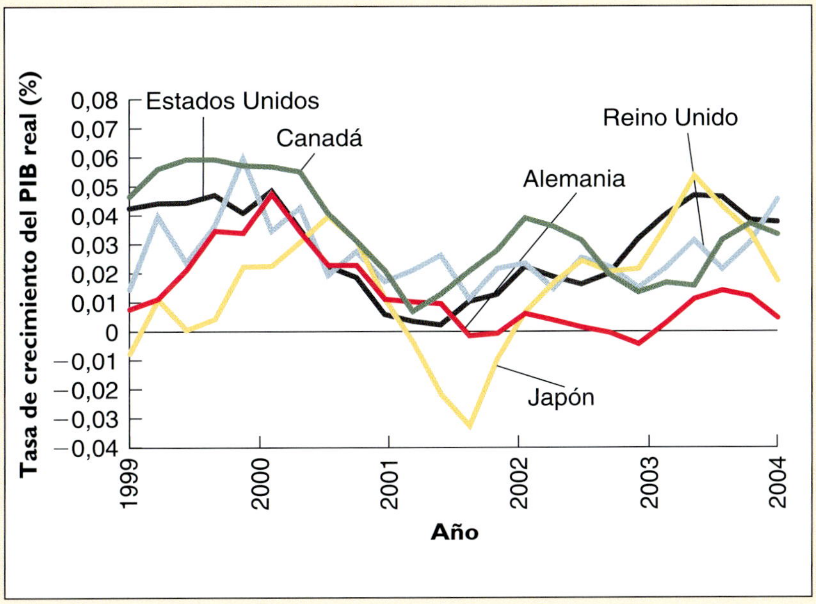

FUENTE: Valle Monetario Internacional (http://www.imf.org).

FIGURA 25.3
El crecimiento del PIB real en cinco grandes países, 1999-2004.
Las tasas trimestrales de crecimiento (medidas por medio de la variación del PIB real en los cuatro trimestres anteriores) de cinco grandes países industrializados muestran que todos, salvo Japón, disfrutaron de un rápido crecimiento del PIB en 1999 y 2000 (Japón ha venido creciendo a un ritmo lento durante más de diez años). La contracción de 2001 se tradujo en un descenso de las tasas de crecimiento en todos los grandes países y la recuperación comenzó en 2002.

económico 25.1, *se dejan sentir en toda la economía*. De hecho, las mayores fluctuaciones pueden producir *efectos internacionales*. Por ejemplo, la Gran Depresión de los años 30 afectó a casi todas las economías del mundo y las contractivas de 1973-1975 y 1981-1982 también se dejaron sentir fuera de Estados Unidos. Cuando el este asiático sufrió una importante contracción a finales de los años 90, ésta repercutió en otras muchas regiones (aunque no tanto en Estados Unidos).

Incluso una contracción relativamente moderada, como la que se registró en 2001, puede producir efectos internacionales. La Figura 25.3, que muestra las tasas de crecimiento del PIB real de Canadá, Alemania, Japón, el Reino Unido y Estados Unidos en el periodo 1999-2004, lo ilustra. El lector verá que —salvo en Japón, cuya economía ha marchado mal desde principios de los años 90— todos los países experimentaron un crecimiento relativamente fuerte en 1999 y 2000. La contracción de 2001 redujo las tasas de crecimiento de todos los países y la recuperación comenzó en 2002.

Por otra parte, en la Figura 25.4 observamos las tasas de crecimiento para una muestra de países de Latinoamérica para el periodo 1960-2003. Aquí también se ve que cuando alguno de estos países tiene una caída en su producto, éste tiene un efecto negativo en el resto de países de la región. La magnitud del impacto depende de la fortaleza interna de cada una de las economías y de la relación comercial que cada una de ellas tenga con el país en cuestión.

FIGURA 25.4
Tasa de crecimiento para un muestra de países de Latinoamérica, 1961-2003.

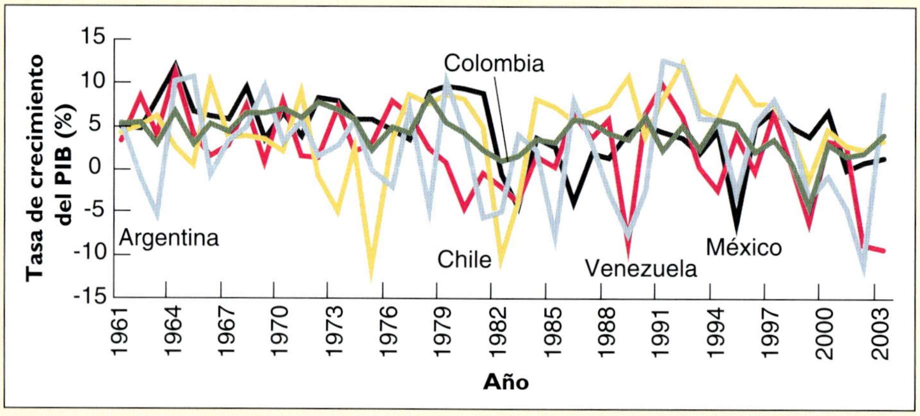

FUENTE: *World Bank Indicators.*

El desempleo de los obreros de la construcción aumenta considerablemente durante las contracciones.

El *desempleo* es un indicador fundamental de las fluctuaciones económicas a corto plazo. La tasa de desempleo normalmente sube mucho durante las contracciones y se recupera (aunque a un ritmo más lento) durante las expansiones. La Figura 18.4 muestra la tasa de desempleo de Estados Unidos desde 1960. El lector debería ser capaz de identificar las contracciones que comenzaron en 1960, 1969, 1973, 1981, 1990 y 2001 observando las bruscas máximas de la tasa de desempleo registradas en esos años. Recuérdese que en el Capítulo 21 vimos que la parte del desempleo relacionada con las contracciones se denomina *desempleo cíclico*. Aparte de este aumento del desempleo, durante las contracciones la situación del mercado de trabajo empeora. Por ejemplo, los salarios reales crecen a un ritmo más lento, es menos probable que los trabajadores sean ascendidos o reciban pluses y los nuevos miembros de la población activa (como los titulados universitarios) tienen muchas más dificultades para encontrar un trabajo atractivo.

Generalmente, las contracciones y las expansiones afectan más a los sectores que producen *bienes duraderos*, como automóviles, viviendas y equipo de capital, que a otros. En cambio, los sectores que suministran *servicios* y *bienes no duraderos* como alimentos son mucho menos sensibles a las fluctuaciones a corto plazo. Así, por ejemplo, un trabajador del automóvil o un obrero de la construcción tienen muchas más probabilidades de perder el empleo en una contracción que un peluquero o un panadero.

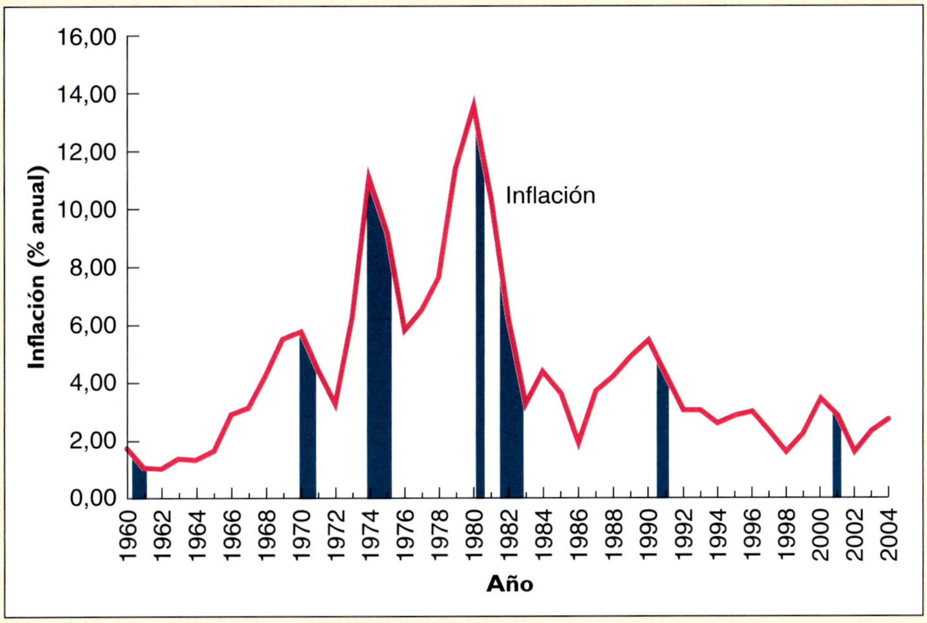

FUENTE: *Economic Report of the President* (http://gpoaccess.gov/eop).

FIGURA 25.5
La inflación de Estados Unidos, 1960-2004.
La inflación registrada en Estados Unidos desde 1960 se mide por medio de la variación del IPC y los periodos de contracción se indican mediante las barras verticales sombreadas. Obsérvese que la inflación disminuyó tras las contracciones de 1960-1961, 1969-1970, 1973-1975, 198-1982, 1990-1991 y 2001 y aumentó antes de muchas de esas contracciones.

En las contracciones y en las expansiones la *inflación* sigue una pauta, al igual que el desempleo, si bien no tan definida. La Figura 25.5 muestra la tasa de inflación de Estados Unidos desde 1960; en esta figura, los periodos de contracción se indican mediante barras verticales sombreadas. Como puede observarse, las contracciones tienden a ir seguidas poco después de una disminución de la tasa de inflación. Por ejemplo, la de 1981-1982 fue seguida de una brusca disminución de la inflación. Por otra parte, como muestra la Figura 25.3, muchas de las contracciones registradas desde la Segunda Guerra Mundial —aunque no todas— han ido precedidas de un aumento de la inflación. La conducta de la inflación durante las expansiones y las contracciones se analizará más extensamente en el Capítulo 28.

RECAPITULACIÓN	LAS CONTRACCIONES, LAS EXPANSIONES Y SUS CARACTERÍSTICAS

- Una contracción es un periodo en el que la producción crece a un ritmo más lento de lo normal. Una expansión es un periodo en el que la producción crece a un ritmo más rápido de lo normal.
- El comienzo de una contracción se llama cumbre y su final, que corresponde al comienzo de la siguiente expansión, se llama valle.
- La contracción más grave de la historia de Estados Unidos fue la fase inicial de la Gran Depresión de 1929-1933. También hubo graves contracciones en 1973-1975 y 1981-1982. En 1990-1991 y 2001 hubo dos contracciones relativamente suaves.
- Las fluctuaciones económicas a corto plazo (las contracciones y las expansiones) son irregulares en cuanto a duración y gravedad y, por lo tanto, difíciles de predecir.
- Las expansiones y las contracciones producen efectos generales (y a veces internacionales) y afectan a la mayoría de las regiones y de los sectores.
- El desempleo aumenta vertiginosamente durante las contracciones y disminuye, normalmente a un ritmo más lento, durante las expansiones.

RECAPITULACIÓN	LAS CONTRACCIONES, LAS EXPANSIONES Y SUS CARACTERÍSTICAS

- Las expansiones y las contracciones afectan más a las industrias de bienes duraderos que a otras. El sector servicios y las industrias de bienes no duraderos son menos sensibles a los altibajos de la economía.
- Las contracciones tienden a ir seguidas de una disminución de la inflación y suelen ir precedidas de un aumento de la inflación.

LAS BRECHAS DE PRODUCCIÓN Y EL DESEMPLEO CÍCLICO

Para que los responsables de la política económica respondan correctamente a las contracciones y a las expansiones y para que los economistas las estudien es esencial saber si una determinada fluctuación económica es "grande" o "pequeña". Intuitivamente, una contracción o una expansión es "grande" si la producción y la tasa de desempleo se alejan significativamente del nivel normal o tendencial. En este apartado, intentaremos precisar más esta idea introduciendo el concepto de *brecha de producción*, que mide el grado en que la producción se aleja de su nivel normal en un determinado momento. También reconsideraremos la idea de *desempleo cíclico*, que es la desviación del desempleo con respecto a su nivel normal. Por último, veremos cómo están relacionados estos dos conceptos.

LA PRODUCCIÓN POTENCIAL Y LA BRECHA DE PRODUCCIÓN

producción potencial, Y^* (o PIB potencial o producción de pleno empleo) cantidad máxima de producción (PIB real) que puede mantenerse y que puede producir una economía

El concepto de producción potencial es un punto útil de partida para analizar la medición de las expansiones y de las contracciones. La **producción potencial**, también llamada *PIB potencial* o *producción de pleno empleo*, es la cantidad máxima de producción (PIB real) que puede mantener una economía. Obsérvese que la *producción potencial* no es simplemente la cantidad máxima de producción. Como el capital y el trabajo pueden utilizarse a un ritmo mayor de lo normal durante periodos limitados de tiempo, la producción efectiva de un país puede ser temporalmente mayor que la potencial. Sin embargo, estas tasas de utilización mayores de lo normal no pueden mantenerse indefinidamente, debido en parte a que los trabajadores no pueden hacer horas extraordinarias todas las semanas y la maquinaria a veces debe detenerse para ser mantenida y reparada. La producción potencial no es una cantidad fija, sino que crece con el paso del tiempo, debido al aumento tanto de la cantidad de capital y de trabajo de que se dispone como de su productividad. En el Capítulo 20 analizamos las causas del crecimiento de la producción potencial (de la capacidad productiva de la economía). Utilizamos el símbolo Y^* para referirnos a la producción potencial de la economía en un determinado momento del tiempo.

¿Por qué crece la producción de un país a un ritmo rápido unas veces y a un ritmo lento otras, como muestra el caso de Estados Unidos en la Figura 25.2? Lógicamente, existen dos posibilidades: en primer lugar, las variaciones de la tasa de crecimiento de la producción pueden deberse a *las variaciones de la tasa a la que está creciendo la producción potencial del país*. Por ejemplo, unas condiciones meteorológicas adversas, como una grave sequía, reducirían la tasa de crecimiento de la producción potencial en una economía agrícola y una disminución de la tasa de innovación tecnológica podría reducir la tasa de crecimiento de la producción potencial en una economía industrial. Suponiendo que el país está utilizando sus recursos a tasas normales, de manera que la producción efectiva es igual a la potencial, una desaceleración significativa del crecimiento de la producción potencial tendería a provocar una contracción. Asimismo, las nuevas tecnologías, el aumento de la inversión de capital o un incremento de la inmigración que aumentara mucho la población activa, podrían producir un crecimiento excepcionalmente rápido de la producción potencial y, por lo tanto, una expansión económica.

Indudablemente, las variaciones de la tasa de crecimiento de la producción potencial forman parte de la explicación de las expansiones y contracciones. Por ejemplo, en Estados Unidos la prolongada expansión económica de la segunda mitad de la década de 1990 fue impulsada en parte por las nuevas tecnologías de la información, como Internet. Y la grave contracción que sufrió Japón durante los años 90 se debió en parte a una reducción del crecimiento de la producción potencial. Cuando las variaciones de la tasa de crecimiento del PIB se deben a las variaciones de la tasa de crecimiento de la producción potencial, las respuestas de la política económica deben ser las que se analizan en el Capítulo 20. En concreto, cuando una contracción se debe a una desaceleración del crecimiento de la producción potencial, la mejor respuesta del gobierno es tratar de fomentar el ahorro, la inversión, la innovación tecnológica, la formación de capital humano y otras actividades que sustentan el crecimiento.

La segunda explicación posible de las fluctuaciones económicas a corto plazo es que *la producción efectiva no siempre es igual a la potencial*. Por ejemplo, la producción potencial puede estar creciendo normalmente, pero por alguna razón los recursos de capital y de trabajo de la economía pueden no estar utilizándose a pleno rendimiento, por lo que la producción efectiva es significativamente menor que la potencial. Este bajo nivel de producción, provocado por una subutilización de los recursos económicos, generalmente se consideraría una contracción. También puede ocurrir que el capital y el trabajo estén produciendo más de lo normal —por ejemplo, que los trabajadores estén haciendo horas extraordinarias— y que la producción efectiva sea, de este modo, superior a la potencial, provocando una expansión.

La diferencia existente entre la producción potencial y la efectiva en cualquier momento del tiempo se denomina **brecha de producción**. Recordando que Y^* es el símbolo de la producción potencial y que Y representa la producción efectiva (el PIB real), podemos expresar la brecha de producción de la forma siguiente: $Y^* - \overline{Y}$. Una brecha de producción positiva —cuando la producción efectiva es menor que la potencial y los recursos no están utilizándose a pleno rendimiento— se denomina **brecha contractiva**. Una brecha de producción negativa —cuando la producción efectiva es mayor que la potencial y los recursos están utilizándose a unas tasas superiores a las normales— se denomina **brecha expansiva.**

brecha de producción, $Y^* - Y$ diferencia entre la producción potencial de la economía y su producción efectiva en un momento del tiempo

brecha contractiva brecha de producción positiva, que se produce cuando la producción potencial es superior a la efectiva ($Y^* > Y$)

brecha expansiva brecha de producción negativa, que se produce cuando la producción efectiva es superior a la potencial ($Y > Y^*$)

"Ed, soy Art Simbley de Hollis, Bingham, Cotter & Krone. ¿Que has puesto en la treinta y cuatro horizontal, 'Feria persa', cuatro letras?"

Los responsables de la política económica consideran que las brechas contractivas y las brechas expansivas son un problema. No es difícil ver por qué una brecha contractiva es una mala noticia para la economía: cuando hay una brecha contractiva, los recursos de capital y de trabajo no están utilizándose a pleno rendimiento y la producción y el empleo están por debajo de los niveles sostenibles máximos. Éste es el tipo de situación que dificulta la reelección de los políticos, como señalamos en la introducción de este capítulo. Las brechas expansivas, además de ser insostenibles, son consideradas por los responsables de la política económica un problema debido a una razón más sutil: ¿qué hay de malo, al fin y al cabo, en que la producción y el empleo sean más altos, aunque sólo sea temporalmente? Una prolongada brecha expansiva plantea problemas porque, cuando las empresas se encuentran con que la demanda de sus productos es significativamente mayor que su capacidad sostenible, tienden a subir los precios. Por lo tanto, una brecha expansiva normalmente provoca un aumento de la inflación, lo cual reduce la eficiencia de la economía a más largo plazo (analizaremos más detalladamente la génesis de la inflación en el Capítulo 28.

Así pues, siempre que hay una brecha de producción, ya sea contractiva o expansiva, los responsables de la política económica tienen un incentivo para tratar de eliminarla haciendo que la producción efectiva vuelva a ser igual a la potencial. En los cuatro capítulos siguientes analizamos tanto la forma en que surgen las brechas de producción como los instrumentos que utilizan los responsables de la política económica para *estabilizar* la economía, es decir, para igualar la producción efectiva y la potencial.

LA TASA NATURAL DE DESEMPLEO Y EL DESEMPLEO CÍCLICO

Las contracciones traen consigo malos tiempos independientemente de que se deban a una desaceleración del crecimiento de la producción potencial o a que la producción efectiva es menor que la potencial. En cualquiera de los dos casos, la producción disminuye (o al menos crece a un ritmo más lento), lo cual implica una reducción del nivel de vida. Las brechas de producción contractivas son, sin embargo, especialmente frustrantes para las autoridades económicas, ya que implican que la economía tiene *capacidad* para producir más, pero por alguna razón no está utilizando plenamente todos los recursos. Las brechas contractivas son *ineficientes* en el sentido de que reducen innecesariamente la tarta económica total, por lo que empeoran el bienestar de la persona representativa.

Un importante indicador de la baja utilización de los recursos durante las contracciones es la tasa de desempleo. Generalmente, cuando la tasa de desempleo es *alta*, significa que los recursos de trabajo no están utilizándose plenamente, por lo que la producción ha disminuido por debajo de la potencial (brecha contractiva). Por la misma razón, cuando la tasa de desempleo es excepcionalmente *baja*, eso induce a pensar que el trabajo está utilizándose a una tasa insosteniblemente alta, por lo que la producción efectiva es mayor que la potencial (brecha expansiva).

Para comprender mejor la relación entre la brecha de producción y el desempleo, recuérdense los tres grandes tipos de desempleo que vimos en el Capítulo 21: friccional, estructural y cíclico. El *desempleo friccional* es el desempleo de corta duración relacionado con el emparejamiento de los trabajadores y los puestos de trabajo. Para que el mercado de trabajo funcione eficientemente en una economía dinámica es necesario, en cambio, que exista una cierta cantidad de desempleo friccional. El *desempleo estructural* es el desempleo de larga duración y crónico que se produce incluso cuando la economía está produciendo a una tasa normal. A menudo hay desempleo estructural cuando las cualificaciones de los trabajadores están anticuadas y no satisfacen las necesidades de los empresarios; así, por ejemplo, los trabajadores siderúrgicos pueden sufrir desempleo estructural cuando la industria siderúrgica entra en declive a largo plazo, a menos que puedan reciclarse para trabajar en las industrias en expansión. Por último, el *desempleo cíclico* es el desempleo adicional que se produce durante los periodos de contracción. El desempleo friccional y el estructural, a diferencia del cíclico, que sólo existe en las contracciones, siempre están presentes en el mercado de trabajo, incluso cuando la economía funciona normalmente. Los economistas llaman **tasa natural de desempleo** a la parte de la tasa total de desempleo que es atribuible al desempleo friccional y estructural. En otras palabras, la tasa natural de desempleo es la tasa de desempleo existente cuando el desempleo cíclico es cero, por lo que la economía no tiene ni una brecha de producción contractiva ni una brecha de producción expansiva. La representamos por medio de u^*.

tasa natural de desempleo, u^* parte de la tasa total de desempleo que es atribuible al desempleo friccional y al estructural; en otras palabras, tasa de desempleo existente cuando el desempleo cíclico es cero, por lo que la economía no tiene ni una brecha de producción contractiva ni una brecha de producción expansiva

El desempleo cíclico, que es la diferencia entre la tasa total de desempleo y la tasa natural, puede expresarse, pues, de la forma siguiente: $u - u^*$, donde u es la tasa efectiva de desempleo y u^* la tasa natural de desempleo. En una contracción, la tasa efectiva de desempleo u es superior a la tasa natural u^*, por lo que el desempleo cíclico, $u - u^*$, es positivo. En cambio, cuando la economía experimenta una brecha expansiva, la tasa efectiva de desempleo es inferior a la tasa natural, por lo que el desempleo cíclico es negativo. El desempleo cíclico negativo corresponde a una situación en la que el trabajo está utilizándose a una tasa insosteniblemente alta, por lo que el desempleo efectivo ha disminuido por debajo de su nivel friccional y estructural habitual.

EL OBSERVADOR ECONOMICO 25.2

¿Por qué ha disminuido aparentemente la tasa natural de desempleo en Estados Unidos?

Según la *Congressional Budget Office* de Estados Unidos, que estima periódicamente la tasa natural de desempleo, ésta ha disminuido ininterrumpidamente desde 1979 aproximadamente, pasando del 6,3% de la población activa a alrededor de 5,2[1]. Algunos economistas, observando que el desempleo se mantuvo cerca del 4% durante varios años alrededor del comienzo del milenio, han afirmado que la tasa natural es incluso más baja, quizá de un 4,5% o menos. ¿Por qué parece que la tasa natural de desempleo de Estados Unidos es hoy mucho más baja que hace 20 años?

Es posible que la tasa natural de desempleo haya disminuido como consecuencia de una reducción del desempleo friccional, de una reducción del desempleo estructural o de ambas a la vez. Se han dado varias explicaciones a la disminución de los dos tipos de desempleo. Una teoría incipiente se basa en el cambio de la estructura por edades de la población activa de Estados Unidos[2]. La edad media de los trabajadores estadounidenses está aumentando, debido al envejecimiento de la generación perteneciente a la explosión de la natalidad. De hecho, en los últimos 25 años, la proporción de la población activa de 16-24 años se ha reducido de alrededor del 25% a alrededor del 15. Como los trabajadores jóvenes son más vulnerables al desempleo que los de más edad, el envejecimiento de la población activa podría ayudar a explicar la disminución total del desempleo.

¿Por qué los trabajadores jóvenes tienen más probabilidades de estar desempleados? Los trabajadores de más edad tienen muchas más probabilidades que los adolescentes o los jóvenes de 20 a 30 años de tener un empleo estable y de larga duración. En cambio, los trabajadores más jóvenes tienden a tener un empleo de corta duración, debido quizá a que no están preparados para comprometerse a hacer carrera o porque su participación en el mercado de trabajo se ve interrumpida por la escolarización o por el servicio militar. Como cambian de empleo más a menudo, son más propensos que otros al desempleo friccional. También tienen, en promedio, menos cualificaciones que los de mayor edad, por lo que pueden experimentar más desempleo estructural. Sin embargo, a medida que envejecen y adquieren experiencia, su riesgo de padecer desempleo disminuye.

Otra posible explicación de la disminución de la tasa natural de desempleo es que ha aumentado la eficiencia con que los mercados de trabajo emparejan los

[1] *Congressional Budget Office*, *Economic and Budget Oulook: Fiscal Years 2006 to 2015*, enero de 2005; puede consultarse en http://www.cbo.gov/.

[2] Véase Robert Shimer, "Why Is the U.S. Unemployment Rate So Much Lower?", en B. Bernanke y J. Rotemberg (comps.), *NBER Macroeconomics Annual*, 1998.

trabajadores y los puestos de trabajo y eso ha reducido tanto el desempleo friccional como el desempleo estructural. Por ejemplo, el número de empresas de trabajo temporal ha aumentado en Estados Unidos durante los últimos años. Aunque las colocaciones de estas empresas pretenden ser temporales, a menudo se convierten en permanentes cuando un empresario y un trabajador descubren que se ha realizado una unión especialmente buena. Los servicios de búsqueda de empleo por Internet, que permiten a los trabajadores buscar trabajo por todo el país e incluso en otros países, también están cobrando una creciente importancia. Es posible que las empresas de trabajo temporal, los servicios de búsqueda de empleo por Internet y otras innovaciones parecidas hayan reducido la tasa natural de desempleo al reducir el tiempo que la gente debe permanecer desempleada y al crear uniones más duraderas entre los trabajadores y los puestos de trabajo[3].

LA LEY DE OKUN

ley de Okun cada punto porcentual adicional de desempleo cíclico va acompañado de un aumento de la brecha de producción, medida en relación con la producción potencial, de alrededor de 2 puntos

¿Qué relación existe entre la brecha de producción y la cantidad de desempleo cíclico en la economía? Ya hemos observado que el desempleo cíclico es positivo por definición cuando la economía tiene una brecha contractiva, negativo cuando hay una brecha expansiva y cero cuando no hay ninguna brecha de producción. La regla práctica llamada *ley de Okun*, en honor a Arthur Okun, uno de los asesores económicos jefes del presidente Kennedy, da una relación más cuantitativa entre el desempleo cíclico y la brecha de producción. Según la **ley de Okun**, cada punto porcentual adicional de desempleo cíclico va acompañado de un aumento de la brecha de producción, medida en relación con la producción potencial, de alrededor de 2 puntos[4]. Así, por ejemplo, si el desempleo cíclico aumenta del 1 a 2% de la población activa, la brecha contractiva aumenta de un 2 a un 4% del PIB potencial. El Ejemplo 25.1 lo muestra más detenidamente.

EJEMPLO 25.1 La ley de Okun y la brecha de producción de la economía de Estados Unidos

En la tabla adjunta se muestra la tasa efectiva de desempleo, la tasa natural de desempleo y el PIB potencial de la economía de Estados Unidos (en miles de millones de dólares medios a precios constantes de 2000) correspondientes a cuatro años.

Año	u	u^*	Y^*
1982	9,7%	6,1%	5.584
1991	6,8	5,8	7.305
1998	4,5	5,2	8.950
2002	5,8	5,2	10.342

FUENTES: Tasa de desempleo: http://www.bls.gov. Tasa natural de desempleo y PIB potencial: *Congressional Budget Office*, (http://www.cbo.gov/Spreadsheet/6060_Table2-2.xls).

En 1982, el desempleo cíclico, $u - u^*$, fue de 9,7% – 6,1%, es decir, el 3,6% de la población activa. Según la ley de Okun, la brecha de producción de ese año sería el doble de ese porcentaje, es decir, de un 7,2% de la producción potencial. Como se estima que la producción potencial fue de 5,584 billones de dólares, el valor de la brecha de producción de ese año sería igual a 7,2% × 5,584 billones, es decir, 402.000 millones de dólares[5].

[3] Para un análisis detallado de los factores que afectan a la tasa natural, véase Lawrence Katz y Alan Krueger, "The Hig-Pressure U.S. Labor Market of the 1990s", *Brookings Papers on Economic Activity*, 1, 1999, págs. 1-88.

[4] En términos matemáticos, la ley de Okun puede expresarse de la forma siguiente: $(Y^* - Y)/Y^* = 2(u - u^*)$. Esta relación entre el desempleo y la producción se ha debilitado con el paso del tiempo. Cuando Arthur Okhun formuló por primera vez su ley en la década de 1960, sugirió que cada punto porcentual adicional de desempleo iba acompañado de un aumento de la brecha de producción de alrededor de 3 puntos porcentuales.

[5] Los economistas utilizan diversos métodos para estimar la producción potencial. Uno de ellos es la utilización de una función de producción, junto con datos sobre la cantidad de capital y trabajo existente, para estimar la cantidad que la economía es capaz de producir de una manera continua.

En 1991, el desempleo cíclico fue de 6,8% – 5,8, es decir, de un 1,0% de la población activa. Según la ley de Okun, la brecha de producción de 1991 sería el doble de 1,0%, es decir, un 2,0% del PIB potencial. Como en 1991 el PIB potencial fue de 7,305 billones de dólares, ese año la brecha de producción debió ser igual a 2,0% × 7,305 billones, es decir, 146.000 millones de dólares.

Tanto 1982 como 1991 fueron años de contracción, por lo que las brechas de producción fueron brechas contractivas. En cambio, 1998 fue un año de expansión, en el que el desempleo fue inferior a la tasa natural y la economía experimentó una brecha expansiva. En 1998, el desempleo cíclico fue de 4,5% – 5,26%, es decir, de –0,7%. Por lo tanto, la brecha de producción debió ser alrededor de –1,4% del PIB potencial de 8,950 billones de dólares, es decir, –125.000 millones de dólares. En otras palabras, en 1998 el PIB efectivo fue alrededor de 125.000 millones mayor que el potencial.

El año 2002 siguió a un año de contracción, por lo que la economía aún estaba experimentando una brecha contractiva. En 2002, el desempleo cíclico fue de 5,8% – 5,2%, es decir, un 0,6% de la población activa. Según la ley de Okun, la brecha de producción de 2002 sería un 1,2% del PIB potencial de 10,342$, es decir, 124.000 millones de dólares.

EJERCICIO 25.2

En el primer trimestre de 2005, la tasa de desempleo de Estados Unidos fue de 5,3%. Suponga que la tasa natural de desempleo fue de 5,2%. ¿En qué porcentaje fue diferente el PIB efectivo del PIB potencial en el primer trimestre de 2005?

Las pérdidas de producción que se registran en las contracciones, calculadas según la ley de Okun, pueden ser muy significativas. En el Ejemplo 25.1 hemos observado que en 1982 la brecha de producción de Estados Unidos fue de 402.000 millones de dólares. Ese año la población era de unos 230 millones de personas. Por lo tanto, la pérdida de producción per cápita fue igual a la brecha total de producción de 402.000 millones de dólares dividida por 230 millones de personas, es decir, 1.748$, —alrededor de 7.000$ en el caso de una familia formada por cuatro personas en dólares de 2000—. Este cálculo implica que las brechas de producción y el desempleo cíclico pueden tener elevados costes, conclusión que justifica la preocupación que suscitan las contracciones en el público y en los responsables de la política económica.

EL OBSERVADOR ECONOMICO 25.3

¿Por qué adoptó medidas la Reserva Federal para frenar la economía de Estados Unidos en 1999 y en 2000?

Como señalamos en los capítulos 17 y 23, las decisiones monetarias del Banco Central —las medidas que toma para modificar la oferta monetaria del país— afectan a los resultados de la economía. ¿Por qué adoptó medidas la Reserva Federal para frenar la economía de Estados Unidos en 1999 y en 2000?

Durante toda la década de 1990, el desempleo cíclico disminuyó espectacularmente en Estados Unidos y, según las estimaciones de la *Congressional Budget Office*, en 1997 llegó a ser negativo en algún momento. La ley de Okun indica que cuando las tasas de desempleo cíclico son cada vez más negativas, significa que la brecha expansiva está aumentando (véase el Ejemplo 25.1) y con ella el riesgo de inflación.

En 1997 y en 1998, la Reserva Federal afirmó que las presiones inflacionistas, causadas normalmente por un rápido aumento de la producción y una disminución de las tasas de desempleo, estaban siendo contrarrestadas por los incrementos de la productividad y la competencia internacional, por lo que las tasas de inflación eran más bajas de lo previsto. Como la inflación se mantuvo baja durante este periodo —a pesar de que había una brecha expansiva pequeña pero creciente— la Reserva Federal no hizo casi nada para eliminar la brecha.

Sin embargo, como la tasa efectiva de desempleo continuó disminuyendo en 1999 y a principios de 2000, la brecha expansiva continuó aumentando, por lo que el creciente desequilibrio entre el PIB efectivo y el potencial y la amenaza de aumento de la inflación comenzaron a preocupar cada vez más a la Reserva Federal. En respuesta, adoptó medidas en 1999 y 2000 para frenar el crecimiento de la producción y acercar más la producción efectiva a la potencial (en los capítulos 27 y 28 daremos más detalles de cómo puede hacerlo el Banco Central). Las medidas del Fed ayudaron a "promover el equilibrio general en la economía"[6] y a frenar la inflación en 2000. Sin embargo, a principios de 2001 la economía estadounidense se detuvo y entró en una contracción (tema que analizamos en El observador económico 26.2), lo que llevó a la Reserva Federal a dar un giro a su política y a adoptar medidas para eliminar la creciente brecha *contractiva*.

RECAPITULACIÓN	LAS BRECHAS DE PRODUCCIÓN, EL DESEMPLEO CÍCLICO Y LA LEY DE OKUN

- La producción potencial es la cantidad máxima de producción (PIB real) que puede mantenerse y que puede producir una economía. La brecha de producción, $Y^* - Y$, es la diferencia entre la producción potencial, Y^*, y la producción efectiva, Y. Cuando la producción efectiva es menor que la potencial, la brecha de producción resultante se denomina brecha contractiva. Cuando es mayor, la diferencia se denomina brecha expansiva. Una brecha contractiva refleja un despilfarro de recursos, mientras que una brecha expansiva amenaza con avivar la inflación; de ahí que los responsables de la política económica tengan un incentivo para tratar de eliminar ambos tipos de brechas de producción.
- La tasa natural de desempleo, u^*, es la suma de las tasas de desempleo friccional y estructural. Es la tasa de desempleo que se observa cuando la economía se encuentra en un nivel normal sin ninguna brecha de producción.
- El desempleo cíclico, $u - u^*$, es la diferencia entre la tasa efectiva de desempleo, u, y la natural, u^*. El desempleo cíclico es positivo cuando hay una brecha contractiva, negativo cuando hay una brecha expansiva y cero cuando no hay ninguna brecha de producción.
- La ley de Okun relaciona el desempleo cíclico y la brecha de producción. Según esta regla práctica, cada aumento del desempleo cíclico de un punto porcentual va acompañado de un aumento de la brecha de producción, medida en relación con la producción potencial, de alrededor de 2 puntos porcentuales.

¿POR QUÉ SE PRODUCEN FLUCTUACIONES A CORTO PLAZO? AVANCE Y PARÁBOLA

¿A qué se deben los periodos de contracción y de expansión? En el apartado anterior hemos analizado dos causas posibles de las desaceleraciones y de las aceleraciones del crecimiento del PIB real. En primer lugar, el crecimiento de la propia producción potencial puede desacelerarse o acelerarse, debido a las variaciones de las tasas de crecimiento del capital y del trabajo y ritmo de progreso tecnológico. En segundo lugar, aunque la producción potencial esté creciendo normalmente, la producción efectiva puede ser mayor o menor que la potencial; es decir, pueden surgir brechas de producción expansivas o contractivas. Ya hemos analizado antes en este libro algunas de las razones por las que el crecimiento de la producción potencial puede variar y las opciones de que disponen los responsables de la política económica para estimular el crecimiento de la producción potencial. Pero aún no nos hemos

[6] Comparecencia del presidente Alan Geenspan, *The Federal Reserve's semiannual report on the economy and monetary policy*, *Committee on Banking and Financial Services*, U. S. House of Representatives, 17 de febrero de 2000. Puede consultarse en http://www.federalreserve.gov/boarddocs/hh/2000/February/Testimony.htm.

preguntado por qué pueden surgir brechas de producción o qué deben hacer las autoridades económicas en respuesta. Las causas de las brechas de producción y las soluciones constituirán un importante tema en los cuatro capítulos siguientes. He aquí un breve avance de las principales conclusiones de esos capítulos:

1. En un mundo en el que los precios se ajustaran inmediatamente para equilibrar las cantidades ofrecidas de todos los bienes y servicios y las demandadas, no habría brechas de producción. Sin embargo, el supuesto de que los precios se ajustan inmediatamente no es realista en el caso de muchos bienes y servicios. Muchas empresas sólo ajustan periódicamente los precios de sus productos. En concreto, en lugar de modificarlos cada vez que varía la demanda, tienden a adaptarse a las variaciones de la demanda a corto plazo alterando la cantidad que producen y venden. Este tipo de conducta se denomina "satisfacer la demanda" a un precio determinado previamente.
2. Como a corto plazo las empresas tienden a satisfacer la demanda de su producción a los precios determinados previamente, las variaciones de la cantidad que deciden gastar los clientes afectan a la producción. Cuando el gasto total es bajo por alguna razón, la producción puede ser inferior a la potencial; en cambio, cuando es alto, la producción puede ser superior a la potencial. En otras palabras, *las variaciones del gasto agregado son la causa principal de las brechas de producción*. Por lo tanto, las medidas económicas pueden ayudar a eliminar las brechas de producción influyendo en el gasto total. Por ejemplo, un gobierno puede influir directamente en el gasto total alterando simplemente el volumen de compras del Estado.
3. Aunque las empresas tienden a satisfacer la demanda a corto plazo, no están dispuestas a satisfacerla indefinidamente. Si la demanda de los clientes continúa siendo diferente de la producción potencial, acaban ajustando sus precios para eliminar las brechas de producción. Si la demanda es superior a la producción potencial (una brecha expansiva), las empresas suben mucho sus precios, elevando la inflación. Si la demanda es inferior a la producción potencial (brecha contractiva), suben sus precios menos o incluso los bajan, reduciendo la inflación.
4. A más largo plazo, las variaciones de los precios por parte de las empresas eliminan la brecha de producción y hacen que la producción vuelva a ser acorde con la producción potencial de la economía. Por lo tanto, la economía se "autocorrige" en el sentido de que actúa para eliminar las brechas de producción con el tiempo. Como consecuencia de esta tendencia a autocorregirse, a largo plazo la producción efectiva es igual a la potencial, por lo que la producción depende de la capacidad productiva de la economía más que de la tasa de gasto. A largo plazo, el gasto total sólo influye en la tasa de inflación.

Estas ideas resultarán más claras cuando avancemos en los próximos capítulos. Sin embargo, antes de entrar en los detalles del análisis, examinemos un ejemplo que muestra las relaciones entre el gasto y la producción a corto y largo plazo.

La heladería de Al produce helado de alta calidad en su local y lo vende directamente al público. ¿De qué depende la cantidad de helado que produce diariamente? La capacidad productiva o producción potencial de la tienda es un importante factor. Concretamente, la producción potencial de helado de Al depende de la cantidad de capital (del número de máquinas para hacer helado) y del trabajo (del número de trabajadores) que emplea, así como de la productividad de ese capital y trabajo. Aunque la producción potencial de Al normalmente varía a un ritmo bastante lento, a veces puede fluctuar significativamente, por ejemplo, si se rompe una máquina de fabricar helado o si Al contrae la gripe.

Sin embargo, la principal causa de las variaciones diarias de la producción de helado de Al no son las variaciones de la producción potencial, sino las fluctuaciones de la demanda de helado por parte del público. Algunas de estas fluctuaciones del gasto son predecibles a lo largo del día (por ejemplo, la demanda es mayor por la tarde que por la mañana), de la semana (la demanda es más alta los fines de semana) o del año (la demanda es mayor en verano). Otras variaciones de la demanda son menos regulares: la demanda es más alta en los días calurosos que en los días fríos o cuando pasa un desfile por delante de la tienda. Algunas variaciones de la demanda son difíciles de interpretar para Al: por ejemplo, un aumento de la demanda de helado de frambuesa un determinado martes podría deberse a un cambio permanente de los gustos de los consumidores o podría ser simplemente un hecho único y aleatorio.

¿Cómo debe reaccionar Al a estas fluctuaciones de la demanda de helado? El modelo básico de oferta y demanda que introdujimos en el Capítulo 3, si se aplica al mercado del helado, predeciría que su precio debería variar cada vez que varía la demanda de helado. Por ejemplo, los precios deberían subir justamente cuando termina la película que se exhibe en el cine situado al lado de la tienda de Al y deberían bajar en los días excepcionalmente fríos y borrascosos, en los que la mayoría de la gente prefiere un café caliente a un helado. De hecho, si el modelo de oferta y demanda del Capítulo 3 se toma al pie de la letra, predice que los precios del helado deberían variar casi constantemente. ¡Imaginemos a Al delante de su tienda como si fuera un subastador, anunciando sus precios en un intento de averiguar cuántas personas están dispuestas a comprar a cada precio!

Naturalmente, no es de esperar que el dueño de una tienda de helado se comporte de esta forma. En algunos mercados los precios sí se fijan, en realidad, por medio de una subasta, por ejemplo, en el mercado de cereales o en el de valores, pero éste no es el procedimiento normal en la mayoría de los mercados al por menor, como el del helado. ¿A qué se debe esta diferencia? La razón básica se halla en que a veces los beneficios económicos de contratar a un subastador y de montar una subasta son superiores a los costes y a veces no. Por ejemplo, en el mercado de cereales, muchos compradores y vendedores se reúnen en el mismo lugar a la misma hora para comerciar grandes volúmenes de bienes estandarizados (quintales de cereales). En ese tipo de situación, una subasta es un medio eficiente para establecer los precios y equilibrar las cantidades ofrecidas y las demandadas. En cambio, en una heladería los clientes entran de dos en dos o de tres en tres en momentos aleatorios a lo largo del día. Algunos quieren batidos, otros helados y otros refrescos. Al ser pequeño el número de clientes y bajo el volumen de ventas en cualquier momento, los costes que conlleva la venta de helados por medio de subastas son mucho mayores que los beneficios de dejar que los precios varíen con la demanda.

¿Cómo hace frente, de este modo, Al, el encargado de la heladería, a las variaciones de la demanda de helado? La observación sugiere que al principio fija los precios en función de la mejor información de que dispone sobre la demanda de su producto y sobre los costes de producción. Es posible que imprima un menú o que ponga un cartel anunciando los precios. Después los mantendrá fijos durante un tiempo y atenderá a tantos clientes como quieran comprar (hasta que se quede sin helado o espacio en la heladería a estos precios). Esta conducta es lo que denominamos "satisfacer la demanda" a los precios determinados previamente e implica que, *a corto plazo*, la cantidad de helado que produce y vende Al depende de la demanda de sus productos.

Sin embargo, la situación es muy diferente *a largo plazo*. Supongamos, por ejemplo, que el helado de Al se hace famoso en la ciudad por su frescor y sabor. Al observa que todos los días se forman largas colas en la heladería. Su máquina de hacer helado, sus empleados y el espacio que tiene en su local están sobrecargados. Ya no puede haber ninguna duda de que con los precios actuales, la cantidad de helado que quiere consumir el público es superior a la que Al puede y quiere ofrecer normalmente (su producción potencial). Ampliar la heladería es una atractiva posibilidad, pero (suponemos) inviable inmediatamente. ¿Qué hará Al?

Lo que puede hacer, desde luego, es subir sus precios. Subiéndolos obtendrá más beneficios y hará que la cantidad demandada de helado se acerque más a su capacidad normal de producción, es decir, a su producción potencial. De hecho, cuando el precio del helado de Al alcanza finalmente su nivel de equilibrio, la producción efectiva de la heladería es igual a la potencial. Por lo tanto, a largo plazo, los precios del helado se ajustan hasta alcanzar su nivel de equilibrio y la cantidad que se vende es determinada por la producción potencial.

Este ejemplo muestra de una sencilla manera las relaciones entre el gasto y la producción, con la salvedad, por supuesto, de que debemos imaginar que esta historia no se aplica a una sola empresa, sino a toda la economía. La cuestión fundamental es que existe una importante diferencia entre el corto plazo y el largo plazo. A corto plazo, los productores a menudo deciden no modificar sus precios, sino satisfacer la demanda a los precios determinados previamente. Como la producción depende de la demanda, a corto plazo el gasto total desempeña un papel fundamental en la determinación del nivel de actividad económica. Por lo tanto, la heladería de Al disfruta de una expansión en un día excepcionalmente caluroso, en el que la demanda de helado es alta, mientras que un día anormalmente frío provoca una contracción de helado. Pero a largo plazo los precios se ajustan hasta alcanzar los niveles que equilibran el mercado y la producción se iguala a la producción potencial. Por lo tanto, como vimos en el Capítulo 20 las cantidades de factores y la productividad con la que se utilizan son los principales determinantes de la actividad económica a largo plazo. Aunque el gasto total afecta a la producción a corto plazo, a largo plazo afecta principalmente a los precios.

EL OBSERVADOR ECONOMICO 25.4

¿Por qué probó Coca-Cola Company una máquina expendedora que "sabe" cuándo hace calor?

Según *The New York Times* (28 de octubre de 1999, pág. C1), Coca-Cola Company ha probado discretamente una máquina expendedora de refrescos que tiene un sensor de temperatura. ¿Por qué querría Coca-Cola una máquina expendedora que "sabe" cuándo hace calor?

Cuando hace calor, la demanda de refresco aumenta, elevando el precio que equilibra el mercado. Para aprovechar esta variación de la demanda de consumo, las máquinas expendedoras que probó Coca-Cola estaban dotadas de un chip de ordenador que les permitía subir los precios automáticamente cuando subía la temperatura. El presidente y director general de la compañía, Douglas Ivester, explicó en una entrevista que el deseo de bebidas frías aumenta durante la final de los campeonatos deportivos que se celebran en los calurosos días de verano. "Es justo, pues, que sean más caras", se dice que afirmó el Sr. Ivester. "La máquina realizará simplemente este proceso de una manera automática". Los responsables de la compañía sugirieron otras muchas formas de hacer depender los precios de la máquina expendedora de la demanda. Por ejemplo, las máquinas podrían programarse para reducir los precios en las horas poco concurridas o en las máquinas poco utilizadas.

En las máquinas expendedoras tradicionales, los precios de las bebidas frías se fijan de un modo parecido a como Al fija el precio del helado: se fija un precio y se satisface la demanda a ese precio fijado previamente, hasta que la máquina se queda sin refrescos. La máquina expendedora sensible a las condiciones meteorológicas muestra cómo podría cambiar la tecnología en el futuro las prácticas de fijar los precios. De hecho, el aumento de la potencia de los ordenadores y el acceso a Internet ya han permitido a algunas empresas, como las compañías aéreas, modificar los precios casi continuamente en respuesta a las variaciones de la demanda. Es razonable pensar que la práctica de satisfacer la demanda a un precio fijado previamente se quedará obsoleta algún día.

Por otra parte, los experimentos de Coca-Cola con máquinas expendedoras "inteligentes" también ilustran las dificultades que plantea en la práctica la fijación totalmente flexible de los precios. En primer lugar, las nuevas máquinas expendedoras son más caras que las convencionales. Para decidir utilizarlas o no, la empresa debe averiguar si los beneficios adicionales de la fijación variable de los precios justifican su coste adicional. En segundo lugar, en las primeras pruebas, los consumidores reaccionaron negativamente a las nuevas máquinas y se quejaron de que se aprovechan injustamente de los consumidores sedientos. En la práctica, estas quejas y la preocupación por la "justicia" hacen que las empresas se muestren menos dispuestas a modificar los precios en función de las variaciones de la demanda.

RESUMEN

- El PIB real no crece de una manera uniforme. Los periodos en los que la economía crece a una tasa significativamente inferior a la normal se denominan *contracciones*; los periodos en los que crece a una tasa significativamente superior a la normal se denominan *expansiones*. Una contracción grave o prolongada, como el largo declive que se registró entre 1929 y 1933 en Estados Unidos, se denomina *depresión*, mientras que una expansión especialmente fuerte se llama *auge*.

- El comienzo de una contracción se denomina *cumbre*, ya que representa el punto máximo de la actividad económica previa a una contracción. El fin de una contracción, que marca el punto mínimo de la actividad económica previo a una recuperación, se llama *valle*. En Estados Unidos, las contracciones han sido mucho más breves, en promedio, que las expansiones desde la Segunda Guerra Mundial y han durado entre 6 y 16 meses. El periodo de expansión más largo en la historia de Estados Unidos comenzó con el fin de la contracción de 1990-1991 en marzo de 1991 y acabó exactamente 10 años más tarde, en marzo de 2001, en que comenzó una nueva contracción.

- Las fluctuaciones económicas a corto plazo son de duración y gravedad irregulares y, por lo tanto, difíciles de predecir. Las expansiones y las contracciones normalmente se dejan sentir en toda la economía y pueden ser incluso de alcance internacional. Durante las contracciones, el desempleo aumenta vertiginosamente, mientras que las inflaciones tienden a disminuir en ese periodo o poco después. Las industrias de bienes duraderos tienden a ser especialmente sensibles a las contracciones y a las expansiones, mientras que los servicios y las industrias de bienes no duraderos son menos sensibles.

- La *producción potencial*, también llamada PIB potencial o producción de pleno empleo, es la cantidad máxima de producción (PIB real) que puede mantenerse y que puede producir una economía. La diferencia entre la producción potencial y la efectiva se denomina *brecha de producción*. Cuando la producción es inferior a la potencial, la brecha se llama *brecha contractiva*; cuando es superior, la diferencia se llama *brecha expansiva*. Las contracciones se producen bien porque la producción potencial crece a un ritmo excepcionalmente lento, bien porque la producción efectiva es inferior a la potencial. Como las brechas contractivas representan recursos despilfarrados y las brechas expansivas amenazan con crear inflación, los responsables de la política económica tienen un incentivo para tratar de eliminar ambos tipos de brecha.

- La *tasa natural de desempleo* es la parte de la tasa total de desempleo que es atribuible al desempleo friccional y estructural. En otras palabras, la tasa natural de desempleo es la tasa de desempleo que se produce cuando la brecha de producción es cero. El desempleo cíclico, que es la parte del desempleo relacionada con las contracciones y las expansiones, es igual a la tasa total de desempleo menos la tasa natural de desempleo. El desempleo cíclico está relacionado con la brecha de producción por medio de la *ley de Okun*, según la cual cada punto porcentual adicional de desempleo cíclico va acompañado de un aumento de la brecha de producción, medida en relación con la producción potencial, de alrededor de 2 puntos porcentuales.

- En los capítulos siguientes, nuestro estudio de las contracciones y de las expansiones centra la atención en el papel del gasto agregado. Si las empresas sólo ajustan los precios periódicamente y entretanto producen lo suficiente para satisfacer la demanda, las fluctuaciones del gasto provocan fluctuaciones en la producción a corto plazo. Durante ese periodo a corto plazo, las medidas económicas que influyen en el gasto agregado pueden ayudar a eliminar las brechas de producción. Sin embargo, a largo plazo, las variaciones de los precios de las empresas eliminan las brechas de producción —es decir, la economía se "autocorrige"— y el gasto total sólo influye en la tasa de inflación.

TÉRMINOS CLAVE

auge (241)
brecha contractiva (247)
brecha expansiva (247)
brecha de producción, $Y^* - Y$ (247)
contracción (239)
cumbre (240)
depresión (239)
expansión (241)
ley de Okun (250)
producción potencial, Y^* (o PIB potencial o producción de pleno empleo) (246)
tasa natural de desempleo, u^* (249)
valle (240)

PREGUNTAS DE REPASO

1. Defina los términos *contracción* y *expansión*. ¿Cómo se denominan los puntos de comienzo y de final de una contracción? ¿Han sido más largas, en promedio, las contracciones en Estados Unidos desde la Segunda Guerra Mundial o las contracciones?

2. ¿Por qué es poco apropiado el término tradicional *ciclos económicos*? ¿Qué relación hay entre su respuesta y la facilidad o la dificultad para predecir las cumbres y los valles?

3. ¿Qué empresa es más probable que vea reducir más sus beneficios en una contracción? ¿Un fabricante de automóviles, un fabricante de calzado o una contrata de limpieza? ¿Cuál es probable que vea reducir menos sus beneficios? Explique su respuesta.

4. ¿Cómo es probable que afecte una contracción a cada una de las variables siguientes? La tasa natural de desempleo, la tasa de desempleo cíclico, la tasa de inflación y las encuestas de valoración del presidente.

5. Defina el término *producción potencial*. ¿Es posible que una economía produzca una cantidad superior a la potencial? Explique su respuesta.
6. Verdadero o falso: todas las contracciones son el resultado de brechas de producción. Explique su respuesta.
7. Verdadero o falso: cuando la producción es igual a la potencial, la tasa de desempleo es cero. Explique su respuesta.
8. Si la tasa natural de desempleo es del 5%, ¿cuál es la tasa total de desempleo si la producción es un 2% inferior a la potencial? ¿Y si es un 2% superior?

PROBLEMAS

1. Averigüe, utilizando la Tabla 25.1, la duración media, la duración mínima y la duración máxima de las expansiones registradas en Estados Unidos desde 1929. ¿Están alargándose o acortándose, en promedio, con el paso del tiempo? ¿Tienden las expansiones largas a ir seguidas de contracciones prolongadas?
2. Busque en la página web del *Bureau of Economic Analysis* (http://www.bea.gov/bea/dn1.htm) datos trimestrales del PIB real de Estados Unidos desde las tres últimas contracciones: 1981-1982, 1990-1991 y 2001.
   a. ¿Cuántos trimestres de crecimiento negativo del PIB real hubo en cada contracción?
   b. ¿Hubo alguna contracción que satisficiera el criterio informal de que una contracción debe tener dos trimestres consecutivos de crecimiento negativo del PIB? En caso afirmativo, ¿cuál?
3. La tabla adjunta contiene datos sobre el PIB real y el PIB potencial de Estados Unidos correspondientes a los años 1999-2003 en miles de millones de dólares de 2000. Calcule la brecha de producción de cada año en porcentaje del PIB potencial e indique si la brecha es contractiva o expansiva. Calcule también las tasas interanuales de crecimiento del PIB real. ¿Puede identificar la contracción que se registró durante este periodo?

Año	PIB real	PIB potencial
1999	9.470$	9,281$
2000	9.817$	9.634$
2001	9.891$	9.991$
2002	10.049$	10.342$
2003	10.321$	10.670$

FUENTE: PIB potencial: Congressional Budget Office; PBI real, http://www.bea.gov.

4. Busque en la página web del *Bureau of Labor Statistcs* de Estados Unidos (http://www.stats.bls.gov/) los datos más recientes sobre la tasa de desempleo de los trabajadores de 16-19 años y de los de 20 años o más. ¿En qué se diferencian? ¿Cuáles son algunas de las causas de la diferencia? ¿Qué relación existe entre esta diferencia y la disminución que ha experimentado la tasa natural total de desempleo desde 1980?
5. Utilice la ley de Okun para rellenar los cuatro datos que faltan en la tabla adjunta. Los datos son hipotéticos

Año	PIB real	PIB potencial	Tasa natural de desempleo (%)	Tasa efectiva de desempleo
2006	7.840	8.000	(a)	6
2007	8.100	(b)	5	5
2008	(c)	8.200	4,5	4
2009	8.415	8.250	5	(d)

6.* Utilice la información de la Figura 25.1 y encuentre datos oficiales de México para reproducir la Tabla 25.1.

* Los problemas indicados con un asterisco (*) son más difíciles.

7.* Utilice la información de la siguiente gráfica, la cual muestra la tasa de inflación para México, y la información de la Figura 25.1 para confirmar o rechazar la hipótesis de que una contracción está precedida de un aumento de la inflación y seguida de una disminución de la inflación.

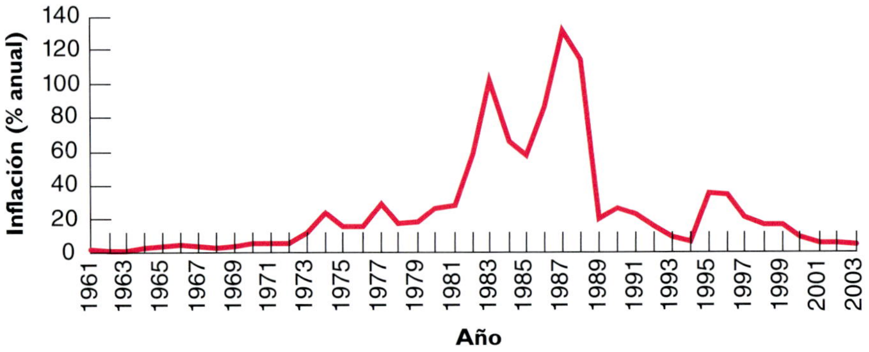

FUENTE: *World Development Indicators.*

8. Utilizando fuentes oficiales de información verifique que la relación entre las contracciones y la tasa de inflación se cumple para su país.

RESPUESTAS A LOS EJERCICIOS

25.1 Las respuestas dependen de cuándo se obtengan los datos.

25.2 La tasa efectiva de desempleo del primer trimestre de 2005 fue un 0,1% más alta que la natural, por lo que, según la ley de Okun, la producción efectiva fue $2 \times 0,1 = 0,2\%$ menor que la potencial (brecha contractiva).

* Los problemas indicados con un asterisco (*) son más difíciles.

CAPÍTULO

26

EL GASTO Y LA PRODUCCIÓN A CORTO PLAZO

Cuando uno de los autores de este libro era pequeño, solía pasar todos los veranos algún tiempo con sus abuelos, que vivían a pocas horas de su casa. Una de sus actividades favoritas durante estas visitas era pasar la tarde con su abuela en el porche, escuchando historias. Lo que le contaba su abuela de su propia vida era por alguna extraña razón especialmente fascinante para el nieto.

La abuela había pasado en Nueva Inglaterra los primeros años de su matrimonio durante la peor parte de la Gran Depresión. Recordaba que en aquella época, a mediados de los años 30, era una satisfacción para ella poder comprar a sus hijos un par de zapatos todos los años. En la pequeña ciudad en la que vivía con su familia, muchos niños tenían que llevar los zapatos hasta que se caían a pedazos y unos cuantos desafortunados iban a la escuela descalzos. Esto le parecía escandaloso a su nieto: "¿Por qué no les compraban sus padres unos zapatos nuevos?", preguntaba.

"No podían", contestaba la abuela, "no tenían dinero. La mayoría de los padres habían perdido el empleo por culpa de la Depresión".

"¿Qué tipo de empleo tenían?"

"Trabajaban en las fábricas de calzado, que tuvieron que cerrar".

"¿Por qué cerraron?"

"Porque", explicaba la abuela, "nadie tenía dinero para comprar zapatos".

El nieto sólo tenía 6 ó 7 años en aquella época, pero, a persa de eso, se daba cuenta de que algo fallaba en el razonamiento de la abuela. Por una parte, las fábricas de zapatos estaban cerradas y los trabajadores no tenían empleo; por otra, los niños iban descalzos. ¿Por qué no podían abrir simplemente las fábricas de calzado y fabricar los zapatos que tanto necesitaban los niños? Lo

decía con bastante firmeza, pero la abuela se encogía simplemente de hombros y decía que las cosas no funcionaban así.

La historia de las fábricas de calzado cerradas ilustra en un microcosmos el coste que tiene para la sociedad una brecha contractiva. En una economía que tiene una brecha contractiva, los recursos existentes no se emplean para producir bienes y servicios valiosos. Este despilfarro de recursos reduce la producción de la economía y el bienestar económico en comparación con su potencial.

Lo que contaba la abuela también sugiere cómo puede llegar a producirse una situación tan desgraciada. Supongamos que los propietarios de las fábricas y otros productores, reacios a acumular en sus estantes bienes sin vender, producen justo lo suficiente para satisfacer la demanda de sus productos. Y supongamos que, por alguna razón, la disposición o la capacidad del público para gastar disminuye. Si el gasto disminuye, las fábricas responden reduciendo su producción (ya que no quieren producir bienes que no pueden vender) y despidiendo a los trabajadores que ya no necesitan. Y como los trabajadores despedidos pierden la mayor parte de su renta —pérdida especialmente grave en los años 30, en que no había un seguro de desempleo financiado por el Estado— deben reducir su propio gasto. Al disminuir su gasto, las fábricas reducen de nuevo su producción, despidiendo a más trabajadores, los cuales reducen a su vez su gasto, y así sucesivamente, produciéndose un círculo vicioso. En este caso, el problema no es la falta de capacidad productiva —las fábricas no han perdido su capacidad para producir—, sino el *gasto insuficiente* para mantener el nivel normal de producción.

La idea de que una disminución del gasto agregado puede hacer que la producción sea inferior a la potencial fue una de las ideas fundamentales de John Maynard Keynes, influyente economista británico de la primera mitad del siglo XX. El Recuadro 26.1 contiene una breve descripción de su vida y sus ideas. El objetivo de este capítulo es

© Bettmann/CORBIS

RECUADRO 26.1: JOHN MAYNARD KEYNES Y LA REVOLUCIÓN KEYNESIANA

John Maynard Keynes (1883-1946), posiblemente el economista más influyente del siglo XX, fue una persona excepcional que conjugó su brillante carrera como economista teórico con una activa vida en la diplomacia, las finanzas, el periodismo y las artes. Keynes destacó por primera vez al final de la Primera Guerra Mundial, cuando asistió a la conferencia de paz de Versalles en calidad de representante del Tesoro británico. Le horrorizó la falta de visión de los diplomáticos que asistieron a la conferencia, especialmente su insistencia en que los alemanes derrotados pagaran a los países victoriosos enormes indemnizaciones (llamadas reparaciones). En su libro *Las consecuencias económicas de la paz* (1919), de enorme difusión, Keynes afirmó que las reparaciones impuestas a Alemania eran imposibles de pagar y que los intentos de que las pagaran impedirían que su economía se recuperara, lo que podía llevar a otra guerra. Desgraciadamente para el mundo, estaba en lo cierto.

En el periodo de entreguerras, Keynes fue profesor en Cambridge, donde su padre había enseñado economía. Sus primeros escritos trataban de matemáticas y de lógica, pero tras su paso por Versalles comenzó a trabajar, principalmente, sobre economía, escribiendo varios libros de gran reputación. Adquirió una impresionante fama intelectual, dirigiendo destacadas revistas académicas británicas de economía, escribiendo artículos para periódicos y revistas, asesorando al gobierno y desempeñando un importante papel en los debates políticos y económicos de la época. De paso, Keynes amasó una fortuna tanto para sí mismo como para el King's College (que formaba parte de la Universidad de Cambridge) especulando en los mercados internacionales de divisas y de mercancías. También participó activamente en el Bloomsbury Group, círculo de destacados artistas, actores y escritores entre los que se encontraban E. M. Forster y Virginia Woolf. En 1925 se casó con la glamurosa bailarina rusa Lydia Lopokova. Su matrimonio tuvo, a decir de todos, mucho presentar una teoría o modelo que muestre cómo pueden surgir contracciones y expansiones como consecuencia de las fluctuaciones del gasto agregado, siguiendo las líneas sugeridas por Keynes. Este modelo, que denominamos *modelo keynesiano básico*, también se conoce con el nombre de *aspa keynesiana* por el diagrama que se utiliza para ilustrarla. En la parte central del capítulo adoptamos un método numérico y gráfico para analizar dicho modelo y presentamos una solución al modelo básico en el Apéndice A, mediante un análisis algebraico más general.

Comenzamos analizando brevemente los supuestos fundamentales del modelo keynesiano básico. A continuación, pasamos a examinar el importante concepto de *gasto planeado* agregado o total de la economía. Mostramos que a corto plazo la tasa de gasto agregado ayuda a determinar el nivel de producción, que puede ser mayor o menor que la producción potencial. En otras palabras, dependiendo del nivel de gasto, la economía puede desarrollar una brecha de producción. Cuando el gasto es "demasiado pequeño", se produce una brecha de producción contractiva y cuando es "demasiado grande", se produce una brecha de producción expansiva.

Una de las consecuencias del modelo keynesiano básico es, que para reducir o eliminar las brechas de producción, pueden utilizarse medidas económicas que afecten al nivel de gasto. Las medidas utilizadas con ese fin se denominan *medidas de estabilización*. El propio Keynes era partidario de utilizar la política fiscal —la política relacionada con el gasto y los impuestos del Estado— para eliminar las brechas de producción y estabilizar la economía. En la segunda parte de este capítulo mostramos por qué Keynes pensaba que la política fiscal podía ayudar a estabilizar la economía y analizaremos su utilidad como instrumento de estabilización.

Como señalamos en el capítulo anterior, el modelo keynesiano básico no es un modelo de la economía completo ni totalmente realista, ya que sólo se aplica al a

éxito y Keynes dedicó muchas energías a dirigir su carrera y promocionar las artes en Gran Bretaña.

Como otros economistas de la época, luchó por comprender la Gran Depresión que atenazó al mundo en la década de 1930. Su estudio sobre el problema llevó a la publicación, en 1936, de *La teoría general del empleo, el interés y el dinero*, en el que trató de explicar por qué las economías pueden tener un bajo nivel de producción y de empleo durante largos periodos. Destacó algunos factores, como que durante esos periodos el gasto agregado puede ser demasiado bajo para que haya pleno empleo. Según Keynes, el instrumento más eficaz para aumentar el gasto agregado y restablecer el pleno empleo era un incremento del gasto público.

La teoría general es un libro difícil, que refleja la lucha personal de Keynes por comprender las complejas causas de la Depresión. Retrospectivamente, algunos de sus argumentos parecen poco claros e incluso incoherentes. Sin embargo, el libro está lleno de fecundas ideas, muchas de las cuales tuvieron repercusión mundial y acabaron dando lugar a lo que se ha denominado *revolución keynesiana*. Con el paso de los años, muchos economistas han ampliado o modificado la concepción de Keynes hasta el punto de que el propio Keynes, si viviera hoy, probablemente no reconocería mucho de lo que actualmente se denomina *economía keynesiana*. No obstante, las ideas de que un gasto agregado insuficiente puede provocar una contracción y de que la política económica puede ayudar a restablecer el pleno empleo siguen siendo fundamentales para la teoría keynesiana.

En 1937, Keynes sufrió un infarto que frenó sus actividades, pero siguió siendo una figura importante en el panorama mundial. En 1944, encabezó la delegación británica en la conferencia internacional de Bretton Woods (New Hampshire), que estableció los elementos fundamentales del sistema monetario y financiero internacional de la posguerra, entre ellos el Fondo Monetario Internacional y el Banco Mundial. Murió en 1946.

corto plazo durante el cual las empresas no ajustan sus precios, sino que satisfacen la demanda que va surgiendo a unos precios determinados previamente. Por otra parte, el modelo keynesiano básico presentado en este capítulo, al considerar los precios fijos, no se ocupa de la determinación de la inflación. No obstante, este modelo es un pilar fundamental de las teorías actuales de las fluctuaciones económicas a corto plazo y de las medidas de estabilización. En capítulos posteriores lo ampliaremos para incluir la inflación y otras características importantes de la economía.

EL SUPUESTO CRUCIAL DEL MODELO KEYNESIANO: LAS EMPRESAS SATISFACEN LA DEMANDA A PRECIOS FIJADOS PREVIAMENTE

El modelo keynesiano básico se basa en un supuesto clave destacado en el Recuadro 26.2: las empresas no modifican continuamente sus precios cuando cambian las condiciones de oferta y demanda, sino que tienden a mantener fijos los precios a corto plazo y *satisfacer la demanda* a esos precios[1]. Como veremos, el supuesto de que las empresas alteran su nivel de producción para satisfacer la demanda a los precios fijados previamente implica que las fluctuaciones del gasto producen un poderoso efecto en el PIB real del país.

RECUADRO 26.2: SUPUESTO CLAVE SOBRE EL MODELO KEYNESIANO BÁSICO

A corto plazo, las empresas satisfacen la demanda de su producto a un precio fijado previamente.

Las empresas no responden a todas las variaciones de la demanda de su producto alterando sus precios, sino que normalmente fijan un precio para un determinado periodo y *satisfacen la demanda* a ese precio. Por "satisfacer la demanda" entendemos que las empresas producen justo lo suficiente para satisfacer a sus clientes al precio que han fijado.

El supuesto de que a corto plazo las empresas satisfacen la demanda de su producto a un precio fijado previamente es realista en general. Pensemos en las tiendas en las que compramos: el precio de un par de pantalones vaqueros no fluctúa continuamente con el número de clientes que entran en la tienda o con las últimas noticias sobre el precio de la tela vaquera, sino que las tiendas anuncian un precio y venden pantalones vaqueros a cualquier cliente que quiera comprarlos a ese precio, al menos hasta que se quedan sin existencias. Asimismo, la pizzería de la esquina puede no alterar el precio de su pizza grande durante algunos meses o más, dejando que su producción de pizza sea determinada por el número de clientes que quieren comprar al precio fijado previamente.

costes de menú costes de modificar los precios

Normalmente, las empresas no alteran los precios con mucha frecuencia porque tendría costes. Los economistas llaman **costes de menú** a los costes de modificar los precios. En el caso de la pizzería, el coste de menú es literalmente eso, el coste de imprimir un nuevo menú cuando varían los precios. Asimismo, la tienda de ropa se enfrenta al coste de marcar de nuevo toda su mercancía si el encargado altera los precios. Pero los costes de menú también pueden incluir otro tipo de costes, por ejemplo, el coste de hacer un estudio de mercado para averiguar qué precio se debe cobrar y el coste de informar a los clientes de las modificaciones de los precios. En El observador económico 26.1 nos preguntamos cómo podría afectar la tecnología a los costes de menú en el futuro.

Los costes de menú no impiden a las empresas modificar sus precios indefinidamente. Como vimos en el caso de la heladería de Al (véase el capítulo anterior), la existencia de un desequilibrio demasiado grande entre la demanda y la

[1] Evidentemente, las empresas sólo pueden hacer frente a la futura demanda hasta el punto en el que alcanzan el límite de su capacidad de producción. Por este motivo, el análisis keynesiano de este capítulo sólo es relevante cuando los productores tienen capacidad sin explotar.

oferta, reflejada en la diferencia entre las ventas y la producción potencial, acaba llevando a las empresas a modificar sus precios. Por ejemplo, si nadie compra pantalones vaqueros, llega un momento en que la tienda de ropa baja su precio. O si la pizzería se convierte en un lugar de moda y se forman colas fuera del establecimiento, el encargado acaba subiendo el precio de las pizzas grandes. La decisión de modificar los precios es el resultado, como otras decisiones económicas, de una comparación entre los costes y los beneficios: los precios deben modificarse si el beneficio de modificarlos —el hecho de que las ventas sean más acordes con la capacidad normal de producción de la empresa— es superior a los costes de menú relacionados con su modificación. Como hemos subrayado, el modelo keynesiano básico presentado en este capítulo no tiene en cuenta el hecho de que los precios acaban ajustándose, por lo que debe entenderse que se aplica al corto plazo.

EL OBSERVADOR ECONÓMICO 26.1

¿Eliminarán las nuevas tecnologías los costes de menú?

Gracias a las nuevas tecnologías, la modificación de los precios y la información a los clientes sobre esta modificación tienen cada vez menos costes. ¿Eliminará la tecnología los costes de menú en la fijación de los precios?

La teoría keynesiana se basa en el supuesto de que los costes de modificación de los precios, que los economistas llaman costes de menú, son suficientemente altos para impedir a las empresas ajustar los precios inmediatamente en respuesta a los cambios de la situación del mercado. Sin embargo, las nuevas tecnologías han eliminado o reducido notablemente los costes directos de modificar los precios en muchos sectores. Por ejemplo, el uso de códigos de barras para identificar los productos, junto con el escáner, permite a los gerentes de las tiendas de alimentación cambiar los precios pulsando simplemente unas cuantas teclas, sin tener que cambiar la etiqueta de cada lata de sopa o de cada barra de pan. Las compañías aéreas utilizan sofisticados programas informáticos para poner en práctica complejas estrategias de precios con las que dos pasajeros de un mismo vuelo pueden pagar tarifas muy distintas, dependiendo de que viajen por motivos de negocios o de vacaciones y de la antelación con que hayan adquirido su billete. Los vendedores por Internet, como los libreros, pueden modificar sus precios en función del tipo de cliente e incluso de cada cliente y otras empresas de comercio electrónico, como *eBay* y *Priceline*, permiten negociar el precio de cada compra. Como describimos en El observador económico 25.4, la compañía Coca-Cola probó una máquina expendedora que modificaba automáticamente el precio de los refrescos según la temperatura exterior, cobrando más si hacía calor.

"¿Usted pensaba que ofreceríamos tarifas más bajas? ¡Qué insensato!"

¿Reducirá esta disminución de los costes directos de la modificación de los precios la relevancia en el mundo real de la teoría keynesiana, que supone que las empresas satisfacen la demanda a precios fijados previamente? Es, desde luego, una posibilidad que deben tener en cuenta los macroeconomistas. Sin embargo, es improbable que las nuevas tecnologías eliminen totalmente en un futuro inmediato los costes de modificar los precios. La recogida de información sobre las condiciones del mercado necesaria para fijar el precio maximizador de los beneficios —incluidos los precios que cobran los competidores, los costes de producir el bien o el servicio y la probable demanda del producto— seguirá siendo cara para las empresas. Otro coste de la modificación de los precios es el uso del valioso tiempo y atención de los directivos para tomar decisiones documentadas sobre los precios. Un coste más sutil del cambio de los precios —especialmente de la subida de los precios— es que eso puede llevar a los clientes habituales a reconsiderar su elección de los oferentes y a optar por buscar un precio más bajo.

EL GASTO AGREGADO PLANEADO

En la teoría keynesiana analizada en este capítulo, la producción está determinada en cada momento del tiempo por la cantidad que quiere gastar la gente, lo que denominamos *gasto agregado planeado*. Concretamente, el **gasto agregado planeado (GAP)** es el gasto total planeado en bienes y servicios finales.

gasto agregado planeado (GAP) gasto total planeado en bienes y servicios finales

En el Capítulo 18 introdujimos los cuatro componentes del gasto en bienes y servicios finales:

1. El *gasto de consumo*, o simplemente el *consumo* (C), es el gasto de los hogares nacionales en bienes y servicios finales. Ejemplos de esto son el gasto en alimentos, ropa y ocio, y en bienes de consumo duradero como automóviles y muebles.
2. La *inversión* (I) es el gasto de las empresas nacionales en nuevos bienes de capital, como edificios de oficinas, fábricas y equipamiento. La inversión también comprende el gasto en nuevas viviendas y edificios de apartamentos (inversión en vivienda) y los aumentos de las existencias (inversión en existencias)[2].
3. Las *compras del Estado* (G) son el gasto de las administraciones (central, regionales y locales) en bienes y servicios. Ejemplos de esto son las nuevas escuelas y hospitales, el armamento militar, el equipo para el programa espacial y los servicios de los empleados públicos, como los soldados, la policía y los funcionarios públicos. Recuérdese que en el Capítulo 18 vimos que las *transferencias*, como las pensiones y el seguro de desempleo, y los intereses de la deuda pública *no* se incluyen en las compras del Estado. Las transferencias y los intereses sólo contribuyen al gasto agregado en el momento en que son gastados por sus beneficiarios (por ejemplo, cuando una persona recibe la pensión y utiliza los fondos para comprar alimentos, ropa u otros bienes de consumo).
4. Las *exportaciones netas* (NX) son iguales a las exportaciones menos las importaciones. Las exportaciones son las ventas a extranjeros de bienes y servicios producidos en el país; las importaciones son las compras por parte de residentes de bienes y servicios producidos en el extranjero que se han incluido en C, I y G, pero ahora deben restarse porque no representan producción interior. Las exportaciones netas representan, pues, la demanda neta de bienes y servicios por parte de extranjeros.

La suma de estos cuatro tipos de gasto —de los hogares, las empresas, el Estado y el resto del mundo— constituye el gasto total o agregado.

EL GASTO PLANEADO Y EL GASTO EFECTIVO

En el modelo keynesiano, la producción está determinada por el gasto agregado planeado o gasto planeado para abreviar. ¿Puede alguna vez diferir el gasto *planeado* del gasto *efectivo*? La respuesta es afirmativa. El caso más importante es el de una empresa que vende una cantidad mayor o menor de la prevista. Como señalamos en el Capítulo 18, en las estadísticas oficiales se considera que el aumento de las existencias de bienes que hay en los almacenes de las empresas constituye una inversión en existencias por parte de ellas. En efecto, los estadísticos oficiales suponen que las empresas se compran a sí mismas la producción que no venden; consideran que esas compras forman parte de su gasto en inversión[3].

Supongamos, pues, que las ventas efectivas de una empresa son menores de lo previsto, por lo que una parte de lo que se planeaba vender permanece en el almacén. En este caso, la inversión efectiva de la empresa, incluido el aumento imprevisto de sus existencias, es mayor que su inversión planeada, que no incluía las existencias adicionales. Supongamos que I^p representa la inversión planeada de la empresa, incluida la inversión planeada en existencias. Una empresa que vende menos de lo previsto y, por tanto, aumenta sus existencias más de lo planeado, se encontrará con que su inversión efectiva (incluida la inversión en existencias no planeada) es superior a su inversión planeada, por lo que $I > I^p$.

¿Qué ocurre con una empresa que vende más de lo previsto? En ese caso, aumenta sus existencias menos de lo planeado, por lo que la inversión efectiva es menor que la planeada; es decir, $I < I^p$. El Ejemplo 26.1 muestra una ilustración numérica.

[2] En las conversaciones de todos los días, la gente a menudo utiliza el término *inversión* en el sentido de inversión financiera, por ejemplo en el mercado de acciones y bonos. Como ya hemos discutido anteriormente, nosostros utilizamos *inversión* en sentido de gastar en nuevos bienes capitales como empresas, inmuebles y electródomésticos, que no es lo mismo que inversión financiera. Es importante tener en cuenta esta distinción.

[3] Para la medición del PIB, el tratar la producción no vendida como comprada por su productor tiene la ventaja de asegurar que la producción real y el gasto real son iguales.

EJEMPLO 26.1

Inversión efectiva y planeada

La empresa Cometas Fugaces produce durante el año cometas por valor de 5.000.000$. Espera tener unas ventas de 4.800.000$ durante el año, por lo que le quedarían en el almacén cometas por valor de 200.000$ para vender en el futuro. Durante el año, amplía el equipo de producción por valor de 1 millón de dólares como parte de un plan de expansión. Hallemos la inversión efectiva I de Cometas Fugaces y su inversión planeada I^p, suponiendo que las ventas efectivas de cometas resultan ser de 4.600.000$. ¿Qué ocurre si son de 4.800.000$? ¿Y si son de 5.000.000$?

La inversión planeada de Cometas Fugaces I^p es igual a la compra de un nuevo equipo de producción (1.000.000$) más sus aumentos planeados de existencias (200.000$), lo que hace un total de 1.200.000$ en inversión planeada. La inversión planeada de la empresa no depende de cuánto venda realmente.

Si Cometas Fugaces sólo vende cometas por valor de 4.600.000$, aumenta sus existencias en 400.000$ en lugar de los 200.000$ planeados inicialmente. En este caso, la inversión efectiva es igual al millón de dólares en un nuevo equipo más los 400.000$ en inversión en existencias, por lo que I = 1.400.000$. Vemos que, cuando la empresa vende menos de lo planeado, la inversión efectiva es superior a la planeada ($I > I^p$).

Si Cometas Fugaces tiene unas ventas de 4.800.000$, aumenta sus existencias de cometas en 200.000$, exactamente como planeaba. En este caso, la inversión efectiva y la planeada son iguales:

$$I = I^p = 1.200.000\$.$$

Por último, si Cometas Fugaces vende cometas por valor de 5 millones de dólares, no aumentará sus existencias. Éstas serán cero y su inversión efectiva total (incluido el nuevo equipo) será igual a 1 millón de dólares, que es menor que su inversión planeada de 1.200.000$ ($I < I^p$).

Como las empresas que satisfacen la demanda de su producto o servicio a los precios previamente determinados no pueden controlar la cantidad que venden, su inversión efectiva (incluida la inversión en existencias) puede perfectamente ser diferente de la planeada. Sin embargo, en el caso de los hogares, el Estado y los compradores extranjeros, es razonable suponer que el gasto efectivo y el planeado son iguales. Por lo tanto, de aquí en adelante supondremos que en el caso del consumo, las compras del Estado y las exportaciones netas, el gasto efectivo es igual al planeado.

Con estos supuestos, podemos definir el gasto agregado planeado por medio de la ecuación:

$$GAP = C + I^p + G + NX. \qquad (26.1)$$

La Ecuación 26.1 afirma que el gasto agregado planeado es la suma del gasto planeado de los hogares, las empresas, el Estado y los extranjeros. Utilizamos el superíndice p para distinguir el gasto de inversión planeado por las empresas, I^p, del gasto de inversión efectivo, I. Sin embargo, como el gasto planeado es igual al efectivo en el caso de los hogares, el Estado y los extranjeros, no es necesario utilizar superíndices en el caso del consumo, las compras del Estado o las exportaciones netas.

¡EH, GASTÓN! EL GASTO DE CONSUMO Y LA ECONOMÍA

El mayor componente del gasto agregado planeado —casi dos tercios del gasto total— es el gasto de consumo, esto es, C. Como ya hemos señalado, el gasto de consumo comprende las compras de bienes por parte de los hogares, como alimentos y ropa; servicios, como asistencia sanitaria, conciertos y matrículas universitarias; y bienes de consumo duradero, como automóviles, muebles y ordenadores. Por lo tanto, la disposición de los consumidores a gastar afecta a las ventas y a la rentabilidad en una amplia variedad de sectores (las compras de viviendas nuevas por parte de los hogares se consideran inversiones en lugar de consumo, pero representan otra vía a través de la cual las decisiones de los hogares afectan al gasto total).

¿De qué depende la cantidad que planea gastar la gente en bienes y servicios de consumo en un determinado periodo? Aunque son muchos los factores que pueden ser relevantes, un determinante especialmente importante de la cantidad que planea consumir la gente es su renta *disponible* o después de los impuestos. Manteniéndose todo lo demás constante, los hogares y los individuos que tienen una renta disponible más alta consumen más que los que tienen una renta disponible más baja. El propio Keynes subrayó la importancia de la renta disponible en la determinación de las decisiones de consumo de los hogares, estableciendo una "ley psicológica" según la cual la gente liga estrechamente su gasto a su renta.

Recuérdese que, en el Capítulo 22, vimos que la renta disponible del sector privado es la producción total de la economía, Y, menos los impuestos netos (los impuestos menos las transferencias), T. Podemos suponer, pues, que el gasto de consumo (C) aumenta cuando aumenta la renta disponible ($Y - T$). Como ya hemos señalado, también hay otros factores que pueden afectar al consumo, como el tipo de interés real, también analizado en el Capítulo 22. De momento, prescindiremos de esos otros factores, volviendo sobre algunos de ellos más adelante.

Una ecuación general que recoge la relación entre el consumo y la renta disponible del sector privado es

$$C = \overline{C} + pmc(Y - T). \tag{26.2}$$

función de consumo relación entre el gasto de consumo y sus determinantes, en particular, la renta disponible (después de los impuestos)

Esta ecuación, que diseccionaremos a continuación, se conoce con el nombre de *función de consumo*. La **función de consumo** relaciona el gasto de consumo con sus determinantes, como la renta disponible (después de los impuestos).

Examinemos más atentamente la función de consumo, que es la Ecuación 26.2. El segundo miembro contiene dos términos, $\overline{C}$ y $pmc(Y - T)$. El primero, $\overline{C}$, es un término constante en la ecuación que pretende recoger factores *distintos de la renta disponible* que afectan al consumo. Supongamos, por ejemplo, que los consumidores vieran el futuro con más optimismo y desearan consumir más y ahorrar menos en cualquier nivel dado de su renta disponible actual. Un aumento del consumo deseado en cualquier nivel dado de renta disponible se representaría en la función de consumo como un aumento del término $\overline{C}$.

efecto-riqueza tendencia de las variaciones de los precios de los activos a afectar a la riqueza de los hogares y, por lo tanto, a su gasto en bienes de consumo

Podemos imaginar otros factores que pueden afectar al término $\overline{C}$ de la función de consumo. Supongamos, por ejemplo, que la bolsa de valores o los precios de la vivienda suben vertiginosamente, por lo que los consumidores piensan que son más ricos y, por tanto, tienden a gastar más, dado su nivel de renta disponible actual. Este efecto podría recogerse suponiendo que $\overline{C}$ aumenta. Un descenso de los precios de la vivienda o de las acciones que lleva a los consumidores a pensar que son más pobres y a tender menos a gastar se representaría por medio de una reducción de $\overline{C}$. Los economistas llaman **efecto-riqueza** de las variaciones de los precios de los activos al efecto que producen éstas en la riqueza de los hogares y, por tanto, en su gasto de consumo.

EL OBSERVADOR ECONÓMICO 26.2

¿Cómo afectó la caída de la bolsa estadounidense de 2000-2002 al gasto de consumo?

Entre marzo de 2000 y octubre de 2002, la bolsa estadounidense sufrió una pérdida de valor del 49% según el índice bursátil *Standard and Poor's 500*, que se utiliza frecuentemente como referencia de la marcha de la bolsa en Estados Unidos. ¿Cómo afectó esta caída de la bolsa al gasto de consumo?

Según el economista del MIT James Poterba, en 2000 los hogares estadounidenses tenían acciones por valor de unos 13,3 billones de dólares[4]. Si sus tenencias de acciones reflejan las del índice bursátil *Standard and Poor's 500*, la pérdida de valor de la bolsa del 49% redujo en dos años la riqueza de los hogares en unos

[4] "The Stock Market and the Consumer," *Hoover Institution Weekly Essays*, Noviembre 6, 2000. Puede consultarse en http://www-hoover.stanford.edu/pubaffairs/we/current/poterba_1100.html.

6,5 billones de dólares. Según los modelos económicos basados en la experiencia histórica, una reducción de la riqueza de los hogares de un dólar reduce el gasto de consumo entre 3 y 7 centavos al año respectivamente, por lo que la reducción de la riqueza financiera pudo reducir el gasto total de consumo entre 195.000 y 455.000 millones de dólares, lo que representa una reducción de entre el 3 y el 7%. Sin embargo, el gasto real de consumo continuó aumentando desde 2000 hasta 2002. ¿Por qué?

A pesar del comienzo de una contracción en marzo de 2001, el gasto total de consumo siguió siendo alto en 2000-2002 por varias razones. Como señalamos en el observador económico 25.1, la renta real después de los impuestos de los consumidores continuó creciendo hasta el otoño de 2001, ayudando a mantener un elevado gasto de consumo a pesar de la caída de la bolsa. Además, durante 2001 y principios de 2002, la Reserva Federal bajó significativamente los tipos de interés (en el siguiente capítulo veremos cómo lo hizo). Una reducción de los tipos de interés ayuda a fomentar el gasto de consumo, sobre todo en grandes artículos como los automóviles, reduciendo los costes de los préstamos para los consumidores. Por último, los precios de la vivienda subieron significativamente durante este periodo, aumentando la riqueza inmobiliaria de los consumidores y contrarrestando, en parte, la disminución de su riqueza financiera. Los datos sobre las ventas de viviendas que miden el precio de las viviendas que se venden y se revenden con el tiempo indican que los precios de la vivienda subieron un 20,1% entre el primer trimestre de 2000 y el tercero de 2002[5]. Como el valor total de mercado de las propiedades inmobiliarias de los hogares era de unos 12 billones de dólares en 2000[6], la apreciación de la vivienda aumentó la riqueza de los hogares en unos 2,4 billones de dólares, contrarrestando alrededor de un 37% de la disminución de la riqueza financiera durante este periodo.

El segundo término del segundo miembro de la Ecuación 26.2, $pmc(Y - T)$, refleja la influencia de la renta disponible $Y - T$ en el consumo. El parámetro *pmc*, que tiene un valor fijo, se denomina *propensión marginal a consumir.* La **propensión marginal a consumir (pmc)** es la cuantía en que aumenta el consumo cuando la renta disponible actual aumenta 1 euro. Si la gente recibe un euro más de renta, probablemente consumirá parte de ese euro y ahorrará el resto. En otras palabras, su consumo aumentará, pero en una cuantía inferior al euro de renta adicional. Por tanto, es realista suponer que la propensión marginal a consumir es mayor que 0 (un aumento de la renta provoca un aumento del consumo), pero menor que 1 (el aumento del consumo es menor que el aumento total de la renta). Estos supuestos pueden expresarse simbólicamente de la manera siguiente: $0 < pmc < 1$.

propensión marginal a consumir (pmc) cuantía en que aumenta el consumo cuando la renta disponible aumenta 1$. Suponemos que $0 < pmc < 1$

La Figura 26.1 muestra una función de consumo hipotética, en la que el gasto de consumo (C) se encuentra en el eje de ordenadas y la renta disponible ($Y - T$) en el de abscisas. La ordenada en el origen de la función de consumo es igual al consumo exógeno $\bar{C}$ y la pendiente es igual a la propensión marginal a consumir *pmc*.

Para ver cómo se ajusta esta función de consumo a la realidad, compárese la Figura 26.1 con la Figura 26.2, que muestra la relación entre el gasto de consumo real agregado y la renta real disponible en Estados Unidos durante el periodo 1960-2004. La Figura 26.2, que es un *diagrama de puntos dispersos*, muestra el consumo real agregado en el eje de ordenadas y la renta real disponible agregada en el de abscisas. Cada punto del gráfico corresponde a un año del periodo comprendido entre 1960 y 2004 (en la figura se indican algunos años). La posición de cada punto está determinada por la combinación de consumo y renta disponible correspondiente a ese año. Como observará el lector, existe una relación realmente estrecha entre el consumo agregado y el ingreso disponible: un aumento del ingreso disponible implica un aumento del consumo.

[5] *U.S. Office of Federal Housing Enterprise Oversight* (OFHEO), http://www.ofheo.gov. Los precios de las viviendas continuaron creciendo a un ritmo incluso mayor después de 2002.

[6] Federal Reserve Board, *Flow of Funds Accounts of the United States*, http://www.federalreserve.gov.

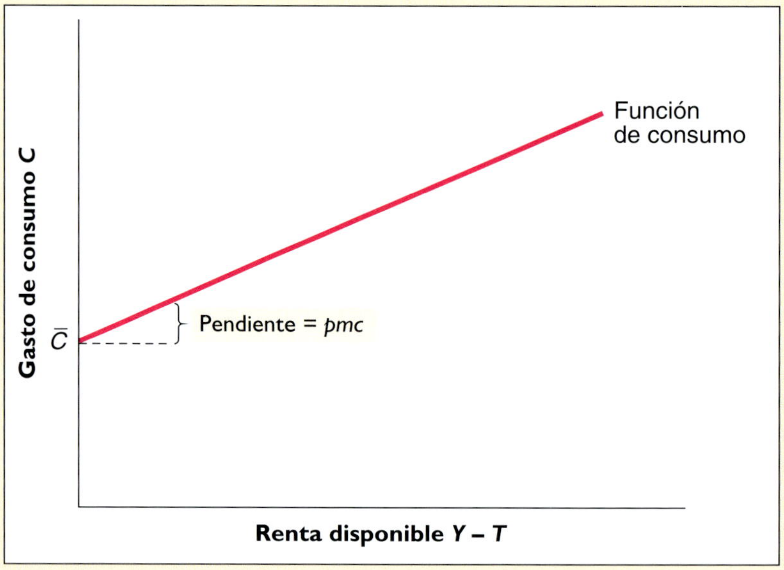

FIGURA 26.1
Una función de consumo. La función de consumo relaciona el gasto de consumo de los hogares C con la renta disponible $Y - T$. La ordenada en el origen de esta función de consumo es el componente exógeno del consumo, $\bar{C}$, y la pendiente de la recta es igual a la propensión marginal a consumir *pmc*.

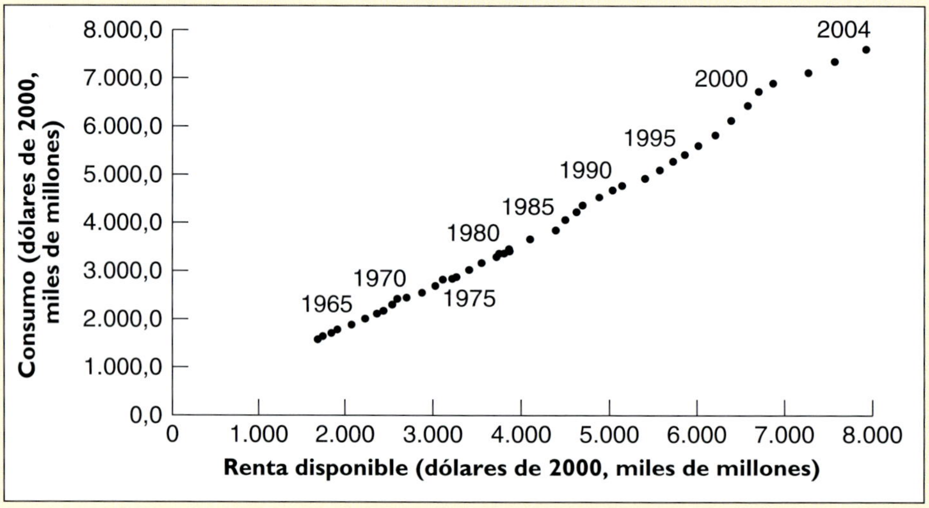

FIGURA 26.2
La función de consumo de Estados Unidos, 1960-2004.
Cada punto de esta figura representa una combinación de consumo real agregado y de renta real disponible agregada de un año específico comprendido entre 1960 y 2004. Obsérvese la estrecha relación positiva entre el consumo y la renta disponible.

FUENTE: *Economic Report of the President* (http://www.gpoaccess.gov/eop/).

La Figura 26.3 reproduce la misma información que la Figura 26.2 para la economía mexicana en 15 años. En ésta se muestran la relación entre ingreso disponible y consumo real. Observamos el mismo patrón que para el caso de Estados Unidos, lo cual confirma que la relación ente estas dos variables es una relación robusta.

EL GASTO AGREGADO PLANEADO Y LA PRODUCCIÓN

Volviendo a los recuerdos de la abuela, recuérdese que un importante elemento de su historia era la relación entre la producción, la renta y el gasto. Cuando las fábricas de calzado de su ciudad redujeron la producción, disminuyó tanto la renta de los trabajadores de las fábricas como la de sus propietarios. La renta de los trabajadores disminuyó tanto al reducirse el número de horas semanales de trabajo (práctica habitual durante la Depresión) como al despedirse a algunos trabajadores o al bajarse los salarios. La renta de los propietarios de las fábricas

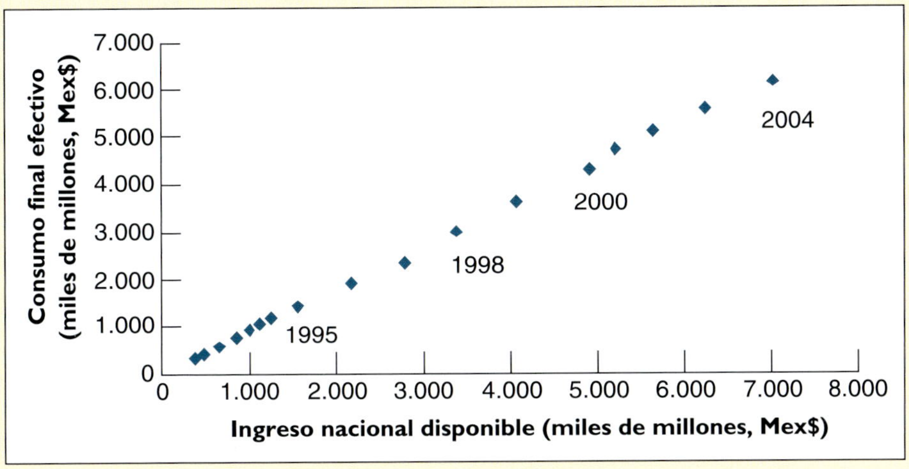

FUENTE: INEGI.

FIGURA 26.3
La función consumo para México, años seleccionados.

disminuyó al disminuir los beneficios. La disminución de la renta obligó, a su vez, tanto a los trabajadores como a los propietarios de las fábricas a recortar su gasto, lo que redujo aún más la producción y la renta. Este círculo vicioso llevó a la economía a sumirse poco a poco en una contracción.

La lógica de la historia de la abuela tiene dos elementos clave: (1) la disminución de la producción (que implica una disminución de la renta de los productores) provoca una disminución del gasto y (2) la disminución del gasto provoca una disminución de la producción y de la renta. En este apartado, analizamos la primera parte de la historia, los efectos que producen la producción y la renta en el gasto. Más adelante, en este mismo capítulo, volveremos a analizar los efectos que produce el gasto en la producción y en la renta.

¿Por qué afectan las variaciones de la producción y de la renta al gasto agregado planeado? La función de consumo, que relaciona el consumo y la renta disponible, es la fuente básica de esta relación. Como el gasto de consumo C representa una gran parte del gasto agregado planeado y como el consumo depende de la producción Y, el gasto agregado en conjunto depende de la producción. El Ejemplo 26.2 muestra numéricamente esta relación.

EJEMPLO 26.2

Formulación de la relación entre el gasto agregado planeado y la producción

La función de consumo de una economía es

$$C = 620 + 0{,}8(Y - T),$$

por lo que el término de la ordenada en el origen de la función de consumo $\bar{C}$ es igual a 620 y la propensión marginal a consumir pmc es igual a 0,8. Supongamos también que se nos da el gasto planeado de inversión, $I^p = 220$, las compras del Estado, $G = 300$, las exportaciones netas, $NX = 20$ y los impuestos, $T = 250$.

Formulemos una ecuación numérica que relacione el gasto agregado planeado GAP y la producción Y. ¿Cómo varía el gasto planeado cuando varía la producción y, por tanto, la renta?

Recuérdese la definición de gasto agregado planeado, la Ecuación 26.1:

$$GAP = C + I^p + G + NX.$$

Para hallar una ecuación numérica del gasto agregado planeado tenemos que hallar expresiones numéricas para cada uno de sus cuatro componentes. El primero, el consumo, viene definido por la función de consumo, $C = 620 + 0{,}8(Y - T)$. Como los impuestos $T = 250$, podemos sustituir T por su valor numérico para formular la función de consumo de la forma siguiente: $C = 620 + 0{,}8(Y - 250)$. Ahora introduciendo esta expresión de C en la anterior definición del gasto agregado planeado, tenemos que

$$GAP = [620 + 0{,}8(Y - 250)] + I^p + G + NX,$$

donde hemos sustituido simplemente C por su valor determinado por la función de consumo. Asimismo, podemos introducir los valores numéricos de la inversión planeada, I^p, las compras del Estado G, y las exportaciones netas NX en la definición del gasto agregado planeado y obtenemos

$$GAP = [620 + 0{,}8(Y - 250)] + 220 + 300 + 20.$$

Para simplificar esta ecuación, primero observamos que $0{,}8(Y - 250) = 0{,}8Y - 200$ y, a continuación, añadimos todos los términos que no dependen de la producción, Y. El resultado es

$$GAP = (620 - 200 + 220 + 300 + 20) + 0{,}8Y = 960 + 0{,}8Y$$

La última expresión muestra la relación entre el gasto agregado planeado y la producción en este ejemplo numérico. Obsérvese que, según esta ecuación, un aumento de Y de 1$ provoca un aumento del GAP de (0,8)(1$), es decir, de 80 centavos. La razón se halla en que en este ejemplo la propensión marginal a consumir *pmc* es 0,8. Por lo tanto, un aumento de la renta de 1$ eleva el gasto de consumo en 80 centavos. Como el consumo es un componente del gasto total planeado, el gasto total también aumenta en 80 centavos.

gasto autónomo parte del gasto agregado planeado que es independiente de la producción

gasto inducido parte del gasto agregado planeado que depende de la producción Y

La solución al Ejemplo 26.2 ilustra un principio general: el gasto agregado planeado puede dividirse en dos partes, una que depende de la producción (Y) y otra que es independiente de la producción. La parte del gasto agregado planeado que es independiente de la producción se denomina **gasto autónomo.** En el Ejemplo 26.2, el gasto autónomo es el término constante de la ecuación del gasto agregado planeado (960). Esta parte del gasto planeado, como tiene un valor fijo, no varía cuando varía la producción. En cambio, la parte del gasto agregado planeado que depende de la producción (Y) se llama **gasto inducido.** En el Ejemplo 26.2, el gasto inducido es igual a $0{,}8Y$, que es el segundo término de la expresión del gasto agregado planeado. Obsérvese que el valor numérico del gasto inducido depende, por definición, del valor numérico que toma la producción. El gasto autónomo y el gasto inducido son iguales al gasto agregado planeado.

RECAPITULACIÓN — EL GASTO AGREGADO PLANEADO

- El *gasto agregado planeado* (GAP) es el gasto total planeado en bienes y servicios finales. Sus cuatro componentes son el gasto de consumo (C), la inversión planeada (I^p), las compras del Estado (G) y las exportaciones netas (NX). La inversión planeada se diferencia de la inversión efectiva cuando las ventas de las empresas son diferentes de lo que esperaban, por lo que los aumentos de las existencias (componente de la inversión) son diferentes de lo que preveían las empresas.
- El mayor componente de la demanda agregada es el gasto de consumo, o simplemente consumo. Éste depende de la renta disponible o después de impuestos, de acuerdo con una relación que se conoce con el nombre de *función de consumo* y se formula algebraicamente de la forma siguiente: $C = \bar{C} + pmc(Y - T)$.
- El término constante de la función de consumo, $\bar{C}$, recoge otros factores distintos de la renta disponible que afectan al gasto de consumo. Por ejemplo, un aumento de los precios de la vivienda o de las acciones hace que los hogares se sientan más ricos y, por tanto, estén más dispuestos a gastar —efecto llamado *efecto-riqueza*— podría recogerse por medio de un aumento de $\bar{C}$. La pendiente de la función de consumo es igual

RECAPITULACIÓN	EL GASTO AGREGADO PLANEADO

a la *propensión marginal a consumir pmc*, donde $0 < pmc < 1$. Se trata de la cuantía en que aumenta el consumo cuando la renta disponible aumenta 1$.

- Los aumentos de la producción, que implican un aumento igual de la renta, provocan un incremento del consumo. Como éste forma parte del gasto agregado planeado, el gasto planeado también depende de la producción. La parte del gasto agregado planeado que depende de la producción se llama *gasto inducido*. La parte del gasto agregado planeado que es independiente de la producción se denomina *gasto autónomo*.

LA PRODUCCIÓN DE EQUILIBRIO A CORTO PLAZO

Una vez que hemos definido el gasto agregado planeado y que hemos visto cómo está relacionado con la producción, la siguiente tarea es ver cómo se determina la producción propia. Recuérdese el supuesto del modelo keynesiano básico: a corto plazo, los productores mantienen los precios en los niveles fijados previamente y simplemente satisfacen la demanda a esos precios. En otras palabras, a corto plazo, que es el periodo en el que los precios están previamente determinados, las empresas producen una cantidad igual al gasto agregado planeado. Por lo tanto, la **producción de equilibrio a corto plazo** es el nivel de producción en el que la producción Y es igual al gasto agregado planeado GAP:

$$Y = GAP. \tag{26.3}$$

producción de equilibrio a corto plazo nivel de producción en el que la producción Y es igual al gasto agregado planeado GAP; nivel de producción existente durante el periodo en el que los precios son predeterminados

La producción de equilibrio a corto plazo es el nivel de producción existente durante el periodo en el que los precios están previamente determinados.

La producción de equilibrio a corto plazo de la economía puede hallarse de tres formas. En primer lugar, se puede utilizar una tabla para calcular el nivel de producción en el que $Y - GAP = 0$. En segundo lugar, podemos utilizar un gráfico llamado *aspa keynesiana*. Por último, se puede utilizar el álgebra. Aunque en este capítulo centramos la atención en los dos primeros métodos, en el Recuadro 26.3 mostramos cómo se utiliza el álgebra para resolver el modelo básico del Ejemplo 26.2 y en el Apéndice A de este capítulo la utilizamos para resolver el modelo más general.

Primero utilizamos los datos de la Tabla 26.1 para hallar el nivel de producción de equilibrio de la economía descrita en el Ejemplo 26.2. La columna 2 de la tabla contiene los niveles de gasto agregado planeado (GAP) correspondiente a los valores de la producción de la columna 1. Recuérdese que en el Ejemplo 26.2 el gasto planeado está determinado por la ecuación

$$GAP = 960 + 0{,}8Y.$$

TABLA 26.1
Determinación numérica de la producción de equilibrio a corto plazo

(1) Producción Y	(2) Gasto agregado planeado $GAP = 960 + 0{,}8Y$	(3) $Y - GAP$	(4) $Y = GAP$?
4.000	4.160	– 160	No
4.200	4.320	– 120	No
4.400	4.480	– 80	No
4.600	4.640	– 40	No
4.800	4.800	0	**Sí**
5.000	4.960	40	No
5.200	5.120	80	No

Así, por ejemplo, cuando $Y = 4.000$, $GAP = 960 + 0{,}8(4.000) = 4.160$. Como el consumo aumenta con la producción, el gasto total planeado (que incluye el consumo) también aumenta. Pero si comparamos las columnas 1 y 2, veremos que cuando la producción aumenta en 200, el gasto planeado sólo aumenta en 160. Esto se debe a que en esta economía la propensión marginal a consumir es 0,8, por lo que cada dólar de renta adicional eleva 80 centavos el consumo y el gasto planeado.

Una vez más, la producción de equilibrio a corto plazo es el nivel de producción en el que $Y = GAP$ o, lo que es lo mismo, $Y - GAP = 0$. En ese nivel de producción, la inversión efectiva será igual a la planeada y la producción no tenderá a variar. Si observamos la Tabla 26.1, veremos que sólo hay un nivel de producción que satisface dicha condición, $Y = 4.800$. En ese nivel, la producción y el gasto agregado planeado son exactamente iguales, por lo que los productores están simplemente satisfaciendo la demanda de sus bienes y servicios.

¿Qué ocurriría en esta economía si la producción fuera diferente de su valor de equilibrio de 4.800? Supongamos, por ejemplo, que fuera de 4.000. Si observamos la columna 2 de la Tabla 26.1 veremos que, cuando la producción es de 4.000, el gasto agregado planeado es igual a 960 + 0,8(4.000); es decir, 4.160. Por lo tanto, si la producción es de 4.000, las empresas no están produciendo lo suficiente para satisfacer la demanda. Observarán que, cuando las ventas son superiores a las cantidades que producen, sus existencias de bienes acabados se reducen en 160 al año y que la inversión efectiva (incluida la inversión en existencias) es menor que la planeada. Según el supuesto de que las empresas se comprometen a satisfacer la demanda de sus clientes, responderán aumentando su producción.

¿Sería suficiente aumentar la producción a 4.160, que es el nivel de gasto planeado al que se enfrentaban las empresas cuando la producción era de 4.000? La respuesta es negativa debido al gasto inducido. Es decir, cuando las empresas aumentan su producción, la renta agregada (los salarios y los beneficios) aumenta con ella, lo cual provoca, a su vez, un aumento del nivel de consumo. De hecho, si la producción aumenta a 4.160, el gasto planeado también aumenta a 960 + 0,8(4.160), esto es, a 4.288. Por lo tanto, un nivel de producción de 4.160 seguirá siendo insuficiente para satisfacer la demanda. Como muestra la Tabla 26.1, la producción no será suficiente para satisfacer el gasto agregado planeado hasta que no se incremente hasta su valor de equilibrio a corto plazo de 4.800.

¿Qué ocurriría si la producción fuera inicialmente superior a su valor de equilibrio, por ejemplo, si fuera de 5000? En la Tabla 26.1 vemos que, cuando la producción es igual a 5.000, sólo el gasto planeado es igual a 4.960, es decir, menor que la producción de las empresas. Por lo tanto, en un nivel de producción de 5.000, las empresas no venderán todo lo que producen y se encontrarán con que su mercancía se apila en los estantes de tiendas y almacenes (la inversión efectiva, incluida la inversión en existencias, es mayor que la planeada). En respuesta, reducirán su nivel de producción. Como muestra la Tabla 26.1, tendrán que reducir la producción hasta su nivel de equilibrio de 4.800 para que la producción sea igual al gasto planeado.

EJERCICIO 26.1

Construya una tabla como la 26.1 para una economía igual que la economía con la que hemos estado trabajando, suponiendo que la función de consumo es $C = 820 + 0{,}7(Y - T)$ y que $I^p = 600$, $G = 600$, $NX = 200$ y $T = 600$.

¿Cuál es la producción de equilibrio a corto plazo en esta economía? *Pista*: trate de utilizar unos valores de la producción superiores a 5.000.

La producción de equilibrio a corto plazo también puede hallarse gráficamente, como muestra el Ejemplo 26.3.

EJEMPLO 26.3 Cómo se halla la producción de equilibrio a corto plazo (método gráfico)

Hallemos la producción de equilibrio a corto plazo de la economía descrita en el Ejemplo 26.2 utilizando un método gráfico.

La Figura 26.4 muestra la determinación gráfica de la producción de equilibrio a corto plazo de la economía descrita en el Ejemplo 26.2. La producción Y se representa

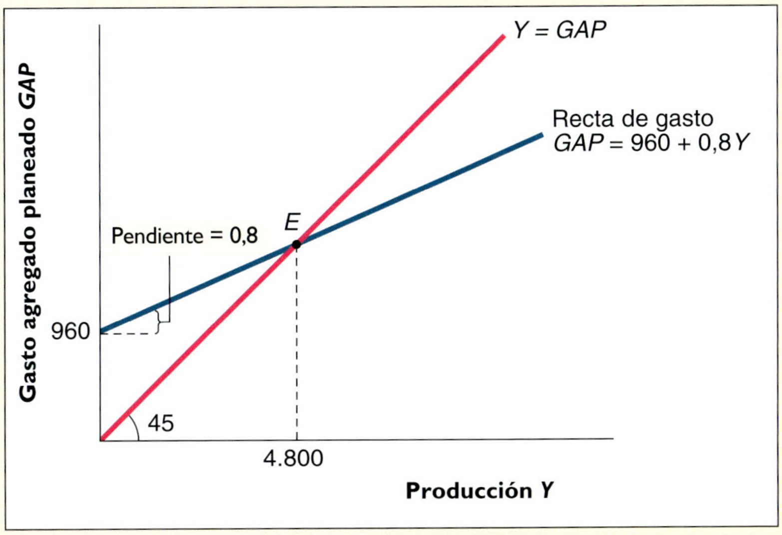

FIGURA 26.4
Determinación de la producción de equilibrio a corto plazo (aspa keynesiana).
La recta de 45° representa la condición de equilibrio a corto plazo $Y = GAP$. La recta $GAP = 960 + 0{,}8Y$, que se denomina recta de gasto, muestra la relación entre el gasto agregado planeado y la producción. La producción de equilibrio a corto plazo (4.800) se encuentra en el punto de intersección de las dos rectas, que es el punto *E*. Este tipo de gráfico se conoce con el nombre de aspa keynesiana.

en el eje de abscisas y el gasto agregado planeado *GAP* en el de ordenadas. La figura contiene dos líneas rectas, una de las cuales es una recta de 45° que parte del origen. En general, una recta de 45° que parte del origen incluye los puntos en los que la variable del eje de ordenadas es igual a la variable del eje de abscisas. Por lo tanto, en este caso, la recta de 45° representa la ecuación $Y = GAP$. Como la producción de equilibrio a corto plazo debe satisfacer la ecuación $Y = GAP$, la combinación de producción y gasto que satisface esta condición debe encontrarse en algún punto de la recta de 45° de la Figura 26.4.

La segunda línea recta de la Figura 26.4, menos inclinada que la recta de 45°, muestra la relación entre el gasto agregado planeado *GAP* y la producción *Y*. Como resume la forma en que el gasto planeado depende de la producción, la llamamos *recta de gasto*. En este ejemplo, sabemos que la relación entre el gasto agregado planeado y la producción (la ecuación de la recta de gasto) es

$$GAP = 960 + 0{,}8Y.$$

Según esta ecuación, cuando $Y = 0$, el valor de *GAP* es 960. Por lo tanto, 960 es la ordenada en el origen de la recta de gasto, como muestra la Figura 26.4. Obsérvese que *la ordenada en el origen de la recta de gasto es igual al gasto autónomo*, resultado que siempre se cumple. La pendiente de la línea recta que relaciona la demanda agregada y la producción es 0,8, que es el valor del coeficiente de la producción en la ecuación $GAP = 960 + 0{,}8Y$. ¿De dónde procede el valor 0,8? *Pista*: ¿de qué depende la cuantía en que aumenta el gasto agregado cuando la producción aumenta un dólar?

Sólo un punto de la Figura 26.4 es coherente *tanto* con la definición de producción de equilibrio a corto plazo, $Y = GAP$, *como* con la relación dada entre el gasto agregado planeado y la producción, $GAP = 960 + 0{,}8Y$. Es el punto de intersección de las dos rectas, el punto *E*. En este punto, la producción de equilibrio a corto plazo es igual a 4.800, que es el mismo valor que hemos obtenido utilizando la Tabla 26.1 y mediante una solución numérica directa. En los puntos situados a la derecha de *E*, la producción es superior al gasto agregado planeado. Por lo tanto, a la derecha del punto *E* las empresas producen más de lo que pueden vender, lo que las lleva a reducir la producción. En cambio, a la izquierda del punto *E*, el gasto agregado planeado es superior a la producción. En esa región, las empresas no producen lo suficiente para satisfacer la demanda, por lo que tienden a aumentar su producción. Sólo producen lo suficiente para satisfacer el gasto planeado en bienes y servicios en el punto *E*, en el que la producción es igual a 4.800.

El gráfico de la Figura 26.4 se conoce a menudo con el nombre de *aspa keynesiana*, por su característica forma. El aspa keynesiana muestra gráficamente cómo se determina la producción de equilibrio a corto plazo en un mundo en el que los productores satisfacen la demanda a unos precios previamente fijados.

EJERCICIO 26.2

Muestre gráficamente cómo se determina la producción de equilibrio a corto plazo de la economía descrita en el Ejercicio 26.1 utilizando el aspa keynesiana. ¿Cuáles son la ordenada en el origen y la pendiente de la recta de gasto?

EL GASTO PLANEADO Y LA BRECHA DE PRODUCCIÓN

Nos encontramos ya en condiciones de utilizar el modelo keynesiano básico para mostrar que un gasto insuficiente puede provocar una contracción. Para mostrar cómo afectan las variaciones del gasto a la producción, continuaremos trabajando con la economía introducida en el Ejemplo 26.2. Hemos mostrado que en esta economía la producción de equilibrio a corto plazo es igual a 4.800. Además, supongamos ahora que en esta ecuación la producción potencial también es igual a 4.800, es decir, $Y^* = 4.800$, por lo que al principio no hay ninguna brecha de la producción. Partiendo de esta posición de pleno empleo, el Ejemplo 26.4 muestra que una disminución del gasto agregado planeado puede provocar una contracción.

RECUADRO 26.3: UTILIZACIÓN DEL ÁLGEBRA PARA RESOLVER EL EJEMPLO 26.2

En este recuadro opcional, utilizamos el álgebra para resolver el modelo básico presentado en el Ejemplo 26.2. En el Apéndice A de este capítulo, la utilizamos para resolver un modelo más general.

El nivel de producción de equilibrio en el modelo keynesiano básico se alcanza cuando la producción, Y, es igual al gasto agregado planeado, *GAP*. El gasto agregado planeado, $GAP = C + I^p + G + NX$. Sustituyendo C, I^p, G y NX por sus valores numéricos del Ejemplo 26.2, observamos que $GAP = 960 + 0{,}8Y$. Por consiguiente, podemos hallar el nivel de producción de equilibrio resolviendo la ecuación

$$Y = 960 + 0{,}8Y \qquad (26.4)$$

Restando 0,8 de los dos miembros de la Ecuación 26.4 tenemos que

$$0{,}2Y = 960 \qquad (26.5)$$

Dividiendo los dos miembros de la Ecuación 26.5 por 0,2, obtenemos

$$Y = 960/0{,}2 = 4.800$$

Por lo tanto, el nivel de producción de equilibrio es 4.800.

EJEMPLO 26.4 Una disminución del gasto planeado provoca una contracción

Hemos observado que en la economía presentada en el Ejemplo 26.2, la producción de equilibrio a corto plazo Y es igual a 4.800. Supongamos también que la producción potencial Y^* es igual a 4.800, por lo que la brecha de producción, $Y^* - Y$, es igual a cero.

Supongamos, sin embargo, que los consumidores empiezan a ver el futuro con más pesimismo, por lo que comienzan a gastar menos en todos los niveles de renta disponible actual. Podemos recoger este cambio suponiendo que disminuye $\bar{C}$, que es el término constante en la función de consumo. Para ser más concretos, supongamos que $\bar{C}$ disminuye en 10 unidades, lo cual implica a su vez una disminución del gasto autónomo de 10 unidades. ¿Cómo afecta esta reducción del gasto planeado a la economía?

Podemos ver cómo afecta la disminución del gasto de consumo a la economía utilizando el aspa keynesiana. La Figura 26.5 muestra el punto inicial de equilibrio a corto plazo del modelo (E) en la intersección de la recta de 45°, a lo largo de la

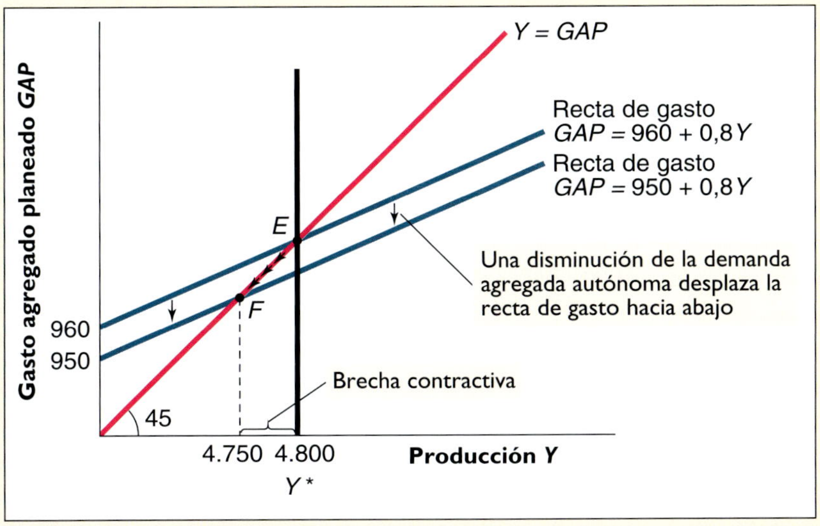

FIGURA 26.5
Una disminución del gasto provoca una contracción.
Una disminución de la disposición de los consumidores a gastar en cualquier nivel actual de renta disponible reduce el gasto autónomo planeado y desplaza la recta de gasto en sentido descendente. El punto de equilibrio a corto plazo desciende de *E* a *F*, reduciendo la producción y produciendo una brecha contractiva.

cual $Y = GAP$, y la recta de gasto inicial, que representa la ecuación $GAP = 960 + 0{,}8Y$. Al igual que antes, el valor inicial de la producción de equilibrio a corto plazo es 4.800, que también hemos supuesto ahora que corresponde a la producción potencial Y^*. Pero ¿qué ocurre si $\bar{C}$ disminuye en 10, reduciendo también el gasto autónomo en 10?

Inicialmente, en esta economía el gasto autónomo era de 960, por lo que una disminución de 10 unidades hace que se reduzca a 950. Ahora el gasto planeado de la economía no es descrito por la ecuación $GAP = 960 + 0{,}8Y$, como antes, sino por $GAP = 950 + 0{,}8Y$. ¿Qué implica este cambio para el gráfico de la Figura 26.5? Como la ordenada en el origen de la recta de gasto (igual al gasto autónomo) ha disminuido de 960 a 950, el efecto de la disminución del gasto de consumo es un desplazamiento descendente paralelo de la recta de gasto de 10 unidades. La Figura 26.5 indica este desplazamiento descendente de la recta de gasto. El nuevo punto de equilibrio a corto plazo es el punto *F*, en el que la nueva recta de gasto más baja corta a la recta de 45°.

El punto *F* se encuentra a la izquierda del punto inicial de equilibrio *E*, por lo que vemos que la producción y el gasto han disminuido con respecto a sus niveles iniciales. Como en el punto *F* la producción es menor que la potencial, 4.800, vemos que la disminución del gasto de consumo ha provocado una brecha contractiva en la economía. En términos más generales, partiendo de una situación de pleno empleo (en la que la producción es igual a la potencial), una disminución del gasto autónomo provoca una contracción.

¿De qué magnitud es la brecha contractiva de la Figura 26.5? Para responder a esta pregunta podemos utilizar la Tabla 26.2, que tiene la misma forma que la 26.1. La diferencia clave radica en que en la Tabla 26.2 el gasto agregado planeado viene dado por $GAP = 950 + 0{,}8Y$ y no por $GAP = 960 + 0{,}8Y$, como en la Tabla 26.1.

La primera columna de la tabla muestra, al igual que en la 26.1, distintos valores posibles de la producción *Y*, y la segunda muestra los niveles de gasto agregado planeado *GAP*, que implica cada valor de la producción de la primera columna. Obsérvese que 4.800, que es el valor de la producción de equilibrio a corto plazo de la Tabla 26.1, ya no es un equilibrio; cuando la producción es de 4.800, el gasto planeado es de 4.790, por lo que la producción y el gasto planeado no son iguales. Como muestra la tabla, tras la disminución del gasto agregado planeado, la producción de equilibrio a corto plazo es 4.750, que es el único valor de la producción en el que $Y = GAP$. Por lo tanto, una disminución del gasto autónomo de 10 unidades ha provocado una disminución de la producción de equilibrio a corto plazo de 50 unidades. Si la producción de pleno empleo es 4.800, la brecha contractiva mostrada en la Figura 26.5 es igual a 4.800 – 4.750 = 50 unidades.

TABLA 26.2
Determinación de la producción de equilibrio a corto plazo tras una disminución del gasto

(1) Producción Y	(2) Gasto agregado planeado $GAP = 950 + 0{,}8Y$	(3) $Y - GAP$	(4) $Y = GAP$?
4.600	4.630	–30	No
4.650	4.670	–20	No
4.700	4.710	–10	No
4.750	4.750	0	**Sí**
4.800	4.790	10	No
4.850	4.830	20	No
4.900	4.870	30	No
4.950	4.910	40	No
5.000	4.950	50	No

EJERCICIO 26.3

En la economía descrita en el Ejemplo 26.4 hemos encontrado una brecha contractiva de 50 en relación con la producción potencial de 4.800. Supongamos que en esta economía la tasa natural de desempleo u^* es del 5%. ¿Cuál será la tasa efectiva de desempleo tras la aparición de la brecha contractiva? *Pista*: recuerde la ley de Okun del capítulo anterior.

El Ejemplo 26.4 muestra que una disminución del gasto autónomo, provocada por una disminución de la disposición de los consumidores a gastar, provoca una disminución de la producción de equilibrio a corto plazo y una brecha contractiva. La conclusión es la misma cuando la disminución del gasto autónomo se debe a otras causas. Supongamos, por ejemplo, que a las empresas les desilusionan las nuevas tecnologías y reducen su inversión planeada en un equipamiento nuevo. En el modelo, esta renuencia de las empresas a invertir puede interpretarse como una disminución del gasto de inversión planeado I^p. Según nuestro supuesto de que el gasto de inversión planeado está dado y no depende de la producción, la inversión planeada forma parte del gasto autónomo. Por tanto, una disminución del gasto de inversión planeado reduce el gasto autónomo y la producción, exactamente de la misma forma que una disminución de la parte autónoma del gasto de consumo. Como veremos en aplicaciones posteriores, las conclusiones son las mismas cuando disminuyen otros componentes del gasto autónomo, como las compras del Estado y las exportaciones netas.

EJERCICIO 26.4

Repita el análisis del Ejemplo 26.4, pero ahora suponga que los consumidores comienzan a confiar *más*, no menos, en el futuro. Como consecuencia, $\bar{C}$ aumenta en 10 unidades, lo cual aumenta a su vez el gasto autónomo en 10 unidades. Muestre gráficamente que este aumento de la disposición de los consumidores a gastar provoca una brecha de producción expansiva. Halle el valor numérico de la brecha de producción expansiva.

"Son malos tiempos para los minoristas, así que debemos mostrarles nuestro apoyo como sea."

EL OBSERVADOR ECONÓMICO 26.3

¿Por qué fue la profunda contracción japonesa de los años 90 una mala noticia para el resto del este asiático?

Durante la década de 1990, Japón sufrió una larga contracción económica. Sus problemas económicos fueron un gran motivo de preocupación no sólo para las autoridades económicas de Japón, sino también para las de otros países del este asiático, como Tailandia y Singapur. ¿Por qué preocupaban a las autoridades económicas del este asiático las consecuencias de la contracción japonesa para sus propia economía?

Aunque las economías de Japón y de sus vecinos del este asiático están interrelacionadas en muchos aspectos, uno de los más importantes es el comercio. El éxito económico del este asiático se ha basado, en gran parte, en el desarrollo de industrias de exportación, y durante años Japón ha sido el cliente más importante de los bienes del este asiático. Cuando la economía se sumió en una contracción en la década de 1990, las familias y las empresas japonesas redujeron bruscamente sus compras de bienes importados. Este descenso de la demanda supuso un duro golpe para las industrias exportadoras de otros países del este asiático.

Sin embargo, no sólo resultaron afectados los propietarios y los trabajadores de estas industrias; al disminuir los salarios y los beneficios en las industrias de exportación, también disminuyó el gasto interior en los países del este asiático. La disminución del gasto interior redujo las ventas en el interior y el extranjero, debilitando aún más las economías del este asiático. Utilizando el modelo, la disminución de las exportaciones a Japón redujo las exportaciones netas NX y, por lo tanto, el gasto autónomo en los países del este asiático. La disminución del gasto autónomo provocó una brecha contractiva, muy parecida a la que muestra la Figura 26.5.

Japón no es el único país cuyas fluctuaciones económicas han afectado notablemente a sus socios comerciales. Como Estados Unidos es el socio comercial más importante tanto de Canadá como de México, la contracción que comenzó en Estados Unidos en 2001 (véase El observador económico 26.4) provocó una disminución de las exportaciones y contracciones en Canadá y México. También perjudicó al este asiático, que exporta bienes de alta tecnología a Estados Unidos: el PIB de países como Singapur disminuyó vertiginosamente. El crecimiento económico se recuperó en la mayor parte del este asiático a partir de 2001, debido en gran medida al aumento de la demanda de exportaciones a Estados Unidos y China.

EL OBSERVADOR ECONÓMICO 26.4

¿A qué se debió la contracción de 2001 en Estados Unidos?

Según el *National Bureau of Economic Research*, en marzo de 2001 comenzó ua contracción en Estados Unidos, la primera desde hacía diez años (véase El observador económico 25.1 para un análisis de la decisión del NBER). ¿A qué se debió la contracción de 2001 en Estados Unidos?

El gasto de consumo representa casi dos tercios del gasto agregado, por lo que no debería sorprender que la mayoría de las contracciones impliquen una reducción significativa del gasto de los hogares. En este sentido, la contracción de 2001 fue en gran medida excepcional, ya que el gasto de consumo continuó siendo bastante alto durante la mayor parte de la contracción (véase El observador económico 26.2). Esta contracción puede atribuirse principalmente a una enorme caída del gasto de inversión de las empresas.

¿Por qué disminuyó el gasto de inversión? El periodo comprendido entre 1995 y 2000 se caracterizó por unas elevadas tasas de inversión y un rápido crecimiento de la economía de Estados Unidos, avivado en gran parte por el optimismo sobre las nuevas tecnologías como Internet, la fibra óptica y la ingeniería genética. Sin embargo, a mediados de 2000 comenzó a ser evidente que algunas de las nuevas tecnologías no serían tan rentables como se esperaba. Los precios de las acciones de las empresas de alta tecnología cayeron vertiginosamente durante el año y las empresas redujeron sus inversiones en ordenadores, programas informáticos, equipo de telecomunicaciones, etc. Aunque al principio la disminución afectó sobre todo al sector de alta tecnología, la contracción se extendió a otras partes de la economía. El empleo total alcanzó un máximo y comenzó a disminuir en marzo de 2001.

El 11 de septiembre de 2001 se produjo otra perturbación, cuando los ataques terroristas destruyeron el World Trade Center de Nueva York e infligieron graves daños al Pentágono en Washington DC. La gente comenzó a tener miedo a viajar y la demanda de viajes en avión, habitaciones de hotel y servicios turísticos cayó, empeorando la contracción. Sin embargo, los consumidores recuperaron la confianza sorprendentemente pronto; por ejemplo, impulsados por generosos descuentos, en octubre compraron un número sin precedentes de automóviles. El incremento del gasto público en seguridad y defensa también aumentó el gasto agregado planeado a finales de año y la contracción concluyó en noviembre. La economía se recuperó en 2002, aunque el empleo no sobrepasó hasta 2004 su máximo anterior a la contracción.

EL MULTIPLICADOR

En el Ejemplo 26.4 hemos analizado un caso en el que la disminución inicial del gasto de consumo (medida por la reducción de $\bar{C}$) sólo es de 10 unidades y, sin embargo, la producción de equilibrio a corto plazo disminuye en 50 unidades. ¿Por qué provoca una disminución inicial relativamente pequeña del gasto de consumo una disminución mucho mayor de la producción?

La causa por la que el impacto en la producción disminuye más de lo que variaba inicialmente el gasto agregado planeado es el "círculo vicioso" que sugieren los recuerdos de la abuela sobre la Gran Depresión. Concretamente, una disminución del gasto de consumo no sólo reduce directamente las ventas de bienes de consumo, sino que también reduce la renta de los trabajadores y de los propietarios de las industrias que producen bienes de consumo. Esos trabajadores y los propietarios de capital, al disminuir su renta, gastan menos, lo cual reduce la producción y la renta de *otros* productores de la economía. Y estas reducciones de la renta provocan una reducción aún mayor del gasto. Al final, estas rondas sucesivas de disminución del gasto y de la renta pueden provocar una reducción del gasto agregado planeado y de la producción significativamente mayor que la variación del gasto que inició el proceso.

multiplicador de la renta y el gasto efecto que produce un aumento del gasto autónomo de una unidad en la producción de equilibrio a corto plazo; por ejemplo, un multiplicador de 5 significa que una disminución del gasto autónomo de 10 unidades reduce la producción de equilibrio a corto plazo en 50 unidades

El efecto que produce un aumento del gasto autónomo de una unidad en la producción de equilibrio a corto plazo se llama **multiplicador de la renta y el gasto** o *multiplicador* para abreviar. En la economía del Ejemplo 26.4, el multiplicador es 5. Es decir, cada variación del gasto autónomo de 1 unidad provoca una variación de la producción de equilibro a corto plazo de 5 unidades en el mismo sentido (o, como hemos visto en el Ejemplo 26.4, una variación del gasto autónomo de 10 unidades provoca una variación de la producción de equilibrio a corto plazo de 50 unidades). La idea de que una variación del gasto puede provocar una variación mucho mayor de la producción de equilibrio a corto plazo es una importante característica del modelo keynesiano básico.

¿De qué depende la magnitud del multiplicador? Un factor importante es la propensión marginal a consumir a partir de la renta disponible *pmc*. Si la *pmc* es grande, las reducciones de la renta llevan a la gente a reducir mucho su gasto y el efecto multiplicador también es grande en ese caso. Si la propensión marginal a consumir es pequeña, la gente no reducirá tanto el gasto cuando disminuya la renta y el multiplicador también será pequeño. El Apéndice B de este capítulo contiene más detalles sobre el multiplicador en el modelo keynesiano básico, incluida una fórmula que nos permite calcular su valor partiendo de supuestos específicos sobre la economía.

RECAPITULACIÓN | **CÓMO SE HALLA LA PRODUCCIÓN DE EQUILIBRIO A CORTO PLAZO**

- La *producción de equilibrio a corto plazo* es el nivel de producción en el que la producción es igual al gasto agregado planeado o, mediante símbolos, $Y = GAP$. La producción de equilibrio a corto plazo de una economía puede hallarse numéricamente, como en la Tabla 26.1, o gráficamente.
- La solución gráfica se basa en un gráfico llamado *aspa keynesiana*. El gráfico del aspa keynesiana contiene dos rectas: una recta de 45° que representa la condición $Y = GAP$ y la recta de gasto, que muestra la relación entre el gasto agregado planeado y la producción. La producción de equilibrio a corto plazo se encuentra en la intersección de las dos rectas. Si la producción de equilibrio a corto plazo difiere de la producción potencial, existe una brecha de producción.
- Los incrementos del gasto autónomo desplazan la recta de gasto en sentido ascendente, elevando la producción de equilibrio a corto plazo, y las reducciones del gasto autónomo desplazan la recta de gasto hacia abajo, provocando una disminución de la producción de equilibrio a corto plazo. Las reducciones del gasto autónomo que hacen que la producción efectiva sea inferior a la potencial son una causa de las contracciones.
- Generalmente, una variación del gasto autónomo de una unidad provoca una variación mayor de la producción de equilibrio a corto plazo, como consecuencia del funcionamiento del multiplicador de la renta y el gasto. El multiplicador se debe a que un aumento inicial dado del gasto eleva la renta de los productores, lo cual los lleva a gastar más, elevando la renta y el gasto de otros productores, y así sucesivamente.

ESTABILIZACIÓN DEL GASTO PLANEADO: EL PAPEL DE LA POLÍTICA FISCAL

Según el modelo keynesiano básico, una causa importante de las contracciones es un gasto insuficiente. Para luchar contra las contracciones —al menos contra las que son causadas por una demanda insuficiente más que por un lento crecimiento de la producción potencial— las autoridades económicas deben encontrar la manera de elevar el gasto planeado. Las medidas que se utilizan para influir en el gasto agregado planeado con el objetivo de eliminar las brechas de producción se denominan **medidas de estabilización.** Las medidas que pretenden incrementar el gasto planeado y la producción se denominan **medidas expansivas;** normalmente, se toman cuando la economía se encuentra en una contracción. Como hemos visto, también es posible que la economía esté "recalentada"; es decir, que la producción sea mayor que la potencial (una brecha expansiva). El riesgo de que se produzca una brecha expansiva,

medidas de estabilización medidas que se utilizan para influir en el gasto agregado planeado con el objetivo de eliminar las brechas de producción

medidas expansivas medidas que pretenden aumentar el gasto planeado y la producción

medidas contractivas medidas que pretenden reducir el gasto planeado y la producción

como veremos más detalladamente después, es que pueda aumentar la inflación. Para contrarrestar una brecha expansiva, los responsables de la política económica tratan de reducir el gasto y la producción. Las **medidas contractivas** son las que pretenden reducir el gasto planeado y la producción.

Los dos tipos principales de medidas de estabilización son la *política monetaria* y la *política fiscal*. Recuérdese que la política monetaria se refiere a las decisiones sobre la magnitud de la oferta monetaria, mientras que la política fiscal se refiere a las decisiones sobre el presupuesto del Estado; es decir, sobre la cantidad que gasta el Estado y sobre la cantidad de impuestos que recauda. En el resto de este capítulo centramos la atención en la utilización de la política fiscal para influir en el gasto en el modelo keynesiano básico. La política monetaria se analizará en los dos capítulos siguientes. En el último de la Séptima parte examinamos más detalladamente tanto la política monetaria como la fiscal y destacamos algunas cuestiones prácticas que plantea la formulación de la política macroeconómica.

LAS COMPRAS DEL ESTADO Y EL GASTO PLANEADO

Las decisiones sobre el gasto público constituyen uno de los dos principales componentes de la política fiscal; el otro son las decisiones sobre los impuestos y las transferencias. Como hemos señalado antes (véase el Recuadro 26.1), el propio Keynes pensaba que los cambios de las compras del Estado eran probablemente el instrumento más eficaz para reducir o eliminar las brechas de producción. Su argumento básico era sencillo: las compras de bienes y servicios por parte del Estado, al ser un componente del gasto agregado planeado, afectan directamente al gasto total. Si las brechas de producción se deben a que el gasto total es demasiado alto o demasiado bajo, el Gobierno puede ayudar a llevar a la economía al pleno empleo, modificando el nivel de gasto público. Parece que que los acontecimientos de los años 30, especialmente el hecho de que la Depresión no terminara hasta que los gobiernos no incrementaron extraordinariamente sus gastos militares en la segunda mitad de la década, corroboraron las ideas de Keynes.

El Ejemplo 26.5 muestra que un aumento de las compras de bienes y servicios por parte del Estado puede ayudar a eliminar una brecha contractiva (los efectos que produce el gasto público en los programas de transferencias, como las prestaciones por desempleo, son algo distintos y se analizarán a continuación).

EJEMPLO 26.5 Un aumento de las compras del Estado elimina una brecha contractiva

En el Ejemplo 26.4 hemos observado que una disminución del gasto de consumo de 10 unidades provoca una brecha contractiva de 50. ¿Cómo puede eliminar el Gobierno una brecha de producción y restablecer el pleno empleo alterando sus compras de bienes y servicios G?

En el Ejemplo 26.4 hemos observado que el gasto agregado planeado venía dado por la ecuación $GAP = 960 + 0{,}8Y$, por lo que el gasto autónomo era igual a 960. La disminución de $\overline{C}$ en 10 unidades implicaba una disminución del gasto autónomo de 10 unidades; es decir, a 950. Como en esa economía el multiplicador era 5, esta disminución del gasto autónomo de 10 unidades provocaba, a su vez, una disminución de la producción de equilibrio a corto plazo de 50 unidades.

Para contrarrestar los efectos de la disminución del consumo, el Gobierno tendría que restablecer el nivel inicial del gasto autónomo, 960. Suponiendo que las compras del Estado están dadas simplemente y no dependen de la producción, forman parte del gasto autónomo y sus variaciones lo alteran en la misma cuantía. Por lo tanto, para aumentar el gasto autónomo de 950 a 960, el Gobierno debería aumentar simplemente sus compras en 10 unidades (por ejemplo, aumentando el gasto en defensa o en construcción de carreteras). Según el modelo keynesiano básico, este aumento de las compras del Estado debería restablecer el nivel inicial de gasto autónomo y, por tanto, de producción.

La Figura 26.6 muestra gráficamente el efecto del aumento de las compras del Estado. Tras una disminución del componente autónomo del gasto de consumo $\overline{C}$ de

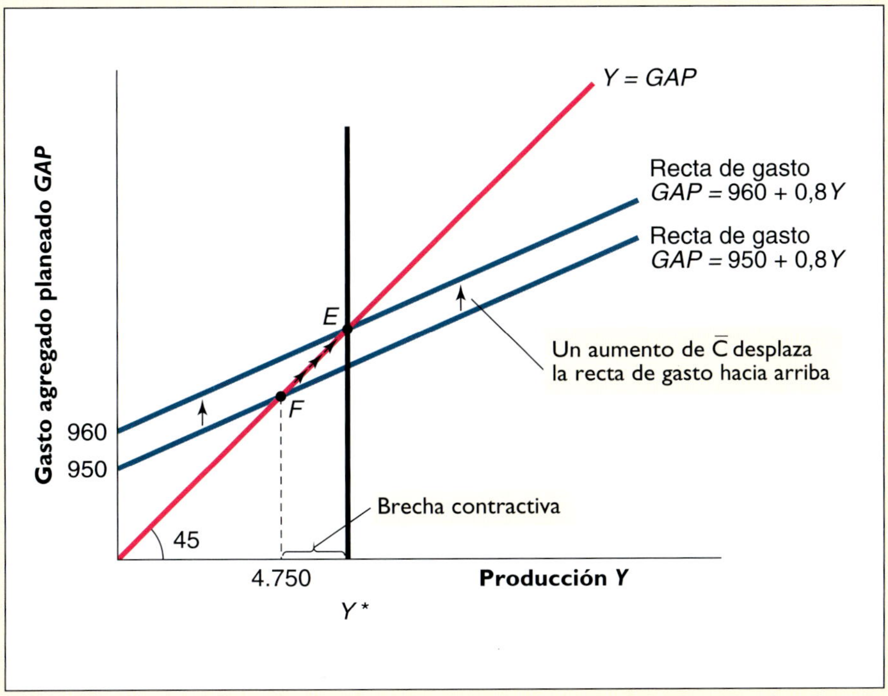

FIGURA 26.6
Un aumento de las compras del Estado elimina una brecha contractiva.
Tras una disminución de la parte autónoma del gasto de consumo $\overline{C}$ de 10 unidades, la economía se encuentra en el punto *F* con una brecha contractiva de 50 (véase la Figura 26.5). Un aumento de las compras del Estado de 10 unidades eleva el gasto autónomo en 10 unidades, desplazando de nuevo la recta de gasto a su posición inicial y elevando el punto de equilibrio de *F* a *E*. En el punto *E*, en el que la producción es igual a la potencial ($Y = Y^* = 4.800$), ha desaparecido la brecha de producción.

10 unidades, la economía se encuentra en el punto *F*, con una brecha contractiva de 50 unidades. El incremento de las compras del Estado de 10 unidades aumenta el gasto autónomo en 10 unidades, elevando la ordenada en el origen de la recta de gasto en 10 unidades y provocando un desplazamiento ascendente y en paralelo de la recta de gasto. La economía retorna al punto *E*, en el que la producción de equilibrio a corto plazo es igual a la producción potencial ($Y = Y^* = 4.800$) y la brecha de producción ha desaparecido.

EJERCICIO 26.5

En el Ejercicio 26.4 hemos examinado el caso en el que los consumidores comienzan a tener más confianza, no menos, lo cual provoca una brecha de producción expansiva. Explique cómo podría utilizarse una modificación de las compras del Estado para eliminar esta brecha de producción. Muestre gráficamente su análisis.

Hasta ahora hemos examinado la influencia de la política fiscal en una economía hipotética. En los observadores económicos 26.5 y 26.6 mostramos cómo se aplica la política fiscal en las economías reales.

¿Por qué está construyendo Japón carreteras que nadie quiere utilizar?

EL OBSERVADOR ECONÓMICO 26.5

Hace unos años, las autoridades japonesas decidieron construir una carretera de peaje de 160 millas en la isla de Hokkaido situada al norte del país. Hasta ahora los costes de la carretera han ascendido a unos 60 millones de dólares por milla. Son muy pocos los conductores que utilizan esta carretera, debido principalmente a que la que va paralela a ésta es gratuita. Las autoridades trataron de atraer a los automovilistas ofreciendo premios y realizando campañas de promoción. Aunque éstas consiguieron elevar el número medio de vehículos a 862 diarios, esta autopista sigue siendo la menos utilizada de Japón[7]. ¿Por qué está construyendo Japón carreteras que nadie quiere utilizar?

Como señalamos en El observador económico 26.3, Japón sufrió una profunda contracción durante la mayor parte de la década de 1990. En respuesta, el Gobierno

[7] *New York Time*, noviembre 25, 1999, p. A1.

puso en marcha periódicamente grandes programas de gasto para tratar de estimular la economía. De hecho, durante la década de 1990 gastó más de 1 billón de dólares en proyectos de obras públicas. Más de 10.000 millones se destinaron sólo al sistema de metro de Tokio, cantidad tan desorbitada que los billetes tendrán que costar, según las estimaciones, 9,50$ cada uno si se quiere recuperar alguna vez la inversión (aún más frustrante para los usuarios es el hecho de que el metro no hace un círculo completo, lo que los obliga a hacer incómodos transbordos para atravesar la ciudad). Otros ejemplos de programas de gasto público son la construcción de salas de conciertos de miles de millones de dólares en pequeñas ciudades y de complejos túneles donde habría bastado con construir simples carreteras, levantar los adoquines de las aceras y volver a colocarlos. A pesar de todo este gasto, la contracción económica japonesa se ha alargado.

El modelo keynesiano básico implica que unos incrementos del gasto público como los que se han realizado en Japón deberían ayudar a aumentar la producción y el empleo. Parece cierto que los proyectos de obras públicas japoneses han estimulado la economía, aunque no lo suficiente para sacar a Japón de la contracción. ¿Por qué ha sido insuficiente la política fiscal para llevar a cabo esta tarea? Algunos críticos han afirmado que el gobierno japonés tardó excesivamente en iniciar la expansión fiscal y que cuando se incrementó finalmente el gasto, fue sencillamente insuficiente en relación con las dimensiones de la economía japonesa y la gravedad de la contracción. Otra posibilidad, que se encuentra fuera del modelo keynesiano básico, es que el despilfarro de una gran parte del gasto público desmoralizó a los consumidores japoneses, que se dieron cuenta de que como contribuyentes tendrían que asumir en algún momento los costes de la construcción de carreteras que nadie quiere utilizar. La pérdida de confianza de los consumidores implica una reducción del gasto de consumo, lo que puede que contrarrestara en alguna medida el estímulo procedente del gasto público. Es muy posible que una inversión más productiva de los fondos públicos japoneses hubiera influido más en el gasto agregado (al evitar la pérdida de confianza de los consumidores); habría sido, desde luego, más beneficiosa a largo plazo, ya que habría aumentado la producción potencial de la economía.

EL OBSERVADOR ECONÓMICO 26.6

¿Estimulan los gastos militares la economía?

Un cartel antimilitarista de los años 60 decía lo siguiente: "La guerra es un buen negocio. Invierte a tu hijo". La propia guerra tiene demasiados costes económicos y humanos como para ser un buen negocio, pero los gastos militares pueden ser una cuestión distinta. Según el modelo keynesiano básico, un aumento del gasto agregado planeado provocado por un incremento de las compras del Estado puede ayudar a sacar a la economía de una contracción o de una depresión. ¿Estimulan los gastos militares la demanda agregada? La Figura 26.7 muestra la evolución de los gastos militares de Estados Unidos en porcentaje del PIB desde 1940 hasta 2004. Las áreas sombreadas de la figura corresponden a los periodos de contracción mostrados en la Tabla 25.1. Obsérvese el gran aumento de los gastos militares que se registró durante la Segunda Guerra Mundial (1941-1945), en la cual éstos llegaron a representar casi un 38% del PIB; lo mismo sucedió durante la guerra de Corea (1950-1953). Los gastos militares en relación con el PIB experimentaron un incremento menor en el punto crítico de la guerra de Vietnam de 1967-1969, durante la escalada militar de Reagan de los años 80 y durante las guerras de Afganistán e Iraq.

La Figura 26.7 confirma en alguna medida la idea de que un aumento de los gastos militares tiende a fomentar el crecimiento de la demanda agregada. El caso más claro es el periodo de la Segunda Guerra Mundial, en el que los enormes gastos militares ayudaron a la economía de Estados Unidos a recuperarse de la Gran Depresión. La tasa de desempleo disminuyó de un 17,2% de la población trabajadora en 1939 (año en que los gastos militares representaron menos de un 2% del PIB) a un 1,2 en 1944 (año en que representaron más de un 37%). El fin de la guerra y la brusca disminución de los gastos militares fueron seguidos de dos breves contracciones en 1945 y en 1948-1949. Sin embargo, en aquella época muchas personas temían que el fin de la

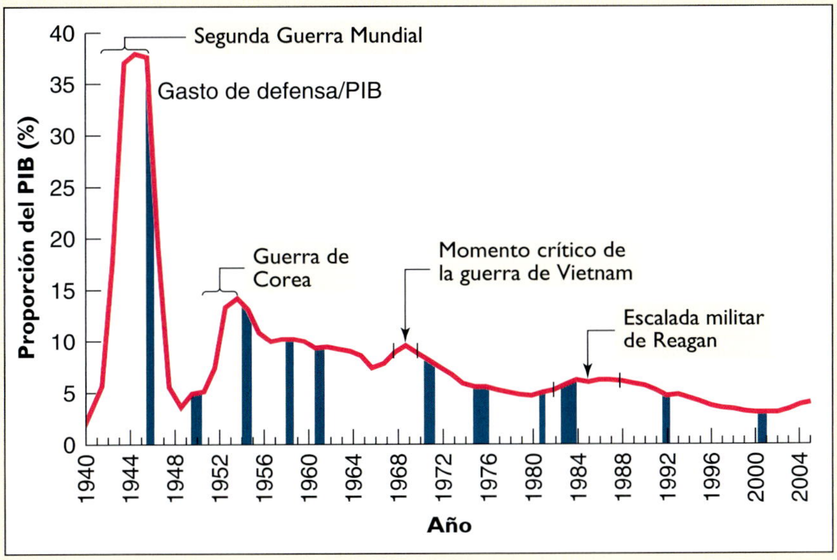

FUENTE: *Economic Report of the President* (http://www.gpoaccess.gov/eop/).

FIGURA 26.7
Gastos militares de Estados Unidos en porcentaje del PIB, 1940-2004.
Los gastos militares en porcentaje del PIB aumentaron durante la Segunda Guerra Mundial, durante la guerra de Corea, durante la guerra de Vietnam y durante la escalada militar de Reagan de principios de los años 80. Los incrementos de los gastos militares generalmente van acompañados de una expansión de la economía y de una disminución del desempleo. Las áreas sombreadas indican los periodos de contracción.

contienda trajera consigo una reanudación de la Depresión, por lo que el hecho de que las dos contracciones fueran relativamente suaves resultó un alivio.

Los incrementos del gasto en defensa registrados durante el periodo posterior a la Segunda Guerra Mundial también fueron acompañados de expansiones económicas. La guerra de Corea de 1950-1953 coincidió con una fuerte expansión, durante la cual la tasa de desempleo descendió del 5,9% en 1949 al 2,9 en 1953. En 1954, un año después de que se firmara el armisticio, comenzó una contracción, si bien los gastos militares aún no habían disminuido mucho. También se registraron expansiones económicas durante la escalada militar de Vietnam en los años 60 y durante la escalada de Reagan de los 80. Por último, el incremento del gasto militar para aumentar la seguridad nacional y para las guerras de Afganistán e Iraq probablemente contribuyó, aunque en menor medida, a la relativa suavidad de la contracción de 2001 y a la fuerza de la recuperación posterior. Estos episodios confirman la idea de que los incrementos del gasto público —en este caso, en armamento, otros suministros militares y los servicios del personal militar— pueden ayudar a estimular la economía.

"Su majestad, mi viaje no sólo abrirá una nueva ruta para las especias de Oriente, sino que también creará más de tres mil nuevos puestos de trabajo."

LOS IMPUESTOS, LAS TRANSFERENCIAS Y EL GASTO AGREGADO

Los responsables de la política fiscal, además de tomar decisiones sobre las compras de bienes y servicios por parte del Estado, también deciden el nivel y los tipos de impuestos que van a recaudarse y transferencias que van a realizarse (recuérdese que las transferencias son pagos que realiza el Estado al público a cambio de los cuales no recibe bienes o servicios corrientes; ejemplos de esto son el seguro de desempleo, las pensiones y las ayudas a los agricultores; una vez más, las transferencias *no* se incluyen en las compras de bienes y servicios por parte del Estado). El modelo keynesiano básico implica que las modificaciones de los niveles de impuestos o de transferencias pueden utilizarse, al igual que las de las compras del Estado, para influir en el gasto agregado planeado y, por tanto, para eliminar las brechas de producción.

Sin embargo, las modificaciones de los impuestos o de las transferencias, a diferencia de las modificaciones de las compras del Estado, no afectan directamente al gasto planeado, sino que actúan indirectamente alterando la renta disponible del sector privado. Recuérdese que la renta disponible es igual a $Y - T$, donde T representa los *impuestos netos*. Los impuestos netos son, a su vez, iguales a los impuestos menos las transferencias. Por consiguiente, los impuestos netos disminuyen en una unidad si se bajan los impuestos en uno *o* se aumentan las transferencias en uno. Según la función de consumo, cuando la renta disponible aumenta, los hogares deben gastar más. Por lo tanto, una reducción de los impuestos o un aumento de las transferencias debe elevar el gasto agregado planeado. Asimismo, una subida de los impuestos o una reducción de las transferencias, al reducir la renta disponible de los hogares, tiende a reducir el gasto planeado. El Ejemplo 26.6 muestra cómo afecta una reducción de los impuestos al gasto y a la producción.

EJEMPLO 26.6 La utilización de una reducción de los impuestos para eliminar una brecha contractiva

En el Ejemplo 26.4 hemos observado que en nuestra hipotética economía una disminución inicial del gasto de consumo de 10 unidades produce una brecha contractiva de 50 unidades. El Ejemplo 26.5 muestra que esta brecha contractiva puede eliminarse mediante un incremento de las compras del Estado de 10 unidades. Supongamos que los responsables de la política fiscal, en lugar de aumentar las compras del Estado, deciden estimular el gasto de consumo modificando el nivel de recaudación de impuestos. ¿Cuánto deben modificar los impuestos para eliminar la brecha de producción?

Lo primero que se nos ocurre normalmente es que deben bajar los impuestos en 10, pero esta conjetura no es correcta. Veamos por qué.

La causa de la brecha contractiva del Ejemplo 26.4 es la reducción del consumo de los hogares de 10 unidades en cada nivel de producción Y; es decir, se supone que el término constante $\bar{C}$ de la función de consumo ha disminuido en 10 unidades. Para eliminar esta brecha contractiva, la modificación de los impuestos debe inducir a los hogares a aumentar 10 unidades su gasto de consumo en cada nivel de producción. Sin embargo, si los impuestos T se reducen 10 unidades, elevando 10 unidades la renta disponible $Y - T$, el consumo en cada nivel de producción Y sólo aumentará 8 unidades.

¿Por qué? Porque en nuestro ejemplo la propensión marginal a consumir a partir de la renta disponible es 0,8, por lo que el gasto de consumo sólo aumenta en 0,8 multiplicado por la cuantía de la reducción de los impuestos (el resto de la reducción de los impuestos se ahorra). Un aumento del gasto autónomo de ocho unidades no es suficiente para que la producción retorne al nivel de pleno empleo, en este ejemplo.

Para que el gasto de consumo sea 10 unidades mayor en cada nivel de producción, las autoridades fiscales deben bajar los impuestos en 12,5 unidades. Eso elevará el nivel de renta disponible $Y - T$ en 12,5 unidades en cada nivel de producción Y. Por consiguiente, el consumo aumentará en la propensión marginal a consumir multiplicada por el aumento de la renta disponible, esto es en $0{,}8(12{,}5) = 10$. Por lo tanto, una reducción de los impuestos de 12,5 impulsará a los hogares a aumentar su consumo en 10 unidades en cada nivel de producción.

Estos cambios se muestran en la Tabla 26.3 utilizando el modelo de la economía del Ejemplo 26.2 y la disminución del gasto de consumo del Ejemplo 26.4. Tras la disminución inicial del gasto de consumo de 10 unidades, el nivel de producción de equilibrio disminuyó a 4.750. Cuando los impuestos netos son iguales a su nivel inicial de 250, la columna 3 muestra que la renta disponible es igual a 4.750 – 250 = 4.500. Tras la disminución del gasto de consumo, la función de consumo se convierte en $C = 650 + 0{,}8(Y - T)$. Por lo tanto, cuando $Y = 4.750$ y $T = 250$, el consumo es igual a 610 + 0,8(4.750 – 250) = 610 + 0,8(4.500) = 4.210, como muestra la columna 4. Si los impuestos se reducen en 12,5 a 237,5, la renta disponible en ese nivel de producción aumenta en 12,5 a 4.750 – 237,5 = 4.512,5. El consumo en ese nivel de producción aumenta en 0,8(12,5) = 10, por lo que C = 610 + 0,8(4.750 – 237,5) = 4.220. Este aumento exactamente contrarresta la disminución inicial de $\bar{C}$ y restablece el pleno empleo en la economía.

TABLA 26.3
Efecto inicial de una reducción de los impuestos de 12,5

(1) Producción Y	(2) Impuestos netos T	(3) Renta disponible $Y - T$	(4) Consumo $610 + 0{,}8(Y - T)$
4.750	250	4.500	4.210
4.750	237,5	4.512,5	4.220

Obsérvese que, como T se refiere a los *impuestos netos* —a los impuestos menos las transferencias— podría obtenerse el mismo resultado aumentando 12,5 unidades las transferencias. Como los hogares gastan 0,8 multiplicado por cualquier aumento de las transferencias que reciben, esta política también aumentaría 10 unidades el gasto de consumo en cualquier nivel de producción.

En términos gráficos, el efecto de la reducción de los impuestos es idéntico al del aumento de las compras del Estado, mostrado en la Figura 26.6. Como provoca un aumento del consumo de 10 unidades en cualquier nivel de producción, desplaza la recta de gasto en sentido ascendente en 10 unidades. El equilibrio se alcanza en el punto E de la Figura 26.6, en el que la producción es de nuevo igual a la potencial[8].

EJERCICIO 26.6

En una economía, un aumento de la inversión planeada de 20 unidades la llevó de su situación inicial en la que no había ninguna brecha de producción a una situación en la que había una brecha expansiva. Explique de qué dos formas podría utilizarse la política fiscal para contrarrestar esta brecha expansiva. Suponga que la propensión marginal a consumir es igual a 0,5.

[8] Obsérvese que el nivel final de consumo aumentará por encima del 4.220. Cuando la producción retorne al 4.800, C = 610 + 0,8(4.800) –237,5) = 4.260.

EL OBSERVADOR ECONÓMICO 26.7

¿Por qué envió el gobierno federal de Estados Unidos millones de cheques de 300$ y 600$ a los hogares en 2001?

El 25 de mayo de 2001, el Congreso aprobó la *Economic Growth and Tax Relief Reconciliation Act* (EGTRRA) de 2001, que el presidente George W. Bush firmó el 7 de junio. La EGTRRA redujo significativamente los tipos del impuesto sobre la renta y estableció una única devolución de impuestos de 300$ como máximo en el caso de los contribuyentes individuales y de 600$ como máximo en el de los contribuyentes casados que hicieran la declaración conjunta. Millones de familias recibieron estos cheques en agosto y septiembre de 2001; la cantidad total devuelta ascendió a unos 38.000 millones de dólares. ¿Por qué envió el gobierno federal estos cheques?

Aunque la contracción de 2001 no se "declaró" oficialmente hasta noviembre de 2001 (cuando el *National Bureau of Economic Research* anunció que había comenzado en marzo), en la primavera de 2001 existían claras pruebas de que la economía estaba desacelerándose. El Congreso y el presidente confiaban en que enviando estos cheques a los hogares, podrían estimular el gasto y evitar quizá una contracción. Retrospectivamente, el momento que se escogió para devolver los impuestos fue muy bueno, ya que los ataques terroristas del 11 de septiembre de 2001 contra la ciudad de Nueva York y Washington asestaron un nuevo golpe a la economía y a la confianza de los consumidores.

¿Produjeron las devoluciones de impuestos el efecto que pretendían, a saber, estimular el gasto de consumo? Según un estudio reciente, los hogares gastaron alrededor de dos tercios de los impuestos devueltos durante los seis meses siguientes[9]. Eso induce a pensar que la devolución influyó considerablemente en el gasto de consumo, que aguantó notablemente bien durante el último trimestre de 2001 y en 2002.

RECAPITULACIÓN — LA POLÍTICA FISCAL Y EL GASTO PLANEADO

La política fiscal contiene dos instrumentos generales para influir en el gasto total y eliminar las brechas de producción: (1) los cambios de las compras del Estado y (2) las modificaciones de los impuestos o de las transferencias. Un aumento de las compras del Estado eleva el gasto autónomo en la misma cuantía. Una reducción de los impuestos o un aumento de las transferencias eleva el gasto autónomo en una cuantía igual a la propensión marginal a consumir multiplicada por la reducción de los impuestos o el aumento de las transferencias. El efecto último de una modificación de la política fiscal en la producción de equilibrio a corto plazo es igual a la variación del gasto autónomo multiplicada por el multiplicador. Por lo tanto, si la economía se encuentra en una contracción, es posible utilizar un incremento de las compras del Estado, una reducción de los impuestos o un aumento de las transferencias para estimular el gasto y eliminar la brecha contractiva.

LA POLÍTICA FISCAL COMO INSTRUMENTO DE ESTABILIZACIÓN: TRES MATIZACIONES

El modelo keynesiano básico tal vez lleve al lector a pensar que la política fiscal puede utilizarse con bastante precisión para eliminar las brechas de producción. Pero como sucede a menudo, el mundo real es más complejo de lo que sugieren los modelos económicos. Concluimos el capítulo con tres matizaciones sobre la utilización de la política fiscal como instrumento de estabilización.

[9] David S. Johnson, Jonathan A. Parker, and Nicholas S. Souleles, Household Expenditure and the Income Tax Rebates of 2001, *National Bureau of Economic Research Working Paper* 10, 784, septiembre 2004.

LA POLÍTICA FISCAL Y EL LADO DE LA OFERTA

Hemos centrado la atención en la utilización de la política fiscal para influir en el gasto agregado planeado. Sin embargo, la mayoría de los economistas coincidiría en que *la política fiscal puede afectar a la producción potencial, así como al gasto agregado planeado*. Por ejemplo, en el lado del gasto las inversiones en capital público, como carreteras, aeropuertos y escuelas, pueden desempeñar un importante papel en el crecimiento de la producción potencial, como señalamos en el Capítulo 20. En el otro lado, los programas de impuestos y transferencias pueden influir en los incentivos y, por tanto, en la conducta económica de los hogares y empresas. Algunos críticos de la teoría keynesiana han llegado a afirmar que los *únicos* efectos de la política fiscal que son importantes son los que se producen en la producción potencial. Ésta es esencialmente la opinión de los llamados *economistas de oferta*, grupo de economistas y periodistas cuya máxima influencia fue durante el primer mandato de Reagan (1981-1985). Examinaremos más detalladamente estos argumentos en el Capítulo 28. Actualmente, la mayoría de los economistas están de acuerdo en que la política fiscal afecta *tanto* al gasto planeado *como* a la producción potencial.

EL PROBLEMA DE LOS DÉFICITS

La segunda consideración para las autoridades fiscales que analizan las medidas de estabilización es *la necesidad de evitar los elevados y persistentes déficits presupuestarios*. Recuérdese que en el Capítulo 22 vimos que el déficit presupuestario público es el exceso de gasto público sobre la recaudación de impuestos. Los déficits presupuestarios prolongados pueden ser perjudiciales porque reducen el ahorro nacional, lo cual reduce a su vez la inversión en nuevos bienes de capital, importante fuente de crecimiento económico a largo plazo. La necesidad de mantener los déficits bajo control puede hacer que el aumento del gasto o la reducción de los impuestos para luchar contra una contracción sea una opción menos atractiva, tanto desde el punto de vista económico como desde el punto de vista político. Por ejemplo, Japón ha incrementado significativamente el gasto público en la última década en su intento de estimular su renqueante economía (véase El observador económico 26.5). El déficit presupuestario público japonés ha aumentado tanto que el Primer Ministro japonés excluyó la posibilidad de adoptar más medidas fiscales expansivas hasta que el déficit pudiera controlarse mejor.

LA RIGIDEZ RELATIVA DE LA POLÍTICA FISCAL

La tercera matización sobre la utilización de la política fiscal es que *la política fiscal no siempre es lo suficientemente flexible para que resulte útil a la hora de estabilizar la economía*. En nuestros ejemplos hemos supuesto implícitamente que el Gobierno puede alterar el gasto público o los impuestos relativamente deprisa para eliminar las brechas de producción. En realidad, las modificaciones del gasto público o de los impuestos deben pasar por un largo proceso legislativo, lo cual reduce la capacidad de la política fiscal para responder a tiempo a la situación económica. Por ejemplo, las modificaciones presupuestarias y tributarias propuestas por el Gobierno deben someterse al Parlamento antes de entrar en vigor. Otro factor que limita la flexibilidad de la política fiscal es que sus responsables tienen otros muchos objetivos, desde garantizar un nivel suficiente de defensa nacional hasta ayudar a los pobres, además de la estabilización del gasto agregado. ¿Qué ocurre, por ejemplo, si la necesidad de reforzar la defensa nacional exige un aumento del gasto público, pero la necesidad de estabilizar el gasto agregado planeado exige una reducción del gasto público? Esos conflictos pueden ser difíciles de resolver a través del proceso político.

Como consecuencia de esta falta de flexibilidad, la política fiscal es menos útil para estabilizar el gasto de lo que sugiere el modelo keynesiano básico. No obstante, la mayoría de los economistas consideran que es una importante fuerza estabilizadora por dos razones. La primera es la presencia de **estabilizadores automáticos**, que

estabilizadores automáticos disposiciones de la ley que implican automáticamente un aumento del gasto público o una reducción de los impuestos cuando la producción real disminuye son disposiciones de la ley que implican un aumento *automático* del gasto público o una reducción de los impuestos cuando la producción real disminuye. Por ejemplo, en Estados Unidos una parte del gasto público se reserva para ayudas en caso de contracción; fluye automáticamente a las comunidades en las que la tasa de desempleo alcanza un nivel determinado. Los impuestos y las transferencias también responden automáticamente a las brechas de producción: cuando el PIB disminuye, la recaudación del impuesto sobre la renta es menor (ya que la renta imponible de los hogares disminuye), mientras que las prestaciones por desempleo y las prestaciones asistenciales aumentan, todo ello sin que intervenga explícitamente el Parlamento. Estas modificaciones automáticas del gasto público y de la recaudación de impuestos ayudan a elevar el gasto planeado durante las contracciones y a reducirlo durante las expansiones, sin los retrasos inherentes al proceso legislativo.

La segunda razón por la que la política fiscal es una importante fuerza estabilizadora es que, aunque puede ser difícil modificarla rápidamente, puede resultar útil para hacer frente a las contracciones prolongadas. Dos buenos ejemplos son la Gran Depresión de los años 30 y la contracción japonesa de los 90. Sin embargo, como consecuencia de la falta relativa de flexibilidad de la política fiscal, en las economías modernas es más frecuente estabilizar el gasto agregado planeado por medio de la política monetaria. En el siguiente capítulo analizamos el papel estabilizador de la política monetaria.

RESUMEN

- El modelo keynesiano básico muestra que las fluctuaciones del gasto agregado planeado o del gasto total planeado pueden hacer que la producción efectiva sea diferente de la potencial. Cuando el gasto es excesivamente bajo, se produce una brecha de producción contractiva; mientras que, cuando es demasiado alto, se produce una brecha de producción expansiva. Este modelo se basa en el supuesto crucial de que las empresas no responden a todas las variaciones de la demanda modificando los precios, sino que normalmente fijan un precio para un periodo y satisfacen la demanda que *se presenta* a ese precio. Las empresas no modifican continuamente los precios porque tiene costes, llamados *costes de menú*.

- El *gasto agregado planeado* es el gasto total planeado en bienes y servicios finales. Los cuatro componentes del gasto total son el consumo, la inversión, las compras del Estado y las exportaciones netas. Generalmente se supone que los niveles planeados y efectivos del consumo, las compras del Estado y las exportaciones netas son iguales. La inversión efectiva puede ser diferente de la planeada, porque las empresas pueden vender una cantidad mayor o menor de lo previsto. Por ejemplo, si venden menos de lo previsto, se ven obligadas a aumentar sus existencias más de lo previsto. Y como los aumentos de las existencias se consideran parte de la inversión, en este caso la inversión efectiva (incluida la inversión en existencias) es mayor que la planeada.

- El consumo está relacionado con la renta disponible o después de impuestos por medio de una relación llamada *función de consumo*. La cuantía en que aumenta el consumo deseado cuando la renta disponible aumenta 1$ se denomina *propensión marginal a consumir* (*pmc*). Ésta siempre es mayor que cero pero menor que uno (es decir, $0 < pmc < 1$).

- Un aumento de la producción real eleva el gasto agregado planeado, ya que un aumento de la producción (y, lo que es lo mismo, un aumento de la renta) anima a los hogares a consumir más. El gasto agregado planeado puede dividirse en dos componentes, el gasto autónomo y el gasto inducido. El *gasto autónomo* es la parte del gasto planeado que es independiente de la producción; el *gasto inducido* es la parte del gasto que depende de la producción.

- En el periodo en el que los precios son fijos, la *producción de equilibrio a corto plazo* es el nivel de producción que es igual al gasto agregado planeado. El equilibrio a corto plazo puede determinarse numéricamente por medio de una tabla que compara distintos valores de la producción y el gasto planeado que implica cada nivel de producción. La producción de equilibrio a corto plazo también puede determinarse gráficamente en un gráfico de aspa keynesiana, en el que el gasto agregado planeado se encuentra en el eje de ordenadas y la producción en el de abscisas. El aspa keynesiana contiene dos rectas: una recta de gasto, que relaciona el gasto agregado planeado y la producción, y una recta de 45°, que representa la condición según la cual la producción de equilibrio a corto plazo es igual al gasto agregado planeado. La producción de equilibrio a corto plazo se encuentra en el punto en el que se cortan estas dos rectas.

- Las variaciones del gasto autónomo alteran la producción de equilibrio a corto plazo. En concreto, si la economía se encuentra inicialmente en el nivel de pleno empleo, una disminución del gasto autónomo produce una brecha contractiva y un aumento produce una brecha expansiva. La cuantía en que un aumento del gasto autónomo de una unidad aumenta la producción de equilibrio a corto plazo se llama *multiplicador*. Un incremento del gasto autónomo no sólo aumenta el gasto directamente, sino que también eleva la renta de los productores, los cuales aumentan, a su vez, su gasto, y así sucesivamente. Por lo tanto, el multiplicador es mayor que uno; es decir, un aumento del gasto autónomo de 1$ eleva la producción de equilibrio a corto plazo más de 1$.

- Para eliminar las brechas de producción y restablecer el pleno empleo, el Gobierno utiliza *medidas de estabilización*. Los dos principales tipos de medidas son la política monetaria y la política fiscal. Las medidas de estabilización actúan alterando el gasto agregado planeado y, por lo tanto, la producción de equilibrio a corto plazo. Por ejemplo, un aumento de las compras del Estado eleva el gasto autónomo directamente, por lo que puede utilizarse para reducir o eliminar una brecha contractiva. Asimismo, una reducción de los impuestos o un aumento de las transferencias eleva la renta disponible del público, aumentando el gasto de consumo en cada nivel de producción en una cuantía igual a la propensión marginal a consumir multiplicada por la reducción de los impuestos o el aumento de las transferencias. Un aumento del gasto de consumo eleva, a su vez, la producción de equilibrio a corto plazo.

- Deben hacerse tres matizaciones a la utilización de la política fiscal como instrumento de estabilización. En primer lugar, la política fiscal puede influir en la producción potencial, así como en el gasto agregado. En segundo lugar, los grandes y persistentes déficits presupuestarios públicos reducen el ahorro nacional y el crecimiento; la necesidad de mantener controlados los déficits puede impedir la utilización de medidas fiscales expansivas. Por último, como los cambios de la política fiscal deben pasar por un largo proceso legislativo, ésta no siempre es suficientemente flexible para ser útil para estabilizar la economía a corto plazo. Sin embargo, los *estabilizadores automáticos* —las disposiciones de la ley que implican un aumento automático del gasto público o una reducción de los impuestos cuando disminuye la producción— pueden resolver en alguna medida el problema de los retrasos legislativos y contribuir a la estabilidad económica.

TÉRMINOS CLAVE

costes de menú (262)
efecto-riqueza (266)
estabilizadores automáticos (287)
función de consumo (266)
gasto agregado planeado (GAP) (263)
gasto autónomo (270)
gasto inducido (270)
medidas contractivas (280)
medidas de estabilización (279)
medidas expansivas (279)
multiplicador de la renta y el gasto (278)
producción de equilibrio a corto plazo (271)
propensión marginal a consumir (*pmc*) (267)

PREGUNTAS DE REPASO

1. ¿Cuál es el supuesto fundamental del modelo keynesiano básico? Explique por qué es necesario para aceptar la idea de que el gasto agregado es la fuerza que determina las fluctuaciones económicas a corto plazo.
2. Ponga un ejemplo de un bien o de un servicio cuyo precio varíe muy a menudo y de otro cuyo precio varíe relativamente poco. ¿A qué se debe la diferencia?
3. Defina el *gasto agregado planeado* y enumere sus componentes. ¿Por qué varía el gasto planeado cuando varía la producción?
4. Explique cómo pueden ser diferentes el gasto planeado y el gasto efectivo. Ilústrelo con un ejemplo.
5. Represente gráficamente la función de producción, etiquetando los ejes del gráfico. Analice el significado económico (a) de un movimiento de izquierda a derecha a lo largo del gráfico de la función de consumo y (b) de un desplazamiento ascendente paralelo de la función de consumo. Ponga un ejemplo de un factor que puede provocar un desplazamiento ascendente paralelo de la función de consumo.
6. Dibuje el aspa keynesiana. Explique verbalmente el significado económico de las dos rectas representadas en el gráfico. Dado sólo este gráfico, ¿cómo podría averiguar el gasto autónomo, el gasto inducido, la propensión marginal a consumir y la producción de equilibrio a corto plazo?
7. Muestre por medio del aspa keynesiana las dos causas de la contracción de 2001 analizada en El observador económico 26.4.
8. Defina el *multiplicador*. En términos económicos, ¿por qué es mayor que uno?
9. El Gobierno está considerando dos medidas distintas, una implica un aumento de las compras del Estado de 50 y la otra una reducción de los impuestos de 50. ¿Qué medida estimulará más el gasto agregado planeado? ¿Por qué?
10. Analice tres razones por las que la utilización de la política fiscal para estabilizar la economía es más complicada de lo que sugiere el modelo keynesiano básico.

PROBLEMAS

1. Acme S.A. produce bienes este año por valor de 4 millones de dólares y espera venderlos todos. También planea comprar nuevo equipo durante el año por valor de 1.500.000$. A comienzos de año, tiene 500.000$ en existencias en su almacén. Halle la inversión efectiva y la planeada suponiendo que:
   a. En realidad, Acme vende bienes por valor de 3.850.000$.
   b. En realidad, Acme vende bienes por valor de 4.000.000$.
   c. En realidad, Acme vende bienes por valor de 4.200.000$.

   Suponiendo que la situación de Acme es similar a la de otras empresas, ¿en cuál de los tres casos es la producción igual a la producción de equilibrio a corto plazo?

2. La tabla adjunta muestra los datos de varios años sobre la renta antes de impuestos, los impuestos pagados y el gasto de consumo de la familia Simpson.

Renta antes de impuestos ($)	Impuestos pagados ($)	Gasto de consumo ($)
25.000	3.000	20.000
27.000	3.500	21.350
28.000	3.700	22.070
30.000	4.000	23.600

   a. Represente gráficamente la función de consumo de los Simpson y halle la propensión marginal a consumir de su hogar.
   b. ¿Cuánto es de esperar que consuman los Simpson si su renta es de 32.000$ y pagan unos impuestos de 5.000$?
   c. Homer Simpson gana un premio de lotería. Como consecuencia, la familia Simpson aumenta 1.000$ su consumo en cada nivel de renta después de impuestos (la "renta" no incluye el dinero del premio). ¿Cómo afecta este cambio al gráfico de su función de consumo? ¿Y a su propensión marginal a consumir?

3. Las siguientes ecuaciones describen una economía:

$$C = 1.800 + 0{,}6(Y - T)$$
$$I^p = 900$$
$$G = 1.500$$
$$NX = 100$$
$$T = 1.500$$
$$Y^* = 9.000$$

   a. Halle una ecuación numérica que relacione el gasto agregado planeado y la producción.
   b. Halle el gasto autónomo y el gasto inducido.

4. Basándose en la economía descrita en el Problema 3,
   a. Elabore una tabla como la 26.1 para hallar la producción de equilibrio a corto plazo. Considere posibles valores de la producción de equilibrio a corto plazo que van desde 8.200 hasta 9.000.
   b. Muestre la determinación de la producción de equilibrio a corto plazo de esta economía utilizando el aspa keynesiana.
   c. ¿Cuál es la brecha de producción de esta economía? Si la tasa natural de desempleo es del 4%, ¿cuál es su tasa efectiva de desempleo (utilice la ley de Okun)?

5. Basándose en la economía descrita en el Problema 3, halle el efecto que produce en la producción de equilibrio a corto plazo cada uno de los siguientes cambios:
   a. Un aumento de las compras del Estado de 1.500 a 1.600.
   b. Una reducción de la recaudación de impuestos de 1.500 a 1.400 (dejando las compras del Estado en su valor inicial).
   c. Una disminución del gasto de inversión planeado de 900 a 800.

Considere dado que el multiplicador de esta economía es 2,5. Si ha estudiado el Apéndice B de este capítulo, demuestre por qué es ése su valor.

6. Una economía se encuentra inicialmente en condiciones de pleno empleo, pero una disminución del gasto de inversión planeado (que es un componente del gasto autónomo) la lleva a una contracción. Suponga que la *pmc* de esta economía es 0,75 y que el multiplicador es 4.
   a. ¿Cuál es la magnitud de la brecha contractiva tras la disminución de la inversión planeada?
   b. ¿Cuánto tendría que variar el Gobierno las compras del Estado para restablecer el pleno empleo en la economía?
   c. ¿O cuánto tendría que modificar los impuestos?
   d.* Suponga que el presupuesto del Estado se encuentra inicialmente en equilibrio; es decir, el gasto público es igual a los impuestos recaudados. Una ley del presupuesto equilibrado prohíbe al Gobierno incurrir en un déficit. ¿Pueden hacer algo las autoridades fiscales para restablecer el pleno empleo en esta economía suponiendo que no quieren infringir la ley del presupuesto equilibrado?

7. Las siguientes ecuaciones describen una economía:

$$C = 40 + 0{,}8(Y - T)$$
$$I^p = 70$$
$$G = 120$$
$$NX = 10$$
$$T = 150$$
$$Y^* = 580$$

   El multiplicador de esta economía es 5.
   a. Halle una ecuación numérica que relacione el gasto agregado planeado y la producción.
   b. Construya una tabla para hallar el valor de la producción de equilibrio a corto plazo (*Pista*: la economía se encuentra bastante cerca del pleno empleo).
   c. ¿Cuánto tendrían que variar las compras del Estado para eliminar cualquier brecha de producción? ¿Cuánto tendrían que variar los impuestos? Muestre los efectos de estos cambios de la política fiscal por medio del aspa keynesiana.
   d. Repita el apartado *c* suponiendo que $Y^* = 630$.

8.* Basándose en la siguiente economía, halle el gasto autónomo, el multiplicador, la producción de equilibrio a corto plazo y la brecha de producción. ¿Cuánto tendría que variar el gasto autónomo para eliminar la brecha de producción?

$$C = 3.000 + 0{,}5(Y - T)$$
$$I^p = 1.500$$
$$G = 2.500$$
$$NX = 200$$
$$T = 2.000$$
$$Y^* = 12.000$$

9.* Una economía tiene unas exportaciones netas nulas. Por lo demás, es idéntica a la que describe el Problema 7.
   a. Halle la producción de equilibrio a corto plazo.
   b. Una recuperación económica en el extranjero aumenta la demanda de exportaciones del país; como consecuencia, *NX* aumenta a 100. ¿Qué ocurre con la producción de equilibrio a corto plazo?
   c. Repita el apartado *b*, pero ahora suponga que las economías extranjeras están desacelerándose y reducen su demanda de exportaciones del país de tal manera que $NX = -100$ (cuando las exportaciones netas tienen un valor negativo, significa que las exportaciones son menores que las importaciones).
   d. ¿Cómo ayudan sus resultados a explicar la tendencia de las contracciones y de las expansiones a difundirse a otros países?

10.* Este problema muestra cómo funcionan los estabilizadores automáticos. Suponga que los componentes del gasto planeado de una economía son los que se describen en el Apéndice A:

*Los problemas indicados con asterisco (*) son más difíciles.

$C = \overline{C} + pmc(Y - T)$, $I^p = \overline{I}$, $G = \overline{G}$ y $NX = \overline{NX}$. Suponga, sin embargo, que en realidad los impuestos no se mantienen fijos, sino que dependen de la renta. Concretamente, suponga que

$$T = tY,$$

donde t es la proporción de la renta pagada en impuestos (el tipo impositivo). Como veremos en este problema, un sistema impositivo de este tipo es un estabilizador automático, ya que los impuestos recaudados disminuyen automáticamente cuando disminuye la renta.

a. Halle una expresión algebraica de la producción de equilibrio a corto plazo de esta economía.
b. Halle una expresión algebraica del multiplicador; es decir, la cantidad en que varía la producción cuando el gasto autónomo varía en una unidad. Compare la expresión que ha obtenido con la fórmula del multiplicador que se obtiene cuando los impuestos son fijos. Demuestre que, cuando los impuestos son proporcionales a la renta, el multiplicador disminuye.
c. Explique cómo ayuda la reducción de la magnitud del multiplicador a estabilizar la economía, manteniendo constante la magnitud representativa de las fluctuaciones de los componentes del gasto autónomo.
d. Suponga que $\overline{C} = 500$, $\overline{I} = 1.500$, $\overline{G} = 2.000$, $\overline{NX} = 0$, $pmc = 0{,}8$ y $t = 0{,}25$. Calcule los valores numéricos de la producción de equilibrio a corto plazo y del multiplicador.

RESPUESTAS A LOS EJERCICIOS

26.1 Primero necesitamos encontrar una ecuación que relacione el gasto agregado planeado, *GAP*, y la producción. Comenzamos con la definición de gasto agregado planeado e introducimos los valores numéricos dados en el problema:

$$\begin{aligned} GAP &= C + I^p + G + NX \\ &= [\overline{C} + pmc(Y -)] + I^p + G + NX \\ &= [820 + 0{,}7(Y - 600)] + 600 + 600 + 200, \\ &= 1.800 + 0{,}7Y. \end{aligned}$$

Utilizando esta relación construimos una tabla análoga a la 26.1. Es necesario realizar algunas pruebas para encontrar un intervalo adecuado de conjeturas sobre la producción (columna 1).

Determinación de la producción de equilibrio a corto plazo

(1) Producción *Y*	(1) Gasto agregado planeado *GAP* = 1.800 + 0,7*c*	(3) *Y* – *GAP*	(4) *Y* – *GAP*?
5.000	5.300	–300	No
5.200	5.440	–240	No
5.400	5.580	–180	No
5.600	5.720	–120	No
5.800	5.860	–60	No
6.000	6.000	0	Sí
6.200	6.140	60	No
6.400	6.280	120	No
6.600	6.420	180	No

La producción de equilibrio a corto plazo es igual a 6.000, ya que ese es el único nivel de producción que satisface la condición $Y = GAP$.

26.2 El gráfico muestra la determinación de la producción de equilibrio a corto plazo, $Y = 6.000$.

La ordenada en el origen de la recta de gasto es 1.800 y su pendiente es 0,7. Obsérvese que la ordenada en el origen es igual al gasto autónomo y la pendiente es igual a la propensión marginal a consumir.

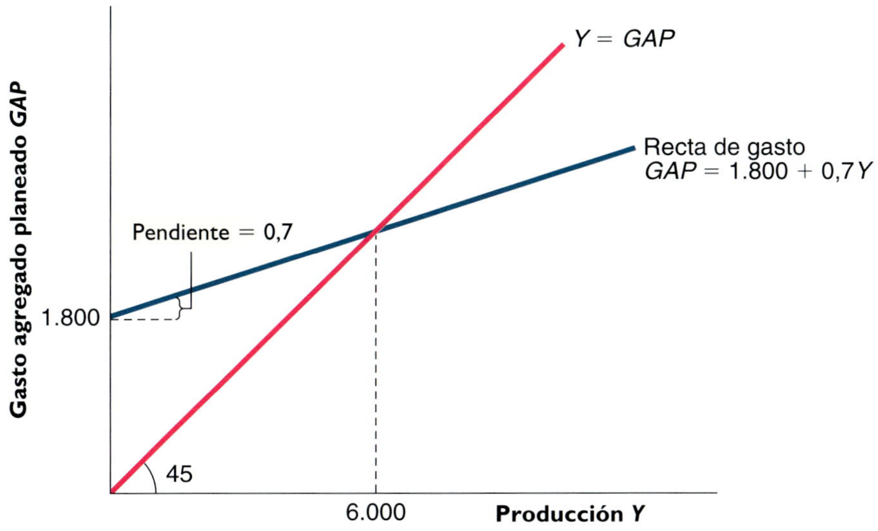

26.3 Este problema es una aplicación de la ley de Okun, introducida en el capítulo anterior. En este ejemplo, la brecha contractiva es igual a 50/4.800, es decir, alrededor de un 1,04% de la producción potencial. Según la ley de Okun, el desempleo cíclico es la mitad del valor en puntos porcentuales de la brecha de producción, es decir, 0,52%. Como la tasa natural de desempleo es del 5%, la tasa total de desempleo después de que aparece la brecha contractiva es aproximadamente de 5,52%.

26.4 Este ejercicio es justamente el contrario del Ejemplo 26.4. Un aumento de $\bar{C}$ de 10 unidades eleva el gasto autónomo y, por lo tanto, la ordenada en el origen de la recta de gasto en 10 unidades. La recta de gasto se desplaza en sentido ascendente y en paralelo en 10 unidades, provocando un aumento de la producción y una brecha de producción expansiva. Al igual que la producción disminuye en 50 unidades en el Ejemplo 26.4, en el caso aquí analizado aumenta en 50 unidades, a 4.850. Para verificar que la producción de equilibrio a corto plazo es igual a 4.850, obsérvese que un aumento del gasto autónomo de 10 unidades implica que el GAP aumenta de $960 + 0{,}8Y$ a $970 + 0{,}8Y$. Cuando $Y = 4.850$, entonces $GAP = 970 + 0{,}8(4.850) = 4.850$, por lo que tenemos que $Y = GAP$.

26.5 En el Ejercicio 26.4 vimos que un aumento de $\bar{C}$ de 10 unidades eleva el gasto autónomo y, por lo tanto, la ordenada en el origen de la recta de gasto en 10 unidades. La recta de gasto se desplaza en sentido ascendente y en paralelo en 10 unidades, provocando una brecha de producción expansiva. Para contrarrestar esta brecha, el Gobierno debería reducir las compras del Estado en 10 unidades, llevando al gasto autónomo a su nivel inicial. La recta de gasto se desplaza en sentido descendente a su posición inicial y se restablece el nivel de producción de pleno empleo. El gráfico es exactamente lo contrario de la Figura 26.6: la recta de gasto se desplaza en sentido ascendente en el aumento del consumo y en sentido descendente en la reducción compensatoria de las compras del Estado.

26.6 El aumento de la inversión planeada de 20 unidades es un aumento del gasto autónomo de 20 unidades, que provocará un aumento aún mayor de la producción de equilibrio a corto plazo. Para contrarrestar el aumento del gasto autónomo de 20 unidades por medio de la política fiscal, el Gobierno puede reducir las compras del Estado en 20 unidades. También podría subir los impuestos (o reducir las transferencias) para reducir el gasto de consumo. Como la *pmc* = 0,5, para reducir el gasto de consumo en 20 unidades en cada nivel de producción, necesitará subir los impuestos (o reducir las transferencias) en 40 unidades. En cada nivel de producción, una subida de los impuestos de 40 unidades reduce la renta disponible en 40 unidades y lleva a los consumidores a reducir su gasto en $0{,}5 \times 40 = 20$ unidades, que es lo que se necesita para eliminar la brecha de producción expansiva.

APÉNDICE A

UNA SOLUCIÓN ALGEBRAICA DEL MODELO KEYNESIANO BÁSICO

En este capítulo hemos mostrado cómo se resuelve el modelo keynesiano básico mediante el método numérico y el método gráfico, utilizando el aspa keynesiana. En este apéndice mostramos cómo puede hallarse una solución algebraica más general de la producción de equilibrio a corto plazo en el modelo keynesiano básico. Esta solución tiene la ventaja de que muestra claramente las relaciones entre la producción de equilibrio a corto plazo, el multiplicador y el gasto autónomo. Como veremos en los capítulos siguientes, el método general también puede utilizarse cuando se introducen cambios en el modelo keynesiano básico.

El modelo con el que trabajaremos es el mismo que hemos presentado en este capítulo. Partimos de la definición del gasto agregado planeado (Ecuación 26.1):

$$GAP = C + I^p + G + NX. \qquad (26.1)$$

Esta ecuación establece que el gasto agregado planeado es la suma de los cuatro tipos de gasto planeado; el gasto de consumo de los hogares, C; el gasto de inversión planeado de las empresas, I^p; las compras del Estado, G; y las exportaciones netas compradas por los extranjeros, NX.

El primer componente del gasto agregado planeado, el gasto de consumo, es determinado por la *función de consumo* (la Ecuación 26.2):

$$C = \bar{C} + pmc\,(Y - T). \qquad (26.2)$$

La función de consumo establece que el gasto de consumo aumenta cuando la renta disponible (después de impuestos), $Y - T$, aumenta. Cada aumento de la renta disponible de un dólar eleva el gasto de consumo en *pmc* dólares, donde *pmc*, que es la *propensión marginal a consumir*, es un número comprendido entre 0 y 1. El término $\bar{C}$ recoge otros factores que afectan al gasto de consumo. Por ejemplo, una subida de la bolsa de valores que lleva a los consumidores a gastar más en cada nivel de renta disponible (un *efecto-riqueza*) se representaría por medio de un aumento de $\bar{C}$.

Suponemos, al igual que en el capítulo, que la inversión planeada, las compras del Estado, las exportaciones netas y la recaudación neta de impuestos tienen simplemente un valor fijo. Una variable cuyo valor es fijo y que se determina fuera del modelo se llama variable *exógena*; por lo tanto, en otras palabras, suponemos que la inversión planeada, las compras del Estado, las exportaciones netas y la recaudación neta de impuestos son variables exógenas. Utilizando una barra para indicar el valor dado de una variable exógena, podemos expresar este supuesto de la siguiente forma:

$I^p = \bar{I}$	inversión planeada,
$G = \bar{G}$	compras del Estado,
$NX = \overline{NX}$	exportaciones netas,
$T = \bar{T}$	impuestos netos (impuestos menos transferencias).

Así, por ejemplo, $\bar{I}$ es el valor dado del gasto de inversión planeado, determinado fuera del modelo. En nuestros ejemplos, supondremos que tanto $\bar{I}$ como las demás variables exógenas tienen un valor fijo.

Nuestro objetivo es hallar algebraicamente la *producción de equilibrio a corto plazo*, que es el nivel de producción existente durante el periodo en el que los precios están predeterminados. El primer paso consiste en relacionar el gasto agregado planeado, *GAP*, y la producción, *Y*. Partiendo de la definición del gasto agregado planeado (Ecuación 26.1), sustituimos el gasto de consumo C por su valor según la función de consumo (Ecuación 26.2) y sustituimos I^p, G, $\overline{NX}$ y T por sus valores exógenos. Con estas sustituciones, el gasto agregado planeado puede expresarse de la siguiente forma:

$$GAP = [\bar{C} - pmc(Y - \bar{T})] + \bar{I} + \bar{G} + \overline{NX}.$$

Reordenando esta ecuación para separar los términos que dependen de la producción, *Y*, de los que no dependen, tenemos que

$$GAP = [\bar{C} - pmc\bar{T} + \bar{I} + \bar{G} + NX] + pmcY. \qquad (26.A1)$$

La Ecuación 26A.1 es importante porque muestra la relación entre el gasto agregado planeado, *GAP*, y la producción, *Y*. El término entre corchetes del segundo miembro de la ecuación representa el *gasto autónomo*; es decir, la parte del gasto planeado que no depende de la producción. El término *pmcY* representa el *gasto inducido*; es decir, la parte del gasto planeado que depende de la producción. La ecuación 26A.1 también es la ecuación que describe la *recta de gasto* en el aspa keynesiana; muestra que la ordenada en el origen de la recta de gasto es igual al gasto autónomo y la pendiente de la recta de gasto es igual a la propensión marginal a consumir.

Podemos mostrar cómo funciona la Ecuación 26A.1 numéricamente utilizando el Ejemplo 26.2 del texto. En ese ejemplo partimos de los siguientes valores numéricos: $\bar{C} = 620$, $\bar{I} = 220$, $\bar{G} = 300$, $\overline{NX} = 20$, $T = 250$ y $pmc = 0{,}8$. Introduciendo estos valores en la ecuación 26A.1 y simplificando, tenemos que

$$GAP = 960 + 0{,}8Y,$$

que es la misma respuesta que hemos obtenido en el Ejemplo 26.2. En este ejemplo, el gasto autónomo es igual a 960 y el gasto inducido es igual a $0{,}8Y$.

El segundo paso para hallar la producción de equilibrio a corto plazo comienza con la definición de la producción de equilibrio a corto plazo (Ecuación 26.3):

$$Y = GAP$$

Recuérdese que la producción de equilibrio a corto plazo es el valor de la producción en el que la producción es igual al gasto agregado planeado. Introduciendo la Ecuación 26A.1 en la definición de la producción de equilibrio a corto plazo, tenemos que:

$$Y = [\overline{C} - pmc\overline{T} + \overline{I} + \overline{G} + \overline{NX}] + pmcY.$$

El valor de Y que resuelve esta ecuación es el valor de la producción de equilibrio a corto plazo. Para hallar Y, agrupamos todos los términos en Y del primer miembro de la ecuación:

$$Y - pmcY = [\overline{C} - pmc\overline{T} + \overline{I} + \overline{G} + \overline{NX}]$$

es decir,

$$Y(1 - pmc) = [\overline{C} - pmc\overline{T} + \overline{I} + \overline{G} + \overline{NX}.$$

Dividiendo los dos miembros de la ecuación por $(1 - pmc)$ obtenemos la respuesta:

$$Y = \left(\frac{1}{1 - mpc}\right)[\overline{C} - mpc\overline{T} + \overline{I} + \overline{G} + \overline{NX}]. \qquad (26A.2)$$

La Ecuación 26A.2 indica la producción de equilibrio a corto plazo de la economía de nuestro modelo dados los valores exógenos de $\overline{C}, \overline{I}$, $\overline{G}$, $\overline{NX}$ y $\overline{T}$ y la propensión marginal a consumir pmc. Podemos utilizar esta fórmula para hallar la producción de equilibrio a corto plazo en ejemplos numéricos concretos. Supongamos, por ejemplo, que introducimos de nuevo los valores numéricos del Ejemplo 26.2: $\overline{C}= 20$, $\overline{I} = 220$, $\overline{G} = 300$, $\overline{NX} = 20$, $\overline{T} = 250$ y $pmc = 0{,}8$. Tenemos que

$$Y = \left(\frac{1}{1 - 0{,}8}\right)[620 - 0{,}8(250) + 220 + 300 + 20] = \frac{1}{0{,}2}(960) = 5(960) = 4.800,$$

que es la misma respuesta que hemos obtenido más trabajosamente utilizando la Tabla 26.1.

EJERCICIO 26A.1

Utilice la Ecuación 26A.2 para hallar la producción de equilibrio a corto plazo de la economía descrita en el Ejercicio 26.1 del texto. ¿Cuáles son la ordenada en el origen y la pendiente de la recta de gasto?

La Ecuación 26A.2 muestra claramente la relación entre el gasto autónomo y la producción de equilibrio a corto plazo. El gasto autónomo es el primer término del segundo miembro de la Ecuación 26A.1, igual a $\overline{C} - pmc\overline{T} + \overline{I} + \overline{G} + \overline{NX}$. La ecuación muestra que un aumento del gasto autónomo de una unidad eleva la producción de equilibrio a corto plazo en $1/(1 - pmc)$ unidades. En otras palabras, podemos ver en la Ecuación 26A.2 que el *multiplicador* de este modelo es igual a $1/(1 - pmc)$. En el segundo apéndice de este capítulo analizamos más extensamente el multiplicador.

RESPUESTAS A LOS EJERCICIOS DEL APÉNDICE

26A.1 La ecuación que describe la producción de equilibrio a corto plazo es

$$Y = \left(\frac{1}{1 - mpc}\right)[\overline{C} - mpc\overline{T} + \overline{I} + \overline{G} + \overline{NX}]. \qquad (26A.2)$$

Utilizando los datos del Ejercicio 26.1, tenemos que $\overline{C}$= 820, *pmc* = 0,7, $\overline{I}$ = 600, $\overline{G}$= 600, $\overline{NX}$ = 200 y $\overline{T}$ = 600. Introduciendo estos valores en la Ecuación 26A.2, tenemos que:

$$Y = \left(\frac{1}{1-0,8}\right)[620 - 0,8(250) + 220 + 300 + 20] = \frac{1}{0,2}(960) = 5(960) = 4.800,$$

que es el mismo resultado que hemos obtenido en el Ejercicio 26.1.

APÉNDICE

B

EL MULTIPLICADOR EN EL MODELO KEYNESIANO BÁSICO

Este apéndice se basa en el Ejemplo 26.4 del texto para explicar en mayor profundidad el *multiplicador de la renta y el gasto* en el modelo keynesiano básico. En el Ejemplo 26.4, hemos visto que una disminución del gasto autónomo de 10 unidades provoca una reducción de la producción de equilibrio a corto plazo de 50 unidades; es decir, cinco veces mayor que la variación inicial del gasto. Por lo tanto, en este ejemplo el multiplicador es 5.

Para ver por qué se produce este efecto multiplicador, obsérvese que en el Ejemplo 26.4 la disminución inicial del gasto de consumo (más concretamente, del término constante de la función de consumo, $\overline{C}$) de 10 produce dos efectos. En primer lugar, la disminución del gasto de consumo reduce directamente el gasto agregado planeado en 10 unidades. En segundo lugar, la disminución del gasto también reduce en 10 las rentas de los productores (de los trabajadores y de los propietarios de las empresas) de bienes de consumo. Partiendo del supuesto del Ejemplo 26.4 de que la propensión marginal a consumir es 0,8, los productores de bienes de consumo reducen, pues, *su* gasto de consumo en 8, es decir, 0,8 multiplicado por su pérdida de renta de 10. Este recorte del gasto reduce la renta de *otros* productores en 8 unidades, lo que los lleva a reducir su gasto en 6,4, es decir, 0,8 multiplicado por su pérdida de renta de 8. Estas reducciones de la renta de 6,4 llevan a otros productores a recortar su gasto en 5,12, es decir, 0,8 multiplicado por 6,4, y así sucesivamente. En principio, este proceso continúa indefinidamente, aunque después de muchas rondas de reducción del gasto y de la renta, los efectos son bastante pequeños.

Sumando todas estas "rondas" de reducción de la renta y del gasto, el efecto *total* que produce en el gasto planeado la reducción inicial del gasto de consumo de 10 es

$$10 + 8, + 6{,}4 + 5{,}12 + \dots .$$

Los tres puntos indican que la serie de reducciones continúa indefinidamente. El efecto total de la disminución inicial del consumo también puede expresarse de la forma siguiente:

$$10[1 + 0{,}8 + (0{,}8)^2 + (0{,}8)^3 + \dots].$$

Esta expresión destaca el hecho de que el gasto que se realiza en cada ronda es 0,8 multiplicado por el gasto realizado en la ronda anterior (0,8) porque esa es la propensión marginal a consumir a partir de la renta generada por la ronda anterior de gasto.

Una útil relación algebraica que se aplica a cualquier número x mayor que 0 pero menor que 1 es

$$1 + x + x^2 + x^3 + \dots = \frac{1}{1-x}.$$

Si suponemos que x es igual a 0,8, esta fórmula implica que el efecto total que produce la disminución del gasto de consumo en la demanda agregada y en la producción es

$$10\left(\frac{1}{1\text{-}0{,}8}\right) = 10\left(\frac{1}{0{,}2}\right) = 10 \times 5 = 50\,.$$

Esta respuesta es coherente con nuestro cálculo anterior, que mostraba que la producción de equilibrio a corto plazo disminuye 50 unidades, pasando de 4.800 a 4.750.

Realizando un análisis similar también podemos encontrar una expresión algebraica general del multiplicador en el modelo keynesiano básico. Recordando que *pmc* es la propensión marginal a consumir a partir de la renta disponible, sabemos que un aumento del gasto autónomo de una unidad eleva el gasto y la renta en una unidad en la primera ronda; en $pmc \times 1 = pmc$ unidades en la segunda; en $pmc \times pmc = pmc^2$ unidades en la tercera; en $pmc \times pmc^2 = pmc^3$ unidades en la cuarta, y así sucesivamente. Por lo tanto, el efecto total que produce un aumento del gasto autónomo de una unidad en la producción de equilibrio a corto plazo viene dado por

$$1 + pmc + pmc^2 + pmc^3 + \dots .$$

Aplicando la fórmula algebraica anterior y recordando que $0 < pmc < 1$, podemos formular esta expresión de la manera siguiente: $1/(1 - pmc)$. Por lo tanto, en un modelo keynesiano básico con una propensión marginal a consumir de *pmc*, el multiplicador es igual a $1/(1 - pmc)$, que es el mismo resultado que hemos obtenido en el Apéndice A de este capítulo. Obsérvese que si $pmc = 0{,}8$, entonces $1/(1 - pmc) = 1/(1 - 0{,}8) = 5$, que es el mismo valor del multiplicador que hemos obtenido antes mediante el método numérico.

CAPÍTULO

27

LA ESTABILIZACIÓN DE LA ECONOMÍA: EL PAPEL DEL BANCO CENTRAL

Los agentes que participan en los mercados financieros, así como los observadores hacen todo lo posible por tratar de predecir las intervenciones del Banco Central. En Estados Unidos, el programa de noticias financieras de la CNBC *Squawk Box* informó periódicamente durante un tiempo de lo que denominaba "Indicador la Cartera de Greenspan". La idea era fijarse en la cartera del presidente de la Reserva Federal, que entonces era Alan Greenspan, cuando iba a la reunión con el Comité Federal de Mercado Abierto, que es el grupo que decide la política monetaria de Estados Unidos. Si la cartera de Greenspan iba llena, probablemente de datos y análisis macroeconómicos, era muy posible que la Reserva Federal tuviera la intención de modificar los tipos de interés. Ahora bien, si iba casi vacía era probable que se modificaran los tipos de interés.

El índice de acierto era muy alto. "De los 20 primeros intentos de predicción, se logró acertar en 17 ocasiones", y así, el presentador del programa Mark Haines declaró a *The News York Times Magazine:* "el sistema tiene un mecanismo de autodestrucción, ya que es el propio Greenspan el que prepara su cartera y puede prepararla mal o bien. Greenspan nunca ha admitido públicamente conocer el indicador, pero hay motivos para pensar que lo conoce y que quiere que dejemos de utilizarlo, pues las dos últimas veces que se ha usado nos hemos equivocado, y eso es negativo y preocupante" [1].

El indicador de la cartera no es más que un ejemplo de la rigurosa observación a la que están sometidos el presidente de la Reserva Federal y otros responsables de la política monetaria de Estados Unidos. Todos los discursos,

[1] Robert H. Frank, "Safety in Numbers", *New York Times Magazine*, 28 de noviembre de 1999, pág. 35.

todas las comparecencias en el Congreso, todas las entrevistas a un miembro de la Junta de Gobernadores son analizados atentamente en busca de cualquier pista sobre el futuro de la política monetaria. La causa del enorme interés público que despiertan las decisiones de la Reserva Federal sobre la política monetaria —y especialmente sobre el nivel de los tipos de interés— radica en que esas decisiones tienen importantes consecuencias tanto para los mercados financieros como para la economía en general.

En este capítulo, examinamos el funcionamiento de la política monetaria, que es uno de los dos principales tipos de *política de estabilización* (el otro, la política fiscal, se analizó en el capítulo anterior). Como vimos en ese capítulo, las medidas de estabilización son medidas del gobierno que pretenden influir en el gasto agregado planeado con el fin de eliminar las brechas de producción. Los dos tipos de política de estabilización, la política monetaria y la política fiscal, son importantes y han sido útiles en muchas ocasiones. Sin embargo, la política monetaria, que puede ser modificada rápidamente por una decisión del Banco Central, es más flexible y sensible que la política fiscal, que sólo puede ser modificada por el Parlamento. Así pues, en condiciones normales, la política monetaria es más utilizada que la política fiscal para ayudar a estabilizar la economía.

Comenzamos este capítulo viendo cómo utiliza el Banco Central su capacidad para controlar la oferta monetaria e influir así en el nivel de los tipos de interés. A continuación, pasaremos a examinar los efectos económicos de las variaciones de los tipos de interés. Basándonos en nuestro análisis del modelo keynesiano estudiado en el capítulo anterior, veremos que, a corto plazo, la política monetaria logra influir en el gasto planeado y, por lo tanto, en la producción de equilibrio. Sin embargo, pospondremos para el próximo capítulo, el análisis del efecto que la política monetaria tiene sobre la tasa de inflación. En el Capítulo 29 analizaremos con mayor detalle la política monetaria y la fiscal, así como algunas de las principales complejidades y dificultades de la aplicación de la política macroeconómica.

EL BANCO CENTRAL Y LOS TIPOS DE INTERÉS

Cuando hablamos del Banco Central en el Capítulo 23, centramos la atención en los instrumentos con los que cuenta para controlar la *oferta monetaria*; es decir, la cantidad de dinero, ya sea efectivo o cuentas corrientes, en manos del público. Determinar la oferta monetaria del país es la principal tarea de los responsables de la política monetaria. Pero si el lector sigue de cerca las noticias económicas, tal vez, suene algo extraño que la tarea del Banco Central sea controlar la oferta monetaria, ya que los medios de comunicación se fijan más en las decisiones del Banco Central sobre los *tipos de interés*. De hecho, en Estados Unidos, la declaración de la Reserva Federal tras cada reunión del Comité Federal de Mercado Abierto suele referirse a sus proyectos sobre un tipo de interés a corto plazo muy específico llamado *tipo de interés interbancario* (más adelante nos extenderemos sobre esta clase de tipo de interés).

En realidad, no existe ninguna contradicción entre las dos maneras de ver la política monetaria: ya sea como medida de control de la oferta monetaria o como herramienta para la fijación de los tipos de interés. Como veremos, el Banco Central modifica la oferta monetaria para controlar el tipo de interés nominal, por lo tanto, el control de la oferta monetaria y el control del tipo de interés nominal son dos caras de la misma moneda: cualquier valor de la oferta monetaria que elija el Banco Central implica un tipo de interés nominal específico, y viceversa. La causa de esta estrecha relación se halla en que el tipo de interés nominal es, en realidad, el "precio" de tener dinero (o, más exactamente, su coste de oportunidad), por lo que, controlando la cantidad de dinero ofrecida a la economía, el Banco Central también controla el "precio" de tener dinero (el tipo de interés nominal).

Para comprender mejor cómo influye el Banco Central en los tipos de interés, examinaremos primero el mercado de dinero, comenzando por el lado de la demanda de ese mercado. Veremos que, dada la demanda de dinero por parte del público, el Banco Central puede controlar los tipos de interés modificando la cantidad de dinero que ofrece. Más adelante mostraremos cómo utiliza el Banco Central el control de los tipos de interés para influir en el gasto planeado y en la situación de la economía.

LA DEMANDA DE DINERO

Recuérdese que en el Capítulo 23 vimos que el dinero es el conjunto de activos, tales como el efectivo en manos del público y el dinero depositado en las cuentas corrientes, que pueden utilizarse para realizar transacciones, pero el dinero también es un depósito de valor, como las acciones, los bonos o las propiedades inmobiliarias; en otras palabras, el dinero es un tipo de activo financiero, y como activo financiero que es, el dinero es una manera de tener riqueza.

Todo el que tenga algo de dinero (riqueza) debe preguntarse de qué *forma* quiere tenerla. Por ejemplo, si Luis tiene riqueza por valor de 10.000$, podría tenerla toda, si quisiera, en efectivo, o tener 5.000$ en efectivo y 5.000$ en bonos del Estado; o 1.000$ en efectivo, 2.000$ en una cuenta corriente, 2.000$ en bonos del Estado y 5.000$ en sellos raros. De hecho, existen miles de activos reales y financieros entre los que elegir y todos pueden tenerse en diferentes cantidades y combinaciones, por lo que las opciones de Luis son casi infinitas. La decisión sobre la forma en que queremos tener nuestra riqueza se denomina **decisión sobre la composición de la cartera.**

decisión sobre la composición de la cartera decisión sobre la forma en que queremos tener nuestra riqueza

¿De qué depende la combinación de activos que elija Luis u otra persona que tenga riqueza? Manteniéndose todo lo demás constante, la gente generalmente prefiere tener activos de los que esperan un alto *rendimiento* y un bajo *riesgo*. Aunque también se puede tratar de reducir el riesgo total *diversificando;* es decir, teniendo diversos activos[2]. Muchas personas poseen algunos activos reales, como un automóvil o una vivienda, porque les prestan servicios (transporte o alojamiento) y a menudo generan un rendimiento financiero (un aumento de valor, por ejemplo, cuando sube el precio de una vivienda en un mercado inmobiliario fuerte).

Aquí no es necesario analizar toda la decisión sobre la asignación de la cartera, sino sólo una parte, a saber, la decisión sobre la cantidad de riqueza que vamos a tener en forma de *dinero* (en efectivo y en cuentas corrientes). La cantidad de riqueza que una persona decide tener en forma de dinero es su **demanda de dinero,** llamada a veces *preferencia por la liquidez*. Así, por ejemplo, si Luis decide tener los 10.000$ en efectivo, su demanda de dinero será de 10.000$. Pero si tiene 1.000$ en efectivo, 2.000$ en una cuenta corriente, 2.000$ en bonos del Estado y 5.000$ en sellos raros, su demanda de dinero sólo es de 3.000$, es decir, los 1.000$ en efectivo más los 2.000$ de su cuenta corriente.

demanda de dinero cantidad de riqueza que una persona decide tener en dinero

EJEMPLO 27.1

La demanda de dinero de Consuelo

En el Ejemplo 22.1 se presentó el balance de una persona llamada Consuelo (véase la Tabla 22.1). ¿Cuál es su demanda de dinero? Si Consuelo quisiera aumentar su demanda de dinero en 100$, ¿cómo podría hacerlo? ¿Y si quisiera reducir su demanda de dinero en 100$?

Volviendo a la Tabla 22.1, vemos que el balance de Consuelo muestra cinco tipos de activos: efectivo, una cuenta corriente, acciones, un automóvil y muebles. Los dos primeros (el efectivo y la cuenta corriente) son tipos de dinero. Como muestra la Tabla 22.1, la riqueza que Consuelo tiene en forma de dinero está constituida por los 80$ en efectivo y los 1.200$ que posee en su cuenta corriente. Por lo tanto, la demanda de dinero de Consuelo es de 1.280$.

Consuelo podría tener 100$ más de dinero, es decir, aumentar su demanda de dinero, de muchas formas distintas. Podría vender acciones por valor de 100$ y depositar los ingresos en el banco. Esa venta no alteraría el valor total de sus activos y de su riqueza (ya que la menor cantidad de acciones que posee sería compensada por el aumento del dinero depositado en su cuenta corriente), pero aumentaría 100$ sus tenencias de dinero. Otra posibilidad sería retirar 100$ en

[2] En el Capítulo 24 se analizan más detalladamente el riesgo, el rendimiento y la diversificación.

efectivo con su tarjeta de crédito. Esa medida aumentaría 100$ tanto sus tenencias de dinero como su activo, pero también aumentaría 100$ su pasivo, concretamente el saldo de su tarjeta de crédito. Una vez más, su riqueza total no variaría, aunque sus tenencias de dinero aumentarían.

Para reducir sus tenencias de dinero, Consuelo no tiene más que utilizar parte de su efectivo o del saldo de su cuenta corriente, ya sea para adquirir un activo no monetario, o para reducir su pasivo. Por ejemplo, si comprara 100$ más de acciones extendiendo un cheque contra su cuenta bancaria, sus tenencias de dinero disminuirían 100$. Asimismo, si extendiera un cheque para reducir 100$ el saldo de su tarjeta de crédito, sus tenencias de dinero disminuirían 100$. El lector puede confirmar que, aunque la cantidad de dinero que tiene disminuye, su riqueza total no varía en ninguno de los casos.

¿Cuánto dinero debería tener una persona (o un hogar)? La aplicación del *análisis del coste-beneficio* nos dice que una persona sólo debe aumentar la cantidad de dinero que tiene, si el beneficio es superior al coste. Como vimos en el Capítulo 23, el principal *beneficio* de tener dinero es su utilidad para realizar transacciones. Las acciones de Consuelo, su automóvil y sus muebles son todos activos valiosos, pero no pueden ser utilizados para comprar comida o para pagar el alquiler. Sin embargo, puede realizar los pagos habituales utilizando dinero en efectivo o su propia cuenta corriente. Dada la utilidad del dinero para realizar las transacciones diarias, Consuelo querrá tener con casi toda seguridad parte de su riqueza en dinero; además, si es una persona de renta alta, probablemente decidirá tener más dinero que las personas de renta más baja, ya que es probable que gaste más y realice más transacciones que una persona de renta baja.

© Royalty-Free/CORBIS/MGH-DIL

Las innovaciones como los cajeros automáticos han reducido la cantidad de dinero que necesita tener la gente para realizar sus transacciones habituales.

El beneficio que obtiene Consuelo teniendo dinero también depende de la sofisticación tecnológica y financiera de la sociedad en la que viva. Por ejemplo, en muchos países algunos avances como las tarjetas de crédito, las tarjetas de débito y los cajeros automáticos han reducido, en general, la cantidad de dinero que necesita tener la gente para realizar las transacciones habituales, reduciéndose la demanda de dinero por parte del público independientemente del nivel de renta. Por ejemplo, en Estados Unidos las tenencias de dinero en forma de efectivo y saldos de las cuentas corrientes (el agregado monetario M1) representaban en 1960 alrededor de un 28% del PIB. En 2004, esa cifra había descendido a casi un 12%.

Aunque el dinero es un activo sumamente útil, las tenencias de dinero también tienen un coste —más concretamente, un coste de oportunidad— pues el dinero, independientemente de la forma en que se mantenga rinde unos intereses muy bajos o incluso nulos. El efectivo no rinde intereses, y la mayoría de las cuentas corrientes tienen unos tipos de interés muy bajos. Para simplificar el análisis, supondremos que *el tipo de interés nominal del dinero es cero*. En cambio, la mayoría de los demás activos, como los bonos o las acciones, tienen un rendimiento nominal positivo. Así, por ejemplo, un bono paga cada periodo una cantidad fija de intereses a su titular, mientras que las acciones pagan dividendos al tiempo que pueden aumentar de valor (ganancias de capital).

El coste de tener dinero se debe a que, para tener 1$ más de riqueza en forma de dinero, una persona debe reducir en 1$ la cantidad de riqueza que tiene en forma de activos de mayor rendimiento, como bonos o acciones. El *coste de oportunidad* de tener dinero se mide por medio del tipo de interés que podría obtenerse si se decidiera tener activos portadores de intereses en lugar de dinero. Manteniéndose todo lo demás constante, cuanto más alto es el tipo de interés nominal, mayor es el coste de oportunidad de tener dinero y, por lo tanto, menos dinero decide tener la gente.

Hasta ahora nos hemos referido a la demanda de dinero por parte de los individuos, pero las empresas también tienen dinero para realizar transacciones con los clientes y para pagar a los trabajadores y a los proveedores. Los mismos factores generales que determinan la demanda de dinero de los individuos también afectan a la demanda de dinero de las empresas. Es decir, una empresa, cuando decide la cantidad de dinero que va a mantener compara, al igual que cualquier individuo, los beneficios de tener dinero para realizar transacciones con el coste de oportunidad de tener un activo que no devenga intereses. Aunque no distinguiremos entre el dinero que tienen los individuos y el que tienen las empresas cuando analicemos la demanda de dinero, el lector debe ser consciente de que las empresas tienen una parte significativa —quizá más de la mitad— de la cantidad total de dinero. El Ejemplo 27.2 muestra la determinación de la demanda de dinero por parte de una empresa.

EJEMPLO 27.2

¿Cuánto dinero deben tener los restaurantes de Carla?

Carla tiene varios restaurantes prósperos. Su contable le informa de que en un día normal en sus restaurantes se mueven un total de 50.000$ en efectivo y le dice que, si redujera la cantidad de efectivo, podría utilizar el sobrante para adquirir bonos del Estado que le generarían intereses.

El contable le propone dos métodos para reducir la cantidad de efectivo que hay en sus restaurantes. En primer lugar, podría aumentar la frecuencia con que su servicio de vehículos blindados recoge el efectivo. El servicio adicional costaría 500$ al año, pero permitiría a sus restaurantes reducir sus tenencias medias de efectivo a 40.000$. En segundo lugar, podría utilizar también un servicio informatizado de gestión de tesorería que le ayudara a llevar mejor la cuenta de las entradas y salidas de efectivo de sus restaurantes. Este servicio cuesta 700$ al año, pero el contable estima que, junto con la mayor frecuencia en la recogida del efectivo, una gestión de tesorería más eficiente podría ayudar a Carla a reducir las tenencias medias de efectivo de sus restaurantes a 30.000$.

El tipo de interés de los bonos del Estado es de un 6%. ¿Cuánto dinero deben tener los restaurantes de Carla? ¿Y si el tipo de interés de los bonos del Estado es del 8%?

Los restaurantes de Carla necesitan efectivo para realizar sus operaciones normales, pero tener efectivo también tiene un coste de oportunidad, que son los intereses que podrían rentar esos fondos si se tuvieran en bonos del Estado en lugar de en efectivo. Como el tipo de interés de los bonos del Estado es del 6%, cada 10.000$ en que Carla puede reducir la cantidad de dinero en efectivo que hay en sus restaurantes, le generará un beneficio anual de 600$ (un 6% de 10.000).

Si Carla aumenta la frecuencia con que su servicio de vehículos blindados recoge el efectivo, reduciendo las tenencias medias de dinero de sus restaurantes de 50.000$ a 40.000$, el beneficio serán los 600$ adicionales debido a los intereses que obtendrá Carla y el coste son los 500$ que cobra la empresa de vehículos blindados. Como el beneficio es superior al coste, Carla debe comprar el servicio adicional y reducir las tenencias medias de efectivo de sus restaurantes a 40.000$.

¿Debe dar un paso más y emplear también el servicio de gestión de tesorería? Si lo utilizara, reduciría las tenencias medias de efectivo de sus restaurantes de 40.000$ a 30.000$, lo que genera un beneficio en forma de renta adicional procedente de intereses de 600$ al año. Sin embargo, este beneficio es menor que el coste del servicio de gestión de tesorería, que es de 700$ al año. Por lo tanto, Carla *no* debe emplear este servicio y debe mantener en sus restaurantes unas tenencias medias de efectivo de 40.000$.

Si el tipo de interés de los bonos del Estado sube a un 8%, el beneficio de reducir la cantidad de dinero en 10.000$ es de 800$ al año (8% de 10.000$) en renta adicional procedente de intereses. En este caso, el beneficio de utilizar el servicio de gestión de tesorería, 800$, es superior a su coste, que es de 700. Por lo tanto, Carla debe emplear este servicio y reducir las tenencias medias de efectivo de sus restaurantes a 30.000$. Este ejemplo muestra que una subida del tipo de interés nominal de los demás activos reduce la cantidad demandada de dinero.

EJERCICIO 27.1

El tipo de interés de los bonos del Estado baja del 6 al 4%. ¿Cuánto efectivo deben tener ahora los restaurantes de Carla?

FACTORES MACROECONÓMICOS QUE AFECTAN A LA DEMANDA DE DINERO

En cualquier hogar o empresa, la demanda de dinero depende de toda una variedad de circunstancias. Por ejemplo, una gran empresa minorista que sirva a miles de clientes al día probablemente decidirá tener más dinero a mano que un bufete de abogados que facture a los clientes y pague a los empleados mensualmente. Pero, aunque la cantidad de dinero que deciden tener los individuos y las empresas varía considerablemente de unos a otros, hay tres factores macroeconómicos que afectan a la demanda de dinero de una manera bastante general: el tipo de interés nominal, la producción real y el nivel de precios. Como veremos a continuación, el tipo de interés nominal afecta al coste de tener dinero en toda la economía, mientras que la producción real y el nivel de precios afectan a los beneficios del dinero.

- *El tipo de interés nominal (i).* Hemos visto que el tipo de interés que se paga por las alternativas al dinero, como los bonos del Estado, determina el coste de oportunidad de tener dinero. Cuanto más alto sea el tipo de interés nominal vigente, mayor será el coste de oportunidad de tener dinero y, por lo tanto, menos dinero demandarán los individuos y las empresas.

¿Qué se entiende por *el* tipo de interés nominal? Como hemos señalado, existen miles de activos distintos, cada uno de los cuales tiene su propio tipo de interés (su propia tasa de rendimiento). ¿Podemos hablar, pues, realmente *del* tipo de interés nominal? La respuesta es que aunque existen, desde luego, muchos activos distintos, cada uno con su propio tipo de interés, los tipos de esos activos tienden a subir y a bajar al unísono. Es lógico, ya que si los tipos de interés de unos activos subieran vertiginosamente y los de otros bajaran, los inversores financieros optarían por los activos que tienen un tipo de interés más alto y se negarían a comprar los que tienen un tipo de interés bajo. Así pues, aunque existan muchos tipos de interés en la práctica, normalmente tiene sentido hablar del nivel general de los tipos de interés. En este libro, cuando hablamos *del* tipo de interés nominal, nos referimos a un indicador medio de los tipos de interés. Esta simplificación es una aplicación más del concepto macroeconómico de *agregación* introducido en el Capítulo 17.

El tipo de interés nominal es un factor macroeconómico que afecta al coste de tener dinero. Por su parte los factores macroeconómicos que afectan al *beneficio* de tener dinero son:

- *La renta o la producción reales (Y).* Un aumento de la renta o la producción reales agregadas —medidas, por ejemplo, por medio del PIB real— eleva la cantidad de bienes y servicios que quieren comprar y vender los individuos y las empresas. Por ejemplo, cuando la economía experimenta una expansión, la gente compra más y las tiendas tienen más clientes. Para hacer frente al aumento de las transacciones, tanto los individuos como las empresas necesitan tener más dinero. Por lo tanto, un aumento de la producción real eleva la demanda de dinero.

- *El nivel de precios (P).* Cuanto más altos son los precios de los bienes y de los servicios, más dólares (yenes o euros) se necesitan para realizar una cantidad dada de transacciones. Por lo tanto, una subida del nivel de precios va acompañada de un aumento de la demanda de dinero.

Actualmente, cuando una pareja de adolescentes va al cine y se toma algo el sábado por la noche, probablemente necesita cinco veces más de efectivo que sus padres hace 25 años. Como los precios de las entradas de cine y de las palomitas han subido ininterrumpidamente durante 25 años, se necesita más dinero (es decir, más dólares) que antes para pagar la salida el sábado por la noche. Por cierto, el hecho de que los precios sean hoy más altos *no* implica que el bienestar de la gente sea menor que antes, ya que los sueldos y los salarios nominales también han subido considerablemente. Pero, en general, una subida de los precios implica que la gente necesita tener más dólares en efectivo o en una cuenta corriente.

LA CURVA DE DEMANDA DE DINERO

Para elaborar la política monetaria, lo que más interesa a los economistas es la demanda agregada de dinero; es decir, la demanda de dinero del conjunto de la economía. La interacción de la demanda agregada de dinero, decidida por el público, y la oferta de dinero, fijada por el Banco Central, determina el tipo de interés nominal vigente en la economía.

La demanda de dinero del conjunto de la economía puede representarse gráficamente por medio de la *curva de demanda de dinero* (véase la Figura 27.1). La **curva de demanda de dinero** relaciona la cantidad agregada de dinero que se demanda, *M*, con el tipo de interés nominal, *i*. La cantidad demandada de dinero, *M*, es una cantidad nominal, expresada en dólares (en yenes o en euros, dependiendo del país). Como una subida del tipo de interés nominal aumenta el coste de oportunidad de tener dinero, reduciéndose la cantidad demandada de dinero, la curva de demanda de dinero tiene pendiente negativa.

curva de demanda de dinero muestra la relación entre la cantidad total que se demanda de dinero *M* y el tipo de interés nominal *i*; como una subida del tipo de interés nominal aumenta el coste de oportunidad de tener dinero, lo cual reduce la cantidad demandada de dinero, la curva de demanda de dinero tiene pendiente negativa

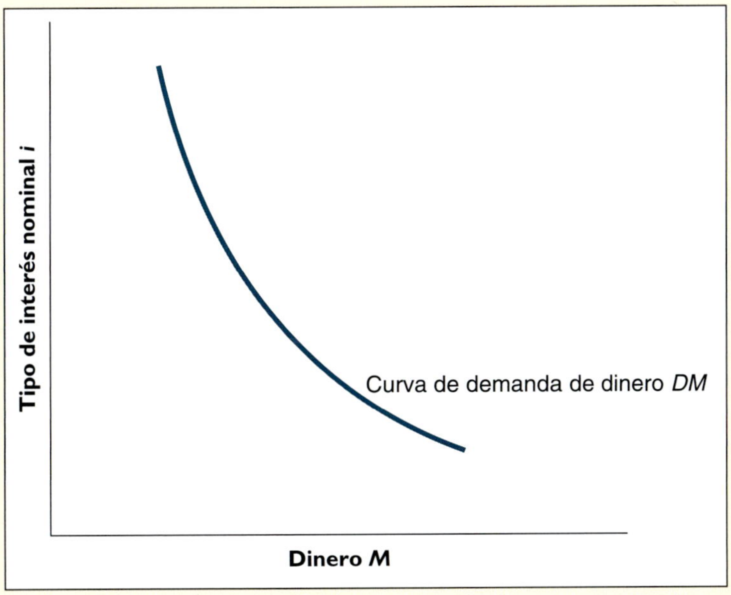

FIGURA 27.1
La curva de demanda de dinero.
La curva de demanda de dinero relaciona la demanda de dinero de la economía con el tipo de interés nominal. Como una subida del tipo de interés nominal eleva el coste de oportunidad de tener dinero, la curva de demanda de dinero tiene pendiente negativa.

Si concebimos el tipo de interés nominal como el "precio" (o más concretamente, el coste de oportunidad) del dinero, y la cantidad de dinero que quiere tener la gente como la "cantidad", la curva de demanda de dinero es análoga a la curva de demanda de un bien o de un servicio. Al igual que ocurre con una curva de demanda convencional, el hecho de que una subida del precio del dinero lleve a la gente a demandar menos se refleja en la pendiente negativa de la curva de demanda. Por otra parte, al igual que en una curva de demanda convencional, las variaciones de algunas variables distintas al precio del dinero (tipo de interés nominal) pueden provocar un desplazamiento de la curva. Dado el tipo de interés nominal, cualquier cambio que lleve a la gente a querer tener más dinero desplaza la curva de demanda de dinero hacia la derecha, y cualquier cambio que le lleve a querer tener menos dinero la desplaza hacia la izquierda. Ya hemos identificado dos factores macroeconómicos distintos del tipo de interés nominal que afectan a la demanda de dinero del conjunto de la economía: la producción real y el nivel de precios. Ante un aumento de cualquiera de estas dos variables la demanda de dinero aumenta y la curva de demanda de dinero se desplaza hacia la derecha, como se muestra en la Figura 27.2. Asimismo, una disminución de la producción real o del nivel general de precios reduce la demanda de dinero, desplazando la curva hacia la izquierda.

La curva de demanda de dinero también puede desplazarse en respuesta a otros cambios que afectan al coste o al beneficio de tener dinero, como pueden ser los

FIGURA 27.2
Un desplazamiento de la curva de demanda de dinero.
A un tipo de interés nominal dado, cualquier cambio que lleve a la gente a tener más dinero —por ejemplo, una subida del nivel general de precios o un aumento del PIB real— desplaza la curva de demanda de dinero hacia la derecha.

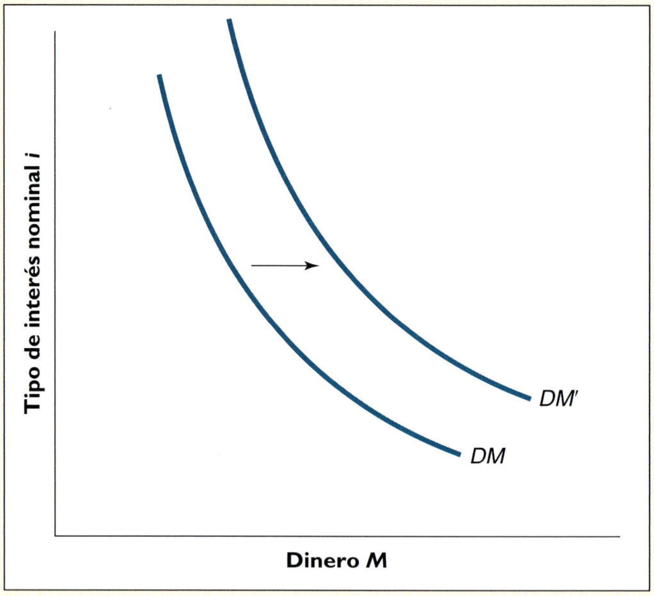

avances tecnológicos y financieros que hemos mencionado antes. Por ejemplo, la introducción de cajeros automáticos redujo la cantidad de dinero que quería tener la gente, por lo que desplazó la curva de demanda de dinero de la economía hacia la izquierda. En El observador económico 27.1 se describe otro motivo posible de desplazamiento de la demanda de dinero como son las tenencias de dólares americanos por parte de ciudadanos de otros países.

EL OBSERVADOR ECONÓMICO 27.1

¿Por qué tiene el argentino medio más dólares americanos que el ciudadano estadounidense medio?

Se estima que el valor de los dólares americanos que circulan en Argentina supera los 1.000$ por persona, cifra superior a la cantidad de dólares que posee un americano medio. Algunos otros países, entre los que se encuentran los que antes constituían la antigua Unión Soviética, también tienen una gran cantidad de dólares. Es posible que, en conjunto, estén circulando fuera de las fronteras de Estados Unidos nada menos que 300.000 millones de dólares en moneda estadounidense, es decir, más de la mitad de la cantidad total emitida. ¿Por qué tienen tantos dólares los argentinos y los ciudadanos de otros países?

Los residentes y las empresas de Estados Unidos tienen dólares principalmente para realizar transacciones más que como depósito de valor. Para los estadounidenses, los bonos que rinden intereses y las acciones que pagan dividendos son una opción mejor que el dinero, ya que éste no genera intereses o rentabilidades. Pero no tiene por qué ocurrir así para los ciudadanos de otros países, especialmente para los de los países inestables desde el punto de vista económico o político. Por ejemplo, Argentina padeció en los años 70 y 80 una inflación alta y errática que redujo enormemente el valor de las inversiones financieras denominadas en pesos argentinos. Muchos argentinos, al carecer de mejores alternativas, comenzaron a ahorrar en moneda estadounidense cuyo valor creían, con razón, que era más estable que el de los activos denominados en pesos.

El uso de dólares en Argentina se reconoció oficialmente en 1990. Ese año, Argentina estableció un nuevo sistema monetario, llamado caja de conversión, en el que los dólares americanos y los pesos argentinos se intercambian libremente a la par. En la caja de conversión, los argentinos se acostumbraron a llevar dólares americanos en la cartera junto a los pesos con el fin de realizar transacciones. Sin embargo, en 2001 se multiplicaron los problemas monetarios de Argentina, ya que la caja de conversión se hundió, el peso cayó en relación con el dólar y la inflación volvió a aparecer. Por consiguiente, la demanda argentina de dólares aumentó durante los años siguientes.

Algunos países, entre los que se encuentran algunos que se formaron tras la ruptura de la Unión Soviética, han soportado no sólo una elevada inflación, sino también inestabilidad e incertidumbre política. En un clima de inestabilidad política, los ciudadanos corren el riesgo de que sus ahorros, incluidos sus depósitos bancarios, sean confiscados o sometidos a elevados impuestos por parte del gobierno. A menudo llegan a la conclusión de que un alijo de dólares americanos es la manera más segura de tener riqueza. De hecho, se estima que en una maleta puede almacenarse 1 millón de dólares en billetes de 100. La posibilidad de tener esa riqueza en una maleta relativamente pequeña es una de las razones por las que los delincuentes internacionales, principalmente los narcotraficantes, tienen supuestamente tantos billetes de 100 dólares. Ahora que la moneda europea, el euro, que vale más de 1$, puede tenerse en billetes de 500 euros, se ha sugerido que los narcotraficantes, y otras personas que acumulan efectivo, podrían optar por tener billetes de 500 euros en maletas aun más pequeñas. En ese caso, la demanda de dólares disminuiría.

RECAPITULACIÓN | LA DEMANDA DE DINERO

- En la economía en su conjunto, la *demanda de dinero* es la cantidad de riqueza en dinero que deciden tener los individuos, los hogares y las empresas. El coste de oportunidad de tener dinero se mide por medio del tipo de interés nominal i, que es el rendimiento que podría obtenerse con otros activos tales como los bonos. El beneficio de tener dinero es su utilidad para realizar transacciones.
- Los aumentos del PIB real (Y) o del nivel de precios (P) elevan el volumen nominal de transacciones y, por lo tanto, la demanda de dinero del conjunto de la economía. En la demanda de dinero también influyen las innovaciones tecnológicas y financieras, como la introducción de cajeros automáticos que afectan a los costes o a los beneficios de tener dinero.
- La *curva de demanda de dinero* relaciona la demanda de dinero del conjunto de la economía y el tipo de interés nominal. Como una subida del tipo de interés nominal eleva el coste de oportunidad de tener dinero, la curva de demanda de dinero tiene pendiente negativa.
- Los cambios de otros factores distintos del tipo de interés nominal que afectan a la demanda de dinero desplazan la curva de demanda de dinero. Por ejemplo, los aumentos del PIB real o del nivel de precios elevan la demanda de dinero, desplazando la curva hacia la derecha, mientras que las reducciones la desplazan hacia la izquierda.

LA OFERTA DE DINERO Y EL EQUILIBRIO DEL MERCADO DE DINERO

Donde hay demanda, ¿puede no haber una oferta que le siga de cerca? Como hemos visto, la *oferta* de dinero es controlada por el Banco Central. Su principal instrumento para controlar la oferta monetaria son las *operaciones de mercado abierto.* Por ejemplo, para aumentar la oferta monetaria, el Banco Central puede utilizar dinero recién creado para comprar bonos del Estado al público (compra de mercado abierto), y colocar el nuevo dinero en circulación.

La Figura 27.3 muestra la demanda y la oferta de dinero en un único gráfico. El tipo de interés nominal se encuentra en el eje de ordenadas y la cantidad nominal de dinero (en dólares) en el de abscisas. Como hemos visto, una subida del tipo de interés nominal aumenta el coste de oportunidad de tener dinero, por lo que la curva de demanda de dinero tiene pendiente negativa. Y como el Banco Central fija

FIGURA 27.3
El equilibrio en el mercado de dinero.
El equilibrio del mercado de dinero se encuentra en el punto *E*, en el que la demanda de dinero es igual a la cantidad de dinero ofrecida por el Banco Central. El tipo de interés nominal de equilibrio, que iguala la oferta y la demanda de dinero, es *i*.

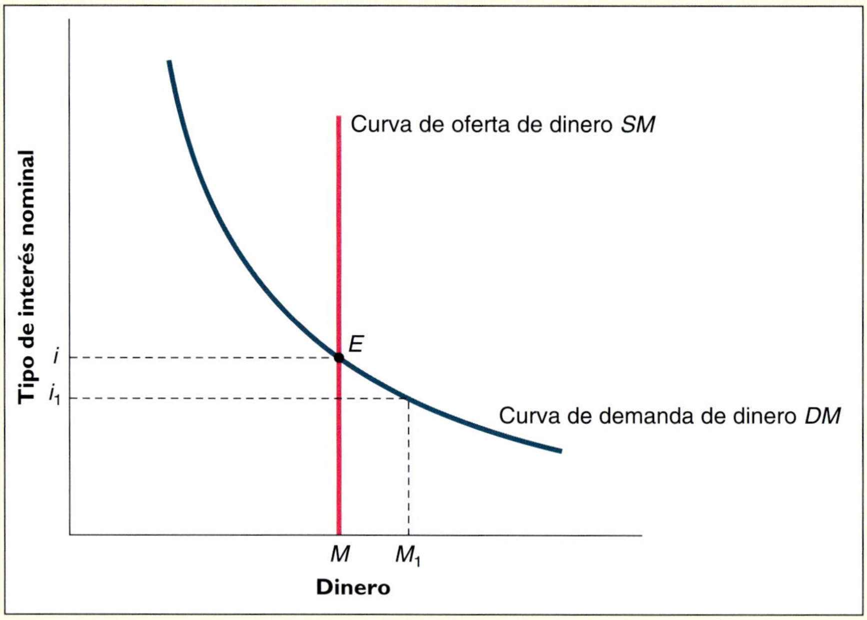

la oferta monetaria, hemos trazado la *curva de oferta monetaria* por medio de una línea recta vertical que corta al eje de abscisas en la cantidad de dinero elegida por el Banco Central, denominada *M*.

Al igual que ocurre en el análisis convencional de oferta y demanda, el mercado de dinero se encuentra en equilibrio en el punto de intersección de las curvas de oferta y de demanda, que es el punto *E* en la Figura 27.3. La cantidad de dinero de equilibrio en circulación, *M*, es simplemente la cantidad de dinero que decide ofrecer el Banco Central. El tipo de interés nominal de equilibrio, *i*, es el tipo de interés al que la cantidad de dinero demandada por el público, determinada por la curva de demanda de dinero, es igual a la oferta fija de dinero que ofrece el Banco Central.

Para comprender cómo alcanza el mercado de dinero el equilibrio tal vez sea útil recordar la relación básica entre los tipos de interés y el precio de mercado de los bonos que introdujimos en el Ejemplo 24.1. Como vimos en ese ejemplo, los precios de los bonos existentes están *relacionados inversamente* con el tipo de interés. Una subida de los tipos de interés implica una reducción de los precios de los bonos y una bajada de los tipos de interés implica una subida de los precios de los bonos. Teniendo presente esta relación entre los tipos de interés y los precios de los bonos, veamos qué ocurre, por ejemplo, si el tipo de interés nominal es inicialmente inferior al nivel de equilibrio en el mercado de dinero, por ejemplo, i_1 en la Figura 27.3. A ese tipo de interés, la demanda de dinero por parte del público es M1, que es mayor que la cantidad efectiva de dinero en circulación, que es igual a *M*. ¿Cómo reaccionará el público —los hogares y las empresas— si la cantidad de dinero que tienen es menor que la que le gustaría tener? Para aumentar sus tenencias de dinero, el público tratará de vender algunos de sus activos portadores de intereses, por ejemplo, bonos. Pero si todo el mundo trata de vender bonos y nadie quiere comprarlos, lo único que logrará la pretensión de reducir las tenencias de bonos será disminuir su precio, de la misma forma que una avalancha de manzanas reduce el precio de las manzanas.

Sin embargo, un descenso del precio de los bonos equivale a una subida de los tipos de interés, por lo que el intento colectivo del público de aumentar sus tenencias de dinero vendiendo bonos y otros activos portadores de intereses, que reduce los precios de los bonos, también implica una subida de los tipos de interés de mercado. Cuando suben los tipos de interés, la cantidad de dinero demandada por parte del público disminuye (lo cual se representa por medio de un movimiento a lo largo de la curva de demanda de dinero), al igual que el deseo de tener bonos. La gente sólo estará contenta teniendo las cantidades de dinero y de otros activos que hay realmente en la economía cuando el tipo de interés alcance su valor de equilibrio, que es *i* en la Figura 27.3.

EJERCICIO 27.2

Describa el proceso de ajuste que se produce en el mercado de dinero, si el tipo de interés nominal es inicialmente superior —no inferior— a su valor de equilibrio. ¿Qué ocurre con el precio de los bonos cuando el mercado de dinero se ajusta para alcanzar el equilibrio?

CÓMO CONTROLA EL BANCO CENTRAL EL TIPO DE INTERÉS NOMINAL

Hemos comenzado este apartado señalando que, cuando el público y la prensa hablan normalmente de la política del Banco Central se refieren a sus decisiones sobre el tipo de interés nominal y no sobre la oferta monetaria. De hecho, normalmente, cuando los propios responsables del Banco Central describen sus planes, suelen referirse al nivel del tipo de interés que quieren que exista. Tenemos ya las bases necesarias para comprender cómo traduce el Banco Central su capacidad para decidir la oferta monetaria de la economía en un control del tipo de interés nominal.

La Figura 27.3 mostraba que el tipo de interés nominal viene dado por el equilibrio en el mercado de dinero. Supongamos que, por alguna razón, el Banco Central decide bajar el tipo de interés. Como veremos, para bajarlo, debe aumentar la oferta monetaria, lo cual, como vimos en el Capítulo 23, normalmente se logra utilizando dinero recién creado para comprar bonos del Estado al público (compra de mercado abierto).

La Figura 27.4 muestra los efectos de ese aumento de la oferta monetaria por parte del Banco Central. Si la oferta monetaria inicial es *M*, el mercado de dinero se encuentra en equilibrio en el punto *E* de la figura y el tipo de interés nominal de equilibrio es *i*. Supongamos ahora que el Banco Central aumenta la oferta monetaria a *M'* por medio de compras de mercado abierto. Este aumento de la oferta monetaria desplaza la curva de oferta monetaria vertical hacia la derecha, y desplaza el equilibrio del mercado de dinero del punto *E* al *F* (véase la Figura 27.4). Obsérvese que en el punto *F* el tipo de interés nominal de equilibrio ha bajado de *i* a *i'*. El tipo

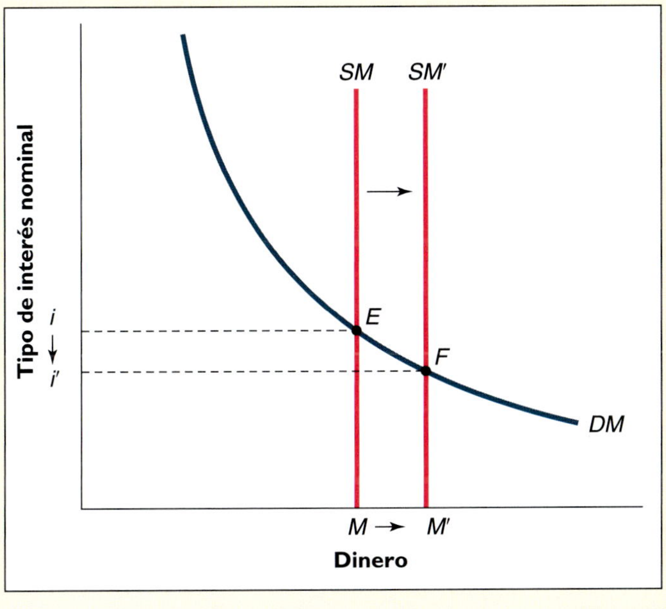

FIGURA 27.4
El Banco Central baja el tipo de interés nominal. El Banco Central puede bajar el tipo de interés nominal de equilibrio elevando la oferta monetaria. Dada la curva de demanda de dinero, un aumento de la oferta monetaria de *M* a *M'* desplaza el punto de equilibrio del mercado de dinero de *E* a *F*, reduciendo el tipo de interés nominal de equilibrio de *i* a *i'*.

de interés nominal debe bajar para convencer al público de que tenga el dinero adicional que se ha inyectado en la economía.

Para comprender lo que ocurre en los mercados financieros cuando el Banco Central aumenta la oferta monetaria, debe recordarse de nuevo la relación inversa existente entre los tipos de interés y el precio de los bonos. Para aumentar la oferta monetaria, el Banco Central debe comprar bonos del Estado al público. Sin embargo, si las familias y las empresas están satisfechas inicialmente con sus tenencias de activos, sólo estarán dispuestas a vender bonos a un precio superior al inicial. Es decir, las compras de bonos por parte del Banco Central presionarán al alza sobre el precio de los bonos en el mercado abierto. Y sabemos que una subida de los precios de los bonos implica una reducción de los tipos de interés, por lo tanto, las compras de bonos por parte del Banco Central reducen el tipo de interés nominal vigente.

Lo mismo ocurre si el Banco Central decide subir los tipos de interés. Para subirlos, debe *reducir* la oferta monetaria. Esta reducción se logra por medio de una venta de activos financieros en el mercado abierto; es decir, de la venta de bonos del Estado al público a cambio de dinero[3] (el Banco Central tiene una gran cantidad de bonos del Estado adquiridos con anterioridad en el mercado abierto). Pero en el intento de vender bonos en el mercado abierto el Banco Central presiona a la baja sobre su precio. Dada la relación inversa entre el precio de los bonos y el tipo de interés, el descenso de los precios de los bonos equivale a una subida del tipo de interés. Desde el punto de vista de la demanda y la oferta de dinero, la subida del tipo de interés es necesaria para convencer al público de que tenga menos dinero.

Como muestran las figuras 27.3 y 27.4, el control de los tipos de interés no es independiente del control de la oferta monetaria. Si los responsables del Banco Central deciden fijar el tipo de interés nominal en un determinado nivel, sólo pueden hacerlo fijando la oferta monetaria en un nivel coherente con ese tipo de interés. El Banco Central *no* puede fijar el tipo de interés y la oferta monetaria por separado, ya que dada cualquier curva de demanda de dinero, un determinado tipo de interés implica un determinado volumen de oferta monetaria y viceversa.

Dado que la política monetaria puede expresarse por medio del tipo de interés o de la oferta monetaria, ¿por qué deciden comunicar casi todos los bancos centrales al público la política monetaria por medio del tipo de interés nominal y no por medio de la oferta monetaria? Como veremos a continuación, una de las razones se halla en que la política monetaria se deja sentir principalmente, tanto en la economía como en los mercados financieros, a través de los tipos de interés, por lo que éste suele ser el mejor resumen del efecto global de las intervenciones del Banco Central. Otra razón para fijarse en los tipos de interés es que al público le resultan más familiares que la oferta monetaria. Por último, los tipos de interés pueden vigilarse constantemente en los mercados financieros, lo que hace que resulte fácil observar las consecuencias de la política del Banco Central sobre los tipos de interés; en cambio, la medición de la cantidad de dinero que hay en la economía requiere la recogida de datos sobre los depósitos bancarios, por lo que pueden pasar varias semanas hasta que las autoridades y el público sepan con exactitud cómo han afectado a la oferta monetaria las medidas del Banco Central.

EL OBSERVADOR ECONÓMICO 27.2

¿Por qué es tan importante el tipo de interés interbancario en Estados Unidos?

Aunque es fácil disponer de miles de tipos de interés y de otros datos financieros, en Estados Unidos el tipo de interés que más vigilan el público, los políticos, los medios de comunicación y los mercados financieros quizá es el *tipo de interés interbancario*. ¿Qué es el tipo de interés interbancario y por qué tiene tanta importancia?

[3] La venta de bonos del Estado por parte del Banco Central en una operación de mercado abierto no debe confundirse con la venta de bonos del Estado recién emitidos por parte del Tesoro cuando financia el déficit presupuestario público paga los intereses o devuelve el nominal vencido de la deuda viva. Mientras las primeras reducen la oferta monetaria, las segundas no le afectan. La diferencia se debe a que el Banco Central no pone en circulación el dinero que recibe en la venta de mercado abierto, por lo que queda menos dinero para el público. En cambio, el Tesoro pone el dinero que recibe por la venta de bonos recién emitidos en circulación cuando compra bienes y servicios.

El **tipo de interés interbancario** es el tipo de interés que se cobran mutuamente los bancos comerciales por los préstamos a muy corto plazo (normalmente a un día). Por ejemplo, un banco que tiene insuficientes reservas para hacer frente a las reservas obligatorias legales (véase el Capítulo 23) puede pedir reservas prestadas durante unos días a un banco que tenga de sobra. El tipo de interés interbancario no es, a pesar de su nombre, un tipo de interés oficial ni está relacionado con el gobierno federal de Estados Unidos.

tipo de interés interbancario tipo de interés que se cobran mutuamente los bancos comerciales por los préstamos a muy corto plazo (normalmente a un día); como el Banco Central suele establecer su política fijando un tipo de interés interbancario como objetivo, este tipo es también estrechamente vigilado por los mercados financieros

Como el mercado de préstamos entre los bancos comerciales es muy pequeño en comparación con algunos otros mercados financieros, como el de bonos del Estado, sería de esperar que el tipo interbancario sólo tuviera interés para los directivos de los bancos comerciales. Sin embargo, es objeto de enorme atención porque en los últimos 40 años, la Reserva Federal, o la mayoría de los bancos centrales, ha formulado su política por medio de este tipo. De hecho, al terminar cada reunión del Comité Federal de Mercado Abierto, la Reserva Federal anuncia si el tipo interbancario subirá, bajará o no se alterará. También indica el sentido probable de los futuros cambios del tipo interbancario. Los cambios del tipo interbancario indican, pues, más que cualquier otra variable financiera, los planes de la Reserva Federal para la política monetaria.

¿Por qué decide la Reserva Federal fijarse en este tipo de interés nominal frente a todos los demás? Como vimos en el Capítulo 23, en la práctica, la Reserva Federal influye en la oferta monetaria a través de su control de las reservas bancarias. Como las operaciones de mercado abierto afectan directamente a la oferta de reservas bancarias, la Reserva Federal controla estrechamente el tipo de interés interbancario. Por ejemplo, si la Reserva Federal quiere que el tipo interbancario baje, realiza operaciones de mercado abierto que aumentan las reservas, hasta que el tipo interbancario se sitúe al nuevo nivel deseado. Sin embargo, si los responsables de la Reserva Federal decidieran fijarse en otros tipos de interés a corto plazo, como puede ser el tipo de la deuda pública a corto plazo, probablemente anunciarían sus planes con la misma eficacia.

La Figura 27.5 muestra la conducta del tipo de interés interbancario desde enero de 1970 hasta agosto de 2005. Como verá el lector, la Reserva Federal ha permitido que este tipo de interés varíe considerablemente en respuesta a la situación económica. Más adelante, en este mismo capítulo veremos dos episodios concretos en los que la Reserva Federal modificó el tipo interbancario en respuesta a una contracción económica.

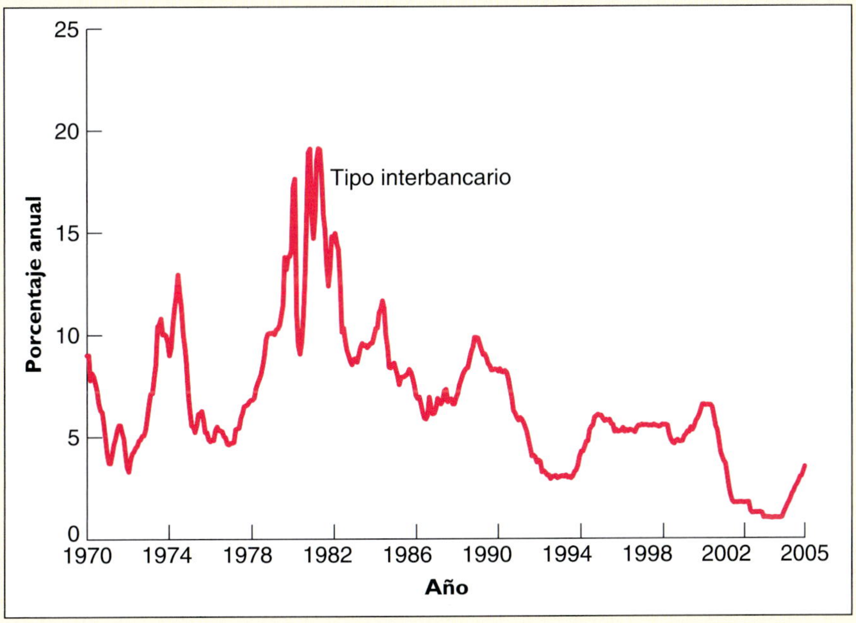

FUENTE: Banco de la Reserva Federal de San Luis (http://research.stlouisfed.org/fred2/).

FIGURA 27.5
El tipo de interés interbancario en Estados Unidos, 1970-2004.
El tipo de interés interbancario es el tipo de interés que se cobran mutuamente los bancos comerciales por los préstamos a corto plazo. Está estrechamente vigilado, ya que la Reserva Federal formula su política fijando el valor del tipo de interés interbancario. La Reserva Federal ha permitido que éste varíe considerablemente en respuesta a la situación económica cambiante.

La Figura 27.6 muestra el comportamiento de la tasa de fondeo bancario para el periodo que va del 3 de noviembre de 1998 al 31 de Enero de 2007. Esta es la tasa de las operaciones al mayoreo realizadas por la banca y las casas de bolsa en directo a plazo de un día hábil que se efectúan con pagarés bancarios, aceptaciones bancarias y certificados de depósito. Observamos como, para este periodo, iniciaron con niveles del orden de 35%, los cuales fueron diminuyendo con el paso del tiempo para terminar con tasas entre 5 y 10% para los dos últimos años.

FIGURA 27.6
Tasa de fondeo bancario en México, 1998-2007.

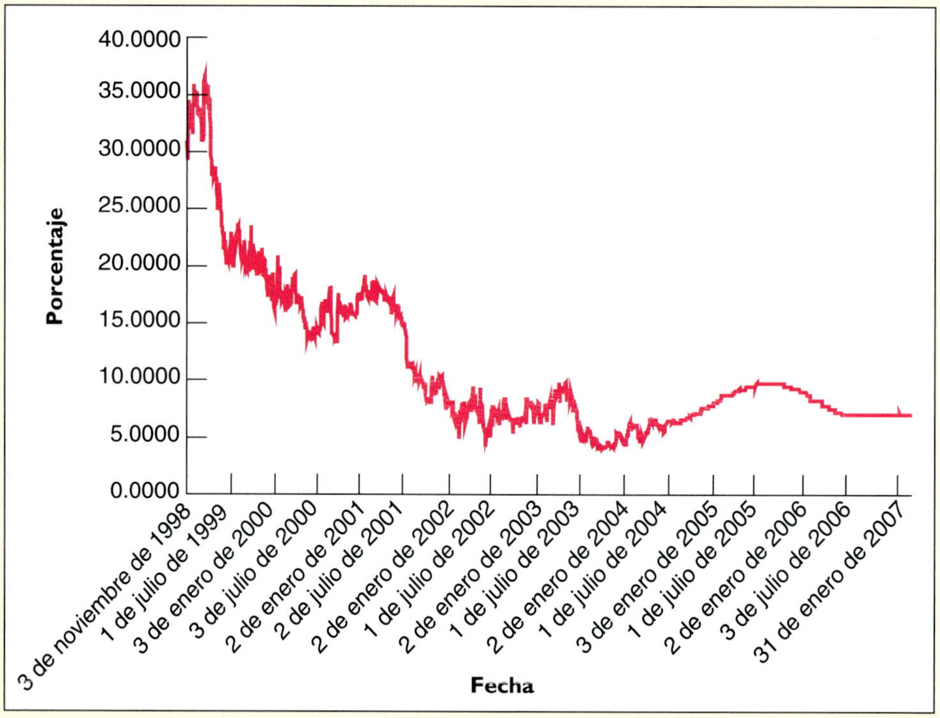

FUENTE: Banco de México.

EL BANCO CENTRAL PUEDE CONTROLAR LA OFERTA MONETARIA DE UNA SEGUNDA FORMA: PRESTANDO A TRAVÉS OPERACIONES DE DESCUENTO

Aunque el Banco Central controla la oferta monetaria y, por lo tanto, el tipo interbancario, principalmente por medio de operaciones de mercado abierto, puede modificar la oferta monetaria con otros dos instrumentos, si bien lo hace con mucha menos frecuencia. Uno de ellos se denomina *préstamos a través de operaciones de descuento.* Recuérdese que en el Capítulo 23 vimos que el efectivo o los activos que tiene un banco comercial para satisfacer las retiradas de los depositantes se denominan reservas. La cantidad que desea de reservas es igual a sus depósitos multiplicados por el Coeficiente de Reserva deseado, como se observó en la Ecuación 23.1. Cuando un banco comercial tiene insuficientes reservas, puede optar por pedir reservas prestadas al Banco Central. Por razones históricas, en Estados Unidos los préstamos de reservas de la Reserva Federal a los bancos comerciales se llaman **préstamos de operaciones de descuento.** El tipo de interés que cobra a los bancos comerciales que piden reservas prestadas se llama **tipo de descuento**. Los préstamos de reservas del Banco Central aumentan directamente la cantidad de reservas del sistema bancario, provocando, en última instancia, un aumento de los depósitos bancarios y de la oferta monetaria. No debe confundirse el tipo de descuento con el tipo interbancario. El tipo de descuento es el tipo que pagan los bancos comerciales

préstamos a través de operaciones de descuento préstamos del Banco Central a los bancos comerciales

tipo de descuento tipo de interés que cobra el Banco Central a los bancos comerciales por prestarles dinero al Banco Central; el tipo interbancario es el que se cobran mutuamente los bancos comerciales por los préstamos a corto plazo. El tipo de descuento, normalmente, es un punto porcentual más alto que el tipo interbancario.

TERCERA FORMA DE CONTROLAR LA OFERTA MONETARIA: LA MODIFICACIÓN DE LAS RESERVAS OBLIGATORIAS

Como mostraba la Ecuación 23.2, la oferta monetaria de la economía depende de tres factores: la cantidad de efectivo que decide tener el público, la oferta de reservas bancarias y el Coeficiente de Reserva que mantienen los bancos comerciales. El Coeficiente de Reserva es igual a las reservas bancarias totales divididas por los depósitos totales. Como vimos en el Capítulo 23, si los bancos mantuvieran todos sus depósitos como reservas, el Coeficiente de Reserva sería del 100% y, por lo tanto, los bancos no concederían ningún préstamo. Cuando los bancos prestan una parte mayor de sus depósitos, el Coeficiente de Reserva disminuye.

Los bancos comerciales tienen libertad para fijar dentro de un cierto margen el Coeficiente de Reserva que quieran. Sin embargo, en Estados Unidos el Congreso concedió a la Reserva Federal la potestad de fijar los valores mínimos del Coeficiente de Reserva de los bancos comerciales. Los valores del Coeficiente de Reserva exigidos legalmente y fijados por el Banco Central se llaman **reservas obligatorias.**

reservas obligatorias cantidad de dinero que como mínimo los bancos comerciales deben mantener en forma de reservas. Viene determinado por el Coeficiente de Reserva, fijado por el Banco Central

Las reservas obligatorias pueden modificarse para influir en la oferta monetaria, aunque el Banco Central normalmente no las utiliza de esta forma. Supongamos, por ejemplo, que los bancos comerciales mantienen un Coeficiente de Reserva mínimo y legalmente obligatorio de un 3%. Si el Banco Central quiere aumentar la oferta monetaria, puede reducir las reservas obligatorias, por ejemplo, a un 2% de los depósitos. Eso permitiría a los bancos prestar una proporción mayor de sus depósitos y mantener un porcentaje menor de depósitos como reservas obligatorias. Si los bancos quisieran hacer nuevos préstamos, estos generarían más depósitos, como vimos en el ya citado Capítulo 23. Una disminución del coeficiente de reservas obligatorias provocaría, pues, un aumento de la oferta monetaria.

Supongamos, por el contrario, que el Banco Central quiere contraer la oferta monetaria. Si aumentara las reservas obligatorias, por ejemplo, a un 5% de los depósitos, los bancos comerciales necesitarían elevar su Coeficiente de Reserva, al menos, a un 5%. Eso provocaría una contracción de los préstamos y los depósitos, lo que reduciría la oferta monetaria.

¿PUEDE CONTROLAR EL BANCO CENTRAL EL TIPO DE INTERÉS REAL?

El Banco Central puede controlar el tipo de interés *nominal* de la economía controlando la oferta monetaria, pero muchas decisiones económicas importantes, como las de ahorrar e invertir, dependen del tipo de interés *real*. Para influir en esas decisiones, el Banco Central debe controlar en alguna medida el tipo de interés real.

La mayoría de los economistas cree que el Banco Central puede controlar el tipo de interés real al menos durante un tiempo. Para ver por qué, recuérdese la definición del tipo de interés real del Capítulo 19:

$$r = i - \pi.$$

El tipo de interés real, r, es igual al tipo de interés nominal, i, menos la tasa de inflación, π. Como hemos visto, el Banco Central puede controlar el tipo de interés nominal con suficiente precisión gracias a su capacidad para determinar la oferta monetaria. Parece, además, que la inflación varía a un ritmo relativamente lento en respuesta a los cambios de la política económica o de la situación de la economía, por razones que analizamos en el capítulo siguiente. Como la inflación tiende a ajustarse lentamente, las medidas del Banco Central para alterar el tipo de interés nominal generalmente provocan una variación del tipo de interés real más o menos de la misma cuantía.

La idea de que el Banco Central puede fijar el tipo de interés real parece que está en contradicción con el análisis realizado en el Capítulo 22, que indicaba que el tipo de interés real viene determinado por la condición, según la cual, el ahorro nacional debe ser igual a la inversión en nuevos bienes de capital. *Esta aparente contradicción se debe a una diferencia entre los periodos de tiempo considerados.* Como la inflación no se ajusta rápidamente, el Banco Central puede controlar el tipo de interés real a corto plazo. Sin embargo, a largo plazo —es decir, en los periodos de varios años o más— la tasa de inflación y otras variables económicas se ajustan, y el equilibrio entre el ahorro y la inversión determinan el tipo de interés real. Por lo tanto, la capacidad del Banco Central para influir en el gasto de consumo y de inversión controlando el tipo de interés real, es mayor en el corto plazo.

Para analizar el control de los tipos de interés por parte del Banco Central, también debemos volver a mencionar una observación realizada antes en este capítulo: en realidad, en la economía existen muchos tipos de interés, no sólo uno. Como los tipos de interés tienden a variar al unísono (lo que nos permite hablar *del* tipo de interés), la intervención del Banco Central para modificar el tipo de interés que se considera de referencia generalmente hace que otros tipos de interés varíen en el mismo sentido. Sin embargo, la tendencia de otros tipos de interés, como el de los bonos del Estado a largo plazo o el de los bonos emitidos por las empresas, a variar en el mismo sentido que el tipo de referencia es sólo una tendencia, no una relación exacta. En la práctica el control de otros tipos de interés por parte del Banco Central puede ser algo menos preciso que su control del tipo de referencia, hecho que complica la elaboración de la política monetaria del Banco Central.

RECAPITULACIÓN — EL BANCO CENTRAL Y EL TIPO DE INTERÉS NOMINAL

- En el mercado de dinero, la curva de demanda de dinero tiene pendiente negativa, dado que cuando el tipo de interés nominal sube, el coste de oportunidad de tener dinero aumenta, por lo que la cantidad de dinero que quiere tener la gente disminuye. La curva de oferta monetaria es vertical en la cantidad de dinero que el Banco Central decide ofrecer. El tipo de interés nominal de equilibrio, i, es el tipo de interés al que la cantidad de dinero demandada por el público es igual a la oferta monetaria que fija el Banco Central.
- El Banco Central controla el tipo de interés nominal modificando la oferta monetaria. Una compra de bonos del Estado en el mercado abierto aumenta la oferta monetaria y reduce el tipo de interés nominal de equilibrio. Un aumento de los préstamos a través de las operaciones de descuento o una reducción de las reservas obligatorias produce el mismo efecto. Y a la inversa, una venta de bonos en el mercado abierto reduce la oferta monetaria y eleva el tipo de interés nominal, al igual que una disminución de los préstamos a través de las operaciones de descuento o un aumento de las reservas obligatorias. El Banco Central puede impedir que las variaciones de la demanda de dinero afecten al tipo de interés nominal ajustando la cantidad ofrecida de dinero. El Banco Central normalmente expresa sus intenciones por medio de un tipo de interés nominal concreto de referencia, que es el tipo interbancario.
- Como la inflación se ajusta lentamente, a corto plazo el Banco Central puede controlar el tipo de interés real (que es igual al tipo de interés nominal menos la tasa de inflación), así como el tipo de interés nominal. Sin embargo, a largo plazo, el tipo de interés real viene determinado por el equilibrio entre el ahorro y la inversión.

EFECTOS DE LAS INTERVENCIONES DEL BANCO CENTRAL EN LA ECONOMÍA

Una vez que hemos visto que el Banco Central puede influir en los tipos de interés (tanto nominales como reales), podemos pasar a ver cómo puede utilizarse la política monetaria para eliminar las brechas de producción y estabilizar la economía. La idea básica es relativamente sencilla. Como veremos, el gasto agregado planeado depende del tipo de interés real vigente en la economía. Concretamente, una reducción del tipo de interés real eleva el gasto planeado de los hogares y de las empresas, mientras que una subida del tipo de interés real lo reduce. Ajustando el tipo de interés real, el Banco Central puede alterar el gasto planeado en el sentido deseado. Partiendo del supuesto del modelo keynesiano básico de que las empresas producen justo la cantidad suficiente de bienes y servicios para satisfacer la demanda, la estabilización del gasto planeado por parte del Banco Central lleva a la estabilización de la producción agregada y del empleo. En este apartado explicaremos la relación entre el gasto agregado planeado y el tipo de interés real para pasar posteriormente a mostrar cómo puede utilizar el Banco Central las modificaciones del tipo de interés real para luchar contra una contracción o contra una inflación.

EL GASTO AGREGADO PLANEADO Y EL TIPO DE INTERÉS REAL

En el capítulo anterior vimos que las variaciones de la producción real, Y, afectan al gasto planeado. Las variaciones de la producción afectan a la renta disponible del sector privado ($Y - T$), que influye, a su vez, en el gasto en consumo, relación que se recoge a través de la función de consumo.

La segunda variable que puede producir importantes efectos en el gasto agregado es el tipo de interés real r. En nuestro análisis del ahorro y la inversión del Capítulo 24 vimos que el tipo de interés real influye en la conducta tanto de los hogares como de las empresas.

En el caso de los hogares, una subida del tipo de interés real aumenta el rendimiento del ahorro, animando a los hogares a ahorrar más[4]. Pero para un nivel dado de renta, los hogares sólo pueden ahorrar más si consumen menos, por lo tanto, afirmar que una subida del tipo de interés real *eleva* el ahorro es lo mismo que decir que una subida del tipo de interés real *reduce* el gasto en consumo para cada nivel de renta. La idea de que una subida de los tipos de interés reales reduce el gasto de los hogares tiene sentido intuitivo. Pensemos, por ejemplo, en la disposición de la gente a comprar bienes de consumo duradero, como automóviles o muebles. Las compras de estos bienes, que forman parte del gasto de consumo, suelen financiarse mediante créditos solicitados a un banco, a una caja de ahorros o a una sociedad financiera. Cuando el tipo de interés real sube, los gastos financieros mensuales relacionados con la compra de un automóvil o de un piano son mayores, por lo que la gente no va a poder o no va a querer realizar la compra. Por lo tanto, una subida del tipo de interés real reduce la disposición de la gente a gastar en bienes de consumo, suponiendo constantes la renta disponible y otros factores que afectan al consumo.

Cuando el tipo de interés real sube, la financiación de un automóvil nuevo es más cara y se compran menos automóviles.

Por otro lado, la subida del tipo de interés, además de reducir el gasto de consumo, disuade a las empresas de realizar inversiones de capital. Al igual que ocurre en el caso del consumidor que está considerando la posibilidad de comprar un automóvil o un piano, cuando se produce una subida del tipo de interés real, los costes financieros de la inversión aumentan y las empresas pueden revisar sus planes de inversión. Por ejemplo, mejorar el sistema informático puede ser rentable para una empresa manufacturera si el coste del sistema puede financiarse pidiendo un préstamo a un tipo de interés real del 3%. Sin embargo, si el tipo de interés real

[4]Una subida del tipo de interés real reduce la cantidad de dinero que los hogares deben dedicar al ahorro para alcanzar el nivel de ahorro que desean tener, ahora bien, teóricamente podría aumentar o reducir el ahorro. Sin embargo, los datos empíricos sugieren que una subida de los tipos de interés reales produce un efecto positivo modesto en el ahorro.

sube a un 6% se duplica el coste de los fondos que debe pedir la empresa, por lo que esa misma mejora puede no ser rentable y la empresa puede decidir no invertir. También debemos recordar que la inversión en vivienda —la construcción de casas o edificios de apartamentos— también forma parte del gasto de inversión. Una subida de los tipos de interés, en forma de un aumento de los tipos hipotecarios, también desincentiva, este tipo de gasto de inversión.

En suma, para cualquier nivel de producción dado, *tanto el gasto en consumo como el gasto en inversión planeado, disminuyen cuando sube el tipo de interés real.* En cambio, una disminución del tipo de interés real tiende a estimular el gasto en consumo y en inversión al reducir los costes de financiación. El Ejemplo 27.3 es un ejemplo numérico de cómo puede existir una relación entre el gasto agregado planeado, el tipo de interés real y la producción.

EJEMPLO 27.3

El gasto agregado planeado y el tipo de interés real

Los componentes del gasto agregado planeado de una economía vienen dados por:

$$\begin{aligned} C &= 640 + 0{,}8(Y - T) - 400r, \\ I^p &= 250 - 600r, \\ G &= 300, \\ NX &= 20, \\ T &= 250. \end{aligned}$$

Hallemos la relación del gasto agregado planeado con el tipo de interés real, r, y con la producción, Y, en esta economía. Calculemos el gasto autónomo y el gasto inducido.

Este ejemplo es similar al 26.2, con la salvedad de que ahora se permite que el tipo de interés real, r, influya tanto en el consumo como en la inversión planeada. Por ejemplo, el último término de la ecuación que describe el consumo, $-400r$, implica que una subida del tipo de interés real de un 1% (0,01), de 4 a 5% —es decir, de 0,04 a 0,05— reduce el gasto en consumo en 400(0,01) = 4 unidades. Asimismo, el último término de la ecuación de la inversión planeada nos dice que en este ejemplo una subida del tipo de interés real de un punto porcentual reduce la inversión planeada en 600(0,01) = 6 unidades. Por lo tanto, el efecto total de una subida del tipo de interés real de un punto porcentual es una reducción del gasto agregado planeado de 10 unidades, la suma de los efectos producidos en el consumo y en la inversión. Al igual que en los ejemplos anteriores, se supone que la renta disponible $(Y - T)$ afecta al gasto en consumo a través de una propensión marginal a consumir de 0,8 (véase la primera ecuación) y se supone que las compras del Estado G, las exportaciones netas NX, y los impuestos T, tienen un valor numérico fijo.

Para formular una ecuación numérica que describa la relación entre el gasto agregado planeado (GAP) y la producción, podemos comenzar, como en el capítulo anterior, con la definición general del gasto agregado planeado:

$$GAP = C + I^p + G + NX.$$

Sustituyendo los cuatro componentes del gasto por los valores numéricos, y utilizando las ecuaciones que describen cada tipo de gasto, tenemos que:

$$GAP = [640 + 0{,}8(Y - 250) - 400r] + [250 - 600r] + 300 + 20.$$

El primer término entre corchetes del segundo miembro de esta ecuación es la expresión del consumo, teniendo en cuenta que los impuestos T ascienden a 250; el segundo miembro es la inversión planeada; y los dos últimos términos corresponden a las compras del Estado y las exportaciones netas respectivamente. Si simplificamos esta ecuación y agrupamos los términos que dependen y no dependen de la producción (Y), obtenemos:

$$GAP = [640 - 0{,}8 \times 250 - 400r) + (250 - 600r) + 300 + 20] + 0{,}8Y,$$

y simplificando aún más,

$$GAP = [1.010 - 1.000r] + 0{,}8Y. \qquad (27.1)$$

En la Ecuación 27.1, el término entre corchetes es el *gasto autónomo*, es decir, la parte del gasto agregado planeado que no depende de la producción. *Obsérvese que en este ejemplo el gasto autónomo depende del tipo de interés real r.* Y, por su parte, el gasto inducido, que es la parte del gasto agregado planeado que depende de la producción, es igual a $0{,}8Y$.

EJEMPLO 27.4

El tipo de interés real y la producción de equilibrio a corto plazo

En la economía descrita en el Ejemplo 27.3, el tipo de interés real, r, es fijado por el Banco Central en 0,05 (5%). Hallemos la producción de equilibrio a corto plazo.

En el Ejemplo 27.3 hemos visto que en esta economía el gasto agregado planeado viene dado por la Ecuación 27.1. El Banco Central fija el tipo de interés real en un 5%. Así, fijando r en 0,05 en la Ecuación 27.1, tenemos que:

$$GAP = [1.010 - 1.000 \times (0{,}05)] + 0{,}8Y.$$

Simplificando, tenemos que:

$$GAP = 960 + 0{,}8Y.$$

Por lo tanto, cuando el tipo de interés real es del 5%, el gasto autónomo es de 960 y el gasto inducido es igual a $0{,}8Y$. La producción de equilibrio de corto plazo es el nivel de producción, que es precisamente igual al gasto agregado planeado. Para hallar la producción de equilibrio a corto plazo podríamos comparar distintos valores de la producción con el gasto agregado planeado correspondiente. La producción de equilibrio a corto plazo sería el valor de la producción con el que ésta iguala el gasto, es decir,

$$Y = GAP.$$

Sin embargo, resulta interesante comparar este ejemplo con el 26.2 del capítulo anterior y ver que la ecuación del gasto agregado planeado, $GAP = 960 + 0{,}8Y$, es idéntica a la que obtuvimos entonces. Por lo tanto, la Tabla 26.1, que utilizamos para resolver el Ejemplo 26.2, la aplicamos a este ejemplo y obtenemos la misma respuesta para la producción de equilibrio a corto plazo, concretamente $Y = 4.800$.

La producción de equilibrio a corto plazo también puede obtenerse gráficamente utilizando el aspa keynesiana del capítulo anterior. Una vez más, dado que la ecuación del gasto agregado planeado es igual que la del Ejemplo 26.2, la Figura 26.3 también es válida en este caso.

EJERCICIO 27.3

Suponga que en la economía descrita en el Ejemplo 27.4 el Banco Central fija el tipo de interés real en un 3% en lugar de un 5%. Halle la producción de equilibrio a corto plazo. *Pista*: considere los valores comprendidos entre 4.500 y 5.500.

LA LUCHA DEL BANCO CENTRAL CONTRA LA CONTRACCIÓN

Hemos visto que el Banco Central puede controlar el tipo de interés real y que el tipo de interés real afecta, a su vez, al gasto planeado y a la producción de equilibrio a corto plazo. Combinando estas dos conclusiones, podemos observar como el Banco Central ayuda a estabilizar la economía.

Supongamos que la economía se enfrenta a una brecha contractiva, es decir, a una situación en la que la producción real es inferior a la potencial y el gasto planeado es "demasiado bajo". Para luchar contra una brecha contractiva, el Banco Central debe reducir el tipo de interés real estimulando el gasto en consumo y en inversión. Según la teoría que hemos expuesto, este aumento del gasto planeado elevará la producción, restableciendo el pleno empleo en la economía. El Ejemplo 27.5 ilustra este punto a partir de la ampliación del 27.4.

EJEMPLO 27.5

El Banco Central lucha contra una contracción

Supongamos que en la economía descrita en el Ejemplo 27.4 la producción potencial, Y^*, es igual a 5.000. El Banco Central ha fijado el tipo de interés real, al igual que antes, en un 5%. A ese tipo de interés real, ¿cuál es la brecha de producción? ¿Qué debe hacer el Banco Central para eliminarla y restablecer el pleno empleo? Se nos dice que el multiplicador de esta economía es 5.

En el Ejemplo 27.4 hemos mostrado que con un tipo de interés real del 5%, la producción de equilibrio a corto plazo de esta economía es de 4.800. La producción potencial es de 5.000, por lo que la brecha de producción ($Y^* - Y$) es igual a 5.000 – 4.800 = 200. Como la producción efectiva es inferior a la potencial, esta economía se enfrenta a una brecha contractiva.

Para luchar contra la contracción, el Banco Central debe bajar el tipo de interés real, elevando el gasto agregado hasta que la producción sea de 5.000, que es precisamente el nivel de pleno empleo. Es decir, el objetivo del Banco Central es aumentar la producción en 200. Como el multiplicador es igual a 5, para aumentar la producción en 200, el Banco Central debe incrementar el gasto autónomo en 200/5 = 40 unidades. ¿Cuánto debe bajar el Banco Central el tipo de interés real para aumentar el gasto autónomo en 40 unidades? En esta economía, el gasto autónomo es $[1.010 - 1.000r]$, como puede observarse en la Ecuación 27.1, por lo que cada reducción de r en un punto porcentual aumenta el gasto autónomo en $1.000 \times (0{,}01) = 10$ unidades. Para aumentar el gasto autónomo en 40 unidades, el Banco Central debería bajar el tipo de interés real en 4 puntos porcentuales, desde el 5% hasta el 1%. Obsérvese que una reducción del tipo de interés real por parte del Banco Central eleva la producción de equilibrio a corto plazo.

La Figura 27.7 muestra gráficamente la política del Banco Central en relación a salir de una contracción. La reducción del tipo de interés real eleva el gasto planeado en cada nivel de producción desplazando la recta de gasto en sentido ascendente. Cuando el tipo de interés real es igual a un 1%, la recta de gasto corta a la recta $Y = GAP$ en $Y = 5.000$, por lo que la producción y la producción potencial son iguales.

EJERCICIO 27.4

Continuando con el Ejemplo 27.5, suponga que la producción potencial es igual a 4.850 en lugar de 5.000. ¿Cuánto debe bajar el Banco Central el tipo de interés real para restablecer el pleno empleo? Se supone que el multiplicador es 5.

FIGURA 27.7
El Banco Central lucha contra una contracción. Cuando el tipo de interés real es del 5%, la recta de gasto corta a la recta *Y* = *GAP* en el punto *E*. En ese punto, la producción es igual a 4.800, inferior a la producción potencial de la economía de 5.000 (hay una brecha contractiva de 200). Si el Banco Central baja el tipo de interés real un 1%, estimulando el gasto de consumo y de inversión, la recta de gasto se desplaza en sentido ascendente. En el nuevo punto de intersección *F*, la producción es igual a la producción potencial de 5.000.

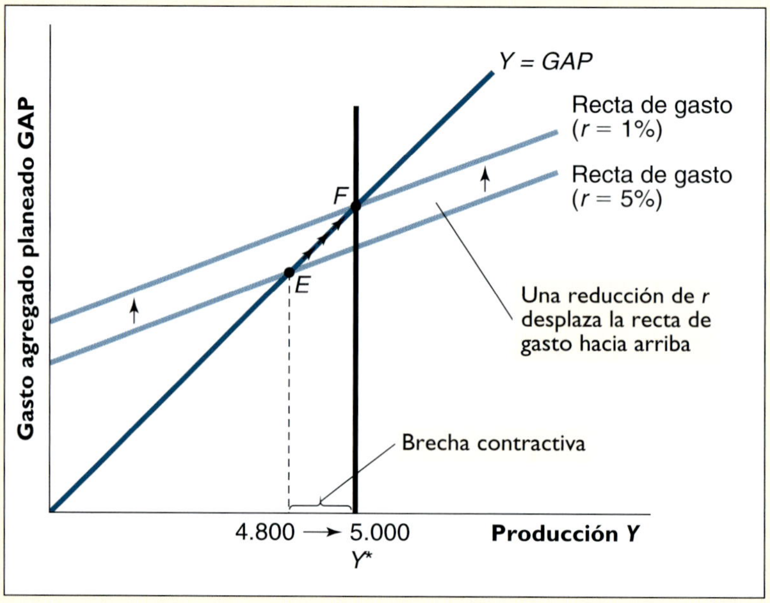

EL OBSERVADOR ECONÓMICO 27.3

¿Cómo respondió la Reserva Federal a la contracción y a los ataques terroristas de 2001?

La economía de Estados Unidos comenzó a desacelerarse en el otoño de 2000 y la inversión en equipo de alta tecnología disminuyó a un ritmo especialmente vertiginoso (véase El observador económico 26.4). Según el *National Bureau of Economic Research*, en marzo de 2001 comenzó una contracción. Para empeorar las cosas, el 11 de septiembre de 2001 los ataques terroristas contra las ciudades de Nueva York y Washington conmocionaron al país y crearon graves problemas en el sector financiero y en la rama del transporte aéreo entre otros. ¿Cómo reaccionó la Reserva Federal a estos acontecimientos?

Ya a finales del 2000 la Reserva Federal había comenzado a responder a las crecientes pruebas de que la economía estaba desacelerándose. En aquel momento, el tipo interbancario era del 6,5% aproximadamente (véase la Figura 27.5). La medida más espectacular de la Reserva Federal fue una reducción por sorpresa del tipo interbancario de 0,5 puntos porcentuales en enero de 2001, llevándolo a cabo entre las reuniones periódicas programadas del Comité Federal de Mercado Abierto. A esta bajada siguieron otras, y en julio el tipo era ya inferior al 4%. Sin embargo, al final del verano seguía existiendo una considerable incertidumbre sobre la probable gravedad de la desaceleración económica.

La situación cambió de repente el 11 de septiembre de 2001, cuando los ataques terroristas contra el *World Trade Center* y el Pentágono mataron a casi 3.000 personas. Los ataques terroristas tuvieron enormes costes económicos y humanos. Los daños físicos causados en el Bajo Manhattan ascendieron al billón de dólares y algunas oficinas y negocios de la zona tuvieron que cerrar. La Reserva Federal, en su papel de supervisor del sistema financiero, trabajó arduamente para que el distrito financiero de la ciudad de Nueva York volviera a la normalidad (el Banco de la Reserva Federal de Nueva York, que es el que realiza en realidad las operaciones de mercado abierto, no estaba más que a una manzana del *World Trade Center*). La Reserva Federal también trató de suavizar las condiciones financieras bajando temporalmente el tipo de interés interbancario nada menos que a un 1,25% justo la semana posterior al ataque.

En las semanas y meses que siguieron al 11 de septiembre, la Reserva Federal, que había centrado la atención en los efectos inmediatos del ataque terrorista, pasó a ocuparse de las repercusiones indirectas que podía tener sobre la economía de los Estados Unidos. Temía que los consumidores, preocupados por el futuro, recortaran su nivel de gasto, lo que unido a la debilidad de la inversión, podría agravar aún más la contracción ya existente. Para estimular el gasto, la Reserva Federal continuó bajando el tipo de interés interbancario.

En noviembre de 2001, cuando concluyó oficialmente la contracción, el tipo de interés de los fondos prestables (tipo de interés real) era de un 2,0%, es decir, 4,5 puntos porcentuales más bajo que doce meses antes. Fueron varios los factores que contribuyeron a que la contracción de 2001 fuera relativamente corta y suave, entre ellos cabe destacar, las reducciones de impuestos que en esta ocasión llevó a cabo el presidente Bush (véase El observador económico 26.7) y un incremento del gasto público en seguridad nacional y defensa. No obstante, la mayoría de los economistas coincide en que las rápidas medidas de la Reserva Federal contribuyeron a moderar los efectos de la contracción y las consecuencias económicas de los ataques del 11 de septiembre.

LA LUCHA DEL BANCO CENTRAL CONTRA LA INFLACIÓN

Hasta ahora hemos centrado la atención en el problema de la estabilización de la producción sin tener en cuenta la inflación. En el siguiente capítulo veremos cómo puede incorporarse la inflación a nuestro análisis. De momento señalaremos simplemente que una importante causa de inflación es la aparición de una brecha de producción expansiva, situación en la que el gasto agregado planeado y, por lo tanto, la producción efectiva es superior a la producción potencial. Cuando existe una brecha expansiva, las empresas observan que la demanda de su producto es superior a su nivel normal de producción, por eso, y aunque se conformen satisfaciendo durante un tiempo el exceso de demanda a los precios determinados previamente, si persiste la demanda elevada, acabarán subiéndolos y aumentará de este modo la inflación.

Como una brecha expansiva tiende a provocar presiones inflacionistas, el Banco Central interviene para eliminar las brechas expansivas, tal como lo hace en sentido contrario con las contractivas. En definitiva, el procedimiento para librarse de una brecha expansiva —situación en la que la producción es "demasiado alta" en relación a la producción potencial—, es inverso al que se utiliza para luchar contra una brecha contractiva, situación en la que la producción es "demasiado baja". Como hemos visto, el remedio para resolver una brecha contractiva es reducir el tipo de interés real, medida que estimula el gasto planeado y eleva la producción, y, por contra, la solución para resolver una brecha expansiva es *subir* el tipo de interés real, lo que reduce el consumo y la inversión planeada aumentando el coste de los créditos, de tal manera que la disminución resultante del gasto planeado provoca, a su vez, una reducción de la producción y de las presiones inflacionistas.

EJEMPLO 27.6

El Banco Central lucha contra la inflación

Supongamos que en la economía estudiada en los ejemplos 27.4 y 27.5 la producción potencial es de 4.600, en lugar de 5.000. Al tipo de interés real inicial del 5%, la producción de equilibrio a corto plazo es de 4.800, por lo que esta economía tiene una brecha expansiva de 200. ¿Cómo debe modificar el Banco Central el tipo de interés real para eliminar esta brecha?

En el Ejemplo 27.5 se nos decía que el multiplicador de esta economía era 5. Por lo tanto, para reducir la producción total en 200, el Banco Central necesita reducir el gasto autónomo en 200/5 = 40 unidades. Sabemos, por la Ecuación 27.1, que en esta economía el gasto autónomo es $[1.010 - 1.000r]$, por lo que cada subida del tipo de interés real de un punto porcentual (0,01) reduce el gasto autónomo en 10 unidades $(1.000 \times 0{,}01)$. Llegamos a la conclusión de que, para eliminar la brecha inflacionista, el Banco Central debe subir el tipo de interés real 4 puntos porcentuales (0,04), es decir, de 5 a 9%. La subida del tipo de interés real reduce el gasto agregado planeado y la producción al nivel de producción potencial, 4.600, eliminando de esta forma las presiones inflacionistas.

La Figura 27.8 muestra los efectos de la política del Banco Central para luchar contra la inflación. Si el tipo de interés real es del 5%, la recta de gasto corta a la

FIGURA 27.8
El Banco Central lucha contra la inflación. Cuando el tipo de interés real es del 5%, la recta de gasto corta a la recta *Y* = *GAP*, o recta de 45°, en el punto *E*, en el que la producción de equilibrio a corto plazo es igual a 4.800. Si la producción potencial es de 4.600, existe una brecha de producción expansiva de 200. Si el Banco Central sube el tipo de interés real al 9%, reduciendo el gasto agregado planeado, la recta de gasto se desplaza en sentido descendente. En el nuevo punto de intersección *G*, la producción efectiva es igual a la potencial de 4.600 y la brecha expansiva desaparece.

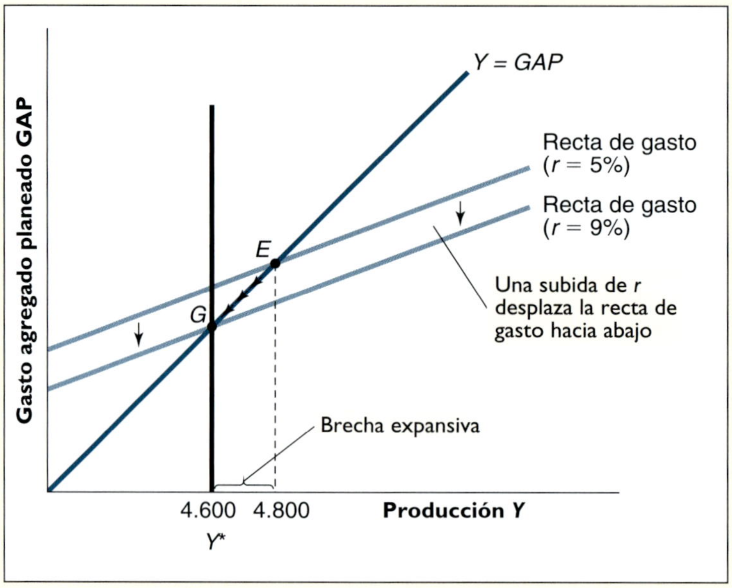

recta $Y = GAP$ en el punto E de la figura, punto en el que la producción es igual a 4.800. Para reducir el gasto planeado y la producción, el Banco Central sube el tipo de interés real a un 9%. La subida del tipo de interés real frena el gasto de consumo y de inversión, desplazando la recta de gasto hacia abajo. En el nuevo punto de equilibrio G, la producción efectiva es igual a la potencial en 4.600. La subida del tipo de interés real por parte del Banco Central —una medida contractiva— ha eliminado, pues, la brecha de producción expansiva y, con ella, la amenaza de inflación.

"Personalmente, esta montaña rusa me gustaba más antes de que la Junta de la Reserva Federal la controlara."

EL OBSERVADOR ECONÓMICO 27.4

¿Por qué subió la Reserva Federal los tipos de interés en 2004 y 2005?

La Reserva Federal comenzó a endurecer la política monetaria en 2004 cuando subió el tipo de interés interbancario de 1,0 a 1,25%. Continuó endureciéndola subiendo el tipo interbancario un cuarto de punto en cada una de las sucesivas reuniones del Comité Federal de Mercado Abierto. En agosto de 2005, tras más de un año de endurecimiento de la política monetaria, el tipo interbancario era ya de un 3,50%. ¿Por qué la Reserva Federal comenzó a subir el tipo de interés de los fondos prestables (tipo de interés real) en 2004?

Como la recuperación, que comenzó en noviembre de 2001, fue más lenta de lo normal y se caracterizó por un débil crecimiento del empleo, la Reserva Federal continuó bajando el tipo de interés interbancario hasta que llegó a ser del 1% en junio de 2003. Sin embargo, una vez que la recuperación se afianzó, ya no era necesario este bajísimo tipo. Aunque el empleo no había aumentado durante la recuperación tanto como en otras ocasiones anteriores, el PIB real creció a una tasa de casi un 6% durante el segundo semestre de 2003 y un 4,4% en 2004. Además, en junio de 2004 la tasa de desempleo había descendido a un 5,6%, cifra no muy superior a la mayoría de las estimaciones de la tasa natural de desempleo. Aunque la inflación comenzó a aumentar en 2004, la mayor parte del aumento se debió a una brusca subida de los precios del petróleo, por lo que la tasa de inflación excluida la energía, continuó siendo baja. No obstante, la Reserva Federal comenzó a subir el tipo de interés interbancario con el fin de impedir la aparición de una brecha expansiva que pudiera provocar un aumento de la inflación. Así pues, podría considerarse que las subidas del tipo de interés que la Reserva Federal llevó a cabo fueron una medida preventiva contra una futura inflación. Si la Reserva Federal hubiera esperado a que apareciera una brecha expansiva, podría haber surgido un problema de inflación y la propia Reserva Federal tendría que haber tenido que subir el tipo de interés interbancario más de lo que ya lo había hecho.

La política de tipos de interés del Banco Central afecta a la economía en su conjunto, pero produce un efecto especialmente importante en los mercados financieros. En la introducción a este capítulo señalamos los enormes esfuerzos que realizan los agentes que participan en los mercados financieros para intentar prever los cambios de política económica de los bancos centrales. En El observador económico 27.5 mostramos el tipo de información que buscan los inversores financieros y por qué es tan importante para ellos.

EL OBSERVADOR ECONÓMICO 27.5

¿Por qué perjudican las noticias de inflación al mercado de valores?

Los agentes que participan en los mercados financieros vigilan de cerca los datos sobre la inflación. El anuncio de que la inflación está aumentando o es más alta de lo previsto suele provocar una caída en los precios de las acciones. ¿Por qué perjudican al mercado de valores las malas noticias sobre la inflación?

A los inversores de los mercados financieros les preocupa la inflación debido a que puede influir en la política del Banco Central. Los inversores financieros comprenden que el Banco Central, ante los indicios de una brecha expansiva, es probable que suba los tipos de interés en un intento de reducir el gasto planeado y de "enfriar" por lo tanto la economía. Este tipo de política monetaria restrictiva perjudica a los precios de las acciones de dos formas: en primer lugar, frena la actividad económica, reduciendo las ventas y los beneficios esperados de las empresas cuyas acciones cotizan en bolsa; la disminución de los beneficios reduce, a su vez, los dividendos que han de repartir las empresas entre sus accionistas. En segundo lugar, una subida de los tipos de interés reales reduce el valor de las acciones al elevar el rendimiento exigido para el mantenimiento de acciones en cartera. En el Capítulo 24 vimos que un aumento del rendimiento que exigen los inversores financieros para tener acciones reduce los precios actuales de las acciones. Intuitivamente, si suben los tipos de interés, las alternativas a las acciones, como los bonos del Estado recién emitidos, resultarán más atractivas para los inversores al ser su rentabilidad mayor, lo que reduce en parte la demanda de acciones y, por lo tanto, su precio.

"Los tipos de interés han experimentado hoy grandes fluctuaciones debido a los rumores de que la Junta de la Reserva Federal iba a ser sustituida por el equipo del programa Saturday Night Live."

EL OBSERVADOR ECONÓMICO 27.6

¿Debe responder la Reserva Federal a las variaciones en los precios de las acciones?

Muchos atribuyen a la Reserva Federal y a su entonces presidente, Alan Greenspan, la eficaz política monetaria que sentó las bases para un continuo crecimiento económico y una subida de los precios de las acciones durante toda la década de 1990, especialmente en su segunda mitad. Entre enero de 1995 y marzo de 2000, el índice bursátil S&P 500 subió de 459 a 1.527, lo que representa nada má, y nada menos que una subida del 233% en tan sólo 5 años, periodo en el que además la economía de Estados Unidos disfrutó de una expansión cíclica sin precedentes. De hecho, la fuerte y continua subida de la bolsa contribuyó a avivar el gasto en consumo, lo que fomentó a su vez la expansión.

Sin embargo, cuando los precios de las acciones cayeron durante dos años tras el máximo alcanzado en marzo de 2000, algunos se preguntaron si la Reserva Federal no debería haber subido preventivamente los tipos de interés para frenar la "euforia irracional" de los inversores[5]. En su opinión, el excesivo optimismo de los inversores provocó una subida especulativa de los precios de las acciones que acabó deshaciéndose en el año 2000, cuando los inversores comenzaron a darse cuenta de que los beneficios de las empresas no podían mantener los precios que estaban pagándose por ellas. Según los críticos, una pronta intervención de la Reserva Federal habría frenado la espectacular subida de los precios de las acciones y podría haber impedido así la "crisis" bursátil resultante y la consiguiente pérdida de riqueza de los consumidores. Como pone de manifiesto este capítulo, el objetivo principal de la Reserva Federal es reducir las brechas de producción y mantener baja la inflación pero, ¿debe responder también a las variaciones de los precios de las acciones cuando toma decisiones sobre política monetaria?

En un simposio celebrado en agosto de 2002, Alan Greenspan defendió la política monetaria que había seguido la Reserva Federal a finales de los años 90, señalando que sólo es posible identificar las burbujas de los activos —las subidas de los precios de los activos hasta niveles insostenibles— *a posteriori;* es decir, cuando su estallido confirma su existencia"[6]. Señaló que, aunque se hubiera podido identificar esa burbuja especulativa, la Reserva Federal no podría haber hecho mucho —salvo "provocar una considerable contracción de la actividad económica"— para impedir que las especulaciones de los inversores elevaran los precios de las acciones. De hecho, en opinión de Greenspan, "la idea de que podría haberse considerado la posibilidad de llevar a cabo un endurecimiento a tiempo de la política monetaria para impedir la burbuja de finales de los años 90 es casi, con toda seguridad, una ilusión". La Reserva Federal ya había empezado en 1999 a adoptar medidas que "reducirían las secuelas cuando la contracción ocurriera y facilitaría la transición a la siguiente fase expansiva"[7].

Las observaciones de Greenspan ponen de relieve dos problemas básicos en el uso de la política monetaria para hacer frente a las "burbujas" en los mercados de activos. En primer lugar, su utilización presupone que el Banco Central sabe mejor que los profesionales del mercado financiero cuándo son excesivamente altos los precios de los activos en relación con su valor subyacente; sin embargo, en la práctica, el Banco Central no tiene información sobre el mercado de valores que no tengan también los inversores del sector privado. En segundo lugar, aunque el Banco Central estuviera seguro de que hay una "burbuja", la política monetaria no es un instrumento especialmente adecuado para resolver este problema; el Banco Central podría tratar de bajar los precios de las acciones subiendo el tipo de interés interbancario y frenando la economía, pero si esta política llegara a provocar una contracción, y por ende un aumento del desempleo, el resultado hubiese sido precisamente el mismo que el Banco Central había tratado de evitar. Por estos motivos, aunque el Banco Central vigile el mercado de valores cuando formula la política monetaria, debe centrar su atención en la inflación, en el gasto y en la producción, y no en los precios de las acciones. No todos los economistas están de acuerdo, sin embargo, con el enfoque del Banco Central y por eso el debate continúa.

[5] El presidente de la Reserva Federal, Alan Greenspan, mencionó la posibilidad de que la "euforia irracional" estuviera motivando la conducta de los inversores en su discurso pronunciado el 5 de diciembre de 1996, que puede consultarse en http://www.federalreserve.gov/boarddocs/speeches/1996/19961205.htm.

[6] El texto del discurso de Greenspan puede consultarse en http://www.federalreserve.gov/boarddocs/speeches/2002/20020830/default.htm.

[7] *The Federal Reserve's Semiannual Report on Monetary Policy*, comparecencia del presidente Alan Greenspan en el *Committee on Banking and Financial Services, U.S. House of Representatives,* 22 de Julio de 1999. Puede consultarse en http://www.federalreserve.gov/boarddocs/hh/1999/July/Testimony.htm.

LA FUNCIÓN DE REACCIÓN DE LA POLÍTICA MONETARIA DEL BANCO CENTRAL

El Banco Central intenta estabilizar la economía y mantener baja la inflación manipulando el tipo de interés real. Cuando hay una brecha expansiva, de manera que la inflación amenaza con convertirse en un problema, el Banco Central contrae el gasto subiendo el tipo de interés real. Cuando la economía se enfrenta a una brecha contractiva y la inflación baja, el Banco Central baja el tipo de interés real para estimular el gasto. A los economistas a veces les resulta cómodo resumir la conducta del Banco Central por medio de una *función de reacción*. En general, una **función de reacción** describe cómo las medidas que toman las autoridades monetarias dependen de la situación de la economía.

función de reacción describe la forma en que las medidas que toman las autoridades monetarias dependen de la situación de la economía

Uno de los ejemplos de función de reacción de la política monetaria, que será profusamente utilizado en los siguientes capítulos, es:

$$r = r^* + g(\pi - \pi^*) \qquad (27.2)$$

donde:

r = tipo de interés real efectivo fijado por el Banco Central ("tipo de interés real")
r^* = tipo de interés real deseado a largo plazo por el Banco Central ("tipo de interés real fijado como objetivo")
π = tasa efectiva de inflación ("tasa de inflación")
π^* = tasa de inflación deseada a largo plazo por el Banco Central ("tasa de inflación fijada como objetivo")
g = número positivo elegido por el Banco Central.

Según la Ecuación 27.2, el Banco Central fija el tipo de interés real efectivo, r, en el nivel del tipo fijado como objetivo, r^*, más una parte de la cuantía en que la inflación efectiva, π, es mayor que la tasa de inflación fijada como objetivo, π^*. Cuando la tasa efectiva de inflación, π, es igual a la **tasa de inflación fijada como objetivo** a largo plazo por el Banco Central, π^*, el término entre paréntesis es igual a cero y el tipo de interés real efectivo fijado por el Banco Central, r, es igual al **tipo de interés real fijado como objetivo** a largo plazo, r^*. Cuando la inflación efectiva es mayor que la tasa de inflación objetivo a largo plazo, $\pi > \pi^*$, el término entre paréntesis es positivo, al tiempo que la Ecuación 27.2 muestra que el tipo de interés real es más alto que el objetivo a largo plazo ($r > r^*$). Por último, cuando la inflación efectiva es menor que la inflación fijada como objetivo a largo plazo, $\pi < \pi^*$, el término entre paréntesis es negativo, de tal manera que la Ecuación 27.2 muestra que el Banco Central debe fijar el tipo de interés real en un nivel inferior al tipo real fijado como objetivo ($r < r^*$).

tasa de inflación objetivo objetivo a largo plazo del Banco Central para la inflación

tipo de interés real objetivo objetivo a largo plazo del Banco Central para el tipo de interés real

Llamamos a r^* y π^* objetivos *a largo plazo* porque generalmente se fijan teniendo en cuenta consideraciones a largo plazo. Como veremos más detenidamente en el Capítulo 29, el Banco Central generalmente trata de fijar su objetivo para el tipo de interés real en el nivel que iguala el ahorro y la inversión[8]. Asimismo, como veremos, el Banco Central elije un objetivo para la tasa de inflación que ayude a lograr los mejores resultados económicos a largo plazo. Aunque π^* representa el objetivo a largo plazo para la inflación, a corto plazo la inflación (efectiva), π, no tiene por qué ser igual a la tasa de inflación fijada como objetivo π^*. Por lo tanto, como implica la Ecuación 27.2, a corto plazo el tipo de interés real r no tiene por qué ser igual tampoco al nivel objetivo r^*.

Un sencillo ejemplo numérico de la función de reacción de la política monetaria descrita en la Ecuación 27.2 es:

$$r = 0{,}04 + 1{,}0(\pi - 0{,}02).$$

En este ejemplo, el tipo de interés real fijado como objetivo, r^*, es 0,04, es decir, un 4%; la tasa de inflación fijada como objetivo, π^*, es 0,02, es decir, un 2%; y el valor de g es 1,0. Si la inflación efectiva, π, es igual a la tasa fijada como objetivo (2%), la expresión entre paréntesis es igual a cero, de tal manera que el Banco Central fijará

[8] En el Capítulo 22 se analiza la relación entre el tipo de interés real y el mercado del ahorro y la inversión.

un tipo de interés real igual a su tipo de interés real fijado como objetivo (4%), tal como indica la tercera línea de la Tabla 27.1. Los otros números de la Tabla 27.1 muestran cómo modifica el Banco Central el tipo de interés real cuando la inflación aumenta por encima de la tasa de inflación objetivo, o, al contrario, disminuye por debajo de ella.

TABLA 27.1
Una función de reacción de la política monetaria del Banco Central

Tasa de inflación π	Tipo de interés real fijado por el Banco Central, r
0,00 (= 0 %)	0,02 (= 2%)
0,01	0,03
0,02	0,04
0,03	0,05
0,04	0,06

Supongamos que una brecha expansiva comienza a "recalentar" la economía y presiona al alza la inflación. Si ésta sube a 0,03, es decir, al 3%, el Banco Central subirá el tipo de interés real (efectivo) al 5%. En cambio, si la inflación baja a tan solo un 1%, el Banco Central bajará el tipo de interés real (efectivo) a un 3%. La Figura 27.9 muestra el gráfico de esta función de reacción, de tal manera que el eje de ordenadas muestra el tipo de interés real (efectivo) elegido por el Banco Central y el de abscisas la tasa de inflación, mientras que la pendiente positiva de la función de reacción de la política monetaria recoge la idea de que el Banco Central reacciona a las subidas de la inflación subiendo el tipo de interés real.

También podemos trazar la función de reacción más general de la política monetaria de la Ecuación 27.2 recordando que, $r = r^*$, siempre que $\pi = \pi^*$, en cuyo caso $g(\pi - \pi^*) = 0$. Cuando la inflación efectiva es igual a la tasa de inflación fijada como objetivo, el Banco Central fija el tipo de interés real al nivel del tipo de interés real fijado como objetivo (en nuestro ejemplo numérico anterior, ocurre cuando $\pi = \pi^* = 2\%$

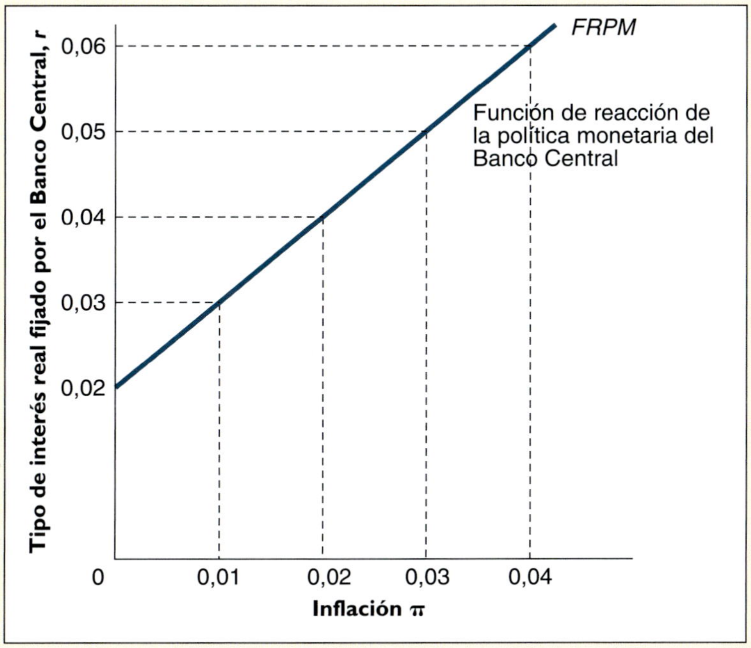

FIGURA 27.9
Ejemplo de función de reacción de la política monetaria del Banco Central.
Este ejemplo hipotético de función de reacción de la política monetaria del Banco Central muestra el tipo de interés real (efectivo) que fija el Banco Central en respuesta a cualquier valor dado de la tasa de inflación. La pendiente positiva recoge la idea de que el Banco Central sube el tipo de interés real (efectivo) cuando la inflación aumenta. Los valores numéricos de la figura proceden de la Tabla 27.1.

y r^* = 4%) y se representa por medio del punto A de la Figura 27.10. Sin embargo, si la inflación sobrepasa el objetivo fijado por el Banco Central, la Ecuación 27.2 indica que el Banco Central responde subiendo el tipo de interés real por encima del objetivo fijado por él. Además, la Ecuación 27.2 muestra que, siempre que la inflación aumenta un punto porcentual por encima de su objetivo, el Banco Central sube el tipo de interés real g puntos porcentuales, por lo que la pendiente de esta función de reacción es g. En nuestro ejemplo numérico anterior, el valor de g es 1,0, pero podría haber sido 0,5, 1,5 o cualquier otro número positivo.

¿Cómo determina el Banco Central su función de reacción de la política monetaria? En la práctica, el proceso es complejo y requiere un análisis estadístico de la economía y un cierto grado de valoración personal. Aunque analizaremos este proceso en el Capítulo 29, es posible extraer algunas ideas útiles examinando la función de reacción simplificada que mostramos en la Tabla 27.1 y en las figuras 27.9 y 27.10. El valor de g en la función de reacción de la política monetaria contiene información sobre la firmeza con que el Banco Central tiene intención de perseguir su objetivo de inflación. Para ilustrarlo, supongamos que la función de reacción de la política monetaria del Banco Central fuera muy plana (es decir, supongamos que el valor de g fuera muy bajo). En este caso, el Banco Central altera bastante poco el tipo de interés real ante un incremento o un descenso de la inflación. Llegaríamos, pues, a la conclusión de que el Banco Central no tiene una intención muy decidida de contrarrestar las desviaciones de la inflación con respecto al objetivo que se ha establecido.

Supongamos, por el contrario, que la función de reacción tiene una pendiente muy elevada porque g es significativamente alto. En este segundo caso, una variación dada de la inflación lleva al Banco Central a ajustar significativamente el tipo de interés real, y diríamos que el Banco Central tiene intención de responder con mucha firmeza a las variaciones de la inflación.

En principio, cualquier número de variables económicas, desde los precios de las acciones hasta el valor del dólar en yenes japoneses, podría afectar a la política del Banco Central y aparecer, pues, en la función de reacción de la política monetaria. En los dos capítulos siguientes, adoptaremos la sencilla función de reacción que describe la Ecuación 27.2. Esta simplificación no alterará significativamente nuestros principales resultados. Además, como veremos, esta función de reacción recoge el aspecto más importante de la conducta del Banco Central, a saber, su tendencia a subir el tipo de interés real efectivo cuando la inflación está subiendo, y a bajarlo cuando la inflación está descendiendo. La inflación sube normalmente cuando la economía está "recalentada" y experimentando una brecha expansiva, y baja cuando

FIGURA 27.10
Una función de reacción de la política monetaria general.
En este ejemplo más general, el tipo de interés real fijado como objetivo viene dado por r^* y la tasa de inflación fijada como objetivo es π^*. Cuando la inflación (efectiva), π, es igual a la fijada como objetivo, π^*, el Banco Central fija un tipo de interés real, r, al nivel del tipo de interés real fijado como objetivo, r^*. Cuando la inflación sobrepasa el objetivo, el Banco Central sube el tipo de interés real por encima de r^*. La pendiente de la línea recta es igual al parámetro g.

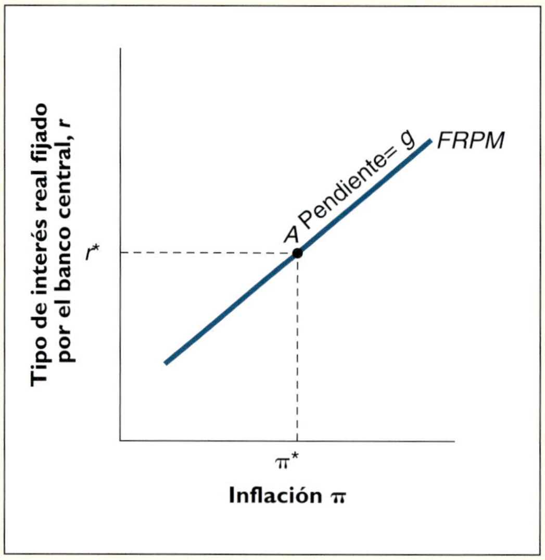

la economía está débil y experimentando una brecha contractiva. Por consiguiente, nuestra sencilla función de reacción de la política monetaria incluye implícitamente la magnitud de la brecha de producción (ya que afecta a la inflación efectiva), aunque la brecha no se incluye explícitamente como una variable específica.

RECAPITULACIÓN | LA POLÍTICA MONETARIA Y LA ECONOMÍA

Una subida del tipo de interés real reduce tanto el gasto en consumo como el gasto en inversión planeado. El Banco Central puede influir, pues, en el gasto planeado y en la producción de equilibrio a corto plazo a través del control del tipo de interés real. Para luchar contra una contracción (contra una brecha de producción contractiva), el Banco Central debe bajar el tipo de interés real, estimulando el gasto planeado y la producción. En cambio, para luchar contra la amenaza de inflación (contra una brecha de producción expansiva), el Banco Central debe subir el tipo de interés real, reduciendo así el gasto planeado y la producción.

La función de reacción de la política monetaria del Banco Central relaciona su política (concretamente la fijación del tipo de interés real) con la situación de la economía. Para simplificar el análisis, consideramos una función de reacción en la que el tipo de interés real (efectivo) fijado por el Banco Central sólo depende del tipo de interés real objetivo y del grado en que la tasa de inflación (efectiva) se aleja de la tasa de inflación fijada como objetivo por el Banco Central. A corto plazo, la inflación puede ser mayor o menor que el objetivo fijado por el Banco Central para la misma, lo cual implica que a corto plazo el tipo de interés real también puede ser mayor o menor que el tipo de interés real fijado como objetivo por el Banco Central. Como el Banco Central sube el tipo de interés real siempre que la inflación aumenta por encima del objetivo fijado con el fin de contener el gasto, la función de reacción de la política monetaria del Banco Central tiene pendiente positiva. La función de reacción del Banco Central contiene información sobre los objetivos fijados por éste para la inflación y para el tipo de interés real, así como sobre el rigor con que pretende perseguir este objetivo.

¿Qué es la regla de Taylor?

EL OBSERVADOR ECONÓMICO 27.7

La Ecuación 27.2 describe una función de reacción de la política monetaria en la que el tipo de interés real fijado por el Banco Central depende del tipo de interés real fijado como objetivo y del grado en que la tasa de inflación difiere de la tasa de inflación fijada como objetivo por el Banco Central. Sin embargo, en realidad, el Banco Central puede responder a diversos factores económicos, por lo que hay muchas funciones de reacción de la política monetaria. Quizá la más famosa sea la que propuso en 1993 el economista John Taylor y que hoy se conoce con el nombre de regla de Taylor. Tras examinar los datos históricos, Taylor sugirió una sencilla regla que describía, de una manera extraordinariamente exacta, la conducta de la Reserva Federal[9]. ¿Qué es la regla de Taylor? ¿La sigue siempre el Banco Central?

La "regla" de Taylor era sencillamente una función de reacción de la política monetaria a la que añadió la magnitud de la brecha de producción como tercer determinante del tipo de interés real fijado por el Banco Central:

$$r = 0{,}02 + 0{,}5(\pi - 0{,}02) - \frac{0{,}5(Y^* - Y)}{Y^*}.$$

Según la regla de Taylor, el tipo de interés real fijado como objetivo es 0,02, es decir, 2%; la tasa de inflación fijada como objetivo también es del 2%, y el valor de g es 0,5. Si la inflación sube de un 2% (0,02) a un 3% (0,03), es decir, un punto porcentual (0,01), la regla de Taylor implica que el Banco Central subirá el tipo de interés real en $0{,}5 \times 0{,}01 = 0{,}005$, es decir, 0,5 puntos porcentuales. Por su parte,

[9] John Taylor, "Discretion versus Policy Rules in Practice", *Carnegie-Rochester Conference Series on Public Policy*, 1993, págs. 195-227.

$Y^* - Y$ es la brecha de producción actual (la diferencia entre la producción potencial y la efectiva) por lo que, $(Y^* - Y)/Y^*$ es la brecha de producción en relación con la producción potencial, es decir, la brecha de producción expresada en porcentaje de la producción potencial. Si la inflación es igual a la tasa fijada como objetivo y la producción efectiva es igual a la potencial, los términos entre ambos paréntesis son iguales a cero y el Banco Central fijará el tipo de interés real en un nivel igual a su tipo de interés real fijado como objetivo (2%)[10]. Sin embargo, si surge una brecha contractiva igual al 0,01 de la producción potencial (un 1%) de la producción potencial, el Banco Central *baja* el tipo de interés real 0,5 puntos porcentuales (es decir, 0,005). La regla de Taylor también describe con bastante precisión la conducta de la Reserva Federal bajo el mandato de su presidente Alan Greenspan. La regla de Taylor es, en definitiva, un ejemplo de función de reacción del mundo real.

Aunque esta regla ha descrito perfectamente la conducta de la Reserva Federal, reiteramos que no es una norma en sentido estricto. El Banco Central tiene absoluta libertad para desviarse de ella y se desvía cuando las circunstancias lo justifican. Aun así, la regla de Taylor constituye un instrumento útil de referencia para evaluar y predecir las actuaciones del Banco Central.

EJERCICIO 27.5

En este ejercicio se pide al lector que aplique la regla de Taylor. Suponga que la inflación es del 3% y que la brecha de producción es cero. Según la regla de Taylor, ¿cúal es el valor que debe fijar el Banco Central para el tipo de interés real? ¿Y el tipo de interés nominal? Suponga que el Banco Central recibiera nueva información que mostrara que hay una brecha contractiva del 1% (la inflación sigue siendo del 3%). Según la regla de Taylor, ¿debe modificar el Banco Central el tipo de interés real? En caso afirmativo, ¿cómo?

RESUMEN

- La política monetaria es uno de los dos tipos de política de estabilización; siendo el otro la política fiscal. Aunque el Banco Central actúa controlando la oferta monetaria, los medios de comunicación casi siempre centran la atención en sus decisiones sobre los tipos de interés, no sobre la oferta monetaria. No existe, sin embargo, ninguna contradicción entre estas dos formas de ver la política monetaria, ya que la capacidad del Banco Central para controlar la oferta monetaria es la fuente de su capacidad para controlar los tipos de interés.

- El tipo de interés nominal se determina en el mercado de dinero, que tiene tanto un lado de la demanda como un lado de la oferta. En el caso de la economía en su conjunto, la *demanda de dinero* es la cantidad de riqueza en dinero que deciden tener los hogares y las empresas (como el efectivo o las cuentas corrientes). La demanda de dinero viene determinada por la comparación de costes y beneficios. El coste de oportunidad de tener dinero, que rinde unos intereses nulos o muy bajos, son los intereses que podrían obtenerse teniendo activos portadores de intereses en lugar de dinero. Como el tipo de interés nominal mide el coste de oportunidad de tener un dólar en forma de dinero, una subida del tipo de interés nominal reduce la cantidad demandada de dinero. Por otro lado el beneficio del dinero es su utilidad para realizar transacciones. Manteniéndose todo lo demás igual, un aumento del volumen de transacciones eleva la demanda de dinero. Desde el punto de vista macroeconómico, una subida del nivel de precios o un aumento del PIB real eleva el volumen de transacciones monetarias y, por lo tanto, la demanda de dinero.

- La *curva de demanda de dinero* relaciona la cantidad agregada demandada de dinero y el tipo de interés nominal. Como una subida del tipo de interés nominal aumenta el coste de oportunidad de tener dinero, se reduce la cantidad demandada de dinero, por lo que la curva de demanda de dinero tiene pendiente negativa. Hay otros factores distintos del tipo de interés nominal que afectan a la demanda de dinero y que desplazan la curva hacia la derecha o hacia la izquierda, por ejemplo, una subida del nivel de precios o un aumento del PIB real eleva la demanda de dinero, desplazando la curva de demanda de éste hacia la derecha.

[10] Como hemos señalado antes, el Banco Central controla el tipo de interés real ajustando el tipo de interés nominal. Si la inflación es del 2% y el Banco Central quiere fijar el tipo de interés real en un 2%, modifica la oferta monetaria hasta que el tipo de interés nominal es 2 + 2 = 4%.

- El Banco Central decide la oferta monetaria realizando operaciones de mercado abierto. La curva de oferta monetaria es vertical en el valor de la oferta monetaria fijado por el Banco Central. El mercado de dinero se encuentra en equilibrio para el tipo de interés nominal al que la demanda se iguala a la oferta de dinero. El Banco Central puede bajar el tipo de interés nominal aumentando la oferta monetaria (desplazando la curva de oferta monetaria hacia la derecha), o subir el tipo de interés nominal reduciendo la oferta monetaria (desplazando la curva de oferta monetaria hacia la izquierda). En Estados Unidos, el tipo de interés nominal al que presta más atención la Reserva Federal es el *tipo de interés interbancario,* que es el que se cobran mutuamente los bancos comerciales por los préstamos a muy corto plazo.

- El Banco Central tiene, además de las compras y ventas de activos en el mercado abierto, otros dos instrumentos para alterar la oferta monetaria. El primero es la modificación de los préstamos a través de operaciones de descuento, que son los préstamos que le piden los bancos comerciales al Banco Central para aumentar sus fondos. El segundo es la modificación de las reservas obligatorias, que son los valores mínimos del Coeficiente de Reserva que deben mantener los bancos comerciales. Sin embargo, el Banco Central apenas utiliza estos dos últimos instrumentos para modificar la oferta monetaria.

- A corto plazo, el Banco Central puede controlar el tipo de interés real, así como el tipo de interés nominal. Recuérdese que el tipo de interés real es igual al tipo de interés nominal menos la tasa de inflación. Como ésta se ajusta a un ritmo relativamente lento, el Banco Central puede alterar el tipo de interés real variando el tipo de interés nominal. A largo plazo, el tipo de interés real viene dado por el equilibrio entre el ahorro y la inversión (véase el Capítulo 22).

- Las medidas del Banco Central afectan a la economía porque las variaciones del tipo de interés real afectan al gasto planeado. Por ejemplo, una subida del tipo de interés real eleva el coste de pedir préstamos, reduciendo el consumo y la inversión planeada. Por lo tanto, subiendo el tipo de interés real, el Banco Central puede reducir el gasto planeado y la producción de equilibrio a corto plazo. Y a la inversa, bajándolo, el Banco Central puede estimular el gasto agregado planeado y aumentar la producción de equilibrio a corto plazo. Los objetivos últimos del Banco Central son eliminar las brechas de producción y mantener baja la inflación. Para eliminar una brecha de producción contractiva, el Banco Central baja el tipo de interés real. Para eliminar una brecha de producción expansiva, el Banco Central sube el tipo de interés real.

- Una *función de reacción* describe cómo las medidas llevadas a cabo por las autoridades económicas dependen de la situación de la economía. Por ejemplo, una función de reacción del Banco Central depende del tipo de interés real efectivo fijado por el Banco Central del tipo de interés real fijado como objetivo y del grado en que la inflación se aleja de la tasa de inflación fijada como objetivo.

TÉRMINOS CLAVE

curva de demanda de dinero (307)
decisión de composición de la cartera (303)
demanda de dinero (303)
función de reacción (326)
préstamos a través de operaciones de descuento (314)
reservas obligatorias (315)
tasa de inflación objetivo (326)
tipo de descuento (314)
tipo de interés interbancario (313)
tipo de interés real objetivo (326)

PREGUNTAS DE REPASO

1. ¿Qué es la *demanda de dinero*? ¿Cómo depende la demanda de dinero del tipo de interés nominal? ¿Y del nivel de precios? ¿Y de la renta? Explique sus respuestas basándose en los costes y los beneficios de tener dinero.
2. Muestre gráficamente cómo controla el Banco Central el tipo de interés nominal. ¿Puede controlar el tipo de interés real?
3. ¿Cómo afecta a los tipos de interés nominales una compra de bonos en el mercado abierto por parte del Banco Central? Analice tanto, (a), el efecto producido por la compra en los precios de los bonos como, (b), el efecto producido en la oferta monetaria.
4. Usted escucha en las noticias que el crecimiento del empleo es menor de lo previsto. ¿Cómo espera que afecte esa noticia a los tipos de interés de mercado? Explique su respuesta. *Pista*: suponga que los responsables del Banco Central tienen acceso a los mismos datos que usted.
5. ¿Por qué afecta el tipo de interés real al gasto agregado planeado? Ponga ejemplos.
6. El Banco Central se enfrenta a una brecha contractiva. ¿Cómo se espera que responda? Explique paso por paso cómo afectará su cambio de política a la economía.
7. El Banco Central adopta una medida *restrictiva*. ¿Qué se espera que ocurra con el tipo de interés nominal, con el tipo de interés real y con la oferta monetaria? ¿En qué circunstancias es más probable que esta medida sea más adecuada?
8. Defina la *función de reacción*. Represente una función de reacción que relacione la fijación del tipo de interés real por parte del Banco Central con la tasa de inflación.

PROBLEMAS

1. En Navidad, temporada en la que se realizan grandes compras navideñas, las ventas de las tiendas al por menor, de las empresas que venden por Internet y de otros comerciantes aumentan significativamente.
   a. ¿Qué se espera que ocurra con la curva de demanda de dinero durante las temporada navideña? Muéstrelo gráficamente.
   b. Si el Banco Central no tomara ninguna medida, ¿qué ocurriría con los tipos de interés nominales durante las Navidades?
   c. En realidad, en Estados Unidos los tipos de interés nominales no varían significativamente en el cuarto trimestre del año debido a una política deliberada de la Reserva Federal. Explique y muestre gráficamente cómo puede conseguir la Reserva Federal que los tipos de interés nominales se mantengan estables durante las Navidades?

2. La tabla adjunta muestra los beneficios anuales estimados que obtiene Emilia por el hecho de tener diferentes cantidades de dinero:

Tenencias medias de dinero ($)	Beneficio total ($)
500	35
600	47
700	57
800	65
900	71
1.000	75
1.100	77
1.200	77

   a. ¿Cuánto dinero tendrá, de media, si el tipo de interés nominal es del 9%? ¿Y si es del 5%? ¿Y si es del 3%? Suponga que quiere que sus tenencias de dinero sean un múltiplo de 100$ (*pista*: elabore una tabla comparando el beneficio adicional de cada 100$ adicionales de tenencias de dinero con el coste de oportunidad, en intereses perdidos, de las tenencias adicionales de dinero).
   b. Represente gráficamente la curva de demanda de dinero de Emilia correspondiente a los tipos de interés comprendidos entre el 1 y el 12%.

3. ¿Cómo se espera que afecte a la demanda de dinero cada uno de los acontecimientos siguientes? Explique su respuesta.
   a. La competencia entre los operadores de bolsa reduce la comisión que cobran por la enajenación de bonos o acciones.
   b. Las tiendas de alimentación comienzan a aceptar tarjetas de crédito como forma de pago.
   c. A los inversores financieros les preocupa el creciente riesgo de las acciones.
   d. La banca electrónica permite a los clientes comprobar su saldo y realizar transferencias entre las cuentas corrientes y los fondos de inversión durante las 24 horas del día.
   e. La economía entra en un periodo de expansión.
   f. La inestabilidad política aumenta en los países en vías de desarrollo.

4. Suponga que la demanda de dinero del conjunto de la economía viene dada por $P(0{,}2Y - 25.000i)$. El nivel de precios P es igual a 3 y la producción real Y es igual a 10.000. ¿En qué valor debe fijar el Banco Central la oferta monetaria nominal si:
   a. Quiere fijar el tipo de interés nominal en un 4%?
   b. Y ¿si quiere fijarlo en un 6%?

5. Las siguientes ecuaciones describen una economía:

$$C = 2.600 + 0{,}8(Y - T) - 10.000r,$$
$$I^p = 2.000 - 10.000r,$$
$$G = 1.800,$$
$$NX = 0,$$
$$T = 3.000.$$

El tipo de interés real expresado en tanto por uno, es 0,10 (10%). Halle una ecuación numérica que relacione el gasto agregado planeado y la producción. Utilizando una tabla u otro método halle la producción de equilibrio a corto plazo. Muestre su resultado gráficamente utilizando el aspa keynesiana.

6. En el caso de la economía descrita en el Problema 5:
   a. La producción potencial Y^* es igual a 12.000. ¿Qué tipo de interés real debe fijar el Banco Central para restablecer el pleno empleo en la economía? Se establece que el multiplicador de esta economía es 5.
   b. Repita el primer apartado suponiendo que $Y^* = 9.000$.
   c.* Muestre que el tipo de interés real que ha hallado en el primer apartado es igual al ahorro nacional correspondiente a la producción potencial, definida como $Y^* - C - G$, y la inversión planeada I^p. Este resultado muestra que el tipo de interés real debe ser coherente con el equilibrio del mercado de ahorro, cuando la economía se encuentra en el nivel de pleno empleo.

7.* He aquí otro conjunto de ecuaciones que describen una economía:

$$
\begin{aligned}
C &= 14.400 + 0{,}5(Y - T) - 40.000r,\\
I^p &= 8.000 - 20.000r,\\
G &= 7.000,\\
NX &= -1.800,\\
T &= 8.000,\\
Y^* &= 40.000.
\end{aligned}
$$

   a. Formule una ecuación numérica que relacione el gasto agregado planeado con la producción y con el tipo de interés real.
   b. ¿En qué valor debe fijar el Banco Central el tipo de interés real para eliminar cualquier brecha de producción? *Pista:* iguale la producción Y al valor de la producción potencial propuesto en la ecuación que ha obtenido en el primer apartado y, a continuación, halle el tipo de interés real que también iguala el gasto agregado planeado y la producción potencial.

8. Suponga que el Banco Central sigue la siguiente función de reacción de la política monetaria:

$$r = 0{,}01 + 0{,}5(\pi - 0{,}03)$$

   a. ¿Cuál es el tipo de interés real fijado como objetivo por el Banco Central?
   b. ¿Cuál es la tasa de inflación fijada como objetivo por el Banco Central?
   c. Represente gráficamente esta función de reacción e indique el valor de su pendiente.
   d. Halle el tipo de interés real y el tipo de interés nominal que fijará el Banco Central cuando la inflación efectiva sea del 3%.
   e. Halle el tipo de interés real y el tipo de interés nominal que fijará el Banco Central cuando la inflación efectiva sea del 5%.

9. Por ley, la Reserva Federal debe informar dos veces al año al Congreso de los Estados Unidos sobre la política monetaria y sobre la situación de la economía. Cuando se presenta el informe, llamado *Monetary Policy Report,* es habitual que el presidente de la Reserva Federal comparezca ante el Congreso para poner a los congresistas al corriente de la situación económica.

   Consiga un ejemplar del informe más reciente en la página web de la Reserva Federal, http://www.federalreserve.gov/ (pinche en *Monetary Policy* y siga los enlaces). En el periodo al que se refiere la comparecencia, ¿se endureció la política monetaria, se relajó o se mantuvo neutral? ¿Qué grandes acontecimientos económicos llevaron a la Reserva Federal a tomar las medidas que tomó?

RESPUESTAS A LOS EJERCICIOS

27.1 A un tipo de interés del 4%, el beneficio de cada reducción de las tenencias de efectivo de 10.000$ es de 400$ al año (4% × 10.000$). En este caso, el coste del servicio adicional de vehículos blindados, 500$ al año, es superior al beneficio de reducir 10.000$ las tenencias de efectivo. Por lo tanto, los restaurantes de Carla deben continuar teniendo 50.000$ en efectivo. Comparando este resultado con el Ejemplo 27.2, puede observarse que la demanda de dinero por parte de los restaurantes de Carla es más baja cuanto más alto es el tipo de interés nominal.

* Los problemas indicados con un asterisco (*) son más difíciles.

27.2 Si el tipo de interés nominal es superior a su valor de equilibrio, la gente tiene más dinero del que le gustaría. Para reducir sus tenencias de dinero, utilizan parte del dinero que poseen para comprar algún activo que les reporte intereses, como pueden ser los bonos.

Sin embargo, si todo el mundo está tratando de comprar bonos, su precio sube. Una subida de los precios de los bonos equivale a un descenso de los tipos de interés de mercado. Cuando los tipos de interés bajan, la gente quiere tener más dinero. Al final, los tipos de interés bajan lo suficiente para que la gente esté contenta con tener la cantidad de dinero que ofrece el Banco Central y el mercado de dinero se encuentra en equilibrio.

27.3 Si $r = 0{,}03$, el consumo es $C = 640 + 0{,}8(Y - 250) - 400(0{,}03) = 428 + 0{,}8Y$ y la inversión planeada es $I^p = 250 - 600(0{,}03) = 232$. El gasto agregado planeado viene dado por:

$$\begin{aligned} GAP &= C + I^p + G + NX, \\ &= (428 + 0{,}8Y) + 232 + 300 + 20, \\ &= 980 + 0{,}8Y. \end{aligned}$$

Para hallar la producción de equilibrio a corto plazo, podemos construir una tabla análoga a la 27.1. Como siempre, es necesario realizar algunas pruebas para hallar el intervalo adecuado de estimaciones de la producción (columna 1).

Determinación de la producción de equilibrio a corto plazo

(1) Producción *Y*	(2) Gasto agregado planeado *GAP* = 980 + 0,8*Y*	(3) *Y* – *GAP*	(4) *Y* = *GAP*?
4.500	4.580	–80	No
4.600	4.660	–60	No
4.700	4.740	–40	No
4.800	4.820	–20	No
4.900	4.900	0	**Sí**
5.000	4.980	20	No
5.100	5.060	40	No
5.200	5.140	60	No
5.300	5.220	80	No
5.400	5.300	100	No
5.500	5.380	120	No

La producción de equilibrio a corto plazo es igual a 4.900, ya que ese es el único nivel de producción que satisface la condición $Y = GAP$.

La respuesta puede obtenerse más deprisa postulando simplemente que $Y = GAP$ y despejando la producción de equilibrio a corto plazo, Y. Recordando que $GAP = 980 + 0{,}8Y$, tenemos que:

$$\begin{aligned} Y &= 980 + 0{,}8Y, \\ Y(1 - 0{,}8) &= 980, \\ Y &= 5 \times 980 = 4.900. \end{aligned}$$

Por lo tanto, la reducción del tipo de interés real de 5 a 3% eleva la producción de equilibrio a corto plazo de 4.800 (que encontramos en el Ejemplo 27.4) a 4.900.

Si ha leído el Apéndice B del capítulo anterior sobre el multiplicador, existe otra forma para encontrar la respuesta. Utilizando ese apéndice, podemos averiguar que el multiplicador de este modelo es 5, ya que $1/(1 - pmc) = 1/(1 - 0{,}8) = 5$. Cada reducción del tipo de interés real de un punto porcentual aumenta el consumo en 4 unidades y la inversión planeada en 6 unidades, lo que hace un efecto total en el gasto planeado de 10 unidades por cada reducción de un punto porcentual. La reducción del tipo de interés real de 2 puntos porcentuales, desde el 5 al 3%, aumenta, pues, el gasto autónomo en 20 unidades. Como el multiplicador es 5, un aumento del gasto autónomo de 20 eleva la producción de equilibrio a corto plazo en $20 \times 5 = 100$ unidades, del valor de 4.800 que obtuvimos en el Ejemplo 27.4 al nuevo valor de 4.900.

27.4 Cuando el tipo de interés real es del 5%, la producción es 4.800. Cada reducción del tipo de interés real de un punto porcentual aumenta el gasto autónomo en 10 unidades. Como en este modelo el multiplicador es 5, para aumentar la producción en 50 unidades, el tipo de interés real debe bajarse 1 punto porcentual, del 5 al 4%. Un aumento de la producción de 50 unidades, a 4.850, elimina la brecha de producción.

27.5 Si $\pi = 0{,}03$ y la brecha de producción es cero, introduciendo estos valores en la regla de Taylor obtenemos:

$$r = 0{,}02 - 0{,}5(0{,}03 - 0{,}02) - 0{,}5(0) = 0{,}02 + 0{,}005 = 0{,}025 = 2{,}5\%.$$

Por lo tanto, el tipo de interés real que implica la regla de Taylor, cuando la inflación es del 3% y la brecha de producción es cero, es del 2,5%. El tipo de interés nominal es igual al tipo de interés real más la tasa de inflación, o sea, 2,5% + 3% = 5,5%.

Si hay una brecha contractiva del 1% de la producción potencial, la fórmula de la regla de Taylor se convierte en:

$$\begin{aligned} r &= 0{,}02 + 0{,}5(0{,}03 - 0{,}02) - 0{,}5(0{,}01) = 0{,}02 + 0{,}5(0{,}01) - 0{,}5(0{,}01), \\ &= 0{,}02 = 2\%. \end{aligned}$$

El tipo de interés nominal que implica la regla de Taylor en este caso es el tipo real del 2% más la tasa de inflación del 3%, es decir, 2 + 3 = 5%. Por lo tanto, según la regla de Taylor, el Banco Central baja el tipo de interés cuando la economía entra en una contracción, lo cual es razonable y realista.

APÉNDICE

LA POLÍTICA MONETARIA EN EL MODELO KEYNESIANO BÁSICO

En este apéndice ampliamos el análisis algebraico del modelo keynesiano básico que presentamos en el Apéndice A del capítulo anterior con el fin de incluir el papel de la política monetaria. La principal diferencia con respecto a ese apéndice se halla en que en este análisis el tipo de interés real puede afectar al gasto planeado. No describiremos algebraicamente la oferta y la demanda de dinero, sino que supondremos simplemente que el Banco Central puede fijar el tipo de interés real r en el nivel que quiera.

El tipo de interés real afecta al consumo y a la inversión planeada. Para recoger estos efectos, modificaremos las ecuaciones de esos dos componentes del gasto de la forma siguiente:

$$C = \overline{C} + pmc(Y - T) - ar,$$
$$I^p = \overline{I} - br.$$

La primera ecuación es la función de consumo con un término adicional, igual a $(-ar)$. Supongamos que a es un número fijo, mayor que cero, que mide la fuerza del efecto que producen los tipos de interés en el consumo. Por lo tanto, el término $(-ar)$ recoge la idea de que cuando el tipo de interés real, r, sube, el consumo disminuye en a multiplicado por la subida del tipo de interés. Asimismo, la segunda ecuación añade el término $(-br)$ a la ecuación del gasto de inversión planeado. El parámetro b es un número fijo y positivo que mide el grado en que las variaciones del tipo de interés real afectan a la inversión planeada; por ejemplo, si el tipo de interés real, r, sube, se supone que la inversión planeada disminuye en b multiplicado por la subida del tipo de interés real. Continuamos suponiendo que las compras del Estado, los impuestos y las exportaciones netas son variables exógenas, por lo que $G = \overline{G}$, $T = \overline{T}$ y $NX = \overline{NX}$.

Para hallar la producción de equilibrio a corto plazo debemos comenzar, como siempre, hallando la relación entre el gasto agregado planeado y la producción. La definición del gasto agregado planeado es:

$$GAP = C + I^p + G + NX.$$

Sustituyendo el consumo y la inversión planeada por su valor según las ecuaciones modificadas en esta definición, junto con los valores autónomos del gasto público, las exportaciones netas y los impuestos, tenemos que:

$$GAP = [\overline{C} + pmc(Y - \overline{T}) - ar] + (\overline{I} - br) + \overline{G} + \overline{NX}.$$

El primer término entre corchetes del segundo miembro de la igualdad describe la conducta del consumo y el segundo término el de la inversión planeada. Reordenando esta ecuación para agrupar los términos que dependen del tipo de interés real por un lado y por otro los que dependen de la producción, tenemos que:

$$GAP = (\overline{C} - pmc\overline{T} + \overline{I} + \overline{G} + \overline{NX}) - (a + b)r + pmcY.$$

Esta ecuación es similar a la 26A.1 del Apéndice A del capítulo anterior, con la salvedad de que tiene un término más, $-(a + b)r$, en el segundo miembro. Este término recoge la idea de que un aumento del tipo de interés real reduce el consumo y la inversión planeada, reduciendo el gasto planeado. Obsérvese que el término $-(a + b)r$ forma parte del gasto autónomo, ya que no depende de la producción. Como el gasto autónomo determina la ordenada en el origen de la recta de gasto en el aspa keynesiana, las variaciones del tipo de interés real desplazan la recta de gasto en sentido ascendente (si el tipo de interés real baja) o descendente (si el tipo de interés real sube).

Para hallar la producción de equilibrio a corto plazo, utilizamos su definición y postulamos que $Y = GAP$. Despejando Y, tenemos que:

$$\begin{aligned} Y &= GAP, \\ &= [\overline{C} - pmc\overline{T} + \overline{I} + \overline{G} + \overline{NX}] - (a + b)r + pmcY, \\ Y(1 - pmc) &= [\overline{C} - pmc\overline{T} + \overline{I} + \overline{G} + \overline{NX}] - (a + b)r, \\ Y &= \left(\frac{1}{1 - pmc}\right)[(\overline{C} - pmc\overline{T} + \overline{I} + \overline{G} + \overline{NX}) - (a + b)r]. \end{aligned} \qquad (27A.1)$$

La Ecuación 27A.1 muestra que la producción de equilibrio a corto plazo es de nuevo igual al multiplicador, $1/(1 - pmc)$, multiplicado por el gasto autónomo, $\overline{C} - pmc\overline{T} + \overline{I} + \overline{G} + \overline{NX}\ (a + b)r$. El gasto autónomo depende, a su vez, del tipo de interés real r. La ecuación también muestra que el efecto que produce una variación del tipo de interés real en la producción de equilibrio a corto plazo depende de dos factores: (1) del efecto que produce una variación del tipo de interés real en el consumo y en la inversión planeada, que depende de la magnitud de $(a + b)$, y (2) de la magnitud del multiplicador, $1/(1 - pmc)$, que relaciona las variaciones del gasto autónomo con las variaciones de la producción de equilibrio a corto plazo. Cuanto mayor es el efecto que produce el tipo de interés real en el gasto planeado y mayor el multiplicador, más poderoso es el efecto que produce una variación dada del tipo de interés real en la producción de equilibrio a corto plazo.

Para verificar la Ecuación 27A.1, podemos utilizarla para resolver el Ejemplo 27.4. En ese ejemplo, $\overline{C} = 640$, $\overline{I} = 250$, $\overline{G} = 300$, $\overline{NX} = 20$, $\overline{T} = 250$, $pmc = 0{,}8$, $a = 400$ y $b = 600$. El tipo de interés real fijado por el Banco Central es del 5%, es decir, 0,05. Incorporando estos valores en la Ecuación 27A.1 y despejando Y, tenemos que:

$$\begin{aligned} Y &= \left(\frac{1}{1 - 0{,}8}\right)[640 - 0{,}8 \times 250 + 250 + 300 + 20 - (400 + 600) \times 0{,}05]. \\ &= 5 \times 960 = 4.800. \end{aligned}$$

Este resultado es igual que el que hemos obtenido en el Ejemplo 27.4.

CAPÍTULO

28

LA INFLACIÓN, LA OFERTA AGREGADA Y LA DEMANDA AGREGADA

Durante el verano y el otoño de 1996, muchos economistas presionaron al presidente de la Reserva Federal, Alan Greenspan, para que subiera los tipos de interés. La tasa de desempleo estaba bajando y se mantenía por debajo del 5,5%, que en esa época se consideraba, en general, la tasa natural de desempleo. El rápido ritmo de crecimiento económico inducía a pensar que pronto aparecería una brecha expansiva, lo cual significaba que la inflación no estaba muy lejos. Estos economistas instaron a Greenspan a subir el tipo de interés interbancario para frenar la economía e impedir un posible aumento de la inflación.

Sin embargo, Greenspan no estaba convencido. Pensaba que había nuevos elementos económicos que permitirían que la economía continuara creciendo a un ritmo rápido sin que aumentara la inflación. Si estaba en lo cierto, una subida significativa de los tipos de interés no sólo no era necesaria, sino que podía perjudicar a la economía. ¿Qué elementos veía Greenspan? ¿Subió la Reserva Federal los tipos de interés en 1996? ¿Qué ocurrió con la producción y la inflación? En este capítulo (y en particular en El observador económico 28.3) analizaremos la decisión de Greenspan, pero primero es necesario introducir el marco básico para comprender la inflación y las medidas que se emplean para controlarla.

En los dos capítulos anteriores, partimos del supuesto de que las empresas están dispuestas a satisfacer la demanda de sus productos a precios fijados previamente. Cuando las empresas producen simplemente lo que se demanda, el nivel de gasto agregado planeado determina el PIB real del país. Si el nivel de producción de equilibrio a corto plazo es menor que la producción potencial, aparece una brecha contractiva de producción y, si es mayor, la economía experimenta una brecha expansiva. Como vimos en los dos capítulos anteriores, los responsables de la política económica pueden intentar eliminar las brechas de producción tomando medidas que afecten al nivel de gasto autónomo, tales como alterar el nivel de gasto público o de impuestos (política fiscal) o utilizar el control de la oferta monetaria por parte del Banco Central para modificar el tipo de interés real (política monetaria).

El modelo keynesiano básico es útil para comprender el papel que desempeña el gasto en la determinación de la producción a corto plazo, pero es demasiado simple para hacer una descripción totalmente realista de la economía. Su principal deficiencia radica en que no explica el comportamiento de la *inflación*. De hecho, el modelo representa un caso especial en el que los precios son constantes y la inflación es cero. Aunque las empresas satisfagan durante un tiempo la demanda a los precios fijados previamente, como se supone en el modelo keynesiano básico, éstos *no* se mantienen fijos indefinidamente. De hecho, a veces pueden subir bastante deprisa —el fenómeno de la inflación galopante— imponiendo costes significativos a la economía. En este capítulo, ampliaremos el modelo keynesiano básico para tener en cuenta la inflación existente en un momento dado. Como mostraremos, el modelo ampliado puede representarse mediante un nuevo diagrama llamado *diagrama de demanda y oferta agregadas*. Utilizando este análisis ampliado, podremos mostrar cómo afecta la política macroeconómica a la inflación y a la producción, ilustrando al mismo tiempo las difíciles disyuntivas a las que se enfrentan a veces los responsables de la política económica. En la parte principal del capítulo haremos hincapié en el análisis numérico y gráfico de la producción e inflación, y en el Apéndice, que se encuentra al final del siguiente capítulo, presentaremos un análisis algebraico.

curva de demanda agregada (DA) muestra la relación entre la producción de equilibrio a corto plazo, *Y*, y la inflación, π; su nombre se debe a que la producción de equilibrio a corto plazo viene determinada por el gasto planeado de la economía; los aumentos de la inflación reducen el gasto planeado y la producción de equilibrio a corto plazo, por lo que la curva de demanda agregada tiene pendiente negativa

LA INFLACIÓN, EL GASTO Y LA PRODUCCIÓN: LA CURVA DE DEMANDA AGREGADA

Para comenzar a incorporar la inflación al modelo, el primer paso es introducir una nueva relación denominada *curva de demanda agregada*, que se muestra gráficamente en la Figura 28.1. La **curva de demanda agregada (DA)** muestra la relación entre la producción de equilibrio a corto plazo, *Y*, y la tasa de inflación, representada por π. El nombre de la curva refleja el hecho de que, como hemos visto, la producción de equilibrio a corto plazo viene dada por el gasto planeado total; es decir, por la demanda.

FIGURA 28.1
La curva de demanda agregada. La curva de demanda agregada *DA* muestra la relación entre la producción de equilibrio a corto plazo, *Y*, y la tasa de inflación, π. Como la producción de equilibrio a corto plazo es igual al gasto planeado, la curva *DA* también muestra la relación entre la inflación y el gasto planeado. Su pendiente negativa implica que un aumento de la inflación reduce la producción de equilibrio a corto plazo.

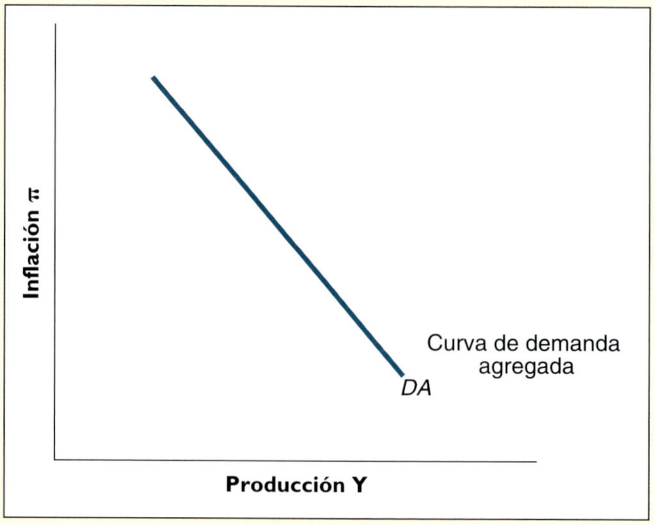

De hecho, la producción de equilibrio a corto plazo es *igual*, por definición, al gasto agregado planeado, por lo que también podríamos decir que la curva *DA* muestra la relación entre la inflación y el gasto [1].

En seguida veremos que, manteniéndose todo lo demás constante, *un aumento de la tasa de inflación tiende a reducir la producción de equilibrio a corto plazo*. Por lo tanto, si se recoge la inflación, π, en el eje de ordenadas y la producción, Y, en el de abscisas (Figura 28.1), la curva de demanda agregada tendrá pendiente negativa [2]. Obsérvese que nos referimos a la "curva" *DA*, aunque la relación se represente por medio de una línea recta. En general, la curva *DA* puede ser recta o curva.

¿Por qué disminuyen el nivel de gasto planeado y de producción de equilibrio a corto plazo cuando aumenta la inflación? Como veremos a continuación, una importante razón es la respuesta del Banco Central a los aumentos de la inflación.

LA INFLACIÓN, EL BANCO CENTRAL Y LA CURVA *DA*

Una de las principales responsabilidades del Banco Central es mantener una tasa de inflación baja y estable. Por ejemplo, en los últimos años la Reserva Federal ha tratado de mantener la inflación de Estados Unidos en un nivel del 2 o el 3%. Manteniendo baja la inflación se trata de evitar los elevados costes que impone una inflación alta a la economía.

¿Qué puede hacer el Banco Central para mantener una inflación baja y estable? Como ya hemos señalado, una situación en la que es probable que aumente la inflación es una brecha de producción expansiva, en la que la producción de equilibrio a corto plazo es superior a la producción potencial. Cuando la producción es superior a la producción potencial, las empresas deben producir utilizando su capacidad con mayor intensidad de lo normal, para satisfacer las demandas de sus clientes. Al igual que en el caso de la heladería de Al, descrita en el Capítulo 25, es posible que estén dispuestas a satisfacerlas durante un tiempo, pero al final se adaptan al elevado nivel de demanda subiendo sus precios y contribuyendo así a la inflación. Entonces, para controlar la inflación, el Banco Central necesita reducir el gasto planeado y la producción cuando estos amenazan con ser superiores a la producción potencial.

¿Cómo puede evitar el Banco Central una situación de "recalentamiento" económico en la que el gasto y la producción son mayores que la producción potencial? Como vimos en el capítulo anterior, puede tomar medidas para reducir el gasto autónomo y, por tanto, la producción de equilibrio a corto plazo subiendo el tipo de interés real. Esta conducta del Banco Central es un factor clave que subyace a la relación entre la inflación y la producción y que se resume en la curva de demanda agregada. Cuando la inflación es alta —es decir, cuando es superior a la tasa de inflación fijada como objetivo por el Banco Central—, el Banco Central responde subiendo el tipo de interés real (como implica la *función de reacción de la política monetaria* del Banco Central, introducida en el capítulo anterior) [3]. La subida del tipo de interés real reduce el gasto en consumo e inversión (el gasto autónomo) y, por tanto, la producción de equilibrio a corto plazo. Como un aumento de la inflación provoca, como consecuencia de las medidas del Banco Central, una reducción de la producción, la curva de demanda agregada (*DA*) tiene pendiente negativa, como muestra la Figura 28.1. Esta cadena de razonamiento puede resumirse simbólicamente de la siguiente manera:

$$\pi \uparrow \Rightarrow r \uparrow \Rightarrow \text{gasto autónomo} \downarrow \Rightarrow Y \downarrow \qquad \text{(curva } DA\text{)}$$

donde, recuérdese, que π es la inflación, r es el tipo de interés real e Y es la producción.

[1] Es importante distinguir la curva de demanda agregada de la curva de gasto, introducida como parte del aspa keynesiana en el Capítulo 26. La curva de gasto de pendiente positiva muestra la relación entre el gasto agregado planeado y la producción. Una vez más, la curva de demanda agregada (*DA*) muestra la relación entre la producción de equilibrio a corto plazo (que es igual al gasto planeado) y la evolución de los precios (la inflación).

[2] Los economistas a veces definen la curva de demanda agregada como la relación entre la demanda agregada y el *nivel de precios* en lugar de la inflación, que es la *tasa de variación* del nivel de precios. La definición aquí utilizada simplifica el análisis y da unos resultados más acordes con los datos del mundo real. Para una comparación de los dos enfoques, véase David Romer, "Keynesian Macroeconomics without the LM Curve", *Journal of Economic Perspectives*, primavera 2000, pp. 149-170. El análisis gráfico utilizado en este capítulo sigue de cerca el enfoque recomendado por Romer.

[3] Recuérdese que en nuestro análisis anterior vimos que el Banco Central utiliza un tipo de interés nominal para anunciar sus intenciones. Según la función de reacción de la política monetaria, el Banco Central sube el tipo de interés real cuando la inflación aumenta, adoptando medidas para subir el tipo de interés nominal más de lo que aumenta la inflación.

FIGURA 28.2
La curva de demanda agregada y la función de reacción de la política monetaria.
(a) Con el tipo de interés real fijado como objetivo por el Banco Central, r^*, y la tasa de inflación fijada como objetivo, π^*, el Banco Central responde a una subida de la inflación de π_1 a π_2 subiendo el tipo de interés real de r_1 a r_2; esta subida de r provoca un movimiento a lo largo de la función de reacción de la política monetaria, del punto *A* al *B*. (b) La subida del tipo de interés real reduce el nivel de producción de equilibrio, provocando un movimiento a lo largo de la curva de demanda agregada, del punto *A* al *B*; por lo tanto, una subida de la inflación lleva al Banco Central a subir *r*, reduciéndose la producción.

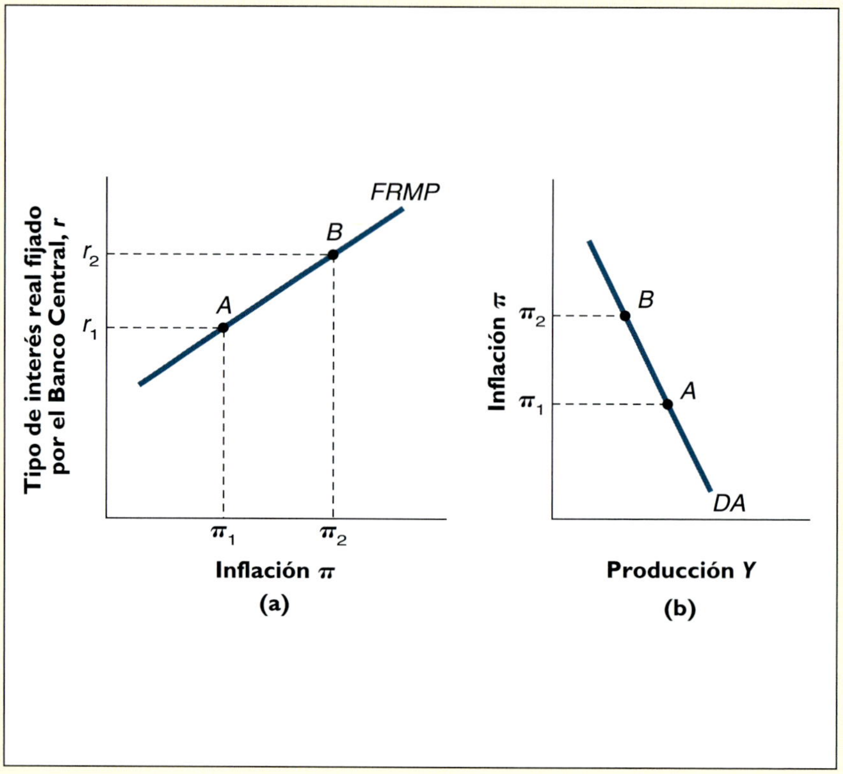

Estos cambios se muestran en la Figura 28.2. En la 28.2(a) hemos reproducido la función de reacción de la política monetaria del Banco Central de la Figura 27.10. Manteniendo fijos el tipo de interés real y la tasa de inflación fijados ambos como objetivos por el Banco Central, r^* y π^*, respectivamente, un aumento de la inflación de π_1 a π_2 lleva al Banco Central a subir el tipo de interés real de r_1 a r_2. La subida del tipo de interés real provoca un movimiento a lo largo de la función de reacción del punto *A* al *B*. En la Figura 28.2(b), la subida del tipo de interés real provoca un movimiento similar a lo largo de la curva de demanda agregada, también del punto *A al* B.

OTRAS RAZONES POR LAS QUE LA CURVA *DA* TIENE PENDIENTE NEGATIVA

Aunque aquí centramos la atención en la conducta del Banco Central como causa de la pendiente negativa de la curva *DA*, existen otras vías a través de las cuales un aumento de la inflación reduce el gasto planeado y la producción de equilibrio a corto plazo. Por lo tanto la pendiente negativa de la curva *DA* no depende sólo de que el Banco Central se comporte de la forma que acabamos de describir.

Otra razón más por la que la curva *DA* tiene pendiente negativa es el efecto que produce la inflación en el *valor real del dinero,* sostenido por los hogares y las empresas. Cuando la inflación es alta, el poder adquisitivo del dinero en manos del público disminuye rápidamente. Esta reducción de la riqueza real puede llevar a los hogares a gastar menos en consumo, por lo que se reduce la producción de equilibrio a corto plazo.

Una segunda vía a través de la cual la inflación puede afectar al gasto planeado son los *efectos distributivos*. Algunos estudios han mostrado que la inflación suele perjudicar más a la gente menos acomodada que a la más rica. Por ejemplo, los pensionistas que viven de una renta fija y los trabajadores que perciben el salario mínimo (que se fija en términos nominales) pierden poder adquisitivo cuando los precios suben rápidamente. También es probable que las personas menos acomodadas sean relativamente menos sofisticadas en la realización de inversiones financieras y, por lo tanto, menos capaces que los ciudadanos más ricos de proteger sus ahorros de la inflación.

Las personas que se encuentran en el extremo inferior de la distribución de la renta tienden a gastar un porcentaje de su renta disponible mayor que las personas más ricas. Por consiguiente, si un brote inflacionista redistribuye los recursos de los hogares menos acomodados que gastan relativamente mucho, en favor de los más acomodados que ahorran relativamente mucho, el gasto total puede disminuir.

La tercera relación entre la inflación y la demanda agregada se debe a que un aumento de la tasa de inflación genera *incertidumbre* en las familias y las empresas. Cuando la inflación es alta, la gente está menos segura de cuánto costarán las cosas en el futuro, y esa incertidumbre dificulta la planificación. En un entorno económico incierto, tanto los hogares como las empresas pueden volverse más cautos y, en consecuencia, reducir sus gastos.

La última relación entre la inflación y el gasto total actúa a través de los *precios de nuestros bienes y servicios vendidos al extranjero*. Como veremos en el Capítulo 30, el precio extranjero de nuestros bienes depende, en parte, de la relación a la que se intercambia nuestra moneda nacional con las monedas extranjeras. Sin embargo, dados unos tipos de cambio constantes entre las monedas, un aumento de la inflación de nuestro país hace que los precios de nuestros bienes suban más deprisa en los mercados extranjeros. Como nuestros bienes se encarecen, desde el punto de vista relativo para los compradores extranjeros, nuestras exportaciones disminuyen. Las exportaciones netas forman parte del gasto agregado, por lo que el aumento de la inflación tiende a reducir el gasto. Todos estos factores contribuyen, junto con la conducta del Banco Central, a que la curva *DA* tenga pendiente negativa.

DESPLAZAMIENTOS DE LA CURVA DE DEMANDA AGREGADA

La pendiente negativa de la curva de demanda agregada o *DA* mostrada en la Figura 28.1 se debe a que *manteniéndose todo lo demás constante*, un aumento del nivel de inflación provoca una reducción del gasto planeado y de la producción de equilibrio a corto plazo. Una vez más, la principal razón por la que el aumento de la inflación reduce tanto el gasto planeado como la producción, se halla en que el Banco Central tiende a reaccionar a los aumentos de la inflación subiendo el tipo de interés real, lo que reduce, a su vez, el consumo y la inversión planeada, que son dos importantes componentes del gasto agregado planeado.

Sin embargo, aunque la inflación se mantenga constante, algunos factores pueden afectar al gasto planeado y a la producción de equilibrio a corto plazo. En términos gráficos, como veremos en este apartado, estos factores provocan un desplazamiento de la curva *DA*. Concretamente, dado el nivel de inflación, si la economía experimenta un cambio que *aumenta* la producción de equilibrio a corto plazo, la curva *DA* se desplaza hacia la *derecha*. Si el cambio *reduce*, por el contrario, la producción de equilibrio a corto plazo en cada nivel de inflación, la curva *DA* se desplaza hacia la *izquierda*. Centraremos la atención en dos variaciones de la economía que desplazan la curva de demanda agregada: (1), las variaciones *exógenas* del gasto, que son las variaciones del gasto provocadas por factores distintos de la producción o los tipos de interés, y, (2), la política monetaria del Banco Central, reflejada en un desplazamiento de su función de reacción.

Las variaciones del gasto

Hemos visto que el gasto agregado planeado depende tanto de la producción (a través de la función de consumo) como del tipo de interés real (que afecta tanto al consumo como a la inversión planeada). Sin embargo, hay muchos factores distintos a la producción o al tipo de interés real que pueden afectar al gasto planeado. Por ejemplo, dados los niveles de producción y el tipo de interés real, la política fiscal afecta al nivel de compras del Estado y al mismo tiempo, los cambios en la confianza de los consumidores pueden afectar al gasto en consumo. Asimismo, las nuevas oportunidades tecnológicas pueden llevar a las empresas a aumentar su

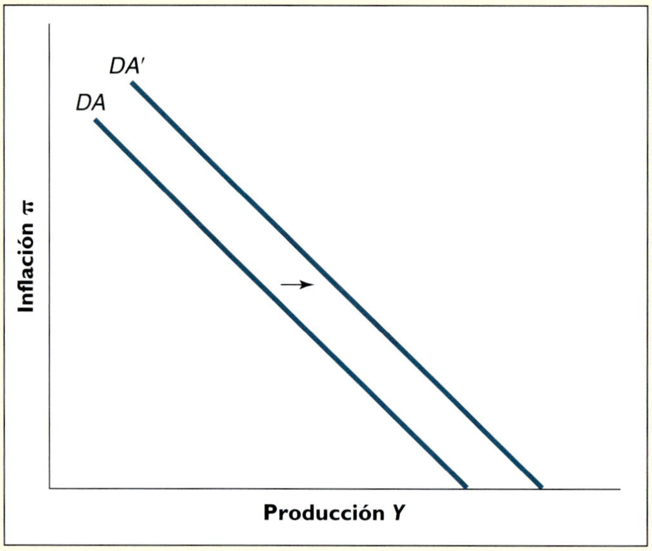

FIGURA 28.3
Efecto de un aumento del gasto autónomo. Se observa la curva *DA* tanto antes (*DA*) como después (*DA'*) de un aumento del gasto autónomo, concretamente de un aumento del gasto en consumo provocado por una subida de la bolsa de valores. Si la tasa de inflación y el tipo de interés real fijado por el Banco Central se mantienen constantes, un aumento del gasto eleva la producción de equilibrio a corto plazo. Como consecuencia, la curva *DA* se desplaza hacia la derecha de *DA* a *DA'*.

inversión planeada y la mayor disposición de los extranjeros a comprar bienes nacionales eleva las exportaciones netas. Llamaremos variaciones *exógenas* del gasto a las variaciones del gasto planeado que no se deben a alteraciones de la producción o del tipo de interés real.

Dada la tasa de inflación (y, por lo tanto, el tipo de interés real fijado por el Banco Central), un aumento autónomo del gasto eleva la producción de equilibrio a corto plazo, las razones analizadas en los dos capítulos anteriores. Como la producción aumenta para cada nivel de inflación, *un aumento autónomo del gasto desplaza la curva DA hacia la derecha*. Este resultado se muestra gráficamente en la Figura 28.3. Imaginemos, por ejemplo, que una subida de la bolsa de valores lleva a los consumidores a estar más dispuestos a gastar (el efecto riqueza). En ese caso, y para cada nivel de inflación, el gasto agregado y la producción de equilibrio a corto plazo son más altos, variación que se muestra por medio de un desplazamiento de la curva *DA* hacia la derecha, de *DA* a *DA'*.

Asimismo, dada la tasa de inflación, una disminución exógena del gasto —por ejemplo, una reducción de las compras del Estado como consecuencia de una política fiscal más restrictiva— provoca la disminución de la producción de equilibrio a corto plazo. Concluimos que *una disminución exógena del gasto desplaza la curva DA hacia la izquierda*.

EJERCICIO 28.1

Indique cómo afectan los siguientes acontecimientos a la curva *DA*:

a. Las empresas reducen su gasto en nuevo capital debido a que se teme que la economía se debilite en el futuro.

b. El gobierno baja el impuesto sobre la renta.

Cambios de la tasa de inflación fijada como objetivo por parte del Banco Central

Recuérdese que la función de reacción de la política monetaria del Banco Central describe como fijo el tipo de interés real para cada nivel de inflación. De acuerdo con la Ecuación 27.2, la función de reacción es la siguiente:

$$r = r^* + g(\pi - \pi^*).$$

Supongamos, de momento, que el tipo de interés real fijado como objetivo por el Banco Central, r^*, y su tasa de inflación fijada como objetivo, π^*, se mantienen

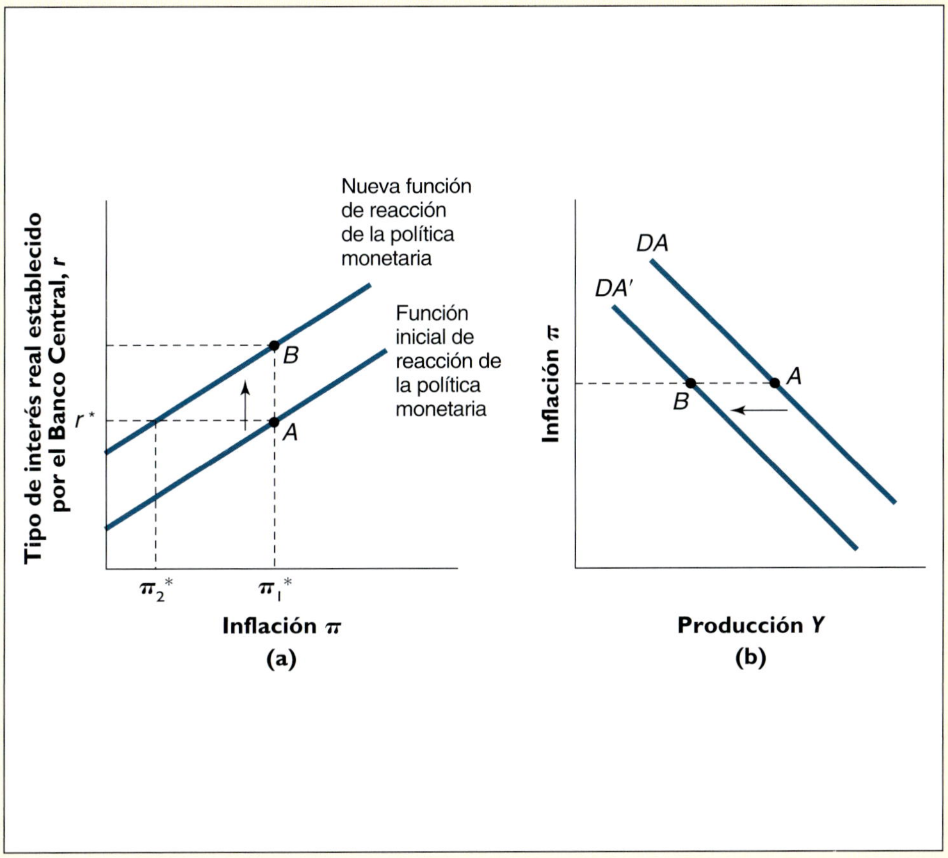

FIGURA 28.4
Un desplazamiento de la función de reacción de la política monetaria del Banco Central.
El Banco Central, dada una tasa de inflación determinada, decide impulsar una política monetaria restrictiva bajando la tasa de inflación fijada como objetivo y estableciendo el tipo de interés real en un nivel más alto de lo normal. En términos gráficos, este cambio corresponde a un desplazamiento ascendente (o hacia la izquierda) de la función de reacción del Banco Central (a). Este endurecimiento de la política monetaria desplaza la curva *DA* hacia la izquierda (b). Si una contracción prolongada llevara al Banco Central a subir la tasa de inflación fijada como objetivo y a fijar un tipo de interés real más bajo en cada nivel de inflación, la función de reacción del Banco Central se desplazaría hacia abajo (hacia la derecha) y la curva *DA* hacia la derecha.

constantes. Esta ecuación de la función de reacción de la política monetaria del Banco Central implica que éste subirá el tipo de interés real efectivo, r, en respuesta a una subida de la inflación π. Por otra parte, el parámetro g implica que cada vez que la inflación sube un punto porcentual, el Banco Central sube el tipo de interés real en g puntos porcentuales. El ajuste del tipo de interés real por parte del Banco Central, en respuesta a las variaciones de la inflación, es una razón importante por la que la curva *DA* tiene pendiente negativa, como ya hemos visto. En concreto, las variaciones del tipo de interés real, r, en respuesta a las variaciones de la tasa de inflación, π, provocan movimientos a lo largo de la curva *DA*, como los de la Figura 28.2, y no un desplazamiento de la misma. En circunstancias normales, el Banco Central generalmente adopta una función de reacción estable con valores constantes de r^* y π^*, lo cual implica que sus intervenciones normales no desplazan la curva *DA*.

Sin embargo, a veces el Banco Central decide endurecer o suavizar más de lo normal la política monetaria ante una determinada tasa de inflación. En ese caso, modifica la tasa de inflación fijada como objetivo y, tanto la función de reacción de la política monetaria como la curva de demanda agregada, se desplazan. Por ejemplo, la Figura 28.4 muestra qué ocurre cuando el Banco Central baja la tasa de inflación fijada como objetivo.

Supongamos que la economía se encuentra inicialmente en el punto *A* en ambos gráficos y la inflación, π, es igual al objetivo, π_1^*. Por lo tanto, el Banco Central fija inicialmente $r = r^*$ cuando $\pi = \pi_1^*$. Si decide endurecer la política monetaria, *baja* la tasa de inflación fijada como objetivo a π_2^*. Ahora fija un tipo de interés real, r, igual al tipo de interés real fijado como objetivo, r^*, cuando la inflación (efectiva) es igual a su nueva tasa de inflación fijada como objetivo, que ahora es más baja (π_2^*). Este cambio de π^* desplaza la función de reacción de la política monetaria de la Figura 28.4(a) en sentido ascendente (hacia la izquierda). En el nivel inicial de inflación, el Banco Central sube el tipo de interés real, r, al punto *B* de la nueva función de reacción, aunque r^* no haya variado. La subida de r reducirá el gasto planeado y la producción de equilibrio a corto plazo para la tasa inicial de inflación. En resumen, un desplazamiento ascendente (hacia la izquierda) de la función de reacción de la política monetaria del Banco Central provoca un desplazamiento de la curva *DA* hacia la izquierda, a *DA'* en la Figura 28.4(b).

Y a la inversa, si el país está experimentando una contracción excepcionalmente grave y prolongada, el Banco Central puede decidir relajar la política monetaria subiendo la tasa de inflación fijada como objetivo. Este cambio desplazará la función de reacción del Banco Central en sentido descendente o hacia la derecha. La reducción del tipo de interés real cuando la tasa de inflación se mantiene al nivel inicial provocará un aumento del nivel de gasto y de la producción de equilibrio a corto plazo. Por lo tanto, un desplazamiento descendente (hacia la derecha) de la función de reacción de la política monetaria desplaza la curva *DA* hacia la derecha.

Como veremos en el siguiente capítulo, la función de reacción de la política monetaria también se desplaza si el Banco Central modifica el tipo de interés real fijado como objetivo (r^*). En este capítulo supondremos, sin embargo, que este tipo de interés no varía. Por consiguiente, la función de reacción de la política monetaria del Banco Central sólo experimenta un desplazamiento descendente (hacia la derecha) cuando el Banco Central modifica la tasa de inflación fijada como objetivo π^*.

DESPLAZAMIENTOS DE LA CURVA *DA* Y MOVIMIENTOS A LO LARGO DE LA CURVA *DA*

Concluyamos este apartado examinando y resumiendo la importante distinción entre los *movimientos a lo largo* de la curva *DA* y los *desplazamientos* de la curva *DA*.

La pendiente negativa de la curva *DA* representa la relación inversa entre la inflación, por una parte, y la producción de equilibrio a corto plazo, por otra. Como hemos visto, un aumento de la tasa de inflación lleva al Banco Central a subir el tipo de interés real, de acuerdo con su función de reacción. La subida del tipo de interés real reduce, a su vez, el gasto planeado y la producción de equilibrio a corto plazo. La pendiente negativa de la curva *DA* refleja esta relación entre la inflación, el gasto y la producción. Por lo tanto, las variaciones de la tasa de inflación, y las variaciones resultantes del tipo de interés real y de la producción de equilibrio a corto plazo, provocadas por los movimientos a lo largo de una función de reacción estacionaria, se representan por medio de *movimientos a lo largo* de la curva *DA*. En concreto, en la medida en que el Banco Central fije el tipo de interés real de acuerdo con una función de reacción fija, las variaciones del tipo de interés real *no* desplazarán la curva *DA*.

Estos cambios pueden resumirse de la siguiente forma:

Figura 28.2 (ninguna variación de π^*): $\pi\uparrow\Rightarrow$ Movimiento a lo largo de una función de reacción estacionaria $\Rightarrow r\uparrow\Rightarrow$ Movimiento a lo largo de una curva de demanda agregada estacionaria

Sin embargo, cualquier factor que altere el nivel de producción de equilibrio a corto plazo *para un nivel dado de inflación, desplazará* la curva *DA* hacia la derecha, si la producción de equilibrio a corto plazo aumenta o hacia la izquierda, si la producción de equilibrio a corto plazo disminuye. Hemos identificado dos factores que pueden desplazar la curva *DA*: las variaciones exógenas del gasto (es decir, las variaciones del gasto que no se deben a oscilaciones de la producción o del tipo de interés real) y las variaciones de la tasa de inflación fijada como objetivo por el Banco Central (recuérdese que posponemos el análisis de las variaciones de r^* hasta el siguiente capítulo). Un aumento autónomo del gasto eleva la producción de equilibrio a corto plazo para cualquier nivel de inflación, desplazando la curva *DA* hacia la derecha.

Figura 28.3: aumento autónomo del gasto $\Rightarrow$ desplazamiento de la curva de demanda agregada hacia la derecha

La curva de demanda agregada también se desplaza hacia la derecha, si el Banco Central *sube* la tasa de inflación fijada como objetivo, como en el Ejercicio 28.2, que es exactamente lo contrario de lo que ocurre en la Figura 28.4.

EJERCICIO 28.2

Represente las funciones de reacción de la política monetaria y las curvas de demanda agregada, y explique qué ocurre cuando el Banco Central sube la inflación fijada como objetivo.

Un aumento de la tasa de inflación, fijada como objetivo por el Banco Central desplazaría la función de reacción de la política monetaria del Banco Central en sentido descendente (hacia la derecha) y desplazaría la curva *DA* hacia la derecha.

Ejercicio 28.2 (lo contrario de: Figura 28.4)	Aumento de π^* $\Rightarrow$	Desplazamiento de la función reacción de la política monetaria hacia la derecha	$\Rightarrow$	Desplazamiento de la curva de demanda agregada hacia la derecha

Y a la inversa, una disminución exógena del gasto o una reducción de la tasa de inflación fijada como objetivo por el Banco Central (como en la Figura 28.4) reduce la producción de equilibrio a corto plazo para cualquier nivel de inflación, desplazando la curva *DA* hacia la izquierda.

La clave para saber si una medida del Banco Central ha desplazado o no la curva *DA* es analizar sus objetivos. Cuando el Banco Central responde a la inflación modificando el tipo de interés real pero no la tasa de inflación fijada como objetivo, la economía se mueve a lo largo de una curva *DA* estacionaria. Lo mismo ocurre cuando el Banco Central desplaza su función de reacción modificando la inflación fijada como objetivo, y la curva *DA* también se desplaza en el mismo sentido.

EJERCICIO 28.3

¿Existe alguna diferencia entre los siguientes casos? En caso afirmativo, ¿cuál?

a. Un desplazamiento ascendente (hacia la izquierda) de la función de reacción de la política monetaria del Banco Central.

b. Una respuesta del Banco Central a una subida de la inflación, dada una determinada función de reacción de la política monetaria.

¿Cómo afecta cada caso a la curva *DA*?

RECAPITULACIÓN — LA CURVA DE DEMANDA AGREGADA (*DA*)

- La curva *DA* muestra la relación entre la producción de equilibrio a corto plazo y la inflación. Un aumento de la inflación lleva al Banco Central a subir el tipo de interés real, lo que reduce el gasto autónomo y, por lo tanto, la producción de equilibrio a corto plazo. La curva *DA* tiene, entonces, pendiente negativa.
- La curva *DA* también puede tener pendiente negativa porque, (1), un aumento de la inflación reduce el valor real del dinero en manos del público, reduciendo la riqueza y el gasto; (2), la inflación redistribuye los recursos en contra de las personas menos acomodadas, que gastan un elevado porcentaje de su renta disponible, mientras las más acomodadas, gastan un porcentaje menor; (3), una subida de la inflación aumenta la incertidumbre en la planificación de los hogares y las empresas, reduciendo así su gasto; y, (4), dada una relación constante de intercambio entre la moneda nacional y otras monedas, una subida de los precios de nuestros bienes y servicios reduce nuestras ventas en el extranjero y, por lo tanto, las exportaciones netas (que son un componente del gasto agregado).
- Si el Banco Central no altera la tasa de inflación fijada como objetivo, su función de reacción no se desplaza y las variaciones de la inflación corresponden a movimientos *a lo largo* de la curva *DA*; no *desplazan* la curva *DA*.

RECAPITULACIÓN	LA CURVA DE DEMANDA AGREGADA (*DA*)

- Un aumento autónomo del gasto eleva la producción de equilibrio a corto plazo para cada nivel de inflación y, por lo tanto, desplaza la curva *DA* hacia la derecha. Los aumentos autónomos del gasto se deben a aumentos de $\overline{C}$, $\overline{I}$, $\overline{G}$ y $\overline{NX}$ o a una disminución de $\overline{T}$. En cambio, una disminución exógena del gasto desplaza la curva *DA* hacia la izquierda.
- Una relajación de la política monetaria, que se traduce en el aumento de la tasa de inflación fijada como objetivo por el Banco Central y el desplazamiento descendente (hacia la derecha) de la función de reacción del Banco Central, desplaza la curva *DA* hacia la derecha. El endurecimiento, que se traduce en la reducción de la tasa de inflación fijada como objetivo por el Banco Central y el desplazamiento ascendente (hacia la izquierda) de la función de reacción del Banco Central desplaza la curva *DA* hacia la izquierda.

LA INFLACIÓN Y LA OFERTA AGREGADA

Hasta ahora hemos visto en este capítulo cómo afectan las variaciones de la inflación al gasto y a la producción de equilibrio a corto plazo, relación que se representa por medio de la curva *DA*. Pero aún no hemos visto cómo se determina la propia inflación. En el Capítulo 23 vimos que, a largo plazo, la inflación depende principalmente del crecimiento de la oferta monetaria. Sin embargo, en el resto del capítulo examinaremos los principales factores que determinan la tasa de inflación en las economías industriales modernas a corto, medio y largo plazo, así como las opciones que tienen los responsables de la política económica para controlarla. Para analizar el comportamiento de la producción y la inflación recurriremos al análisis gráfico, y en concreto al llamado *diagrama de demanda y oferta agregadas*.

Los físicos han observado que un cuerpo tiende a mantenerse en movimiento a una velocidad determinada y en una dirección constantes a menos que actúe sobre él alguna fuerza externa; esta tendencia se conoce con el nombre de *inercia*. Aplicando este concepto a la economía, muchos observadores han señalado que la inflación parece comportarse como si tuviese inercia, ya que tiende a permanecer más o menos constante, mientras la economía se encuentre en el nivel de pleno empleo y el nivel de precios no sufra perturbaciones externas. En la primera parte de este apartado veremos por qué la inflación se comporta de esta manera.

Sin embargo, de la misma forma que un objeto físico se mueve a distinta velocidad si actúan sobre él fuerzas externas algunas fuerzas económicas pueden alterar la tasa de inflación. Más adelante, en este apartado analizaremos tres factores que pueden alterar la tasa de inflación. El primero es la presencia de una *brecha de producción*: la inflación tiende a aumentar cuando existe una brecha expansiva de producción y a disminuir cuando existe una brecha de producción contractiva. El segundo factor es una perturbación que afecte directamente a los precios y que denominaremos *perturbación inflacionista*. Por ejemplo, una gran subida del precio del petróleo importado eleva el precio de la gasolina, el combustible para calefacciones y otros combustibles, así como los bienes que se fabrican con petróleo o los servicios que lo utilizan. Por último, el tercer factor que afecta directamente a la tasa de inflación es *la perturbación de la producción potencial*, es decir, la brusca variación del nivel de producción potencial; un ejemplo extremo sería una catástrofe natural que destruyera una parte significativa de las fábricas y empresas de un país. Las perturbaciones inflacionistas y las perturbaciones de la producción potencial se conocen conjuntamente con el nombre de *perturbaciones de la oferta agregada*.

LA INERCIA DE LA INFLACIÓN

En las economías industriales que tienen una baja inflación, ésta tiende a variar a un ritmo relativamente lento de un año a otro, fenómeno que se conoce a veces con el nombre de *inercia de la inflación*. Si un año la tasa de inflación es de un 2% podría ser de un 3 o incluso de un 4% el año siguiente. Pero, a menos que el país se encuentre en una situación económica muy excepcional, es improbable que suba a un 6 u 8% o baje a –2% un año más tarde. Esta conducta relativamente lenta de la inflación contrasta claramente con la conducta de variables económicas como los precios de las acciones o de las materias primas, que pueden variar rápidamente de un día para otro. Por ejemplo, los precios del petróleo pueden subir un 20% a lo largo de un año y bajar un 20% durante el siguiente. Sin embargo, en Estados Unidos la tasa de inflación generalmente se ha mantenido, desde 1992, en un nivel del 2 ó 3% anual.

¿Por qué tiende la inflación a ajustarse a un ritmo relativamente lento en las economías industriales modernas? Para responder a esta pregunta debemos examinar dos factores estrechamente relacionados entre sí, que desempeñan un importante papel en la determinación de la tasa de inflación: la conducta de las *expectativas del público sobre la inflación* y la existencia de *contratos de precios y salarios a largo plazo*.

Examinemos primero las expectativas del público sobre la inflación. Cuando los compradores y los vendedores negocian los salarios y precios futuros, tienen en cuenta la tasa de inflación que esperan para los próximos años. Como consecuencia, las *expectativas* actuales sobre la futura inflación pueden contribuir a determinar la futura tasa de inflación. Supongamos, por ejemplo, que el empleado de oficina Fede y su jefa Carla coinciden en que el rendimiento de Fede este año justifica una subida de su salario real del 2% para el año que viene. ¿Qué subida del salario *nominal* o monetario deben acordar? Si Fede cree que la inflación será probablemente del 3% el año que viene, pedirá una subida de su salario nominal del 5% con el fin de obtener una subida de su salario real del 2%. Si Carla está de acuerdo en que la inflación será del 3%, debería estar dispuesta a aceptar una subida nominal del 5%, sabiendo que eso implica una subida del salario real de Fede del 2% solamente. Por lo tanto, la tasa a la que Fede y Carla *esperan* que suban los precios afecta a la tasa a la que sube *realmente* al menos un precio, a saber, el salario nominal de Fede.

Esta misma dinámica afecta a los contratos de otros factores de producción o consumos intemedios. Por ejemplo, supongamos que Carla negocia con una empresa de suministros de material de oficina que los precios que aceptará pagar por el suministro de papel de fotocopias y grapas al año dependerán de qué tasa de inflación que espera que haya. Si prevé que el precio del material de oficina no variará en relación con los precios de otros bienes y servicios, y que la tasa general de inflación será del 3%, debería estar dispuesta a aceptar una subida del precio del material de oficina del 3%. En cambio, si espera que la tasa general de inflación será del 6%, aceptará pagar el año que viene un 6% más por el papel de fotocopias y las grapas sabiendo que una subida nominal del 6% no implica una variación del precio del material de oficina, en relación con el de otros bienes y servicios.

Así pues, en el conjunto de la economía, cuanto más alta sea la tasa esperada de inflación, más subirán los salarios nominales y el coste de otros factores. Pero si los salarios y otros costes de producción crecen rápidamente con el fin de cubrir sus costes. Por lo tanto, una alta tasa de inflación esperada tiende a provocar a su vez una elevada tasa de inflación efectiva. Asimismo, si la inflación esperada es baja, lo que lleva a los salarios y a otros costes a subir a un ritmo relativamente lento, la inflación efectiva también debe ser baja.

EJERCICIO 28.4

Suponga que los empresarios y los trabajadores coinciden en que los salarios reales deben subir un 2% el próximo año.

a. Si se espera que la inflación sea de un 2% el próximo año, ¿qué ocurrirá con los salarios nominales el próximo año?

b. Si se espera que la inflación sea de un 4% el próximo año en lugar de un 2%, ¿qué ocurrirá con los salarios nominales el próximo año?

c. Utilice las respuestas de los apartados *a* y *b* para explicar por qué una subida de la inflación esperada tiende a afectar a la tasa efectiva de inflación del año siguiente.

FIGURA 28.5
Un círculo virtuoso de inflación baja e inflación baja esperada.
Una inflación baja lleva a la gente a esperar que siga siéndolo en el futuro, por lo cual está dispuesta a aceptar una subida moderada de los salarios y de los precios de los bienes que ofrece; por lo que la inflación —y la inflación esperada— se mantienen en un nivel relativamente bajo. Asimismo, una inflación alta lleva a la gente a esperar que siga siéndolo, lo cual tiende, a su vez, a producir una elevada inflación.

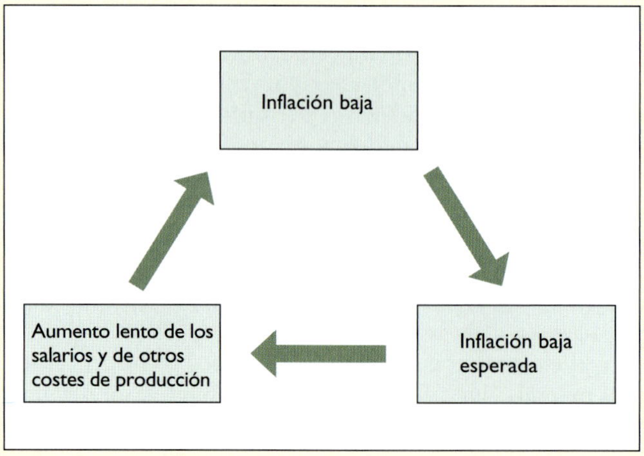

La conclusión de que la inflación efectiva viene dada en parte por la inflación esperada lleva a preguntarse qué determina las expectativas de los individuos sobre la inflación. En general, estas expectativas dependen en gran medida de su experiencia reciente. Si la inflación se ha mantenido baja y estable durante un tiempo, es probable que la gente espere que continúe manteniéndose baja. Pero si ha sido alta recientemente, la gente esperará que continúe siéndolo. Si la inflación ha sido impredecible y los periodos de inflación baja se han alternado con los periodos de inflación alta, las expectativas del público tenderán a ser volátiles y aumentarán o disminuirán dependiendo de las noticias o de los rumores sobre la situación económica o sobre la política económica.

La Figura 28.5 muestra esquemáticamente cómo puede tender a perpetuarse por sí sola una inflación baja y estable. Como muestra la figura, si la inflación ha sido baja durante un tiempo, la gente continuará esperando que sea baja. Las subidas de los salarios nominales y de otros costes de producción tenderán, pues, a ser pequeñas. Si las empresas sólo suben los precios lo necesario para cubrir los costes, la inflación efectiva será baja, como se esperaba. Y esta baja tasa efectiva fomentará, a su vez, una baja inflación esperada, perpetuando el "círculo virtuoso". La lógica es la misma en una economía que tenga una inflación alta: una inflación elevada y persistente lleva al público a esperar una inflación también elevada, por lo que las subidas de los salarios nominales y de otros costes de producción son precisamente más altas. Eso contribuye, a su vez, a que la tasa de inflación efectiva sea alta, y así sucesivamente, creándose un "círculo vicioso". Este papel de las expectativas sobre la inflación en la determinación de las subidas de los salarios y de los precios contribuye a explicar por qué la inflación, a menudo, parece que se ajusta lentamente.

Hay un segundo elemento fundamental, la existencia de *contratos de salarios y precios a largo plazo*, que refuerza el papel de las expectativas sobre la inflación en el lento ajuste de ésta. Por ejemplo, los convenios colectivos a menudo duran varios años. Asimismo, los contratos que fijan los precios que pagan las empresas manufactureras por las piezas y las materias primas a menudo abarcan también varios años. Los contratos a largo plazo sirven para incorporar las subidas de los salarios y precios, que dependen de las expectativas sobre la inflación existentes en el momento en que se firman los contratos. Por ejemplo, un sindicato que negocia en un entorno en el que hay una elevada inflación tiende a exigir una rápida subida de los salarios nominales durante el periodo de vigencia del convenio, mucho más que un sindicato que negocia en una economía en la que los precios se mantienen estables.

En resumen, en ausencia de perturbaciones externas, la inflación tiende a permanecer relativamente estable con el paso del tiempo, al menos en las economías industriales de baja inflación. En otras palabras, la inflación tiene *inercia* (o como dicen algunas personas, es "rígida"). En ese sentido, la inflación tiende a tener inercia principalmente por dos razones: la primera es la conducta de las expectativas de la gente sobre la inflación; una baja tasa de inflación lleva a la gente a esperar que la inflación sea baja en el futuro, lo que reduce las presiones para que se suban los salarios y los precios; asimismo, una elevada tasa de inflación lleva a la gente a esperar que siga siéndolo en el futuro, lo que da como resultado unas subidas más rápidas de los salarios y de los precios. Por otra parte, los efectos de las expectativas son reforzados por la existencia de contratos de salarios y precios a largo plazo, que es la segunda razón por la que la inflación tiende a mantenerse estable a lo largo del tiempo; los contratos a largo plazo tienden a incorporar los efectos de las expectativas de la gente sobre la inflación.

Aunque la tasa de inflación tiende a tener inercia, varía, desde luego, con el paso del tiempo. A continuación, analizamos un factor fundamental que hace que varíe.

EJERCICIO 28.5

Basándose en la Figura 28.5, explique por qué el Banco Central tiene muchos incentivos para mantener baja la tasa de inflación en la economía.

LA BRECHA DE PRODUCCIÓN Y LA INFLACIÓN

Un importante factor que influye en la tasa de inflación es la brecha de producción; es decir, la diferencia entre la producción potencial y la producción efectiva ($Y^* - Y$). Hemos visto que, a corto plazo, las empresas satisfacen la demanda de su producto a unos precios determinados previamente. Por ejemplo, la heladería de Al sirve helado a cualquier cliente que entre a los precios anunciados en el mostrador. El nivel de producción determinado por la demanda a los precios fijados previamente se denomina *producción de equilibrio a corto plazo*.

Puede ocurrir que en algún momento el nivel de producción de equilibrio a corto plazo sea igual a la capacidad productiva a largo plazo de la economía o producción potencial, pero no tiene por qué ocurrir así. La producción puede ser superior a la producción potencial y provocar una brecha expansiva, o puede ser inferior a la producción potencial y provocar una brecha contractiva. Veamos qué ocurre con la inflación en cada uno de estos tres casos posibles: ninguna brecha de producción, una brecha de producción expansiva y una brecha de producción contractiva.

Si la producción efectiva es igual a la potencial no existe, por definición, ninguna brecha de producción. Cuando la brecha de producción es cero, las empresas están satisfechas, en el sentido de que sus ventas son iguales al nivel máximo de producción que pueden mantener. Como consecuencia, no tienen ningún incentivo para bajar o subir sus precios *en relación* con los de otros bienes y servicios. Sin embargo, el hecho de que las empresas estén satisfechas con sus ventas *no* implica que la inflación —la tasa de variación del nivel general de precios— sea cero.

Para ver por qué, volvamos a la idea de la inercia de la inflación. Supongamos que últimamente la inflación se ha mantenido estable en un 3% anual, por lo que el público ha llegado a esperar una tasa de inflación de ese mismo 3% para el año siguiente y sucesivos. Si las expectativas del público sobre la inflación se reflejan en las subidas de los salarios y de los precios acordadas en los contratos a largo plazo, las empresas observarán que los costes del trabajo y de las materias primas suben un 3% al año. Por eso, para cubrir sus costes, tendrán que subir sus precios un 3% al año. Obsérvese que, si todas las empresas suben sus precios un 3% cada año, los precios *relativos* de los diversos bienes y servicios de la economía —por ejemplo, el precio del helado en relación con el de un desplazamiento en taxi— no variarán. No obstante, la tasa de inflación de la economía es igual a un 3%, la misma que en años anteriores. Llegamos a la conclusión de que *si la brecha de producción es cero, la tasa de inflación tenderá a mantenerse estable*.

Supongamos, por el contrario, que hay una brecha de producción expansiva, por lo que las ventas de la mayoría de las empresas son superiores a los niveles máximos de producción que pueden mantener. Como cabría esperar en situaciones en las que la cantidad demandada es superior a la que desean ofrecer las empresas, éstas acabarán respondiendo tratando de subir sus precios *más* de lo que aumentan sus costes; es decir, subirán sus precios relativos. Si todas las empresas se comportan de esta forma, el nivel general de precios comenzará a subir más deprisa que antes. Por lo tanto, *cuando hay una brecha de producción expansiva, la tasa de inflación tiende a aumentar.*

Por último, si hay una brecha de producción contractiva, las empresas venden menos de lo que pueden producir, lo que representa un incentivo para bajar sus precios relativos con el fin de poder vender más. En este caso, subirán sus precios menos de lo que necesitarían para cubrir totalmente los incrementos de sus costes de producción determinados por la tasa de inflación existente. Como consecuencia, *cuando hay una brecha de producción contractiva, la tasa de inflación tiende a bajar.* Estos importantes resultados se resumen en el Recuadro 28.1.

RECUADRO 28.1: LA BRECHA DE PRODUCCIÓN Y LA INFLACIÓN

Relación entre la producción efectiva y la producción potencial		Conducta de la inflación
1. Ninguna brecha de producción $Y = Y^*$	→	La inflación no varía
2. Brecha de producción expansiva $Y > Y^*$	→	La inflación aumenta $\pi \uparrow$
3. Brecha de producción contractiva $Y < Y^*$	→	La inflación disminuye $\pi \downarrow$

EJEMPLO 28.1

Las variaciones del gasto y la inflación

En los dos capítulos anteriores vimos que las variaciones del gasto pueden provocar brechas expansivas o contractivas. Por lo tanto, basándonos en el análisis anterior, podemos concluir que las variaciones del gasto también alteran la tasa de inflación. Si la economía se encuentra actualmente en el nivel de producción potencial, ¿cómo afectará a la tasa de inflación de la economía una pérdida de confianza de los consumidores, que los lleve a estar menos dispuestos a gastar para cada nivel de renta disponible?

Una disminución en el nivel del gasto autónomo de consumo, C, dados el nivel de inflación, la producción y los tipos de interés reales, reduce el gasto agregado y la producción de equilibrio a corto plazo. Si la economía se encontraba inicialmente en el nivel de producción potencial, la reducción del consumo provoca una brecha contractiva, ya que la producción efectiva, Y, ahora será menor que la potencial, Y^*. Como hemos indicado antes, cuando $Y < Y^*$, la tasa de inflación tiende a disminuir, ya que las ventas de las empresas son menores que el nivel máximo de producción que pueden mantener, lo que las lleva a reducir el ritmo al que suben sus precios.

EJERCICIO 28.6

Suponga que las empresas comienzan a mostrarse optimistas sobre el futuro y deciden aumentar su inversión en nuevo capital. ¿Cómo afectará eso a la tasa de inflación, suponiendo que la economía se encuentra actualmente en el nivel de producción potencial?

EL DIAGRAMA DE DEMANDA Y OFERTA AGREGADA

El ajuste de la inflación en respuesta a una brecha de producción puede mostrarse gráficamente. Así, la Figura 28.6, en la que la inflación, π, se representa en el eje de ordenadas y la producción real, Y, en el de abscisas, es un ejemplo de *diagrama de demanda y oferta agregadas o, para abreviar, diagrama DA-OA*. Este diagrama tiene tres elementos, por un lado la curva *DA* de pendiente negativa que muestra cómo dependen el gasto agregado planeado —y, por lo tanto, la producción de equilibrio a corto plazo—, de la tasa de inflación. El segundo elemento es una línea recta vertical que indica la producción potencial de la economía, Y^*. Como la producción potencial

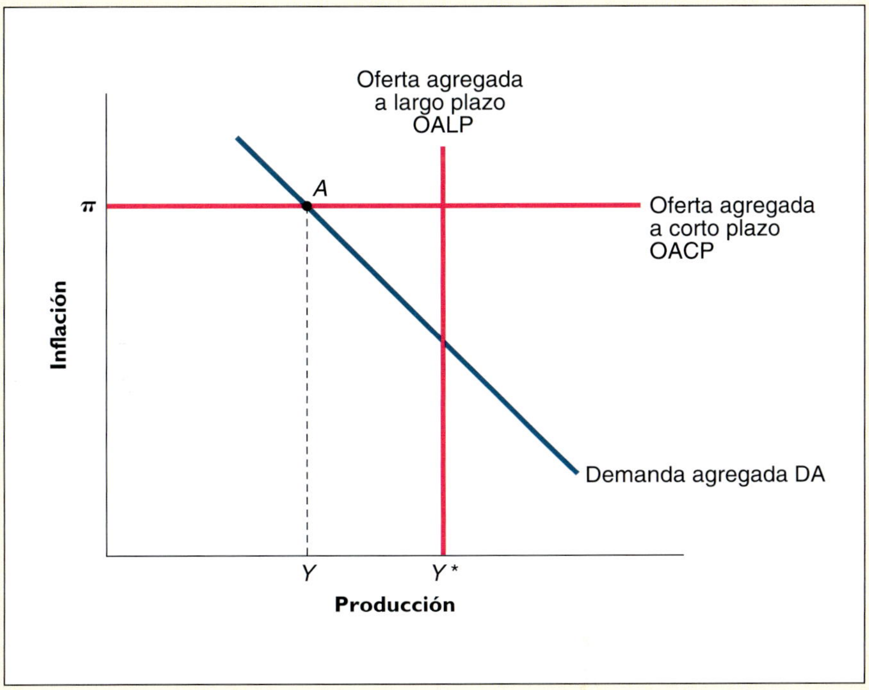

FIGURA 28.6
El diagrama de demanda y oferta agregadas (*DA-OA*).
Este diagrama tiene tres elementos: la curva *DA*, que muestra que la producción de equilibrio a corto plazo depende de la inflación; la recta de oferta agregada a largo plazo (*OALP*), que indica la producción potencial de la economía, Y^*; y la recta de oferta agregada a corto plazo (*OACP*), que muestra el valor actual de la inflación, π. La producción de equilibrio a corto plazo, que aquí es igual a *Y*, se encuentra en el punto de intersección de la curva *DA* y la recta *OACP* (punto *A*). Como la producción efectiva, *Y*, es menor que la potencial, Y^*, esta economía tiene una brecha contractiva.

representa la capacidad productiva a largo plazo de la economía, llamaremos a esta línea vertical **recta de oferta agregada a largo plazo** o recta **OALP.** El tercer elemento de la Figura 28.6 es la **recta de oferta agregada a corto plazo,** llamada **OACP** en el gráfico, y representada por una línea recta horizontal que muestra la tasa efectiva de inflación en la economía, que en la figura es π. Podemos imaginar que la tasa efectiva de inflación está determinada por las expectativas anteriores sobre la inflación y por las decisiones previas sobre los precios. La recta de oferta agregada a corto plazo es horizontal porque a corto plazo los productores ofrecen la producción que se demanda a los precios fijados previamente.

recta de oferta agregada a largo plazo (OALP) línea recta vertical que muestra la producción potencial de la economía Y^*

recta de oferta agregada a corto plazo (OACP) línea recta horizontal que muestra la tasa actual de inflación, determinada por las expectativas y las decisiones de precios establecidas con anterioridad

El diagrama *DA-OA* puede utilizarse para hallar el nivel de producción existente en cualquier momento. Como hemos visto, la tasa de inflación existente en cualquier momento viene determinada directamente por la posición de la recta *OACP* —por ejemplo, la inflación actual es igual a π en la Figura 28.6—. Para hallar el nivel actual de producción, recuérdese que la curva *DA* muestra el nivel de producción de equilibrio a corto plazo correspondiente a cualquier tasa dada de inflación. Como en esta economía la tasa de inflación es π, podemos deducir de la Figura 28.6 que la producción de equilibrio a corto plazo debe ser igual a *Y*, que corresponde a la intersección de la curva *DA* y la recta *OACP* (punto *A* en la figura). Obsérvese que en la Figura 28.6 la producción de equilibrio a corto plazo, *Y*, es menor que la producción potencial, Y^*, por lo que en esta economía hay una brecha contractiva.

La intersección de la curva *DA* y la recta *OACP* (punto *A* en la Figura 28.6) se denomina punto de *equilibrio a corto plazo* en esta economía. Cuando la economía se encuentra en **equilibrio a corto plazo,** el valor de la inflación viene determinado por las expectativas pasadas sobre la inflación y las decisiones pasadas sobre los precios, mientras que el nivel de la producción coincide con la producción de equilibrio a corto plazo que es a su vez coherente con la tasa de inflación existente.

equilibrio a corto plazo situación en la que la inflación es igual al valor determinado por las expectativas y las decisiones de precios establecidas con anterioridad y la producción a su vez es igual al nivel de producción de equilibrio a corto plazo coherente con esa tasa de inflación; gráficamente, se encuentra en el punto de intersección de la curva *DA* y la recta *OACP*

Aunque la economía esté en equilibro a corto plazo en el punto *A* de la Figura 28.6, no permanecerá en ese punto, ya que en el punto *A* la economía tiene una brecha contractiva (la producción es menor que la producción potencial, como indica la recta *OALP*). Como acabamos de ver, cuando hay una brecha contractiva, las empresas no están vendiendo tanto como les gustaría, por lo que reducen el ritmo al que suben sus precios. Al final, el bajo nivel de demanda agregada que acompaña a una brecha contractiva provoca una reducción de la tasa de inflación.

La Figura 28.7 muestra gráficamente el ajuste de la inflación en respuesta a una brecha contractiva. Cuando disminuye la inflación, la recta *OACP* se desplaza en sentido descendente. Como consecuencia de la inercia de la inflación (provocada por el lento ajuste de las expectativas del público sobre la inflación y por la existencia de contratos a largo plazo), la inflación sólo se ajusta a la baja gradualmente. Por ejemplo, la recta *OACP* puede desplazarse primero a $OACP_2$ y con el tiempo a $OACP_3$. Continuará desplazándose en sentido descendente mientras continúe existiendo una brecha contractiva. Por lo tanto, la recta *OACP* se desplazará en sentido descendente hasta que corte a la curva *DA* en el punto *B* de la Figura 28.7. En ese punto, la producción efectiva es igual a la producción potencial y la brecha contractiva ha desaparecido. Por consiguiente, la recta final *OACP* se llama $OACP_{Final}$. Como en el punto *B* la inflación no sufre nuevas presiones, la tasa de inflación se estabiliza en el nivel más bajo. Una situación como la que representa el punto *B* de la Figura 28.7, en el que la tasa de inflación es estable y la producción efectiva es igual a la producción potencial, se denomina **equilibrio a largo plazo** de la economía. Ésta alcanza el equilibrio a largo plazo cuando la curva *DA*, la recta *OACP* y la recta *OALP* se cortan en un único punto.

equilibrio a largo plazo situación en la que la producción efectiva es igual a la potencial y la tasa de inflación se mantiene estable; gráficamente, se alcanza el equilibrio a largo plazo cuando la curva *DA*, la recta *OACP* y la recta *OALP* se cortan todas ellas en un único punto

FIGURA 28.7
Ajuste de la inflación cuando existe una brecha contractiva.
En el punto inicial de equilibrio a corto plazo *A*, existe una brecha contractiva, que presiona a la baja a la inflación. A medida que ésta disminuye gradualmente, la recta *OAPA* se desplaza gradualmente en sentido descendente hasta que alcanza $OACP_{Final}$ y la producción efectiva es igual a la potencial (punto *B*). Una vez que se ha eliminado la brecha contractiva, la inflación se estabiliza en π' y la economía alcanza el equilibrio a largo plazo en la intersección de *DA*, *OALP* y $OACP_{Final}$ (punto *B*).

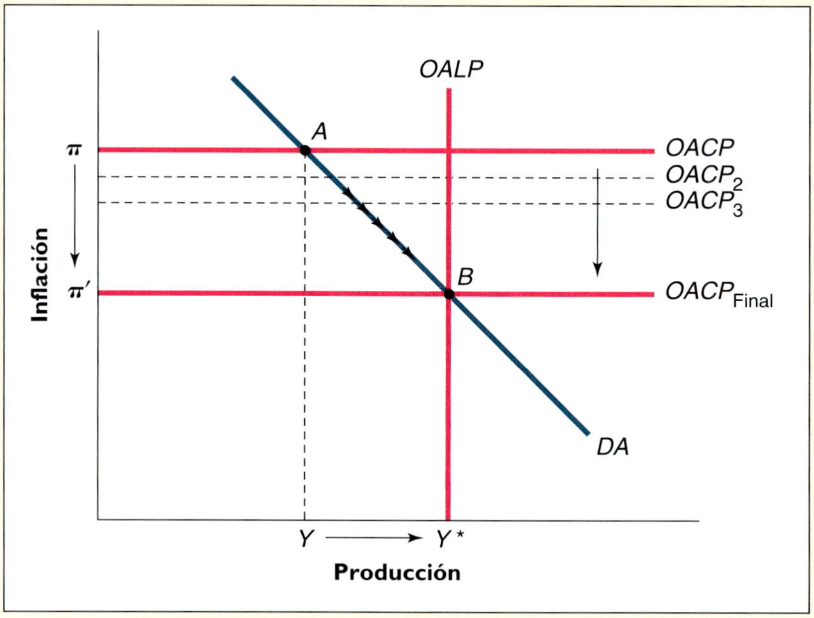

La Figura 28.7 muestra que, cuando existe una brecha contractiva, la inflación tiende a disminuir. También que, cuando la inflación disminuye, la producción de equilibrio a corto plazo aumenta, elevando gradualmente *Y* a *Y** al desplazarse el punto de equilibrio a corto plazo en sentido descendente a lo largo de la curva *DA*. La causa de este aumento de la producción es la conducta del Banco Central, que baja el tipo de interés real al disminuir la inflación, estimulando la demanda agregada. La disminución de la inflación estimula el gasto y la producción de otras formas, por ejemplo, reduciendo la incertidumbre[4]. Cuando la producción aumenta, el desempleo cíclico, que según la ley de Okun es proporcional a la brecha de producción, también disminuye. Este proceso de descenso de la inflación, disminución de los tipos de interés reales, aumento de la producción y reducción del desempleo, continúa hasta que la economía alcanza el pleno empleo en el punto *B* de la Figura 28.7, que es el punto de equilibrio a largo plazo de la economía.

¿Qué ocurre si la economía tiene una brecha expansiva en lugar de una brecha contractiva, es decir, si la producción efectiva es mayor que la potencial? Una

[4] Nuestra explicación de la pendiente negativa de la curva *DA*, presentada antes en este capítulo, describe algunos de estos otros factores.

brecha expansiva provocaría un *aumento* de la tasa de inflación, ya que las empresas responden a la mayor demanda subiendo sus precios más rápido de lo que están aumentando sus costes. En términos gráficos, una brecha expansiva haría que la recta *OACP* se desplazara en sentido ascendente con el paso del tiempo. La inflación y la recta *OACP* continuarían ascendiendo hasta que la economía alcanzara el equilibrio a largo plazo, en el que la producción efectiva es igual a la potencial. Este proceso se muestra en la Figura 28.8. Al principio, la economía se encuentra en equilibrio a corto plazo en el punto *A*, en el que $Y > Y^*$ (brecha expansiva). La brecha expansiva hace que la inflación aumente con el paso del tiempo; gráficamente, la recta de oferta agregada a corto plazo se desplaza en sentido ascendente de *OACP* a $OACP_2$ y a continuación a $OACP_3$. Al ascender, la producción de equilibrio a corto plazo disminuye, debido a la tendencia del Banco Central a subir el tipo de interés real cuando la inflación aumenta. Finalmente, la recta *OACP* corta a $OACP_{Final}$, donde intercepta a la curva *DA* y a la recta *OALP* en el punto *B*, que es precisamente en el que la economía alcanza el equilibrio a largo plazo, no hay ninguna brecha de producción y la inflación se mantiene estable.

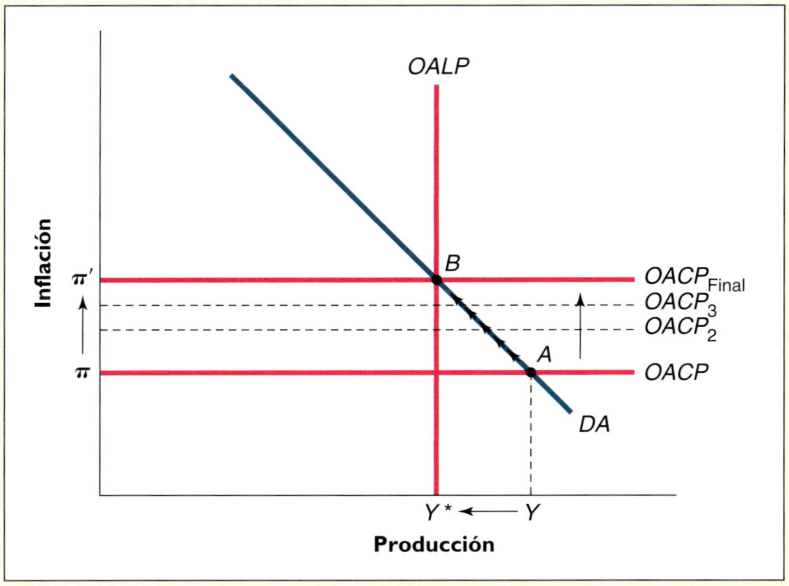

FIGURA 28.8
El ajuste de la inflación cuando existe una brecha expansiva.
En el punto inicial de equilibrio a corto plazo *A*, existe una brecha expansiva. La inflación aumenta gradualmente (la recta *OACP* se desplaza en sentido ascendente) y la producción disminuye. El proceso continúa hasta que la economía alcanza el equilibrio a largo plazo en el punto *B*, en el que la inflación se estabiliza y la brecha de producción desaparece.

LA ECONOMÍA QUE SE AUTOCORRIGE

En nuestro análisis de las figuras 28.7 y 28.8 hacemos una importante observación general: la economía tiende a *autocorregirse* a largo plazo. En otras palabras, con tiempo suficiente, las brechas de producción tienden a desaparecer sin que se modifique la política monetaria o la política fiscal (salvo el tipo de interés real que implica la función de reacción del Banco Central). Las brechas de producción expansivas son eliminadas por un aumento de la inflación, mientras que las contractivas son eliminadas por una disminución de la inflación. Este resultado contrasta claramente con el modelo keynesiano básico, que no incluye un mecanismo autocorrector. La diferencia se debe a que el modelo keynesiano básico centra la atención en el periodo a corto plazo, en el que los precios no se ajustan y no tiene en cuenta las variaciones que experimentan los precios y la inflación a largo plazo.

¿Implica la tendencia de la economía a autocorregirse que no es necesario adoptar medidas monetarias y fiscales activas para estabilizar la producción? La respuesta a esta pregunta depende fundamentalmente de la *rapidez* con que se produzca el proceso de autocorrección. Si la autocorrección se realiza muy despacio, por lo que la producción efectiva es diferente de la potencial durante un largo periodo de tiempo, la utilización activa de la política monetaria y la fiscal puede ayudar a estabilizar la producción. Pero si se realiza rápidamente, la política activa de estabilización probablemente no esté justificada dados los retardos y la incertidumbre que hay en la formulación de la política económica en la práctica. De hecho, si la economía retorna rápidamente al pleno empleo, los intentos de las autoridades económicas de estabilizar el gasto y la producción pueden acabar siendo más perjudiciales que beneficiosos, por ejemplo, haciendo que la producción efectiva sea "superior" a la potencial.

La rapidez con que se corrigen los problemas de una economía depende de diversos factores, entre ellos, de la cantidad de contratos a largo plazo, así como la eficiencia y flexibilidad de los mercados de productos y trabajo (para un caso práctico, véase la comparación de los mercados de trabajo de Estados Unidos y Europa en el Capítulo 21). Sin embargo, es razonable concluir que, cuanto mayor es la brecha de producción inicial, más largo es el proceso de autocorrección de la economía. Esta observación sugiere que las medidas de estabilización no deben utilizarse activamente para eliminar las brechas de producción relativamente pequeñas, pero pueden resultar bastante útiles para eliminar las grandes, por ejemplo, cuando la tasa de desempleo es excepcionalmente alta.

RECAPITULACIÓN	LA *DA-OA* Y LA ECONOMÍA QUE SE AUTOCORRIGE

- La economía se encuentra en equilibrio, a corto plazo, cuando la inflación es igual al valor determinado por las expectativas y las decisiones de precios anteriores, y la producción es igual al nivel de producción de equilibrio a corto plazo coherente con esa tasa de inflación. Gráficamente, el equilibrio a corto plazo se encuentra en la intersección de la curva *DA* y la recta *OACP*.
- La economía se encuentra en equilibrio, a largo plazo, cuando la producción efectiva es igual a la potencial (no hay ninguna brecha de producción) y la tasa de inflación es estable. Gráficamente, se alcanza el equilibrio a largo plazo cuando la curva *DA*, la recta *OACP* y la recta *OALP* se cortan en un punto de intersección común.
- La inflación se ajusta gradualmente para llevar a la economía al equilibrio a largo plazo (fenómeno que se denomina *tendencia de la economía a autocorregirse*). La inflación aumenta para eliminar una brecha expansiva y disminuye para eliminar una brecha contractiva. Gráficamente, la recta *OACP* se desplaza en sentido ascendente o descendente, según sea necesario, para llevar a la economía al equilibrio a largo plazo.
- Cuanto más rápido es el proceso de autocorrección, menos necesarias son las medidas activas de estabilización para eliminar las brechas de producción. En la práctica, es más probable que los intentos de los responsables de la política económica de eliminar las brechas de producción, alterando la demanda agregada, sean más útiles cuando la brecha de producción es grande que cuando es pequeña.

CAUSAS DE LA INFLACIÓN

Hemos visto que la inflación puede aumentar o disminuir en respuesta a una brecha de producción. Pero ¿a qué se deben las brechas de producción que alteran la inflación? ¿Existen otros factores, además de las brechas de producción, que pueden afectar a la tasa de inflación? En este apartado utilizamos el diagrama *DA-OA* para analizar las causas últimas de la inflación. Primero vemos que un excesivo crecimiento del gasto agregado puede elevar la inflación y, a continuación, analizamos los factores que actúan por el lado de la oferta.

GASTO AGREGADO EXCESIVO

En la práctica, una importante causa de inflación es la existencia de un gasto agregado excesivo o, en términos más coloquiales, la existencia de "demasiado gasto a la caza de un escaso número de bienes". El Ejemplo 28.2 lo muestra.

Las escaladas militares y la inflación

EJEMPLO 28.2

Las guerras y las escaladas militares a veces van acompañadas de un aumento de la inflación. Expliquemos por qué con un diagrama *DA-OA*. ¿Puede hacer algo el Banco Central para impedir que una escalada militar aumente la inflación?

Las guerras y las escaladas militares pueden ser inflacionistas debido a que un aumento del gasto en armamento militar eleva la demanda total en relación con la capacidad productiva de la economía. Al aumentar las ventas, las empresas suben sus precios más deprisa, elevando la tasa de inflación.

Las dos partes de la Figura 28.9 muestran este proceso. Supongamos primero, en la 28.9(a), que la economía se encuentra inicialmente en equilibrio a largo plazo en el punto *A*, en el que la curva de demanda agregada *DA* corta tanto a la recta de oferta agregada a corto plazo como a la recta de oferta agregada a largo plazo, *OACP* y *OALP* respectivamente. El punto *A* es un punto de equilibrio a largo plazo, en el que la producción es igual a la potencial y la inflación se mantiene estable. Supongamos ahora que el Gobierno decide gastar más en armamento. Un aumento del gasto militar es un incremento de las compras del Estado, *G*, en definitiva un aumento exógeno del gasto desplaza la curva *DA* hacia la derecha y eleva la producción de equilibrio a corto plazo. La Figura 28.9(a) muestra la curva de demanda agregada que se desplaza hacia la derecha, de *DA* a *DA'*, como consecuencia del incremento de los gastos militares. La economía se desplaza a un nuevo punto de equilibrio a corto plazo, *B*, en el que *DA'* intersecta a *OACP*. Obsérvese que en el punto *B* la producción efectiva ha aumentado por encima de la potencial, $Y > Y^*$, provocando una brecha expansiva. Como la inflación tiene inercia y no varía a corto plazo, el efecto inmediato del incremento de las compras del Estado sólo es un aumento de la producción, exactamente como vimos en el análisis basado en el aspa keynesiana del Capítulo 26.

Sin embargo, el proceso no termina ahí, ya que la inflación no permanece en el mismo nivel indefinidamente. En el punto *B* hay una brecha expansiva, por lo que

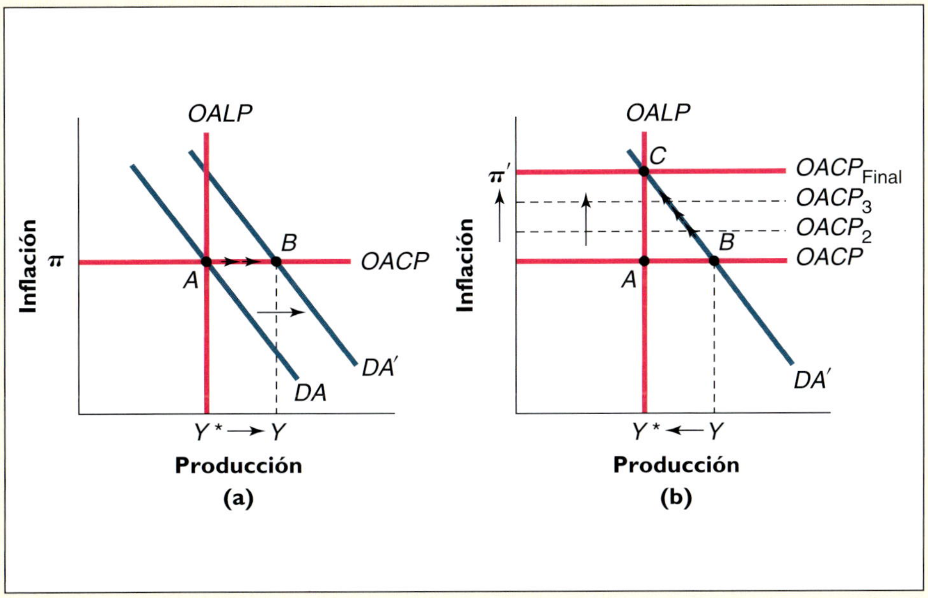

FIGURA 28.9
La guerra y la escalada militar como causa de la inflación.
(a) Un aumento de los gastos militares desplaza la curva *DA* hacia la derecha de *DA* a *DA'*. En el nuevo punto de equilibrio a corto plazo *B*, la producción efectiva ha aumentado por encima de la potencial Y^*, produciendo una brecha expansiva (b). Esta brecha provoca un aumento de la inflación, representada por un desplazamiento ascendente de la recta *OACP* hasta $OACP_{Final}$. En el nuevo punto de equilibrio a largo plazo *C*, la producción efectiva ha disminuido y retornado al nivel potencial, pero en el nivel π' la inflación es más alta que la que era inicialmente.

la inflación comienza a aumentar gradualmente. La Figura 28.9(b) muestra este aumento de la inflación como un desplazamiento de la recta *OACP* de su posición inicial, a unos niveles cada vez más altos y finalmente a $OACP_{\text{Final}}$. Cuando la inflación ha aumentado a π', lo suficiente como para eliminar la brecha de producción (punto *C*), la economía ha vuelto al equilibrio a largo plazo. Ahora vemos que el aumento de la producción, provocado por la escalada militar sólo ha sido temporal. A largo plazo, la producción efectiva ha retornado al nivel potencial, pero con una tasa de inflación más alta.

Como la producción ha retornado a su nivel inicial, mientras que el gasto público ha aumentado, algún otro componente del gasto debe ser ahora menor que al principio. De hecho, cuando nos desplazamos del punto *B* al *C* a lo largo de la curva *DA'*, el Banco Central está subiendo el tipo de interés real en respuesta al aumento de la inflación y como consecuencia, la inversión disminuye. En el Capítulo 22, llamamos a este fenómeno efecto-expulsión (*crowding-out*) de la inversión a largo plazo, producido tras un aumento del gasto público.

¿Tiene poder el Banco Central para impedir el aumento de la inflación, provocado por un incremento de los gastos militares? La respuesta es afirmativa. Antes hemos visto que la decisión del Banco Central de reducir la tasa de inflación monetaria fijada como objetivo desplaza a la función de reacción de la política monetaria hacia arriba (hacia la izquierda) y a la curva *DA* hacia la izquierda. Por lo tanto, si el Banco Central endurece agresivamente la política monetaria (desplaza su función de reacción) a medida que avanza la escalada militar, puede invertir el desplazamiento de la curva *DA* hacia la derecha, provocado por el aumento del gasto público. Contrarrestando el desplazamiento de la curva *DA* hacia la derecha evita, a su vez, la aparición de una brecha expansiva con sus consecuencias inflacionistas. La política del Banco Central da resultado porque el tipo de interés real más alto que fija en cada nivel de inflación reduce el gasto en consumo y en inversión. La reducción del gasto privado contrarresta el aumento de la demanda del Estado, eliminando —o al menos moderando— el efecto inflacionista de las compras militares.

Por cierto, no debemos extraer la conclusión de que una escalada militar tiene menos costes para la sociedad si se evitan sus consecuencias inflacionistas. Cuando el Banco Central baja la tasa de inflación fijada como objetivo, sube el tipo de interés real más deprisa que en la Figura 28.9. Como consecuencia, la economía vuelve a Y^* más deprisa y el consumo y la inversión disminuyen más rápidamente hasta situarse en sus niveles finales. El sector privado debe renunciar a algunos recursos para que puedan dedicarse más a fines militares. Esta reducción de los recursos empeora tanto el nivel de vida actual (al reducir el consumo) como el nivel de vida futuro (al reducir la inversión).

EL OBSERVADOR ECONÓMICO 28.1

¿Cómo se inició la inflación en Estados Unidos durante los años sesenta?

En Estados Unidos, la inflación giró en torno a un 1% al año entre 1959 y 1963. Sin embargo, a partir de 1964 comenzó a aumentar, llegando a ser de casi un 6% en 1970. ¿Por qué se convirtió la inflación en un problema para Estados Unidos durante la década de los sesenta?

Los incrementos del gasto público, unidos al hecho de que la Reserva Federal no interviniese para contener la inflación, parecen explicar la mayor parte del aumento que experimentaron los precios durante la década de los sesenta. Desde el punto de vista fiscal, los gastos militares aumentaron espectacularmente en la segunda mitad de la década al intensificarse la Guerra de Vietnam. El gasto destinado a la defensa pasó en 1965 de 50.600 millones de dólares, lo que representa alrededor de un 7,4% del PIB, a 81.900, es decir, un 9,4% del PIB, en 1968 y se mantuvo en ese nivel durante algunos años. Para darse cuenta de la magnitud de esta escalada militar en relación con el tamaño de la economía, obsérvese que sólo el *aumento* de los gastos militares registrado entre 1965 y 1968 representó algo más de un 2% del PIB. A título de comparación, en 2001 el presupuesto *total* de Estados Unidos para defensa fue ligeramente superior al 3% del PIB. Por otra parte, aproximadamente en esas mismas fechas, el gasto público en programas sociales —fruto de las iniciativas del presidente

Lyndon Johnson sobre la Gran Sociedad y la Lucha contra la Pobreza— también aumentó espectacularmente.

Estos aumentos del gasto total inducidos por el Gobierno contribuyeron a crear, en parte, una expansión económica disfrutada durante la década de los sesenta. De hecho, la expansión económica de 1961-1969 fue la más larga de la historia hasta ese momento y sólo ha sido sobrepasada recientemente por la larga expansión de los años noventa. Sin embargo, surgió una brecha expansiva y finalmente la inflación comenzó a aumentar, como habría predicho el análisis del Ejemplo 28.2.

Existe un interesante contraste entre los efectos de la escalada militar de los años sesenta y los de la escalada militar de los ochenta bajo el mandato del presidente Reagan, que no provocó precisamente ningún repunte de la inflación. Una importante diferencia entre las dos épocas fue la conducta de la Reserva Federal. Como hemos visto en el Ejemplo 28.2, el Banco Central puede contrarrestar los efectos inflacionistas de un aumento del gasto público luchando contra la inflación. Exceptuando un breve intento en 1966, la Reserva Federal no trató de contrarrestar las presiones inflacionistas durante la década de los sesenta. Puede que se debiera simplemente a un error de cálculo o a una renuencia a adoptar la medida políticamente impopular de frenar la economía durante un periodo de grandes conmociones políticas. Pero a principios de los años ochenta, bajo el mandato de Paul Volcker, la Reserva Federal actuó enérgicamente para contener la inflación, por lo que ésta disminuyó de hecho en la década de los ochenta, a pesar de la escalada militar.

EJERCICIO 28.7

En el Ejemplo 28.1 hemos visto que la disminución del gasto de consumo tiende a reducir la tasa de inflación. Muestre por medio del diagrama *DA-OA* cómo afecta a la inflación de corto y largo plazo la disminución del gasto de consumo a la inflación. ¿Cómo afecta la disminución del gasto a la producción de corto y largo plazo?

"Te dije que la Reserva Federal debería haber endurecido la política monetaria."

La reducción de la producción de petróleo llevada a cabo por la OPEP en 1973-1974 originó largas colas, subió los precios y encendió los ánimos en los surtidores de gasolina.

Mientras que las brechas de producción alteran gradualmente la inflación, a veces una perturbación económica puede aumentarla o reducirla relativamente rápido. Esas bruscas subidas de los precios, que denominamos *perturbaciones inflacionistas*, son el tema del siguiente apartado.

LAS PERTURBACIONES INFLACIONISTAS

A finales de 1973, durante la Guerra del Yom Kippur entre Israel y una coalición de países árabes, la Organización de Países Exportadores de Petróleo (OPEP) redujo bruscamente su suministro de crudo a los países industrializados, logrando cuadruplicar su precio mundial. La brusca subida de los precios del petróleo se trasladó rápidamente a los precios de la gasolina, del combustible para calefacciones y de los bienes y servicios intensivos en energía, como los viajes en avión. Los efectos de la subida de los precios del petróleo, unidos a la escasez de productos agrícolas que elevó el precio de los productos alimenticios, contribuyeron a aumentar significativamente la tasa total de inflación de Estados Unidos en 1974[5].

perturbación inflacionista cambio repentino de la conducta normal de la inflación, que no está relacionado con la brecha de producción del país

El aumento de la inflación de 1974 es un ejemplo de lo que se denomina *perturbación inflacionista*. Una **perturbación inflacionista** es un cambio repentino de la conducta normal de la inflación, que no está relacionado con la brecha de producción del país. Una perturbación inflacionista que provoca un aumento de la inflación, como la elevada subida de los precios del petróleo de 1973, se denomina perturbación inflacionista *negativa*. Una perturbación inflacionista que reduce la inflación, como el brusco descenso de los precios del petróleo de 1986, se denomina perturbación inflacionista *favorable*. En El observador económico 28.2 damos más detalles sobre los efectos económicos de las perturbaciones inflacionistas.

EL OBSERVADOR ECONÓMICO 28.2

¿Por qué se disparó la inflación en Estados Unidos durante la década de 1970?

La inflación, tras aumentar en la segunda mitad de los años sesenta, continuó aumentando en los setenta. En 1973 ya era de un 6,2% y en 1974 subió a un 11%. Tras disminuir entre 1974 y 1978, comenzó a aumentar de nuevo en 1979, situándose en un 11,4% y alcanzando el 13,5% en 1980. ¿Por qué aumentó tanto la inflación durante la década de 1970?

Ya hemos señalado que los precios del petróleo se cuadruplicaron a finales de 1973 y que los precios agrícolas experimentaron una vertiginosa subida aproximadamente en la misma época; estos dos aumentos constituyeron conjuntamente una perturbación inflacionista negativa. En 1979 se produjo otro, cuando se restringió el suministro del petróleo de Oriente Medio y se duplicaron de nuevo sus precios, como consecuencia de las convulsiones provocadas por la revolución iraní.

La Figura 28.10 muestra los efectos que produce una perturbación inflacionista negativa en una hipotética economía. Antes de que se produzca la perturbación, la economía se encuentra en equilibrio a largo plazo en el punto *A*, que es el punto de intersección de *DA*, *OALP* y *OACP*. En el punto *A*, la producción efectiva es igual a la potencial Y^* y la tasa de inflación se mantiene estable en π. Sin embargo, una perturbación inflacionista negativa aumenta directamente la inflación de tal forma que la recta *OACP* se desplaza rápidamente en sentido ascendente a *OACP'*. Se establece un nuevo equilibrio a corto plazo en el punto *B*, en el que *OACP'* corta a la curva de demanda agregada *DA*. Tras la perturbación inflacionista, la inflación aumenta a π' y la producción disminuye de Y^* a Y'. Por lo tanto, una perturbación inflacionista crea el peor escenario posible: una inflación más alta acompañada de una brecha contractiva. La combinación de una inflación y una contracción se ha venido en llamar, *estagflación*; es decir, estancamiento más inflación. La economía de Estados Unidos experimentó una estagflación en 1973-1975, tras la primera crisis del petróleo, y de nuevo en 1980, tras la segunda.

Como señalamos más detalladamente en el siguiente capítulo, una perturbación inflacionista negativa plantea un dilema a los responsables de la política macroeconómica. Supongamos que la política monetaria y la fiscal no se modificaran tras una perturbación inflacionista. Poco después de ésta, la economía alcanzaría su equilibrio a corto plazo en el punto *B* de la Figura 28.10, con una inflación más alta. Como consecuencia de la brecha contractiva que existe en el punto *B*, la inflación comenzaría a disminuir, hasta que desapareciera la brecha contractiva. Gráficamente,

[5] En el Capítulo 19 distinguimos entre las variaciones de los precios relativos (las variaciones de los precios de los distintos bienes) y la inflación (las variaciones del nivel general de precios). En relación a los sucesos económicos de 1973-1974, las variaciones del precio de algunos tipos de bienes, como la energía y los productos alimenticios no elaborados, fueron suficientemente grandes y generales como para que el nivel general de precios resultara afectado significativamente. Por lo tanto, estas variaciones de los precios relativos también produjeron un efecto inflacionista.

FIGURA 28.10
Efectos de una perturbación inflacionista negativa.
Partiendo del equilibrio a largo plazo representado en el punto *A*, una perturbación inflacionista negativa eleva directamente la inflación actual, provocando un desplazamiento ascendente de la recta *OACP* a *OACP'*. En el nuevo equilibrio a corto plazo del punto *B*, la inflación ha aumentado a π' y la producción se ha reducido a *Y'*, provocando una brecha contractiva. Si el Banco Central no hace nada, la economía acaba retornando al punto *A*, restableciendo la tasa de inflación inicial, pero sufriendo una larga contracción. El Banco Central podría relajar la política monetaria, desplazando hacia abajo su función de reacción, desplazando a su vez la curva *DA* a *DA'* y restableciendo antes el pleno empleo en el punto *C*. El coste de esta estrategia es que la inflación permanecerá en su nivel más alto.

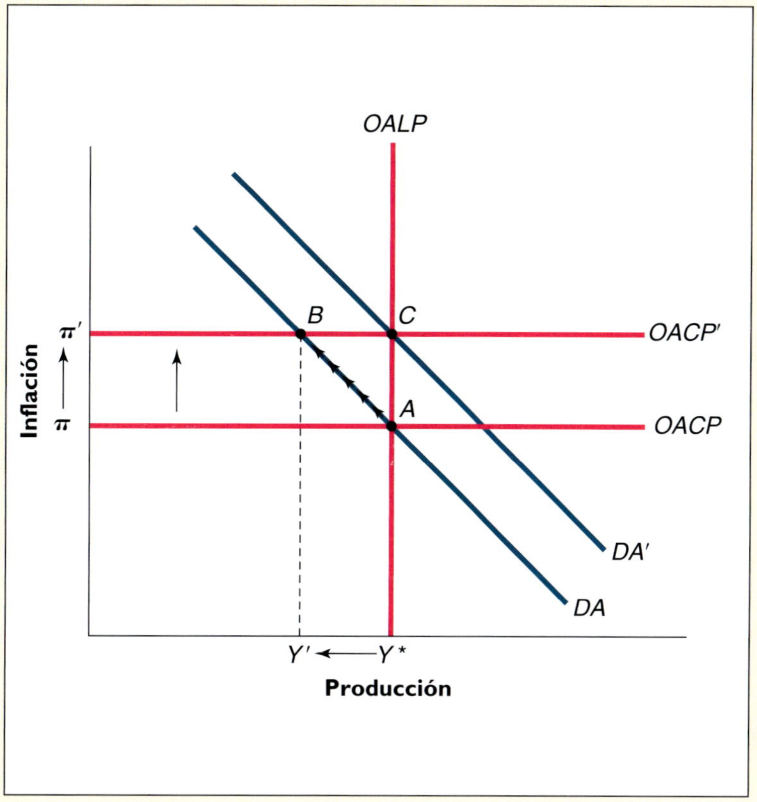

esta disminución de la inflación estaría representada por un movimiento descendente de la recta *OACP*, desde *OACP'* hasta *OACP* de nuevo. La inflación sólo dejaría de disminuir cuando se restableciera el equilibrio a largo plazo en el punto *A* de la figura, en el que la inflación se encuentra en su nivel inicial, π, y la producción es igual a la potencial.

Aunque un enfoque no intervencionista acabaría eliminando tanto la brecha de producción como el aumento de la inflación, también haría que la economía atravesara una prolongada contracción, por lo que los responsables de la política económica podrían optar por eliminar la brecha contractiva más rápido, adoptando una política fiscal más expansiva o relajando la política monetaria (más concretamente, subiendo la tasa de inflación fijada como objetivo y, por lo tanto, desplazando la función de reacción de la política monetaria hacia abajo). Por ejemplo, un aumento de la tasa de inflación fijada como objetivo por el Banco Central desplazaría la curva *DA* hacia la derecha, de *DA* a *DA'*, llevando a la economía a un nuevo equilibrio a largo plazo en el punto *C* de la Figura 28.10. Esta política expansiva contribuiría a alcanzar más rápidamente la producción de pleno empleo, pero como muestra la figura, también permitiría que la inflación se estabilizara en un nivel más alto.

En la década de 1970, aunque las autoridades económicas de Estados Unidos trataron de buscar un equilibrio entre la estabilización de la producción y la contención de la inflación, la economía resultó dañada tanto por la aparición de una contracción como por un aumento de la inflación.

En el Capítulo 23, analizamos la relación a largo plazo entre la inflación y el crecimiento del dinero. El ejemplo de una perturbación inflacionista muestra que la inflación no siempre se debe a un excesivo crecimiento del dinero; puede deberse a toda una variedad de factores. Sin embargo, nuestro análisis también muestra que, en ausencia de laxitud monetaria, la inflación debida a factores tales como perturbaciones inflacionistas acaba desapareciendo. En cambio, la inflación *permanente* requiere que se mantenga una política monetaria laxa; es decir, que las autoridades permitan que la oferta monetaria aumente rápidamente. En este sentido, nuestro análisis es coherente con el análisis anterior, en el que llegábamos a la conclusión de que sólo es posible una inflación continua, si la política monetaria es lo suficientemente expansiva.

EJERCICIO 28.8

Las perturbaciones inflacionistas también pueden ser beneficiosas para la economía, por ejemplo, cuando los precios del petróleo bajaron a finales de la década de los noventa. ¿Cómo afectaría a la producción y la inflación un descenso de los precios del crudo?

PERTURBACIONES DE LA PRODUCCIÓN POTENCIAL

Al analizar los efectos que produjo la subida de los precios del petróleo en la economía de Estados Unidos durante la década de los setenta, hemos supuesto que la producción potencial no varió tras la perturbación. Sin embargo, la brusca subida que experimentaron los precios del petróleo durante ese periodo probablemente afectó también a la producción potencial. Por ejemplo, al subir los precios del petróleo, muchas empresas retiraron el equipo que consumía más combustible o desecharon los vehículos más viejos que consumían mucha gasolina. Un *stock* de capital más pequeño implica una producción potencial menor.

Si las subidas de los precios del petróleo redujeron la producción potencial, su efecto inflacionista tuvo que agravarse. La Figura 28.11 muestra los efectos que produce en la economía una disminución repentina de la producción potencial. Para simplificar el análisis, la figura sólo incluye los efectos de la reducción de la producción potencial y no el efecto directo de la perturbación inflacionista (en el Problema 7 de este capítulo pedimos al lector que combine ambos efectos).

Supongamos, una vez más, que la economía se encuentra en equilibrio a largo plazo en el punto *A*. Ahora la producción potencial disminuye inesperadamente de Y^* a $Y^{*\prime}$, desplazando la recta de oferta agregada a largo plazo hacia la izquierda, de *OALP* a *OALP'*. Tras esta disminución de la producción potencial, ¿sigue la economía encontrándose en equilibrio a largo plazo en el punto *A*? La respuesta es negativa, ya que ahora la producción es superior a la potencial en ese punto. En otras palabras, ha aparecido una brecha de producción expansiva. Esta brecha refleja el hecho de que, aunque el gasto planeado no ha variado, la capacidad de las empresas para ofrecer bienes y servicios ha disminuido.

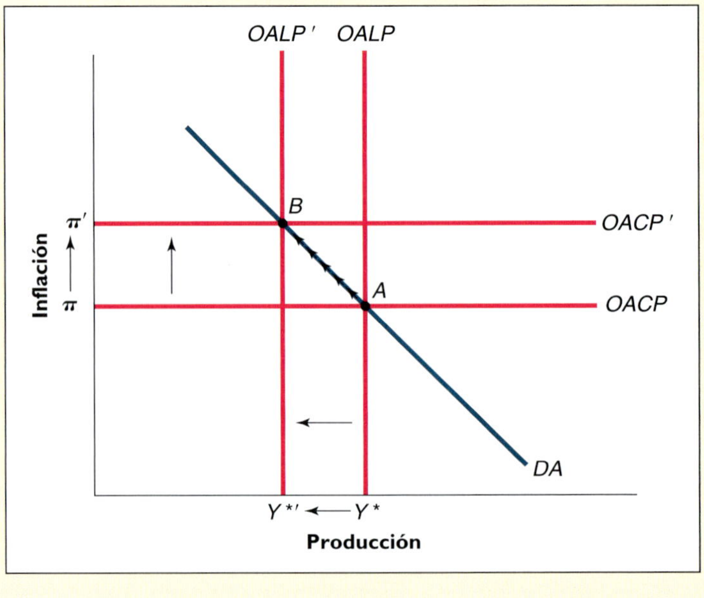

FIGURA 28.11
Efectos de una perturbación de la producción potencial. La economía se encuentra en equilibrio a largo plazo en el punto *A* cuando una disminución de la producción potencial de Y^* a $Y^{*\prime}$ produce una brecha expansiva. La inflación aumenta y la recta de oferta agregada a corto plazo se desplaza en sentido ascendente de *OACP* a *OACP'*. Se alcanza un nuevo equilibrio en el punto *B*, en el que la producción efectiva es igual al nuevo nivel más bajo de producción potencial, $Y^{*\prime}$, y la inflación ha aumentado a π'. Como la disminución de la producción es consecuencia de una disminución de la producción potencial, el nuevo nivel de inflación es permanente.

Como hemos visto, una brecha expansiva provoca un aumento de la inflación. En la Figura 28.11 el aumento de la inflación se representa por medio de un movimiento ascendente de la recta *OACP*. Al final, la recta de oferta agregada a corto plazo se desplaza a *OACP'* y la economía alcanza un nuevo equilibrio a largo plazo en el punto *B* (¿Por qué es el punto *B* un equilibrio a largo plazo y no sólo un equilibrio a corto plazo?) En ese punto, la producción ha disminuido hasta el nuevo nivel más bajo de producción potencial, $Y^{*\prime}$, y la inflación ha aumentado a π'.

Las bruscas variaciones de la producción potencial y las perturbaciones inflacionistas se denominan **perturbaciones de la oferta agregada.** Como hemos visto, una perturbación negativa de la oferta agregada provoca una disminución de la producción y un aumento de la inflación y, por lo tanto, plantea un difícil reto a los responsables de la política económica. Las dos clases de perturbaciones de oferta agregada se diferencian en que las pérdidas de producción relacionadas con una perturbación inflacionista negativa son temporales (ya que la economía se autocorrige y acaba retornando a su nivel inicial de producción potencial), pero las pérdidas de producción relacionadas con una disminución de la producción potencial son permanentes (la producción sigue siendo más baja, incluso después de que la economía haya alcanzado un nuevo equilibrio a largo plazo).

perturbación de la oferta agregada una perturbación inflacionista o una perturbación de la producción potencial; ambos tipos de perturbaciones negativas de la oferta agregada reducen la producción y aumentan la inflación

¿Tenía razón Greenspan en 1996?

EL OBSERVADOR ECONÓMICO 28.3

En la introducción de este capítulo, hemos descrito el dilema de la Reserva Federal en 1996. Aunque la tasa de desempleo se situaba por debajo del nivel que muchos economistas consideraban que era la tasa natural de desempleo en aquella época, Alan Greenspan creía que la economía podía continuar creciendo sin acumular inflación. Como pensaba que la inflación no era una amenaza, a pesar de la rápida tasa de crecimiento económico, no era partidario de subir los tipos de interés para frenar la economía, por lo que la Reserva Federal no los subió. ¿Fue acertada esta decisión? ¿Qué veía Greenspan?

Antes de ser presidente de la Reserva Federal, Greenspan tenía su propia consultora económica en la que se había hecho famoso por su conocimiento de la economía, su capacidad para diseccionar los datos económicos y para descubrir tendencias que no eran evidentes para otros. Cuando entró en la Reserva Federal, continuó con su práctica de analizar concienzudamente los datos.

En verano y otoño de 1996, Greenspan estaba desconcertado. Aunque la mayoría de la gente pensaba que la economía se encontraba cerca del nivel de pleno empleo, tanto la inflación de precios como la de salarios eran más bajas de lo que habían sido antes en condiciones también de pleno empleo. Además, aunque no parecía que las empresas estuvieran subiendo los precios, sus beneficios estaban aumentando. Reuniendo estas y otras pistas, Greenspan llegó a la conclusión de que la productividad tenía que estar aumentando rápidamente. Un aumento de la productividad reduce los costes de las empresas y les permite aumentar los beneficios aun sin subir los precios. De hecho, los empresarios de diversos sectores estaban declarando incrementos de la productividad generados por la reestructuración y por el aumento de la inversión de capital. Como los datos oficiales no indicaban que estuviera aumentando significativamente la productividad, Greenspan pidió a los economistas de la Reserva Federal que examinaran más detalladamente los datos oficiales.

Lo que encontraron fue desconcertante. Cuando utilizaron los datos oficiales para elaborar estadísticas detalladas de los niveles de productividad de cada industria, algunos de los resultados parecían no tener sentido. Por ejemplo, los datos sectoriales implicaban que la productividad había aumentado en muchas ramas del sector servicios a un ritmo muy lento, llegando a *disminuir,* de hecho, en algunas. Dados los notables progresos de las comunicaciones y de la tecnología de la información (véase El observador económico 20.3), estos resultados eran inverosímiles. Como se señala en las actas de la reunión del Comité de Mercado Abierto de la Reserva Federal, "este resultado... inducía a pensar que la estimación de la producción y los precios de muchos servicios contenía errores, por lo que era probable que el crecimiento efectivo de la productividad fuera más alto de lo que indicaban las medidas"[6].

El análisis de los economistas convenció a Greenspan de que la productividad había experimentado un incremento considerable y que la capacidad productiva de muchos sectores y de la economía en su conjunto había aumentado, pero que este incremento aún no se había medido. Por consiguiente, la producción potencial era mayor de lo que pensaba la gente. Al ser mayor, la economía podía continuar creciendo sin generar una brecha expansiva o aumentar la inflación. No era necesario subir el tipo de interés interbancario.

La historia nos dice que Greenspan tenía razón. Como se señala en El observador económico 20.3, durante la segunda mitad de la década de 1990 la economía de Estados Unidos se benefició de una gran perturbación positiva en la producción potencial. El principal factor que contribuyó a ello fue el progreso tecnológico, especialmente en los ordenadores, los programas informáticos y las comunicaciones. Estos avances se tradujeron en un crecimiento más rápido de la productividad y en un aumento de la producción potencial. Y los incrementos de la productividad provocados por la adopción de nueva tecnología de la información impulsaron la economía sin generar presiones inflacionistas.

Como muestra la Tabla 28.1, el crecimiento del PIB real fue, durante el periodo 1995-2000, del 4,1% anual, significativamente más alto que la tasa media de crecimiento de la década anterior; y el desempleo fue, en promedio, solamente de un 4,8% , también significativamente menor que en la década anterior. A pesar de este rápido crecimiento económico, entre 1995 y 2000 la inflación fue, en promedio, solamente de un 2,5% al año. Además, el crecimiento anual medio de la producción por hora trabajada se aceleró, pasando de un 1,5% en el periodo 1985-1995 al 2,5% durante 1995-2000.

TABLA 28.1

Datos macroeconómicos de Estados Unidos. Medias anuales, 1985-2000

Años	Crecimiento porcentual del PIB real	Tasa de desempleo (%)	Tasa de inflación (%)	Crecimiento de la productividad (%)
1985-1995	2,8	6,3	3,5	1,5
1995-2000	4,1	4,8	2,5	2,5

FUENTE: *Economic Report of the President* (http://www.gpoaccess/gov/eop).

Gráficamente, los efectos de una perturbación positiva de la producción potencial son exactamente los contrarios a los que se observan en la Figura 28.11, que muestra los efectos de una perturbación negativa. Una perturbación positiva de la producción potencial provoca un desplazamiento de la recta *OALP* hacia la derecha, generando a corto plazo una brecha contractiva (la producción es menor que el nuevo nivel más alto de producción potencial). La inflación disminuye, lo que se refleja en un movimiento descendente de la recta *OACP*. En el nuevo nivel de equilibrio a largo plazo la producción es mayor y la inflación menor que antes. Estos resultados son coherentes con el caso de Estados Unidos en la segunda mitad de la década de los noventa. Como afirmó Greenspan en un discurso pronunciado en enero de 2000 en el *Economic Club* de Nueva York, "cuando miramos atrás, en los noventa... es razonable concluir que... la economía estadounidense estaba experimentando por primera vez desde hacía cien años una aceleración de la innovación, que impulsó la productividad, la producción, los beneficios de las empresas y los precios de las acciones a un ritmo que no se había visto en generaciones, por no decir nunca".

Analicemos la Tabla 28.2, la cual muestra algunos datos macroeconomicos para México durante el periodo 1991-2002. En ella observamos el comportamiento

[6] Actas de la reunión de la Reserva Federal del 24 de septiembre de 1996 (http://www.federalreserve.gov/FOMC/minutes/19960924.htm).

dispar entre 1991-1996 y 1997-2002. En éste último tenemos mayor crecimiento del PIB, menor tasa de desempleo, menor tasa de inflación y mayor crecimiento de la productividad. Recordemos que esta segunda etapa viene después de un periodo complicado en 1995.

TABLA 28.2
Datos macroeconómicos de México. Medias anuales, 1991-2002

Años	Crecimiento del PIB (%)	Tasa de desempleo (%)	Tasa de inflación (%)	Crecimiento de la productividad (%)*
1991-1996	2,2	3,9	20,7	–2,3
1997-2002	3,8	2,5	12,3	1,6

* PIB por hora trabajada.
FUENTE: *World Bank Indicators.*

EJERCICIO 28.9

¿Qué hubiera ocurrido si la productividad no hubiera aumentado a finales de los años noventa? ¿En qué habría sido diferente la economía en 2000?

RECAPITULACIÓN | LAS CAUSAS DE LA INFLACIÓN

- La inflación puede ser el resultado de un excesivo gasto que crea una brecha de producción expansiva y presiona al alza sobre los precios. Por ejemplo, una escalada militar que eleva vertiginosamente las compras del Estado puede recalentar la economía. Sin embargo, para contrarrestar el exceso de gasto e impedir que aumente la inflación se puede utilizar la política monetaria o la política fiscal.
- La inflación también puede ser el resultado de una *perturbación de la oferta agregada,* bien de una perturbación inflacionista o de una perturbación en la producción potencial. Una *perturbación inflacionista* es un cambio repentino en la conducta normal de la inflación que no está relacionado con la brecha de producción del país. Buen ejemplo de ello es una escalada lo suficientemente grande de los precios de la energía y los alimentos no elaborados como para elevar el nivel general de precios. Una perturbación inflacionista genera una estagflación, que es una combinación de contracción económica e inflación.
- La estagflación plantea un difícil dilema a los responsables de la política económica. Si estos no actúan, la inflación acaba disminuyendo y la producción se recupera, pero entretanto la economía puede sufrir un prolongado periodo de contracción. Si utilizan la política monetaria o la política fiscal para elevar la demanda agregada, acortan la contracción, pero también hacen que la inflación se estabilice en un nuevo nivel más alto.
- Una *perturbación de la producción potencial* es una brusca variación de la producción potencial. Una perturbación negativa de la producción potencial provoca, al igual que una perturbación inflacionista negativa, tanto un aumento de la inflación como una reducción de la producción. Sin embargo, como una reducción de la producción potencial implica que la capacidad productiva ha disminuido, la producción no se recupera tras la perturbación de la producción potencial, como acaba ocurriendo tras una perturbación inflacionista.

LA POLÍTICA FISCAL Y EL LADO DE LA OFERTA

política de oferta política que afecta a la producción potencial

En este capítulo y en el 26, centramos la atención en el papel de la política fiscal —el gasto público y los impuestos— en la determinación del gasto agregado y la demanda agregada. Hemos visto, por ejemplo, que un aumento del gasto público o una reducción de los impuestos puede expandir la economía aumentando el gasto agregado. Sin embargo, la mayoría de los economistas están de acuerdo en que las medidas fiscales afectan a la capacidad productiva de la economía, o producción potencial, así como al gasto agregado planeado. En general, una **política de oferta** es una política que afecta a la producción potencial. Como vemos aquí, las medidas fiscales a menudo son, en este sentido, medidas de oferta.

Por ejemplo, como ya hemos señalado el gasto público en capital aumenta el gasto agregado. Sin embargo, también puede aumentar la producción potencial de la economía. Un buen ejemplo es la red de autopistas interestatales, iniciada durante el mandato del presidente Eisenhower: al reducir los costes del transporte de larga distancia, aumentó la productividad de la economía y la producción potencial de Estados Unidos. Por lo tanto, el gasto en capital por parte del sector público puede ser una medida de oferta e influir en la demanda agregada.

Los programas públicos de impuestos y de transferencias afectan a los incentivos y, por lo tanto, a la conducta económica de los hogares y las empresas. En la medida en que los cambios de conducta afectan, a su vez, a la producción potencial, los programas de impuestos y transferencias también producen efectos en el lado de la oferta. Por ejemplo, una reducción del tipo impositivo que grava la renta procedente de los intereses (por oposición a toda la renta), puede aumentar la disposición de la gente a ahorrar para el futuro, como vimos en el Capítulo 22. Aunque un aumento del ahorro implica una reducción del gasto en consumo y, por lo tanto, una disminución de la demanda agregada a corto plazo, por otro lado, también implica un aumento de la inversión a largo plazo y una aceleración de la tasa de formación de capital de la economía. Como consecuencia, la producción potencial y la oferta agregada aumentarán más deprisa.

La política de impuestos y de transferencias también afecta a la producción potencial al afectar a la oferta de trabajo. Por ejemplo, una reducción de los tipos impositivos sobre los ingresos puede aumentar la producción potencial al inducir a trabajar más horas. Por poner un ejemplo, supongamos que Tomás gana 10$ por hora antes de impuestos y que su tipo impositivo es del 40%. Por cada hora que trabaja, gana 10$ y paga 4$ en impuestos, por lo que sus ingresos después de impuestos son 6$. Su situación se describe en la primera línea de la Tabla 28.3. Supongamos ahora que su tipo impositivo baja a un 30%. Si su salario antes de impuestos sigue siendo de 10$, el impuesto sobre cada hora de trabajo baja a un 30% de 10$, es decir, 3$, por lo que recibe unos ingresos después de impuestos de 7$, como muestra la segunda línea de la Tabla 28.3. Por consiguiente, una *reducción* del tipo impositivo de Tomás del 40 al 30% *aumenta* su salario después de impuestos de 6$ a 7$ por hora.

TABLA 28.3
Efectos de una reducción de los tipos impositivos en el salario de Tomás después de impuestos

Salario antes de impuestos	Tipo impositivo	Impuestos pagados	Salario después de impuestos
10$	40% (=0,40)	4$	6$
10$	30% (=0,30)	3$	7$

Las reducciones de los tipos impositivos pueden aumentar el número de horas que quiere trabajar la gente y reducir la cantidad de tiempo que quiere dedicar a ver la televisión o a hacer las tareas del hogar debido a que el *coste de oportunidad* de ver la televisión ha aumentado. El coste de oportunidad que tiene para Tomás ver una hora más la televisión es igual a la cantidad de ingresos después de impuestos que podría percibir durante esa hora, habiendo aumentado éstos de 6$ a 7$.

Según el análisis coste-beneficio, los individuos toman decisiones comparando los beneficios y costes adicionales. Para ver cómo afectan los tipos impositivos a los incentivos económicos, los economistas centran la atención en el **tipo impositivo marginal,** que es el tipo impositivo sobre el dólar *marginal* o adicional de renta; es decir, la cantidad que ha de pagarse en concepto de impuestos cuando la renta antes de impuestos aumenta un dólar. El tipo impositivo marginal de una persona puede ser muy diferente de su **tipo impositivo medio,** calculándose éste por el cociente entre los impuestos totales y su renta total antes de impuestos con el fin de hallar el porcentaje de esa renta que destina al pago de los impuestos.

tipo impositivo marginal cuantía en que suben los impuestos cuando la renta antes de impuestos aumenta un dólar

tipo impositivo medio impuestos totales divididos por renta total antes de impuestos

Aunque en la Tabla 28.3 no existe ninguna diferencia entre el tipo impositivo marginal y el tipo impositivo medio de Tomás, como muestra el Ejercicio 28.10, eso no es cierto en el caso de la mayoría de la gente. En 2004, los impuestos totales recaudados por la administración federal y por las administraciones de los estados y los municipios, representaron alrededor del 27% del PIB de Estados Unidos, y muchos de estos impuestos, como los que recaen sobre los bienes inmuebles, no dependen de la renta. Sin embargo, como muestra El observador económico 28.4, los tipos impositivos marginales a los que está sujeta la renta de la mayoría de los estadounidenses se eleva por encima del 27%.

EJERCICIO 28.10

Suponga que Tomás no paga impuestos sobre los primeros 10.000$ de renta. Suponga, sin embargo, que tiene que pagar un 20% de impuestos sobre cualquier renta *adicional*. Así, por ejemplo, si gana 11.000$, paga 0,20(11.000$ – 10.000$) = 200$ en impuestos. Asimismo, si gana 15.000$, paga 0,20(15.000$ – 10.000$) = 1.000$ en impuestos. Calcule el tipo impositivo medio y el tipo impositivo marginal de Tomás suponiendo que gana 5.000$, 11.000$ y 15.000$.

EL OBSERVADOR ECONÓMICO 28.4

Estimación del tipo impositivo marginal de un contribuyente estadounidense

Recuérdese que el tipo impositivo marginal de una persona es la cantidad adicional de impuesto que tiene que pagar cuando su renta antes de impuestos aumenta en un dólar. Puede ser difícil calcular el tipo impositivo marginal, ya que hay muchos impuestos que dependen directamente de la renta; así en el caso de Estados Unidos, los impuestos federales sobre la renta, los impuestos estatales sobre la renta y las cotizaciones a la Seguridad Social y otros programas sociales. Calcular algunos de estos impuestos puede ser complicado y depende de la composición de la familia, de las fuentes de renta (salarios, intereses, dividendos, etc.), de los gastos médicos y de otros muchos elementos.

No obstante, se puede estimar el tipo impositivo marginal de un estadounidense en varias páginas web. La Tabla 28.4 enumera los tipos impositivos marginales correspondientes a distintos niveles de renta; se han extraído de una conocida página web y se refieren a una persona soltera que trabaja por cuenta propia y que no tiene personas a su cargo.

Obsérvese que el tipo impositivo marginal es en todos los casos de la Tabla 28.4 mayor que el tipo impositivo medio de la economía, que es del 27%[7]. Obsérvese también que el tipo impositivo marginal en realidad disminuye cuando la renta antes de impuestos pasa de los 50.000$ a los 100.000$. Aunque los tipos impositivos federales marginales aumentan con la renta, la cotización marginal a la Seguridad

[7] Los tipos impositivos marginales de las familias con hijos son más difíciles de calcular, debido a la deducción fiscal por rentas del trabajo que subvenciona a los trabajadores de renta baja que tienen hijos. Si se considera que la deducción es un impuesto negativo, el tipo impositivo marginal de las familias de renta baja que tienen hijos suele ser negativo por lo que muchas páginas web que calculan los tipos impositivos marginales, como *Smart Money's*, no tienen en cuenta la deducción fiscal. En cambio, si se considera como un impuesto la reducción de las transferencias y las prestaciones del Estado (como los cupones de alimentación, las prestaciones sociales y la asistencia sanitaria) que pierden las familias de renta baja cuando ganan más, sus tipos impositivos marginales a menudo pueden ser de más del 50%.

Social y a otros programas sociales, bajan cuando una persona gana más de 90.000$ al año. Por otra parte, la mayoría de los estadounidenses pagan más en cotizaciones a la Seguridad Social que en impuestos federales sobre la renta[8].

TABLA 28.4
Tipos impositivos marginales de una persona soltera que trabaja por cuenta propia, Estados Unidos, 2005

Ingresos antes de impuestos	Tipo impositivo marginal
10.000$	28%
25.000	32
50.000	42
100.000	36
250.000	41
500.000$	42

SUPUESTOS: Toda la renta procede del trabajo y no hay deducciones. Los impuestos son los impuestos federales sobre la renta y los impuestos de todas las Administraciones (estatal y regional) sobre la renta, así como las cotizaciones a la Seguridad Social y otros programas sociales. El tipo marginal del impuesto sobre la renta de las regiones, que varía de unos estados a otros, se presume que es del 3% en el caso de la renta comprendida entre 10.000$ y 50.000$, del 4% en el de la renta comprendida entre 50.000$ y 100.000$ y del 5% en el de la renta de más de 100.000$.

FUENTE: http://www.smartmoney.com/tax/filing/index.cfm?story=marginal.

EJERCICIO 28.11

Entre en la página web mencionada en la Tabla 28.4 y estime el tipo impositivo marginal de un ciudadano hipotético de Estados Unidos.

Las variaciones de los tipos impositivos marginales pueden afectar no sólo al número de horas de trabajo, sino también a otros aspectos de la oferta de trabajo. Por ejemplo, consideremos la decisión de un estudiante de invertir o no el tiempo y el dinero necesarios para estudiar medicina. Desde el punto de vista económico, el rendimiento de esa inversión en capital humano es la renta adicional que podría ganar ejerciendo la medicina, en relación con la que podría ganar realizando otra actividad. Si el tipo marginal del impuesto sobre los ingresos es alto, el incentivo económico para estudiar medicina será menor y es posible que el estudiante decida no realizar esa inversión. Asimismo, si el tipo impositivo marginal es más bajo, la gente tiene incentivos para ser emprendedora y asumir riesgos —por ejemplo, montar su propia empresa— ya que sabe que podría quedarse con una parte mayor de los rendimientos de su esfuerzo. Como señalamos en el Capítulo 20, la iniciativa empresarial es una importante fuente de crecimiento económico.

En la Figura 28.12 mostramos un caso en el que una reducción de los tipos impositivos marginales aumenta tanto la demanda agregada como la oferta agregada. La reducción de los impuestos desplaza, al igual que antes, la curva de demanda agregada hacia la derecha, de *DA* a *DA'*. Sin embargo, también eleva la producción potencial, por lo que la recta de oferta agregada a largo plazo se desplaza hacia la derecha. Como consecuencia, la producción real aumenta tanto a corto como a largo plazo. La tasa de inflación aumentará o no, dependiendo de la magnitud relativa de los dos desplazamientos. Para simplificar el análisis las hemos trazado de manera que la inflación se mantiene constante, supuesto que por regla general no tiene por qué ser así.

Aunque los economistas están de acuerdo en que los tipos impositivos afectan a la conducta económica, la magnitud y, a veces incluso el sentido de los efectos pueden ser controvertidos. En nuestro ejemplo anterior hemos mostrado que una reducción

[8] Como los datos de la Tabla 28.4 se refieren a los trabajadores por cuenta propia, incluyen las cotizaciones a la Seguridad Social y otros programas sociales, que son iguales al 15,3% de toda la renta procedente del trabajo hasta 90.000$, así como al 2,9% de toda la renta procedente del trabajo que supera esa cantidad. Aunque las empresas de los trabajadores que no trabajan por cuenta propia son responsables de pagar la mitad de todos estos impuestos, la mayoría de los economistas está de acuerdo en que los asalariados pagan, de hecho, tanto la parte del impuesto que corresponde al trabajador como la que corresponde a la empresa. Los cálculos de los tipos impositivos no tienen en cuenta el hecho de que algunas de las cotizaciones a la Seguridad Social adicionales que paga la mayoría de la gente le permiten percibir mayores pensiones cuando se jubila.

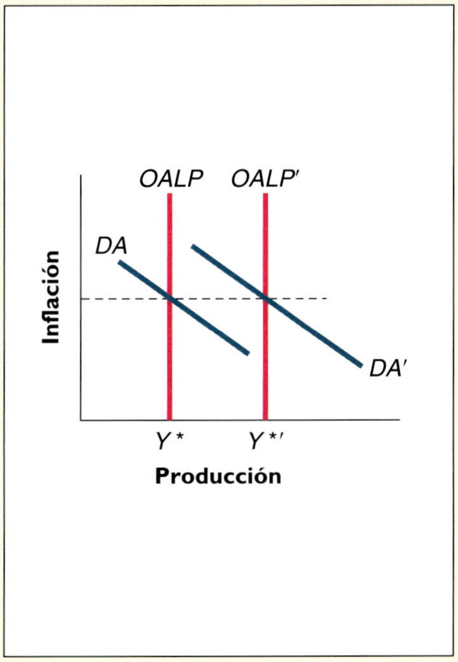

FIGURA 28.12
Efectos potenciales de las reducciones de los tipos impositivos tanto en la demanda agregada como en la oferta agregada.
La economía comienza encontrándose en equilibrio a largo plazo en el punto *A*. Una reducción de los tipos impositivos desplaza la curva de demanda agregada hacia la derecha, de *DA* a *DA'*. También puede aumentar la producción potencial de Y^* a $Y^{*\prime}$, lo cual se representa por medio de un desplazamiento de la recta de oferta agregada a largo plazo de *OALP* a *OALP'*. La producción aumenta definitivamente. A largo plazo, la inflación puede aumentar, disminuir o no variar, dependiendo de las magnitudes relativas de los desplazamientos de *DA* y *OALP*.

del tipo impositivo de Tomás implica un aumento de su salario después de impuestos. Como hemos señalado, el aumento del salario después de impuestos incentiva a Tomás a trabajar más horas y ver menos la televisión, ya que ha aumentado el coste de oportunidad de ver la televisión en lugar de trabajar. En cambio, la reducción del tipo impositivo de Tomás también podría aumentar su salario después de impuestos hasta el punto de pensar que puede permitirse trabajar aún menos horas y pagar de todas formas sus facturas[9]. Los estudios empíricos del mercado de trabajo sugieren que la sensibilidad de la oferta de trabajo de una persona a los cambios de los impuestos depende de muchos factores, entre los que se encuentran la edad, sexo, estado civil y nivel de estudios. Por ejemplo, las mujeres casadas han tendido tradicionalmente a entrar y salir de la población activa con más frecuencia y parecen más sensibles a las variaciones de los salarios después de impuestos que sus propios maridos, que han tendido históricamente a permanecer en el mercado de trabajo a tiempo completo incluso cuando variaban los tipos impositivos.

Aunque muchos estadounidenses se sientan abatidos por unos impuestos que consideran elevados, los europeos generalmente tienen unos tipos impositivos marginales mucho más elevados. En El observador económico 28.5 examinamos la afirmación de que estos tipos impositivos marginales más altos en Europa son responsables de que el europeo medio trabaje muchas menos horas al año que el estadounidense medio.

EL OBSERVADOR ECONÓMICO 28.5

¿Por qué trabajan más horas los estadounidenses que los europeos?

El estadounidense medio trabaja muchas más horas que el ciudadano medio de Europa occidental. No sólo la semana laboral media es más larga en Estados Unidos que en Europa sino que, además, los norteamericanos generalmente tienen menos vacaciones, menos fiestas, se jubilan más tarde y tienen menos desempleo que los europeos. Como indica la Tabla 28.5, durante el periodo 1993-1996, el estadounidense medio trabajó 100/64 = 1,56 veces más horas que el italiano medio, es decir, un 56% más. Asimismo, el estadounidense medio trabajó un (100 – 75)/75 = 33% más de horas que el alemán medio. En cambio, el japonés medio trabajó un (104 – 100)/100 = = 4% más de horas que el estadounidense medio. ¿Por qué?

[10] Los estudiantes que hayan hecho un curso de introducción a la microeconomía se darán cuenta de que es un ejemplo de efecto-sustitución y efecto-renta.

TABLA 28.5

Horas trabajadas por persona y tipos impositivos marginales, 1993-1996

País	Horas trabajadas por persona al año en relación con EE.UU. (EE.UU. = 100)	Tipo impositivo marginal
Japón	104	37%
Estados Unidos	100	40
Reino Unido	88	44
Canadá	88	52
Alemania	75	59
Francia	68	59
Italia	64	64

FUENTE: Edgard C. Prescott, "Why Do Americans Work So Much More Than Europeans?", Federal Reserve Bank of Minneapolis, *Quarterly Review*, julio 2004, pp. 2-13.

Edward Prescott observó que la mayoría de estas diferencias puede atribuirse a las diferencias entre los tipos impositivos marginales sobre la renta del trabajo de estos países[10]. Por ejemplo, los japoneses fueron los que más trabajaron y los que tenían el tipo impositivo marginal más bajo, 37%, mientras que los italianos fueron los que menos trabajaron y los que tenían el tipo impositivo marginal más alto, 64%. Además, durante el periodo 1970-1974, en el que los tipos impositivos marginales europeos eran mucho más parecidos a los estadounidenses, el europeo medio trabajó casi lo mismo que el estadounidense medio. Prescott llegó a la conclusión de que una reducción de los tipos impositivos marginales europeos aumentaría considerablemente tanto la oferta de trabajo como la producción potencial.

La mayoría de los economistas coincide en que, el hecho de que los tipos impositivos sean más altos en Europa, ayuda a explicar por qué los europeos continentales trabajan menos horas que los estadounidenses, pero la mayoría de ellos señalan que hay otras explicaciones. Entre ellas se encuentran las mayores tasas de afiliación a sindicatos en Europa, y el marco legal, que limitan la semana laboral y el número de horas que pueden permanecer abiertas las tiendas. Las diferencias en las horas medias de trabajo también pueden estar relacionadas con el hecho de que los sistemas de la Seguridad Social que ayudan a los desempleados, a los enfermos, a los incapacitados y a los que se jubilan anticipadamente, son más generosos en muchos países europeos que en Estados Unidos[11] .

Algunos observadores también han sugerido que lo que sencillamente ocurre es que a los europeos les gusta más el ocio y la "buena vida" que a los estadounidenses. Sin embargo, como señala Prescott, antes (cuando, entre otras cosas, los tipos impositivos eran más bajos) en la mayoría de los países europeos la gente trabajaba muchas más horas que hoy, lo cual induce a pensar que las preferencias subyacentes de los europeos y los estadounidenses pueden no ser tan diferentes. Sin embargo, la disminución que han experimentado con el paso del tiempo en la mayoría de países europeos sólo guarda una débil relación con la subida de los tipos impositivos[12]. Esta cuestión continúa siendo claramente controvertida.

Si una reducción de los tipos impositivos tiende a aumentar la producción potencial, ¿por qué no bajar los impuestos a cero? Porque el gasto público sólo puede financiarse en última instancia mediante los impuestos. Naturalmente, el Estado puede incurrir en déficit durante un tiempo, endeudándose para cubrir la diferencia entre lo que gasta y lo que recauda por impuestos. Pero los déficits pueden ser perjudiciales (pueden reducir el ahorro nacional, como vimos en el Capítulo 22), y,

[10] Los tipos impositivos marginales de Prescott incluyen los impuestos sobre el consumo y sobre la renta.

[11] Stephen Nickell, "Employment and Taxes", *London School of Economics Centre for Economic Performance Discusion Paper* No. 634, mayo, 2004, y Alberto Alesina, Edward Glaeser y Bruce Sacerdote, "Work and Leisure in the U.S. and Europe: Why So Different?", *National Bureau of Economic Research Working Paper* No. 11278, abril, 2005.

[12] Olivier Blanchard, "The Economic Future of Europe", *Journal of Economic Perspectives*, 18(1), 2004, pp. 3-26.

en todo caso, además, la deuda pública debe devolverse finalmente con los futuros impuestos. Así pues, a largo plazo, los impuestos deben fijarse en un nivel acorde con el volumen de gasto público.

Lo importante es que la política fiscal afecta tanto a la oferta agregada como a la demanda agregada. Por lo tanto, para formular la política fiscal las autoridades deben tener en cuenta no sólo la necesidad de estabilizar la demanda agregada, sino también los efectos que pueden producir el gasto público, los impuestos y las transferencias sobre la capacidad productiva de la economía.

RECAPITULACIÓN — LA POLÍTICA FISCAL Y EL LADO DE LA OFERTA

- La política de oferta afecta a la producción potencial. La política fiscal afecta a la demanda agregada, pero también puede afectar a la oferta.
- El gasto público en capital —como carreteras, aeropuertos y escuelas— aumenta el gasto agregado, pero también puede aumentar la producción potencial.
- Los programas públicos de impuestos y transferencias afectan a los incentivos y, por lo tanto, a la conducta económica de los hogares y de las empresas.
- La gente puede responder a las reducciones de los tipos impositivos marginales trabajando más horas, invirtiendo más en educación y asumiendo más riesgos empresariales, lo cual contribuye a aumentar la producción potencial. La magnitud del efecto que producen las variaciones de los impuestos en la oferta de trabajo sigue siendo algo controvertida.
- Los responsables de la política fiscal deben tener en cuenta los efectos que producen las decisiones de gasto e impuestos en la oferta y la demanda agregada.

RESUMEN

- En este capítulo hemos ampliado el modelo keynesiano básico con objeto de incluir la inflación. Primero, hemos mostrado cómo están relacionados con la inflación el gasto planeado y la producción de equilibrio a corto plazo; esta relación se resume por medio de la curva de demanda agregada. En segundo lugar, hemos visto cómo se determina la propia inflación; a corto plazo, la inflación es el resultado de las expectativas y decisiones de precios anteriores, pero a largo plazo se ajusta a lo que sea necesario para eliminar las brechas de producción.
- La *curva de demanda agregada* (*DA*) muestra la relación entre la producción de equilibrio a corto plazo y la inflación. Como aquélla es igual al gasto planeado, la curva de demanda agregada también relaciona el gasto con la inflación. Los aumentos de inflación reducen el gasto planeado y la producción de equilibrio a corto plazo, por lo que la curva de demanda agregada tiene pendiente negativa.
- La relación inversa entre la inflación y la producción de equilibrio a corto plazo se debe en gran parte a la conducta del Banco Central. Para mantener una inflación baja y estable el Banco Central reacciona ante un aumento de la inflación subiendo el tipo de interés real. Una subida del tipo de interés real aminora el consumo y la inversión planeada, reduciendo el gasto agregado planeado y, por lo tanto, la producción de equilibrio a corto plazo. Otras razones por las que la curva de demanda agregada tiene pendiente negativa son los efectos que produce la inflación en el valor real del dinero, los efectos distributivos (la inflación redistribuye la riqueza de los pobres, que ahorran relativamente poco, en favor de las personas más acomodadas), la incertidumbre creada por la inflación y los efectos que produce ésta en las ventas al extranjero de bienes producidos en el interior.
- Dado un valor de la inflación, un aumento exógeno del gasto, conociendo los niveles de producción y el tipo de interés real eleva la producción de equilibrio a corto plazo, desplazando la curva de demanda agregada (*DA*) hacia la derecha; a su vez, una disminución exógena del gasto desplaza la curva *DA* hacia la izquierda. También puede desplazarla un cambio de la función de reacción de la política monetaria del Banco Central; si éste adopta una política monetaria restrictiva, desplazando en sentido ascendente su función de reacción y, por lo tanto, eligiendo un tipo de interés real más alto para cada nivel de inflación, la curva de demanda agregada se desplaza hacia la izquierda. Si relaja la política monetaria, desplazando en sentido descendente su función de reacción y, por lo tanto, fijando un tipo de interés real más bajo para cada nivel de inflación, la curva *DA* se desplaza hacia la derecha.

- En las economías industriales de inflación controlada, ésta tiende a tener inercia; es decir, tarda en ajustarse a los cambios de la economía. Esta conducta se debe a que la inflación depende en parte de las expectativas de la gente sobre la inflación futura, las cuales dependen, a su vez, de la evolución reciente de la inflación. Los contratos de salarios y precios a largo plazo tienden a incorporar los efectos de las expectativas de la gente a lo largo de varios años. En el diagrama de demanda y oferta agregadas, la *recta de oferta agregada a corto plazo (OACP)* es una recta horizontal que muestra la tasa actual de inflación, determinada por las expectativas y las decisiones de precios anteriores.
- Aunque la inflación tiene inercia, varía con el paso del tiempo en respuesta a las brechas de producción. Una brecha contractiva tiende a elevar la tasa de inflación, ya que las empresas suben los precios más deprisa cuando se enfrentan a una demanda superior a su capacidad productiva normal. Una brecha contractiva tiende a reducir la tasa de inflación, ya que las empresas se muestran más reacias a subir sus precios.
- La economía se encuentra en *equilibrio a corto plazo* cuando la tasa de inflación es igual al valor determinado por las expectativas y las decisiones anteriores sobre los precios y a su vez la producción es igual al nivel de la producción de equilibrio a corto plazo, que es coherente con esa tasa de inflación. Gráficamente, la economía alcanza el equilibrio a corto plazo en la intersección de la curva *DA* y la recta *OACP*. Sin embargo, si existe una brecha de producción, la tasa de inflación se ajusta para eliminarla. La recta *OACP* se desplaza en sentido ascendente o descendente, según sea necesario, con objeto de que la producción vuelva al nivel de pleno empleo. Cuando la tasa de inflación es estable y la producción efectiva es igual a la potencial, la economía se encuentra en *equilibrio a largo plazo*. Gráficamente, el equilibrio a largo plazo corresponde al punto común de intersección de la curva *DA*, la recta *OACP* y la recta de oferta agregada a largo plazo *OALP*, que es una línea vertical al nivel de la producción potencial de la economía.
- Como la economía tiende a desplazarse por sí sola para alcanzar el equilibrio a largo plazo, a través del ajuste de la tasa de inflación, se dice que se autocorrige. Cuanto más rápido es el proceso de autocorrección, menor es la necesidad de adoptar medidas activas de estabilización para eliminar las brechas de producción. Y en la práctica, cuanto mayor es la brecha de producción, más útiles son esas medidas.
- Un gasto excesivo, que aumenta la demanda agregada, puede provocar brechas de producción expansivas y generar un incremento de la inflación. El aumento del gasto puede deberse a una expansión del gasto privado (consumo o inversión privada) o a un aumento del gasto público.
- Las perturbaciones de la oferta agregada también pueden generar inflación. Las *perturbaciones de la oferta agregada* incluyen tanto las *perturbaciones inflacionistas* —que son cambios repentinos de la conducta normal de la inflación, por ejemplo, una subida del precio del petróleo importado—, como las perturbaciones de la producción potencial. Las perturbaciones negativas de la oferta reducen la producción y aumentan la inflación, planteando un difícil dilema a las autoridades económicas.
- Las reducciones de los tipos marginales del impuesto sobre la renta elevan la demanda agregada aumentando el consumo, mientras que las reducciones de los impuestos sobre la renta de las sociedades también pueden aumentar la inversión. Por su parte, las reducciones de los tipos impositivos marginales también pueden aumentar la oferta agregada incrementando la oferta de trabajo y la disposición a ahorrar y a invertir.

TÉRMINOS CLAVE

curva de demanda agregada (DA) (340)
equilibrio a corto plazo (353)
equilibrio a largo plazo (354)
perturbación inflacionista (360)
perturbación de la oferta agregada (363)
política de oferta (366)
recta de oferta agregada a corto plazo (*OACP*) (353)
recta oferta agregada a largo plazo (*OALP*) (354)
tipo impositivo marginal (367)
tipo impositivo medio (367)

PREGUNTAS DE REPASO

1. ¿Qué dos variables relaciona la curva de demanda agregada (*DA*)? Explique cómo ayuda la conducta del Banco Central a determinar la pendiente de esta curva. Mencione y analice otros dos factores que hacen que la curva tenga la pendiente que tiene.
2. Muestre cómo afecta cada uno de los acontecimientos siguientes a la curva *DA* y explíquelo:
   a. Un aumento de las compras del Estado.
   b. Una reducción de los impuestos.
   c. Una disminución del gasto en inversión planeado por las empresas.
   d. La decisión del Banco Central de subir la tasa de inflación fijada como objetivo.
3. ¿Por qué la tasa de inflación tiende a ajustarse más lentamente que los precios de las materias primas, como el petróleo o los cereales?
4. Analice la relación entre las brechas de producción y la inflación. ¿Cómo se recoge esta relación en el diagrama de demanda y oferta agregadas?
5. Trace un diagrama de demanda y oferta agregada que represente una economía que no se encuentra en equilibrio

a largo plazo. Indique el punto de equilibrio a corto plazo. Explique cómo la economía alcanza el equilibrio a largo plazo a lo largo de un periodo de tiempo. Ilustre el proceso en su diagrama.

6. Verdadero o falso: la tendencia de la economía a autocorregirse hace innecesaria la utilización activa de la política de estabilización. Explique su respuesta.

7. ¿Qué factores provocaron un aumento de la inflación en Estados Unidos durante los años sesenta y setenta?

8. ¿Por qué plantea una perturbación inflacionista negativa un dilema especialmente difícil a las autoridades económicas?

9. ¿Cómo afecta una reducción del tipo impositivo marginal tanto a la demanda agregada como a la oferta agregada?

PROBLEMAS

1. En el capítulo anterior vimos que la producción de equilibrio a corto plazo disminuye cuando el Banco Central sube el tipo de interés real. Suponga que la relación entre la producción de equilibrio a corto plazo, Y, y el tipo de interés real, r, fijado por el Banco Central viene dada por:

$$Y = 1.000 - 1.000r.$$

Suponga también que la función de reacción del Banco Central es la que muestra la Tabla 27.1. Halle el tipo de interés real fijado por el Banco Central y la producción de equilibrio a corto plazo, correspondientes a las tasas de inflación iguales a los números enteros comprendidos entre 0 y 4%. Represente la curva de demanda agregada dándole valores numéricos.

2. Suponga que en la economía del primer problema la producción potencial Y^* es igual a 960. ¿Qué puede deducirse de la función de reacción de la política monetaria de la Tabla 27.1 en relación al objetivo del Banco Central para la tasa de inflación a largo plazo?

3. La siguiente ecuación describe la curva de demanda agregada de una economía (la relación entre la producción de equilibrio a corto plazo y la inflación):

$$Y = 13.000 - 20.000\pi.$$

Al principio, la tasa de inflación es del 4%; es decir, $\pi = 0{,}04$. La producción potencial Y^* es igual a 12.000.
a. Halle la inflación y la producción de equilibrio a corto plazo.
b. Halle la inflación y la producción de equilibrio a largo plazo.

Explique sus resultados.

4. En este problema le pedimos que explique el ajuste de la inflación cuando la economía comienza a tener una brecha de producción. Suponga que la curva de demanda agregada de la economía es:

$$Y = 1.000 - 1.000\pi,$$

donde Y es la producción de equilibrio a corto plazo y π es la tasa de inflación (medida en tanto por uno). La producción potencial, Y^*, es igual a 950 y la tasa inicial de inflación es del 10% ($\pi = 0{,}10$).
a. Halle la producción y la inflación de esta economía en el equilibrio a corto plazo y en el equilibrio a largo plazo.
b. Suponga que la inflación se ajusta cada trimestre de acuerdo con la siguiente regla:

Inflación de este trimestre = inflación del trimestre pasado – 0,0004 ($Y^* - Y$).

Partiendo del valor inicial de la inflación de un 10%, halle el valor de la inflación correspondiente a cada uno de los cuatro trimestres siguientes. ¿Se aproxima la inflación a su valor a largo plazo?

5. Utilice un diagrama *DA-OA* para mostrar los efectos que produce en la producción y en la inflación, a corto y largo plazo cada uno de los siguientes acontecimientos. Suponga que la economía comienza encontrándose en equilibrio a largo plazo.
a. Un aumento de la confianza de los consumidores que provoca un incremento del gasto en consumo.
b. Una reducción de los impuestos.
c. Una relajación de la política monetaria por parte del Banco Central (un desplazamiento descendente de la función de reacción de la política monetaria).
d. Una repentina disminución de los precios del petróleo.
e. Una guerra que eleva las compras del Estado.

6. Suponga que el Gobierno baja los impuestos en respuesta a una brecha contractiva, pero que como consecuencia de los retrasos legislativos, esta medida no entra en vigor hasta dentro de 18 meses. Suponiendo que el objetivo del Gobierno es estabilizar la producción y la inflación, muestre, utilizando un diagrama *DA-OA*, que esta medida podría resultar, en realidad, contraproducente.

7. Suponga que una subida permanente de los precios del petróleo provoca una perturbación inflacionista y reduce la producción potencial. Utilice un diagrama *DA-OA* para mostrar cómo afecta la subida de los precios del petróleo a la producción y a la inflación a corto y a largo plazo, suponiendo que no hay ninguna respuesta de la política económica. ¿Qué ocurre si el Banco Central responde a la subida desarrollando una política monetaria restrictiva?

8. Una economía se encuentra inicialmente en contracción. Muestre por medio del diagrama *DA-OA* el proceso de ajuste:
   a. Si el Banco Central responde relajando la política monetaria (desplazando su función de reacción de la política monetaria en sentido descendente).
   b. Si el Banco Central no altera su función de reacción.

   ¿Cuáles son los costes y los beneficios de cada enfoque tanto en términos de pérdida de producción como en términos de inflación?

9.* Considere la siguiente tabla, la cual muestra las tasas impositivas que afronta una persona física en México para un mes en particular. Con esta información, responda alas siguientes preguntas:
   a. Encuentre las tasas marginales para cada uno de los rangos de ingreso.
   b. Encuentre los pagos que hacen al Sistema Tributario los agentes que tienen un ingreso promedio para cada uno de los rangos de ingreso.
   c. Encuentre la tasa promedio para un agente que gana el ingreso promedio en cada uno de los rangos de ingreso.

Impuesto sobre la renta. Tarifa aplicable durante 2006, pagos mensuales ($)

Límite inferior	Límite superior	Cuota fija	Porcentaje aplicado*
0,01	496,07	0	3
496,08	4.210,41	14,88	10
4.210,42	7.399,42	386,31	17
7.399,43	8.601,50	928,46	25
8.601,51	En adelante	1.228,98	29

*Porcentaje aplicado sobre el excedente del límite inferior.
FUENTE: Sistema de Administración Tributaria.

RESPUESTAS A LOS EJERCICIOS

28.1 a. Al nivel actual de inflación, producción y tipo de interés real, una reducción exógena del gasto empresarial en nuevo capital reduce la inversión planeada, provocando una disminución del gasto agregado planeado (*GAP*) y una reducción de la producción de equilibrio a corto plazo. Como la producción ha disminuido, dado el nivel de inflación, la reducción del gasto de las empresas provoca un desplazamiento de la curva *DA* hacia la izquierda.

b. Al nivel actual de inflación, producción y tipo de interés real, una reducción de los impuestos sobre la renta eleva la renta disponible de los consumidores ($Y - T$), lo que provoca un aumento para cualquier nivel de renta, como muestra el Capítulo 26. El desplazamiento ascendente de la función de consumo aumenta el gasto agregado planeado total (*GAP*) y provoca un aumento de la producción de equilibrio a corto plazo. Como la producción ha aumentado dado el nivel de inflación, la reducción de los impuestos sobre la renta provoca un desplazamiento de la curva *DA* hacia la derecha.

28.2 Un aumento de la tasa de inflación fijada como objetivo por el Banco Central desplazaría la función de reacción de la política monetaria en sentido descendente; es decir, hacia la derecha. El Banco Central fijaría entonces el tipo de interés real en un nivel más bajo de

* Los problemas indicados con un asterisco (*) son más difíciles.

lo habitual, para cada tasa de inflación. Este cambio de la política monetaria desplaza la curva *DA* hacia la derecha.

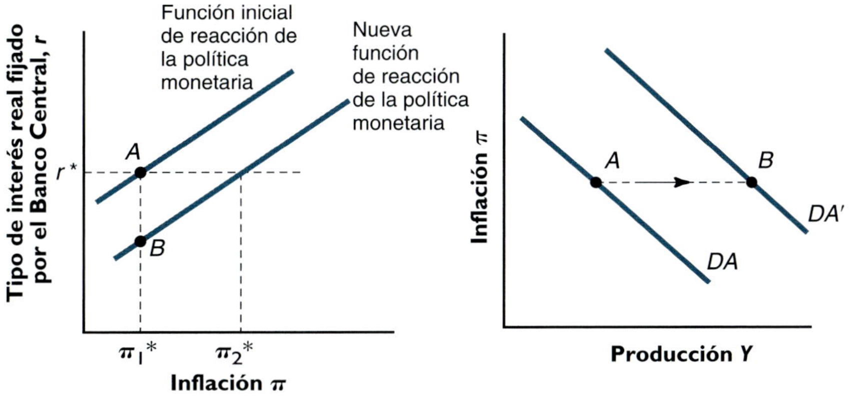

28.3 a. Un desplazamiento ascendente de la función de reacción de la política monetaria del Banco Central significa que éste está subiendo el tipo de interés real relacionado con un nivel dado de inflación. Una subida del tipo de interés real provoca una disminución tanto del gasto en consumo como del gasto en inversión planeada, provocando una reducción del gasto agregado total y de la producción de equilibrio a corto plazo. Por lo tanto, un desplazamiento de la función de reacción de la política monetaria del Banco Central provoca una disminución del nivel de producción, dado un nivel de inflación determinado, lo que provoca como resultado un desplazamiento de la curva DA hacia la izquierda.

b. La función de reacción del Banco Central muestra como éste responde al aumento de la tasa de inflación subiendo el tipo de interés real (un movimiento *a lo largo* de la función de reacción), lo que provoca una disminución del gasto agregado total y de la producción de equilibrio a corto plazo. Sin embargo, en este caso, la respuesta del Banco Central a la subida de la inflación genera *un movimiento a lo largo* de la curva *DA*.

Obsérvese que aunque las dos medidas parecen similares, hay una diferencia clave. En el primer caso, el Banco Central cambia la orientación de la política económica, *dada la tasa de inflación*, mientras que en el segundo responde a una *variación de la tasa de inflación*. Las variaciones del gasto agregado, dada la tasa de inflación, desplazan la curva *DA*, mientras que las variaciones del gasto agregado provocadas por las respuestas de la política del Banco Central a un aumento o a una reducción de la inflación provocan movimientos a lo largo de la curva *DA*. También puede ocurrir que en el primer caso el Banco Central esté cambiando la tasa de inflación fijada como objetivo (a largo plazo), provocando un desplazamiento de la función de reacción y de la curva *DA*. En el segundo caso, la tasa de inflación fijada por el Banco Central como objetivo (a largo plazo) no varía.

28.4 a. Si se espera que la inflación sea de un 2% el año que viene, y los trabajadores esperan que la subida de su salario real de un 2%, esperarán y pedirán una subida de su salario nominal de un 4%.

b. Si se espera que la inflación sea de un 4% el año que viene, en lugar de un 2%, los trabajadores esperarán y pedirán una subida de su salario nominal de un 6%.

c. Si los costes salariales suben, las empresas necesitan subir los precios de sus bienes y servicios para cubrir el aumento de dichos costes, lo que provoca un aumento de la inflación. En el apartado *b,* cuando la inflación esperada era del 4%, las empresas se enfrentaban a mayores subidas de los salarios nominales que en el apartado *a,* en la que la inflación esperada era solamente de un 2% solamente. Por lo tanto, es de esperar que las empresas suban más los precios cuando la inflación esperada es del 4% que cuando es del 2%. Este ejemplo muestra que un aumento de las expectativas sobre la inflación provoca un aumento de la inflación.

28.5 Si la tasa de inflación es alta, la economía tenderá a permanecer en esta situación debido a las propias expectativas de elevada inflación y a la existencia de contratos de salarios y precios a largo plazo, mientras que si la tasa de inflación es baja, la economía tenderá a permanecer en esta situación de baja inflación por razones parecidas. Sin embargo, como las tasas de inflación altas tienden a imponer costes económicos a la sociedad, como señalamos en el Capítulo 19, el Banco Central está verdaderamente incentivado a evitar altas tasas de inflación, lo que ayuda a mantener las expectativas de baja inflación de la gente y hace que las tasas de inflación sean a su vez más bajas en el futuro, perpetuando el "círculo virtuoso" que muestra la Figura 28.5.

28.6 Un aumento del gasto en nuevo capital por parte de las empresas, —con un nivel de inflación, producción y tipo de interés real dados—, eleva el gasto agregado y la producción de equilibrio a corto plazo. Como la economía se encontraba inicialmente en el nivel de producción potencial, el aumento del gasto en inversión provoca una brecha expansiva; ahora, la producción efectiva, Y, será mayor que la producción potencial, Y^*. Cuando $Y > Y^*$, la tasa de inflación tiende a subir.

28.7 Los efectos son los contrarios a los que muestra la Figura 28.9. Partiendo de un equilibrio a largo plazo en el que la producción es igual a la producción potencial y la inflación a su vez es estable (es decir, en el que la curva de demanda agregada *DA* corta a las rectas de oferta agregada a corto y a largo plazo, *OACP* y *OALP*, respectivamente, la disminución inicial del gasto en consumo provoca un desplazamiento de la curva *DA* hacia la izquierda, trasladando la economía a un nivel más bajo de producción de equilibrio a corto plazo con la misma tasa de inflación. El desplazamiento de la *DA* provoca una brecha contractiva, ya que ahora Y es menor que Y^*. El efecto inmediato de la disminución del gasto en consumo es una reducción de la producción. Sin embargo, la inflación disminuirá con el tiempo debido a la brecha contractiva que se ha provocado. Cuando la inflación disminuya, la recta *OACP* se desplazará en sentido descendente. El Banco Central responderá reduciendo los tipos de interés reales, lo que provoca un aumento del gasto agregado y de la producción, un movimiento descendente a lo largo de la curva *DA*. Cuando la inflación ha disminuido lo suficiente (y los tipos de interés reales han bajado lo suficiente) con el fin de eliminar la brecha de producción, la economía retorna al equilibrio a largo plazo en el que la producción es igual a la producción potencial, sin embargo, la tasa de inflación es más baja que antes de la disminución inicial del gasto en consumo.

28.8 Un descenso de los precios del petróleo es un ejemplo de una perturbación inflacionista "beneficiosa" y los efectos económicos de una perturbación de ese tipo son los contrarios a los que muestra la Figura 28.10. En este caso, partiendo de un equilibrio a largo plazo en el que la producción es igual a la producción potencial, una perturbación inflacionista beneficiosa reduce la inflación actual, provocando un desplazamiento descendente de la recta *OACP*. El desplazamiento descendente de la curva *OACP* lleva a un equilibrio a corto plazo con una inflación más baja y una producción mayor, provocando una brecha expansiva. Si el Banco Central no nace nada, al final la *OACP* comenzará a desplazarse hacia arriba y la economía retornará a sus niveles iniciales de inflación y de producción. Sin embargo, el Banco Central puede optar, por el contrario, por impulsar una política monetaria restrictiva, desplazando hacia arriba su función de reacción, elevando el tipo de interés real actual, desplazando a su vez la curva *DA* hacia la izquierda y restableciendo el equilibrio en el PIB potencial, dando lugar a una nueva y más baja tasa de inflación.

28.9 Si el crecimiento de la productividad no hubiera aumentado en la segunda mitad de la década de los noventa, la *OALP* no se habría desplazado hacia la derecha tanto como se desplazó. Como consecuencia, la tasa media de inflación no habría bajado tanto como muestra la Tabla 28.1 y el crecimiento medio del PIB real habría sido menor. Asimismo, si el crecimiento de la productividad disminuye en el futuro con respecto a su tasa efectiva de 1995-2000, es de esperar que la inflación sea más alta y el crecimiento del PIB menor.

28.10 Si Tomás ganara 5.000$, no pagaría impuestos, por lo que su tipo impositivo medio sería del 0%. Si ganara 5.001$, tampoco pagaría impuestos, por lo que su tipo impositivo marginal también sería del 0%.
Si ganara 11.000$, pagaría 0,20(11.000$ – 10.000$) = 200$ en impuestos, por lo que su tipo impositivo medio sería 200$/11.000$ = 0,018, es decir, un 1,8%. Si su renta aumentara 1$, de manera que ganara 11.0001$, sus impuestos serían 0,20(11.001$ – – 10.000$) = 200,20$. Por lo tanto, pagaría 0,20$ más en impuestos y su tipo impositivo marginal sería del 20%.
Si ganara 15.000$, pagaría 0,20(15.000$ – 10.000$) = 1.000$ en impuestos, por lo que su tipo impositivo medio sería 1.000$/15.000$ = 0,067, es decir, 6,7%. Si su renta aumentara 1$, de manera que ganara 15.001$, pagaría 0,20$ más en impuestos y su tipo impositivo marginal seguiría siendo del 20%.

28.11 La respuesta depende de las circunstancias personales.

CAPÍTULO

29

LA PRÁCTICA Y LAS DIFICULTADES DE LA POLÍTICA MACROECONÓMICA

El sábado 6 de octubre de 1979, el Comité Federal de Mercado Abierto, comité de la Reserva Federal encargado de elaborar la política monetaria (véase el Capítulo 23), celebró una reunión excepcionalmente inusual y secreta. Es posible que su presidente Paul Volcker la convocara en sábado porque sabía que los mercados financieros estarían cerrados, por lo que no podrían responder a las "filtraciones" de las deliberaciones del Comité a la prensa o quizás porque confiaba en que la visita del Papa Juan Pablo II a Washington ese mismo día distraería a los medios de comunicación de lo que estaba ocurriendo en la Reserva Federal. Por muy desapercibida que pasara esta reunión en ese momento, retrospectivamente cambió el rumbo de la historia económica de Estados Unidos desde la Segunda Guerra Mundial.

Cuando Volcker convocó la reunión el 6 de octubre, llevaba solamente seis semanas como presidente de la Reserva Federal. Volcker, con sus 2 metros de estatura, su retumbante y grave voz, empedernido fumador de puros baratos, tenía fama de ser conservador en lo financiero y duro en lo personal. El presidente Carter lo había nombrado presidente de la Reserva Federal en agosto de 1979 debido, en parte, a esas cualidades. Carter necesitaba un presidente duro para restablecer la confianza, tanto en la economía como en la política económica del Gobierno, ya que la economía de Estados Unidos tenía muchos problemas, entre los cuales se encontraban una duplicación de los precios del petróleo tras el derrocamiento del Sha de Irán y una alarmante desaceleración del crecimiento de la productividad. Pero la cuestión económica que más preocupaba a la opinión

© Dennis Brack/Black Star Publishing/PictureQuest

Paul Volcker tenía una dura tarea ante sí.

pública era la existencia de una tasa de inflación que parecía descontrolada. En el segundo semestre de 1979, la tasa anual de subida de los precios de los bienes de consumo había alcanzado el 13% y en la primavera de 1980, había subido a casi el 16%. La misión de Volcker era controlar la inflación y estabilizar la economía.

Volcker sabía que no sería fácil librarse de la inflación y advirtió a sus colegas de que podría ser necesario un "tratamiento de choque". Aunque su plan contenía numerosos detalles técnicos, en esencia proponía reducir bruscamente la tasa de crecimiento de la oferta monetaria. Todas las personas que se encontraban en la sala sabían que si se reducía el crecimiento de la oferta monetaria, los tipos de interés subirían y la demanda agregada disminuiría. La inflación podía reducirse, pero ¿cuál sería el coste desde el punto de vista de la contracción, la producción y el empleo? Y, ¿cómo reaccionarían al nuevo enfoque los mercados financieros, cuya situación, además, ya era inestable?

Los responsables que se encontraban en la sala se agitaron nerviosos cuando Volcker habló de la necesidad de dar ese paso. Finalmente, se sometió a votación. Todo el mundo levantó la mano.

¿Qué ocurrió a continuación? En este capítulo analizaremos más adelante la política de la Reserva Federal de Volcker, así como sus efectos, aunque antes analizaremos más detenidamente las relaciones entre la política monetaria y la inflación.

Comenzamos este capítulo ampliando el modelo utilizado en los anteriores para mostrar los efectos a corto y largo plazo de un endurecimiento de la política monetaria con el fin de controlar la inflación. A continuación utilizaremos un modelo que servirá para descubrir cómo puede el Banco Central mantener baja la inflación cuando la economía está siendo sacudida por perturbaciones en la demanda agregada o en la oferta agregada, así como describiremos cómo puede aumentarse la eficacia de la política monetaria. Por último, examinaremos algunas dificultades prácticas que plantean la formulación y la aplicación de la política monetaria y la política fiscal.

REDUCIR LA INFLACIÓN ELEVADA

Las tasas de inflación altas, e incluso las moderadas, tienen costes para la economía. ¿Qué deben hacer, pues, los responsables de la política económica si la tasa de inflación es demasiado alta? Como puede verse en el Ejemplo 29.1, la inflación puede reducirse por medio de medidas que desplacen la curva de demanda agregada hacia la izquierda. Aunque a largo plazo producen incrementos en la productividad y en el crecimiento económico que acompañan a una inflación controlada, es probable que a corto plazo impongan costes significativos en forma de pérdida de producción y aumento del desempleo.

EJEMPLO 29.1

Efectos de una política monetaria antiinflacionista

La Figura 29.1 muestra tanto el efecto a corto plazo como el efecto a largo plazo de una política monetaria antiinflacionista. En la 29.1(a), representamos la función de reacción de la política monetaria del Banco Central que introdujimos en el Capítulo 17. Recuérdese que la Ecuación 27.2 describe la función de reacción de la política monetaria de la forma siguiente:

$$r = r^* + g(\pi - \pi^*)$$

En la Figura 29.1(a), la recta *FRPM* representa la función de reacción de la política monetaria correspondiente a una tasa inicial de inflación fijada como objetivo del 10%. Cuando la inflación es igual al objetivo, la Ecuación 27.2 indica que el tipo de interés real efectivo, r, será igual al objetivo fijado por el Banco Central para el tipo de interés real r^*. Por lo tanto, en el punto A de la Figura 29.1(a), $\pi = \pi_1^* = 10\%$ y $r = r^*$.

En la Figura 29.1(b) conectamos la función de reacción de la política monetaria y las curvas de demanda y oferta agregadas que introdujimos en el capítulo anterior. El equilibrio inicial del punto A significa equilibrio a corto plazo porque se encuentra en la intersección de la curva inicial de demanda agregada, *DA*, y la recta inicial de

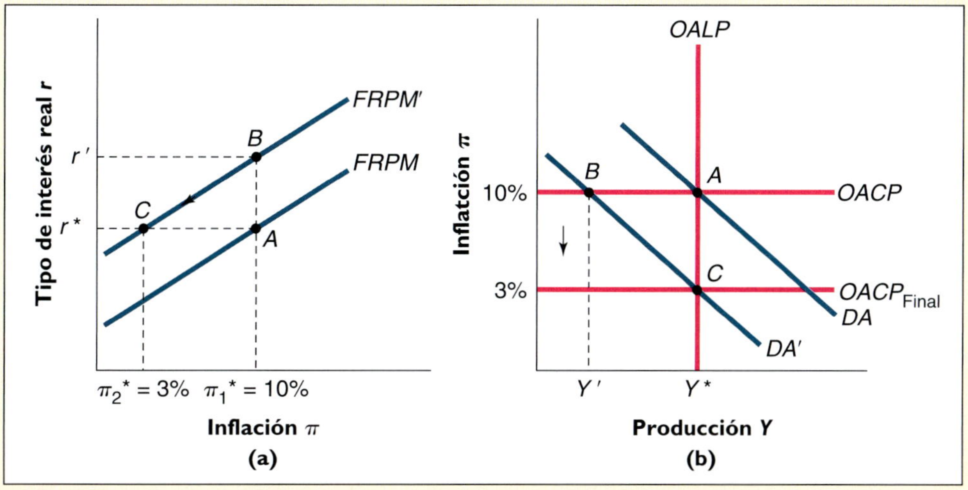

FIGURA 29.1

Efectos a corto plazo y a largo plazo de una política monetaria antiinflacionista.

(a) Al principio la economía se encuentra en equilibrio a largo plazo en el punto *A*. La inflación efectiva es igual a una tasa de inflación del 10% fijada a su vez por el Banco Central como objetivo, el tipo de interés real es también igual al tipo de interés real fijado como objetivo r^* y la producción efectiva es igual a la potencial. Si el Banco Central baja el objetivo fijado para la tasa de inflación a un 3%, la función de reacción de la política monetaria, *FRPM*, se desplaza hacia la izquierda (en sentido ascendente) a *FRPM'*. La tasa inicial de inflación del 10%, exigirá necesariamente una subida del tipo de interés real a *r'*.

(b) El desplazamiento de la función de reacción de la política monetaria desplaza la curva de demanda agregada hacia la izquierda de *DA* a *DA'* y la economía alcanza un nuevo equilibrio a corto plazo en el punto *B*. La producción disminuye a *Y'*, pero la inflación no varía.

La brecha contractiva que existe en el punto *B* acaba haciendo que disminuya la inflación, desplazando la recta de oferta agregada a corto plazo hacia abajo. Se restablece el equilibrio a largo plazo en el punto *C*, en el que la producción real retorna al nivel potencial, la inflación baja hasta la nueva tasa de inflación más baja fijada como objetivo, que es del 3%, y el tipo de interés real vuelve al nivel fijado como objetivo, r^*.

oferta agregada a corto plazo, *OACP*. El punto *A* también está en equilibrio a largo plazo porque se encuentra en la intersección de *DA* y la recta de oferta agregada a largo plazo, *OALP*. Por consiguiente, en el punto *A*, la producción efectiva es igual a la producción potencial ($Y = Y^*$). Obsérvese que la inflación, que se mide en el eje de abscisas de la Figura 29.1(a), se mide en el eje de ordenadas de la Figura 29.1(b).

Supongamos que el Banco Central decide que la elevada inflación está perjudicando la marcha de la economía y el crecimiento económico a largo plazo, por lo que decide adoptar una política monetaria más restrictiva, de tal forma que la tasa de inflación fijada como objetivo a largo plazo se establece en el 3% en lugar de en el 10%. Como veremos, los efectos económicos de la adopción de una política monetaria más restrictiva son muy distintos en el corto y en el largo plazo. El Banco Central comienza a reducir la inflación bajando la tasa de inflación fijada como objetivo. En la Figura 29.1(a) suponemos que el Banco Central la reduce, pues, hasta el 3%. Como vimos en el capítulo anterior, la función de reacción de la política monetaria se desplaza entonces hacia la izquierda (o hacia arriba) en la Figura 29.1(a), de manera que $r = r^*$ y $\pi = \pi^* = 3\%$ en el punto *C*. Para alcanzar el punto *C*, y partiendo del nivel inicial de inflación del 10%, el Banco Central debe subir el tipo de interés real a *r'*, lo que lleva a la economía a situarse en el punto *B*.

Una subida del tipo de interés real reduce el gasto en consumo y en inversión, reduciendo la demanda agregada y desplazando la curva de demanda agregada hacia la izquierda en la Figura 29.1(b) de *DA* a *DA'*. Tras la intervención del Banco Central, la curva *DA'* y la recta *OACP* se cortan en el punto *B*, que es el nuevo equilibrio a corto plazo. La producción efectiva ha disminuido a *Y'*, que es menor que la producción potencial Y^*. En otras palabras, la intervención del Banco Central ha permitido que surja una brecha contractiva, por lo que el desempleo será superior a su tasa natural. Sin embargo, en el punto *B*, la tasa de inflación sigue siendo del 10%. Por lo tanto, a corto plazo, una contracción monetaria lleva a la economía a una contracción, pero produce un efecto escaso o nulo en la tasa de inflación, debido a la inercia de la misma.

Los efectos a corto plazo de la contracción monetaria antiinflacionista —una reducción de la producción, un aumento del desempleo y una reducción escasa o nula de la inflación— no son alentadores y explican por qué las medidas monetarias restrictivas suelen ser en sus primeras fases muy poco populares. Afortunadamente, la economía no permanece en el punto *B* indefinidamente. La existencia de una brecha contractiva en el punto *B* acaba haciendo que la inflación disminuya, ya que las empresas se muestran más reacias a subir sus precios cuando la demanda ha caído.

La disminución final de la inflación provocada por una brecha contractiva se representa por medio de un desplazamiento descendente y gradual de la recta de oferta agregada a corto plazo de *OACP* a $OACP_{Final}$ en la Figura 29.1(b) y el movimiento a lo largo de la nueva función de reacción de la política monetaria *FRPM'* en la Figura 29.1(a). Cuando la economía se desplaza del punto *B* al *C* en la Figura 29.1(a), la inflación disminuye. Eso permite al Banco Central bajar el tipo de interés real de r' a r^*, y permanecer así, al mismo tiempo, en su nueva función de reacción de la política monetaria (con su tasa de inflación fijada como objetivo más baja). La reducción del tipo de interés real impulsa la inversión, que era escasa, y lleva a la economía de nuevo al nivel potencial, lo que se refleja en el movimiento del punto *B* al *C* a lo largo de la curva *DA'* de la Figura 29.1(b). La inflación continúa disminuyendo hasta que la economía retorna al equilibrio a largo plazo en el punto *C*. En ese punto, la producción efectiva ha retornado al nivel potencial y la tasa de inflación se ha estabilizado en la nueva tasa de inflación fijada como objetivo, el 3%, así como el tipo de interés real se iguala de nuevo a su nivel objetivo, r^*.

La adopción de una política monetaria restrictiva (reflejada en una reducción de la tasa de inflación fijada como objetivo por el Banco Central) inflige, pues, daños a corto plazo (una disminución de la producción, un elevado desempleo y un tipo de interés real temporalmente alto), con el fin de lograr un beneficio a largo plazo (una reducción permanente de la inflación). Sin embargo, a largo plazo la adopción de una política monetaria restrictiva controla la inflación, pero no afecta ni a la producción real ni al tipo de interés real. Recuérdese que cualquier variación del objetivo fijado por el Banco Central para la inflación desplaza la función de reacción de la política monetaria. Cualquier desplazamiento de la función de reacción de la política monetaria del Banco Central desplaza la curva de demanda agregada. La adopción de una política monetaria más dura (un desplazamiento de *FRPM* hacia arriba o hacia la izquierda) desplaza la curva *DA* hacia la izquierda; la adopción de una política monetaria relajada (un desplazamiento de *FRPM* hacia abajo o hacia la derecha) desplaza la curva *DA* hacia la derecha.

EJERCICIO 29.1

Muestre las sendas temporales que siguen normalmente la producción, la inflación y el tipo de interés real cuando el Banco Central utiliza una política monetaria restrictiva (antiinflacionista). Trace un gráfico para cada variable mostrando el tiempo en el eje de abscisas. Asegúrese de que distingue entre el corto plazo y el largo plazo. No es necesario utilizar valores numéricos específicos.

Una vez que hemos visto cómo afecta la adopción de una política monetaria restrictiva a la economía, en El observador económico 29.1 analizamos la situación a la que se enfrentaron la Reserva Federal y Paul Volcker y que fue presentada al comienzo de este capítulo.

EL OBSERVADOR ECONÓMICO 29.1

¿Cómo se venció a la inflación en Estados Unidos durante la década de 1980?

En Estados Unidos, la inflación, tras llegar a niveles de dos dígitos a finales de los años 70 y a un 13,5% en 1980, bajó hasta situarse en un 3,2% en 1983, y se mantuvo en una cifra comprendida entre el 2 y el 5% durante el resto de la década. En los años 90, disminuyó aún más, permaneciendo entre el 2 y el 3% la mayoría de los años. ¿Cómo se logró controlar la inflación en la década de los ochenta?

"No me gusta una tasa de paro del 6%. Pero puedo vivir con ello."

La persona más directamente responsable de la victoria en la lucha contra la inflación en los años 80 fue Paul Volcker, presidente de la Reserva Federal. Tras la reunión secreta celebrada el sábado 6 de octubre de 1979 (descrita en la introducción de este capítulo), el Comité Federal de Mercado Abierto acordó adoptar una política monetaria intensamente antiinflacionista. Los resultados de este cambio de política en la economía de Estados Unidos se muestran en la Tabla 29.1, que contiene algunos datos macroeconómicos del periodo 1978-1985.

TABLA 29.1

Datos macroeconómicos de Estados Unidos, 1978-1985

Año	Crecimiento del PIB real (%)	Tasa de desempleo (%)	Tasa de inflación (%)	Tipo de interés nominal (%)	Tipo de interés real (%)
1978	5,5	6,1	7,6	8,3	0,7
1979	3,2	5,8	11,4	9,7	–1,7
1980	–0,2	7,1	13,5	11,6	–1,9
1981	2,5	7,6	10,3	14,4	4,1
1982	–2,0	9,7	6,2	12,9	6,7
1983	4,3	9,6	3,2	10,5	7,3
1984	7,3	7,5	4,3	11,9	7,6
1985	3,8	7,2	3,6	9,6	6,0

FUENTE: *Economic Report of the President* (http://www.gpoaccess.gov/eop) y cálculos del autor.

Los datos de esta tabla concuerdan bastante bien con nuestro análisis de la política monetaria antiinflacionista. En primer lugar, como predice nuestro modelo, a corto plazo la contracción monetaria del Banco Central provocó una contracción. En realidad, tras la intervención de la Reserva Federal en 1979 se produjeron dos recesiones, una breve en 1980 y otra más profunda en 1981-1982. Obsérvese que el crecimiento del PIB real fue negativo tanto en 1980 como en 1982, y que la tasa de desempleo aumentó significativamente, alcanzando un máximo en 1982 en el 9,7%. Los tipos de interés nominal y real también subieron, como consecuencia directa del cambio de la política monetaria. Sin embargo, la inflación no respondió mucho durante el periodo 1979-1981. Todos estos resultados son coherentes con el análisis del corto plazo de la Figura 29.1.

Sin embargo, en 1983 la situación había cambiado radicalmente. La economía se había recuperado: el PIB real experimentó un elevado crecimiento en 1983-1985 (véase la Tabla 29.1). En 1984, la tasa de desempleo, que suele tardar relativamente en responder a una recuperación, comenzó a disminuir. Los tipos de interés permanecieron relativamente altos debido quizá a otros factores, además de a la política monetaria y, lo que es más significativo, la inflación disminuyó en 1982-1983 y se estabilizó en un nivel mucho más bajo, en el que ha permanecido desde entonces.

Ahora, observemos la Tabla 29.2, la cual muestra datos para la economía mexicana antes y después de la crisis de 1995. Vemos un deterioro de todos los indicadores, donde resalta la caída de 6,2% en el PIB. Esta es una caída espectacular. A partir de 1996 vemos que crecimiento del PIB se recupera rápidamente, no así la tasa de inflación, la cual subión del 7,9% en 1994 al 54,5 en 1995 y todavía para 2000 se encontraba en niveles de dos dígitos. Es hasta después de 2000 cuando la tasa de inflación llegó nuevamente a niveles de un dígito en un rango de 4 a 6%. Nuevamente, para datos de México se comprueba la discusión sobre el modelo discutido anteriormente.

TABLA 29.2

Datos macroeconómicos de México, 1993-2000

Año	Crecimiento del PIB (%)	Tasa de desempleo (%)	Tasa de Inflación(%)	Tasa de interés nominal (%)	Tasa de interés real (%)
1993	2,0	3,2	8,8	18,0	9,2
1994	4,4	4,2	7,9	19,3	11,4
1995	–6,2	5,8	54,5	59,4	4,9
1996	5,1	4,3	29,6	36,4	6,8
1997	6,8	3,4	16,6	22,1	5,5
1998	4,9	2,9	19,9	26,4	6,5
1999	3,7	2,1	13,5	23,7	10,2
2000	6,6	2,2	9,6	16,9	7,3

FUENTE: World Development Indicators e INEGI. La tasa de inflación se calcula como la diferencia entre las tasas de interés real y nominal.

desinflación reducción significativa de la tasa de inflación

Una reducción significativa de la tasa de inflación, como la que consiguió la Reserva Federal en los años 80, se denomina **desinflación**. Pero una vez más, la desinflación puede producirse a costa de una gran brecha contractiva y de un elevado desempleo como los que experimentó Estados Unidos a principios de los años 80. ¿Merece la pena soportar este coste? No es fácil responder a esta pregunta, ya que los costes de la inflación son difíciles de medir. Los responsables de la política económica de todo el mundo parece que coinciden, sin embargo, en la necesidad de contener la inflación, ya que muchos países lucharon para reducir sus propias tasas de inflación al 2%, o incluso menos, en los años 80 y 90. Canadá y Gran Bretaña se encuentran entre los numerosos países industriales que han soportado los costes de una brusca reducción de la inflación.

¿Pueden reducirse los costes de la desinflación? Desgraciadamente, nadie ha encontrado un método indoloro para reducir la tasa de inflación, por lo que en los últimos años los bancos centrales de todo el mundo han luchado por mantener la inflación en unos niveles manejables para no tener que enfrentarse a los costes de la desinflación. En el siguiente apartado vemos cómo puede el Banco Central mantener baja la tasa de inflación cuando la economía se ve afectada por perturbaciones de la demanda o de la oferta agregada.

RECAPITULACIÓN	REDUCIR UNA ELEVADA INFLACIÓN

La inflación puede reducirse por medio de medidas que desplacen la curva de demanda agregada hacia la izquierda, como la adopción de una política monetaria "más restrictiva" (un desplazamiento de la función de reacción de la política monetaria hacia arriba o hacia la izquierda). A corto plazo, los efectos de una política monetaria más restrictiva, más antiinflacionista, se dejan sentir especialmente en la producción, por lo que una desinflación (una reducción significativa de la inflación) puede provocar una significativa brecha contractiva. A largo plazo, la producción debe retornar al nivel potencial y la inflación debe disminuir. Estas predicciones se cumplieron durante la desinflación de Volcker de principios de los años 80.

MANTENER BAJA LA INFLACIÓN

En las dos décadas posteriores a la desinflación de Volcker, Estados Unidos ha tenido una inflación relativamente baja. Aunque sobrepasó brevemente el 5% en 1990, se ha mantenido durante todo el periodo en un nivel inferior al 3,6% logrado en 1986, salvo en tres años concretos. Durante ese mismo periodo, el crecimiento del PIB real ha sido, en promedio, de un 3,2% anual y las dos recesiones económicas que ha experimentado Estados Unidos han sido breves y relativamente suaves. La mayoría de los economistas cree que la baja inflación es una importante razón por la que el crecimiento y la estabilidad económica han aumentado. Por otra parte, una baja tasa de inflación hace innecesaria una costosa desinflación. Por lo tanto, mantener controlada la inflación es una de las mejores cosas que puede hacer el Banco Central por una economía.

En este apartado examinamos las opciones del Banco Central en un clima de baja inflación. Mostramos que las respuestas de la política económica y las consecuencias de las medidas antiinflacionistas pueden variar dependiendo de que las perturbaciones de la economía se deban a perturbaciones del gasto o a perturbaciones de la oferta agregada.

EJEMPLO 29.2

Responder a las perturbación del gasto

Como vimos en el capítulo anterior, los cambios de la política monetaria no son los únicos factores que desplazan la curva de demanda agregada, dado que la curva de demanda también se desplaza en respuesta a los cambios de la política fiscal y a otros cambios exógenos del gasto. Como veremos, si estos cambios del gasto son permanentes, el Banco Central puede mantener la inflación en el objetivo fijado inicialmente a largo plazo sólo si modifica el tipo de interés real fijado como objetivo.

Para comprender este importante punto, examinemos de nuevo el análisis de los efectos de un cambio en la política fiscal que iniciamos en el capítulo anterior. En la Figura 29.2(b), representamos la situación de la Figura 28.8, en la que examinamos los efectos de un aumento de los gastos militares. Comenzamos, al igual que antes, en el punto *A*, en el que la producción efectiva es igual a la producción potencial Y^* y la inflación se mantiene estable. Obsérvese en la Figura 29.2(a) que corresponde a un determinado punto de la función de reacción de la política monetaria del Banco Central en el que la inflación efectiva, π, es igual al objetivo fijado por el Banco Central, π^*, y el tipo de interés real efectivo, r, es igual al objetivo fijado por el Banco Central, r_1^*.

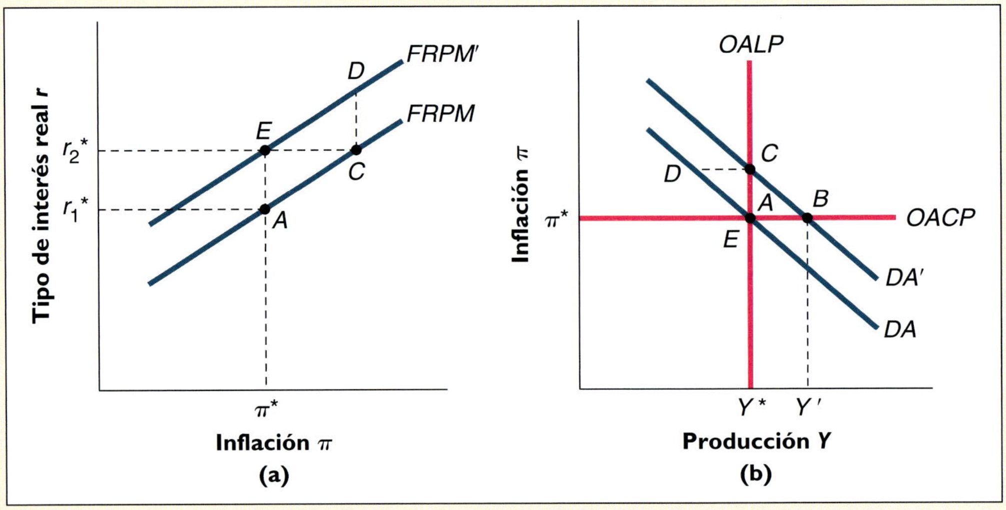

FIGURA 29.2

Mantenimiento de una baja inflación tras una variación del gasto.

Al principio la economía se encuentra en equilibrio a largo plazo en el punto *A*, donde la inflación efectiva es igual a la tasa de inflación fijada por el Banco Central como objetivo, π^*, y la producción efectiva es igual a la producción potencial, Y^*. Un aumento del gasto desplaza la curva *DA* hacia la derecha a *DA'*. A corto plazo, el PIB real aumenta a *Y'*, pero la inflación no varía. La brecha expansiva provoca un aumento de la inflación, lo que desplaza la recta *OACP* en sentido ascendente. Si el Banco Central acomoda este aumento de la inflación, la economía se desplaza a largo plazo al punto *C* a largo plazo. La producción efectiva retorna al nivel potencial con una tasa de inflación más alta.

Sin embargo, si el Banco Central no quiere que la inflación sobrepase el objetivo, puede elevar el tipo de interés real fijado como objetivo a r_2^*. Eso desplazará la función de reacción de la política monetaria hacia arriba a *FRPM'* y la curva de demanda agregada se desplazará de nuevo a *DA*. La producción efectiva será de nuevo igual a la potencial a largo plazo, pero la inflación retornará al nivel fijado como objetivo π^*.

Supongamos ahora que un aumento de los gastos militares desplaza la curva de demanda agregada hacia la derecha. El desplazamiento de la demanda agregada también podría deberse a una reducción de los impuestos o a un aumento repentino del gasto en consumo o en inversión. Si el Banco Central no desplaza su función de reacción de la política monetaria, la economía se traslada a corto plazo del punto *A* al *B* de la Figura 29.2(b). El PIB real aumenta, provocando una brecha expansiva, pero al principio la inflación no varía. Sin embargo, con el paso del tiempo, la recta de oferta agregada a corto plazo se desplaza hacia arriba en respuesta a la brecha expansiva. Como consecuencia, la inflación comienza a aumentar.

Llegado a este punto, el Banco Central tiene una posibilidad de elección. Si permite que la inflación sobrepase el objetivo fijado, la economía se trasladará gradualmente al punto *C* de la Figura 29.2(a) y (b). La inflación continuará aumentando y la economía volverá gradualmente al nivel de producción potencial a largo plazo con una tasa de inflación permanentemente más alta. Sin embargo, en el punto *C*, tanto la inflación como el tipo de interés real serán superiores a los objetivos del Banco Central (π^* y r_1^*).

Sin embargo, el Banco Central puede impedir que la inflación aumente subiendo su tipo de interés real objetivo a r_2^*. Recuérdese que la función de reacción de la política monetaria se trata de tal manera que cuando la inflación efectiva es igual al objetivo del Banco Central, el tipo de interés real es igual al objetivo del Banco Central. Por consiguiente, una subida del tipo de interés real fijado como objetivo por el Banco Central desplaza la función de reacción de la política monetaria del Banco Central hacia arriba (hacia la izquierda) de *FRPM* a *FRPM'* y este desplazamiento mueve la curva de demanda agregada de nuevo a *DA*. La producción retorna al nivel potencial y la inflación acaba retornando a π^* en el punto *E* de las Figuras 29.2(a) y 29.2(b). Aunque la producción retorna al nivel potencial independientemente de lo que hace el Banco Central, éste puede impedir que la inflación aumente permanentemente subiendo el tipo de interés real fijado como objetivo y actuando en consecuencia.

Si el Banco Central quiere subir r^* hasta que la economía se traslade del punto *B* al *C*, tendrá que subir temporalmente el tipo de interés real al punto *D* de la Figura 29.2(a). La economía experimentará entonces un periodo de rápido crecimiento seguido de un periodo de contracción hasta que retorne a la producción potencial en el punto *E* de la Figura 29.2(b). Sin embargo, el Banco Central puede decidir actuar antes y evitar tanto una elevada inflación como el comportamiento cíclico de la producción.Puede actuar *preventivamente* subiendo el tipo de interés real fijado como objetivo inmediatamente a r_2^* [1]. Esta subida de r^* desplazaría inmediatamente la función de reacción de la política monetaria hacia arriba. Aunque el aumento inicial del gasto puede desplazar la curva de demanda agregada de *DA* a *DA'*, la medida del Banco Central la desplazaría relativamente deprisa de nuevo a *DA*, como consecuencia, la economía permanecería en el nivel de pleno empleo y la inflación nunca se alejaría de su nivel inicial. La producción puede estabilizarse en el nivel potencial y la inflación puede mantenerse baja.

Como vimos en el capítulo anterior, los cambios de la política fiscal y otros cambios del gasto no alteran la producción real a largo plazo. Sin embargo, ahora vemos que la inflación sólo varía si el Banco Central lo permite. A veces los economistas utilizan la palabra *acomodaticio* para describir una medida que permite que se dejen sentir los efectos de una perturbación. En este ejemplo, la **política acomodaticia** del Banco Central permitiría que la perturbación del gasto aumentara la producción a corto plazo y la inflación a largo plazo. Sin embargo, en lugar de acomodar la perturbación del gasto, el Banco Central podría bloquear los efectos que se pueden producir tanto en la producción como en la inflación subiendo el tipo de interés real fijado como objetivo.

política acomodaticia política que permite que se dejen sentir los efectos de una perturbación

¿Por qué tiene que subir el Banco Central su objetivo de tipo de interés real para mantener estable la producción y la inflación? Recuérdese que en el Capítulo 22 vimos que el tipo de interés real viene dado por el ahorro y la inversión a largo plazo. Un aumento de los gastos militares o de cualquier otro gasto público (o una reducción de los impuestos netos) eleva el déficit presupuestario público, y como vimos en la Figura 22.11, el aumento del déficit público reduce el ahorro nacional y sube el tipo de interés real a largo plazo. Con el fin de evitar las consecuencias inflacionistas a largo plazo, el Banco Central debe subir el tipo de interés real fijado como objetivo a un nivel compatible con el equilibrio a largo plazo en el mercado del ahorro y de la inversión.

Este modelo también puede utilizarse para analizar una reducción repentina del gasto. Partiendo de nuevo de la producción potencial, una reducción del gasto desplaza la curva de demanda agregada hacia la izquierda. El Banco Central puede eliminar la brecha contractiva provocada por este desplazamiento bajando el objetivo fijado para el tipo de interés real. Una vez más, el PIB real vuelve al nivel potencial y la inflación retorna a la tasa de inflación fijada como objetivo por el Banco Central.

EJERCICIO 29.2

Supongamos que la economía se encuentra inicialmente en equilibrio a largo plazo y el gasto disminuye de repente. Utilice el gráfico de la función de reacción de la política monetaria, y los gráficos de la oferta y la demanda agregada, para ilustrar y explicar lo que ocurre con la producción y la inflación a corto y a largo plazo. Suponga que después de que la economía se traslada de nuevo a la producción potencial, el Banco Central baja el tipo de interés real fijado como objetivo hasta el nivel del nuevo tipo de interés real en el que el ahorro es igual a la inversión a largo plazo. Explique cuáles serían las diferencias si el Banco Central bajara el tipo de interés real fijado como objetivo inmediatamente después de la reducción del gasto.

[1] Obsérvese que r_2^* también es el tipo de interés real efectivo que es a su vez coherente con el pleno empleo tras el desplazamiento de la demanda agregada.

EL OBSERVADOR ECONÓMICO 29.2

¿Por qué bajó la Reserva Federal de nuevo en 2003 los tipos de interés?

Como señalamos en el capítulo anterior, la Reserva Federal bajó el tipo de interés interbancario del 6,5% en enero de 2001 al 1,75% en diciembre de 2001 con el fin de luchar contra la contracción de 2001. Sin embargo, cuando la economía comenzó a recuperarse en 2002 y 2003, la Reserva Federal volvió a bajar el tipo de interés interbancario a un 1,25% en noviembre de 2002 y a un 1% en junio de 2003. ¿Por qué continuó bajando el tipo de interés interbancario incluso durante la recuperación?

Son varios los motivos que fundamentan las decisiones de la Reserva Federal. En primer lugar, como señalamos antes, el crecimiento económico fue incluso durante la recuperación más bajo que en las recuperaciones anteriores. En segundo lugar, el empleo no creció al mismo ritmo que la producción, debido a los excepcionales incrementos de la productividad. Además, el gasto en inversión disminuyó considerablemente al mostrarse más cautas las empresas, sobre todo después de la caída de la bolsa. Como consecuencia, la Reserva Federal temía que la demanda agregada disminuyera y provocara una brecha contractiva. La reducción del gasto en inversión también implicaba que el tipo de interés real a largo plazo, para el que el ahorro es igual a la inversión, podía bajar. En respuesta, la Reserva Federal bajó su objetivo para el tipo de interés real, lo cual desplazó la función de reacción de la política monetaria hacia abajo (hacia la derecha).

La medida de la Reserva Federal impidió que la curva de demanda agregada descendiera más y evitó así una contracción. Éste es otro ejemplo de cómo puede el Banco Central estabilizar tanto la inflación como la producción cuando hay una perturbación de la demanda agregada.

El Ejemplo 29.2 y El observador económico 29.2 muestran que las perturbaciones de la demanda agregada no obligan al Banco Central a hacer una difícil elección entre la inflación y la estabilidad de la producción. El Banco Central puede mantener estables la inflación y la producción ajustando el tipo de interés real fijado como objetivo al tipo de interés real en el que el ahorro es igual a la inversión a largo plazo. En el siguiente ejemplo examinamos las posibles respuestas del Banco Central a una perturbación de la oferta agregada.

EJEMPLO 29.3

Responder a las perturbaciones de la oferta agregada

Aunque las perturbaciones de la demanda agregada no obligan al Banco Central a elegir entre la inflación y la estabilidad de la producción, las perturbaciones de la oferta agregada sí plantean ese dilema. Si el Banco Central mantiene su tasa inicial de inflación fijada como objetivo, la economía puede experimentar una prolongada brecha contractiva o expansiva. Si, por el contrario, quiere acelerar la vuelta al PIB potencial, tiene que modificar el objetivo fijado para la inflación.

Mostramos esta situación en la Figura 29.3. Una vez más, la economía se encuentra inicialmente en el punto *A* en ambos diagramas, en el que $Y = Y^*$, $\pi = \pi_1^*$ y $r = r^*$. Supongamos ahora que una perturbación inflacionista negativa desplaza la recta de oferta agregada a corto plazo en sentido ascendente en la Figura 29.3(b), exactamente igual que en la 28.9. A corto plazo, la economía se traslada al punto *B*, en el que la inflación es más alta y hay una brecha contractiva.

Llegado a este punto, el Banco Central se encuentra ante el dilema que introdujimos en el capítulo anterior. Si quiere evitar una contracción, puede subir la tasa de inflación fijada como objetivo a π_2^*. De este modo, la función de reacción de la política monetaria se desplaza hacia abajo (hacia la derecha) a *FRPM'* y la curva de demanda agregada hacia la derecha a *DA'*. La producción retornará inmediatamente al nivel potencial en el punto *C*, pero la inflación será permanentemente más alta. El aumento inicial de la inflación tras la perturbación de la oferta irá seguido de una segunda ronda de inflación, en la que el aumento inicial provoca un cambio de las expectativas sobre la propia inflación. Los trabajadores y las empresas esperarán entonces que los precios continúen subiendo, por lo que presionarán para que suban

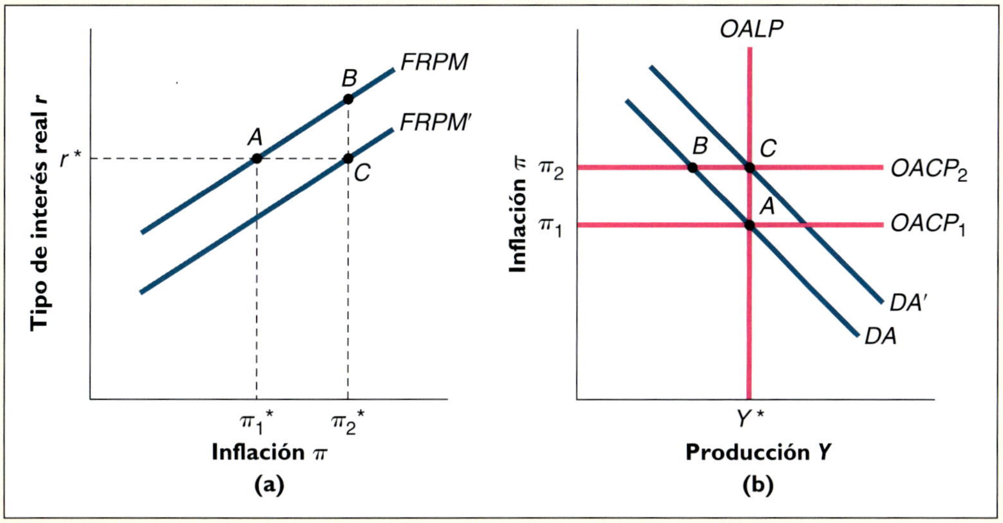

FIGURA 29.3

Mantenimiento de una baja inflación tras una perturbación inflacionista negativa.
Al principio la economía se encuentra en equilibrio a largo plazo en el punto *A*, donde la inflación efectiva es igual a la tasa de inflación fijada por el Banco Central como objetivo, π^*, y la producción efectiva es igual a la producción potencial, *Y**. Una subida del precio del petróleo u otra perturbación inflacionista negativa desplaza la recta *OACP* en sentido ascendente a $OACP_2$. Si el Banco Central acomoda la perturbación de la oferta, eleva la tasa de inflación fijada como objetivo a π_2^*. Eso desplaza la función de reacción de la política monetaria hacia abajo (hacia la derecha) a *FRPM'* y la curva *DA* también se desplaza hacia la derecha a *DA'*. La economía se desplaza entonces rápidamente al punto *C* y la contracción que se produce será breve.

Sin embargo, si el Banco Central no modifica la tasa de inflación fijada como objetivo, ni la función de reacción de la política monetaria ni la curva de demanda agregada se verán desplazadas. A corto plazo, nos desplazamos al punto *B* y el PIB real disminuye. La brecha recesiva del punto *B* desplaza gradualmente la recta de oferta agregada a corto plazo hacia abajo hasta que la producción real vuelve de nuevo al nivel potencial y la inflación disminuya hasta regresar al nivel fijado como objetivo en el punto *A*.

tanto los salarios, haciendo así subir también los precios. Por consiguiente, la tasa de inflación más alta se mantendrá.

Cuando la economía es sacudida por una perturbación inflacionista negativa, el Banco Central también puede evitar que la inflación sea permanentemente más alta manteniendo la tasa inicial de inflación fijada como objetivo. De esa manera, puede impedir la segunda ronda de inflación y, consecuentemente, que el aumento de la inflación se vuelva permanente. Si el Banco Central no modifica su política monetaria (en cuyo caso la función de reacción de la política monetaria no se desplaza), la brecha contractiva que existe en el punto *B* acaba desplazando la recta de oferta agregada a corto plazo hacia abajo a $OACP_1$ y a largo plazo la economía retorna al punto *A*. La inflación vuelve a su tasa inicial y el PIB real retorna al nivel potencial. Sin embargo, entretanto, la economía puede experimentar una contracción.

Para saber cuál de estas dos medidas debe seguir, el Banco Central posiblemente querrá saber cuánto tardaría la economía en retornar al nivel potencial (al punto *A*) en el caso de se optase por no modificar la política monetaria. La respuesta depende del ritmo al que la recta de oferta agregada a corto plazo se desplaza en sentido descendente cuando una perturbación inflacionista negativa crea una brecha contractiva. Si la recta *OACP* se desplaza hacia abajo rápidamente, es más probable que el Banco Central mantenga la tasa de inflación fijada como objetivo en π_1^*, ya que cualquier contracción que se produzca probablemente será breve. En cambio, si la recta *OACP* se desplaza hacia abajo a un ritmo muy lento, es posible que el Banco Central se sienta más inclinado a subir la tasa de inflación fijada como objetivo para evitar una larga contracción.

expectativas ancladas sobre la inflación cuando las expectativas de la gente sobre la futura inflación no varían aunque la inflación aumente temporalmente

Paradójicamente, el ritmo al que la recta de oferta agregada a corto plazo de nuevo se desplaza hacia abajo tras una perturbación inflacionista negativa depende en parte de las expectativas del público sobre lo que hará el Banco Central. Si el público confía en que mantendrá la tasa inicial de inflación fijada como objetivo, sus expectativas sobre la futura inflación no variarán aunque ésta aumente temporalmente. En ese caso, decimos que las expectativas de la gente sobre la inflación están **ancladas.** Cuando una perturbación negativa de la oferta aumenta la inflación, las personas que tienen expectativas ancladas creen que el Banco Central intervendrá para garantizar que la inflación descienda rápidamente hasta su nivel inicial. En ese caso, es menos probable que los trabajadores pidan subidas salariales inflacionistas o que las empresas suban los precios. La segunda ronda de inflación se eliminará, la recta de oferta agregada a corto plazo se desplazará de nuevo y más deprisa a $OACP_1$, y la producción retornará al nivel potencial a un ritmo más rápido. Como cualquier contracción que se produzca será más corta si las expectativas sobre la inflación están ancladas, el Banco Central también se sentirá más cómodo no alterando la tasa de inflación fijada como objetivo.

En cambio, si el Banco Central ha acomodado frecuentemente los aumentos de la tasa de inflación, las expectativas sobre la inflación pueden no estar ancladas. Si el público cree que el Banco Central subirá la tasa de inflación fijada como objetivo, las expectativas sobre la futura inflación serán mayores. En ese caso, los trabajadores demandarán mayores subidas salariales y las empresas subirán los precios más deprisa. La recta de oferta agregada a corto plazo se desplazará hacia abajo a un ritmo más lento y el retorno al pleno empleo será prolongado. Por lo tanto, el Banco Central tiene interés en convencer al público de que mantendrá la tasa inicial de inflación fijada como objetivo. En El observador económico 29.3 y 29.4 sugerimos dos periodos en los que las expectativas ancladas sobre la inflación han contribuido posiblemente a mejorar los resultados macroeconómicos.

EL OBSERVADOR ECONÓMICO 29.3

¿Por qué ha disminuido tanto la volatilidad macroeconómica en Estados Unidos desde 1985?

Desde 1985, aproximadamente, tanto el crecimiento del PIB real como la inflación son mucho menos volátiles que hasta ese año. Como muestra la Figura 29.4, la variabilidad de la tasa de crecimiento del PIB real ha sido aproximadamente la mitad que la de antes de 1985. Además, la tasa de inflación ha descendido en dos tercios[2].

La reducción de la volatilidad macroeconómica tiene numerosas ventajas para la economía. Mejora el funcionamiento del mercado, facilita la planificación económica y empresarial y reduce los recursos dedicados a gestionar los riesgos de inflación. Un aumento de la estabilidad de la producción y del empleo reduce la incertidumbre económica de los hogares y las empresas. Pero ¿por qué ha disminuido tanto la volatilidad macroeconómica en Estados Unidos?

Muchos economistas creen que la mejora de la política macroeconómica, especialmente de la política monetaria, es responsable de la disminución de la volatilidad tanto de la producción como de la inflación. Hasta 1981, la Reserva Federal a menudo permitía que la inflación subiera en respuesta a las perturbaciones de la demanda agregada y la oferta agregada, e intentaba a continuación controlar la inflación resultante. Estas oscilaciones de la política monetaria contribuían a la volatilidad tanto de la producción como de la inflación. Sin embargo, desde principios de los años 80, la Reserva Federal ha sido más coherente en sus intentos de impedir que la inflación aumente. Estos esfuerzos han dado sus frutos anclando las expectativas sobre la inflación que, como acabamos de señalar, pueden estabilizar no sólo la inflación, sino también la producción[3].

[2] Olivier J. Blanchard y John A. Simon, "The Long and Large Decline in U.S. Output Volatility", *Brookings Papers on Economic Activity,* 1, 2001, págs. 135-164. Quienes han estudiado estadística saben que los científicos, generalmente, utilizan la varianza de una variable (o su raíz cuadrada, llamada desviación típica) para medir su variabilidad.

[3] Ben Bernanke, "The Great Moderation", 20 de febrero de 2004, http://www.federalreserve.gov/boarddocs/speeches/2004/20040220/default.htm.

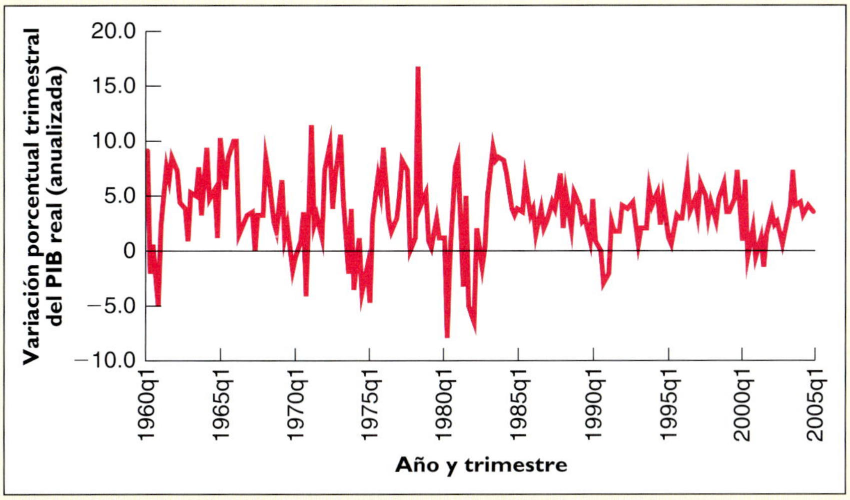

FUENTE: *Bureau of Economic Analysis* (http://www.bea.gov/).

FIGURA 29.4
El cambio EN la volatilidad del PIB real. Desde 1985, la volatilidad del PIB real ha experimentado una espectacular reducción.

Aunque la mayoría de los economistas atribuye la disminución de la volatilidad de la inflación a la política de la Reserva Federal, otros creen que el responsable de la disminución de la variabilidad de la producción no es la Reserva Federal, sino en gran parte los cambios estructurales de la economía. Estos cambios estructurales son los cambios propios de la tecnología, de las prácticas empresariales y otras características estructurales que han mejorado la capacidad de la economía para absorber las perturbaciones. Algunos ejemplos de estos cambios son la mejora de la gestión de las existencias, la liberalización, el desplazamiento de la industria manufacturera a los servicios y un aumento de la apertura comercial y los movimientos internacionales de capitales.

A diferencia de Estados Unidos, en México no se ha observado esa disminución de la volatilidad en las tasas de crecimiento del PIB. Observemos la Figura 29.5. A pesar de los esfuerzos que han puesto las autoridades, tanto de Banco de México como de la Secretaría de Hacienda y Crédito Público, no ha sido posible eliminar por completo los periodos de volatilidad que han frenado el crecimiento en el nivel de vida de los mexicanos.

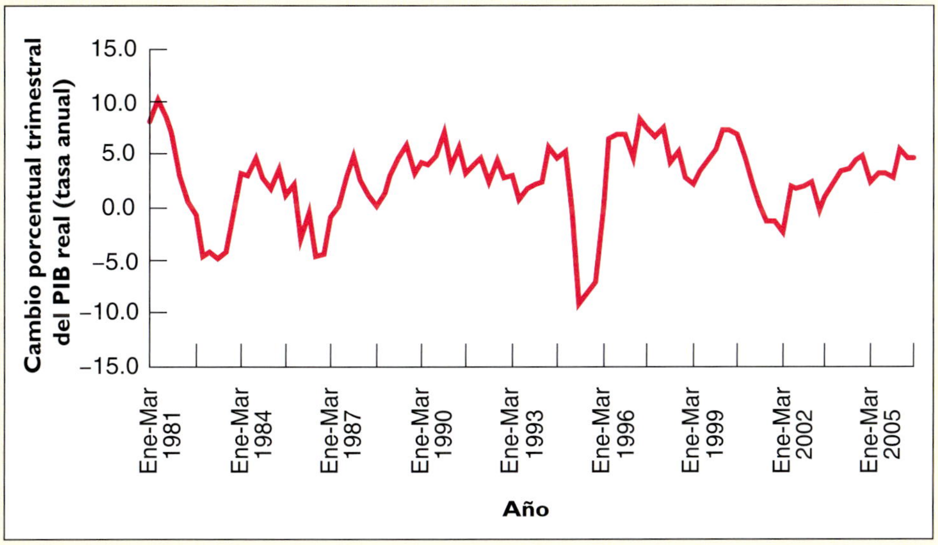

FUENTE: Banco de México.

FIGURA 29.5
Volatilidad del PIB real en México, 1991-2005.

EL OBSERVADOR ECONÓMICO 29.4

¿Por qué no provocaron las subidas de los precios del petróleo de 2003-2005 una contracción o una considerable subida de la inflación?

En El observador económico 28.2 analizamos la evolución de la economía de Estados Unidos tras las considerables subidas de los precios del petróleo de 1973-1974 y 1979. El precio mundial del crudo, en 1972, era de alrededor de 3$ por barril; a finales de 1974 se había cuadruplicado y era de 12$. Tras mantenerse relativamente constante durante los cuatro años siguientes, casi se triplicó de nuevo entre 1978 y 1981, llegando a alcanzar los 35$ por barril en 1981. En ambos casos, las subidas de los precios provocaron perturbaciones inflacionistas y fueron seguidas de una estagflación, es decir, de un periodo de contracción y elevada inflación. El precio del petróleo, salvo en algunos periodos en los que fue muy bajo y otros, como 1999-2000, en que experimentó una gran subida, bajó gradualmente a partir de 1981, llegando a situarse en torno a los 23$ barril en 2002.

A partir de 2002, subió de nuevo espectacularmente y esta subida se aceleró en 2003, 2004 y 2005[4]. A finales de 2004, el precio medio del petróleo había superado los 40$ por barril y sobrepasó los 65$ en agosto de 2005. Sin embargo, en el momento de escribir esta edición, la subida del precio del petróleo no ha provocado ni una contracción ni un aumento considerable de la inflación. El PIB real creció a una tasa anual del 2,7% en 2003, 4,2% en 2004 y 3,5% durante el primer semestre de 2005. Aunque el Índice de Precios de Consumo subió un 1,9% en 2003, un 3,4% en 2004 y un 3,5% interanual durante los siete primeros meses de 2005, esta subida fue mucho menos espectacular que en periodos anteriores. ¿Por qué respondió la economía de forma tan distinta tras la última escalada del precio del petróleo? Se han propuesto varias explicaciones.

Debe señalarse, en primer lugar, que el precio real del petróleo, que no es otra cosa que el precio del petróleo en relación al IPC, alcanzó su máximo, en términos de media anual, en 1981, cuando el precio del crudo alcanzó los 35$ por barril y el IPC era 0,91. En julio de 2005, el IPC había subido a 1,95. Por consiguiente, el precio de 35$ por barril de 1981 equivalía a un precio de 35$(1,95/0,91) = 75$ por barril en julio de 2005. En términos reales, el precio efectivo de 64$ de agosto de 2005 aún era inferior a su máximo de 1981.

Antes de la primera perturbación inflacionista de 1973, la tecnología utilizada en las fábricas estadounidenses se basaba en un petróleo barato. Cuando durante la década siguiente el precio real subió vertiginosamente, algunas fábricas intensivas en energía se quedaron obsoletas y acabaron cerrando. Con el paso del tiempo también se desarrollaron y adoptaron nuevas tecnologías ahorradoras de energía. Por consiguiente, cuando los precios reales del petróleo subieron de nuevo en 2003-2004, las fábricas estadounidenses ya empleaban tecnologías que eran rentables incluso con unos precios altos de la energía.

En definitiva, actualmente la economía estadounidense en su conjunto depende menos de la energía. La industria manufacturera, que aún es intensiva en energía, representa una proporción menor del PIB, ya que Estados Unidos se ha convertido en una economía más orientada hacia los servicios. Las nuevas viviendas están mejor aisladas y los electrodomésticos y los automóviles (incluso algunos todoterrenos) consumen menos energía. Como consecuencia, el consumo de energía por dólar de producción disminuyó de 14.427 BTU por dólar de PIB real (en dólares de 2000) en 1981 a 9.462 BTU por dólar de PIB en 2003[5].

La tercera razón por la que la respuesta de la economía estadounidense a la reciente subida del precio del petróleo ha sido (hasta ahora) relativamente benigna, está relacionada con las expectativas sobre la inflación y la fama de la Reserva Federal de luchar contra ella. Cuando se produjeron los dos primeros choques petrolíferos de los setenta, éstos desplazaron la recta de oferta agregada a corto

[4] U. S. Department of Energy, *Monthly Energy Review*, www.eia.doe.gov/emeu/mer/prices.html.

[5] Una BTU es una medida del consumo de energía, cuyo significado proviene de las siglas British Thermal Unit, y cuya unidad representa la cantidad de calor requerida para elevar la temperatura de una libra de agua en un grado.

plazo hacia arriba, las subidas iniciales de la inflación fueron seguidas de segundas rondas de inflación. Las subidas del precio del petróleo provocaron un aumento de las expectativas sobre la inflación, ya que el público pensaba que la Reserva Federal posiblemente acomodaría la mayor inflación, de tal manera que el aumento de las expectativas sobre la inflación provocó, a su vez, nuevas subidas de los salarios y de los precios. De esta forma, la inflación se mantuvo más alta.

En cambio, actualmente la mayoría de los economistas cree que las expectativas sobre la inflación están más firmemente ancladas que en la década de los setenta. Una gran parte del mérito se debe a Paul Volcker y a Alan Greenspan. Durante su mandato como presidentes de la Reserva Federal, ésta se ganó fama de luchar permanentemente contra la inflación. Al igual que las perturbaciones anteriores de los setenta, la subida de 2003-2005 también desplazó hacia arriba la recta de oferta agregada a corto plazo. Sin embargo, en esta ocasión, la gente creía que la Reserva Federal actuaría rápidamente para mantener baja la inflación e impedir la segunda ronda inflacionista. Por consiguiente, las expectativas sobre la inflación no aumentaron y la recta de oferta agregada a corto plazo se desplazó en sentido descendente a un ritmo mucho más rápido.

LA TASA DE INFLACIÓN SUBYACENTE

Cuando hay una perturbación negativa de la oferta agregada, como es una vertiginosa subida de los precios de la energía, no es inevitable que aumente la inflación. En principio, el Banco Central podría impedir que aumentara adoptando una política monetaria tan restrictiva que el aumento inicial provocado por la subida de los precios de la energía fuera contrarrestado por un descenso de los precios de las demás mercancías. Sin embargo, la experiencia sugiere que esa política probablemente tiene demasiados costes en pérdida de producción y es innecesaria para mantener controlada la inflación a largo plazo. Algunos economistas proponen, por el contrario, que el Banco Central acepte el efecto inflacionista inmediato de una subida del precio del petróleo, pero tome medidas para reducir el efecto que pueda producirse en la segunda ronda si la perturbación altera las expectativas sobre la inflación y afecta a los salarios y a los precios de las demás mercancías. Si el Banco Central puede impedir que las subidas de los precios de la energía alteren las expectativas sobre la inflación, puede llegar a evitar que la inflación sea permanentemente más alta.

Para permitir un aumento temporal de la inflación, pero impedir que las expectativas sobre los precios a largo plazo aumenten, el Banco Central puede fijarse en la **tasa de inflación subyacente,** que es la tasa de aumento de todos los precios *salvo los de la energía y los alimentos no elaborados,* precisamente los dos artículos que suelen ser responsables de las perturbaciones inflacionistas[6]. Como la inflación subyacente excluye las fuentes de las variaciones de los precios más volátiles, se considera que a corto plazo es un indicador útil de la tendencia subyacente de la inflación. Si la tasa subyacente de inflación no varía, la perturbación inicial de la oferta probablemente no producirá ninguna ronda adicional de inflación. Por lo tanto, el Banco Central decidirá adoptar una política monetaria más restrictiva sólo si la tasa subyacente de inflación es superior a la fijada como objetivo. Obsérvese que el hecho de que el Banco Central se fije en la inflación subyacente no significa que no le preocupe la inflación global, la que incluye los precios del petróleo y de los alimentos, sino que, al fijarse en la tasa subyacente de inflación, puede impedir que el aumento que experimenta la inflación tras una perturbación inflacionista se vuelva permanente.

tasa de inflación subyacente tasa a la que suben los precios de la economía, excluidos los bienes energéticos y los alimentos no elaborados

La Tabla 29.3 muestra la tasa general y la tasa subyacente de inflación de Estados Unidos desde julio de 2002 hasta julio de 2005. Durante este periodo, la tasa general de inflación subió significativamente debido a la vertiginosa subida de los precios del petróleo. Sin embargo, la tasa de inflación subyacente fue más baja y subió menos, lo que implica que el Banco Central había conseguido mitigar los efectos de la segunda ronda.

[6] Como la energía y los alimentos no elaborados se utilizan como consumos intermedios en otras muchas industrias, algunos de los efectos indirectos de una subida de sus precios se reflejan incluso en la tasa de inflación subyacente.

TABLA 29.3
Tasas anualizadas de inflación en Estados Unidos, julio de 2002-julio de 2005

Periodo	Inflación anualizada del IPC (%)	Inflación subyacente anualizada (inflación del IPC excluidos los alimentos y la energía) (%)
Julio de 2002-Julio de 2003	2,1	1,5
Julio de 2003-Julio de 2004	3,0	1,8
Julio de 2004-Julio de 2005	3,2	2,1

FUENTE: *U. S. Bureau of Labor Statistics* (http://www.bls.gov/data/).

Igualmente, la Tabla 29.4 muestra la tasa general y la tasa subyacente de inflación de México en el periodo 2003-2005. Comprando estos datos con los aportados en la Tabla 29.1, vemos que la tasa de inflación se ha estabilizado alrededor del 4,5% anual. También observamos que la tasa subyacente se ha mostrado en la misma tendencia que la tasa general de inflación.

TABLA 29.4
Inflación en México, 2003-2005

Año	Inflación	Inflación subyacente (%)*
2003	4,56	3,58
2004	4,69	3,65
2005	4,00	3,39

*Excluye productos agropecuarios, educación, y bienes y servicios administrados y concertados.
FUENTE: Banco de México.

RECAPITULACIÓN — MANTENER BAJA LA INFLACIÓN

En respuesta a las variaciones del gasto que provocan perturbaciones de la demanda agregada, el Banco Central puede mantener estables la inflación y la producción ajustando el tipo de interés real al nivel fijado como objetivo para el que el ahorro y la inversión a largo plazo se igualen. Sin embargo, las perturbaciones de la oferta agregada (como las perturbaciones inflacionistas) obligan al Banco Central a elegir entre mantener la inflación y estabilizar la producción. Ahora bien, si las expectativas sobre la inflación están ancladas, la vuelta a la producción potencial tras una perturbación inflacionista será más rápida. Vigilando la tasa de inflación subyacente, el Banco Central puede averiguar si una perturbación inflacionista ha provocado efectos de segunda ronda en la inflación y así actuar en consecuencia.

LAS EXPECTATIVAS INFLACIONISTAS Y LA CREDIBILIDAD

credibilidad de la política monetaria grado en que el público se cree las promesas del Banco Central de que va a mantener baja la inflación, aunque eso pueda generar costes económicos a corto plazo

Como hemos visto en el apartado anterior, los resultados macroeconómicos pueden mejorarse si las expectativas sobre la inflación están ancladas. Pero ¿de qué depende que estén ancladas o no? La mayoría de los economistas cree que depende de la **credibilidad de la política monetaria,** que es el grado en el que el público se cree las promesas del Banco Central de mantener baja la inflación, aunque eso pueda imponer costes económicos a corto plazo.

En el Ejemplo 29.3 mostramos la importancia de la credibilidad tras una perturbación inflacionista negativa. En ese caso, la credibilidad del Banco Central a la hora de luchar contra la inflación impidió los efectos de la segunda ronda de inflación y aceleró el retorno al pleno empleo, siendo la tasa de inflación la inicial. Los economistas han identificado algunas características institucionales que pueden afectar a la credibilidad de las declaraciones del Banco Central para mantener baja la inflación y, por lo tanto, a su capacidad para hacerlo: en concreto, el grado de independencia del Banco Central, el anuncio de objetivos de inflación explícitos y la fama que tenga en relación a su voluntad y capacidad de luchar contra la inflación.

LA INDEPENDENCIA DEL BANCO CENTRAL

La credibilidad de la política monetaria puede mejorarse si se aísla a los responsables del Banco Central de las consideraciones políticas a corto plazo, condición que a veces se denomina **independencia del Banco Central.** Los bancos centrales independientes tienen más capacidad para adoptar una perspectiva a largo plazo de la economía. En concreto, pueden seguir una política antiinflacionista cuando es necesario, aunque eso provoque una contracción temporal. En cambio, los políticos electos se enfrentan a frecuentes reelecciones y pueden dejarse influir por consideraciones políticas a corto plazo y permitir que la economía se expanda excesivamente a costa de un aumento a largo plazo de la inflación. Un Banco Central independiente, al tener más credibilidad, puede tener más facilidad para anclar las expectativas del público sobre la inflación, reduciendo la duración de cualquier brecha inflacionista o contractiva, así como fomentando la estabilidad económica general.

independencia del Banco Central cuando se aísla al Banco Central de las consideraciones políticas a corto plazo y puede adoptar una perspectiva a largo plazo de la economía

Son varios los factores que contribuyen a la independencia del Banco Central. Entre ellos:

- La duración de los nombramientos de los responsables del Banco Central. Los bancos centrales se consideran más independientes si sus responsables son nombrados para largos mandatos, sobre todo si éstos están escalonados de manera que un presidente o un grupo de legisladores no puede ser sustituido inmediatamente.
- El hecho de que las actividades del Banco Central sean objeto o no de frecuentes interferencias, revisiones o vetos por parte del poder legislativo. Se considera que los bancos centrales son más independientes si sus actividades no son objeto de frecuentes interferencias o revisiones.
- El hecho de que el Banco Central tenga o no la obligación, como en algunos países, de financiar el déficit nacional comprando bonos del Estado recién emitidos. La obligación de financiarlo reduce la independencia del Banco Central.
- El grado de control que el poder legislativo o el poder ejecutivo tienen sobre el presupuesto del Banco Central. Se considera que los bancos centrales son más independientes si se les permite elaborar y controlar sus propios presupuestos.

Generalmente, se considera que la Reserva Federal es un banco central relativamente independiente. Sus siete miembros son nombrados para mandatos escalonados de 14 años, a diferencia de los congresistas, el presidente o los senadores, todos ellos cargos públicos que deben someterse a una reelección cada dos, cuatro y seis años, respectivamente. Aunque los nombramientos de la Junta de Gobernadores de la Reserva Federal deben ser aprobados por el Senado, así como la Reserva Federal es a su vez objeto de una supervisión general por parte del Congreso, sus actividades diarias no son objeto de revisión, aprobación o veto proveniente del poder ejecutivo, del legislativo o del judicial. Por último, el Banco Central no está obligado a financiar el déficit nacional, al tiempo que controla su propio presupuesto. Sin embargo, la ley que creó la Reserva Federal (la *Federal Reserve Act*) no prohíbe explícitamente la interferencia del poder legislativo y el ejecutivo en las decisiones sobre la política monetaria, si bien, esta prohibición se establece explícitamente en las leyes de autonomía de los bancos centrales de otros muchos países.

Los datos empíricos confirman la proposición de que los países deben fomentar la independencia de su Banco Central. Los países cuyo Banco Central es más independiente tienen una tasa de inflación más baja. Y lo que es más importante, según la mayoría de los estudios, esta inflación más baja no parece que vaya acompañada de una producción menor o de un desempleo más alto. Cuando el Banco Central es más independiente, aumenta su credibilidad y los resultados económicos generales son mejores.

ANUNCIAR UN OBJETIVO NUMÉRICO PARA LA INFLACIÓN

Algunos economistas creen que las expectativas están más ancladas y que el Banco Central tiene más credibilidad en aquellos países en los que se anuncia explícitamente un objetivo numérico para la inflación. Ya hemos expuesto la idea de la fijación de un objetivo para la tasa de inflación (π^*) en nuestro análisis de la función de reacción de la política monetaria. En términos generales, los bancos centrales deben tener una idea de cuál es la tasa de inflación adecuada, sin embargo, la cuestión más controvertida es si el Banco Central debe anunciar su objetivo al público. Los partidarios de que se anuncie sostienen que si el Banco Central anuncia un objetivo numérico para la inflación a largo plazo y se atiene a él, aumentará su credibilidad y anclará mejor las expectativas sobre la inflación.

Por eso, muchos bancos centrales anuncian públicamente su objetivo de inflación. Por ejemplo, el Banco de Canadá comenzó a anunciarlo en 1991, y, concretamente, desde 1995, ese objetivo ha sido del 2%. En abril de 2005, el objetivo de inflación del Banco de Inglaterra era del 2% y el del Banco Central de Brasil del 4,5%. Otros bancos centrales anuncian un intervalo en lugar de dar una única cifra; por ejemplo, el Banco de Israel y la Reserva Federal de Nueva Zelanda tenían un objetivo de 1-3% en abril de 2005; en Chile, éste era de entre el 2 y el 4%. Naturalmente, los objetivos para la inflación deben cumplirse sistemáticamente para que sean eficaces. Por ejemplo, el intervalo del Banco de la Reserva de Zimbabwe del 20-35% de marzo de 2005 se consideraba, en general, demasiado bajo para ser verosímil, ya que los precios en este país se duplicaron con creces en 2004, motivo por el cual, en abril del mismo año, el Banco de la Reserva de Zimbabwe elevó el intervalo al 75-80%.

Los bancos centrales que anuncian sus objetivos normalmente suministran más información al público, tales como sus predicciones sobre la propia inflación, el PIB real, otras variables macroeconómicas, así como algunos análisis de las medidas específicas que serán necesarias para alcanzar sus objetivos. Los partidarios de que se anuncien los objetivos de la inflación y éstos se acompañen de información, creen que eso aumenta la credibilidad del Banco Central y reduce la incertidumbre de los hogares y las empresas, ayudando a anclar las expectativas sobre la inflación, manteniendo baja la inflación y teniendo más posibilidades de conservar el pleno empleo. Obsérvese que tiene sentido que el Banco Central anuncie un objetivo para la inflación a largo plazo, ya que de hecho puede controlar la tasa de inflación a largo plazo. *No* tendría sentido que anunciara un objetivo a largo plazo para el PIB real o para el empleo, ya que estas variables dependen de multitud de factores que el Banco Central no controla, tales como la productividad y la oferta de trabajo.

Una vez que el Banco Central anuncia un objetivo para la inflación, puede tratar de mantenerlo estrictamente o puede ser más flexible. Un Banco Central que fija un objetivo estricto trata de mantenerlo siempre independientemente de las consecuencias que se deriven para la producción. Como hemos visto, esta política mantiene la producción en el nivel potencial cuando la economía sufre perturbaciones de demanda, pero puede provocar una contracción si el Banco Central toma medidas para eliminar el aumento inicial que experimenta la inflación tras una perturbación de la oferta agregada, como en el caso de una perturbación inflacionista. En la práctica, casi todos los bancos centrales que anuncian un objetivo para la inflación son flexibles, es decir, tratan de alcanzarlo a largo plazo, o en promedio y durante un largo periodo, de tal forma que responden a las perturbaciones a corto plazo de la oferta agregada teniendo en cuenta tanto las brechas de producción como la inflación. En estos casos, los objetivos anunciados corresponden a la tasa de inflación fijada como objetivo en la función de reacción de la política monetaria, π^*.

Los partidarios de que se anuncie un objetivo numérico explícito creen que esta práctica reduce la incertidumbre de los mercados financieros y del público. La reducción de la incertidumbre ayuda a la gente a planificar más eficazmente, a ahorrar los recursos utilizados para protegerse de la inflación imprevista y a mejorar el funcionamiento del mercado. Los partidarios de que se anuncie un objetivo numérico explícito también creen que el Banco Central, al comprometer su prestigio apostando por el cumplimiento de un objetivo, aumenta su credibilidad y ancla las expectativas sobre la inflación.

Asimismo, hacen hincapié en que anunciar un objetivo para la inflación ha tenido éxito tanto en los países en vías de desarrollo como en los industrializados. Creen que los objetivos explícitos de Brasil, Chile, México y Perú son una importante causa por la que los bancos centrales de nueve de los países latinoamericanos más poblados fueron capaces de reducir sus tasas de inflación del 160% anual en la década de los ochenta y del 235% durante la primera mitad de la década de los noventa, a sólo un 13% al año durante el periodo 1995-1999, y menos de un 8% en del periodo 2000-2004[7].

Los bancos centrales que no anuncian un objetivo explícito al público, como es el caso de la Reserva Federal, pueden tener, aun así, un objetivo o un intervalo en mente cuando formulan su política. Sin embargo, en lugar de anunciar una cifra específica al público, normalmente declaran que tienen interés en mantener baja la inflación, sin especificar qué significa eso exactamente. Los partidarios de este enfoque creen que un sistema de objetivos anunciados públicamente es demasiado rígido y puede reducir la flexibilidad del Banco Central para hacer frente a las circunstancias imprevistas. Temen que la existencia de un objetivo explícito lleve al Banco Central a prestar demasiada atención a la inflación y no el suficiente interés a la estabilización de la producción y al mantenimiento del pleno empleo. Por último, los que se oponen a que se anuncie un objetivo explícito para la inflación en Estados Unidos hacen hincapié en que la Reserva Federal ha obtenido buenos resultados sin anunciar un objetivo públicamente. Proponen que se siga el dicho "si no está roto, no lo arregles".

EL OBSERVADOR ECONÓMICO 29.5

¿Por qué no debe ser cero el objetivo fijado para la inflación?

Como los bancos centrales suelen declarar que son partidarios de la estabilidad de los precios, parece que el objetivo lógico a largo plazo para la inflación debería ser 0%. Sin embargo, la mayoría de los economistas cree que ese objetivo es demasiado bajo y los bancos centrales que anuncian un objetivo explícito para la inflación normalmente eligen valores que son bajos pero mayores que cero. ¿Por qué no debe ser cero el objetivo fijado para la inflación?

Se han propuesto varias razones. En primer lugar, como en la práctica es imposible alcanzar siempre el objetivo, un objetivo del 0% aumenta el riesgo de que la economía experimente periodos de deflación (inflación negativa). Las experiencias deflacionistas de Estados Unidos en la década de los años treinta y, más recientemente, de Japón, muestran que la deflación puede ser difícil de detener una vez que empieza, provocando una disminución dolorosa y persistente del PIB real, sobre todo si la gente espera que continúe. Por ello, muchos responsables de la política económica prefieren reducir el riesgo de deflación eligiendo un objetivo para la inflación superior al 0%.

En segundo lugar, a veces el Banco Central quiere contrarrestar las perturbaciones negativas de la economía con un tipo de interés real negativo, pero para eso la inflación tiene que ser mayor que cero. Recuérdese que el tipo de interés real es igual al tipo de interés nominal menos la tasa de inflación. Por lo tanto, para que el

[7] Ben Bernanke, "Inflation in Latin America: A New Era?", 11 de febrero de 2005, http://www.federalreserve.gov/boarddocs/speeches/2005/20050211/default.htm.

tipo de interés real sea negativo, es necesario fijar un tipo de interés nominal menor que la inflación. Sin embargo, si la inflación es cero (o menor que cero), para que el tipo de interés real sea negativo, es necesario que el tipo de interés nominal sea negativo. Sin embargo, el tipo de interés interbancario no puede situarse por debajo de cero, porque los bancos preferirían mantener sus reservas a prestarlas a un tipo de interés nominal negativo. Por consiguiente, un tipo de interés real negativo debe ir acompañado de una inflación mayor que cero.

En tercer lugar, como vimos en el Capítulo 19, algunos datos sugieren que las medidas convencionales de la inflación tienden a sobreestimar la "verdadera" tasa de inflación alrededor de un punto porcentual. Por consiguiente, si el Banco Central quisiera mantener una "verdadera" estabilidad de los precios (es decir, una "verdadera" inflación del 0%), las tasas de inflación medidas convencionalmente tendrían que ser como mínimo de un 1%.

Por último, algunos economistas creen que es necesaria una pequeña cantidad de inflación para "engrasar" el motor económico. El análisis del Capítulo 21 indicaba que en una economía que funcione eficientemente, el cambio tecnológico y las variaciones de la demanda de productos pueden dar lugar a que los salarios reales de algunas industrias u ocupaciones bajen, incluso cuando los salarios reales de otras industrias y ocupaciones están subiendo. Si la inflación es positiva, el salario real de un trabajador bajará siempre que su salario nominal suba menos que la tasa de inflación. Por ejemplo, si su salario nominal sube un 4%, pero los precios suben un 5%, su salario real (es decir, la cantidad de bienes y servicios que puede comprar con sus ingresos) bajará. Sin embargo, si la inflación es del 0%, el salario real del trabajador sólo puede bajar si baja el propio salario nominal. Algunos datos sugieren que los trabajadores se resistirán firmemente a que se reduzcan sus salarios nominales[8], aunque se oponen menos a que sus salarios nominales suban en un porcentaje inferior a la inflación, a pesar de que se reduzca su salario real. Por consiguiente, la inflación puede aportar el empuje necesario para bajar los salarios reales en algunas industrias y lograr una mayor eficiencia económica[9]. Sin embargo, algunos críticos sostienen que los trabajadores se oponen menos a una reducción de los salarios nominales cuando las tasas de inflación son muy bajas o nulas. En un clima de baja inflación, las reducciones de los salarios nominales serían necesariamente más habituales y los trabajadores se harían a la idea.

EL OBSERVADOR ECONÓMICO 29.6

¿Fue la inflación en Estados Unidos demasiado baja en 2002-2003?

A finales de 2002, algunos responsables de la Reserva Federal comenzaron a temer que la inflación fuera en realidad demasiado baja. Las actas de la reunión del Comité Federal de Mercado Abierto de la Reserva Federal celebrada el 24 de septiembre de 2002 indican que los miembros del comité temían que la inflación "fuera muy baja y quizá cada vez menor" hasta bien entrado 2003, como consecuencia de la persistente debilidad de la economía de los Estados Unidos[10]. Como los precios de los bienes de consumo sólo habían subido alrededor de un 1,5% entre septiembre de 2001 y septiembre de 2002, los miembros del comité señalaron que "una nueva desinflación significativa... podría plantear problemas en la aplicación de la política monetaria mediante medios convencionales si la economía sufría una perturbación negativa".

Durante 2001 y 2002, la Reserva Federal había bajado el tipo de interés interbancario al 1,5%, el nivel más bajo después de cuatro décadas, en un intento de estimular una economía que estaba saliendo lentamente de una contracción. ¿Por qué podían la baja inflación y el bajo tipo de interés interbancario plantear un problema para la Reserva Federal?

[8] Eso no significa que los salarios nominales nunca bajen. Por ejemplo, muchos trabajadores del sector del transporte aéreo han tenido que aceptar unos salarios nominales más bajos, ya que las empresas compiten con compañías nuevas y de bajo coste, como Southwest y Jet Blue.

[9] George A. Akerlof, William T. Dickens y George L. Perry, "The Macroeconomics of Low Inflation", *Brookings Papers on Economic Activity*, 1, 1996, págs. 1-76.

[10] Las actas de la reunión del FOMC de septiembre de 2002 pueden consultarse en http://www.federalreserve.gov/fomc/minutes/20020924.htm.

Como señalamos en el Capítulo 27, el gasto de las empresas y de los consumidores responde a los tipos de interés reales, no a los nominales. Como el tipo de interés interbancario era del 1,75% y la tasa de inflación era del 1,5%, el tipo de interés real resultante —la diferencia entre el tipo de interés nominal y la tasa de inflación— ya era sólo del 0,25%. Si la Reserva Federal se veía obligada en el futuro a estimular más el gasto agregado en respuesta a una perturbación negativa, no tendría más remedio que bajar el tipo de interés real por debajo del 0%, algo que como ya hemos visto en El observador económico 29.5, requiere una tasa de inflación positiva. Por lo tanto, si la tasa de inflación se situara en el 0%, la capacidad de la Reserva Federal para adoptar una política monetaria expansiva con el fin de contrarrestar una brecha contractiva sería ciertamente limitada. De hecho, en su siguiente reunión, celebrada en noviembre de 2002, adoptó medidas para bajar el tipo de interés interbancario al 1,25%, en parte como medida preventiva para impedir que la economía continuara debilitándose y la inflación siguiera descendiendo, e incluso en junio de 2003 lo bajó de nuevo al 1%.

Sin embargo, los responsables de la Reserva Federal en esa época también señalaron que, aunque se bajara el tipo de interés interbancario hasta el 0%, la Reserva Federal aún tendría opciones para estimular el gasto agregado. Dado que el tipo de interés interbancario es un tipo de interés a muy corto plazo, y son los tipos de interés a largo plazo los que más influyen en una gran parte de la inversión y especialmente en los préstamos hipotecarios. Los tipos a largo plazo normalmente son más altos que el tipo de interés interbancario y pueden no variar al mismo ritmo que él. Si la Reserva Federal quisiera impulsar la inversión y bajara el tipo de interés interbancario a cero, tendría que comprar grandes cantidades de bonos del Tesoro de Estados Unidos a largo plazo. Recuérdese que en el Capítulo 24 vimos que los precios de los bonos y los tipos de interés varían en sentido contrario. Por consiguiente, si la Reserva Federal comprara bonos a largo plazo, los precios de los bonos subirían y los tipos de interés a largo plazo bajarían. Por otra parte, el Banco Central también podría comprar otros activos financieros. Por ejemplo, algunos bancos centrales, aunque no precisamente la Reserva Federal, pueden comprar acciones. Las compras de acciones por parte del Banco Central aumentarían los precios de las acciones y la riqueza de los hogares, y, de esta forma, podrían estimular el consumo. Así, cuando los tipos de interés a corto plazo bajaron a cero en Japón, el Banco de Japón compró una cantidad limitada de acciones a los bancos japoneses que tenían dificultades financieras.

Otra opción es que la Reserva Federal se comprometa a mantener muy bajos tanto el tipo de interés interbancario actual como el del futuro. Esta opción, que fue elegida de hecho por el Banco de Japón en su "política de tipo de interés cero", podría dar a algunas empresas la confianza necesaria para invertir hoy, aumentándose el gasto y la producción. Utilizando instrumentos de política monetaria "no tradicionales", la Reserva Federal podría estimular, si es necesario, la economía aunque el tipo de interés interbancario bajara al 0%. Sin embargo, estos otros instrumentos apenas se han probado y sería difícil aplicarlos con precisión. De ahí que la Reserva Federal, y en verdad casi todos los demás bancos centrales, traten de impedir que la inflación baje tanto, que haga casi imposible conseguir un tipo de interés real negativo.

LA REPUTACIÓN DEL BANCO CENTRAL

El Banco Central sólo puede ganarse la credibilidad —y conservarla — con su comportamiento. A su vez, el comportamiento de un Banco Central depende, en parte, de que tenga fama de ser un "halcón de la inflación" o una "paloma de la inflación". Un **halcón de la inflación** es una persona que se compromete a lograr y mantener una baja inflación, incluso asumiendo a corto plazo el coste de una menor producción y un nivel de empleo más bajo. Una **paloma de la inflación** es una persona que no se compromete firmemente a lograr y mantener una baja inflación.

halcón de la inflación
persona que se compromete a lograr y mantener una baja inflación, incluso con el coste a corto plazo de un nivel más bajo de producción y de empleo

paloma de la inflación
persona que no se compromete firmemente a lograr y mantener una baja inflación

Los halcones creen que una inflación baja y estable permite a la economía crecer a un ritmo más rápido a largo plazo y, por lo tanto, merece la pena incurrir en el posible coste a corto plazo. Lo que quizá sea algo paradójico es que también pueden lograr un nivel de producción y de empleo más estable, incluso a corto plazo. Los bancos centrales que se hayan ganado la fama de ser halcones tendrán más facilidad para anclar las expectativas sobre la inflación. Como hemos visto, las expectativas ancladas reducen los efectos inflacionistas de una perturbación inflacionista al minimizar los efectos de la segunda ronda de esa perturbación. Recuérdese que las expectativas ancladas también aumentan el ritmo al que la recta de oferta agregada a corto plazo se desplaza hacia abajo tras una perturbación inflacionista negativa o una perturbación de la demanda agregada. Por consiguiente, al anclar las expectativas, el Banco Central que es considerado un halcón puede tener más capacidad para estabilizar la producción en el PIB potencial, incluso a corto plazo.

Pero ¿cómo se gana un Banco Central la fama de ser halcón? Algunos bancos centrales sólo adquieren esta fama tras gestionar una política monetaria precisamente como un halcón. Sin embargo, a veces el presidente puede elegir un gobernador que ya tiene la fama de ser un halcón, basándose en su pasado profesional o académico. El nombramiento de Paul Volcker como presidente de la Reserva Federal por parte de Jimmy Carter es un claro ejemplo de una persona que llegó a la presidencia de la Reserva Federal con una fama consolidada de halcón.

RECAPITULACIÓN	LAS EXPECTATIVAS SOBRE LA INFLACIÓN Y LA CREDIBILIDAD

Los resultados macroeconómicos pueden mejorarse si las expectativas sobre la inflación están ancladas. Las expectativas ancladas dependen, a su vez, del grado en que las declaraciones antiinflacionistas del Banco Central se consideren creíbles. Algunas características institucionales pueden ayudar a mejorar la credibilidad de un Banco Central: el grado en que el Banco Central es independiente del poder ejecutivo y legislativo, el anuncio de un objetivo numérico para la inflación o la fama de ser un "halcón de la inflación".

LA ELABORACIÓN DE LA POLÍTICA MACROECONÓMICA: ¿UN ARTE O UNA CIENCIA?

En los cuatro últimos capítulos hemos visto el análisis económico básico que subyace a la política fiscal y a la política monetaria. Hemos analizado algunos ejemplos que muestran cuánto tendrían, los responsables de la política fiscal, que aumentar el gasto público o bajar los impuestos para eliminar una brecha contractiva y restablecer el nivel de producción de pleno empleo en el corto plazo. También hemos calculado el tipo de interés real que tendría que fijar el Banco Central para eliminar otras brechas de producción. Aunque esos ejemplos son útiles para comprender cómo funcionan la política fiscal y la política monetaria, sobrestiman la precisión con que puede utilizarse la política económica.

Cuando se analiza la política macroeconómica se puede caer en la tentación de concebir la economía como un automóvil y al responsable de la política económica como su conductor. Conduciendo con prudencia, frenando o acelerando en el momento oportuno, el conductor puede controlarlo tranquilamente. Puede sortear los obstáculos, puede acelerar cuando el automóvil sube lentamente las cuestas o en el caso de que necesite un mayor impulso para adelantar a otro automóvil, y puede frenar si baja demasiado deprisa una cuesta o si ve un obstáculo.

Desgraciadamente, es mucho más difícil gestionar la política macroeconómica que conducir un automóvil. El conductor de un automóvil normalmente siempre sabe exactamente dónde se encuentra. También sabe cuál es su punto de destino y puede ver claramente la carretera. Controla exactamente el acelerador, el freno y el volante. Por último, en la mayoría de los casos, sabe por experiencia cómo y cuándo responderá el automóvil a sus maniobras. En cambio, la economía real es más compleja porque el responsable de la política económica tiene menos información y menos control que el conductor de un automóvil.

Para que la política macroeconómica sea perfecta es necesario lo siguiente: (1) saber con precisión cuál es la situación actual de la economía, (2) saber cuál será su desarrollo en el futuro en el caso de que no se cambie de política, (3) saber cuál es el valor exacto de la producción potencial para determinar la existencia y la magnitud de una brecha de producción, (4) controlar de una forma absoluta e inmediata los instrumentos de la política fiscal y de la política monetaria, y (5) saber cómo y cuándo responderá la economía a los cambios en la política económica.

Desgraciadamente, la política macroeconómica dista en realidad de cumplir estas condiciones ideales. El nivel actual de muchos indicadores macroeconómicos, como el PIB real, a menudo hasta varios meses más tarde, e incluso después de haber sido objeto de múltiples revisiones. Como los responsables de la política macroeconómica no conocen con mucha precisión la situación actual de la economía, pueden no ser capaces de actuar con decisión.

En segundo lugar, los responsables de la política económica a menudo no saben con seguridad cuál será la senda o el comportamiento de la economía en el futuro, aún en el caso de que no se produjera ningún cambio en la orientación de la política económica. Si la economía se desplaza a su nivel potencial en un futuro inmediato sin que se cambie de política, será innecesario, y a menudo imprudente, que las autoridades económicas actúen precisamente ahora con el fin de eliminar una brecha de producción. Los cambios de política, en lugar de acelerar el retorno al nivel de pleno empleo, pueden hacer que la economía rebase dicho nivel de empleo obligando a un cambio de política en el futuro desestabilizándose la economía.

Los economistas tampoco saben con seguridad cuál es el nivel de producción potencial ni cuál es la tasa natural de desempleo. Por ejemplo, actualmente la mayoría de los economistas cree que la política macroeconómica de la década de los setenta ha sido con frecuencia demasiado expansiva (y, por lo tanto, demasiado inflacionista) dado que las autoridades económicas sobreestimaron el nivel potencial de producción y, por lo tanto, subestimaron la tasa natural de desempleo.

Incluso cuando es necesario cambiar de política, las autoridades económicas pueden tardar mucho en introducir los cambios oportunos. El **retardo interno** de la política macroeconómica se refiere al tiempo que transcurre entre la fecha en que es necesario cambiar de política y la fecha en que se cambia de política. Durante este periodo, los asesores económicos de los responsables de la política económica deben reconocer que existe una brecha de producción persistente y averiguar cuál es el cambio que deben introducir en la política económica. Las autoridades económicas deben aceptar entonces la conveniencia de introducir ese cambio y llevarlo a cabo.

retardo interno (de la política macroeconómica) se refiere al tiempo que transcurre entre la fecha en que es necesario cambiar de política y la fecha en que se cambia de política

El retardo interno de la política monetaria es mucho menor que el de la política fiscal. Una vez que las autoridades monetarias aceptan la conveniencia de modificar el tipo de interés interbancario, no tienen más que aguardar hasta la siguiente reunión del Comité Federal de Mercado Abierto. Como este comité se reúne ocho veces al año, el retraso máximo es de unas siete semanas. En las situaciones urgentes se sabe que el Comité ha tomado decisiones mediante conversaciones telefónicas. Y una vez que el Comité decide modificar el tipo de interés interbancario, el Banco de la Reserva Federal de Nueva York realiza de forma inmediatamente las operaciones de mercado abierto necesarias para alcanzar el nivel deseado del tipo de interés.

En cambio, el retardo interno es mucho mayor en el caso de la política fiscal. Cuando el presidente propone una modificación de los tipos impositivos o del gasto público, debe ser aprobada por las dos cámaras del Congreso. Este proceso puede ser largo, sobre todo cuando una de las dos cámaras, o las dos, está controlada por el partido político de la oposición. Una de las causas de este retraso es que la forma exacta del cambio necesario en el nivel de los impuestos o del gasto público puede variar considerablemente. ¿Deben bajarse los impuestos sobre la renta de las personas o los impuestos sobre la renta de las sociedades? ¿Debe incrementarse el gasto en defensa o el gasto en educación? Incluso después de que el Congreso ha aprobado el cambio de política y el presidente ha firmado el proyecto de ley, a veces se tarda mucho tiempo en introducir los cambios en los impuestos o en realizar los gastos adicionales aprobados.

Por último, los economistas sólo tienen una idea aproximada de cómo afectan los cambios de política económica al nivel de producción. La propensión marginal a consumir no se conoce con seguridad y no tiene por qué ser la misma para todos los niveles de renta. Asimismo, los responsables de la Reserva Federal sólo tienen una idea aproximada de cómo afectará un determinado cambio del tipo de interés real al gasto planeado. Los economistas han construido modelos estadísticos de la economía que siguen, razonablemente bien, la evolución histórica de la economía. Sin embargo, estos mismos modelos estadísticos a menudo han realizado predicciones decepcionantes y poco fiables del comportamiento futuro de la economía. El problema se halla en parte en que es difícil predecir los valores de las variables exógenas de la economía, como el gasto público o los tipos impositivos. Además, la estructura económica de la propia economía a veces cambia con el tiempo. Por ejemplo, la respuesta de la inversión a los cambios en los tipos de interés reales ha variado con el paso del tiempo.

retardo externo (de la política macroeconómica) se refiere al tiempo que transcurre entre la fecha en que se cambia de política y la fecha en la que se han dejado sentir la mayoría de sus efectos en la economía

Además, ni las autoridades fiscales ni las monetarias están seguras de cuánto tardarán en dejarse sentir los efectos en el gasto planeado. El **retardo externo** de la política macroeconómica se refiere al tiempo que transcurre desde que se cambia de política hasta que se dejan sentir la mayoría de sus efectos en la economía. Aunque la política fiscal tiene un retardo interno mayor que la política monetaria, su retardo externo puede ser más corto. Las variaciones del gasto público producen un efecto inmediato en el PIB real y en la economía, aunque los efectos multiplicadores continúan en el futuro. Asimismo, los hogares suelen responder a las reducciones de los impuestos aumentando su gasto en consumo de forma inmediata. En cambio, la inversión responde a un ritmo más lento cuando el Banco Central modifica el tipo de interés real, ya que el tipo de interés es uno de los numerosos factores que observan las empresas antes de construir una nueva fábrica o de comprar una máquina cara.

Como nuestro conocimiento de la economía es imperfecto, la elaboración de la política económica, en el mejor de los casos, también lo es. En nuestro modelo de oferta y demanda agregada, los responsables de la política económica no saben exactamente cuánto o a qué ritmo se desplazará la curva de demanda agregada en respuesta a los cambios de política. Tampoco saben a qué ritmo se desplazará hacia arriba la recta de oferta agregada a corto plazo cuando la producción es mayor que la potencial o hacia abajo si la producción es menor que la potencial.

Durante la década de los sesenta, los economistas confiaban en su capacidad para mantener la producción en el nivel potencial utilizando las medidas monetarias y fiscales oportunas. Creían que podían calcular la magnitud de las brechas, así como predecir fácilmente la senda que seguiría la economía según la política que se adoptara, y se encontraban cómodos cambiando frecuentemente de política para ajustar perfectamente la economía. Por último, muchos economistas pensaban erróneamente que las autoridades económicas podían conseguir un nivel de producción permanentemente más alto con un poco más de inflación y no estaban de acuerdo con la idea, hoy aceptada, de que la recta de oferta agregada a largo plazo es vertical.

La experiencia de las últimas décadas ha obligado a los economistas a ser más humildes, incluso en la identificación de las brechas de producción. Algunos creen que Estados Unidos se encuentra en la producción potencial cuando la tasa de desempleo es del 4,5%, mientras que otros creen que la tasa natural de desempleo es del 5,5 o incluso el 6%. Por consiguiente, siempre que la tasa efectiva de desempleo se encuentra entre el 4,5 y el 6%, algunos economistas creen que hay una brecha contractiva, mientras que otros creen que hay una brecha expansiva.

Ante estas incertidumbres, las autoridades macroeconómicas tienden a actuar con cautela. Por ejemplo, la Reserva Federal evita modificar a menudo los tipos de interés y rara vez sube o baja el tipo de interés interbancario más de medio punto porcentual de una sola vez (por ejemplo, de 5 a 5,5%). De hecho, la modificación representativa del tipo de interés es de un cuarto de punto porcentual. Asimismo, actualmente los responsables de la política económica tienden menos a tratar de ajustar de forma perfecta la economía.

¿Es, pues, la elaboración de la política macroeconómica un arte o una ciencia? En la práctica, parece que las dos cosas. Los análisis científicos, como el desarrollo de detallados modelos estadísticos de la economía, han resultado útiles para elaborar la política económica. Pero las valoraciones personales basadas en una larga experiencia —lo que se ha denominado el "arte" de la política macroeconómica— desempeñan un papel fundamental en el éxito de la elaboración de la política.

RECAPITULACIÓN | **LA ELABORACIÓN DE LA POLÍTICA MACROECONÓMICA: ¿UN ARTE O UNA CIENCIA?**

La elaboración de la política macroeconómica es una ciencia difícil e inexacta. Los responsables de la política macroeconómica no saben cuál es exactamente la situación de la economía, su futura senda si no se cambia de política o el nivel exacto de producción potencial. Tampoco tienen un control perfecto de los instrumentos de la política económica y no saben cuáles son exactamente los efectos de los cambios de política. La existencia de retardos internos y externos hace que la elaboración de la política macroeconómica sea aún más difícil. La formulación de la política macroeconómica es, pues, un arte y una ciencia.

RESUMEN

- Para reducir la inflación, los responsables de la política económica deben desplazar la curva de demanda agregada y la función de reacción de la política monetaria hacia la izquierda, normalmente bajando la tasa de inflación fijada como objetivo y endureciendo la política monetaria. A corto plazo, los principales efectos de una política antiinflacionista pueden ser una disminución de la producción y un aumento del desempleo, ya que la economía experimenta una brecha contractiva. Hay que sopesar los costes a corto plazo de la desinflación y los beneficios a largo plazo de una reducción de la tasa de inflación. La producción y el empleo retornan con el paso del tiempo a los niveles máximos que pueden mantenerse, y al mismo tiempo la inflación disminuye. La desinflación llevada a cabo por la Reserva Federal durante el mandato del presidente Paul Volcker a principios de los años 80 siguió esta pauta.

- Las variaciones del gasto autónomo desplazan la curva de demanda agregada. En respuesta, el Banco Central puede mantener estables la inflación y la producción, ajustando el tipo de interés real fijado como objetivo al tipo de interés real que iguala el ahorro y la inversión a largo plazo.

- Sin embargo, las perturbaciones de la oferta, como las perturbaciones inflacionistas, obligan al Banco Central a elegir entre mantener la inflación o estabilizar la producción. Si las expectativas sobre la inflación están ancladas, la economía retorna más deprisa al nivel de producción potencial tras una perturbación de la oferta.

- Las variaciones de la tasa de inflación subyacente permiten al Banco Central averiguar si una perturbación inflacionista ha alterado las expectativas sobre la inflación y ha provocado nuevas variaciones de los salarios y de los precios de las mercancías (salvo el petróleo y los alimentos no elaborados), a los que a menudo denominamos efectos de la segunda ronda de las perturbaciones inflacionistas. Si la tasa de inflación subyacente no varía, es más probable que los efectos que produce sobre la inflación una perturbación de la oferta sean temporales.

- Las expectativas ancladas sobre la inflación mejoran los resultados económicos a largo plazo y pueden reducir la volatilidad de la producción y de la inflación a corto plazo. Es más probable que las expectativas sobre la inflación estén ancladas si la política del Banco Central se considera creíble y el público no desconfía de las promesas del Banco Central de mantener baja la inflación.

- El Banco Central puede aumentar su credibilidad si se le aísla de las consideraciones políticas a corto plazo y se le permite adoptar una perspectiva a largo plazo de la economía. También puede aumentar su credibilidad si anuncia públicamente un objetivo numérico para la inflación o si tiene fama de ser un "halcón de la inflación".

- Actualmente los economistas reconocen que la analogía entre conducir un automóvil y gestionar la economía no es buena. La elaboración de la política macroeconómica, a diferencia de la conducción de un automóvil, es una ciencia inexacta. Los responsables de la política económica no saben exactamente cuál es la situación de la economía, cuál es la futura senda si no se cambia de política o cuál es el nivel preciso de producción potencial. Además, tienen un control imperfecto de los instrumentos de la política económica y no conocen con exactitud cuáles son los efectos de los cambios de política. Durante las últimas décadas, los responsables de la política económica se han vuelto más humildes y dudan de su capacidad para ajustar perfectamente la economía.

TÉRMINOS CLAVE

credibilidad de la política monetaria (392)
desinflación (382)
expectativas ancladas sobre la inflación (388)
halcón de la inflación (397)
independencia del Banco Central (393)
paloma de la inflación (397)
política acomodaticia (385)
retardo externo (400)
retardo interno (399)
tasa de inflación subyacente (391)

PREGUNTAS DE REPASO

1. ¿Cómo afecta la adopción de una política monetaria restrictiva, como la que adoptó la Reserva Federal durante la presidencia de Volcker a principios de los años 80, a la producción, a la inflación y al tipo de interés real a corto plazo? ¿Y a largo plazo?
2. La mayoría de los bancos centrales conceden mucha importancia al mantenimiento de una inflación baja y estable. ¿Por qué consideran tan importante este objetivo?
3. Suponga que suben los impuestos. ¿Cómo afecta a corto plazo dicha subida a la producción, a la inflación y al tipo de interés real, suponiendo que los efectos por el lado de la oferta son mínimos? ¿Cuál es el efecto a largo plazo si el Banco Central decide ajustar su tipo de interés real fijado como objetivo al nuevo tipo de interés real a largo plazo que iguala el ahorro y la inversión?
4. Suponga que los precios del petróleo suben de repente. ¿Cómo afectará la subida a la producción y la inflación a corto plazo? ¿Cuál es el "dilema" al que se enfrenta el Banco Central como consecuencia de la perturbación inflacionista negativa?
5. ¿Qué son las expectativas ancladas sobre la inflación y cómo reducen el coste de una perturbación inflacionista negativa?
6. ¿Cuáles son las razones por las que preocupa que la tasa de inflación sea "demasiado baja"?
7. ¿Qué es la tasa subyacente de inflación y cuál es su importancia para la elaboración de la política macroeconómica?
8. Cite dos razones por las que la subida del precio del petróleo de 2003-2004 no provocó una contracción o una subida significativa de la tasa de inflación subyacente en junio de 2005.
9. ¿Qué factores determinan la independencia de un Banco Central? ¿Cuáles son las ventajas de tener un Banco Central independiente?
10. ¿En qué aspectos es independiente la Reserva Federal? ¿En cuáles no?
11. ¿Qué son los retardos internos y externos? ¿Cuál es su importancia para la formulación de la política macroeconómica?
12. ¿Por qué son hoy los economistas más humildes y dudan de su capacidad para ajustar perfectamente la economía?

PROBLEMAS

1. El Banco Central de Lotuslandia ha anunciado que fijará el tipo de interés real de acuerdo con la siguiente función de reacción de la política monetaria: $r = 0{,}03 + 1{,}0\ (\pi - 0{,}01)$. Por lo tanto, el tipo de interés real fijado como objetivo es del 3% y la tasa de inflación fijada como objetivo es del 1% (el valor del parámetro g también es igual a 1).
   a. Construya una tabla que indique el nivel del tipo de interés real correspondiente a cada una de las tasas de inflación siguientes: 0, 1, 2, 3 y 4%.
   b. Basándose en la tabla o en la ecuación, trace la función de reacción de la política monetaria del Banco Central de Lotuslandia.
2. Suponga que la economía se encuentra inicialmente en equilibrio a largo plazo y que el Banco Central adopta una política monetaria más relajada subiendo la tasa de inflación fijada como objetivo.
   a. Muestre qué ocurriría con la función de reacción de la política monetaria del Banco Central y con la curva de demanda agregada como consecuencia de esta relajación de la política monetaria.
   b. Utilice los resultados del apartado *a* y los gráficos de oferta y demanda agregada para ilustrar y explicar qué ocurrirá con el PIB real y con la inflación tanto a corto plazo como a largo plazo.
3. Suponga que la economía se encuentra inicialmente en equilibrio a largo plazo y que el Banco Central decide bajar el tipo de interés real fijado como objetivo. Muestre qué consecuencia tendría dicha decisión sobre la función de reacción de la política monetaria y sobre la curva de demanda agregada.

4. Explique por medio de la teoría presentada en este capítulo por qué la adopción de una política monetaria restrictiva y antiinflacionista podría ser impopular.

5. Suponga que los precios del petróleo o de los alimentos suben notablemente.
   a. Si la tasa de inflación subyacente no varía, ¿qué podría deducir el Banco Central de las expectativas sobre la inflación y sobre los efectos de la segunda ronda de la perturbación inflacionista? ¿Cómo podría responder?
   b. Si la tasa de inflación subyacente sube significativamente, ¿qué podría deducir el Banco Central acerca de las expectativas sobre la inflación y de los efectos de la segunda ronda de la perturbación inflacionista? ¿Cómo podría responder?

6. ¿Cuáles son las ventajas de tener un Banco Central independiente y qué características institucionales hacen que lo sea?

7. Explique por qué el reconocimiento de que la elaboración de la política macroeconómica es una ciencia inexacta afecta a la medida que recomienda para responder en las siguientes situaciones:
   a. Su estimación de la tasa natural de desempleo es del 5% y la tasa efectiva de desempleo es del 5,5%.
   b. Su estimación de la tasa natural de desempleo es del 5% y la tasa efectiva de desempleo es del 8%.

8.* Suponga que las siguientes ecuaciones describen una economía:

$$C = 1.600 + 0{,}6(Y - T) - 2.000r,$$
$$I^p = 2.500 - 1.000r,$$
$$G = \overline{G} = 2.000,$$
$$NX = \overline{NX} = 50,$$
$$T = \overline{T} = 2.000$$

   a. Halle una ecuación que relacione el gasto planeado con la producción y el tipo de interés real.
   b. Suponga que la función de reacción de la política monetaria del Banco Central es igual que la del primer problema. Calcule la producción de equilibrio a corto plazo correspondiente a cada tasa de inflación comprendida entre el 0 y el 4% y represente la curva *DA* de esta economía.

9.* Suponga en el caso de la economía descrita en el apartado *a* del Problema 8 que el Banco Central endurece la política monetaria bajando la tasa de inflación fijada como objetivo a un 0,5% y mantiene el tipo de interés real fijado como objetivo en un 3%. Por consiguiente, su función de reacción de la política monetaria es $r = 0{,}03 + 1{,}0(\pi - 0{,}005)$.
   a. Construya una tabla que indique el nivel del tipo de interés real correspondiente a cada una de las tasas de inflación siguientes: 0, 1, 2, 3 y 4%. Trace la nueva función de reacción de la política monetaria y compárela con la función de reacción de la política monetaria que ha obtenido en el primer problema.
   b. Utilice las ecuaciones del gasto planeado del Problema 8 para construir una tabla que muestre la nueva relación entre la producción de equilibrio a corto plazo y la tasa de inflación correspondiente a los valores de la inflación comprendidos entre 0 y el 4%. Represente la nueva curva de demanda agregada de la economía y compárela con la curva de demanda agregada que ha obtenido en el apartado *b* del Problema 8.

10.* Suponga en el caso de la economía descrita en el apartado *a* del Problema 8 y la función de reacción de la política monetaria descrita en el primer problema, que las compras del Estado aumentan de 100 a 2.100.
   a. Halle la nueva ecuación que relaciona el gasto planeado con la producción y el tipo de interés real.
   b. Calcule la producción de equilibrio a corto plazo correspondiente a cada tasa de inflación comprendida entre 0 y 4%.
   c. Represente gráficamente la curva *DA* de esta economía y compárela con la curva *DA* del Problema 8b.

* Los problemas indicados con un asterisco (*) son más difíciles.

RESPUESTAS A LOS EJERCICIOS

29.1

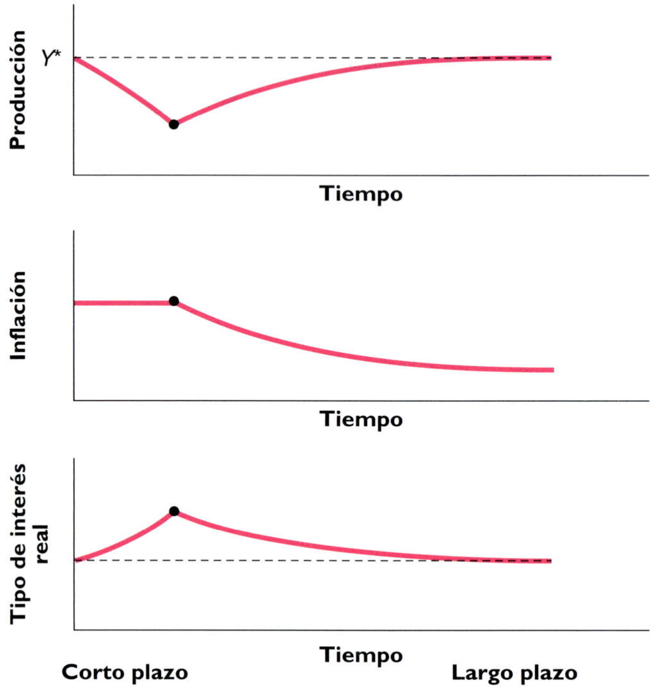

29.2 Una disminución repentina del gasto desplaza la curva de demanda agregada hacia la izquierda a *DA'* en el gráfico adjunto. A corto plazo, la producción disminuye al punto *B*, pero la inflación no resulta afectada. Con el paso del tiempo, la producción retorna al nivel potencial del punto *C*. Si el Banco Central baja el tipo de interés real fijado como objetivo, la función de reacción de la política monetaria se desplaza hacia la derecha (hacia abajo) y la curva de demanda agregada se desplaza de nuevo a *DA*. A largo plazo, la producción se mantiene en el nivel potencial y la inflación retorna al nivel inicial del punto *E* si el nuevo tipo de interés real fijado como objetivo es igual al tipo de interés real que iguala el ahorro y la inversión a largo plazo.

Si el Banco Central altera r^* inmediatamente después de la reducción del gasto, el desplazamiento de la curva de demanda agregada hacia la izquierda provocado por la reducción del gasto, es contrarrestado por el desplazamiento hacia la derecha provocado por la reducción de r^* (y el desplazamiento de la *FRPM*). La producción y la inflación no variarán en Y^* (puntos *A* y *E*) ni siquiera a corto plazo.

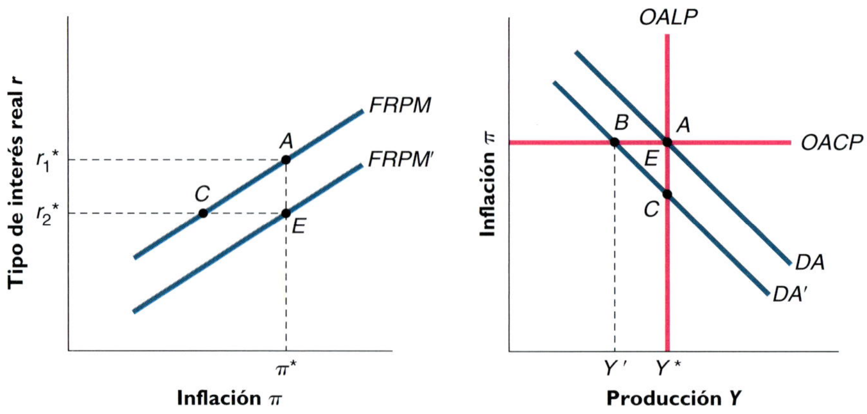

APÉNDICE

ANÁLISIS ALGEBRAICO DE LA DEMANDA Y LA OFERTA AGREGADA

En este apéndice obtenemos algebraicamente la curva de demanda agregada y, a continuación, mostramos que la demanda y la oferta agregada determinan conjuntamente los puntos de equilibrio a corto plazo y a largo plazo de la economía.

LA CURVA DE DEMANDA AGREGADA

En el apéndice del Capítulo 27, la Ecuación 27A.1 mostraba que la producción de equilibrio a corto plazo depende tanto de los componentes exógenos del gasto como del tipo de interés real:

$$Y = \left(\frac{1}{1 - pmc}\right)[\overline{C} - pmc\overline{T} + \overline{I} + \overline{G} + \overline{NX} - (a + b)r], \qquad (27A.1)$$

donde $1/(1 - pmc)$ es el multiplicador, $\overline{C} - pmc\overline{T} + \overline{I} + \overline{G} + \overline{NX}$ es el componente exógeno del gasto planeado, el término entre corchetes es el gasto autónomo, y, por último, a y b son parámetros positivos que miden la influencia de las variaciones del tipo de interés real en el consumo y en la inversión planeada, respectivamente.

La curva de demanda agregada recoge la conducta del Banco Central descrita por la función de reacción de la política monetaria. Según la función de reacción, cuando la inflación aumenta, el Banco Central sube el tipo de interés real. Por lo tanto, la función de reacción del Banco Central puede expresarse por medio de una ecuación que relaciona el tipo de interés real, r, y la inflación, π, y los niveles del tipo de interés real r^* y de inflación π^* fijados como objetivo:

$$r = r^* + g(\pi - \pi^*) \qquad (29A.1)$$

donde r^*, π^* y el parámetro g son constantes positivas elegidas por los responsables del Banco Central. Esta ecuación establece que cuando la inflación π aumenta un punto porcentual —por ejemplo, del 2 al 3% anual— el Banco Central responde subiendo el tipo de interés real g puntos porcentuales. Así, por ejemplo, si g = 0,5, un aumento de la inflación del 2 al 3% llevaría al Banco Central a subir el tipo de interés real un 0,5%. Si la inflación efectiva es igual al objetivo fijado por el Banco Central, π^*, el término entre paréntesis es igual a 0 y el Banco Central fija el tipo de interés real en el nivel del tipo de interés real fijado como objetivo r^*.

Las ecuaciones 27A.1 y 29A.1 nos permiten obtener la curva de demanda agregada. Podemos imaginar que ésta se alcanza siguiendo dos pasos: primero, dado un valor cualquiera de la inflación π (y los valores fijos de las tres constantes r^*, π^* y g), utilizamos la función de reacción de la política monetaria (la Ecuación 29A.1) para hallar el tipo de interés real fijado por el Banco Central. En segundo lugar, dado ese tipo de interés real, utilizamos la Ecuación 27A.1 para hallar la producción de equilibrio a corto plazo Y. La relación entre la inflación y la producción de equilibrio a corto plazo obtenida siguiendo estos dos pasos es la curva de demanda agregada.

También podríamos combinar la ecuación de la producción de equilibrio a corto plazo con la ecuación de la función de reacción de la política monetaria sustituyendo en la Ecuación 27A.1 el tipo de interés real r por el segundo miembro de la Ecuación 29A.1:

$$Y = \left(\frac{1}{1-pmc}\right)[\overline{C} - pmc\overline{T} + \overline{I} + \overline{G} + \overline{NX} - (a+b)(r^* + g(\pi - \pi^*))],$$

es decir,

$$Y = \left(\frac{1}{1-pmc}\right)[\overline{C} - pmc\overline{T} + \overline{I} + \overline{G} + \overline{NX} - (a+b)(r^* - g(\pi^*)) - (a+b)g(\pi)] \qquad (29A.2)$$

Esta ecuación, que es la expresión algebraica general de la curva *DA*, resume la relación entre la inflación y la producción de equilibrio a corto plazo, mostrada gráficamente en la Figura 28.1. Obsérvese que la Ecuación 29A.2 implica que un aumento de la inflación π reduce la producción de equilibrio a corto plazo Y, por lo que la curva *DA* tiene pendiente negativa.

Para poner un ejemplo numérico, podemos utilizar los valores de los parámetros del Ejemplo 27.3. En el caso de la economía estudiada en dicho ejemplo, partimos del supuesto de que $\overline{C} = 640$, $\overline{T} = 250$, $\overline{I} = 250$, $\overline{G} = 300$, $\overline{NX} = 20$, pmc = 0,8, a = 400 y b = 600. Para hallar la curva de demanda agregada también necesitamos los valores de la función de reacción del Banco Central; a modo de ejemplo, utilizamos la función de reacción de la política monetaria presentada en la Tabla 27.1: $r = 0{,}04 + 1{,}0(\pi - 0{,}02)$. Eso implica que los objetivos del Banco Central para el tipo de interés real y la inflación son 4 y 2%, respectivamente. Además, el valor de g, que es la pendiente de la función de reacción de la política monetaria, es 1. Aquí reproducimos para mayor comodidad algunos valores específicos de r y π (mostrados en la Tabla 27.1).

Introduciendo estos valores numéricos en la Ecuación 29A.2 y, simplificando, obtenemos la siguiente ecuación numérica de la curva *DA:*

$$Y = 5[640 - 0{,}80(250) + 250 + 300 + 20 - (400 + 600)(0{,}04 - 0{,}02) - (400 + 600)\pi)] \qquad (29A.3)$$

$$Y = 4.950 - 5.000\pi \qquad (29A.4)$$

TABLA 27A.1
Función de reacción de la política monetaria del Banco Central

Tasa de inflación, π	Tipo de interés real fijado por el Banco Central, r
0,00 (=0%)	0,02 (= 2%)
0,01	0,03
0,02	0,04
0,03	0,05
0,04	0,06

Obsérvese que en esta ecuación los valores más altos de la inflación implican unos valores más bajos de la producción de equilibrio a corto plazo, por lo que la curva de demanda agregada tiene pendiente negativa. Con el fin de verificar esta ecuación, suponga que la inflación es del 3%, por lo que el Banco Central fija el tipo de interés real en un 5% (véase la Tabla 27A.1, que se reproduce aquí). Fijando π en 0,03 en la Ecuación 29A.4, tenemos que $Y = 4.800$. Este resultado es coherente con la respuesta que obtuvimos en el Ejemplo 27.4, en el que mostramos que en esa misma economía cuando $r = 0,05$ (el valor del tipo de interés real fijado por el Banco Central cuando $\pi = 0,03$), la producción de equilibrio a corto plazo es $Y = 4.800$.

DESPLAZAMIENTOS DE LA CURVA DE DEMANDA AGREGADA

Recuérdese que las variaciones exógenas del gasto o de la función de reacción del Banco Central desplazan la curva *DA*. Estos resultados se desprenden de la Ecuación 29A.2. En primer lugar, la ecuación muestra que dada la tasa de inflación π, un aumento del gasto exógeno, $\overline{C}pmc\overline{T}+\overline{I}+\overline{G}+\overline{NX}$, eleva la producción de equilibrio a corto plazo, *Y*. Por lo tanto, un aumento del gasto exógeno desplaza la curva *DA* hacia la derecha; en cambio, una disminución del gasto exógeno la desplaza hacia la izquierda. Los desplazamientos de la función de reacción del Banco Central pueden recogerse por medio de una variación de los objetivos fijados para el tipo de interés r^*, o para la inflación π^*, en la Ecuación 29A.1. Supongamos, por ejemplo, que el Banco Central endurece la política monetaria bajando un punto porcentual el objetivo fijado de la tasa de inflación, situándolo en un uno por ciento. Si $g = 1$, fijaría el tipo de interés real un punto porcentual por encima que antes en cada nivel de inflación. Si observamos las ecuaciones 29A.2 y 29A.3, veremos que si el nivel de inflación se mantiene constante, una reducción de π^* reduce la producción de equilibrio a corto plazo. Por lo tanto, un endurecimiento de la política monetaria (un movimiento ascendente de la función de reacción de la política monetaria) desplaza la curva *DA* hacia la izquierda; en cambio, una relajación, de dicha política monetaria (representada por medio de una disminución de π^* o por un desplazamiento descendente de la función de reacción de la política monetaria) la desplaza hacia la derecha.

EJERCICIO 29A.1

a. Halle una ecuación algebraica de la curva *DA* de la economía antes descrita tras un aumento exógeno del gasto (por ejemplo, de la inversión planeada) de 10 unidades.

b. Halle una ecuación algebraica de la curva *DA* de la economía antes descrita tras un endurecimiento de la política monetaria que impliqur fijar el tipo de interés real un punto porcentual más alto para cada nivel de producción.

EL EQUILIBRIO A CORTO PLAZO

Recuérdese que en el equilibrio a corto plazo la inflación es igual al valor determinado previamente, de tal manera que la recta *OACP* es horizontal en ese valor. En ese nivel de inflación, el nivel de producción en equilibrio a corto plazo viene dado por la curva de demanda agregada, que es la Ecuación 29A.2. Por ejemplo, supongamos que en la economía descrita el valor actual de la inflación es del 5%. El valor de la producción de equilibrio a corto plazo es, pues,

$$Y = 4.950 - 5.000\pi = 4.950 - 5.000(0{,}05)$$
$$= 4.700.$$

EL EQUILIBRIO A LARGO PLAZO

En el equilibrio a largo plazo, la producción efectiva Y es igual a la potencial Y^*. Por lo tanto, en condiciones de equilibrio a largo plazo, la tasa de inflación puede obtenerse a partir de la ecuación de la curva *DA* sustituyendo Y por Y^*. Para ilustrarlo, formulemos una vez más la ecuación de la curva *DA* de esta economía (la Ecuación 29A.4):

$$Y = 4.950 - 5.000\pi.$$

Supongamos, además, que la producción potencial $Y^* = 4.850$. Sustituyendo Y por su valor potencial en la ecuación de la demanda agregada tenemos que:

$$4.850 = 4.950 - 5.000\pi.$$

Despejando la tasa de inflación π, obtenemos:

$$\pi = 0{,}02 = 2\%.$$

Cuando esta economía se encuentra en equilibrio a largo plazo, la tasa de inflación es del 2%. Si partimos del valor de la inflación de equilibrio a corto plazo, 5%, podemos ver que la recta de oferta agregada a corto plazo debe desplazarse en sentido descendente, hasta que la inflación sea del 2%, antes de que pueda lograrse el equilibrio a largo plazo.

RESPUESTAS A LOS EJERCICIOS DEL APÉNDICE

29A.1 A continuación se indican las soluciones algebraicas de las curvas *DA* correspondientes a cada caso, obtenidas introduciendo los valores numéricos en la fórmula.

a. $Y = 5.000 - 5.000\pi$.

b. $Y = 4.900 - 5.000\pi$.

PARTE

8

LA ECONOMÍA INTERNACIONAL

Una de las tendencias económicas más características de las últimas décadas es la globalización de las economías nacionales. Desde mediados de los años 80, el valor del comercio internacional ha aumentado casi el doble de lo que ha crecido el PIB mundial y el volumen de transacciones financieras internacionales se ha incrementado a un ritmo mucho mayor. Desde una perspectiva a largo plazo, la creciente integración de las economías nacionales que observamos hoy no carece de precedentes: antes de la Primera Guerra Mundial, Gran Bretaña era el centro de un sistema económico internacional casi tan "globalizado" como el nuestro en muchos aspectos, con un enorme volumen de comercio y de préstamos internacionales. Pero incluso el comerciante o banquero más clarividente del siglo XIX se habría quedado asombrado ante la sensación de *inmediatez* que han conferido los recientes cambios revolucionarios de las comunicaciones y del transporte a las relaciones económicas internacionales. Por ejemplo, actualmente las teleconferencias e Internet permiten a personas de extremos opuestos del planeta realizar negociaciones y transacciones económicas cara a cara.

Ya hemos introducido en distintas partes de este libro las dimensiones internacionales de la economía por ejemplo, cuando analizamos la ventaja comparativa y el comercio en el Capítulo 2 y las consecuencias de la globalización para el mercado de trabajo en el Capítulo 21. En el Capítulo 9 continuamos nuestro análisis de dicho comercio internacional, considerando tanto las ventajas generales del mismo como las razones por las que a veces se intenta impedir o reducir. En este Capítulo 30 centramos la atención en una variable especialmente importante de la economía internacional, el *tipo de cambio.* Éste influye de una manera determinante en las pautas del comercio. Además, como veremos, el sistema de tipos de cambio que adopta un país tiene importantes consecuencias para la eficacia de su política macroeconómica.

CAPÍTULO

30

LOS TIPOS DE CAMBIO Y LA ECONOMÍA ABIERTA

Dos estadounidenses que visitaban Londres se lamentaban de sus problemas para entender la moneda inglesa. "Libras, chelines, dos peniques, tres peniques, seis peniques, me estoy volviendo loco", decía el primer estadounidense. "Esta mañana tardé veinte minutos en averiguar cuánto tenía que pagar al taxista".

El segundo estadounidense era más optimista. "En realidad", decía, "desde que he adoptado mi nuevo sistema, no tengo ningún problema".

El primero le miró interesado. "¿Cuál es tu nuevo sistema?"

"Bueno", le contestó el segundo, "ahora, siempre que cojo un taxi, le doy simplemente al taxista todo el dinero inglés que llevo. Y no te lo creerás, pero ¡siempre acierto con el importe exacto!"

Utilizar monedas desconocidas —y traducir su valor a moneda nacional— es un problema al que se enfrentan todas las personas que viajan a otros países[1] y que se complica por el hecho de que los *tipos de cambio* —la relación a la que se intercambia la moneda de un país por la de otro— pueden variar impredeciblemente. Así, por ejemplo, el número de libras esterlinas, rublos rusos, yenes japoneses o dólares australianos que pueden comprarse con un dólar americano puede variar con el paso del tiempo, y a veces puede variar mucho.

Sin embargo, las consecuencias económicas de los tipos de cambio variables son mucho más generales que su influencia en los viajes y en el turismo. Por ejemplo, la competitividad de las exportaciones de Estados Unidos depende en

[1] Sin embargo, actualmente el dinero británico no es tan difícil de entender como sugiere la historia de la introducción. En 1971, los británicos adoptaron un sistema monetario decimal, en el que cada libra vale 100 peniques y en esa época abandonaron el sistema británico tradicional, en el que una libra valía 20 chelines y cada chelín valía 12 peniques.

Acertijos con las monedas extranjeras.

parte de los precios de los bienes americanos expresados en moneda extranjera, lo que depende, a su vez, del tipo de cambio entre el dólar americano y el resto de monedas. Asimismo, los precios que paga Estados Unidos por los bienes importados dependen en parte del valor del dólar en relación con las monedas de los países que producen los bienes que importa. Los tipos de cambio también afectan al valor de las inversiones que se realizan en otros países. En aquellos que dependen mucho del comercio y de los movimientos internacionales de capitales —la mayoría de los países del mundo— las fluctuaciones del tipo de cambio pueden producir considerables efectos económicos.

En este capítulo analizamos los tipos de cambio y el papel que desempeñan en las economías abiertas. Comenzamos introduciendo el *tipo de cambio nominal,* que es la relación a la que se intercambia la moneda de un país por la de otro. Después mostramos cómo afectan los tipos de cambio a los precios de las exportaciones y al de las importaciones y, por lo tanto, a las relaciones comerciales.

A continuación vemos cómo se determinan los tipos de cambio a corto plazo. Éstos pueden dividirse en dos grandes categorías: flexibles y fijos. El valor del tipo de cambio *flexible* se determina libremente en el mercado de monedas nacionales, que se conoce con el nombre de *mercado de divisas.* Los tipos de cambio flexibles varían continuamente cuando varían la oferta y la demanda de monedas nacionales. En cambio, el valor del tipo de cambio *fijo* lo establece el gobierno en un nivel determinado y permanece constante a ese nivel. Como la mayoría de los grandes países industriales tiene un tipo de cambio flexible, nos ocupamos primero de este caso. Veremos que la política monetaria de un país desempeña un papel especialmente importante en la determinación del tipo de cambio y que, en una economía abierta que tenga un tipo de cambio flexible, éste se convierte en un instrumento de la política monetaria, de la misma forma que el tipo de interés real.

Aunque la mayoría de los grandes países industriales tiene un tipo de cambio flexible, muchas economías pequeñas y en vías de desarrollo fijan sus tipos de cambio, por lo que también analizaremos el caso de los tipos de cambio fijos. Primero explicaremos cómo mantiene un Banco Central o el propio gobierno un tipo de cambio fijo en el nivel decidido oficialmente. Aunque la fijación del tipo de cambio generalmente reduce las fluctuaciones diarias del valor de la moneda de un país, veremos que a veces un tipo de cambio fijo puede volverse muy inestable, lo que puede tener graves consecuencias económicas. A continuación, analizaremos las virtudes de los cambio fijos y flexibles y concluiremos el capítulo introduciendo el *tipo de cambio real* —así como el modo en que se determinan los tipos de cambio a largo plazo.

LOS TIPOS DE CAMBIO

Las ventajas económicas del comercio internacional de bienes, servicios y activos son similares a las del intercambio dentro de un país. En ambos casos, el comercio de bienes y servicios permite aumentar la especialización y la eficiencia, mientras que el de activos permite a los inversores financieros obtener mayores rendimientos y facilitar al mismo tiempo fondos para realizar proyectos rentables de capital. Sin embargo, existe una diferencia entre los dos casos. En el comercio de bienes, servicios y activos *dentro* de un país normalmente se utiliza una única moneda —dólares, yenes, pesos o cualquiera que sea la moneda oficial del país—, mientras que en el comercio *entre* países normalmente se utilizan diferentes monedas. Así, por ejemplo, si un residente estadounidense quiere comprar un automóvil fabricado en Corea del Sur, esta persona (o, lo que es más probable, el concesionario de automóviles) debe intercambiar primero dólares por wons, que es la moneda coreana. El fabricante coreano de automóviles, pues, recibe wons. Asimismo, un argentino que quiera comprar acciones de una empresa estadounidense (un activo financiero estadounidense) debe intercambiar primero sus pesos argentinos por dólares y utilizarlos para comprar las acciones.

LOS TIPOS DE CAMBIO NOMINALES

Como las transacciones internacionales generalmente obligan a intercambiar una moneda por otra, los valores relativos de las diferentes monedas son un importante factor en las relaciones económicas internacionales. La relación a la que pueden intercambiarse dos monedas se denomina **tipo de cambio nominal** o, en términos más sencillos, *tipo de cambio* entre las dos monedas. Por ejemplo, si un dólar norteamericano puede intercambiarse por 110 yenes japoneses, el tipo de cambio nominal entre la moneda estadounidense y la moneda japonesa es de 110 yenes por dólar. Cada país tiene muchos tipos de cambio nominales, cada uno de los cuales corresponde a cada una de las monedas con la que se intercambia la suya. Así, el valor del dólar puede expresarse en libras esterlinas, coronas suecas, shequels israelíes, rublos rusos y otras muchas monedas.

tipo de cambio nominal relación a la que pueden intercambiarse dos monedas

La Tabla 30.1 muestra los tipos de cambio entre el dólar y otras seis importantes monedas al cierre de la sesión en la ciudad de Nueva York el 16 de mayo de 2005. Como muestra la Tabla 30.1, los tipos de cambio pueden expresarse en la cantidad de moneda extranjera necesaria para comprar un dólar (columna de la izquierda) o en el número de dólares necesarios para comprar una unidad de la moneda extranjera (columna de la derecha). Estas dos maneras de expresar el tipo de cambio son equivalentes: cada una es la inversa de la otra. Por ejemplo, el tipo de cambio el 16 de mayo de 2005 entre el dólar americano y el canadiense podría haberse expresado de las dos formas siguientes: 1,2697 dólares canadienses por dólar americano o 0,7876 dólares americanos por dólar canadiense, donde 0,7876 = 1/1,2697.

TABLA 30.1
Tipos de cambio nominales del dólar americano

País	Moneda extranjera por dólar	Dólares por moneda extranjera
Reino Unido (libra)	0,5442	1,8376
Canadá (dólar canadiense)	1,2697	0,7876
México (peso)	11,0096	0,0908
Japón (yen)	106,85	0,009359
Suiza (franco suizo)	1,222	0,8182
Corea del Sur (won)	1.007,46	0,0009926

FUENTE: *The Wall Street Journal*, 17 de mayo de 2005.

La Tabla 30.2 muestra el tipo de cambio del peso mexicano y una selección de monedas para países de Latinoamérica. Por ejemplo un dólar estadounidense por 10,95 pesos mexicanos o un peso argentino por 5,5771 pesos mexicanos.

TABLA 30.2
Tipo de cambio nominal para el peso mexicano

País	Moneda extranjera por peso mexicano	Peso mexicano por moneda extranjera
Estados Unidos (dólar)	0,0909	10,9975
Argentina (peso)	0,2796	3,5771
Chile (peso)	48,1000	0,0208
Honduras (lempira)	1,7182	0,5820
Perú (nuevo sol)	0,2931	3,4116
Uruguay (peso)	2,2113	0,4522

EJEMPLO 30.1

Los tipos de cambio nominales

Basándose en la Tabla 30.1, halle el tipo de cambio entre la moneda británica y la canadiense. Expréselo tanto en dólares canadienses por libra como en libras por dólar canadiense.

En la Tabla 30.1 vemos que para comprar un dólar americano se necesitan 0,5442 libras esterlinas y 1,2697 dólares canadienses. Por lo tanto, 0,5442 libras esterlinas y 1,2697 dólares canadienses tienen el mismo valor:

$$0{,}5442 \text{ libras} = 1{,}2697 \text{ dólares canadienses.}$$

Dividiendo los dos miembros de la ecuación por 1,2697, tenemos que:

$$0{,}4286 \text{ libras} = 1 \text{ dólar canadiense.}$$

En otras palabras, el tipo de cambio entre la libra esterlina y el dólar canadiense puede expresarse como 0,4286 libras por dólar canadiense o como 1/0,4286 = 2,33 dólares canadienses por libra.

EJERCICIO 30.1

Busque en la sección económica del periódico o en Internet (pruebe en la base de datos FRED del Banco de la Reserva Federal de San Luis, http://research.stlousfed.org/fred2/) las cotizaciones recientes del valor del dólar americano frente a la libra esterlina, el dólar canadiense y el yen japonés. Basándose en estos datos, halle el tipo de cambio: (a) entre la libra y el dólar canadiense y (b) entre el dólar canadiense y el yen. Exprese los tipos de cambio que obtenga de dos formas (por ejemplo, en libras por dólar canadiense y en dólares canadienses por libra).

La Figura 30.1 muestra el tipo de cambio nominal del dólar americano desde 1973 hasta 2004. En lugar de mostrar el valor del dólar en relación con el de otra moneda, como el yen japonés o la libra esterlina, lo expresa como una media de sus valores frente a otras grandes monedas. Este valor medio del dólar se mide en relación a un valor base, de modo que su valor en 1973 es 100. Así, por ejemplo, si el valor del dólar en un determinado año es de 120, quiere decir que el valor del dólar en relación con otras grandes monedas era un 20% más alto ese año que en 1973.

El lector puede ver en la Figura 30.1 que el valor del dólar ha fluctuado con el paso del tiempo, subiendo unas veces (como en el periodo 1980-1985) y bajando

FIGURA 30.1
El tipo de cambio nominal de Estados Unidos, 1973-2004.
Esta figura muestra el valor del dólar desde 1973 hasta 2004 como valor medio frente a otras grandes monedas, tomando como base (100) el de 1973.

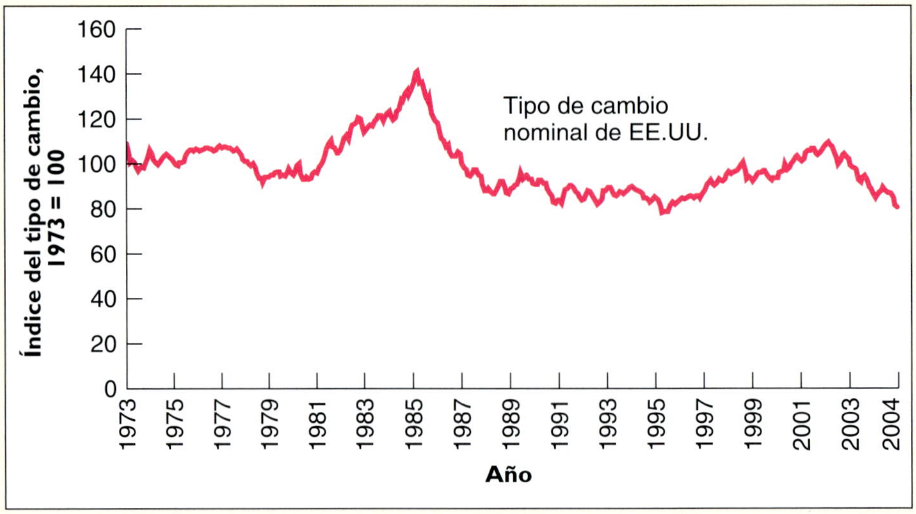

FUENTE: Banco de la Reserva Federal de San Luis, base de datos FRED (http://research.stlouisfed.org/fred2/).

otras (como en 1985-1987 y en 2003-2004). Un aumento del valor de una moneda en relación con otras se denomina **apreciación** y una disminución se llama **depreciación.** Podemos decir, pues, que el dólar se apreció en 1980-1985 y se depreció en 1985-1987 y en 2003-2004. Más adelante en este capítulo analizaremos las razones por las que una moneda puede apreciarse o depreciarse.

apreciación aumento del valor de una moneda en relación con otras

depreciación disminución del valor de una moneda en relación con otras

Si observamos la Figura 30.2, la cual muestra el tipo de cambio del peso mexicano y el dólar estadounidense para el periodo 1987-2003. Durante todo este periodo el peso mexicano se ha estado depreciando con respecto del dólar estadounidense. Es notable la depreciación considerable que se presentó entre 1994 y 1995, la cual está asociada con la crisis que sufrió la economía en 1995.

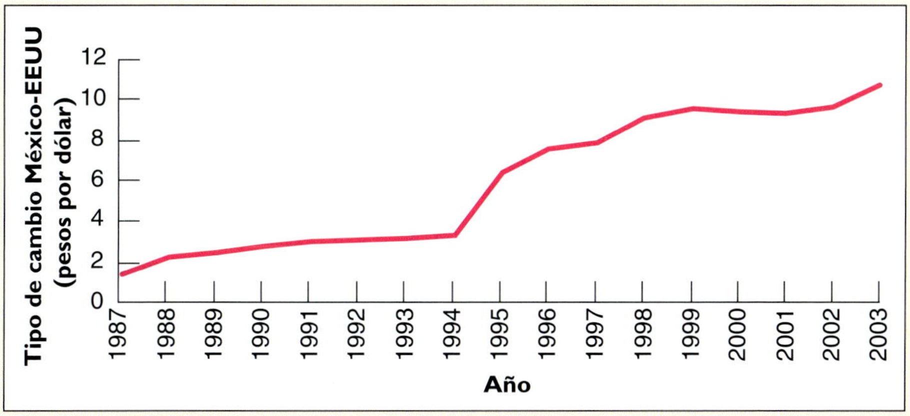

FUENTE: Banco de México.

FIGURA 30.2
Tipo de cambio México-Estados Unidos, 1987-2003.

En este capítulo utilizaremos el símbolo *e* para representar el tipo de cambio nominal de un país. Aunque el tipo de cambio puede expresarse en unidades de la moneda extranjera por unidad de la moneda nacional o viceversa, como hemos visto en la Tabla 30.1, definamos *e* como *el número de unidades de la moneda extranjera que puede comprarse con la moneda nacional*. Por ejemplo, si consideramos que Estados Unidos es nuestro país y Japón el país "extranjero", *e* es el número de yenes japoneses que se compran con un dólar americano. Si se define el tipo de cambio nominal de esta forma, significa que un *aumento* de *e* corresponde a una *apreciación* o fortalecimiento del dólar americano, mientras que una *reducción* de *e* implica una *depreciación* o debilitamiento del dólar.

"Hoy, en el mercado de divisas, el dólar ha caído frente a todas las grandes monedas y frente al donut."

TIPOS DE CAMBIO FLEXIBLES Y FIJOS

Como hemos visto en la Figura 30.1, el tipo de cambio entre el dólar americano y otras monedas no es constante, sino que varía continuamente. De hecho, el valor del dólar varía diariamente, cada hora e incluso cada minuto. Esas fluctuaciones son normales en los países que tienen un *tipo de cambio flexible* o *fluctuante*. El valor de un **tipo de cambio flexible** no se fija oficialmente sino que varía de acuerdo con la oferta y la demanda de la moneda en el **mercado de divisas**, que es el mercado en el que se intercambian las monedas de los diferentes países. Por ello, más adelante, analizaremos los factores que determinan la oferta y la demanda de monedas.

tipo de cambio flexible tipo de cambio cuyo valor no se fija oficialmente sino que varía en función de la oferta y la demanda de la moneda en el mercado de divisas

mercado de divisas mercado en el que se intercambian las monedas de los diversos países

tipo de cambio fijo tipo de cambio cuyo valor es fijado por la política oficial del gobierno

Algunos países no permiten que el valor de su moneda varíe según la situación del mercado, sino que mantienen un *tipo de cambio fijo*. El valor de un **tipo de cambio fijo** viene determinado por la política oficial del gobierno. Un gobierno que establece un tipo de cambio fijo normalmente establece su valor independientemente, pero a veces los tipos de cambio se marcan mediante un acuerdo entre varios gobiernos. Algunos países fijan su tipo de cambio con respecto al dólar americano (por ejemplo, Hong Kong), pero existen otras posibilidades. Así muchos países africanos fijan el valor de su moneda con respecto al euro. En el patrón oro, utilizado por muchos países hasta que se produjo la Gran Depresión, los valores de las monedas se fijaban en onzas de oro.

RECAPITULACIÓN — LOS TIPOS DE CAMBIO NOMINALES

- El *tipo de cambio nominal* entre dos monedas es la relación a la que dichas monedas pueden intercambiarse. Más concretamente, el tipo de cambio nominal, e, de un país cualquiera, es el número de unidades de moneda extranjera que pueden comprarse con una unidad de la moneda nacional.
- La *apreciación* es un aumento del valor de una moneda en relación con otras (un aumento de e); mientras que la *depreciación* es una disminución del valor de dicha en relación al resto de monedas (una disminución de e).
- Un tipo de cambio puede ser *flexible*, en cuyo caso varía libremente de acuerdo con la oferta y la demanda de la moneda en el mercado de divisas, o *fijo*, en cuyo caso su valor viene fijado por la política oficial del gobierno.

LA DETERMINACIÓN DEL TIPO DE CAMBIO A CORTO PLAZO

Los países que tienen tipos de cambio flexibles ven que los valores internacionales de sus monedas varían continuamente. ¿De qué depende el valor del tipo de cambio nominal en cualquier momento del tiempo? En este apartado utilizamos el análisis de oferta y demanda para responder a esta pregunta en el caso del corto plazo. Centramos de momento la atención en los tipos de cambio flexibles, cuyos valores se determinan en el mercado de divisas. Más adelante, en este mismo capítulo, analizaremos el caso de los tipos de cambio fijos, los costes y los beneficios de cada clase de tipo de cambio y la determinación de los tipos de cambio a largo plazo.

UN ANÁLISIS DE OFERTA Y DEMANDA

Como veremos, nuestra moneda es demandada en el mercado de divisas por extranjeros que quieren comprar nuestros bienes, servicios y activos, a su vez es ofrecida por los residentes de nuestro país que necesitan divisas (monedas extranjeras) para comprar bienes, servicios y activos extranjeros. El tipo de cambio de equilibrio es el valor de la moneda nacional que iguala la cantidad de moneda nacional ofrecida y demandada en el mercado de divisas. En este apartado analizamos los factores que afectan a la oferta y la demanda de moneda nacional y, por lo tanto, al tipo de cambio de nuestra moneda.

Conviene hacer una advertencia antes de comenzar: en el Capítulo 27 vimos que la oferta de dinero por parte del Banco Central y la demanda de dinero por parte del público ayudan a determinar el tipo de interés nominal. Sin embargo, la oferta y la demanda de dinero en la economía nacional, presentadas en ese capítulo, *no* son equivalentes a la oferta y la demanda de moneda nacional en el mercado de divisas. Como hemos señalado, el mercado de divisas es el mercado en el que se intercambian las monedas de los distintos países. La oferta de moneda nacional en el mercado de divisas *no* es igual que la oferta monetaria fijada por el Banco Central, sino que es la cantidad de moneda nacional que ofrecen los hogares y las empresas de nuestro país a cambio de otras monedas. Asimismo, la demanda de moneda nacional en el mercado de divisas *no* coincide con la demanda interior de dinero, sino que es la cantidad de moneda nacional que quieren comprar las personas que tienen divisas. Para comprender la distinción, quizá sea útil tener presente que, mientras que el Banco Central determina la oferta total de moneda nacional de una economía, no se "considera" que se ha ofrecido moneda nacional en el mercado de divisas hasta que alguna persona o empresa que tenga moneda nacional trata de intercambiarla por moneda extranjera.

La oferta de moneda nacional

Cualquiera que tenga moneda nacional, por ejemplo, dólares, desde un banco internacional hasta un ciudadano ruso que tiene dólares enterrados en el jardín de su casa, es un oferente potencial de dólares en el mercado de divisas. Sin embargo, en la práctica, los principales oferentes de dólares en el mercado de divisas son las familias y las empresas de Estados Unidos. ¿Por qué puede querer una familia o una empresa estadounidense ofrecer dólares a cambio de divisas? Por dos grandes razones. En primer lugar, un hogar o una empresa estadounidense puede necesitar divisas para *comprar bienes o servicios extranjeros*; por ejemplo, un importador estadounidense de automóviles puede necesitar yenes para comprar automóviles japoneses o un turista estadounidense puede necesitar yenes para realizar compras en Tokio. En segundo lugar, una familia o una empresa estadounidense puede necesitar divisas para *comprar activos extranjeros*; por ejemplo, un fondo de inversión estadounidense puede querer adquirir acciones emitidas por empresas japonesas o un ahorrador estadounidense puede querer comprar bonos del Estado japonés; como el precio de los activos japoneses se expresa en yenes, la familia o la empresa estadounidense necesita cambiar dólares por yenes para adquirir estos activos.

La curva de pendiente positiva de la Figura 30.3 muestra la oferta de dólares en el mercado de divisas. Centramos la atención en el mercado en el que se cambian dólares por yenes japoneses, pero se debe tener presente que existen mercados similares para cada par de monedas intercambiadas. El eje de ordenadas de la figura muestra el tipo de cambio entre el dólar y el yen japonés medido por medio del número de yenes que pueden comprarse con cada dólar. El eje de abscisas muestra el número de dólares que se intercambian en el mercado.

La curva de oferta de dólares tiene pendiente positiva, ya que cuantos más yenes pueden comprarse con cada dólar, más dólares se ofrecen en el mercado de divisas. ¿Por qué? Porque dados los precios de los bienes, de los servicios y de los activos japoneses, cuantos más yenes puedan comprarse con un dólar, más baratos serán en dólares esos bienes, servicios y activos.

Supongamos, por ejemplo, que un videojuego cuesta 5.000 yenes en Japón y que con un dólar pueden comprarse 100 yenes; el precio del videojuego en dólares será:

$$5.000 \text{ yenes} \times 1\$/100 \text{ yenes} = 50\$^{2}.$$

Sin embargo, si el precio de un dólar en yenes sube a 200 yenes, el precio en dólares de ese mismo videojuego que cuesta 5.000 yenes en Japón será:

$$5.000 \text{ yenes} \times 1\$/200 \text{ yenes} = 25\$.$$

[2] Recuérdese que un tipo de cambio de un dólar por 100 yenes es lo mismo que 100 yenes por dólar. En este ejemplo lo estamos expresando de la primera forma, de manera que los yenes se cancelan cuando realizamos la multiplicación y nos quedamos con el precio en dólares.

FIGURA 30.3
Oferta y demanda de dólares en el mercado yen-dólar.
La oferta de dólares en el mercado de divisas tiene pendiente positiva porque un aumento del número de yenes que se ofrecen por cada dólar hace que los bienes, los servicios y los activos japoneses sean más atractivos para los compradores estadounidenses. Asimismo, la demanda de dólares tiene pendiente negativa porque los que tienen yenes están menos dispuestos a comprar dólares cuanto más caros son éstos. El *tipo de cambio de equilibrio de mercado*, e*, iguala las cantidades de dólares ofrecidas y demandadas.

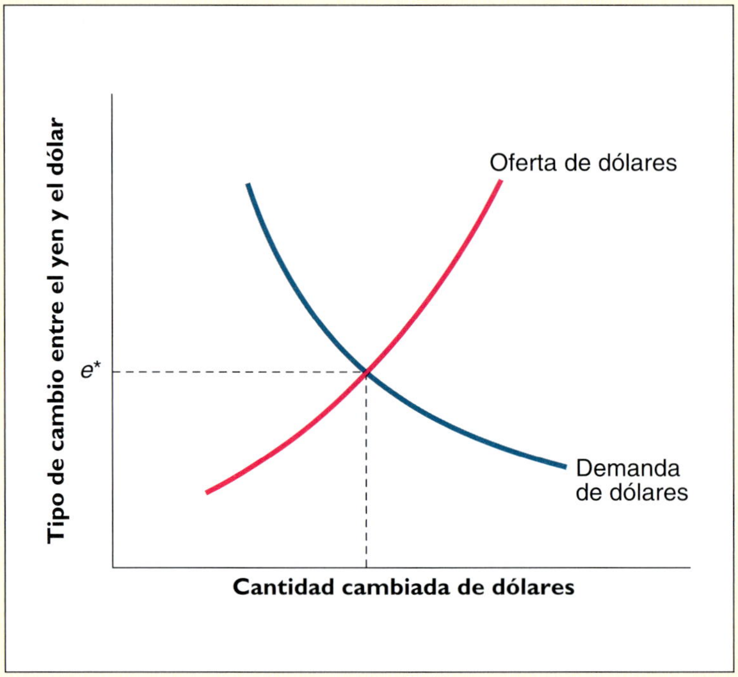

Al ser más bajos los precios de los bienes, servicios y activos japoneses en dólares, los estadounidenses tienen incentivos para aumentar su gasto total en dichos bienes. Por eso una subida del tipo de cambio entre el yen y el dólar eleva la oferta de dólares en el mercado de divisas, por lo que la curva de oferta de dólares tiene pendiente positiva.

La demanda de moneda nacional

En el mercado entre el yen y el dólar, los demandantes de dólares son los que quieren adquirir dólares a cambio de yenes. La mayoría son familias y empresas japonesas, aunque cualquiera que tenga yenes puede cambiarlos por dólares. ¿Por qué se demandan dólares? Las razones para adquirir dólares son análogas a las razones para adquirir yenes. En primer lugar, las familias y las empresas que tienen yenes demandan dólares *para poder comprar bienes y servicios estadounidenses*; por ejemplo, una empresa japonesa que quiera conseguir la licencia para vender programas informáticos producidos por Estados Unidos necesita dólares para pagar el precio exigido y un estudiante japonés que estudie en una universidad estadounidense debe pagar la matrícula en dólares; la empresa o el estudiante sólo puede adquirir los dólares necesarios ofreciendo yenes a cambio. En segundo lugar, las familias y las empresas demandan dólares *para comprar activos estadounidenses*; la compra de propiedades inmobiliarias en Hawai por parte de una empresa japonesa o la adquisición de acciones de Microsoft por parte de un fondo de pensiones japonés son dos buenos ejemplos.

La curva de demanda de dólares tiene pendiente negativa como muestra la Figura 30.3. La demanda de dólares será baja cuando los dólares en términos de yenes sean caros y alta cuando sean baratos.

Supongamos que el precio de una licencia de un programa informático producido en Estados Unidos es de 30$. Si a una empresa japonesa le cuesta 200 yenes comprar 1$, el coste del programa para los japoneses será:

$$30\$ \times 200 \text{ yenes}/1\$ = 6.000 \text{ yenes}^{3}.$$

[3] En este cálculo utilizamos el tipo de cambio del yen por dólar de manera que los dólares se cancelan cuando realizamos la multiplicación y nos quedamos con el precio en yenes.

Sin embargo, si el precio del dólar baja a 100 yenes, el precio en yenes de ese mismo programa informático que cuesta 30$ en Estados Unidos será:

$$30\$ \times 100 \text{ yenes}/1\$ = 3.000 \text{ yenes}.$$

Cuando el precio por dólar en yenes baja, los bienes, los servicios y los activos estadounidenses son más baratos y atractivos para los japoneses. Éstos responden comprando más bienes, servicios y activos estadounidenses, y demandando, pues, más dólares.

El valor de equilibrio de mercado de la moneda nacional

Como hemos señalado antes, muchos países tienen un tipo de cambio flexible o fluctuante, lo que significa que el valor de la moneda nacional viene dado por las fuerzas de la oferta y de la demanda en el mercado de divisas. En la Figura 30.3, el valor de equilibrio del dólar es e^*, que es el tipo de cambio entre el yen y el dólar al que la cantidad ofrecida de dólares es igual a la demandada. En general, el **valor de equilibrio del tipo de cambio** no se mantiene constante, sino que varía con los desplazamientos de la oferta y de la demanda de dólares en el mercado de divisas.

valor de equilibrio de mercado del tipo de cambio tipo de cambio que iguala las cantidades de la moneda ofrecidas y demandadas en el mercado de divisas

El déficit comercial de Estados Unidos y el valor del dólar

EL OBSERVADOR ECONÓMICO 30.1

Estados Unidos tiene un tipo de cambio flexible, por lo que el valor del dólar en términos de otras monedas viene dado por las fuerzas del mercado. Como señalamos en el Capítulo 24, Estados Unidos mantiene un elevado déficit comercial, pues sus importaciones son muy superiores a sus exportaciones. Por lo tanto, la oferta de dólares por parte de los estadounidenses que quieren comprar bienes y servicios extranjeros es mucho mayor que la demanda extranjera de dólares para comprar bienes y servicios estadounidenses. Surge entonces una cuestión, ¿por qué no baja en el mercado el valor de equilibrio del dólar hasta que se elimine el déficit comercial?

En El observador económico 24.4, mostramos que el déficit comercial de un país es igual al exceso de inversión interior sobre el ahorro nacional. Ahora hemos visto otra forma de llegar a la misma conclusión. Recuérdese que la oferta de dólares depende de la demanda estadounidense de activos extranjeros, así como del deseo de los estadounidenses de comprar bienes y servicios extranjeros. Asimismo, la demanda de dólares depende del deseo de los extranjeros de tener activos, bienes y servicios estadounidenses. En los mercados de bienes y servicios, la oferta de dólares es mayor que su demanda, debido a que Estados Unidos importa más bienes y servicios de los que exporta. Por lo tanto, si no hubiera comercio de activos, el valor del dólar bajaría lo suficiente como para eliminar el desequilibrio entre las importaciones y las exportaciones. Sin embargo, en realidad el comercio internacional de activos es muy dinámico siendo la cantidad de activos estadounidenses comprados por ciudadanos o bancos extranjeros es mayor que la cantidad de activos extranjeros comprados por residentes estadounidenses. La demanda extranjera de activos estadounidenses se debe a la creencia de los inversores extranjeros de que las inversiones en Estados Unidos tendrán un buen rendimiento. Los bancos centrales extranjeros también compran activos estadounidenses (véase El observador económico 30.5 para un análisis del caso de China).

Como los extranjeros son compradores netos de activos estadounidenses, en los mercados de activos la demanda de dólares es mayor que la oferta de dólares, lo que compensa el hecho de que en los mercados de bienes y servicios la demanda de dólares sea menor que la oferta. La existencia de un déficit comercial no implica, pues, necesariamente una disminución del valor del dólar, al menos mientras los extranjeros demanden muchos activos estadounidenses. Obsérvese que la demanda neta de activos estadounidenses por parte de los extranjeros corresponde a la cantidad de capital extranjero que entra en Estados Unidos. Como vimos en el Capítulo 24, la entrada neta de capital en Estados Unidos es igual al exceso de inversión interior sobre el ahorro nacional, que es a su vez, al déficit comercial de Estados Unidos.

VARIACIONES DE LA OFERTA DE MONEDA NACIONAL

Recuérdese que los estadounidenses ofrecen dólares en el mercado de divisas entre el yen y el dólar para comprar bienes, servicios y activos japoneses. Los factores que afectan al deseo de las familias y de las empresas estadounidenses de adquirir bienes, servicios y activos japoneses afectan, pues, a la oferta de su moneda en el mercado de divisas. Algunos de los factores que *aumentan* la oferta de dólares, desplazando su curva de oferta hacia la derecha, son:

- Un aumento de las preferencias por los bienes japoneses. Supongamos, por ejemplo, que las empresas japonesas fabrican algún nuevo y popular producto electrónico. Para adquirir los yenes necesarios para comprar estos bienes, los importadores estadounidenses aumentan su oferta de dólares en el mercado de divisas.
- Un aumento del PIB real de Estados Unidos. Un aumento del PIB real de Estados Unidos eleva las rentas de los norteamericanos, lo que les permite consumir más bienes y servicios (recuérdese la función de consumo introducida en el Capítulo 26). Una parte de este aumento del consumo adopta la forma de bienes importados de Japón. Para comprar más bienes japoneses, los estadounidenses ofrecen más dólares para adquirir los yenes necesarios.
- Una subida del tipo de interés real de los activos japoneses o una reducción del tipo de interés real de los activos estadounidenses. Recuérdese que las familias y las empresas estadounidenses adquieren yenes para comprar activos, bienes y servicios japoneses. Si se mantienen constantes otros factores como el riesgo, cuanto más alto sea el tipo de interés real pagado por los activos japoneses (o cuanto más bajo es el tipo de interés real pagado por los activos estadounidenses), más activos japoneses quieren comprar los estadounidenses. Para comprar más activos japoneses, las familias y las empresas estadounidenses ofrecen más dólares en el mercado de divisas.

Ofreciendo dólares, demandando yenes.

En cambio, una reducción de la demanda de bienes japoneses, una reducción del PIB de Estados Unidos, un descenso del tipo de interés real de los activos japoneses o una subida del tipo de interés real de los activos estadounidenses *reducen* el número de yenes que necesitan los estadounidenses, disminuyendo a su vez la oferta de dólares en el mercado de divisas y desplazando la curva de oferta de dólares hacia la izquierda. Naturalmente, cualquier desplazamiento de esta curva afecta al tipo de cambio de equilibrio, como muestra el Ejemplo 30.2.

EJEMPLO 30.2

Los videojuegos, el yen y el dólar

Supongamos que las empresas japonesas llegan a dominar el mercado de videojuegos y que éstos son más apasionantes y realistas que los que se producen en Estados

FIGURA 30.4
Un aumento de la oferta de dólares reduce el valor del dólar.
Un aumento de la demanda estadounidense de videojuegos japoneses obliga a los estadounidenses a ofrecer más dólares en el mercado de divisas para adquirir los yenes necesarios para comprar los juegos. La curva de oferta de dólares se desplaza de *S* a *S*', reduciendo el valor del dólar en yenes. El valor de equilibrio de mercado del tipo de cambio disminuye de e* a e*'.

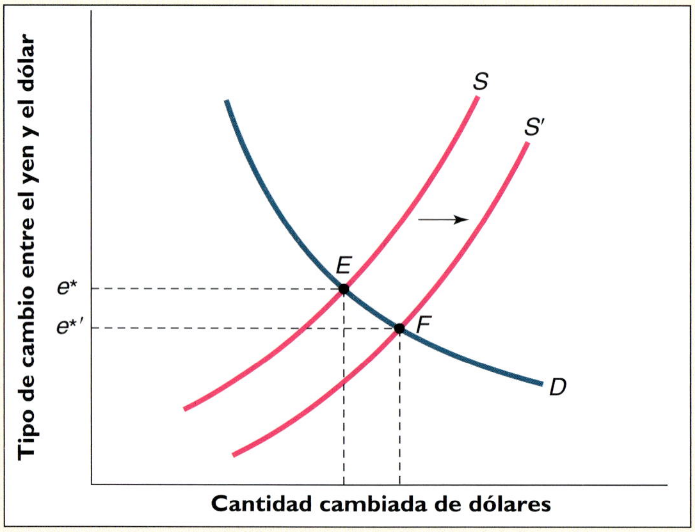

Unidos. Manteniéndose todo lo demás constante, ¿cómo afecta este cambio al valor relativo del yen y del dólar?

El aumento de la calidad de los videojuegos japoneses eleva la demanda de juegos en Estados Unidos. Para adquirir los yenes necesarios para comprar más videojuegos japoneses, los importadores estadounidenses ofrecen más dólares en el mercado de divisas. Como muestra la Figura 30.4, el aumento de la oferta de dólares reduce su valor, en otras palabras, con un dólar se comprarán menos yenes que antes y, al mismo tiempo, el valor del yen aumenta: con un número dado de yenes se comprarán más dólares que antes.

EJERCICIO 30.2

Estados Unidos entra en una contracción y el PIB real disminuye. Manteniéndose todo lo demás constante, ¿cómo afectará probablemente esta debilidad económica al valor del dólar?

VARIACIONES DE LA DEMANDA DE MONEDA NACIONAL

Los factores que pueden alterar la demanda de dólares en el mercado de divisas y provocar, por lo tanto, un desplazamiento de la curva de demanda de dólares son análogos a los factores que afectan a la oferta de dólares. Entre los factores que *elevan* la demanda de dólares se encuentran los siguientes:

- Un aumento de las preferencias por los bienes estadounidenses. Por ejemplo, las líneas aéreas japonesas podrían observar que los aviones estadounidenses son mejores que otros y decidir ampliar su flota con esos aviones. Para comprar los aviones estadounidenses, demandarán más dólares en el mercado de divisas.
- Un aumento del PIB real de otros países, lo cual implica un aumento de las rentas en esos países y, por lo tanto, un aumento de la demanda de bienes importados procedentes de Estados Unidos.
- Una subida del tipo de interés real de los activos estadounidenses o una reducción del tipo de interés real de los activos japoneses haría que los activos estadounidenses fueran más atractivos para los ahorradores extranjeros. Para adquirir activos estadounidenses, los ahorradores japoneses demandarían más dólares.

¿La fortaleza de la moneda implica la fortaleza de la economía?

EL OBSERVADOR ECONÓMICO 30.2

Los políticos y el público a veces se enorgullecen de que su moneda nacional sea "fuerte", lo que significa que su valor expresado en otras monedas es alto o está aumentando. Asimismo, los responsables de la política económica a veces consideran que una moneda que se deprecia ("débil") es una señal de fracaso económico. ¿Implica necesariamente la fortaleza de una moneda que una economía es fuerte?

Contrariamente a lo que opina la gente, no existe una sencilla conexión entre la fortaleza de la moneda de un país y la fortaleza de su economía. Por ejemplo, la Figura 30.1 muestra que el valor del dólar americano en relación con otras grandes monedas era más alto en 1973 que en 2004, a pesar de que los resultados económicos fueron considerablemente mejores en 2004 que en 1973, año en que la economía experimentó una profunda contracción y la inflación aumentó. De hecho, el periodo mostrado en la Figura 30.1 en el que el valor del dólar subió considerablemente, 1980-1985, fue un periodo de contracción y de elevado desempleo en Estados Unidos.

Una de las razones por las que la fortaleza de una moneda no implica necesariamente que la economía sea fuerte es que la apreciación de una moneda (un aumento de e) tiende a perjudicar a las exportaciones netas del país. Por ejemplo, si el dólar se fortalece con respecto al yen (es decir, si con un dólar se pueden comprar más yenes que antes), los bienes japoneses se abaratan en dólares. Como consecuencia, es posible que los estadounidenses prefieran comprar bienes japoneses a comprar bienes estadounidenses. Asimismo, el fortalecimiento del dólar implica que con cada yen pueden comprarse menos dólares, por lo que los bienes estadounidenses exportados se encarecen para los consumidores japoneses. Como se encarecen en yenes, la disposición de los consumidores japoneses a comprar exportaciones estadounidenses disminuye. La fortaleza del dólar puede implicar, pues, una reducción de las ventas y de los beneficios de las industrias estadounidenses que exportan, así como de las industrias estadounidenses (como los fabricantes de automóviles) que compiten con las empresas extranjeras por el mercado de Estados Unidos.

LA POLÍTICA MONETARIA Y EL TIPO DE CAMBIO

De los numerosos factores que pueden influir en el tipo de cambio de un país, uno de los más importantes es la política monetaria de su Banco Central. Como veremos, esta política afecta al tipo de cambio principalmente a través de su influencia en el tipo de interés real.

Supongamos que al Banco Central de Estados Unidos le preocupara la inflación y endureciera la política monetaria. La Figura 30.5 muestra cómo afecta este cambio de política al valor del dólar. Antes de producirse ese cambio, el valor de equilibrio del tipo de cambio es e^*, que se encuentra en el punto de intersección de la curva de oferta de dólares S y la curva de demanda de dólares D (punto E de la figura). El endurecimiento de la política monetaria eleva el tipo de interés real de Estados Unidos r, aumentando el atractivo de los activos estadounidenses, como pueden ser los bonos, tanto para los inversores financieros extranjeros como para los estadounidenses. El aumento de la disposición de los inversores extranjeros a comprar activos estadounidenses eleva la demanda de dólares, desplazando la curva de demanda hacia la derecha de D a D'. La disposición de los inversores estadounidenses a comprar más activos estadounidenses (y probablemente menos activos extranjeros) reduce la oferta de dólares y desplaza la curva de oferta hacia la izquierda de S a S'. El equilibrio se desplaza del punto E al punto F, por lo que el valor de equilibrio del dólar sube de e^* a $e^{*\prime}$.

En resumen, un endurecimiento de la política monetaria del Banco Central de Estados Unidos (Reserva Federal) eleva la demanda de dólares y reduce su oferta,

FIGURA 30.5
Un endurecimiento de la política monetaria fortalece el dólar.
Un endurecimiento de la política monetaria en Estados Unidos eleva el tipo de interés real nacional, aumentando la demanda de activos estadounidenses por parte de los ahorradores extranjeros y estadounidenses. Un aumento de la demanda de activos estadounidenses por parte de los extranjeros eleva la demanda de dólares, desplazando la curva de demanda hacia la derecha de *D* a *D'*. Un aumento de la demanda de activos estadounidenses por parte de ahorradores estadounidenses reduce la oferta de dólares, desplazando la curva de oferta hacia la izquierda. El tipo de cambio se aprecia de e* a e*'.

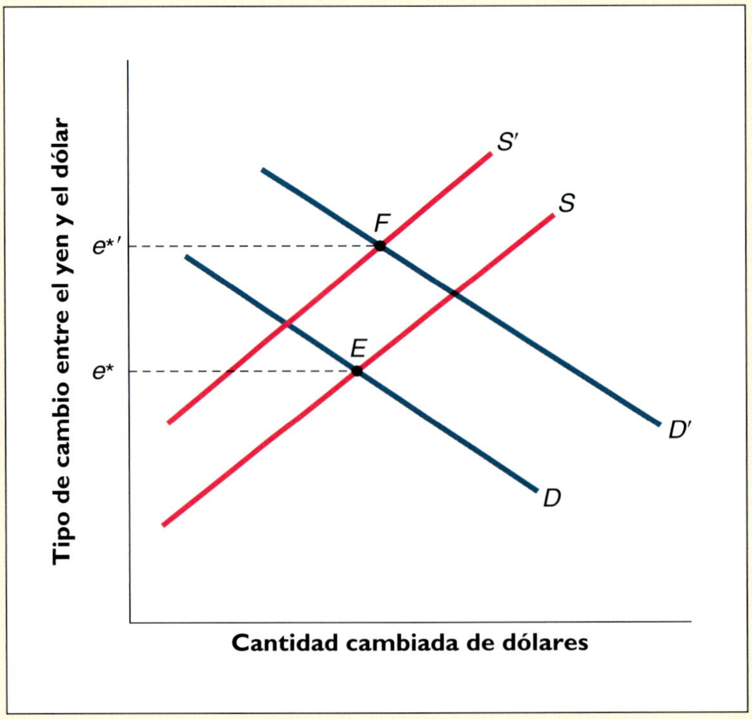

provocando una apreciación de la moneda. Por la misma razón, una relajación de la política monetaria, por ejemplo una disminución del tipo de interés real, reduce el atractivo de los activos estadounidenses, como los bonos, tanto para los estadounidenses como para los extranjeros, por lo que disminuirá la demanda de dólares, pero aumentará su oferta, dado que los estadounidenses compran más activos extranjeros, provocándose una depreciación de la moneda.

EL OBSERVADOR ECONÓMICO 30.3

¿Por qué se apreció el dólar casi un 50% en la primera mitad de la década de 1980?

La Figura 30.1 muestra la considerable apreciación que experimentó el dólar americano en 1980-1985 y la brusca depreciación que sufrió en 1986-1987. ¿Por qué se apreció?

La política monetaria restrictiva y el elevado tipo de interés real correspondiente fueron causas importantes de la notable apreciación que experimentó el dólar en 1980-1985. Como vimos en El observador económico 29.1, en Estados Unidos la inflación alcanzó un máximo del 13,5% en 1980. La Reserva Federal, bajo el mandato del presidente Paul Volcker, respondió al aumento de la inflación subiendo considerablemente el tipo de interés real con la esperanza de reducir la demanda agregada y las presiones inflacionistas. Como consecuencia, el tipo de interés real, cuyo valor era negativo en 1979 y 1980, subió a más de un 7% en 1983 y 1984 (véase la Tabla 29.1). Los ahorradores extranjeros y estadounidenses, atraídos por estos elevados rendimientos reales, se apresuraron a comprar activos estadounidenses, provocando un significativo aumento del valor del dólar.

El intento de la Reserva Federal de reducir la inflación tuvo éxito. A mediados de los años 80, de pudo relajar la política monetaria de Estados Unidos. El descenso resultante del tipo de interés real redujo la demanda de activos estadounidenses y, por lo tanto, de dólares, momento en el que el dólar se depreció casi hasta el nivel en el que se encontraba en 1980.

EL OBSERVADOR ECONÓMICO 30.4

¿Por qué se depreció el dólar más de un 25% en 2002-2004?

La Figura 30.1 también muestra que el dólar se depreció notablemente a partir de principios de 2002. Esta depreciación se debió a varias causas, sin embargo, centraremos nuestra atención en sólo dos. En primer lugar, la economía de Estados Unidos creció a un ritmo más rápido que la de la mayoría de los países a los que exporta (Canadá, México y Japón) durante este periodo. Por consiguiente, la oferta de dólares (para pagar las importaciones) aumentó. En segundo lugar, como vimos en El observador económico 27.3, la Reserva Federal bajó el tipo de interés interbancario del 6% a principios de 2001 al 1% en junio de 2003, y lo mantuvo en ese nivel hasta junio de 2004. Aunque la gran reducción del tipo de interés interbancario no fue acompañada de una disminución equivalente de los tipos de interés nominales y reales a largo plazo, éstos también bajaron. La bajada de los tipos de interés reales estadounidenses redujo el atractivo de los bonos de Estados Unidos, tanto para los estadounidenses como para los extranjeros, por lo que la oferta de dólares aumentó y su demanda disminuyó, contribuyendo a su depreciación.

EL TIPO DE CAMBIO COMO INSTRUMENTO DE LA POLÍTICA MONETARIA

En una economía cerrada, la política monetaria afecta a la demanda agregada únicamente a través del tipo de interés real. Por ejemplo, subiendo el tipo de interés real, una política monetaria restrictiva reduce el gasto en consumo y en inversión. A continuación, veremos que en una economía abierta que tenga un tipo de cambio flexible, éste se convierte en otro instrumento de la política monetaria, un instrumento que refuerza los efectos del tipo de interés real.

Para mostrarlo supongamos que a las autoridades económicas les preocupa la inflación y deciden reducir la demanda agregada. Para ello suben el tipo de interés real, reduciendo el gasto en consumo y en inversión. Pero, como muestra la Figura 30.5, la subida del tipo de interés real eleva la demanda de dólares y reduce su oferta, provocando una apreciación de la moneda nacional. El fortalecimiento del dólar reduce aún más la demanda agregada. ¿Por qué? Como hemos visto al analizar el tipo de cambio, el fortalecimiento del dólar reduce el coste de los bienes importados, aumentando así las importaciones. También encarece las exportaciones estadounidenses para los compradores extranjeros, por lo que se reducen las exportaciones. Recuérdese que las exportaciones netas —es decir, las exportaciones menos las importaciones— constituyen uno de los cuatro componentes de la demanda agregada. Por lo tanto, el fortalecimiento del dólar (concretamente la subida del tipo de cambio), al reducir las exportaciones y aumentar las importaciones, reduce en definitiva la demanda agregada[4].

En resumen, cuando el tipo de cambio es flexible, un endurecimiento de la política monetaria reduce las exportaciones netas (a través del fortalecimiento del dólar), así como el gasto en consumo y en inversión (a través de la subida del tipo de interés real). En cambio, una relajación de la política monetaria debilita el dólar y estimula las exportaciones netas, reforzando la influencia que la reducción del tipo de interés real tiene en el gasto en consumo y en inversión. Por lo tanto, en comparación con el caso de la economía cerrada que hemos estudiado anteriormente, *la política monetaria es más eficaz en aquellas economías abiertas que tienen un tipo de cambio flexible.*

El endurecimiento de la política monetaria llevado a cabo a principios de los años 80 bajo el mandato del presidente Volcker muestra cómo afecta la política monetaria a las exportaciones netas (balanza comercial). Como hemos visto en El observador económico 30.2, la política monetaria restrictiva de Volcker fue una de las principales causas de la apreciación del 50% que experimentó el dólar entre 1980 y 1985. En 1980 y 1981, Estados Unidos disfrutó de un superávit comercial, es decir, las exportaciones fueron algo mayores que las importaciones. Después de 1981, la balanza comercial de Estados Unidos mostró un déficit debido, en gran parte, al fortalecimiento del dólar. A finales de 1985, este déficit representaba alrededor de un 3% del PIB, lo que constituye un cambio significativo en menos de cinco años.

RECAPITULACIÓN — LA DETERMINACIÓN DEL TIPO DE CAMBIO A CORTO PLAZO

- El análisis de oferta y demanda es útil para estudiar la determinación a corto plazo del tipo de cambio. Las empresas y las familias estadounidenses ofrecen dólares en el mercado de divisas para adquirir otras monedas que necesitan para comprar bienes, servicios y activos extranjeros. Los extranjeros demandan dólares en el mercado de divisas para comprar bienes, servicios y activos estadounidenses. El tipo de cambio de equilibrio surge de la igualación entre las cantidades de dólares ofrecidas y demandadas en el mercado de divisas.
- Un aumento de las preferencias por los bienes extranjeros, un aumento del PIB real estadounidense, una subida del tipo de interés real de los activos extranjeros, o una reducción del tipo de interés real de los activos estadounidenses, eleva la oferta de dólares en el mercado de divisas, reduciendo su valor. Un aumento de las preferencias por los bienes estadounidenses por parte de los extranjeros, un aumento del PIB real de otros países, una subida del tipo de interés real de los activos estadounidenses, o una reducción del tipo de interés real de los activos extranjeros, aumenta la demanda de dólares, elevando su valor.

[4] Partimos del supuesto de que temporalmente que los precios de los bienes estadounidenses en dólares y los precios de los bienes extranjeros en divisas no están cambiando.

RECAPITULACIÓN	LA DETERMINACIÓN DEL TIPO DE CAMBIO A CORTO PLAZO

- Una política monetaria restrictiva eleva el tipo de interés real, aumentando la demanda de dólares, reduciendo su oferta y fortaleciendo la moneda. El fortalecimiento del dólar refuerza los efectos que produce la política monetaria restrictiva en el gasto agregado al reducir las exportaciones netas que constituyen un componente de la demanda agregada. En cambio, una política monetaria suave reduce el tipo de interés real debilitando el dólar.

LOS TIPOS DE CAMBIO FIJOS

Hasta ahora hemos centrado la atención en el caso de los tipos de cambio flexibles, que son los tipos de cambio de la mayoría de los grandes países industriales. Sin embargo, el otro sistema, la fijación del tipo de cambio, ha sido bastante importante en el pasado y sigue utilizándose en muchos países, especialmente en los pequeños o en vías de desarrollo. En este apartado vemos cómo varían nuestras conclusiones cuando el tipo de cambio nominal es fijo en lugar de flexible. Una importante diferencia se halla en que cuando un país mantiene un tipo de cambio fijo, su capacidad para utilizar la política monetaria como instrumento de estabilización disminuye extraordinariamente.

CÓMO SE FIJA UN TIPO DE CAMBIO

El valor de un tipo de cambio fijo, a diferencia del valor del tipo de cambio flexible —que depende exclusivamente de la oferta y la demanda de moneda nacional en el mercado de divisas— es fijado por el gobierno (normalmente, en la práctica, por el ministro de hacienda en cooperación con el Banco Central). Actualmente, el valor de un tipo de cambio fijo se suele expresar en una moneda importante (por ejemplo, en el momento en que este libro entraba en imprenta, China tenía un tipo de cambio fijo de 8,11 yuanes por dólar americano) o en relación con una "cesta" de monedas, normalmente las de los socios comerciales del país. Históricamente, los valores de las monedas solían fijarse en oro o en otros metales preciosos, pero en los últimos años raras veces se han utilizado éstos para ese fin.

Una vez que el gobierno ha fijado el tipo de cambio, normalmente intenta no modificarlo durante un tiempo[5], sin embargo, a veces las circunstancias económicas le obligan a cambiarlo. Una reducción del valor oficial de una moneda se llama **devaluación** y un aumento se denomina **revaluación.** La devaluación de un tipo de cambio fijo es análoga a la depreciación de un tipo de cambio flexible; ambas implican una reducción del valor de la moneda. En cambio, una revaluación es análoga a la apreciación.

devaluación reducción del valor oficial de una moneda (en un sistema de tipos de cambio fijos)

revaluación aumento del valor oficial de una moneda (en un sistema de tipos de cambio fijos)

Para analizar los tipos de cambio fijos podemos adaptar el diagrama de oferta y demanda que hemos utilizado para estudiar los tipos de cambio flexibles. Consideremos el caso de un país llamado Latinia, cuya moneda se denomina peso. La Figura 30.6 muestra la oferta y la demanda de pesos latinios en el mercado de divisas. Los pesos *son ofertados* en el mercado de divisas por las familias y las empresas latinias que quieren adquirir divisas para comprar bienes, servicios y activos extranjeros. Los pesos *son demandados* por los dueños de divisas que necesitan pesos para comprar bienes, servicios y activos latinios. El tipo de cambio del eje de ordenadas de la Figura 30.6 ahora es el número de dólares (moneda extranjera) por peso (moneda nacional). La Figura 30.6 muestra que las cantidades de pesos ofertadas y demandadas en el mercado de divisas son iguales cuando un peso es igual a 0,1 dólares (10 pesos por dólar). Por lo tanto, 0,1 dólares por peso es el *valor de*

[5] Existen excepciones. Algunos países tienen un sistema de *fijación cambiante*, en el que el tipo de cambio se fija en un valor que varía con el paso del tiempo de una manera anunciada previamente. Por ejemplo, el gobierno puede anunciar que el valor del tipo de cambio fijo disminuirá un 2% al año. Otros países utilizan una banda de fluctuación y permiten que el tipo de cambio se aleje en una pequeña cuantía del valor fijado. Para centrar la atención en las cuestiones fundamentales, supondremos que el tipo de cambio se fija en un único valor para un largo periodo.

FIGURA 30.6
Un tipo de cambio sobrevalorado.
El valor oficial del peso (0,125$) es mayor que su valor de equilibrio de mercado (0,10), determinado por la oferta y la demanda en el mercado de divisas. Por lo tanto, el peso está sobrevalorado. Para mantener el valor fijo, el gobierno debe comprar en cada periodo la cantidad de pesos *AB*.

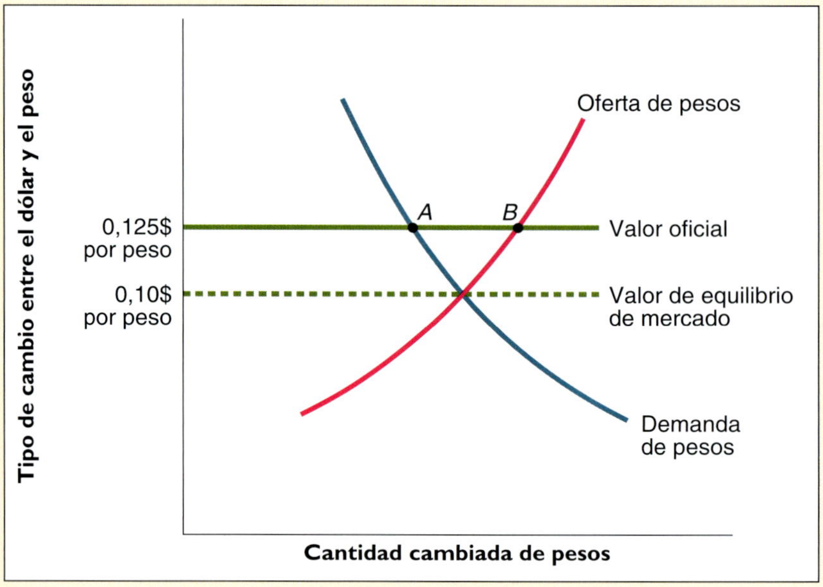

equilibrio de mercado del peso. Si Latinia tuviera un sistema de tipos de cambio flexibles, la oferta y la demanda de mercado de pesos determinaría el tipo de cambio y se cambiarían 10 pesos por dólar en el mercado de divisas.

Pero supongamos que Latinia tiene un tipo de cambio fijo y que el gobierno ha decretado que el valor del peso latinio es de 8 pesos por dólar, es decir, 0,125 dólares por peso. Este valor oficial y, 0,125 dólares, se muestra en la Figura 30.6 por medio de la línea recta horizontal de trazo continuo. Obsérvese que es más alto que el valor de equilibrio de mercado, que corresponde a la intersección de las curvas de oferta y de demanda. Cuando el valor de un tipo de cambio fijado oficialmente es mayor que su valor de equilibrio de mercado, se dice que el tipo de cambio está **sobrevalorado.** El valor oficial de un tipo de cambio también puede ser más bajo que el valor de equilibrio de mercado, en cuyo caso se dice que el tipo de cambio está **infravalorado.**

tipo de cambio sobrevalorado tipo de cambio cuyo valor fijado oficialmente es mayor que su valor de equilibrio en el mercado

tipo de cambio infravalorado tipo de cambio cuyo valor fijado oficialmente es menor que su valor de equilibrio en el mercado

En este ejemplo, el compromiso de Latinia de mantener el tipo de cambio en 8 pesos por dólar es incoherente con el valor de equilibrio de mercado de 10 pesos por dólar determinado por la oferta y la demanda en el mercado de divisas (el peso latino está sobrevalorado). ¿Cómo podría resolver el gobierno esta incoherencia? Existen varias posibilidades. En primer lugar, Latinia simplemente podría devaluar su moneda de 0,125 dólares por peso a 0,10; de esa manera, el valor oficial del peso sería acorde con su valor de equilibrio de mercado. Como veremos, la devaluación suele ser el último resultado de una sobrevaloración de moneda. Sin embargo, un país que tenga un tipo de cambio fijo será reacio a modificar el valor oficial de su tipo de cambio cada vez que varía el valor de equilibrio de mercado. Si un país debe ajustar continuamente su tipo de cambio a la situación del mercado, podría muy bien optar por un tipo de cambio flexible.

Como segunda posibilidad, Latinia podría tratar de mantener su tipo de cambio sobrevalorado restringiendo las transacciones internacionales. La imposición de contingentes sobre las importaciones y la prohibición de la adquisición de activos extranjeros por parte de las familias y las empresas latinias reducirían efectivamente la oferta de pesos en el mercado de divisas, elevando el valor de equilibrio de mercado de la moneda. Una posibilidad incluso más extrema sería prohibir a los latinios intercambiar el peso por otras monedas sin la aprobación del gobierno, política que daría al propio gobierno la capacidad efectiva de decidir directamente la oferta de pesos en el mercado de divisas. Esas medidas podrían contribuir a mantener el valor oficial del peso. Sin embargo, las restricciones del comercio y de los movimientos de capitales tienen muchos costes para la economía, ya que reducen las ganancias derivadas de la especialización y del comercio, y niegan a las familias y las empresas latinias el acceso a los mercados de divisas. Por lo tanto, es probable que la política de restringir las transacciones internacionales para mantener un tipo de cambio fijo sea más perjudicial que beneficiosa.

El tercer enfoque, y el más utilizado para mantener un tipo de cambio sobrevalorado, consiste en que el Estado se convierta en demandante de su propia moneda en el mercado de divisas. La Figura 30.6 muestra que al tipo de cambio oficial de 0,125 dólares por peso, la oferta de pesos por parte del sector privado (punto *B*) es superior a su demanda de pesos (punto *A*). Para impedir que el peso sea inferior a su valor oficial, en cada periodo el Estado latinio podría comprar en el mercado de divisas una cantidad de pesos igual a la longitud del segmento *AB* de la Figura 30.6. Si el gobierno adoptara esta estrategia, al tipo de cambio oficial de 0,125 dólares por peso, la demanda total de pesos (la demanda privada del punto *A* más la demanda del Estado *AB*) sería igual a la oferta privada de pesos (punto *B*).

Esta situación es análoga a los intentos del gobierno de mantener el precio de una mercancía, como los cereales o la leche, por encima de su nivel de mercado. Para mantener un precio oficial de los cereales superior al que equilibra el mercado, el gobierno debe estar dispuesto a comprar el exceso de oferta de cereales al precio oficial. Del mismo modo, para mantener el "precio" de su moneda por encima del nivel que equilibra el mercado, el gobierno debe comprar el exceso de pesos que se ofrecen al precio oficial.

reservas internacionales activos en divisas que tiene el Estado para comprar la moneda nacional en el mercado de divisas

Para poder comprar su propia moneda y mantener un tipo de cambio sobrevalorado, el gobierno (normalmente el Banco Central) debe tener activos en divisas, cuyo nombre es el de **reservas internacionales** o simplemente *reservas*. Por ejemplo, el Banco Central latinio puede tener depósitos en dólares en bancos de Estados Unidos o en deuda pública de Estados Unidos, que puede intercambiar por pesos en el mercado de divisas conforme sea necesario. En la situación mostrada en la Figura 30.6, para mantener el peso en su valor oficial en cada periodo el Banco Central latinio tendrá que gastar una cantidad de reservas internacionales igual a la longitud del segmento *AB*.

déficit de la balanza de pagos disminución neta de la cantidad de reservas internacionales de un país en un año determinado

superávit de la balanza de pagos aumento neto de la cantidad de reservas internacionales de un país en un año determinado

Como un país que tiene un tipo de cambio sobrevalorado debe utilizar parte de sus reservas para mantener el valor de su moneda en cada periodo, las reservas disminuyen con el paso del tiempo. La disminución neta de la cantidad de reservas internacionales de un país a lo largo del año se denomina **déficit de la balanza de pagos.** Y a la inversa, si las reservas internacionales de un país experimentan un aumento neto durante el año, el aumento se denomina **superávit de la balanza de pagos.**

EJEMPLO 30.3

El déficit de la balanza de pagos de Latinia

La demanda y la oferta de pesos latinios en el mercado de divisas son:

$$\text{Demanda} = 25.000 - 50.000e,$$

$$\text{Oferta} = 17.600 + 24.000e,$$

donde el tipo de cambio latinio, *e*, se expresa en dólares por peso. Oficialmente, el valor del peso es de 0,125 dólares. Halle el valor de equilibrio de mercado del peso y el déficit de la balanza de pagos de Latinia expresados tanto en pesos como en dólares.

Para hallar el valor de equilibrio en el mercado del peso, igualamos la demanda y la oferta de pesos:

$$25.000 - 50.000e = 17.600 + 24.000e.$$

Despejando *e*, tenemos que:

$$7.400 = 74.000e,$$

$$e = 0,10.$$

Por lo tanto, el valor de equilibrio en el mercado del tipo de cambio es de 0,10 dólares por peso (Figura 30.6).

Al tipo de cambio oficial de 0,125 dólares por peso, la demanda de pesos es igual a 25.000 – 50.000(0,125) = 18.750 y la oferta es igual a 17.000 + 24.000(0,125) = = 20.000. Por lo tanto, la cantidad de pesos ofrecida en el mercado de divisas es superior a la demandada en 20.000 – 18.750 = 1.250 pesos. Para mantener el tipo de cambio fijo, el gobierno latinio debe comprar 1.250 pesos por periodo, que es el déficit de la balanza de pagos de Latinia. Como los pesos se compran al tipo oficial de 8 pesos por dólar, el déficit de la balanza de pagos en dólares es igual a (1.250 pesos) × (0,125 dólares por peso) = (1.250/8)$ = 156,25$.

EJERCICIO 30.3

Repita el Ejemplo 30.3 suponiendo que el tipo de cambio fijo del peso es de 0,15$ por peso. ¿Qué conclusión extrae sobre la relación entre el grado de sobrevaloración de la moneda y el déficit de la balanza de pagos resultante?

Aunque un gobierno puede mantener durante un tiempo un tipo de cambio sobrevalorado ofreciéndose a comprar su propia moneda al precio oficial, puede adoptar esta estrategia durante un tiempo limitado, ya que las reservas internacionales de un país no son infinitas. Finalmente, el Estado se queda sin reservas y el tipo de cambio fijo se hunde. Como veremos a continuación, la caída de un tipo de cambio fijo puede ser bastante repentina y espectacular.

EJERCICIO 30.4

Represente gráficamente un caso en el que un tipo de cambio fijo está *infravalorado* en lugar de sobrevalorado. Muestre que para mantener fijo el tipo de cambio, el Banco Central debe utilizar la moneda nacional para comprar moneda extranjera en el mercado de divisas. Con un tipo de cambio infravalorado, ¿corre el Banco Central el peligro de quedarse sin reservas internacionales? *Pista*: tenga presente que un Banco Central siempre puede imprimir más moneda.

EL OBSERVADOR ECONÓMICO 30.5

¿Debe cambiar China la forma de gestionar su tipo de cambio?

En el momento en que este libro entraba en imprenta, Estados Unidos y otros países industrializados estaban presionando a China para que cambiara la forma de gestionar su moneda, el yuan[6]. Entre 1995 y julio de 2005, los chinos fijaron el valor del yuan (8,28 yuanes por dólar). Durante ese mismo periodo, las importaciones estadounidenses de productos chinos se dispararon, mientras que las exportaciones estadounidenses a China aumentaron a un ritmo mucho más lento. En 2004, las importaciones estadounidenses procedentes de China fueron más de 150.000 millones de dólares mayores que las exportaciones estadounidenses a China, lo que representa casi una cuarta parte de todo el déficit comercial de Estados Unidos. Además, con la eliminación de los aranceles sobre los textiles chinos a principios del año 2005, era probable que aumentaran de nuevo las exportaciones chinas a Estados Unidos. Los críticos sostenían que el valor del yuan (8,28 yuanes por dólar) era inferior a su valor de equilibrio de mercado, por lo que las exportaciones chinas eran artificialmente baratas (en dólares) y los productos chinos tenían una ventaja desleal en el mercado internacional.

Presionado por Estados Unidos y por otros países, China revaluó el yuan en julio de 2005 situándolo en 8,11 yuanes por dólar. También adoptó algunas medidas que inducían a pensar que el yuan podía ser más flexible en el futuro. Sin embargo, muchos economistas creen que es necesario revaluar más la moneda.

¿Sigue estando el yuan infravalorado? La mayoría de los expertos creen que sí y muchos estiman que el valor de la moneda china, de 8,11 yuanes por dólar,

[6] Véase, por ejemplo, U.S. Treasury, *Report to Congress on Internacional Economic and Exchange Rate Policies*, mayo, 2005 (http://www.treas.gov/press/releases/reports/js2448_report.pdf).

continúa siendo entre un 15 y un 30% inferior a su valor de equilibrio de mercado. El hecho de que el Banco Central chino haya tenido que comprar cientos de miles de millones de dólares de activos estadounidenses (principalmente bonos del Tesoro) para mantener el yuan en su valor actual confirma la tesis de que la moneda china está infravalorada. Sin embargo, y aunque el yuan parece que está infravalorado, no es fácil estimar el grado exacto de infravaloración. Una de las razones por las que es difícil averiguar el valor de equilibrio de mercado del yuan es que China ha reducido rigurosamente las posibilidades de sus ciudadanos de comprar activos extranjeros y regula estrictamente la inversión extranjera en China. Si se eliminaran estas restricciones, tanto la demanda china de activos extranjeros como la demanda extranjera de activos chinos podrían cambiar significativamente. Las variaciones de las demandas de activos afectarían a la oferta y a la demanda de yuanes, lo que produciría en su valor de equilibrio de mercado unos efectos difíciles de predecir.

¿Debe cambiar China la forma de gestionar su tipo de cambio? Dado que es un país en vías de desarrollo, es posible que hasta ahora le haya beneficiado el hecho de tener un tipo de cambio fijo. Sin embargo, a medida que la economía china crezca y sea más sofisticada, este sistema puede comenzar a plantear algunos problemas al país. Una de las cuestiones que preocupa es que, como hemos señalado antes, para mantener fijo el valor del yuan, China tiene que comprar una gran cantidad de activos. Sin embargo, los ahorros chinos utilizados para comprar estos activos estadounidenses podrían utilizarse mejor para financiar la inversión interior en China. Un tipo de cambio infravalorado también encarece las importaciones chinas, lo que empeora el bienestar de los hogares y las empresas de aquel país y además contribuye a generar presiones inflacionistas.

Si China decidiera cambiar su sistema actual, tendría varias opciones. Por ejemplo, podría volver a revaluar simplemente el yuan hasta situarlo en un nivel más cercano a su valor de equilibrio de mercado y mantener fija la moneda en ese nivel; o podría permitir que el valor del yuan fuera determinado por el mercado, quizá dentro de unos límites. Una ventaja de la adopción de un sistema más orientado hacia el mercado es que el valor del yuan se ajustaría automáticamente a su valor de equilibrio de mercado, por lo que serían innecesarias las compras de activos estadounidenses por parte del Banco Central chino.

Si el valor del yuan fuera más alto, al encarecerse los bienes chinos en dólares, probablemente disminuirían las importaciones estadounidenses procedentes de China. Sin embargo, este cambio probablemente por sí solo no reduciría mucho el déficit comercial total de los Estados Unidos, debido, en parte, a que los consumidores estadounidenses podrían reaccionar a la subida de los precios de los bienes chinos en dólares demandando otros productos extranjeros. El déficit comercial de Estados Unidos podría mejorar si el gobierno chino permitiera o alentara a los hogares y a las empresas chinas importar más.

ATAQUES ESPECULATIVOS

El intento de un gobierno de mantener un tipo de cambio sobrevalorado puede acabar de una manera rápida e inesperada por culpa de un *ataque especulativo*. Un **ataque especulativo** consiste en la venta de una enorme cantidad de activos en moneda nacional, tanto por parte de inversores financieros del país, como de inversores financieros extranjeros. Por ejemplo, en un ataque especulativo contra el peso latinio, los inversores financieros intentarían librarse de todos los activos financieros —acciones, bonos, depósitos bancarios— denominados en pesos. Los ataques especulativos suelen producirse, sobre todo, cuando los inversores financieros temen que una moneda sobrevalorada pronto se devalúe, ya que en una devaluación los activos financieros denominados en la moneda nacional de repente valen mucho menos al cambio en otras monedas. Paradójicamente, los ataques especulativos, que normalmente son motivados por el *temor* a una devaluación, pueden ser la *causa*

ataque especulativo
venta de enormes cantidades de activos en moneda nacional por parte de los inversores financieros

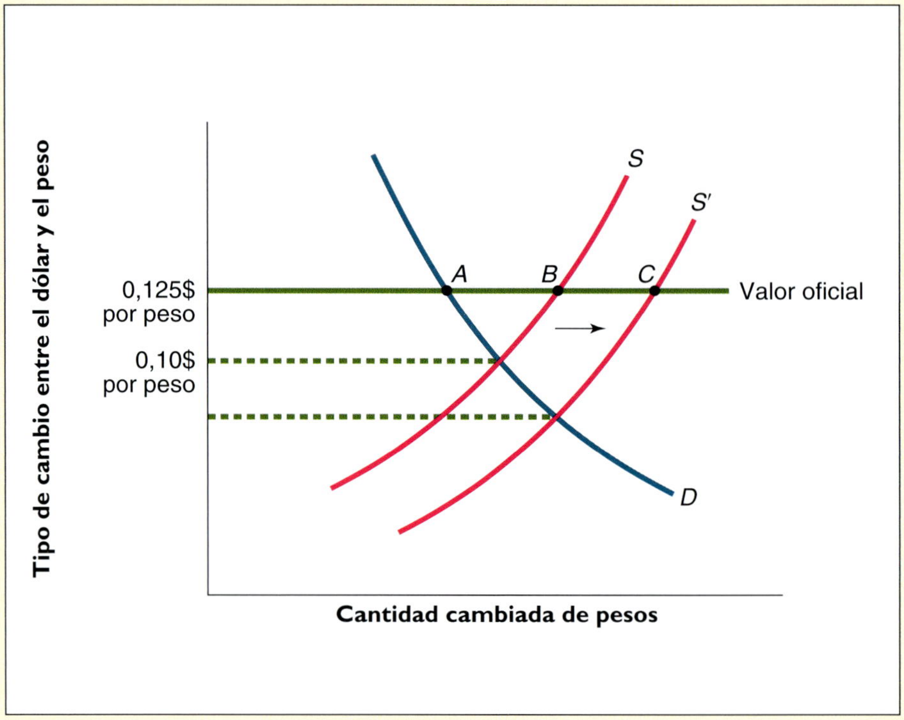

FIGURA 30.7
Un ataque especulativo contra el peso.
Al principio, el peso está sobrevalorado en 0,125$ por peso. Para mantener el tipo oficial, el Banco Central debe comprar la cantidad de pesos *AB* en cada periodo. Temiendo una posible devaluación, los inversores financieros lanzan un ataque especulativo y venden activos denominados en pesos en el mercado de divisas. Como consecuencia, la oferta de pesos se desplaza de *S* a *S'*, reduciendo aún más el valor de equilibrio de mercado de la moneda y obligando al Banco Central a comprar la cantidad de pesos *AC* para mantener el tipo de cambio oficial. Esta pérdida más rápida de reservas puede llevar al Banco Central a devaluar el peso, confirmando los temores de los inversores financieros.

de la devaluación. Por lo tanto, un ataque especulativo puede ser, en realidad, una profecía que lleva aparejado su propio cumplimiento.

La Figura 30.7 muestra los efectos que produce un ataque especulativo en el mercado de pesos. Al principio, la situación es idéntica a la de la Figura 30.6: la oferta y la demanda de pesos latinios están representadas por las curvas *S* y *D*, que implican un valor de equilibrio de mercado del peso de 0,10 dólares por peso. El valor oficial del peso es, al igual que antes, de 0,125 dólares por peso —mayor que el valor de equilibrio de mercado—, por lo que está sobrevalorado. Para mantener el valor fijo del peso, en cada periodo el Banco Central latinio debe utilizar sus reservas internacionales para comprar la cantidad de pesos correspondiente al segmento *AB* de la figura.

Supongamos, sin embargo, que los inversores financieros temen que Latinia devalúe pronto su moneda, debido, por ejemplo, a que las reservas del Banco Central están disminuyendo. Si el peso se devaluara pasando de 0,125 dólares por peso a 0,10 dólares por peso, una inversión de 1 millón de pesos, que vale 125.000$ al tipo de cambio fijo, de repente sólo valdría 100.000$. Para tratar de evitar estas pérdidas, los inversores financieros venderían sus activos denominados en pesos y ofrecerían esta moneda en el mercado de divisas. La entrada resultante de pesos en el mercado desplazaría su curva de oferta hacia la derecha de *S* a *S'* en la Figura 30.6.

Este ataque especulativo plantea un grave problema al Banco Central latinio. Antes del ataque, para mantener el valor del peso el Banco Central tenía que gastar cada periodo la cantidad de reservas internacionales correspondiente al segmento *AB*. Ahora, de repente, debe gastar una cantidad mayor e igual a la distancia *AC* en la Figura 30.7. Estas reservas adicionales son necesarias para comprar los pesos que están vendiendo los inversores financieros presos del pánico. En la práctica, esos ataques especulativos a menudo provocan una devaluación al reducir las reservas del Banco Central hasta el punto de que se considera imposible continuar defendiendo el tipo de cambio fijo. Por lo tanto, un ataque especulativo provocado por el temor a una devaluación puede acabar produciendo la propia devaluación que se temía.

EL OBSERVADOR ECONÓMICO 30.6

¿Puede haber un ataque especulativo en un sistema de tipos de cambio flexibles?

En el último apartado hemos señalado que en un sistema de tipos de cambio fijos el propio temor a una devaluación de la moneda a menudo provoca la devaluación. ¿Puede haber ataques especulativos en un sistema de tipos de cambio flexibles?

Como hemos señalado antes, un ataque especulativo contra una moneda implica la venta a gran escala de activos de un país en moneda nacional por parte, tanto de los inversores financieros interiores, como de los extranjeros, por temor a que el valor de la moneda baje en el futuro. La Figura 30.7 muestra los efectos económicos de un ataque especulativo. El aumento resultante de la oferta de la moneda nacional reduce el valor de equilibrio de mercado de la moneda, a menudo espectacularmente. Brasil experimentó este tipo de pérdida de valor de la moneda, el real, en el 2002 porque se pensaba que el vencedor en las elecciones a la presidencia sería el candidato del Partido de los Trabajadores de Brasil, Luis Inácio da Silva, conocido con el nombre de Lula. Los inversores temían que da Silva rompiera con la política del presidente anterior, Fernando Henrique Cardoso, que ayudó a estabilizar la economía brasileña, la mayor de América del Sur, desde que fue elegido presidente por primera vez en 1994.

A principios de los años 90, justo antes de la elección de Cardoso, la elevada inflación lastró los resultados económicos de Brasil y redujo la inversión extranjera, debilitando las perspectivas de crecimiento económico. La inflación era, en promedio, superior al 20% al mes desde finales de los años 80, y llegó a ser de casi el 50% al mes (¡más del 10.000% al año!) en junio de 1994, momento en que el presidente recién elegido, Cardoso, estableció un osado plan económico que incluía la creación de una nueva moneda, el real, cuyo valor se fijó directamente con respecto al del dólar americano. La tasa de inflación descendió inmediatamente a menos de un 10% al mes y en 1997 la tasa *anual* de inflación era de un solo dígito. Sin embargo, en 1998 el déficit presupuestario y el déficit por cuenta corriente de Brasil provocaron un ataque especulativo, que llevó a una espectacular devaluación del real en enero de 1999 y a desvincularlo del dólar. Desde 1999, la moneda brasileña fluctúa libremente, manteniéndose relativamente estable, al igual que la propia economía brasileña: salvo en el periodo 2002-2003, la inflación ha sido de un sólo dígito, la pobreza ha disminuido y algunos indicadores sociales han mejorado. Sin embargo, estas mejoras han tenido un coste: un aumento de la deuda pública para financiar los programas sociales de Cardoso.

La preocupación por la creciente deuda pública y la creciente popularidad del candidato del partido de la oposición, Lula, provocaron una nueva ronda de presiones a la baja sobre el real en 2002, cuando los inversores comenzaron a vender activos financieros denominados en reales. Los inversores temían que da Silva, si era elegido presidente, no estuviera dispuesto a tomar las duras decisiones sobre el gasto público y los impuestos que serían necesarias para estabilizar la deuda pública, por lo que se temía que el gobierno suspendiera el pago de la deuda, la inflación aumentase y el real sufriese presiones a la baja aún mayores. Como consecuencia, a finales de septiembre el real había alcanzado un mínimo histórico y la inflación estaba aumentando.

Sin embargo, tras la aplastante victoria electoral de Lula a principios de octubre, su promesa de que continuaría la lucha de Cardoso contra la inflación y promovería la disciplina fiscal, así como un nuevo programa internacional de préstamos del Fondo Monetario Internacional, contribuyeron a calmar los mercados de divisas y los financieros, alimentando la esperanza de que la economía continuaría creciendo con una baja inflación, el valor de la moneda aumentaría y los tipos de interés bajarían. Desde la elección de Lula, tanto el tipo de cambio como la inflación se han mantenido relativamente estables.

LA POLÍTICA MONETARIA Y EL TIPO DE CAMBIO FIJO

Hemos visto que no existe ninguna solución realmente satisfactoria para mantener un tipo de cambio fijo en un valor superior a su valor de equilibrio de mercado durante un largo periodo de tiempo. Un Banco Central puede mantener durante un tiempo un tipo de cambio sobrevalorado utilizando reservas internacionales para comprar el exceso de oferta de su moneda en el mercado de divisas. Pero las reservas internacionales de un país son limitadas y pueden acabar agotándose como consecuencia del intento de mantener el tipo de cambio artificialmente alto. Por otra parte, los ataques especulativos, a menudo aceleran la caída de un tipo de cambio sobrevalorado.

Una alternativa para tratar de mantener un tipo de cambio sobrevalorado es tomar medidas que aumenten el valor de equilibrio de mercado del tipo de cambio. Si éste puede elevarse lo suficiente para que sea igual a su valor oficial, desaparece el problema de la sobrevaloración. Lo más eficaz para alterar el valor de equilibrio de mercado del tipo de cambio es la política monetaria. Como hemos visto antes en este mismo capítulo, una política monetaria restrictiva que eleva el tipo de interés real, aumenta la demanda de la moneda nacional, ya que los activos interiores se vuelven más atractivos para los inversores financieros extranjeros. Una subida de los tipos de interés reales también reduce la oferta de moneda nacional, ya que los activos interiores también se vuelven más atractivos para los ciudadanos. Un aumento de la demanda de la moneda y una reducción de su oferta elevan, a su vez, su valor de equilibrio de mercado.

La Figura 30.8 muestra el modo en que puede utilizarse la política monetaria para mantener un tipo de cambio fijo. Al principio, la demanda y la oferta de pesos latinios en el mercado de divisas están representadas por las curvas *D* y *S*, por lo

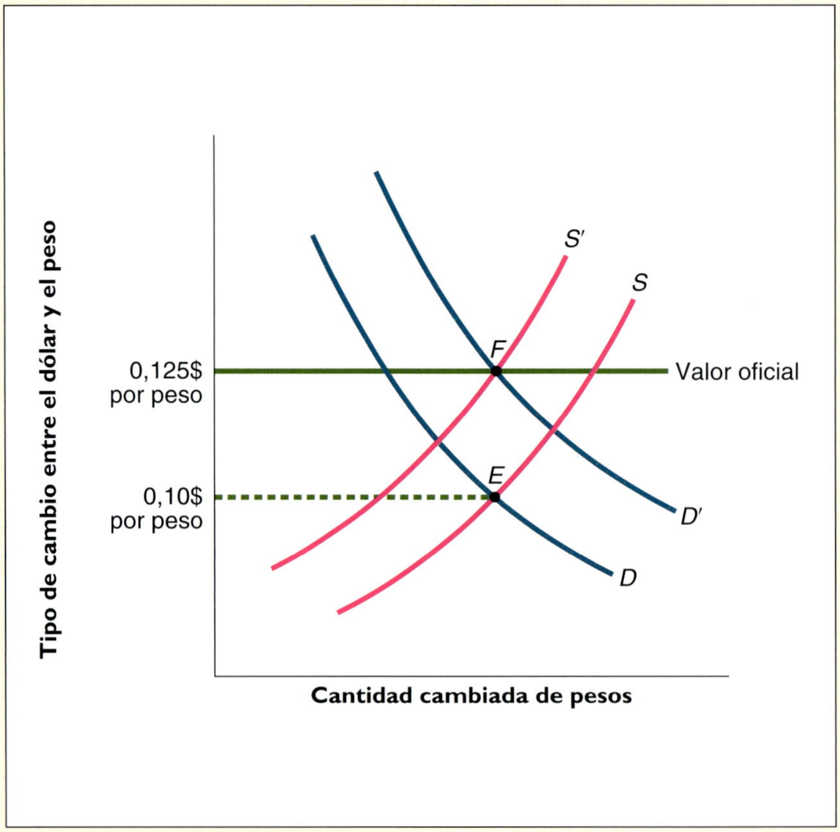

FIGURA 30.8
Un endurecimiento de la política monetaria elimina la sobrevaloración.
Dada la demanda de pesos *D* y la oferta *S*, el equilibrio se encuentra en el punto *E* y el valor de equilibrio de mercado del peso es igual a 0,10$ por peso; es decir, inferior al valor oficial de 0,125$ por peso. La sobrevaloración del peso puede eliminarse endureciendo la política monetaria, lo que eleva el tipo de interés real en el interior, aumentando el atractivo de los activos interiores para los inversores financieros tanto extranjeros como nacionales. La demanda de pesos aumenta de *D* a *D'* y la oferta de pesos disminuye de *S* a *S'*. Estas variaciones de la oferta y la demanda elevan el valor de equilibrio de mercado del peso a 0,125$ por peso, que es el valor oficial. El peso ya no está sobrevalorado.

que el tipo de cambio de equilibrio del peso en el mercado de divisas es igual a 0,10 dólares por peso; es decir, menor que el valor oficial de 0,125$ por peso. El peso está sobrevalorado al igual que antes. Sin embargo, el Banco Central latinio utiliza la política monetaria para eliminar el problema de sobrevaloración. Para ello sube el tipo de interés real, aumentando el atractivo de los activos latinios tanto para los inversores financieros extranjeros como para los nacionales. Esta subida del tipo de interés real eleva la demanda de pesos de *D* a *D'* y reduce su oferta de *S* a *S'*. Tras las variaciones de la oferta y la demanda, el tipo de cambio de equilibrio del peso es igual al valor fijado oficialmente, como puede verse en la Figura 30.8. Como el peso ya no está sobrevalorado, puede mantenerse en su valor fijo sin perder reservas internacionales y sin temer un ataque especulativo. Y a la inversa, la política monetaria puede relajarse (el tipo de interés real puede disminuir) para resolver una infravaloración, en la que el tipo de cambio oficial es inferior al valor de equilibrio de mercado.

Aunque la política monetaria puede utilizarse para que el valor de equilibrio de mercado del tipo de cambio sea igual al oficial, puede tener algunos inconvenientes. En concreto, *si se utiliza la política monetaria para conseguir que el valor de equilibrio de mercado del tipo de cambio sea igual al oficial, ya no puede utilizarse para estabilizar la economía nacional*. Supongamos, por ejemplo, que la economía latinia estuviera sufriendo una contracción debido a que la demanda agregada es insuficiente y que al mismo tiempo su tipo de cambio estuviera sobrevalorado. El Banco Central latinio podría bajar el tipo de interés real para aumentar el gasto y la producción, o podría subirlo para eliminar la sobrevaloración del tipo de cambio, *pero no podría hacer ambas cosas a la vez*. Por lo tanto, si las autoridades latinias deciden mantener el tipo de cambio fijo, deben renunciar a toda esperanza de luchar contra la contracción utilizando la política monetaria. El hecho de que un tipo de cambio fijo limite o elimine la posibilidad de utilizar la política monetaria para estabilizar la demanda agregada es una de las características más importantes de un sistema de tipos de cambio fijos.

"No es más que una herida superficial. Me la hice defendiendo el dólar."

El dilema de las autoridades monetarias entre estabilizar el tipo de cambio y estabilizar la economía nacional es muy difícil de resolver cuando el tipo de cambio es objeto de un ataque especulativo. Un ataque especulativo reduce aún más el valor de equilibrio del tipo de cambio al elevar la oferta de la moneda en el mercado de divisas (véase la Figura 30.7). Para frenar el ataque especulativo, el Banco Central debe aumentar mucho el valor de equilibrio de la moneda nacional en el mercado de divisas, lo que exige una gran subida del tipo de interés real (en un famoso episodio ocurrido en 1992, el Banco Central sueco respondió a un ataque contra su moneda subiendo un 500% el tipo de interés a corto plazo). Sin embargo, como la subida del tipo de interés real, necesaria para detener un ataque especulativo, reduce la demanda agregada, puede provocar una grave contracción económica. En El observador económico 30.7 describimos un ejemplo real de este fenómeno.

EL OBSERVADOR ECONÓMICO 30.7

¿Cuáles fueron las causas y las consecuencias de la crisis del Este Asiático de 1997-1998?

Durante las tres últimas décadas, las economías de los países del Este Asiático han disfrutado de un crecimiento y una estabilidad impresionantes. Pero en 1997, cuando las monedas de la región sufrieron una oleada de ataques especulativos, parecía que se había acabado el "milagro del Este Asiático". Tailandia, que había mantenido constante el valor de su moneda en dólares americanos durante más de diez años, fue el primer país que sufrió un ataque, pero la crisis se extendió a otros, entre los que figuraban Corea del Sur, Indonesia y Malasia. Todos acabaron viéndose obligados a devaluar su moneda. ¿A qué se debió la crisis y cuáles fueron sus consecuencias?

Como consecuencia del impresionante historial económico de los países del Este Asiático, el ataque especulativo contra su moneda fue inesperado para la mayoría de los responsables de la política económica, de los economistas y de los inversores financieros. Sin embargo, retrospectivamente podemos identificar algunos problemas de las economías del Este Asiático que contribuyeron a la crisis. Quizá los más graves sean los que se refieren a su sistema bancario. Durante los diez años anteriores a la crisis, los bancos del Este Asiático recibieron grandes entradas de capital de inversores extranjeros que esperaban obtener beneficios gracias al milagro del Este Asiático. Esas entradas habrían sido de gran ayuda si se hubieran invertido bien, pero, desgraciadamente, muchos bancos utilizaron los fondos para conceder préstamos a familiares, amigos o personas políticamente bien conectadas, fenómeno que ha dado en conocerse como el *capitalismo de compinches*. Como consecuencia, los rendimientos de las inversiones fueron bajos y muchos prestatarios no devolvieron los préstamos. Al final, los inversores extranjeros se dieron cuenta de que los rendimientos de las inversiones realizadas en el Este Asiático serían mucho menores de lo previsto. Cuando comenzaron a vender sus activos, el proceso se agravó convirtiéndose en un ataque especulativo en toda regla contra las monedas de estos países.

A pesar de la ayuda de prestamistas internacionales como el Fondo Monetario Internacional (véase el Recuadro 30.1), los ataques especulativos contra las economías del Este Asiático tuvieron graves consecuencias. Los precios de algunos activos, como las acciones y el suelo, cayeron y estalló el pánico bancario en varios países (véase el Capítulo 23 para un análisis de los pánicos bancarios). En un intento de elevar el valor de equilibrio de mercado de su tipo de cambio y de evitar nuevas devaluaciones, algunos de los países subieron considerablemente su tipo de interés real. Sin embargo, la subida de los tipos de interés reales redujo la demanda agregada, contribuyendo a provocar una brusca disminución de la producción y un aumento del desempleo.

Afortunadamente, en 1999 la mayoría de las economías del Este Asiático habían comenzado a recuperarse. Aun así, la crisis dejó firmemente grabados en la mente de las autoridades económicas de los países en vías de desarrollo los riesgos que podían entrañar los tipos de cambio fijos. Otra lección de la crisis es que es necesario revisar la regulación del sistema bancario para fomentar los préstamos económicamente sensatos en lugar del capitalismo de compinches.

RECUADRO 30.1: EL FONDO MONETARIO INTERNACIONAL

El Fondo Monetario Internacional (FMI), organismo internacional creado tras la Segunda Guerra Mundial, es controlado por un Directorio Ejecutivo formado por 24 miembros, de los cuales ocho representan a un país concreto (China, Francia, Alemania, Japón, Rusia, Arabia Saudita, Reino Unido y Estados Unidos); los otros 16 representan cada uno a un grupo de países. Sus actividades son supervisadas por un director gerente y cuenta con unos 2.700 empleados.

El cometido original del FMI era ayudar a gestionar el sistema de tipos de cambio fijos, también llamado *sistema de Bretton Woods*, establecido después de la guerra. En este sistema, el principal papel del FMI era prestar reservas internacionales a los países miembros que las necesitaran para que pudieran mantener los tipos de cambio en sus valores oficiales. Sin embargo, en 1973, Estados Unidos, el Reino Unido, Alemania y casi todos los demás países industriales habían sustituido los tipos de cambio fijos por tipos flexibles, por lo que el FMI tuvo que encontrar una nueva misión. Desde 1973, se dedica principalmente a prestar fondos a los países en vías de desarrollo. Concedió abundantes préstamos a México cuando el país experimentó ataques especulativos en 1994 y a los países del Este Asiático durante la crisis de 1997-1998. Otros países que han recibido grandes préstamos del FMI son Rusia, Turquía y Brasil.

La actuación del FMI en las crisis recientes ha sido controvertida. Muchos observadores afirman que ha ayudado a México, a los países del Este Asiático y a otros a recuperarse rápidamente de los efectos de los ataques especulativos y sostienen que desempeña un papel fundamental en el mantenimiento de la estabilidad económica internacional. Sin embargo, algunos críticos han acusado al FMI de obligar a los prestatarios a seguir una política económica austera —ya sea una política monetaria restrictiva o una política fiscal rígida— que ha resultado desacertada. Otros han afirmado que los préstamos del FMI ayudan a los inversores extranjeros y a las personas más ricas de los países que reciben préstamos, no a la persona media (el FMI se vio seriamente en apuros cuando surgió la noticia de que una gran parte de los cerca de 5.000 millones de dólares que prestó a Rusia en 1998 habían desaparecido en las cuentas bancarias de ciudadanos sin escrúpulos, incluidos gánsters).

El FMI también ha tenido conflictos con el Banco Mundial, institución internacional independiente que se creó al mismo tiempo que el FMI. El Banco Mundial, cuya misión es conceder préstamos a largo plazo para ayudar a los países pobres a desarrollar su economía, se ha quejado de que las intervenciones del FMI en los países pobres interferían en los programas y en los objetivos del Banco Mundial. En el año 2000, un informe encargado por el Congreso de Estados Unidos de América, recomendó reducir las competencias del FMI (así como, las del Banco Mundial). Sin duda, el debate sobre el papel que debe desempeñar el FMI proseguirá.

EL OBSERVADOR ECONÓMICO 30.8

¿Cómo contribuyeron los errores de la política económica a la Gran Depresión?

En el Capítulo 17 introdujimos el estudio de la Macroeconomía afirmando que los errores de la política económica contribuyeron significativamente a provocar la Gran Depresión. Ahora que estamos a punto de terminar nuestro estudio de la Macroeconomía, podemos concretar más esta afirmación. ¿Cómo contribuyeron los errores de la política económica a la Gran Depresión?

Muchos errores de las autoridades económicas (así como una gran parte de la mala suerte) contribuyeron a agravar la Gran Depresión. Por ejemplo, éstas, en su intento de proteger las industrias nacionales, impusieron en 1930 el infausto arancel

Hawley-Smoot. Otros países tomaron represalias rápidamente estableciendo sus propios aranceles y provocando la desaparición, casi total, del comercio internacional.

Sin embargo, los errores más graves fueron con mucho los de la política monetaria[7]. Como vimos en el Capítulo 23, la oferta monetaria de Estados Unidos se redujo un tercio entre 1929 y 1933 (Tabla 23.8). Esta reducción sin precedentes fue acompañada de una brusca disminución de la producción y de los precios, así como de un aumento del desempleo.

Fueron, al menos, tres errores independientes de la política monetaria los responsables de la disminución que experimentó la oferta monetaria entre 1929 y 1933. En primer lugar, la Reserva Federal endureció significativamente la política monetaria en 1928 y en 1929, a pesar de la ausencia de inflación. Los responsables de la Reserva Federal adoptaron esta medida principalmente para intentar "frenar" la subida de la bolsa de valores, dado que temían que estuviera subiendo demasiado deprisa. Sin embargo, su intento de detener la especulación en la bolsa de valores tuvo más "éxito" del que esperaban, ya que la subida de los tipos de interés y la desaceleración de la economía contribuyeron a la caída de los precios de las acciones que comenzó en octubre de 1929.

El segundo error fundamental fue permitir que quebraran miles de bancos estadounidenses durante el pánico bancario de 1930-1933. Parece que los responsables creían que las quiebras sólo harían desaparecer a los bancos más débiles y reforzarían el sistema bancario en general. Sin embargo, los pánicos bancarios redujeron enormemente los depósitos bancarios y la oferta monetaria total por razones analizadas en El observador económico 23.2.

El tercer error, está relacionado con la política cambiaria del gobierno de Estados Unidos. Cuando comenzó la Depresión, Estados Unidos tenía, como casi todos los demás grandes países, un patrón oro, en el que el valor del dólar se fijaba oficialmente en oro[8]. Al establecer un valor fijo para el dólar, Estados Unidos creó un tipo de cambio fijo entre el dólar y otras monedas cuyos valores se fijaban en oro. Cuando la Depresión empeoró, el Congreso instó a los responsables de la Reserva Federal a suavizar la política monetaria para detener la caída de la producción y de los precios. Sin embargo, como hemos visto antes, en un sistema de tipos de cambio fijos no puede utilizarse la política monetaria para estabilizar la economía nacional. Concretamente, las autoridades económicas de principios de los años 30 temían que si suavizaban la política monetaria, los inversores financieros extranjeros pensarían que el dólar estaba sobrevalorado y lanzaían un ataque especulativo, obligando a devaluar esta moneda o incluso a abandonar totalmente el patrón oro. La Reserva Federal no hizo, pues, ningún intento serio de detener la caída de la oferta monetaria.

Retrospectivamente, vemos que la decisión de la Reserva Federal de dar más prioridad al mantenimiento del patrón oro que a la estimulación de la economía fue un craso error. De hecho, los países que sustituyeron el patrón oro por un tipo de cambio fluctuante, como Gran Bretaña y Suecia, o los que nunca habían tenido un patrón oro, como España o China, fueron capaces de aumentar su oferta monetaria y de recuperarse de la Depresión mucho más deprisa que Estados Unidos. Evidentemente, la Reserva Federal, creía, sin razón, como se observó después, que la estabilidad del tipo de cambio se traduciría de alguna manera en una estabilidad económica general.

Franklin D. Roosevelt invirtió algunos de estos errores cuando tomó posesión en marzo de 1933. Adoptó medidas activas para sanear el sistema bancario y suspendió el patrón oro. La oferta monetaria dejó de disminuir y rápidamente comenzó a aumentar. La producción, los precios y las cotizaciones bursátiles se recuperaron rápidamente entre 1933 y 1937, aunque el desempleo continuó siendo alto. Sin embargo, la última recuperación de la Depresión fue interrumpida por otra contracción en 1937-1938.

[7]Un libro clásico de Milton Friedman y Anna Schwartz, *A Monetary History of the United States: 1867-1960* (Princeton University Press) publicado en 1963 fue el primero que aportó datos detallados que confirmaban la idea de que la desacertada política monetaria contribuyó a provocar la Depresión.

[8]El valor del dólar era tal en 1929 que el precio de 1 onza de oro era fijo e igual a 20,67$.

RECAPITULACIÓN	LOS TIPOS DE CAMBIO FIJOS

- El valor de un tipo de cambio fijo lo establece el gobierno, por lo que dicho valor oficial puede diferir de su valor de equilibrio determinado en el mercado por el libre enfrentamiento de la oferta y la demanda en el mercado de divisas. Un tipo de cambio cuyo valor fijado oficialmente es superior a su valor de equilibrio en el mercado está sobrevalorado; un tipo de cambio cuyo valor fijado oficialmente es inferior a su valor de equilibrio en el mercado está infravalorado.
- En el caso de un tipo de cambio sobrevalorado, la cantidad de moneda ofrecida en el mercado de divisas al tipo de cambio oficial es superior a la cantidad demandada. El gobierno puede mantener durante un tiempo un tipo de cambio sobrevalorado utilizando sus reservas internacionales (los activos en divisas) para comprar el exceso de oferta de su moneda. La disminución neta de la cantidad de reservas internacionales de un país durante un año determina su déficit de la balanza de pagos.
- Como las reservas internacionales de un país son limitadas, éste no puede mantener indefinidamente un tipo de cambio sobrevalorado. Por otra parte, si los inversores financieros temen una devaluación inminente del tipo de cambio, pueden lanzar un ataque especulativo y vender activos en moneda nacional ofreciendo grandes cantidades de la moneda del país en el mercado de divisas, operación que agota las reservas del país incluso más rápidamente. Como una pérdida inmediata de reservas puede provocar una devaluación, el temor de los inversores financieros a una devaluación puede provocar la propia devaluación.
- Una política monetaria restrictiva, que eleva el tipo de interés real, aumenta la demanda de la moneda y, por lo tanto, su valor de equilibrio en el mercado. Al elevar el valor de equilibrio de la moneda hasta su valor oficial, puede eliminar el problema de la sobrevaloración y estabilizar el tipo de cambio. Sin embargo, si se utiliza la política monetaria para fijar el tipo de cambio de equilibrio, que vendría dado por el mercado, ya no puede utilizarse para estabilizar la economía nacional.

¿LOS TIPOS DE CAMBIO DEBEN SER FIJOS O FLEXIBLES?

¿Deben adoptar los países unos tipos de cambio fijos o flexibles? Compararemos brevemente los dos sistemas y centraremos la atención en dos importantes cuestiones: los efectos que produce el sistema de tipos de cambio (1), en la política monetaria, y (2), en el comercio y la integración económica.

Por lo que se refiere a la política monetaria, hemos visto que el sistema de tipos de cambio que tiene un país afecta considerablemente a la capacidad del Banco Central para utilizar la política monetaria con el fin de estabilizar la economía. Un tipo de cambio flexible refuerza, en realidad, la influencia de la política monetaria en la demanda agregada. Pero un tipo de cambio fijo impide a las autoridades económicas utilizar la política monetaria para estabilizar la economía, ya que deben utilizarla para mantener el valor de equilibrio de mercado del tipo de cambio en su valor oficial (o, de lo contrario, arriesgarse a sufrir un ataque especulativo).

En las grandes economías, no tiene casi ningún sentido renunciar a la política monetaria como herramienta para estabilizar la economía nacional. Por lo tanto, las grandes economías deben utilizar casi siempre un tipo de cambio flexible. Sin embargo, en las pequeñas puede tener ventajas renunciar a esta política. Un interesante caso es el de Argentina, que mantuvo durante el periodo 1991-2002 un tipo de cambio paritario entre su moneda, el peso, y el dólar americano (que es lo que se hada en llamar dolarización). Aunque hasta 1991 Argentina había sufrido periodos de hiperinflación, a partir del momento en que el peso se fijó con el dólar, su tasa de inflación fue casi igual que la de Estados Unidos (como veremos en la Figura 30.9). Es posible que Argentina, al fijar su moneda al dólar y renunciar a la libertad para decidir su política monetaria, intentara evitar las medidas inflacionistas del pasado colocándose bajo el "paraguas" de la Reserva Federal. Desgraciadamente, a principios del año 2002, el temor de los inversores a que Argentina no pudiera devolver sus deudas internacionales provocó un ataque especulativo contra el peso argentino. El tipo de cambio fijo se hundió, el peso se depreció y Argentina experimentó una crisis económica de la que aún no se ha recuperado totalmente. Este ejemplo nos enseña que un tipo de cambio fijo no puede detener por sí solo la inflación en una economía pequeña, si no va acompañado de otras medidas sensatas. Los grandes déficits presupuestarios, financiados mediante préstamos extranjeros, acabaron sumiendo a Argentina en una crisis.

La segunda cuestión importante es la influencia del tipo de cambio en el comercio y en la integración económica. Los defensores de los tipos de cambio fijos sostienen que éstos fomentan el comercio y la cooperación económica internacionales al reducir la incertidumbre sobre la evolución futura de los tipos de cambio. Por ejemplo, una empresa que esté considerando la posibilidad de reforzar su negocio de exportación sabe que sus futuros beneficios dependen del valor futuro de la moneda de su país en relación con la de los países a los que exporta. En un sistema de tipos de cambio flexibles, el valor de la moneda nacional fluctúa con las variaciones de la oferta y la demanda y, por lo tanto, es difícil predecirlo con mucha antelación. Esa incertidumbre puede hacer que la empresa se muestre reacia a expandir su negocio de exportación. Los partidarios de los tipos de cambio fijos sostienen que, si el tipo de cambio se fija oficialmente, se reduce o se elimina la incertidumbre sobre su futuro.

Uno de los problemas de este argumento, que ha puesto de relieve algunos episodios como la crisis del Este Asiático y la crisis de Argentina, es que no está garantizado que los tipos de cambio fijos vayan a mantenerse fijos indefinidamente. Aunque no fluctúan diariamente como los tipos fluctuantes, un ataque especulativo contra un tipo de cambio fijo puede provocar de una manera repentina e impredecible, una gran devaluación. Por lo tanto, una empresa que esté tratando de predecir el valor que tendrá el tipo de cambio dentro de 10 años puede tener la misma incertidumbre tanto, si el tipo de cambio es fijo, como si es flexible.

La inestabilidad potencial de los tipos de cambio fijos provocada por los ataques especulativos ha llevado a algunos países a tratar de adoptar una solución más radical para resolver el problema de la incertidumbre sobre los tipos de cambio: la adopción de una moneda única. En El observador económico 30.9 se describe un importante ejemplo de esta estrategia.

EL OBSERVADOR ECONÓMICO 30.9

¿Por qué han adoptado 11 países europeos una moneda única?

El 1 de enero de 1999, once países de Europa occidental, entre los cuales se encontraban Francia, Alemania e Italia, adoptaron una moneda única llamada *euro*. El euro fue sustituyendo en varias etapas al franco francés, al marco alemán, a la lira italiana y a otras monedas nacionales. El proceso concluyó a principios de 2002, cuando las viejas monedas fueron eliminadas y sustituidas totalmente. Pero, ¿por qué han adoptado estos países una moneda única?

Los países de Europa occidental se han esforzado durante algunas décadas en aumentar la cooperación económica y el comercio entre ellos. Los gobernantes europeos se dieron cuenta de que una economía europea unificada e integrada sería más productiva y quizá más competitiva con respecto a la economía estadounidense que una fragmentada. Estos países establecieron, entre otras, medidas unos tipos de cambio fijos bajo los auspicios de un sistema llamado Sistema Monetario Europeo (SME). Desgraciadamente, el SME no resultó estable. A menudo se devaluaron las diversas monedas y, en 1992, algunos ataques especulativos obligaron a varios países, entre ellos Gran Bretaña, a abandonar el sistema de tipos de cambio.

En diciembre de 1991, los países miembros de la Comunidad Europea (CE) firmaron en Maastricht (Países Bajos) un tratado conocido popularmente con el nombre de Tratado de Maastricht. Una de sus principales disposiciones, que entró en vigor en noviembre de 1993, era que los países miembros lucharían por adoptar una moneda única. Esta moneda, conocida con el nombre de euro, fue adoptada formalmente el 1 de enero de 1999.

La llegada del euro significa que los europeos ya no tienen que cambiar monedas cuando comercian entre ellos, exactamente igual que los estadounidenses de los diferentes estados pueden comerciar entre sí sin temer que el "dólar de Nueva York" cambie de valor en relación con el "dólar de California". El euro debería ayudar a fomentar el comercio y la cooperación en Europa y a eliminar el problema de los ataques especulativos contra las monedas de los países miembros.

Como actualmente Europa occidental tiene una moneda única, también debe tener una política monetaria común. Los miembros de la Unión Europea (UE) acordaron que su política monetaria fuera controlada por el nuevo Banco Central Europeo (BCE), institución multinacional radicada en Frankfurt (Alemania). El BCE se ha convertido en la "Reserva Federal de Europa". Uno de los problemas que puede plantear el tener una única política monetaria para 11 países es que la situación económica varíe de unos a otros y ésta no pueda responder a todos ellos. Por ejemplo, en los últimos años algunos países (como Alemania) han crecido a un ritmo lento, lo cual induce a pensar que sería necesario adoptar una política monetaria más suave, mientras que en otros países (como Irlanda) la inflación ha aumentado, lo cual implica que es necesario adoptar una política monetaria más restrictiva. Como el BCE sólo puede elegir una única política monetaria para todos los países que utilizan el euro, pueden surgir conflictos de intereses entre los países miembros de la Unión Europea.

DETERMINACIÓN DEL TIPO DE CAMBIO A LARGO PLAZO

En este apartado vemos cómo se determinan los tipos de cambio a largo plazo. En nuestro análisis del corto plazo, hemos supuesto que tanto el precio en dólares de los bienes estadounidenses como el precio de los bienes extranjeros en moneda extranjera (por ejemplo, el precio de las Playstations de Sony en yenes) no variaban. Para analizar la determinación del tipo de cambio a largo plazo recurrimos a la *paridad del poder adquisitivo,* por lo que hay que abandonar el supuesto. Para poder explicar la paridad del poder adquisitivo, debemos introducir primero el concepto de *tipo de cambio real.*

EL TIPO DE CAMBIO REAL

El tipo de cambio nominal nos indica el precio de la moneda nacional en términos de una moneda extranjera. Como veremos en este apartado, el *tipo de cambio real* nos indica el precio medio del *bien o del servicio* en el interior del país expresado en el precio medio de dicho *bien o servicio* en el mercado extranjero.

Con el objetivo de preparar al lector para analizar el tipo de cambio real, imaginemos que somos los encargados de las compras en una empresa de Estados Unidos que está considerando la posibilidad de adquirir una gran cantidad de ordenadores. El experto en ordenadores de la empresa ha identificado dos modelos, uno fabricado en Japón y otro en Estados Unidos, y ambos, cumplen las especificaciones necesarias. Como los dos modelos son casi equivalentes, la empresa compra aquel cuyo precio es más bajo, sin embargo, como los precios de los ordenadores se expresan en las monedas de los países en los que se fabrican, no es fácil compararlos. Nuestra misión —si la aceptamos— es averiguar cuál de los dos modelos es más barato.

Para cumplir nuestra misión necesitamos dos tipos de información: el tipo de cambio nominal entre el dólar y el yen, y los precios de los dos modelos expresados en las monedas de los países en los que se fabrican. El Ejemplo 30.4 muestra cómo podemos utilizar esta información para averiguar qué modelo es más barato.

EJEMPLO 30.4 **Comparación de los precios expresados en diferentes monedas**

Un ordenador fabricado en Estados Unidos cuesta 2.400$ y uno similar fabricado en Japón cuesta 242.000 yenes. Si el tipo de cambio nominal es de 110 yenes por dólar, ¿qué ordenador debemos comprar?

Para hacer esta comparación de precios, debemos expresar los precios de los dos ordenadores en la misma moneda. Para ello primero convertimos el precio del ordenador japonés en dólares. El precio del ordenador en yenes japoneses es de 242.000¥ (el símbolo ¥ significa "yen") y como sabemos que 110¥ = 1$. Para hallar el precio del ordenador japonés en dólares, observamos que:

Precio en yenes = precio en dólares × valor del dólar en términos de yenes.

Obsérvese que el valor de un dólar en términos de yenes no es más que el tipo de cambio entre el yen y el dólar. Teniendo en cuenta este hecho y resolviendo la ecuación, tenemos que:

$$\text{Precio en dólares} = \frac{\text{precio en yenes}}{\text{tipo de cambio entre el yen y el dólar}}$$

$$= \frac{242.000¥}{110¥/1\$} = 2.200\$.$$

Obsérvese que el símbolo del yen aparece tanto en el numerador como en el denominador del quebrado, por lo que se anula. Nuestra conclusión es que el ordenador japonés es más barato que el estadounidense, pues cuesta 2.200$; es decir, 200$ menos que el ordenador norteamericano, cuyo precio es de 2.400$. El ordenador japonés resulta por tanto más interesante de adquirir.

EJERCICIO 30.5

Continuando con el Ejemplo 30.4, compare los precios de los ordenadores japoneses y estadounidenses expresando ambos precios en yenes.

En el Ejemplo 30.4, el hecho de que el ordenador japonés sea más barato implica que nuestra empresa lo elige frente al estadounidense. En general, la capacidad de un país para competir en los mercados internacionales depende, en parte, de los precios de sus bienes y servicios *en relación con* los precios de los bienes y servicios extranjeros cuando los precios se expresan en una moneda común. En el ejemplo hipotético de los ordenadores japoneses y los estadounidenses, el precio del bien nacional (estadounidense) en relación con el del bien extranjero (japonés) es igual a 2.400$/2.200$, es decir, 1,09. Por lo tanto, el ordenador estadounidense es un 9% más caro que el japonés, lo que coloca al producto estadounidense en una situación de desventaja competitiva.

En términos más generales, los economistas se preguntan si los bienes y los servicios que produce un país son, *en promedio,* caros en relación con los que producen otros. Esta pregunta puede responderse mediante el *tipo de cambio real*. Concretamente, el **tipo de cambio real** de un país es el precio medio del bien o servicio producido en el interior del país *en relación con* el precio medio del bien o servicio extranjero, expresándose los precioes en una moneda común.

tipo de cambio real precio medio del bien o servicio producido en el interior en relación con el precio medio del bien o servicio producido en el extranjero, cuando los precios se expresan en una moneda común

Para obtener una fórmula del tipo de cambio real, recuérdese que e es igual al tipo de cambio nominal (el número de unidades de moneda extranjera por moneda nacional) y que P es el nivel interior de precios, medido, por ejemplo, por medio del índice de precios al consumo. Utilizamos P como medida del precio medio del bien o servicio interior "medio" y P^f para referirnos al precio medio del bien o servicio extranjero.

El tipo de cambio real es igual al precio medio del bien o servicio interior en relación con el precio medio del bien o servicio extranjero. Sin embargo, no sería correcto definir el tipo de cambio real como el cociente P/P^f, ya que los dos niveles de precios se expresan en monedas diferentes. Como hemos visto en el Ejemplo 30.5, para convertir los precios extranjeros a nuestra moneda debemos dividirlos por el tipo de cambio. Según esta regla, el precio en la moneda nacional del bien o servicio extranjero medio es igual a P^f/e. Ahora podemos expresar el tipo de cambio real de la siguiente forma:

$$\text{Tipo de cambio real} = \frac{\text{precio del bien producido en el interior}}{\text{precio en moneda nacional del bien producido en el extranjero}},$$

$$= \frac{P}{P^f/e}$$

Para simplificar esta expresión, multiplicamos el numerador y el denominador por e y obtenemos:

$$\text{Tipo de cambio real} = \frac{eP}{P^f} \qquad (30.1)$$

que es la fórmula del tipo de cambio real.

Para comprobar esta fórmula, utilicémosla para resolver el problema de los ordenadores del Ejemplo 30.4 (para este ejercicio imaginamos que los ordenadores son el único bien que producen Estados Unidos y Japón, por lo que el tipo de cambio real se convierte simplemente en el precio de los ordenadores estadounidenses en relación con los japoneses). En ese ejemplo, el tipo de cambio nominal e era 110¥/1$, el precio interior P (de un ordenador) era de 2.400$ y el precio extranjero P^f de 242.000¥. Aplicando la Ecuación 30.1, tenemos que:

$$\text{Tipo de cambio real (de los ordenadores)} = \frac{(110¥/1\$) \times 2.400\$}{242.000¥}$$

$$= \frac{264.000¥}{242.000¥}$$

$$= 1{,}09,$$

que es la misma respuesta que hemos obtenido antes.

El tipo de cambio real, que es una medida global del coste de los bienes interiores en relación con los extranjeros, es una importante variable económica. Incorpora tanto el tipo de cambio nominal como los precios relativos de los bienes y servicios en los distintos países. Como sugiere el Ejemplo 30.4, cuando el tipo de cambio real es alto, los bienes interiores son, en promedio, más caros que los extranjeros (cuando su precio se expresa en la misma moneda), por lo que los productores nacionales tienen dificultades para exportar a otros países (los precios de los bienes interiores son excesivos), mientras que los bienes extranjeros se venden bien (ya que los bienes importados son baratos en relación con los bienes producidos en el interior). Como un elevado tipo de cambio real tiende a reducir las exportaciones y a aumentar las importaciones, llegamos a la conclusión de que *las exportaciones netas tienden a ser bajas cuando el tipo de cambio real es alto*. Y a la inversa, si el tipo de cambio real es bajo, al país le resulta más fácil exportar (ya que sus bienes tienen un precio inferior al de los competidores extranjeros), mientras que los residentes nacionales compran menos importaciones (porque éstas son caras en relación con los bienes interiores). *Por lo tanto, las exportaciones netas tienden a ser altas cuando el tipo de cambio real es bajo*.

En nuestro análisis anterior, hemos demostrado que una subida del tipo de cambio nominal, e, reduce las exportaciones netas al encarecer las exportaciones para los extranjeros y abaratar las importaciones para nosotros. La Ecuación 30.1 muestra que un aumento de e también eleva el tipo de cambio real, manteniéndose todo lo demás, especialmente el cociente P/P^f, constante, y una subida del tipo de cambio real reduce, de nuevo, las exportaciones netas.

UNA SENCILLA TEORÍA DE LOS TIPOS DE CAMBIO: LA PARIDAD DEL PODER ADQUISITIVO (PPA)

ley de un solo precio si los costes de transporte son relativamente bajos, el precio de un bien comerciado en los mercados internacionales debe ser el mismo en todos los países

La teoría más básica para la determinación de los tipos de cambio nominales a largo plazo se llama *paridad de poder adquisitivo* o PPA. Para comprenderla, debemos analizar primero un concepto económico de equilibrio de mercado, llamado *ley de un solo precio*. La **ley de un solo precio** establece que si los costes de transporte son relativamente bajos, el precio de un bien comerciado en los mercados internacionales debe ser el mismo en todos los países. Por ejemplo, si los costes de transporte no son demasiado altos, el precio de un quintal de trigo debe ser el mismo en Bombay (India) que en Sydney (Australia). Obsérvese que esta condición implica que el tipo de cambio real a largo plazo debe ser igual a uno. Supongamos que no fuera así, y que el precio del trigo de Sydney sólo fuera la mitad del precio del de Bombay. En ese caso, los vendedores de cereales tendrían muchos incentivos para comprar trigo en Sydney y transportarlo a Bombay, donde podría venderse por el doble. Al salir trigo de Sydney y reducir la oferta local, su precio subiría en Sydney, mientras que la entrada de trigo en Bombay reduciría su precio en Bombay. Según el *principio de equilibrio* (Capítulo 3), el mercado internacional de trigo sólo volvería al equilibrio cuando desaparecieran las oportunidades de obtener beneficios que estuvieran sin explotar, concretamente, cuando los precios del trigo de Sydney y de Bombay fueran iguales o casi iguales (cuando la diferencia fuera menor que el coste de transportar el trigo de Australia a la India).

Si la ley de un solo precio se cumpliera en el caso de todos los bienes y servicios y el tipo de cambio real fuera igual a uno (supuesto que, como veremos en seguida, es poco realista), el valor del tipo de cambio nominal podría determinarse como se muestra en el Ejemplo 30.5.

EJEMPLO 30.5

¿Cuántas rupias indias equivalen a un dólar australiano? (I)

Supongamos que un quintal de trigo cuesta 5 dólares australianos en Sydney y 150 rupias en Bombay. Si se cumple la ley de un solo precio en el caso del trigo, ¿cuál es el tipo de cambio nominal entre Australia y la India?

Como el valor de mercado de un quintal de trigo debe ser el mismo en ambos lugares, sabemos que el precio australiano del trigo debe ser igual que el precio del trigo en la India, por lo que:

5 dólares australianos = 150 rupias indias.

Dividiendo por 5, obtenemos:

1 dólar australiano = 30 rupias indias.

Por lo tanto, el tipo de cambio nominal entre Australia y la India debe ser de 30 rupias por dólar australiano.

Si utilizamos la Ecuación 30.1 y el supuesto de la PPA de que el tipo de cambio real es igual a uno,

$$1 = \frac{eP}{P^f}$$

y

$e = P^f/p$ = 150 rupias indias/5 dólares australianos
= 30 rupias indias por 1 dólar australiano.

EJERCICIO 30.6

El precio del oro es de 300$ por onza en Nueva York y de 2.500 coronas por onza en Estocolmo (Suecia). Si se cumple la ley de un solo precio en el caso del oro, ¿cuál es el tipo de cambio nominal entre el dólar americano y la corona sueca?

paridad del poder adquisitivo (PPA) teoría según la cual los tipos de cambio nominales se determinan de tal forma que se cumpla la ley de un solo precio

El Ejemplo 30.5 y el Ejercicio 30.6 ilustran la aplicación de la teoría de la paridad del poder adquisitivo. Según la teoría de la **paridad del poder adquisitivo (PPA)**, los tipos de cambio nominales se determinan de tal forma que se cumple la ley de un solo precio.

Una predicción especialmente útil de la teoría de la PPA es que, a largo plazo, *las monedas de los países que experimentan una elevada inflación tienden a depreciarse*. Para ver por qué, ampliaremos el análisis del Ejemplo 30.5.

EJEMPLO 30.6

¿Cuántas rupias indias equivalen a un dólar australiano? (2)

Supongamos que la India experimenta una elevada inflación, por lo que el precio de un quintal de trigo sube de 150 a 300 rupias en Bombay. Australia no tiene ninguna inflación, por lo que el precio del trigo en Sydney sigue siendo de 5 dólares australianos. Si se cumple la ley de un solo precio en el caso del trigo, ¿qué ocurrirá con el tipo de cambio nominal entre Australia y la India?

Sabemos que, al igual que en el Ejemplo 30.5, el valor de mercado de un quintal de trigo debe ser el mismo en los dos lugares. Por lo tanto,

$$5 \text{ dólares australianos} = 300 \text{ rupias indias.}$$

O, lo que es lo mismo,

$$1 \text{ dólar australiano} = 60 \text{ rupias.}$$

Ahora el tipo de cambio nominal es de 60 rupias por dólar australiano. Antes de la inflación de la India, el tipo de cambio nominal era de 30 rupias por dólar australiano (Ejemplo 30.5). Por lo tanto, en este ejemplo la inflación ha provocado una depreciación de la rupia frente al dólar australiano. En cambio, Australia, que no tiene ninguna inflación, ha visto cómo se apreciaba su moneda con respecto a la rupia.

Esta relación entre la inflación y la depreciación tiene sentido desde el punto de vista económico. La inflación implica que la moneda de un país pierde poder adquisitivo en el mercado nacional. Del mismo modo, la depreciación del tipo de cambio implica que la moneda del país pierde poder adquisitivo en los mercados internacionales.

La Figura 30.9 muestra las tasas anuales de inflación y la depreciación del tipo de cambio nominal de los 10 mayores países latinoamericanos correspondientes al

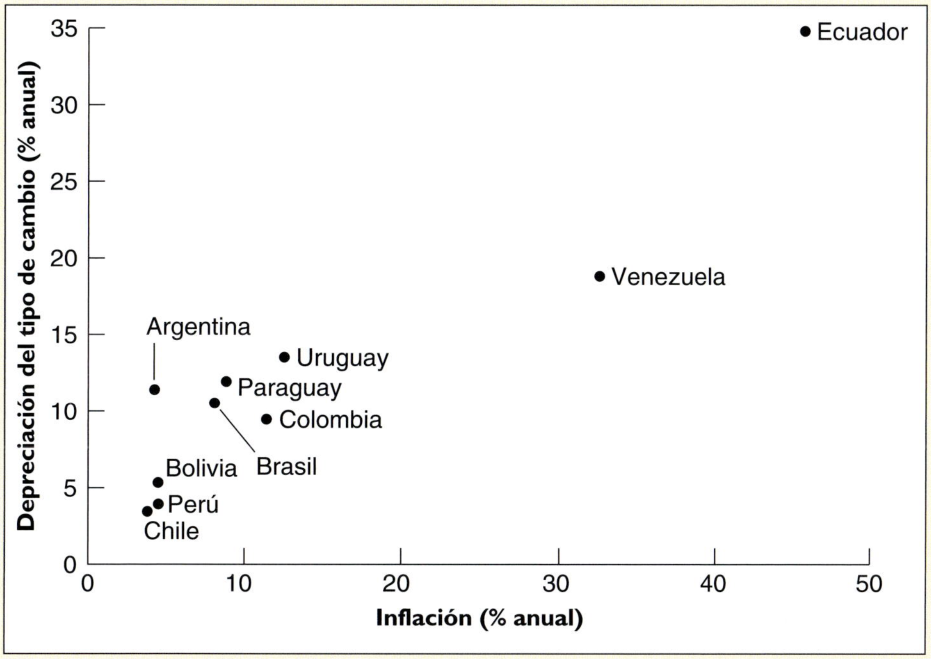

FUENTE: Fondo Monetario Internacional, *International Financial Statistics* y cálculos de los autores.

FIGURA 30.9
La inflación y la depreciación de la moneda en Latinoamércia, 1995-2004.
Las tasas anuales de inflación y la depreciación del tipo de cambio nominal (en relación con el dólar americano) de los diez países latinoamericanos más grandes variaron considerablemente durante el periodo 1995-2004. La elevada inflación fue acompañada de una rápida depreciación del tipo de cambio nominal (los datos de Ecuador se refieren al periodo 1995-2000).

periodo 1992-2004[9]. La inflación es la tasa anual de variación del índice de precios de consumo del país y la depreciación se expresa en relación con el dólar americano. Como verá el lector, la inflación fue muy distinta en los países latinoamericanos durante este periodo. Por ejemplo, la diferencia entre la tasa de inflación de Chile y la de Estados Unidos no llegó a ser de más de dos puntos, mientras que la de Venezuela fue del 33% al año.

La Figura 30.9 muestra que, como implica la teoría de la PPA, las monedas de los países que tuvieron una inflación más alta durante el periodo 1995-2004 tendieron a ser las que se depreciaron más deprisa.

DEFICIENCIAS DE LA TEORÍA DE LA PPA

Según algunos estudios empíricos, la teoría de la PPA es útil para predecir las variaciones de los tipos de cambio nominales en un periodo relativamente largo. En concreto, esta teoría ayuda a explicar la tendencia a despreciarse de los tipos de cambio de los países que tienen una elevada inflación, como muestra la Figura 30.9. Sin embargo, esta teoría tiene menos éxito en la predicción de las variaciones a corto plazo de los tipos de cambio.

La teoría de la PPA fracasó espectacularmente en Estados Unidos a principios de los años 80. Como indica la Figura 30.1, entre 1980 y 1985 el valor del dólar americano subió casi un 50% en relación con las monedas de sus socios comerciales. Esta considerable apreciación fue seguida de una depreciación incluso más rápida durante 1986 y 1987. La teoría de la PPA sólo podría explicar estos altibajos, si la inflación hubiera sido mucho más baja en Estados Unidos que en sus socios comerciales entre 1980 y 1985 y mucho más alta entre 1986 y 1987. En realidad, la inflación de Estados Unidos y la de sus socios comerciales fue similar durante los dos periodos.

¿Por qué funciona peor la teoría de la PPA a corto plazo que a largo plazo? Recuérdese que esta teoría se basa en la ley de un solo precio, según la cual el precio de un bien que se comercia en los mercados internacionales debe ser el mismo en todos los países. La ley de un solo precio funciona bien en el caso de bienes como los cereales o el oro, que son mercancías estandarizadas que se comercian mucho. Sin embargo, *no todos los bienes y los servicios se comercian en los mercados internacionales y no todos son mercancías estandarizadas.*

Muchos bienes y servicios no se comercian en los mercados internacionales, porque no se cumple en su caso el supuesto en el que se basa la ley de un solo precio de costes de transporte relativamente bajos. Por ejemplo, para que los indios exportaran cortes de pelo a Australia, tendrían que transportar un peluquero indio a Australia cada vez que un residente de Sydney quisiera cortarse el pelo. Como los costes de transporte impiden comerciar los cortes de pelo en los mercados internacionales, la ley de un solo precio no se aplica en su caso. Por lo tanto, aunque el precio de los cortes de pelo fuera el doble en Australia que en la India, las fuerzas del mercado no obligarían necesariamente a los precios a igualarse a corto plazo (a largo plazo, algunos peluqueros indios podrían emigrar a Australia). Otros ejemplos de bienes y servicios que no se comercian son la tierra agrícola, los edificios, los materiales de construcción pesados (cuyo valor es bajo en relación a sus costes de transporte) y los bienes muy perecederos. Además, algunos productos utilizan como factores bienes y servicios que no se comercian: una hamburguesa de McDonald's que se sirve en Moscú tiene un componente que se comercia (las hamburguesas congeladas) y uno que no se comercia (el trabajo de los dependientes). En general, cuanto mayor es el peso de los bienes y servicios que

[9] Como Ecuador, el 10º país, adoptó el dólar americano como moneda en 2000, sus datos se refieren únicamente al periodo 1995-2000.

no se comercian en la producción de un país, menos se aplica la teoría de la PPA al tipo de cambio del país [10].

La segunda razón por la que la ley de un solo precio y la teoría de la PPA a veces no son válidas se halla en que no todos los bienes y los servicios que se comercian en los mercados internacionales son mercancías absolutamente estandarizadas, como los cereales o el oro. Por ejemplo, los automóviles estadounidenses y los japoneses no son idénticos; se diferencian en el diseño, la potencia, la fiabilidad y otros aspectos, por lo que algunas personas prefieren claramente los automóviles de uno de los países a los del otro. Por lo tanto, si los automóviles japoneses cuestan un 10% más que los estadounidenses, las exportaciones de automóviles estadounidenses no inundarán necesariamente el mercado japonés, ya que muchos japoneses seguirán prefiriendo los automóviles de su país, incluso aunque sean un 10% más caros. Naturalmente, hay un límite a partir del cual las diferencias de precios pueden llevar a los consumidores a optar por el producto más barato. Pero la ley de un solo precio y, por lo tanto, la teoría de la PPA, no se aplica exactamente en el caso de los bienes no estandarizados.

RECAPITULACIÓN	EL TIPO DE CAMBIO REAL Y LA DETERMINACIÓN DEL TIPO DE CAMBIO NOMINAL A LARGO PLAZO

- El tipo de cambio real es el precio medio de un bien o servicio producido en el interior de un país *en relación con* el del bien o servicio producido en el extranjero, cuando los precios se expresan en una moneda común. Una fórmula útil del tipo de cambio real es eP/P^f, donde e es el tipo de cambio nominal, P es el nivel interior de precios y P^f es el nivel extranjero de precios.
- Un aumento del tipo de cambio real implica que los bienes producidos en el interior se encarecen en relación con los extranjeros, lo que tiende a reducir las exportaciones y a estimular las importaciones. Y, a la inversa, una disminución del tipo de cambio real tiende a aumentar las exportaciones netas.
- La teoría más básica de la determinación del tipo de cambio nominal, *la paridad de poder adquisitivo (PPA)*, se basa en la ley de un sólo precio. La *ley de un solo precio* establece que, si los costes de transporte son relativamente bajos, el precio de un bien comerciado en los mercados internacionales debe ser el mismo en todos los países. Según la teoría del PPA, el tipo de cambio nominal entre dos monedas puede hallarse igualando el precio de un bien comerciado en una moneda y el precio de ese mismo bien expresado en la segunda moneda.
- Una predicción útil de la teoría de la PPA es que las monedas de los países que tienen una elevada inflación tienden a depreciarse a largo plazo. Sin embargo, la teoría de la PPA no funciona bien a corto plazo. El hecho de que muchos bienes y servicios no se comercien y de que no todos los que se comercian estén estandarizados, reduce las posibilidades de aplicación de la ley de un solo precio y, por lo tanto, de la teoría de la PPA.

[10] Las barreras comerciales, como los aranceles y los contingentes, también aumentan los costes del transporte de los bienes de un país a otro, por lo que reducen las posibilidades de aplicación de la ley de un solo precio de la misma manera que los costes de transporte.

RESUMEN

- El *tipo de cambio nominal* entre dos monedas es el tipo al que pueden intercambiarse éstas. Un aumento del valor de una moneda en relación con otras se denomina *apreciación* y una disminución de su valor se llama *depreciación*.

- Los tipos de cambio pueden ser flexibles o fijos. El valor de un *tipo de cambio flexible* depende de la oferta y de la demanda de la moneda en el *mercado de divisas*, que es el mercado en el que se intercambian las monedas de los diferentes países. El gobierno fija el valor de un *tipo de cambio fijo*.

- El análisis de oferta y demanda es un instrumento útil para estudiar la determinación de los tipos de cambio a corto plazo. El tipo de cambio de equilibrio, también llamado *valor de equilibrio de mercado del tipo de cambio,* iguala las cantidades de moneda ofertadas y demandadas en el mercado de divisas. Una moneda es ofrecida por los residentes en el interior que desean adquirir divisas para comprar bienes, servicios y activos extranjeros. Un aumento de las preferencias por los bienes extranjeros, un aumento del PIB, una subida del tipo de interés real de los activos extranjeros o una reducción del tipo de interés real de los activos en el interior elevan la oferta de una moneda en el mercado de divisas y, por lo tanto, reducen su valor. Una moneda es demandada por los extranjeros que desean comprar bienes, servicios y activos en el interior. Un aumento de las preferencias de los extranjeros por los bienes del interior, un aumento del PIB real de otros países, una subida del tipo de interés real interno o una reducción del tipo de interés real extranjero, elevan la demanda de la moneda en el mercado de divisas y, por lo tanto, aumentan su valor.

- Si el tipo de cambio es flexible, un endurecimiento de la política monetaria (al elevar el tipo de interés real) aumenta la demanda de la moneda, reduce su oferta y hace que se aprecie. La apreciación de la moneda refuerza los efectos que produce la política monetaria restrictiva en la demanda agregada al reducir las exportaciones netas. Y a la inversa, una política monetaria suave reduce el tipo de interés real y debilita la moneda, lo cual estimula, a su vez, las exportaciones netas.

- El valor de un tipo de cambio fijo lo establece oficialmente el gobierno. Se dice que un tipo de cambio fijo está *sobrevalorado* cuando su valor oficial es superior a su valor de equilibrio de mercado en el propio mercado de divisas. Un tipo de cambio cuyo valor oficial es inferior a su valor de equilibrio de mercado está *infravalorado*. Una reducción del valor oficial de un tipo de cambio fijo se denomina *devaluación* y un aumento se llama *revaluación*.

- En el caso de un tipo de cambio sobrevalorado, la cantidad de moneda ofrecida al tipo de cambio oficial es superior a la demandada. Para mantener el tipo oficial, el Banco Central del país debe utilizar sus *reservas internacionales* (sus activos denominados en divisas) para comprar el exceso de oferta de su moneda en el mercado de divisas. Como las reservas internacionales de un país son limitadas, no puede mantener indefinidamente un tipo de cambio sobrevalorado. Por otra parte, si los inversores financieros temen una devaluación inminente del tipo de cambio, pueden lanzar un *ataque especulativo*, vendiendo sus activos denominados en moneda nacional y ofreciendo grandes cantidades de esa moneda en el mercado de divisas. Como los ataques especulativos hacen que el Banco Central de un país gaste sus reservas internacionales aún más deprisa, a menudo provocan una devaluación.

- Una política monetaria restrictiva, al elevar el valor de equilibrio del tipo de cambio en el mercado de divisas, puede eliminar el problema de la sobrevaloración. Sin embargo, si la política monetaria se utiliza para hacer coincidir el tipo de cambio oficial con el valor de equilibrio determinado por el mercado ya no puede utilizarse para estabilizar la economía nacional. Por lo tanto, en un sistema de tipos de cambio fijos, la política monetaria tiene un poder escaso o nulo para influir en la producción y en el empleo interiores.

- Como un tipo de cambio fijo implica que la política monetaria ya no puede utilizarse para estabilizar la economía nacional, la mayoría de los grandes países utilizan un tipo de cambio flexible. Un tipo de cambio fijo puede beneficiar a un país pequeño al obligar a su Banco Central a seguir la política monetaria del país al que ha fijado su tipo. Los defensores de los tipos de cambio fijos sostienen que aumentan el comercio y la integración económica al hacer que el tipo de cambio sea más predecible. Sin embargo, la amenaza de los ataques especulativos reduce enormemente las posibilidades de predecir a largo plazo un tipo de cambio fijo.

- El *tipo de cambio real* es el precio medio del bien o del servicio interior *en relación con* el precio medio del bien o servicio extranjero, cuando los precios se expresan en una moneda común. Una subida del tipo de cambio real implica que los bienes y los servicios interiores se encarecen en relación con los extranjeros, lo que reduce las exportaciones y aumenta las importaciones. En cambio, una disminución del tipo de cambio real tiende a aumentar las exportaciones netas.

- Una teoría básica de la determinación del tipo de cambio nominal, la teoría de *la paridad del poder adquisitivo* (PPA), se basa en la ley de un solo precio. La *ley de un solo precio* establece que si los costes de transporte son relativamente bajos, el precio de un bien comerciado en el mercado internacional debe ser el mismo en todos los países. Según la teoría de la PPA, podemos hallar el tipo de cambio nominal entre dos monedas igualando el precio de un bien en una de las monedas y el precio del mismo bien en la otra. La teoría de la PPA predice correctamente que las monedas de los países que experimentan una significativa inflación tienden a depreciarse a largo plazo. Sin embargo, el hecho de que muchos bienes y servicios no se comercien en los mercados internacionales y de que no todos los bienes comerciados estén estandarizados, hace que la teoría de la PPA sea menos útil para explicar las variaciones a corto plazo de los tipos de cambio.

TÉRMINOS CLAVE

apreciación (415)
ataque especulativo (429)
déficit de la balanza de pagos (427)
depreciación (415)
devaluación (425)
ley de un solo precio (442)
mercado de divisas (416)
paridad del poder adquisitivo (PPA) (442)
reservas internacionales (427)
revaluación (425)
superávit de la balanza de pagos (427)
tipo de cambio infravalorado (426)
tipo de cambio fijo (416)
tipo de cambio flexible (416)
tipo de cambio nominal (413)
tipo de cambio real (440)
tipo de cambio sobrevalorado (426)
valor de equilibrio de mercado del tipo de cambio (419)

PREGUNTAS DE REPASO

1. El yen japonés se cambia a 110 yenes por dólar y los pesos mexicanos a 10 pesos por dólar. ¿Cuál es el tipo de cambio nominal entre el yen y el peso? Expréselo de dos formas.
2. ¿Por qué ofrecen las empresas y los hogares estadounidenses dólares en el mercado de divisas? ¿Por qué demandan los extranjeros dólares en el mercado de divisas?
3. En un sistema de tipos de cambio flexibles, ¿cómo afecta una relajación de la política monetaria (una reducción del tipo de interés real) al valor del tipo de cambio? ¿Tiende esta variación del tipo de cambio a debilitar o a reforzar el efecto que produce la relajación monetaria en la producción y en el empleo? Explique su respuesta.
4. Defina el *tipo de cambio sobrevalorado*. Explique de qué cuatro formas pueden responder las autoridades económicas a una sobrevaloración. ¿Cuáles son los inconvenientes de cada enfoque?
5. Utilice un diagrama de oferta y demanda para mostrar las consecuencias de un ataque especulativo para un tipo de cambio sobrevalorado. ¿Por qué suelen provocar los ataques especulativos una devaluación?
6. Compare los tipos de cambio fijos y los flexibles desde el punto de vista de los efectos que producen, (a), en la capacidad de la política monetaria para estabilizar la producción interior y, (b), en las posibilidades de predecir los futuros tipos de cambio.
7. Defina el *tipo de cambio nominal* y el *tipo de cambio real*. ¿Qué relación existe entre los dos conceptos?
8. ¿Sería de esperar que la ley de un solo precio se aplicara al crudo? ¿Y a la leche fresca? ¿Y a los viajes en taxi? ¿Y a los discos compactos producidos en diferentes países por artistas locales? Explique su respuesta en cada caso.

PROBLEMAS

1. Halle el tipo de cambio nominal entre el peso mexicano y el yen japonés utilizando los datos de la Tabla 30.1. Expréselo de dos formas. ¿Cómo varían sus respuestas si el peso se aprecia un 10% frente al dólar mientras que el valor del yen frente el dólar no varía?
2. Suponga que una botella de champán francés cuesta 20€.
   a. Si el tipo de cambio entre el euro y el dólar es de 0,8€ por dólar, de manera que con un dólar se pueden comprar 0,8€, ¿cuánto costará el champán en Estados Unidos?
   b. Si el tipo de cambio entre el euro y el dólar sube a 1€ por dólar, ¿cuánto costará el champán en Estados Unidos?
   c. Si una subida del tipo de cambio entre el euro y el dólar provoca un aumento del gasto en dólares de los estadounidenses en champán francés, ¿qué ocurrirá con la cantidad de dólares ofrecida en el mercado de divisas cuando suba el tipo de cambio entre el euro y el dólar?
3. Considere el caso de un modelo de Apple iPod que cuesta 240$.
   a. Si el tipo de cambio entre el euro y el dólar es de 1€ por dólar, de manera que para comprar un dólar se necesita 1€, ¿cuánto costará el iPod en Francia?
   b. Si el tipo de cambio entre el euro y el dólar baja a 0,8€ por dólar, ¿cuánto costará el iPod en Francia?
   c. ¿Qué ocurrirá, pues, con las compras francesas de iPod y con la cantidad demandada de dólares en el mercado de divisas al bajar el tipo de cambo entre el euro y el dólar?
4. ¿Cómo afectará cada uno de los acontecimientos siguientes al valor del dólar, manteniéndose todo lo demás constante? Explique su respuesta.
   a. Se piensa que las acciones estadounidenses están convirtiéndose en unas inversiones financieras mucho más arriesgadas.
   b. Las empresas europeas de ordenadores sustituyen los programas informáticos de fabricación estadounidense por programas fabricados en la India, Israel y otros países.

c. Las economías del Este Asiático se recuperan, los inversores financieros internacionales se dan cuenta de que en la región existen muchas oportunidades nuevas de inversión de elevado rendimiento.
d. El gobierno de Estados Unidos establece un arancel elevado sobre los automóviles importados.
e. La Reserva Federal afirma que le preocupa menos la inflación y más la inminente contracción en Estados Unidos.
f. El Banco Central Europeo comienza a preocuparse menos por la inflación europea y más por la inminente contracción.

5. La demanda y la oferta de shequels en el mercado de divisas es

$$\text{Demanda} = 30.000 + 8.000e,$$

$$\text{Oferta} = 25.000 + 12.000e,$$

donde el tipo de cambio se expresa en dólares americanos por shequel.
a. ¿Cuál es el valor de equilibrio de mercado del shequel?
b. Si el tipo de cambio del shequel se fija en 0,30 dólares americanos, ¿está sobrevalorado, infravalorado o ninguna de las dos cosas? Halle el déficit o el superávit de la balanza de pagos tanto en shequels como en dólares. ¿Qué ocurre con las reservas internacionales del país con el paso del tiempo?
c. Repita el apartado *b* suponiendo que el tipo de cambio del shequel se fija en 0,20 dólares americanos.

6. La demanda y la oferta anuales de shequels en el mercado de divisas son idénticas a las del Problema 5. El tipo de cambio del shequel se fija en 0,30 dólares por shequel. Las reservas internacionales del país son de 600$. Los inversores financieros extranjeros tienen cuentas corrientes en el país por valor de 5.000 shequels.
a. Suponga que los inversores financieros extranjeros no temen que se devalúe el shequel, por lo que no convierten sus cuentas denominadas en shequels en cuentas denominadas en dólares. ¿Puede mantenerse el shequel en su valor fijo de 0,30 dólares americanos durante el próximo año?
b. Ahora suponga que los inversores financieros extranjeros esperan una posible devaluación del shequel a 0,25 dólares americanos. ¿Por qué debe preocuparles esta posibilidad?
c. Ante su preocupación por la devaluación, los inversores financieros extranjeros retiran todos sus fondos de sus cuentas corrientes e intentan convertir los shequels en dólares. ¿Qué ocurre?
d. Explique por qué la predicción de los inversores extranjeros sobre la devaluación puede considerarse una "profecía que se cumple a sí misma".

7. La moneda de Estelandia se denomina estemarco y la de Oestelandia, oestemarco. En el mercado en el que se intercambian las dos monedas, la oferta y la demanda de estemarcos viene dada por:

$$\text{Demanda} = 25.000 - 5.000e + 50.000(r_E - r_O),$$

$$\text{Oferta} = 18.500 + 8.000e - 50.000(r_E - r_O).$$

El tipo de cambio nominal e se expresa en oestemarcos por estemarco, y r_E y r_O son los tipos de interés reales vigentes en Estelandia y Oestelandia, respectivamente.
a. Explique por qué tiene sentido desde el punto de vista económico que los dos tipos de interés reales aparezcan en las ecuaciones de demanda y de oferta de la forma en que aparecen.
b. Al principio, $r_E = r_O = 0,10$, es decir, 10%. Halle el valor de equilibrio de mercado del estemarco.
c. Al Banco Central de Oestelandia le preocupa la inflación y eleva el tipo de interés real de Oestelandia al 12%. ¿Qué ocurre con el valor de equilibrio de mercado del estemarco?
d. Suponga que el tipo de cambio es flexible y que Estelandia no altera su tipo de interés real tras la subida del tipo de interés real de Oestelandia. ¿Es probable que la medida del Banco Central de Oestlandia aumente o reduzca la demanda agregada en Estelandia? Analice su respuesta.
e. Suponga ahora que el tipo de cambio es fijo e igual al valor obtenido en el apartado *b*. Tras la medida adoptada por el Banco Central de Oestelandia, ¿qué tiene que hacer el de Estelandia para impedir que su tipo de cambio esté sobrevalorado? ¿Qué efecto produce esta medida en la economía de Estelandia?
f. Analice en el contexto de este ejemplo el efecto que producen los tipos de cambio fijos en la capacidad de un país para tener una política monetaria independiente.

8. El precio de un automóvil fabricado en Gran Bretaña es de 20.000£ (20.000 libras esterlinas). Un automóvil similar de fabricación estadounidense cuesta 26.000$. Una libra se intercambia por 1,50$ en el mercado de divisas. Halle el tipo de cambio real de los

automóviles desde la perspectiva de Estados Unidos y desde la perspectiva de Gran Bretaña. ¿Qué automóvil tiene el precio más competitivo?

9. Entre el año pasado y este año el IPC de Azulandia subió de 100 a 110 y el de Rojolandia de 100 a 105. La unidad monetaria de Azulandia, el azul, valía 1€ el año pasado y 90 centavos éste. La unidad monetaria de Rojolandia, el rojo, valía 50 centavos de dólar el año pasado y 45 éste.

   Halle la variación porcentual del tipo de cambio *nominal* de Azulandia con respecto a Rojolandia registrada entre el año pasado y éste, así como, el tipo de cambio *real* de Azulandia con respecto a Rojolandia (considere que Azulandia es su país). ¿Es de esperar que las exportaciones de Azulandia resulten beneficiadas o perjudicadas en relación con Rojolandia por estas variaciones de los tipos de cambio?

10. La demanda de automóviles de fabricación estadounidense en Japón viene dada por:

    Demanda japonesa = 10.000 – 0,001(precio de los automóviles estadounidenses en yenes).

    Asimismo, la demanda de automóviles de fabricación japonesa en Estados Unidos es:

    Demanda estadounidense = 30.000 – 0,2(precio de los automóviles japoneses en dólares).

    El precio en Estados Unidos de un automóvil de fabricación estadounidense es de 20.000$ y el precio en Japón de un automóvil de fabricación japonesa es de 2.500.000¥. Halle desde la perspectiva de Estados Unidos el tipo de cambio real expresado en automóviles y las exportaciones netas de automóviles a Japón suponiendo que:
    a. El tipo de cambio nominal es de 100 yenes por dólar.
    b. El tipo de cambio nominal es de 125 yenes por dólar.
    ¿Cómo afecta una apreciación del dólar a las exportaciones netas estadounidenses de automóviles (considerando solamente el mercado japonés)?

11. a. El oro vale 350$ por onza en Estados Unidos y 2.800 pesos por onza en México. Si se cumple la teoría de la PPA ¿cuál es el tipo de cambio nominal entre los dólares americanos y los pesos mexicanos?
    b. México sufre una inflación, por lo que el precio del oro sube a 4.200 pesos por onza. En Estados Unidos, sigue siendo de 350$ por onza. Según la teoría de la PPA, ¿qué ocurre con el tipo de cambio? ¿Qué principio general ilustra este ejemplo?
    c. El oro vale 350$ por onza en Estados Unidos y 4.200 pesos por onza en México. El crudo (excluidos los impuestos y los costes de transporte) vale 30$ el barril en Estados Unidos. Según la teoría de la PPA, ¿cuánto debe costar un barril de crudo en México?
    d. El oro vale 350$ por onza en Estados Unidos. El tipo de cambio entre Estados Unidos y Canadá es de 0,70 dólares americanos por dólar canadiense. ¿Cuánto cuesta una onza de oro en Canadá?

RESPUESTAS A LOS EJERCICIOS

30.1 Las respuestas dependen de cuándo se obtienen los datos.

30.2 Una disminución del PIB estadounidense reduce las rentas de los consumidores y, por lo tanto, las importaciones. Como los estadounidenses importan menos, ofrecen menos dólares en el mercado de divisas, por lo que la curva de oferta de dólares se desplaza hacia la izquierda. La reducción de la oferta eleva el valor de equilibrio de mercado del dólar.

30.3 A un valor fijo del peso de 0,15$, la demanda de pesos es igual a 25.000 – 50.000(0,15) = = 17.500. La oferta de pesos es igual a 17.600 + 24.000(0,15) = 21.200. La cantidad ofrecida al tipo oficial es superior a la demandada en 3.700. Latinia tendrá que comprar 3.700 pesos cada periodo, por lo que su déficit de la balanza de pagos será de 3.700 pesos, es decir, 3.700 × 0,15 = 555$. Este déficit de la balanza de pagos es mayor que el que hemos hallado en el Ejemplo 30.6. Llegamos a la conclusión de que cuanto mayor sea el grado de sobrevaloración, mayor será, probablemente el déficit de la balanza de pagos del país.

30.4 La figura muestra una situación en la que el valor oficial de la moneda es *inferior* a su valor de equilibrio de mercado determinado por la oferta y la demanda de la propia moneda en el mercado de divisas, por lo que la moneda está infravalorada. Al valor oficial del tipo de cambio, la cantidad demandada de la moneda nacional (punto *B*) es superior a la cantidad ofrecida (punto *A*). Para mantener el valor oficial, el Banco Central debe ofrecer en cada periodo la cantidad de moneda nacional *AB* en el mercado de divisas. En comparación con el caso del tipo de cambio sobrevalorado, en éste el Banco Central ofrece su propia moneda en el mercado de divisas y recibe divisas a cambio.

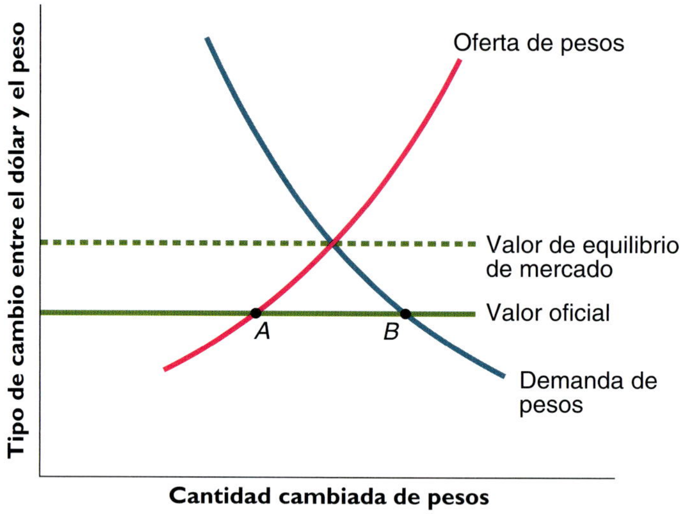

El Banco Central puede imprimir la cantidad que desee de su propia moneda, por lo que con una moneda infravalorada no existe el peligro de que se agoten las reservas internacionales. De hecho, la cantidad de reservas internacionales del Banco Central aumenta en *AB* en cada periodo, ya que recibe divisas a cambio de la moneda nacional que ofrece.

30.5 El precio en dólares del ordenador estadounidense es de 2.400$ y cada dólar es igual a 110 yenes. Por lo tanto, el precio en yenes del ordenador *norteamericano* es igual a (110 yenes por dólar) × (2.400$), es decir, 264.000 yenes. El precio del ordenador japonés es de 242.000 yenes. Por lo tanto, la conclusión de que el modelo japonés es más barato no depende de la moneda con la que se realice la comparación.

30.6 Dado que la ley de un solo precio se cumple en el caso del oro, su precio por onza debe ser el mismo en Nueva York que en Estocolmo:

300$ = 2.500 coronas.

Dividiendo ambos miembros por 300, tenemos que:

1$ = 8,33 coronas.

Por lo tanto, el tipo de cambio es de 8,33 coronas por dólar.

GLOSARIO

A

Acción. Derecho a la propiedad parcial de una empresa.

Activo. Todo lo de valor que *poseemos*.

Acuerdo sobre el control de las armas para tomar posiciones. Acuerdo en el que los contendientes intentan limitar las inversiones mutuamente neutralizadoras para mejorar los resultados.

Agregación. Suma de las variables económicas individuales para obtener los totales de la economía en su conjunto.

Ahorro. Renta obtenida en un determinado periodo menos el gasto realizado en necesidades durante ese periodo.

Ahorro a lo largo del ciclo vital. Ahorro para alcanzar objetivos a largo plazo, como la jubilación, los estudios universitarios o la compra de una vivienda.

Ahorro nacional. Ahorro de toda la economía; es igual al PIB menos el gasto de consumo y las compras de bienes y servicios por parte del Estado, o sea, $Y - C - G$.

Ahorro para dejar una herencia. Ahorro que se realiza con el fin de dejar una herencia.

Ahorro precautorio. Ahorro para protegerse de los reveses imprevistos, como la pérdida del empleo o una emergencia médica.

Ahorro privado. El ahorro del sector privado de la economía es igual a la renta después de los impuestos del sector privado menos los gastos de consumo ($Y - T - C$); puede dividirse, a su vez, en el ahorro de los hogares y el ahorro de las empresas.

Ahorro público. El ahorro del sector público es igual a los impuestos netos recaudados menos las compras del Estado ($T - G$).

Altura. *Véase* **Pendiente.**

Amenaza creíble. Amenaza de emprender una acción que al que amenaza le interesa llevar a cabo.

Análisis normativo. Se ocupa de saber si *debe* utilizarse una medida económica; en el análisis normativo intervienen inevitablemente los valores de la persona que realiza el análisis.

Análisis positivo. Se ocupa de las consecuencias económicas de un determinado acontecimiento o medida, no de si esas consecuencias son deseables o no.

Apreciación. Aumento del valor de una moneda en relación con otras.

Arancel. Impuesto sobre un bien importado.

Árbol de decisiones (o árbol del juego). Gráfico que describe los movimientos posibles en un juego en el orden en que ocurren e indica los resultados que corresponden a cada una de las combinaciones posibles de movimientos.

Árbol del juego. *Véase* **Árbol de decisiones.**

Ataque especulativo. Venta de enormes cantidades de activos en moneda nacional por parte de los inversores financieros.

Autarquía. Situación en la que un país es económicamente autosuficiente; es decir, no comercia con otros países.

B

Balance de situación. Lista del activo y el pasivo de una unidad económica en una fecha específica.

Balanza comercial (o exportaciones netas). Valor de las exportaciones de un país menos el valor de sus importaciones en un determinado periodo (un trimestre o un año).

Barreras a la entrada. Cualquier fuerza que impide que entren empresas en un nuevo mercado.

Base. *Véase* **Pendiente.**

Beneficio contable. Diferencia entre el ingreso total de una empresa y sus costes explícitos.

Beneficio económico. Diferencia entre el ingreso total de una empresa y la suma de sus costes explícitos e implícitos; también llamados *exceso de beneficios*.

Beneficio externo (o externalidad positiva). Beneficio de una actividad que es recibido por otras personas distintas de las que realizan la actividad.

Beneficio marginal. El beneficio marginal de una actividad es el aumento que experimenta el beneficio total cuando se realiza una unidad más de la actividad.

Beneficio medio. Beneficio total de realizar n unidades de una actividad dividido por n.

Beneficio normal. Coste de oportunidad de los recursos suministrados por los propietarios de una empresa: beneficio normal = beneficio contable – beneficio económico.

Beneficios. Ingreso total que obtiene una empresa por la venta de su producto menos todos los costes —explícitos e implícitos— en que incurre para producirlo.

Bien de capital. Bien que dura mucho y que se utiliza para producir otros bienes y servicios.

Bien colectivo. Bien o servicio que, al menos hasta cierto punto, no es rival pero sí excluible.

Bien comunal puro. Bien del que no es fácil excluir a los que no lo pagan y cuyo consumo por parte de una persona significa una reducción de su consumo por parte de otras en la misma cuantía.

Bien inferior. Bien cuya curva de demanda se desplaza hacia la izquierda cuando aumenta la renta de los compradores.

Bien no excluible. Bien de cuyo consumo es difícil o costoso excluir a los que no lo pagan.

Bien no rival. Bien cuyo consumo por parte de una persona no impide que otras puedan consumirlo.

Bien normal. Bien cuya curva de demanda se desplaza hacia la derecha cuando aumenta la renta de los compradores.

Bien privado puro. Bien del que es posible excluir fácilmente a los que no lo pagan y cuyo consumo por parte de una persona reduce su consumo por parte de otra en la misma cuantía.

Bien público. Bien o servicio que, al menos hasta cierto punto, no es ni rival ni excluible.

Bien público puro. Bien o servicio que en buena medida no es ni rival ni excluible.

Bienes complementarios. Dos bienes son complementarios en el consumo si la subida del precio de uno de ellos provoca un desplazamiento de la curva de demanda del otro hacia la izquierda (o si una reducción provoca un desplazamiento hacia la derecha).

Bienes o servicios finales. Bienes o servicios consumidos por el usuario último; como son los productos finales del proceso de producción, se contabilizan en el PIB.

Bienes o servicios intermedios. Bienes o servicios que se utilizan para producir bienes y servicios finales y, por lo tanto, no se contabilizan en el PIB.

Bienes sustitutivos. Dos bienes son sustitutivos en el consumo si la subida del precio de uno de ellos provoca un desplazamiento de la curva de demanda del otro hacia la derecha.

Bono. Promesa legal de que se devolverá una deuda, que normalmente comprende tanto el principal como los pagos periódicos de intereses o cupón.

Boom. Expansión especialmente fuerte y prolongada.

Brecha de producción, $Y^* - Y$. Diferencia entre la producción potencial de la economía y su producción efectiva en un momento del tiempo.

Brecha expansiva. Brecha de producción negativa, que se produce cuando la producción efectiva es superior a la potencial ($Y > Y^*$).

Brecha recesiva. Brecha de producción positiva, que se produce cuando la producción potencial es superior a la efectiva ($Y^* > Y$).

C

Cambio tecnológico sesgado hacia las cualificaciones. Cambio tecnológico que afecta de forma distinta al producto marginal de los trabajadores más cualificados y al de los trabajadores menos cualificados.

Cantidad eficiente. La cantidad eficiente de un bien es la que maximiza el excedente económico total generado por la producción y el consumo del bien.

Cantidad nominal. Cantidad que se expresa en su valor monetario.

Cantidad real. Cantidad que se expresa en términos físicos, por ejemplo, en cantidades de bienes y servicios.

Cantidad socialmente óptima. Cantidad del bien que da como resultado el máximo excedente económico posible generado por la producción y el consumo del bien.

Capital humano. Amalgama de factores como la educación, la formación, la experiencia, la inteligencia, la energía, los hábitos de trabajo, la fiabilidad, la iniciativa y otros que afectan al valor del producto marginal del trabajador.

Captación de rentas económicas. Esfuerzos socialmente improductivos de las personas o empresas para ganar un premio.

Carrera para tomar posiciones. Serie de inversiones mutuamente neutralizadoras para mejorar los resultados que es estimulada por una externalidad relacionada con la posición que se ocupa.

Cártel. Coalición de empresas que acuerdan limitar la producción con el fin de obtener un beneficio económico.

Cima. Comienzo de una recesión, punto máximo de actividad económica previo a una recesión.

Coeficiente de reservas. Reservas bancarias divididas por los depósitos.

Combinación óptima de bienes. Combinación asequible que genera la máxima utilidad total.

Comité Federal de Mercado Abierto (o FOMC). Comité que toma decisiones sobre la política monetaria.

Competencia monopolística. Estructura de la industria en la que un gran número de empresas producen productos algo diferenciados que son sustitutivos razonablemente cercanos unos de otros.

Compra de mercado abierto. Compra de bonos del Estado al público por parte del banco central con el fin de aumentar la oferta de reservas bancarias y la oferta monetaria.

Compras del Estado. Compras de bienes y servicios finales por parte de la administración central y de las administraciones regionales y locales; *no* comprenden las *transferencias*, que son pagos efectuados por el Estado a cambio de los cuales no recibe ningún bien o servicio inmediato; tampoco incluyen los intereses pagados por la deuda pública.

Constante (o parámetro). Cantidad cuyo valor es fijo.

Contingente. Limitación legal de la cantidad que puede importarse de un bien.

Contracción. *Véase* **Recesión.**

Corto plazo. Periodo de tiempo suficientemente breve para que al menos algunos de los factores de producción de la empresa se mantengan fijos.

Coste de oportunidad. El coste de oportunidad de una actividad es el valor de la siguiente alternativa mejor a la que debemos renunciar para realizar esa actividad.

Coste externo (o externalidad negativa). Coste de una actividad que recae en otras personas distintas de las que realizan la actividad.

Coste fijo. Coste que no varía con el nivel de actividad; suma de todos los pagos efectuados por todos los factores fijos de la empresa.

Coste irrecuperable. Coste que no puede recuperarse a partir del momento en que se toma una decisión.

Coste marginal. El coste marginal de una actividad es el aumento que experimenta el coste total cuando se realiza una unidad más de la actividad; cuando la producción pasa de un nivel a otro, variación del coste total dividida por la correspondiente variación de la producción.

Coste marginal del trabajo. Cantidad en la que aumenta la masa salarial total de un monopsonista si contrata un trabajador más.

Coste medio. Coste total de realizar n unidades de una actividad dividido por n.

Coste total. Suma de todos los pagos efectuados a los factores de producción fijos y variables de la empresa.

Coste total medio (*CTMe*). Coste total dividido por producción total.

Coste variable. Coste que varía con el nivel de actividad; suma de todos los pagos realizados a los factores de producción variables de la empresa.

Coste variable medio (*CVMe*). Coste variable dividido por producción total.

Costes de menú. Costes de modificar los precios.

Costes explícitos. Pagos efectivos que realiza una empresa a sus factores de producción y a otros oferentes.

Costes implícitos. Todos los costes de oportunidad que tienen para la empresa los recursos suministrados por sus propietarios.

Credibilidad de la política monetaria. Grado en que el público se cree las promesas del banco central de que va a mantener baja la inflación, aunque eso pueda imponer costes económicos a corto plazo

Curva de demanda. Curva que muestra la cantidad total que desean adquirir los compradores de un bien a cada precio.

Curva de demanda agregada (DA). Muestra la relación entre la demanda agregada y la inflación; como la producción de equilibrio a corto plazo es igual a la demanda agregada, la curva de demanda agregada también muestra la relación entre la producción de equilibrio a corto plazo y la inflación; los aumentos de la inflación reducen la demanda agregada y la producción de equilibrio a corto plazo, por lo que la curva de demanda agregada tiene pendiente negativa.

Curva de demanda de dinero. Relaciona la cantidad agregada demandada de dinero M con el tipo de interés nominal i; como una subida del tipo de interés nominal aumenta el coste de oportunidad de tener dinero, lo que reduce la cantidad demandada de dinero, la curva de demanda de dinero tiene pendiente negativa.

Curva de oferta. Curva que muestra la cantidad total que los vendedores desean vender de un bien a cada precio.

Curva de oferta perfectamente elástica. Curva de oferta cuya elasticidad con respecto al precio es infinita.

Curva de oferta perfectamente inelástica. Curva de oferta cuya elasticidad con respecto al precio es cero.

Curva de posibilidades de producción. Gráfico que describe la cantidad máxima que puede producirse de un bien para todo nivel posible de producción del otro.

D

Decisión sobre la asignación de la cartera. Decisión sobre la forma en que queremos tener nuestra riqueza.

Deducción fiscal por rentas derivadas del trabajo (DFRT). Política según la cual los trabajadores de renta baja pueden practicar una deducción de su impuesto sobre la renta.

Déficit comercial. Cuando las importaciones son superiores a las exportaciones, diferencia entre el valor de las importaciones de un país y el valor de sus exportaciones en un determinado periodo.

Déficit de la balanza de pagos. Disminución neta de la cantidad de reservas internacionales de un país en un año.

Déficit presupuestario público. Exceso de gasto público sobre la recaudación de impuestos $(G - T)$.

Deflación. Situación en la que los precios de la mayoría de los bienes y servicios bajan con el paso del tiempo, por lo que la inflación es negativa.

Deflactar (una cantidad nominal). Proceso consistente en dividir una cantidad nominal por un índice de precios (como el IPC) para expresarla en términos reales.

Demanda agregada (DA). Gasto total planeado en bienes y servicios finales.

Demanda agregada autónoma. Parte de la demanda agregada que es determinada fuera del modelo.

Demanda agregada inducida. Parte de la demanda agregada que es determinada dentro del modelo.

Demanda de dinero. Cantidad de riqueza que una persona decide tener en dinero.

Demanda de elasticidad unitaria. La demanda de un bien tiene una elasticidad unitaria con respecto al precio si su elasticidad-precio de la demanda es igual a 1.

Demanda inelástica. La demanda de un bien es inelástica con respecto al precio si su elasticidad-precio de la demanda es menor que 1.

Demanda perfectamente elástica. La demanda de un bien es perfectamente elástica con respecto al precio si su elasticidad-precio de la demanda es infinita.

Demanda perfectamente inelástica. La demanda de un bien es perfectamente inelástica con respecto al precio si su elasticidad-precio de la demanda es cero.

Depósito de valor. Activo que sirve para tener riqueza.

Depreciación. Disminución del valor de una moneda en relación con otras.

Depresión. Recesión especialmente grave o prolongada.

Desaparición del discurso político. Teoría según la cual las personas que defienden una postura pueden no decir nada, porque si hablan corren el riesgo de ser malinterpretadas.

Desempleo cíclico. Desempleo adicional que se produce durante los periodos de recesión.

Desempleo estructural. Desempleo de larga duración y crónico que existe incluso cuando la economía produce a un ritmo normal.

Desempleo friccional. Desempleo de corta duración relacionado con el proceso de emparejamiento de los puestos de trabajo y los trabajadores.

Desinflación. Reducción significativa de la tasa de inflación.

Devaluación. Reducción del valor oficial de una moneda (en un sistema de tipos de cambio fijos).

Diferencia salarial compensatoria. Diferencia entre los salarios —positiva o negativa— que refleja el atractivo de las condiciones de trabajo de un empleo.

Dilema del prisionero. Juego en el que cada jugador tiene una estrategia dominante y cuando cada uno la elige, los resultados son peores que si cada uno eligiera una estrategia dominada.

Dilema del prisionero repetido. Dilema del prisionero convencional al que se enfrentan los mismos jugadores repetidamente.

Dinero. Cualquier activo que puede utilizarse para realizar compras.

Discriminación de precios. Práctica consistente en cobrar a cada comprador un precio distinto por un bien o servicio esencialmente idéntico.

Discriminación estadística. Práctica consistente en juzgar la calidad de las personas, de los bienes o de los servicios en función de las características del grupo al que pertenecen.

Discriminación practicada por los clientes. Disposición de los consumidores a pagar más por un producto producido por los miembros de un grupo favorecido, incluso aunque la calidad del producto no resulte afectada.

Discriminación practicada por los empresarios. Preferencia arbitraria de un empresario por un determinado grupo de trabajadores.

Diversificación. Práctica consistente en repartir la riqueza entre diversas inversiones financieras para reducir el riesgo total.

Dividendo. Pago periódico recibido por los accionistas por cada acción que poseen.

Duración. Tiempo total de desempleo.

E

Economía. Estudio de la forma en que los individuos eligen en condiciones de escasez y de las consecuencias de esas elecciones para la sociedad.

Economía abierta. Economía que comercia con otros países.

Economía cerrada. Economía que no comercia con el resto del mundo.

Ecuación. Expresión matemática que describe la relación entre dos variables o más.

Ecuación cuantitativa. El dinero multiplicado por la velocidad es igual al PIB nominal, $M \times V = P \times Y$.

Efecto de Fisher. Tendencia de los tipos de interés nominales a ser altos cuando la inflación es alta y bajos cuando la inflación es baja.

Efecto-expulsión. (a) Endeudamiento público que lleva a las empresas privadas a cancelar proyectos de inversión planeados debido a que los tipos de interés son altos. (b) Tendencia del aumento de los déficits públicos a reducir el gasto de inversión.

Efecto-renta. Variación de la cantidad demandada de un bien que se debe a que una variación de su precio altera el poder adquisitivo del comprador.

Efecto-riqueza. Tendencia de las variaciones de los precios de los activos a afectar a la riqueza de los hogares y, por lo tanto, a su gasto en bienes de consumo.

Efecto-sustitución. Variación de la cantidad demandada de un bien que se debe a que los compradores optan por bienes sustitutivos cuando varía el precio de un bien.

Eficiencia (o eficiencia económica). Situación que se da cuando se produce y se consume la cantidad socialmente óptima de todos los bienes y servicios.

Eficiencia económica. *Véase* **Eficiencia.**

Eficiente (o eficiente en el sentido de Pareto). Una situación es eficiente si no es posible ningún cambio que ayude a alguna persona sin perjudicar a otras.

Eficiente en el sentido de Pareto. *Véase* **Eficiente.**

Elástica. La demanda de un bien es elástica con respecto al precio si su elasticidad-precio es mayor que 1. La oferta de un bien es elástica con respecto al precio si su elasticidad-precio es mayor que 1.

Elasticidad-precio cruzado de la demanda. Porcentaje en que varía la cantidad demandada del primer bien cuando el precio del segundo varía un 1 por ciento.

Elasticidad-precio de la demanda. Variación porcentual que experimenta la cantidad demandada de un bien cuando su precio varía un 1 por ciento.

Elasticidad-precio de la oferta. Variación porcentual que experimenta la cantidad ofrecida cuando el precio de un bien o de un servicio varía un 1 por ciento.

Elasticidad-renta de la demanda. Porcentaje en que varía la cantidad demandada de un bien cuando la renta varía un 1 por ciento.

Elementos básicos de un juego. Los jugadores, las estrategias de la que dispone cada uno y los resultados que obtienen con cada combinación posible de estrategias.

Empresa imperfectamente competitiva. Empresa que tiene al menos un cierto control sobre el precio de mercado de su producto.

Empresa maximizadora de los beneficios. Empresa cuyo principal objetivo es maximizar la diferencia entre sus ingresos totales y los costes totales.

Empresa precio-aceptante. Empresa que no influye en el precio al que vende su producto.

Empresa precio-decisora. Empresa que tiene al menos una cierta libertad para fijar su precio.

Empresa rentable. Empresa cuyo ingreso total es mayor que su coste total.

Empresarios. Personas que crean nuevas empresas económicas.

Entrada de capital. Compra de activos interiores por parte de familias y empresas extranjeras.

Entradas netas de capital. Entradas de capital menos las salidas de capital.

Equilibrio. Situación estable, equilibrada o inmutable en la que todas las fuerzas que actúan dentro de un sistema se anulan mutuamente.

Equilibrio a corto plazo. Situación en la que la inflación es igual al valor determinado por las expectativas y las decisiones de precios anteriores y la producción es igual al nivel de producción de equilibrio a corto plazo coherente con esa tasa de inflación; gráficamente, se encuentra en el punto de intersección de la curva *DA* y la recta *OACP*.

Equilibrio a largo plazo. Situación en la que la producción efectiva es igual a la potencial y la tasa de inflación se mantiene estable; gráficamente, se alcanza el equilibrio a largo plazo cuando la curva *DA*, la recta *OACP* y la recta *OALP* se cortan todas ellas en un único punto.

Equilibrio de Nash. Cualquier combinación de estrategias en la que la estrategia de cada jugador es su mejor opción, dadas las estrategias de los demás jugadores.

Equilibrio del mercado. El mercado está en equilibrio cuando todos los compradores y los vendedores están satisfechos con sus respectivas cantidades al precio de mercado.

Escasez. *Véase* **Exceso de demanda.**

Estabilizadores automáticos. Disposiciones de la ley que implican *automáticamente* un aumento del gasto público o una reducción de los impuestos cuando la producción disminuye.

Estrategia del "ojo por ojo". Estrategia en el dilema del prisionero repetido en el que los jugadores cooperan en el primer movimiento y después imitan el último movimiento del otro jugador en cada movimiento sucesivo

Estrategia dominada. Cualquier otra estrategia de que disponga un jugador que tiene una estrategia dominante.

Estrategia dominante. Estrategia que genera unos resultados mejores independientemente de lo que elijan los demás jugadores.

Excedente. *Véase* **Exceso de oferta.**

Excedente del comprador. Diferencia entre el precio de reserva del comprador y el que paga realmente.
Excedente del consumidor. Es el excedente económico que obtienen los compradores de un producto y es la diferencia acumulada entre sus respectivos precios de reserva y el precio que pagan realmente.
Excedente del productor. Es el excedente económico que obtienen los vendedores de un producto y es la diferencia acumulada entre el precio que perciben y sus respectivos precios de reserva.
Excedente del vendedor. Diferencia entre el precio que recibe el vendedor y su precio de reserva.
Excedente económico. El excedente económico de emprender una acción es el beneficio de emprenderla menos el coste.
Excedente económico total. El excedente económico total en un mercado es la suma de todos los excedentes económicos individuales obtenidos por los compradores y los vendedores que participan en el mercado.
Exceso de demanda (o escasez). Diferencia entre la cantidad ofrecida y la demandada cuando el precio de un bien es inferior al de equilibrio; cuando hay exceso de demanda, los compradores están insatisfechos.
Exceso de oferta (o excedente). Diferencia entre la cantidad ofrecida y la demandada cuando el precio de un bien es superior al de equilibrio; cuando hay exceso de oferta, los vendedores están insatisfechos.
Expansión. Periodo en el que la economía crece a una tasa significativamente superior a la normal.
Expectativas ancladas sobre la inflación. Cuando las expectativas de la gente sobre la futura inflación no varían aunque la inflación aumente temporalmente.
Exportaciones netas. Exportaciones menos importaciones.
Externalidad. Coste o beneficio externo de una actividad.
Externalidad negativa. *Véase* **Coste externo.**
Externalidad positiva. *Véase* **Beneficio externo.**
Externalidad relacionada con la posición que se ocupa. Ocurre cuando la mejora de los resultados de una persona reduce la recompensa esperada de la otra en las situaciones en las que la recompensa depende de los resultados relativos.
Externalización. Término que se utiliza cada vez más para referirse a los servicios realizados por trabajadores de bajos salarios en el extranjero.

F

Factor de producción. Factor utilizado para producir un bien o un servicio.
Factor de producción fijo. Factor cuya cantidad no puede alterarse a corto plazo.
Factor de producción variable. Factor cuya cantidad puede alterarse a corto plazo.
Fecha de vencimiento. Fecha en que se devuelve el principal.
Flujo. Medida que se define *por unidad de tiempo*.
Fondo. Final de una recesión, punto mínimo de actividad económica previo a una recuperación.
Fondo de inversión. Intermediario financiero que vende participaciones al público y utiliza los fondos obtenidos para comprar una amplia variedad de activos financieros.
Función de asignación del precio. Las variaciones de los precios transfieren recursos de los mercados superpoblados a los mercados desabastecidos.
Función de consumo. Relación entre el gasto de consumo y sus determinantes, como la renta disponible (después de impuestos).
Función de racionamiento del precio. Distribuye los recursos escasos entre los consumidores que más los valoran.
Función de reacción de la política monetaria. Describe la forma en que las medidas que toman las autoridades monetarias dependen de la situación de la economía.

G

Ganancias de capital. Aumento del valor de los activos existentes.
Gasto agregado planeado (GAP). Gasto total planeado en bienes y servicios finales.
Gasto autónomo. Parte del gasto agregado planeado que es independiente de la producción
Gasto de consumo o consumo. Gasto de los hogares en bienes y servicios, como alimentos, ropa y entretenimiento.
Gasto electoralista. Gasto público que es mayor que el beneficio total que genera pero que es defendido por un legislador porque sus electores se benefician del gasto más de lo que pagan de los impuestos adicionales resultantes.
Gasto inducido. Parte del gasto agregado planeado que depende de la producción Y
Gasto total = ingreso total. La cantidad monetaria que gastan los consumidores en un producto es igual a la cantidad monetaria que reciben los vendedores.

H

Halcón de la inflación. Persona que se compromete a lograr y mantener una baja inflación, incluso con el coste a corto plazo de un nivel más bajo de producción y de empleo.
Hay dinero en el tapete. Metáfora económica para referirse a que hay ganancias sin explotar en el intercambio.
Health maintenance organization (HMO). Grupo de médicos que dispensa servicios sanitarios a los individuos y a las familias a cambio de una cuota anual fija.
Hiperinflación. Situación en la que la tasa de inflación es muy alta.
Hipótesis de los mercados eficientes. Teoría según la cual el precio actual de las acciones de una sociedad anónima refleja toda la información relevante sobre las perspectivas actuales y futuras de obtener beneficios.

I

Impuesto de capitación. Impuesto que grava a todos los contribuyentes en la misma cuantía.
Impuesto negativo sobre la renta. Sistema en el que el Estado haría a cada ciudadano una transferencia en efectivo cada año, financiada por medio de un impuesto adicional sobre la renta derivada del trabajo.
Impuesto progresivo. Impuesto con el que la proporción de la renta pagada en impuestos aumenta conforme aumenta ésta.

Impuesto proporcional sobre la renta. Impuesto con el que todos los contribuyentes pagan la misma proporción de su renta en impuestos.

Impuesto regresivo. Impuesto con el que la proporción de la renta pagada en impuestos disminuye conforme aumenta ésta.

Indemnización de los trabajadores. Sistema público de seguro que proporciona prestaciones a los trabajadores que sufren accidentes laborales.

Independencia del banco central. Cuando se aísla al banco central de las consideraciones políticas a corto plazo y puede adoptar una perspectiva a largo plazo de la economía.

Índice de precios. Indicador del precio medio de una determinada clase de bienes o servicios en relación con el precio que tenían esos mismos bienes en un año base.

Índice de precios de consumo (IPC) de un periodo. Mide el coste que tiene una cesta normalizada de bienes y servicios en ese periodo en relación con el coste que tenía esa misma cesta en un año fijo, llamado *año base*.

Indiciación. Práctica consistente en aumentar una cantidad nominal cada periodo en una cuantía igual al aumento porcentual de un índice de precios especificado. La indiciación impide que la inflación reduzca el poder adquisitivo de la cantidad nominal.

Información asimétrica. Situaciones en las que los compradores y los vendedores no poseen la misma información sobre las características de los bienes y de los servicios que se venden en el mercado.

Ingreso marginal. Variación que experimenta el ingreso total de una empresa cuando la producción varía en una unidad.

Intercambio de votos. Práctica por la que los legisladores apoyan las propuestas legislativas de otros.

Intermediarios financieros. Empresas que conceden préstamos a los prestatarios utilizando fondos de los ahorradores.

Interés compuesto. Pago de intereses, no sólo por el depósito inicial, sino por todos los intereses acumulados previamente.

Inversión. Gasto de las empresas en bienes y servicios finales, principalmente bienes de capital.

J

Juego de negociación basado en un ultimátum. Juego en el que el primer jugador tiene poder para plantear al segundo una oferta del tipo "o lo tomas o lo dejas".

Juego justo. Juego cuyo valor esperado es cero.

Juego mejor que justo. Juego cuyo valor esperado es positivo.

Junta de Gobernadores. Formada por siete gobernadores nombrados por el Presidente para un mandato escalonado de 14 años, dirige el Fed.

L

Largo plazo. Periodo de tiempo suficientemente largo para que todos los factores de producción de la empresa sean variables.

Ley de la utilidad marginal decreciente. Tendencia de la utilidad adicional generada por el consumo de una unidad más de un bien a disminuir conforme el consumo aumenta a partir de un determinado punto

Ley de los rendimientos decrecientes. Propiedad de la relación entre la cantidad producida de un bien o de un servicio y la cantidad de un factor variable necesaria para producirlo; la ley establece que cuando algunos factores de producción son fijos, para aumentar la producción del bien acaban necesitándose cantidades cada vez mayores del factor variable.

Ley de Okun. Cada punto porcentual adicional de desempleo cíclico va acompañado de un aumento de la brecha de producción, medida en relación con la producción potencial, de alrededor de 2 puntos.

Ley de un solo precio. Si los costes de transporte son relativamente bajos, el precio de un bien comerciado en los mercados internacionales debe ser el mismo en todos los países.

M

M1. Suma del efectivo en circulación y los saldos de las cuentas corrientes.

M2. Todos los activos de M1 más algunos otros que pueden utilizarse para realizar pagos pero con un coste o incomodidad mayores que el efectivo o los cheques.

Macroeconomía. El estudio de los resultados de las economías nacionales y de la política que utilizan los gobiernos para tratar de mejorarlos.

Matriz de resultados. Tabla que describe los resultados de un juego correspondientes a cada una de las combinaciones posibles de estrategias.

Mecanismo para comprometerse. Manera de alterar los incentivos con el fin de hacer creíbles amenazas o promesas que de lo contrario serían vacías.

Medidas contractivas. Medidas que pretenden reducir el gasto planeado y la producción.

Medidas de estabilización. Medidas que se utilizan para influir en la demanda agregada con el objetivo de eliminar las brechas de producción.

Medidas expansivas. Medidas que pretenden aumentar el gasto planeado y la producción.

Medidas macroeconómicas. Medidas destinadas a influir en los resultados de la economía en su conjunto.

Medio de cambio. Activo utilizado para comprar bienes y servicios.

Mercado. El mercado de un bien está formado por todos los compradores y los vendedores de ese bien.

Mercado de divisas. Mercado en el que se intercambian las monedas de los diversos países.

Mercado de trabajo en el que el vencedor se lo lleva todo. Mercado en el que las pequeñas diferencias de capital humano se traducen en grandes diferencias retributivas.

Mercado perfectamente competitivo. Mercado en el que ningún oferente puede influir significativamente en el precio de mercado del producto.

Método de la discriminación de precios basado en la colocación de obstáculos. Práctica consistente en que el vendedor ofrece un descuento a todos los compradores que superan algún obstáculo.

Microeconomía. El estudio de las elecciones de los individuos en condiciones de escasez y sus consecuencias para la conducta de los precios y de las cantidades en cada mercado.

Modelo de los cacharros. Explicación de George Akerlof de cómo la información asimétrica tiende a reducir la calidad media de los bienes que se ponen en venta.
Monopolio natural. Monopolio que se debe a economías de escala.
Monopolio puro. Único oferente de un producto único que no tiene sustitutivos cercanos.
Monopolista perfectamente discriminador. Empresa que cobra a cada comprador exactamente su precio de reserva.
Monopsonio. Mercado en el que sólo hay un comprador.
Movilidad de los trabajadores. Movimiento de trabajadores de unos puestos de trabajo, empresas y sectores a otros.
Movimientos internacionales de capitales. Compraventa internacional de activos reales y financieros.
Multiplicador. *Véase* **Multiplicador de la renta y el gasto.**
Multiplicador de la renta y el gasto. Efecto que produce un aumento del gasto autónomo de una unidad en la producción de equilibrio a corto plazo.

N

Nivel de precios. Indicador del nivel general de precios en un determinado momento del tiempo medido a través de un índice de precios como el IPC.

O

Obstáculo perfecto. Obstáculo que segrega completamente a los compradores cuyo precio de reserva es superior a un determinado valor de aquellos cuyo precio de reserva es inferior y no impone ningún coste a los que salvan el obstáculo.
Oligopolio. Estructura de la industria en la que un pequeño número de grandes empresas producen productos que son sustitutivos cercanos o perfectos.
Operaciones de mercado abierto. Compraventa de mercado abierto.
Ordenada en el origen. En una línea recta, valor que toma la variable dependiente cuando la variable independiente es igual a cero.

P

Pagos del cupón. Pagos de intereses efectuados periódicamente al bonista.
Paloma de la inflación. Persona que no se compromete firmemente a lograr y mantener una baja inflación.
Pánico bancario. Episodio en el que los depositantes, impulsados por las noticias o los rumores de la inminente quiebra de un banco o más, se apresuran a retirar sus depósitos del sistema bancario.
Parámetro. *Véase* **Constante.**
Paridad del poder adquisitivo (PPA). Teoría según la cual los tipos de cambio nominales se determinan de tal forma que se cumpla la ley de un solo precio.
Pasivo. Lo que *debemos.*
Pendiente. En una línea recta, cociente entre la distancia vertical que hay entre dos puntos cualesquiera (**altura**) y la correspondiente distancia horizontal (**base**).
Pérdida de capital. Pérdida de valor de los activos existentes.
Pérdida económica. Beneficio económico menor que cero.
Pérdida irrecuperable de eficiencia. Reducción del excedente económico provocada por la adopción de una determinada medida.
Periodo de desempleo. Periodo durante el cual una persona está desempleada ininterrumpidamente.
Persona neutral hacia el riesgo. Persona que aceptaría cualquier juego que sea justo o mejor.
Persona racional. Persona que tiene unos objetivos perfectamente definidos y que trata de cumplirlos lo mejor posible.
Persona renuente al riesgo. Persona que rechazaría cualquier juego justo.
Personal Responsibility Act. Ley federal de 1996 que transfirió la responsabilidad de los programas de asistencia social de la administración federal a los estados y limitó a 5 años la posibilidad de percibir prestaciones del programa AFDC.
Perturbación de la oferta agregada. Una perturbación inflacionista o una perturbación de la producción potencial; los dos tipos de perturbaciones negativas de la oferta agregada reducen la producción y aumentan la inflación.
Perturbación inflacionista. Cambio repentino de la conducta normal de la inflación que no está relacionado con la brecha de producción del país.
PIB nominal de un determinado año. Indicador del PIB en el que las cantidades producidas se valoran a los precios vigentes ese año; mide el *valor monetario* de la producción.
PIB real de un determinado año. Indicador del PIB en el que las cantidades producidas se valoran a los precios de un año base y no a los precios vigentes ese año; mide el *volumen físico* de producción.
Población activa. Número total de ocupados y desempleados que hay en la economía.
Poder de mercado. Capacidad de una empresa para subir el precio de un producto sin perder todas sus ventas.
Política acomodaticia. Política que permite que se dejen sentir los efectos de una perturbación.
Política de oferta. Política que afecta a la producción potencial.
Política estructural. Política destinada a alterar la estructura subyacente, o sea, las instituciones de la economía de un país.
Política fiscal. Decisiones que determinan el presupuesto del Estado, incluidas la cantidad y la composición del gasto público y de los ingresos del Estado.
Política macroeconómica. Política de los gobiernos destinada a influir en los resultados de la economía en su conjunto.
Política monetaria. Determinación de la oferta monetaria de un país.
Política monetaria expansiva. Reducción de los tipos de interés por parte del banco central con la intención de reducir una brecha recesiva.
Política monetaria restrictiva. Subida de los tipos de interés por parte del banco central con la intención de reducir una brecha expansiva.
Posibilidades de consumo. Combinaciones de bienes y servicios que podrían consumir los ciudadanos de un país.
Precio de equilibrio y cantidad de equilibrio. Precio y cantidad de un bien situados en la intersección de las curvas de oferta y de demanda de ese bien.

Precio de reserva. Precio máximo que una persona está dispuesta a pagar por un bien o servicio o pago mínimo que aceptaría por renunciar a un bien o a un servicio.

Precio de reserva del comprador. Precio máximo que una persona está dispuesta a pagar por un bien o servicio.

Precio de reserva del vendedor. Cantidad mínima a la que un vendedor estaría dispuesto a vender una unidad más; generalmente es igual al coste marginal.

Precio máximo. Precio más alto permitido y especificado por la ley.

Precio mínimo. Ley o reglamentación que garantiza que los oferentes recibirán al menos una determinada cantidad por su producto.

Precio mundial. Precio al que se intercambia un bien o un servicio en los mercados internacionales.

Precio nominal. Precio absoluto de un bien expresado en términos monetarios.

Precio real. Precio monetario de un bien en relación con el precio monetario medio de todos los demás bienes y servicios.

Precio relativo. Precio de un bien o servicio específico *en comparación con* los precios de otros bienes y servicios.

Préstamos a través de la ventanilla de descuento. Préstamos de reservas de la Reserva Federal a los bancos comerciales.

Prima de riesgo. Tasa de rendimiento que exigen los inversores financieros para tener activos arriesgados menos tasa de rendimiento de los activos seguros.

Principal. Cantidad prestada originalmente.

Principio económico normativo. Principio que dice cómo deben comportarse los individuos.

Principio económico positivo. Principio que predice cómo se comportarán los individuos.

Principio según el cual falsear tiene costes. Para que una señal transmita información de una forma creíble a un rival debe ser cara o difícil de falsear.

Problema de compromiso. Situación en la que los individuos no pueden lograr sus objetivos porque no pueden hacer amenazas o promesas creíbles.

Producción de equilibrio a corto plazo. Nivel de producción en el que la producción Y es igual a la demanda agregada DA; nivel de producción existente durante el periodo en el que los precios están predeterminados.

Problema del parásito. Problema de incentivos en el que se produce una cantidad demasiado pequeña de un bien o de un servicio porque no es posible impedir que lo utilicen quienes no lo pagan.

Producción potencial, Y^*. Cantidad máxima que puede producir y mantener una economía (PIB real); también se conoce con el nombre de *PIB potencial* o *producción de pleno empleo*.

Productividad media del trabajo. Producción por trabajador ocupado.

Producto interior bruto (PIB). Valor de mercado de los bienes y los servicios finales producidos en un país durante un determinado periodo.

Producto marginal del trabajo (PM). Producción adicional que obtiene una empresa por emplear una unidad más de trabajo.

Programa subordinado a los ingresos. Un programa de prestaciones está subordinado a los ingresos si la cuantía de las prestaciones disminuye cuando el beneficiario percibe más ingresos.

Promesa creíble. Promesa de emprender una acción que al que la hace le interesa cumplirla.

Propensión marginal a consumir (*pmc*). Cuantía en que aumenta el consumo cuando la renta disponible aumenta 1$; suponemos que $0 < pmc < 1$.

Proteccionismo. Idea de que el libre comercio es perjudicial y debe restringirse.

Punto alcanzable. Cualquier combinación de bienes que puede producirse con los recursos de los que se dispone actualmente.

Punto eficiente. Cualquier combinación de bienes con la que los recursos de los que se dispone actualmente no permiten aumentar la producción de uno de los bienes sin reducir la del otro.

Punto inalcanzable. Cualquier combinación de bienes que no puede producirse con los recursos de que se dispone actualmente.

Punto ineficiente. Cualquier combinación de bienes con la que los recursos de que se dispone actualmente permiten aumentar la producción de uno de los bienes sin reducir la del otro.

R

Recesión (o contracción). Periodo en el que la economía crece a una tasa significativamente inferior a la normal.

Recta de oferta agregada a corto plazo (OACP). Línea recta horizontal que muestra la tasa actual de inflación, determinada por las expectativas y las decisiones de precios anteriores.

Recta de oferta agregada a largo plazo (OALP). Línea recta vertical que muestra la producción potencial de la economía Y^*.

Regulación basada en los costes más un margen. Método de regulación por el que se permite a la empresa regulada cobrar un precio igual a sus costes explícitos de producción más un margen para cubrir el coste de oportunidad de los recursos suministrados por los propietarios de la empresa.

Rendimientos constantes de escala. Se dice que un proceso de producción tiene rendimientos constantes de escala si cuando se alteran todos los factores en una determinada proporción, la producción varía en la misma proporción.

Rendimientos crecientes de escala. Se dice que un proceso de producción tiene rendimientos crecientes de escala si cuando se alteran todos los factores en una determinada proporción, la producción varía más que en esa proporción; también llamados *economías de escala*.

Rendimientos decrecientes del capital. Si la cantidad de trabajo y de otros factores se mantiene constante, cuanto mayor es la cantidad de capital ya empleada, menos aumenta la producción con cada unidad de capital adicional.

Rendimientos decrecientes del trabajo. Si la cantidad de capital y de otros factores se mantiene constante, cuanto mayor es la cantidad de trabajo ya empleada, menos aumenta la producción con cada trabajador adicional.

Renta económica. Diferencia entre lo que se paga por un factor de producción y el precio de reserva del propietario, que es el precio por debajo del cual el propietario no suministraría el factor.

Reservas bancarias. Efectivo o activos similares que tienen los bancos comerciales con el fin de satisfacer las retiradas y los pagos de los depositantes.

Reservas internacionales. Activos en divisas que tiene el Estado para comprar la moneda nacional en el mercado de divisas.

Reservas obligatorias. Valores mínimos del coeficiente de reservas fijados por el banco central que se permite mantener a los bancos comerciales.

Retardo externo de la política macroeconómica. Se refiere al tiempo que transcurre entre la fecha en que se cambia de política y la fecha en la que se han dejado sentir la mayoría de sus efectos en la economía.

Retardo interno de la política macroeconómica. Se refiere al tiempo que transcurre entre la fecha en que es necesario cambiar de política y la fecha en que se cambia de política.

Revaluación. Aumento del valor oficial de una moneda (en un sistema de tipos de cambio fijos).

Riesgo moral. Tendencia de la gente a esforzarse menos en proteger los bienes que están asegurados contra los robos o los daños.

Riqueza. Valor del *activo* menos el *pasivo*.

S

Salario real. Salario pagado a los trabajadores expresado en poder adquisitivo real; el salario real de un periodo cualquiera se calcula dividiendo el salario nominal (monetario) por el IPC de ese periodo.

Salida de capital. Compra de activos extranjeros por parte de hogares y empresas interiores.

Seguro de depósitos. Sistema en el que el Estado garantiza que los depositantes no perderán ningún dinero incluso aunque quiebre el banco.

Seguro que cubre desde el primer dólar. Seguro que paga todos los gastos generados por la actividad asegurada.

Selección adversa. Pauta según la cual el seguro tiende a ser comprado desproporcionadamente por las personas a las que más cuesta asegurar a las compañías.

Sindicato. Grupo de trabajadores que negocian colectivamente con los empresarios para conseguir mejores salarios y de las condiciones de trabajo.

Sistema bancario de reservas del 100 por ciento. Situación en la que las reservas de los bancos son iguales a un 100 por ciento de sus depósitos.

Sistema bancario de reservas fraccionarias. Sistema bancario en el que las reservas bancarias son menores que los depósitos, por lo que el coeficiente de reservas es inferior al 100 por ciento.

Sistema de la Reserva Federal (o Fed). Banco central de Estados Unidos

Stock. Medida que se define *en un momento del tiempo*.

Superávit comercial. Cuando las exportaciones son superiores a las importaciones, diferencia entre el valor de las exportaciones de un país y el valor de sus importaciones en un determinado periodo.

Superávit de la balanza de pagos. Aumento neto de la cantidad de reservas internacionales de un país en un año.

Superávit presupuestario público. Exceso de recaudación de impuestos del Estado sobre el gasto público (T - G); el superávit presupuestario público es igual al ahorro público.

T

Tasa de actividad. Porcentaje de la población en edad activa que participa en la población activa (es decir, porcentaje que está ocupado o buscando trabajo).

Tasa de ahorro. Ahorro dividido por la renta.

Tasa de desempleo. Número de desempleados dividido por la población activa.

Tasa de inflación. Tasa porcentual anual de variación del nivel de precios, medido, por ejemplo, por el IPC.

Tasa de inflación fijada como objetivo. Objetivo a largo plazo del banco central para la inflación

Tasa natural de desempleo, u^*. Parte de la tasa total de desempleo que es atribuible al desempleo friccional y al estructural; en otras palabras, tasa de desempleo existente cuando el desempleo cíclico es cero, por lo que la economía no tiene ni una brecha de producción recesiva ni una brecha de producción expansiva.

Tasa subyacente de inflación. Tasa de subida de todos los precios, salvo la energía y los alimentos.

Teorema de Coase. Si los individuos pueden negociar sin coste alguno la compra y la venta del derecho a realizar actividades que causan externalidades, siempre pueden encontrar soluciones eficientes para los problemas causados por las externalidades.

Teoría del capital humano. Teoría de la determinación de los salarios según la cual el salario de un trabajador es proporcional a su cantidad de capital humano.

Teoría de la mano invisible. Teoría según la cual las acciones de compradores y vendedores interesados e independientes suelen dar como resultado la asignación más eficiente de los recursos.

Tipo de cambio fijo. Tipo de cambio cuyo valor es fijado por la política oficial del gobierno.

Tipo de cambio flexible. Tipo de cambio cuyo valor no se fija oficialmente sino que varía en función de la oferta y la demanda de la moneda en el mercado de divisas.

Tipo de cambio nominal. Relación a la que pueden intercambiarse dos monedas.

Tipo de cambio real. Precio del bien o servicio interior medio en *relación* con el precio del bien o servicio extranjero medio, cuando los precios se expresan en una moneda común.

Tipo de cambio sobrevalorado. Tipo de cambio cuyo valor fijado oficialmente es mayor que su valor de equilibrio de mercado.

Tipo de cambio subvalorado. Tipo de cambio cuyo valor fijado oficialmente es menor que su valor de equilibrio de mercado.

Tipo de descuento. Tipo de interés que cobra el Fed a los bancos comerciales por prestarles reservas.

Tipo de interés nominal. Aumento porcentual anual del valor nominal de un activo financiero; también se conoce con el nombre de *tipo de interés de mercado*.

Tipo de interés real. Aumento porcentual anual del poder adquisitivo de un activo financiero; es igual al tipo de interés nominal menos la tasa de inflación.

Tipo de interés real fijado como objetivo. Objetivo a largo plazo del banco central para el tipo de interés real

Tipo de interés según cupón. Tipo de interés prometido cuando se emite un bono.

Tipo de los fondos federales. Tipo de interés que se cobran mutuamente los bancos comerciales por los préstamos a muy corto plazo (normalmente a un día); como el Fed suele establecer su política fijando un tipo de los fondos federales como objetivo, este tipo es atentamente vigilado por los mercados financieros.

Tipo impositivo marginal. Cuantía en que suben los impuestos cuando la renta anterior aumenta un dólar.

Tipo impositivo medio. Impuestos totales divididos por renta total antes de los impuestos.

Trabajadores desanimados. Personas que declaran que les gustaría trabajar pero que no han hecho ningún esfuerzo por encontrar trabajo en las cuatro últimas semanas.

Tragedia de los bienes comunales. Tendencia de un recurso que no tiene precio a ser utilizado hasta que su beneficio marginal es cero.

Transferencia en especie. Prestación que no se realiza en efectivo sino en forma de un bien o de un servicio.

Transferencias. Pagos que realiza el Estado al público a cambio de los cuales no recibe ningún bien o servicio inmediato.

Trueque. Intercambio directo de unos bienes o servicios por otros.

U

Umbral de pobreza. Nivel de renta por debajo del cual se considera oficialmente que una familia es pobre.

Unidad de cuenta. Medida básica del valor económico.

Utilidad marginal. Utilidad adicional generada por el consumo de una unidad adicional de un bien.

Utilitarismo. Teoría moral en la que el curso de acción correcto es aquel que da como resultado la máxima utilidad total.

V

Valor actual de un pago anual perpetuo. Cuando el tipo de interés anual es r, el valor actual (VA) de un pago anual perpetuo es la cantidad que habría que depositar hoy a un tipo de interés anual r para obtener anualmente M: $VA = M/r$.

Valor añadido. Valor de mercado del producto o servicio de una empresa menos el coste de los factores comprados a otras empresas.

Valor de equilibrio de mercado del tipo de cambio. Tipo de cambio que iguala las cantidades de la moneda ofrecidas y demandadas en el mercado de divisas.

Valor del producto marginal del trabajo (VPM). Valor monetario de la producción adicional que obtiene una empresa por emplear una unidad más de trabajo.

Valor esperado de un juego. Suma de los posibles resultados del juego multiplicados por sus respectivas probabilidades.

Valor temporal del dinero. Hecho de que una determinada cantidad de dinero hoy equivalga a una cantidad mayor en el futuro, debido a que el dinero puede invertirse entretanto en una cuenta portadora de intereses.

Variable. Cantidad que puede tomar diferentes valores de un intervalo.

Variable dependiente. Variable de una ecuación cuyo valor depende del valor que tome otra variable de la ecuación.

Variable independiente. Variable de una ecuación cuyo valor determina el valor que toma otra variable de la ecuación.

Variación de la cantidad demandada. Movimiento a lo largo de la curva de demanda que se produce en respuesta a una variación del precio.

Variación de la cantidad ofrecida. Movimiento a lo largo de la curva de oferta que se produce en respuesta a una variación del precio.

Variación de la demanda. Desplazamiento de toda la curva de demanda.

Variación de la oferta. Desplazamiento de toda la curva de oferta.

Velocidad. Medida del ritmo al que el dinero cambia de manos en las transacciones de bienes y servicios finales; en otras palabras, PIB nominal dividido por la cantidad de dinero. Numéricamente, $V = (P \times Y)/M$, donde V es la velocidad, $P \times Y$ es el PIB nominal y M es la oferta monetaria cuya velocidad se mide.

Venta de mercado abierto. Venta de bonos del Estado al público por parte del banco central con el fin de reducir las reservas bancarias y la oferta monetaria.

Ventaja absoluta. Una persona tiene una ventaja absoluta frente a otra si tarda menos horas que la otra en realizar una tarea.

Ventaja comparativa. Una persona tiene una ventaja comparativa frente a otra si el coste de oportunidad que tiene para ella la realización de una tarea es menor que el que tiene para otra.

SIETE PRINCIPIOS BÁSICOS

El principio de la escasez (o del que algo quiere, algo le cuesta): Aunque nuestras necesidades y deseos son ilimitados, los recursos de los que disponemos son limitados; por lo que, tener una cantidad mayor de un bien normalmente significa tener una menor de otra.

El principio del coste-beneficio: Una persona (o una empresa o una sociedad) debe emprender una acción si y sólo si los beneficios adicionales de emprenderla son, al menos, tan grandes como los costes adicionales.

El principio de los incentivos: Una persona (o una empresa o una sociedad) tiende más a emprender una acción si sus beneficios aumentan y menos si sus costes aumentan. En suma, los incentivos son importantes.

El principio de la ventaja comparativa: Todo el mundo obtiene mejores resultados cuando cada persona (o cada país) se concentra en las actividades en las que su coste de oportunidad es menor.

El principio del coste de oportunidad creciente (o de la fruta que está más al alcance de la mano): Para aumentar la producción de cualquier bien, deben emplearse primero los recursos cuyo coste de oportunidad es más bajo y sólo entonces recurrir a los recursos cuyos costes de oportunidad son más altos.

El principio de la eficiencia: La eficiencia es un importante objetivo social, ya que cuando la tarta económica es mayor, todo el mundo puede obtener un trozo más grande.

El principio del equilibrio (también llamado "no hay dinero sobre el tapete"): Un mercado en equilibrio no deja sin explotar ninguna de las oportunidades de los individuos, pero puede no explotar todas las ganancias que pueden obtenerse por medio de la acción colectiva.